Josef Kopperschmidt
Wir sind nicht auf der Welt, um zu schweigen

Josef Kopperschmidt

Wir sind nicht auf der Welt, um zu schweigen

—

Eine Einleitung in die Rhetorik

DE GRUYTER

ISBN 978-3-11-054890-7
e-ISBN (PDF) 978-3-11-055067-2
e-ISBN (EPUB) 978-3-11-054918-8

Dieses Werk ist lizenziert unter der Creative Commons Attribution-NonCommercial-NoDerivatives 3.0 Lizenz. Weitere Informationen finden Sie unter http://creativecommons.org/licenses/by-nc-nd/3.0/.

Library of Congress Cataloging-in-Publication Data
A CIP catalog record for this book has been applied for at the Library of Congress.

Bibliografische Information der Deutschen Nationalbibliothek
Die Deutsche Nationalbibliothek verzeichnet diese Publikation in der Deutschen Nationalbibliografie; detaillierte bibliografische Daten sind im Internet uber http://dnb.dnb.de abrufbar.

© 2018 Josef Kopperschmidt, publiziert von Walter de Gruyter GmbH, Berlin/Boston
Satz: Konvertus, Haarlem
Umschlagabbildung: *Garde le silence et le silence te gardera / Keep silent and the silence will keep you* by tereliyesajjan (https://www.flickr.com/photos/29984385@N02/). Säulenkapitell an der Kirche „Sacré Coeur" in Paray-le-Mondial in Burgund, siehe Abbildung 4 Kapitel 3.1.
Druck und Bindung: CPI books GmbH, Leck
♾ Gedruckt auf saurefreiem Papier
Printed in Germany

www.degruyter.com

Mitten im Verfall der öffentlichen Rede [...] nimmt der Begriff der ‚Rhetorik'
einen Aufschwung über alle geisteswissenschaftlichen Disziplinen hinweg,
von denen der Künste und Literaturen bis zur Philosophie. Es sieht aus, als
werde eine neue Tugend entdeckt, zumindest ein Tugendersatz. Allerdings ist
Belebung von Rhetorik seit der Antike ein Merkmal bestimmter Resignationen:
Es gibt keine Wahrheit, die für sich selbst stehen könnte, nicht hilfsbedürftig wäre,
im Grenzfall sprachlos. Glaubt man dann wieder, die Wahrheit oder wenigstens
eine haben zu können, wird ‚Rhetorik' rasch zum Verdikt, Rücksichtslosigkeit
gegen die Sprache zum Kennmal der Rechtfertigung [...].

(Hans Blumenberg 1998, 164; Hervorhebung J.K.)

In dankbarer Erinnerung meinem Lehrer Walter Jens gewidmet und dem Tübinger „Seminar für Allgemeine Rhetorik" sowie all denen, die meine Arbeit an diesem Buch in den letzten Jahren begleitet und auf je verschiedene Art positiv beeinflusst haben.

Für Hilfen bei der Herstellung der Manuskript-Endfassung dieses Buches möchte ich meinen beiden Mitarbeitern herzlich danken, nämlich Herrn Christoph Ackermann und Herrn Jochen Müller sowie Herrn Daniel Gietz, dem Acquisitions Editor des De Gruyter-Verlags.

Inhaltsverzeichnis

Vorwort

1 Über die Hintertreppe zur Rhetorik —— 3

Thematische Einstimmung

2 **Vodafone oder wozu wir auf der Welt sind —— 15**
2.0 Das Vodafone-Plakat —— 15
2.1 Die Wozu-Frage —— 15
2.2 Zweimal Rhetorik? —— 21
2.3 Verlegenheitsrhetorik —— 28

Hauptteil
A: Personenbezogene Zugänge zur Rhetorik

3 **Luhmann oder warum die Mönche schweigen —— 35**
3.0 Kleines und großes Schweigen —— 35
3.1 Kontemplatives Schweigen —— 37
3.2 Erzwungene Rückkehr —— 46
3.3 Höhlenrhetorik —— 49
3.4 Nachplatonische Konzessionsrhetoriken —— 54

4 **Aristoteles oder warum Rhetorik nützlich ist —— 62**
4.0 „Der Mensch ist ein Wesen, das spricht" —— 62
4.1 Der evolutionäre Vorteil der Sprache —— 63
4.2 Die vierfache Nützlichkeit der Rhetorik —— 67
4.3 Umrisse einer anderen Rhetorik —— 74
4.4 Zwischen Geltungsindiz und Geltungskonstitution —— 82

5 **Blumenberg oder warum Not reden lehren kann —— 87**
5.0 „Anthropologische Annäherung an die Aktualität der Rhetorik" —— 87
5.1 Die anthropologische Zentralfrage —— 89
5.2 Konstitutionelle Evidenzmängel —— 90

5.3	Das Ende einer Konfliktbeziehung —— **95**
5.4	Der unfertige Mensch —— **104**
5.5	Wider den Vorwurf des „Belcanto-Miserabilismus" —— **114**

6 Perelman oder warum seine Argumentationstheorie eine „Neue Rhetorik" ist —— 119

6.0	Ein Zufallsfund —— **119**
6.1	Die Rhetorisierung der (praktischen) Vernunft —— **121**
6.2	Gibt es Inkarnationen des „universalen Publikums"? —— **123**
6.3	Nicht-vikarische Inkarnationsformen —— **129**
6.4	Das „universale Publikum" im Theorievergleich —— **132**
6.5	Schlussbemerkungen —— **139**

7 Heidegger oder warum sein Rhetorikinteresse kein Glücksfall für die Rhetorik war —— 142

7.0	Heidegger im Urteil von Rhetorikern —— **142**
7.1	Einige Irritationen mit Heideggers 1924er-Vorlesung —— **144**
7.2	„Das Man" als das „Wie der Alltäglichkeit" —— **148**
7.3	Wie spricht eigentlich „das Man"? —— **152**
7.4	Definitionskontamination —— **159**
7.5	Heidegger gegen Heidegger lesen? —— **165**

B: Systematische Zugänge zur Rhetorik

8 Heißen ist wichtiger als Sein oder über die kognitive Dimension der Rhetorik —— 171

8.0	Vorbemerkung —— **171**
8.1	Ansichten über den „homo rhetoricus" —— **172**
8.2	Tom Sawyers Entdeckung —— **178**
8.3	„De la métaphysique à la rhétorique" —— **185**
8.4	Nietzsche und das Theorem: Heißen ist wichtiger als Sein —— **190**
8.5	Von der Arbeit am Heißen zum „Kampf ums Heißen" —— **194**

9 Die goldenen Ketten der Rhetorik oder über die soziale Dimension der Rhetorik —— 199

9.0	Warum ist Rhetorik nötig? —— **199**
9.1	„Ändere die Welt!" —— **201**
9.2	Gemeinsamer Veränderungswille —— **206**
9.3	Fesselnde Rhetorik —— **210**

10	„Alle Kommunikation ist riskant" oder über die geltungspragmatische Dimension der Rhetorik —— 221
10.0	Rhetorik als Ausnahmefall —— 221
10.1	„Stuttgart 21" —— 225
10.2	Die Geltungsbasis und ihre Problematisierung —— 233
10.2.1	Zwei prominente Geltungsansprüche —— 233
10.2.2	Die normative Geltungsbasis der Rede —— 240
10.3	Vom „Raum der Gründe" zum „Reich der Rhetorik" —— 249
11	Das Anschlussprinzip oder über die operative Dimension der Rhetorik —— 262
11.0	Argumentative Geltungseinlösung —— 262
11.1	Argumentation – „das Sprachspiel der Vernunft" —— 267
11.2	Multifaktorielle Überzeugungskraft —— 285
11.2.1	Inhaltliche Faktoren argumentativer Überzeugungskraft —— 292
11.2.2	Personale Faktoren argumentativer Überzeugungskraft —— 295
11.2.3	Sprachästhetische Faktoren argumentativer Überzeugungskraft —— 303
11.2.4	Emotionale, mediale und situative Faktoren argumentativer Überzeugungskraft —— 309
11.3	Überzeugen versus überreden —— 315

Abschluss

12	Das Ende eines alten Verdachts oder zu Geschichte und Zukunft der Rhetorik —— 335
12.0	Vorbemerkung —— 335
12.1	„Sonderweg"-Theorien —— 339
12.2	Obama oder der Messias unter der Goldelse —— 342
12.3	Was uns fehlt —— 345
12.4	„Ein Jahr im Parlament" —— 353
12.5	Rhetorik „auf platter Erde" —— 357

Literaturverzeichnis —— 363

Personenregister —— 378

Bildnachweise —— 382

Vorwort

1 Über die Hintertreppe zur Rhetorik

> Alles, was diesseits der Evidenz übrigbleibt, ist Rhetorik.
>
> Hans Blumenberg

Die hier vorgelegte *Einleitung in die Rhetorik* ist zwar in Tübingen konzeptionell entstanden – nämlich während meiner Zeit als Gastprofessor am „Seminar für Allgemeine Rhetorik" zwischen 2009 und 2011; sie ist auch in Tübingen in einer Vorlesung und in einschlägigen Seminaren erprobt worden; dennoch ist diese *Einleitung* keine Einleitung in die sogenannte „Tübinger Rhetorik". Wer über diese Rhetorik Genaueres erfahren will, lese dazu das entsprechende Kapitel im *Grundriss der Rhetorik* von Gert Ueding und Bernd Steinbrink (1994) oder die einschlägigen Abschnitte im *HWRh* unter dem umfangreichen Sachartikel „Rhetorik" (identisch mit Ueding 2005). Ich stimme zwar mit vielen Aspekten des Tübinger Verständnisses von Rhetorik überein, binde aber deren Identität nicht so sehr an eine *historische*, in diesem Fall: antik geprägte und profilierte Gestalt von Rhetorik, sondern an deren *spezifisches Frageinteresse*. Dieses mein Rhetorikverständnis ist sich durchaus der Historizität des zugrundeliegenden Frageinteresses bewusst, doch spricht es ihr nur in dem Maße Relevanz zu, als die lange Theoriegeschichte der Rhetorik mögliche Anregungen für eine moderne Theoriearbeit anzubieten vermag. Mit einem solchen nach hinten hin durchaus interessierten Rhetorikverständnis scheint mir auch die von der „Tübinger Rhetorik" gewollte Offenheit der Rhetorik nach vorne hin, nämlich für mögliche Transformationen ihres theoretischen Gehalts, plausibler einlösbar zu sein als über eine enge Anbindung ihres Frageinteresses an eine ihrer historisch versuchten disziplinären Formationen, wie sie Manfred Fuhrmann der „Tübinger Rhetorik" seinerzeit empfahl, nämlich diese Anbindung „wie einen Fels in der Brandung" gegen modernistische Rhetorik-Ambitionen zu verteidigen (1998, 27). Für das in dieser *Einleitung* vertretene Verständnis von Rhetorik sind die als modernistisch verdächtigten Ambitionen keinesfalls die bloße Nachgeschichte eines von der antiken bzw. „klassischen Rhetorik" bereits weithin eingelösten Frageinteresses. Sie, diese nachantike Geschichte der Rhetorik, hält vielmehr eine zunächst überraschende Neuentdeckung der Rhetorik bereit, die den substanziellen Gehalt ihres Frageinteresses nach Jahrhunderten seiner sozialtechnizistischen Entstellung oder literarästhetischen Verharmlosung erstmals wieder freizulegen vermag.

Unter Titeln wie „Wiederkehr", „Rehabilitation der Rhetorik", „rhetorical turn" usw.[1] ist diese Neuentdeckung vielfach beschrieben worden. In dieser

---

[1] Vgl. u. a. Simons 1990; Plett 1996, 9 ff.; Bolz 1999, 165 ff.; Vetter und Heinrich 1999; Oesterreich 2003, 7 ff.; Kopperschmidt 1990, 1 ff.; 1991, 1 ff.; 1998; 2008; 2009, 9 ff.

Einleitung gilt als deren untrügliches Erkennungszeichen, ob diese Neuentdeckung nicht nur auch, sondern primär einer Disziplin zugeschrieben wird, die jahrhundertelang die ärgste Kontrahentin der Rhetorik war, gemeint ist die Philosophie. Eine der hier vertretenen Hauptthesen wird daher die Behauptung sein, dass von einer Neuentdeckung der Rhetorik ernsthaft nur dort geredet werden kann, wo sie als eine *philosophische Neuentdeckung* ihres Frageinteresses verstanden wird, die deshalb zugleich auch eine philosophische Neuentdeckung der Sophistik sein musste. Die Fokussierung der hier vorgelegten *Einleitung* auf die philosophische Dimension der Rhetorik bedeutet keine Abwertung oder gar Ausgrenzung ihrer traditionellen Schaustücke, wie sie etwa in einflussreichen „Handbüchern" (etwa in dem von Heinrich Lausberg (1990)) ausgestellt und gerühmt werden als Belege für die singuläre Systematizität der rhetorischen Rekonstruktion persuasiver Rede.[2] Wohl aber bedeutet die Insistenz auf der philosophischen Dimension der Rhetorik, dass sie erst den Rahmen freilegen kann, innerhalb dessen das imponierende Regelwerk der Rhetorik seinen *funktionalen Sinn* zu erkennen gibt. Dieser funktionale Sinn muss auf eine sowohl Rhetorik wie Philosophie gleichermaßen interessierende *geltungstheoretische* Frage antworten, nämlich: Wie kann unter Bedingungen mangelnder Evidenz die für unser Überleben notwendige soziale Kooperation gesichert werden? Die Antwort auf diese Frage, die auf den folgenden Seiten zu plausibilisieren bleibt, wird lauten: Unter Bedingung mangelnder Evidenz sichert allein eine an *überzeugter Zustimmung interessierte Verständigungsarbeit* die Geltungsbasis unserer überlebensnotwendigen Kooperationschancen; darum „ist alles, was diesseits der Evidenz übrig bleibt, Rhetorik" – so das oben als Motto vorangestellte einschlägige Blumenberg-Zitat (1981, 111).

Dass ich ein Blumenberg-Zitat als Motto sowohl für dieses Vorwort wie für die Publikation insgesamt gewählt habe, soll die überragende Rolle deutlich machen, die Hans Blumenberg für das hier entwickelte Rhetorikverständnis besitzt. In seinem gerade mal gut 30 Seiten umfassenden furiosen Aufsatz von 1981 über *Anthropologische Annäherung an die Aktualität der Rhetorik* ist meines Erachtens der Kerngehalt dessen formuliert, was das philosophische Interesse

---

[2] An der von H. Hommel (1965, leicht verändert 1990) versuchten und immer wieder (u. a. im *Lexikon der alten Welt*, im *HWRh*, in *Der kleine Pauly* und in Ueding 2005, 82–83) nachgedruckten Rekonstruktion des „Systems der (antiken) Rhetorik" lässt sich neben Lausberg exemplarisch der suggestive Reiz solcher (durchaus hilfreichen) Systematisierungen ablesen, die sich von der Frage, wozu dieses so hochgradig elaborierte System eigentlich gebraucht wurde, nur selten stören lassen. Nicht anders auch Weisches Artikel „Rhetorik/Redekunst", der zwar im *HWPh* (Bd. 8. Hgg. Joachim Ritter et al. Basel: Schwabe Verlag, 1992, 104 ff.) erschienen ist, aber kaum etwas zum traditionell philosophisch bestimmten Konflikt mit der Rhetorik enthält.

an der Rhetorik ausmacht, nämlich deren *geltungstheoretische Attraktivität unter Bedingungen mangelnder Evidenz*; denn diesen Bedingungen verdankt sie sowohl ihre Entstehung in der (noch nicht erfolgreich verleumdeten) antiken Sophistik wie ihre späte Wiederentdeckung in der notorisch evidenzarmen Gegenwart. Diese vorweg bekundete Bedeutung Blumenbergs soll aber nicht die Rolle schmälern, die ein völlig anders ambitionierter Wissenschaftler für meine rhetorikbezogene Interessenprofilierung gespielt hat: Walter Jens. Denn dass gerade in Tübingen eine Schule der Rhetorik entstehen und die Edition des gar nicht genug zu rühmenden *Historischen Wörterbuchs der Rhetorik* (als Pendant zum *Historischen Wörterbuch der Philosophie*) organisiert und betreut werden konnte, hat natürlich mit der universitären Institutionalisierung eines „Seminars für Allgemeinen Rhetorik" in Tübingen zu tun, wozu es wiederum nie gekommen wäre ohne den seinerzeit enorm einflussreichen Hochschullehrer, Wissenschaftler, Redner und Publizisten Walter Jens, dem ich als einem meiner wichtigsten Lehrer diese *Einleitung in die Rhetorik* in ehrendem Andenken auch widme. Was der am 20. Oktober 1961 mit seinem altphilologischen Kollegen Wolfgang Schadewaldt ausgeheckt und den universitären Gremien 1963 bzw. 1967 abgetrotzt haben will, war der Preis dafür, ihn in Tübingen halten zu können, eben das „Seminar für Allgemeine Rhetorik" (Jens 1997, 174 ff.). Dieses Seminar ist zwar bis heute in Deutschland eine singuläre Institution geblieben, doch das heißt nicht, dass die Idee von 1961 bloß personalpolitische Interessen verfolgte; viel leichter erklärt sich diese zunächst überraschende institutionelle Singularität aus dem, was damals in Tübingen von einem Altphilologen (!) *als Rhetorik* wiederentdeckt worden war bzw. – so Jens' sinnfällig gewählte Metaphorik – was da aus einem (zumindest in Deutschland) schon zu lange währenden „Dornröschenschlaf" geweckt werden sollte (1969, 45). Als sinnfällig erwies sich diese Metaphorik, weil es ja in der Tat nicht die Rhetorik selbst war, die sich hätte wachküssen können. Das musste schon von außen geschehen. Und so ist es ja auch geschehen. Doch was da von außen wachgeküsst werden sollte, klang aus dem Munde eines Altphilologen schon sehr erstaunlich, wenn nicht befremdlich: „Aufzuklären und mit Hilfe der situationsbezogenen Agitation die Humanität zu befördern" – so lautete Jens' Aufgabenbeschreibung der Rhetorik in seiner Antrittsvorlesung vom 15. November 1965 mit dem Titel „Von deutscher Rede" (1969, 45). Sie wurde ein emphatisches Plädoyer für ein „Wirken-Wollen im hic et nunc" und wollte der Rhetorik jede stilästhetische Selbstbescheidung ausreden; stattdessen sollte sie sich als eine „Gesellschaftswissenschaft kat exochen" verstehen, deren eigentliches Thema entsprechend die Rhetorizität des sozialen Lebens sei (1969, 14).

Neben der Klassischen Philologie, Jens' disziplinärer Heimat, waren noch viele andere Disziplinen an dieser Wachküss-Aktion beteiligt, nicht zuletzt die Philosophie. Ihr Anteil wurde sogar der vergleichsweise folgenreichste Akt in der

Wiederentdeckungsgeschichte der Rhetorik, weil es eine seit Platon virulente und gepflegte Feindschaft zu revozieren galt, die außerphilosophischen Interessen an Rhetorik völlig fremd war – und auch sein musste, weil für sie geltungstheoretische Fragen gar kein Thema waren. Ob die seinerzeitige Entscheidung für den primär Altphilologen vertrauten Begriff „Rhetorik" als namengebenden Titel des neu gegründeten Seminars klug war, wage ich retrospektiv zu bezweifeln. Dieser Titel macht nämlich allzu leicht unkenntlich, dass im deutschen Sprachraum „Rhetorik" bis heute kein gängiger Name für eine spezifische Disziplin ist, sondern allenfalls ein spezifisches Frageinteresse kennzeichnet, das in den verschiedensten Disziplinen unter je verschiedenen Perspektiven thematisiert wird. Entsprechend plädiert die hier vorgelegte *Einleitung* auch dafür, mit dem Titel „Rhetorik" keinen einzeldisziplinär zuordenbaren Forschungsgegenstand zu spezifizieren, sondern mit ihm nur ein unter dem Namen „Rhetorik" zwar historisch reflektiertes, aber längst multi-, trans- und interdisziplinär adoptiertes und entsprechend methodologisch ausdifferenziertes *komplexes Frageinteresse* zu kennzeichnen (vgl. Kopperschmidt 1997, 81 ff.; 1998, 461 ff.). Dessen Virulenz und Relevanz gründet in der Virulenz und Relevanz einer *„kulturellen Praxis"* (Lachmann u. a. 2008), die unten noch genauer bestimmt werden wird als Praxis einer *zustimmungsabhängigen,* weil *überzeugungsgestützten Verständigungsarbeit* im Interesse der *Sicherung kooperativer Handlungschancen* im Fall ihrer situativ gestörten Gelingensbedingungen. Um die Theorie dieser Praxis geht es auf den folgenden Seiten, weshalb diese Theorie auch schon einmal vorweg als *zustimmungsabhängige Verständigungstheorie* bestimmt werden kann. Weil die eben genannten Gelingensbedingungen kooperativen Handelns genauerhin aber normative Geltungsbedingungen kooperativen Handelns sind, kann die als zustimmungsabhängige Verständigungstheorie bestimmte Rhetorik zugleich auch eine *zustimmungsabhängige Geltungstheorie* genannt werden. Ich werde in den folgenden Kapiteln versuchen, diesen Theoriebegriff argumentativ stark zu machen, weil ich glaube: Nur im Rahmen eines verständigungs- bzw. geltungstheoretischen Rhetorikverständnisses lässt sich die Komplexität des rhetorischen Frageinteresses sinnhaft rekonstruieren und nur in diesem Rahmen werden die Konfliktgeschichte der Rhetorik mit der Philosophie verstehbar wie die Gründe für deren endliches Ende bestimmbar.

Im Hauptteil A dieser *Einleitung* werden in den Kapiteln 4–7 renommierte Denker vorgestellt, mit deren Hilfe sich nach meinem Urteil je eigensinnige *personale* Zugänge zu diesem komplexen Frageinteresse der Rhetorik erschließen lassen. Unter diesen Denkern finden sich freilich nicht nur rhetorikaffine Namen wie Aristoteles, Cicero, Quintilian, Nietzsche, Perelman, Gadamer, Blumenberg und andere mehr, sondern auch Namen wie Habermas oder Luhmann, die zunächst sehr rhetorikfern klingen, in Wahrheit aber gelegentlich durchaus rhetoriknahe Frageinteressen verfolgen, ohne sie unbedingt als solche theoriegeschichtlich zu verorten. Schließlich werden auch große Denker nicht übergangen, die wie Platon oder Heidegger für die Rhetorik zwar kein Glücksfall waren, die aber dennoch in ihrer Auseinandersetzung mit Rhetorik in deren geltungstheoretischen Kernbereich führen und darum berücksichtigungswert bleiben. Im Hauptteil B dieser *Einleitung* werden dann in den Kapiteln 8–11 verschiedene Dimensionen des rhetorischen Frageinteresses *systematisch* aufgelistet und in kognitive, soziale, geltungspragmatische und operative Dimensionen ausdifferenziert. Zugleich werden dabei wichtige Schlüssel- bzw. Grundbegriffe des rhetorischen Frageinteresses wie „anschließen", „überzeugen", „zustimmen", „kooperieren", „argumentieren", „Geltungsanspruch", „Deliberation", „Konsens", „Öffentlichkeit", „Vernunft" usw. eingeführt, die als kategoriales Band fungieren, um zumindest den gemeinsamen Fokus zwischen den verschiedenen disziplinären Teilinteressen an Rhetorik leichter erkennbar und benennbar zu machen; denn die gelegentlich fremdsprachlich klingende Reformulierungen rhetorischer Fragestellungen in Aufmerksamkeits- oder Emotionsforschung, in Kognitionswissenschaft oder Medientheorie, in Systemtheorie oder Diskurstheorie, in Geltungstheorie oder Argumentationstheorie, in Linguistik und Kommunikationstheorie, in Psychologie und Soziologie usw. machen es nicht gerade leicht, mögliche Gemeinsamkeit eines identischen Frageinteresses wiederzuerkennen. Im abschließenden Kapitel 12 über „Geschichte und Zukunft der Rhetorik" plädiere ich noch einmal dafür, die Geschichte der Rhetorik nicht zur normativen Fessel ihrer Zukunftschancen zu machen, die sich seit der wohl unwiderruflichen Versöhnung zwischen Philosophie und Rhetorik eröffnet haben.

„Mitten hinein versetzt zu werden, ist am besten" – das empfiehlt Ernst Bloch in seiner *Tübinger Einleitung in die Philosophie* für entsprechende Einleitungsprojekte wie dem hier versuchten und bietet sogleich ein beneidenswertes Beispiel an für diese Methode umstandslosen Problemeinstiegs: „Ich bin. Aber ich habe mich nicht. Darum werden wir erst" (1963, 11 bzw. 7). Kann man mögliche Leserinnen und Leser in ähnlicher Weise „mitten hinein versetzen" in das Frageinteresse der Rhetorik, indem man eine „Einleitung" im Bloch'schen Sinne versucht, die keine *bloße Einführung* in die Rhetorik sein will, weder in die allgemeine noch in eine sektorale Rhetorik, weder in deren System noch in deren Geschichte, weder in deren Theorie noch gar in deren Praxis, Analytik oder Didaktik, sondern die in den Kernbereich jeder Rhetorik einleitend „versetzen" will, eben in den Bereich zustimmungsabhängiger, weil überzeugungsgestützter Verständigungsarbeit? Ich habe mich inspirieren lassen von einer Metapher, die bereits im Titel dieses Vorworts zitiert bzw. ausgeliehen ist aus der *Philosophischen Hintertreppe*, womit Wilhelm Weischedel einen (vielfach nachgebauten) Einleitungstyp erfand, der den Aufstieg zu großen Denkern und deren

Problemstellungen „ohne vornehmes Getue", wie es auf der „Vordertreppe" üblich ist, vorschlug, um schneller und direkter ans Ziel zu kommen (2017, 9).³ Entsprechend lade ich LeserInnen dazu ein, mir jetzt auf den nächsten Seiten zu folgen und die „Hintertreppe" zu benutzen, um möglichst schnell nach oben in die rhetorische Beletage aufzusteigen: „Möglichst schnell" meint, ohne sich von „Kandelabern, Atlanten und Karyatiden" ständig ablenken zu lassen, die als respektable Theorie-Prunkstücke aus der Geschichte der Rhetorik den Hauptaufgang zieren und oft den Blick für das originäre Frageinteresse der Rhetorik erschweren, wenn nicht gar verstellen. Man muss sich nach Weischedel auch nicht eigens „festlich kleiden", wenn man die Hintertreppe benutzt, sondern „man kommt, wie man ist" und „man gibt sich, wie man ist", was fallbezogen meint: Man muss nicht unbedingt alte Sprachen beherrschen, um die Frage zu verstehen und ihre zeitaktuelle Relevanz angemessen einzuschätzen, die wir mit dem altehrwürdigen Begriff „Rhetorik" gemeinhin verbinden. Dabei kann ein etwas vergilbtes und stark zerfleddertes gelbes Reclam-Heftchen hilfreich sein, das ich – so viel Privatmythologie muss erlaubt sein – oben in der rhetorischen Beletage in einer Vitrine abgelegt habe. Es vereint unter dem Titel *Wirklichkeiten, in denen wir leben* ausgewählte Aufsätze von Hans Blumenberg; darunter auch den oben schon rühmend genannten Aufsatz, ohne den meine *Einleitung in die Rhetorik* nie geschrieben worden wäre.

Der gemeinte Aufsatz *Anthropologische Annäherung an die Aktualität der Rhetorik* enthält nämlich eine *Kurzgeschichte über die Entdeckung der Rhetorik durch die Philosophie*, die für mich zum Déjà-vue-Erlebnis wurde, insofern sie mir den substanziellen Kern dessen, was ich bei Walter Jens über die Wiederentdeckung der Rhetorik gelernt hatte, endlich als eine durch und durch *philosophische Frage* zu verstehen half. Deshalb konnte Rhetorik nach Blumenberg auch nur „*in der Philosophie selbst* [meine Hervorhebung, J. K.]" wiederentdeckt werden, weil die Frage, die Philosophie und Rhetorik in eine jahrhundertelange Feindschaft miteinander verwickelt hatte, eine genuin philosophische Frage war – und ist (1981, 105). Dass eben diese Frage Philosophie und Rhetorik heute erstmals miteinander verbindet, ist ein Ereignis von geistesgeschichtlicher Relevanz und Symptomatik, weil diese Versöhnung die mögliche Vernünftigkeit von Geltungsansprüchen jeder Art ausschließlich von ihrer *überzeugten Zustimmungsfähigkeit*

---

3 Natürlich laden anders interessierte Einleitungen bzw. Einführungen mit entsprechend anderen Leitmetaphern ein, wie z. B. Andersen, der seine möglichen LeserInnen an einer „Gartenpforte" empfängt, um sie in den *Garten der Rhetorik* (2001 [1995]) zu geleiten. Dass Andersen sich als Leserinnen und Leser wohl „flanierende Besucher" wünscht, damit dürfte Ueding in seinem Nachwort zu Andersen (2001, 309 ff.) wohl recht haben, wenn ich mir auch gern andere LeserInnen wünschen würde als hortikale Flaneure.

abhängig macht. Damit bekommt Rhetorik erkennbar eine geltungstheoretisch relevante Rolle, die sich dem sprachlichen Medium verdankt, dessen persuasive Funktionalisierung Rhetorik betreibt, um die geltungsbasierten Voraussetzungen kooperativen Handelns im Fall ihrer Störung operativ wiederherzustellen. Rhetorik wird damit gleichsam zu einer Methode, *die Vernunft zum Reden bringt* und öffentlich werden lässt, indem sie einen „Raum der Gründe" (Brandom 2000) eröffnet, in dem sich Geltungsansprüche einem öffentlichen Zustimmungstest unterziehen lassen müssen, um ihre Anerkennungsfähigkeit unter Beweis zu stellen (s. u. Kap. 10.3 und Kap. 11.2).

Noch ein weiteres, aber etwas weniger zerfleddertes Reclam-Heftchen habe ich in die Vitrine gelegt. In ihm geht es nicht so sehr um die Blumenberg'sche Frage, *wozu denn Rhetorik eigentlich nötig ist*, wohl aber um die fällige Anschlussfrage, nämlich *wie denn Rhetorik eigentlich möglich ist*. Wenn ich den gemeinten Titel des zweiten Reclam-Heftchens nenne (*Kommunikatives Handeln und detranszendentalisierte Vernunft*), wird der wohl zunächst ebenso abschrecken wie der Name des Autors Kenner der Materie erstaunen dürfte; denn der Autor – es handelt sich um Jürgen Habermas – ist sicher nicht für eine intellektuell intime Nähe zu Hans Blumenberg bekannt. Das behaupte ich auch nicht; ich behaupte nicht einmal, dass sich Habermas überhaupt für Rhetorik jemals interessiert hätte, obwohl Denker, die Habermas durchaus schätzt wie Apel, Gadamer und Perelman, ihn eigentlich hätten auf Rhetorik etwas neugierig machen müssen, wobei sein Freund Apel sogar von „einer geheimen Philosophie [!] der Rhetorik" sprach (1975, 74 und öfter). Ich behaupte nur, dass Habermas ebenso wie Blumenberg für eine Rekonstruktion der Aktualität des rhetorischen Frageinteresses unter spezifischen Bedingungen der Moderne in hohem Maß attraktiv ist: Blumenberg deshalb, weil er Rhetorik *funktional* aus der Anthropologie des notorisch evidenzarmen Menschen erklärt, der für die Befriedigung seines überlebensnotwendigen Kooperationsbedarfs sich eine Geltungsbasis möglichen Handelns schaffen muss, die wie die Rhetorik ohne Evidenzen auskommt, sondern kompensatorisch auf überzeugungsbedingte Zustimmungserfolge setzt, um Kooperation unter Freien und Gleichen zu ermöglichen (s. u. Kap. 5). Habermas dagegen ist für unseren Versuch einer Rekonstruktion des rhetorischen Frageinteresses so interessant, weil seine Diskurstheorie das Ergebnis eines zumindest *methodisch* mit Rhetorik vergleichbaren Problembewältigungsverfahrens ist, insofern sie eine zustimmungsbedingte Geltungstheorie anbietet, die ebenso auf die konstitutionellen Evidenz- bzw. Gewissheitsmängel der Moderne reagiert, mag sie auch weit logozentrischer orientiert sein als die Rhetorik, was letzterer nach meinem Urteil aber nicht zum Nachteil gereicht (s. bes. Kap. 10.2 und 10.3). Denn mit dem als abschreckend bezeichneten Begriff „detranszendentalisierte Vernunft" ist bei

Habermas wenig Abschreckendes gemeint, nämlich die überfällige „Transformation" von Kants „reiner Vernunft" in eine „situative", also kontextsensitive und sprachlich mediatisierte *Vernunft* (2001, 8), weshalb ich unten (Kap. 11.2) in Anlehnung an Nietzsche und Gustav Gerber auch gleichsinnig die Rhetorik eine *Theorie der unreinen Vernunft* nennen werde, die erstmals bei Perelman unter dem Namen „Argumentationstheorie" bzw. „Neue Rhetorik" Kontur gewonnen hat (s. u. Kap. 6).[4]

Obwohl meines Erachtens nicht zu übersehen ist, dass Habermas' Diskurstheorie bis in ihre Terminologie hinein eine erstaunliche Rhetorikaffinität zeigt (was ihn für mich so zitationsanfällig macht), ist diese Auffälligkeit nur von wenigen Rhetorikern bemerkt und positiv aufgegriffen worden.[5] Z. B. von K.-H. Göttert, der gesteht, dass ihm Habermas' Diskurstheorie bzw. -ethik (im Vergleich zu Luhmanns Systemtheorie) *„wie eine Fortsetzung der Rhetorik erscheint* [meine Hervorhebung, J. K.]" (1988, 87); und Rüdiger Campe sieht in Habermas' *Faktizität und Geltung* sogar einen „zur Unterschriftsreife gebrachten *neuen Vertrag* [!] zwischen Rhetorik und Philosophie", der „die Scheidung zwischen Rhetorik und Philosophie durch Einbau von Geltungsstrukturen in die Sprache selbst revidiert" und als „Habermas' große Lehre für Rhetoriker [meine Hervorhebung, J. K.]" verstanden werden sollte (1999).

Blumenberg spricht zwar nicht von einem „neuen Vertrag zwischen Rhetorik und Philosophie", wohl aber gleichsinnig vom definitiven Ende der Feindschaft zwischen ihnen (1981, 105), wodurch nur das Ende eines alten „Verdachts" der Philosophie endlich ratifiziert wird, dass es die Rhetorik mit der Wahrheit nicht so ernst nehme (Baecker 2005, 7). Mittlerweile teilt die Philosophie eher das rhetorische Theorem, dass „es keine Wahrheit gebe, die für sich selbst stehen könnte, nicht hilfsbedürftig wäre" (Blumenberg 1998, 164). Ein solcher „Verzicht" auf *Wahrheitsbesitzansprüche* könnte meines Erachtens die neue gemeinsame Basis wechselseitiger Wertschätzung zwischen Philosophie und Rhetorik werden. Dieser „Verzicht" auf Wahrheitsbesitzansprüche impliziert ja keinen „Verzicht" auf Wahrheit überhaupt, wohl aber die Verabschiedung von der Möglichkeit einer „nackten Wahrheit" (1998, 61 ff.), was

---

4 Vgl. Baecker (2005, 39), der Rhetorik „eine Form des Wissens" zuspricht, die erst dann gebraucht wird, „wenn die Evidenz und Garantie einer externen Wirklichkeit verloren gehen und das Bewusstsein einer durch Kommunikation konstruierten und strikt vorläufigen Wirklichkeit sowie einer an ihren Widerständen erkennbaren Wirklichkeit an ihre Stelle tritt".

5 Das war bei Blumenberg auch nicht anders, obwohl ich seit 1991 für seinen brillanten Aufsatz durch Abdrucke und Interpretationen viel Werbung gemacht habe, bis er von Haverkamp in einen Blumenberg-Sammelband aufgenommen wurde (2001, 406 ff.). Und selbst für Perelman gelang erst 2004 eine deutsche Erstübersetzung seiner *Nouvelle Rhétorique*.

positiv meint: dieser „Verzicht" impliziert ein Verständnis von Wahrheit als eines *Geltungsanspruchs*, dessen gelingende Einlösung im Fall seiner Problematisierung sich allein von der *Kraft überzeugter Zustimmungsnötigung* als gleichsam geltungsbezogener „letzten Instanz" abhängig macht (Habermas 2001, 35), statt privilegierte Wahrheitszugänge zu unterstellen. Wenn damit bereits terminologisch erkennbar „das Reich der Rhetorik" (Perelman 1980) betreten ist und wenn weiter die oben als Motto vorangestellte Blumenberg-These gilt, dass „alles, was diesseits der Evidenz übrig bleibt, Rhetorik ist" (1981, 111), was könnte unter Bedingungen eines für die Moderne endemischen Mangels an evidenzbasierten Gewissheiten attraktiver sein als eine Theorie, die diesen Mangel durch Methodisierung argumentativer Überzeugungsarbeit kompensieren und so den sozialen Kooperationsbedarf befriedigen zu können verspricht? Wenn das gilt, dann wird zugleich aber auch verständlich, warum das Schweigen als eine jahrhundertelang hoch geschätzte und sogar zur eigenen Lebensform ausgereifte Gestalt kontemplativer Praxis ihre traditionelle Nobilität einbüßt (s. u. Kap. 3). So sehr sogar, dass *Vodafone* 2009 auf einer Reklamewand dieser traditionellen Nobilität mit einem Slogan risikofrei widersprechen konnte, der mich wiederum bei der Suche nach einem geeigneten Titel für die vorliegende Publikation erkennbar inspiriert hat: *Wir sind nicht auf der Welt, um zu schweigen.*

Ich weiß natürlich, dass *Vodafone* mit seinem Slogan („Du bist nicht auf der Welt, um zu schweigen") und ich mit meiner leichten Abwandlung dieses Slogans ganz unterschiedliche Dinge meinen (s. u. Kap. 2); dennoch hat der *Vodafone*-Slogan das Zeug, die Botschaft treffsicher auf den Punkt zu bringen, die ich mit meiner Publikation vermitteln möchte, was zugleich heißt: *Vodafones* Slogan enthält nach meinem Geschmack einen Mehrwert an Sinn, den eine Flatrate-Werbung gottlob gar nicht ausreizen kann. Diesen Sinn-Mehrwert mir aufgespart zu haben, dafür bin und bleibe ich *Vodafone* immer dankbar: Wir sind nicht auf der Welt, um zu schweigen; denn – so der für die Rhetorik adoptierbare Sinn-Mehrwert – es bestünde sonst die Gefahr, dass, wenn wir schweigen, auch die Vernunft stumm bliebe, wenn denn stimmt, dass Vernunft für uns nur als „unreine", eben nur als sprachlich mediatisierte Vernunft existiert.

PS: Was mir bei der abschließenden Lektüre dieser *Einleitung in die Rhetorik* noch aufgefallen ist, will ich auch nicht verschweigen, weil ich es bedaure, aber nicht mehr ändern kann. Vom „Atem des gesprochenen Worts" (Bloch 1963/1, 7), den ich dem Text aus meiner o. g. Tübinger Vorlesung etwas einhauchen zu können gehofft hatte, ist nach meinem Eindruck nicht mehr viel zu spüren. Papier bzw. PC-Display vermögen eben doch keine menschlichen Gesichter zu ersetzen, die nach Kleists berühmtem Aufsatz (s. u. Kap. 11) dem Redenden beim Formulieren seiner Gedanken behilflich sind und deren Kommunikativität zu sichern vermögen. Doch weil die o. g. Vorlesung mit ihrer konzeptionell gleichsinnigen Ausrichtung über meine Homepage oder über „Tübinger Vorlesungen" 2009/2010 („Hörlesungen") immer noch zugänglich ist, empfehle ich auch sie gern allen LeserInnen als erleichternden Einstieg in die hier vorgelegte Form einer *Einleitung in die Rhetorik*.

Thematische Einstimmung

2 Vodafone oder wozu wir auf der Welt sind

2.0 Das Vodafone-Plakat

Ich erinnere mich noch ganz genau an Ort, Tag und Zeit, obwohl der gemeinte Sachverhalt schon recht lange zurückliegt: Es war kurz vor der Stadteinfahrt nach Chemnitz, September 2009, spätnachmittags, als eine große farbige Plakatwand am rechten Straßenrand plötzlich meine volle Aufmerksamkeit auf sich zog, obwohl ich von dem Verbaltext nur das Wort „Schweigen" erkennen konnte. Ich wendete bei der nächsten Möglichkeit das Auto und wusste, als ich vor der Plakatwand stand, wie der Eröffnungssatz meiner geplanten Tübinger WS-Vorlesung über „Das philosophische Interesse an Rhetorik" lauten würde: *Du bist nicht auf der Welt, um zu schweigen!* (Abb. 1). Das war mein Satz – und er ist es bis heute geblieben! Denn hier war *Vodafone* gelungen, worauf ich noch immer neidisch bin, nämlich das *Credo jeder Rhetorik* in nachahmenswert präziser und unprätentiöser Diktion zu formulieren und eine *Hommage ans Reden* zu erfinden, ohne den Begriff „Reden" auch nur benutzen zu müssen! Denn diese Hommage enthält natürlich einen impliziten Rede-Appell, wenn er auch inhaltlich recht unbestimmt expliziert wird: „Sag es!" Doch die suggestive Bildbotschaft, in die dieser Rede-Appell eingebettet ist, lässt den Eindruck erst gar nicht aufkommen, als müsste man den hier abgebildeten Menschen auch noch vorsagen, was sie sich denn zu sagen haben könnten. Ihre ausgelassene Festivalstimmung – so die visuelle Botschaft – wird ihnen schon die richtigen Worte eingeben. Darum reicht für die Sicherung des plakativen Werbeeffekts auch längst die (mit Hilfe von sechs Handys) angedeutete Empfehlung, doch die kostengünstige „Vodafone SuperFlat" zu nutzen, um – so das insinuierte Versprechen – auch mit Nicht-Anwesenden in Kontakt treten und eine mit der abgebildeten Situation gleich intensive Kommunikationsstimmung schaffen zu können: Was auch immer Du mit wem auch immer bereden willst, „sag es" – aber „sag es" bitte „mit der Vodafone SuperFlat"!

2.1 Die Wozu-Frage

Als ich in der ersten Stunde der o. g. WS-Vorlesung wissen wollte, wie die Frage eigentlich lauten müsste, die der *Vodafone*-Satz implizit ja bereits voraussetzt, um funktional als eine negierend formulierte Antwort überhaupt verstehbar zu sein, bekam ich keine Reaktion aus dem Hörsaal. Das hat mich weniger gewundert als mir erneut bewusst gemacht, in welch anderer Welt ich sozialisiert worden bin. In der war nämlich die gemeinte Frage „Wozu sind wir auf der Welt?" eine aus

Abb. 1: Vodafone-Plakat (Quelle: Foto des Autors)

dem Religionsunterricht völlig vertraute Katechismus-Frage, die mir bis heute ebenso geläufig ist wie die entsprechende Katechismus-Antwort auf diese Frage. Warum kennen heute junge Menschen diese Frage nicht einmal vom Hörensagen her? Der Hinweis auf den Funktions- und Bedeutungswandel, wenn nicht sogar Funktions- und Bedeutungsverlust von Religion in den modernen und d. h.: sich zunehmend säkularisierenden (europäischen) Gesellschaften (vgl. Taylor 2009) ist sicher ein nahe liegender Erklärungsgrund; denn mit diesem Verlust schwindet natürlich nicht nur die Kenntnis von traditionell großen Fragen, sondern es erodieren auch die Plausibilitätsressourcen für Antworten, wie sie mein Aachener katholischer Katechismus von 1940 (!) auf die eben genannte implizite *Vodafone*-Frage noch bereithielt: „Wir sind dazu auf Erden, dass wir den Willen Gottes tun und dadurch in den Himmel kommen".

Diese Antwort dürfte ihre Anschlussfähigkeit heute radikal eingebüßt haben angesichts eines Lebensgefühls, wie es etwa im Buchtitel von Christoph Schlingensiefs *Tagebuch einer Krebserkrankung* (an der er im August 2010 starb) in exemplarischer Prägnanz symptomatisch zur Geltung kommt: *So schön wie hier kanns im Himmel gar nicht sein!* (2009). Gleichwohl! Auch dieser Tagebuch-Titel mit seiner expliziten Opposition zwischen „hier" und „im Himmel" negiert erkennbar den Himmel ebenso wenig wie der o. g. *Vodafone*-Satz die Relevanz der großen Frage negiert, warum wir auf der Welt sind. Was in beiden Fällen allenfalls negiert wird, ist eine in jahrhundertelanger Tradition eingeübte und kanonisierte Antwort, die dem „Hier" prinzipiell bestreitet, etwas anders sein zu können als das „Jammertal", das man möglichst schnell verlassen zu wollen (oft scheinheilig) bekannt hat (vgl. Kap. 3.1), ob dieses „Jammertal" nun als Fremde, Exil, Gefängnis/Kerker, lichtlose Höhle oder wie auch immer genauerhin benannt wurde. Der visuelle Code des Plakats, der die verbalisierte Negation („Du bist *nicht* auf der Welt [...] [meine Hervorhebung, J. K.]") mit einer positiven Bildbotschaft textpragmatisch komplettiert, *widerspricht* dieser alteuropäischen Diagnose auch erst gar nicht; vielmehr *konfrontiert* er diese Diagnose einfach mit dem persuasiv weit suggestiveren Verweis auf die Evidenz bzw. Präsenz eines gelegentlich fast rauschhaft gelebten Lebens, das bezeugen kann, wie „schön" es „hier" sein kann, wenn die Erde als unser Zuhause bejaht wird. Diese Grundstimmung ist mittlerweile generationsübergreifend so verbreitet und selbstverständlich geworden, dass sie als Antwort auf die alte große Frage kaum noch bewusst wird, weshalb die „Wonnen der Gewöhnlichkeit" und Behaglichkeit (Thomas Manns *Tonio Kröger*) zum Leidwesen misslauniger Zeitgenossen auch partout kein schlechtes Gewissen mehr zu erzeugen vermögen. Die Aussöhnung mit unserer Erde als dem vielleicht einzig lebensfreundlichen Planeten scheint weithin gelungen zu sein; vom Verlustschmerz bezüglich der großen Frage jedenfalls ist zur Zeit so wenig zu spüren, wie es nach Lyotards Diagnose auch keine „Sehnsucht nach den verlorenen [großen] Erzählungen" in nennenswerter Weise gibt (1986, 121), die traditionell solche großen Fragen narrativ zu beantworten versuchten, indem sie etwa das irdische „Jammertal" als Folge der Paradiesvertreibung erklären zu können beanspruchten.

Dennoch! Auch die *Vodafone*-Behauptung, dass wir nicht zum Schweigen auf der Welt sind, bezieht bis in ihre grammatische Finalstruktur hinein ihre angemessene Verstehbarkeit aus ihrer Funktion als Antwort auf die unterstellte große Frage nach dem „Wozu?" unserer Existenz (vgl. Spaemann und Löw 1981). Selbst wenn die von ihr nicht problematisierte Finalität spätestens seit Darwin auf die Evolutionsgeschichte in toto nicht mehr anwendbar ist, als *individuelle Sinnfrage* dürfte diese große Wozu-Frage weiterhin schwerlich dementierbar sein. Und wenn sie heute in der Regel ihre Antwort auch ohne Transzendenzreferenz finden muss, wie sie von Weg- und Missionskreuzen als ständige Mahnung traditionell bekannt war („Rette deine Seele!"), – auch in ihrer Immanenzverhaftung bleibt die Antwort auf die große Wozu-Frage binarisiert, will sagen: auch im „Hier" gibt es neben Rettung mögliches Versagen, nämlich neben sozialer Inklusion auch soziale Exklusion: „*Wer schweigt, zählt nicht* [meine Hervorhebung, J. K.]" – so die ebenso griffige wie erschreckende Diagnose eines einschlägigen *Zeit*-Artikels von Adam Soboczynski über die neue „Höfische Gesellschaft" im „omnipräsenten Kampf um Geltung" und öffentliche Aufmerksamkeit.[6] Die Exklusionsopfer kennen wir gelegentlich sogar mit Namen und Adresse, wenn sie etwa, um sich zu rächen, zu Amokläufern werden wie Anders Breivik 2011 in Norwegen. Doch auch ohne solch dramatische Folgen bleibt wahr, dass unter Bedingungen des Reden-Müssens das Nicht-Reden-Können exklusionsbedrohliche Folgen implizieren kann. Das gilt besonders heute, doch es galt auch unter traditionellen Bedingungen von *offline*-Kommunikation, wie der besonders prominente Fall Jürgen Habermas belegt. Erstmals 2004 hatte er in einer öffentlichen Rede Erstaunliches preisgegeben, dass nämlich sein „obsessiv" kommunikationstheoretisches Frageinteresse u. a. wohl auch „lebensgeschichtliche Wurzeln" habe: Er berichtete von dauernden Kränkungen, die er seit frühester Kindheit aufgrund einer organisch bedingten Sprechschwierigkeit (Hasenscharte) erlitten habe und die ihn dafür sensibilisiert hätten, dass „sich erst im Misslingen das Medium der sprachlichen Kommunikation als *Schicht einer Gemeinsamkeit* aufdrängt, ohne die wir auch als Einzelne *nicht existieren können* [meine Hervorhebung, J. K.]" (2005, 16 ff.). Diesem lebensgeschichtlich erlittenen „Misslingen" verdanken wir also wohl eine der beiden wichtigsten, weil kommunikationstheoretisch fokussierten soziologischen Gesellschaftstheorien (die andere stammt aus Luhmanns Feder), an denen sich auch kein rhetorisches Frageinteresse mehr heutzutage ohne Schaden vorbeimogeln kann.

Die erwähnte soziale Exklusionsandrohung lässt sich auch an einem anderen *Vodafone*-Satz des Werbeplakats festmachen, der besonders deutlich auf den bereits angedeuteten Subtext der Werbe-Botschaft verweist und deren eigentliche persuasive Tiefenstruktur überhaupt erst hörbar macht, so harmlos er vorerst auch klingen mag: „Es ist Deine Zeit.". Das ist sie natürlich zunächst einmal für jeden, der die „Vodafone SuperFlat" gekauft hat und mit dieser Netzbenutzungsoption über eine (fast) unbegrenzte mediale Redezeit verfügt. „Es ist Deine Zeit": Das ist sie aber auch für jeden, der im Hier und Heute lebt und in der visuell codierten Botschaft das Lebensgefühl seiner Zeit wiedererkennt, an dem er selbstverständlich Anteil haben möchte. Was ja auch ganz einfach möglich zu sein scheint: Die an gängige Musikfestivals erinnernde Bildszene hat – wie bereits erwähnt – einigen der Fans, die ihre Stars auf der Bühne begeistert feiern, Handys in die Hände gegeben und weist so in einer für Werbung recht unaufdringlichen Weise darauf hin, dass man die Teilhabe an diesem Lebensgefühl natürlich käuflich erwerben kann. Dennoch! „Es ist Deine Zeit" – diese zentrale Leitbotschaft, die *Vodafone* am 8. Juli 2009 in Köln vorstellte, um im Konkurrenzkampf mit der Telekom eigene Marktanteile zu verbessern, diese Leitbotschaft verschweigt ihren latenten, dem Subtext verdankten Unterton einer

---

6 In *DIE ZEIT*, 44 vom 22. Oktober 2009, 47.

Drohbotschaft nicht ganz, die traditionell auch die großen Uhren in und an den Kirchen vermitteln sollten: Es ist Deine Zeit! Nutze sie klug! „Dann ihr wisset nit zu welcher stund der herr kommen wirdt".[7] Wem diese religiös grundierte Mahnung an die begrenzte bzw. knappe Ressource Lebenszeit bereits fremd geworden ist, mag sich an deren säkulare Substitute erinnern, wie sie u. a. aus der philosophisch gestimmten Reflexionstradition über die „Kürze des Lebens" vertraut sind, die von Seneca (*De brevitate vitae*) bis zu Odo Marquard reicht (2003, 11 ff., 220 ff.) und die gleiche Mahnung variiert, die auch Benjamin Franklins „time is money" enthält, nämlich: mit knappen Gütern klug umzugehen! (vgl. Schnabel 2010, 170 ff.). An eben diese Klugheit appelliert nicht minder (wie vermittelt auch immer) das *Vodafone*-Plakat, das mit seiner Leitbotschaft „Es ist Deine Zeit" seine latente soziale Exklusionsandrohung jedenfalls weit weniger versteckt als die banale Tatsache, dass die „Zeit" ja wohl erst einmal bezahlt werden muss, bevor sie *Vodafone* seinen Kunden großzügig in Gestalt von „SuperFlats" als deren Zeit zurückerstatten will.

Was aber hat das alles mit Reden zu tun, gar mit Rhetorik, um die es uns in dem hier vorgelegten Versuch einer *Einleitung* ja geht? Die Bildbotschaft, wenn man sie in der vorgeschlagenen Weise als visuelles Komplement der verbalen Aussage liest, zeigt doch überhaupt keine spezifische Redesituation, die dem verbalen Schweigeverdikt zum positiven Appell verhelfen könnte. Allenfalls zeigt die Bildbotschaft eine typische Situation von jungen Leuten, die „gut drauf sind" und zu denen alles passen würde, nur nicht, dass sie schweigen würden. Das reicht *Vodafone* offensichtlich längst aus, um als Stimmungshintergrund für eine Werbung zu fungieren, die ja primär auch gar nicht fürs Reden werben will, auch nicht für ein technisch/medial entgrenztes Redenkönnen, sondern für die Wahl eines bestimmten Netzes auf dem *Flatrate*-Anbietermarkt. Darum kann *Vodafone* es auch beim zunächst höchst vage klingenden „Sag es" belassen. Dennoch bleibt diese *Vodafone*-Werbung auch für ein rhetorisches Frageinteresse von Belang, weil sie ihr Verkaufsangebot ja mithilfe eines doppelcodierten Stimmungsbildes formuliert, dessen allgemeine Botschaft auch für Rhetorik uneingeschränkt gilt, wenn Rhetorik denn eine spezifische, nämlich *persuasiv funktionalisierte Redetheorie* meint. Auch für diese spezifische Redetheorie trifft die allgemeine Botschaft des *Vodafone*-Plakats zu: *für Menschen ist Reden eine zentrale Bedingung ihres sozialen Überlebens.*[8]

---

7 Inschrift an einer Kirchenuhr in Tirol.
8 Das gilt von Geburt an, wie die Hospitalismusforschung ebenso belegen kann wie die schrecklichen „Kaspar-Hauser-Experimente" mit Kindern. Systemtheoretisch generalisiert lautet diese These bei Luhmann, dass sich Gesellschaften allein durch Kommunikation reproduzieren, s. bes. 1997/1, 190 ff.

Die Wahrheit dieser *Vodafone*-Botschaft wird nicht dadurch relativiert, dass mittlerweile selbst in Kirchen „Zonen der Stille" eingerichtet werden müssen, die Menschen vor dem notorischen Redebedürfnis anderer Menschen schützen sollen, die ihnen die paradoxe Rolle passiver Kommunikationsteilnahme aufzwingen und sie damit ebenso wehrlos wie wütend machen. Ich will auch eine andere mögliche Irritation nicht unerwähnt lassen, sobald sich das ikonographische Arrangement der *Vodafone*-Botschaft als mögliche intertextuelle Referenz auf Eugène Delacroix's berühmte Allegorie der französischen Juli-Revolution von 1830 *La Liberté guidant le peuple* (Die Freiheit führt das Volk) (1833) aufdrängt und dabei vielleicht sogar auch noch an Heinrich Heines *Heilige Julitage von Paris!* erinnert. Doch auch ein solcher Austausch der Trikolore durch das Handy muss nicht unbedingt den Verdacht auf zunehmende Entpolitisierung von Öffentlichkeit und öffentlicher Rede bestätigen (vgl. Meyer 1994; 2001); man kann diesen Austausch auch wohlwollender als Hinweis auf Optionschancen für ein mediatisiertes Reden lesen, das politisch durchaus relevant werden kann bzw. längst geworden ist, insofern es die traditionellen Schutzmauern für politische Redeverbote weltweit löcherig macht (z. B. *Wikileaks*) und sich eine Vielzahl innergesellschaftlicher Netzwerke schafft mit je eigenen Kommunikationskulturen und Redeformen, die auch für die Rhetorik nicht folgenlos bleiben können (s. u. Kap. 12).

Es gibt also durchaus Gründe, warum Rhetorikern der *Vodafone*-Leitsatz – ungeachtet seiner primär werblichen Aussageintention – gefallen könnte. Mir gefällt er besonders deshalb, weil er viele Optionen sinnexplizierender Fortsetzungen erlaubt, die gemäß der zugrundeliegenden Sinnlogik des Leitsatzes aber alle nur Variationen des gleichen Grundtheorems sind, in dem sich – wie oben bereits gesagt – auch das *Credo jeder Rhetorik* in allgemeiner und völlig unprätentiöser Weise artikulieren lässt: *Wir sind nicht auf der Welt, um zu schweigen, sondern mittels Reden unser soziales Überleben zu sichern.*

Wenn das so ist, warum beginnen wir dann den Hauptteil dieser *Einleitung in die Rhetorik* in Kapitel 3 nicht mit einem ja durchaus möglichen historischen Anschluss dieser These an Aristoteles, sondern mit einem Kapitel über das Schweigen als monastischem Eliteprojekt? Dieses Projekt droht heute zwar aus nicht ganz unverständlichen Gründen auszusterben, doch jahrhundertelang hat es dem (mit *Vodafone* übereinstimmenden) Aristotelischen Theorem erfolgreich zu widersprechen vermocht, das ja auch behauptet: wir hätten unsere singuläre Redekompetenz von der Natur nicht bekommen, um zu schweigen (s. u. Kap. 4). Warum also über das Schweigen reden? Meine Antwort: Über das Schweigen darf nicht schweigen, wer über das Reden reden will, weil das Schweigen eine ebenso singuläre Kompetenz des Menschen ist wie das Reden und weil (im Unterschied zum Stumm-Sein) nur schweigen kann, wer des Redens mächtig ist. Dieses wechselseitige Bedingungsverhältnis zwischen Reden und Schweigen werde ich daher in Kapitel 3 nutzen, um auch das Schweigen unter bestimmten Voraussetzungen als eine, wenn auch dialektische *Hommage an das Reden* zu verteidigen.

2.2 Zweimal Rhetorik?

„Der Mensch ist ein Wesen, das spricht". Dieser Satz könnte zunächst als eine bloß definitorische Reformulierung des eben von *Vodafone* inspirierten Rhetorik-Credos verstanden werden. In Wahrheit zitiert dieser Satz aber Heideggers Übersetzung einer Aristotelischen Definition des Menschen, die für die europäische Denkgeschichte fundamental war und erkennbar nur das eben genannte Theorem wiederholt, dass die Natur nichts umsonst tue: „Der Mensch ist ein Wesen, das logos hat" (*animal rationale*) (2002, 107). Wir werden unten in Kap. 7 auf die entsprechende Heidegger-Vorlesung von 1924 noch ausführlicher zu sprechen kommen, weil ich sie mit Blick auf die Rehabilitationsgeschichte der Rhetorik für keinen Glücksfall halte; hier soll der Hinweis vorerst genügen, dass diese Übersetzung eines Aristotelischen Schlüsseltheorems bei Heidegger zum Ausgangspunkt einer von Aristoteles sehr weit weg führenden normativen Differenzierung des Redens nach ihrer eigentlichen und nicht-eigentlichen Gestalt („Gerede" genannt) gemacht wird. Später identifiziert Heidegger diese Differenzierung sogar mit der gleichsinnigen Platonischen Unterscheidung zwischen sophistischem und philosophischem Redegebrauch und zieht damit Rhetorik noch einmal in die alte notorische Konfliktbeziehung zwischen Philosophie und Sophistik hinein, die den defizitären Theorie-Status der Rhetorik für Jahrhunderte geprägt hatte und alltagssprachlich noch bis in die Gegenwart hinein virulent blieb („bloß Rhetorik" im Sinne von „Worte, nichts als Worte", also nicht ernst zu nehmen, weil nicht ernst gemeint). Diese von Platons Autorität bestimmte Rhetorikabwertung erklärt, warum die philosophische Rehabilitierung der Rhetorik in den letzten Jahrzehnten von einem gewissen antiplatonischen Affekt nicht ganz frei sein konnte – was auch für diese *Einleitung in die Rhetorik* vorweg zugestanden sein soll, die, weil sie ja explizit eine Einleitung in die philosophisch endlich rehabilitierte Rhetorik als substanziellen Kern des „rhetorical turn" sein will, die historischen Erschwernisbedingungen dieser Rehabilitierung nicht einfach ausblenden kann. Doch vorerst beschränke ich mich hier nur auf einen Vergleich zwischen zwei Schlüsselszenen, die das unterschiedliche Interesse von Philosophie und Sophistik an Rede bzw. Rhetorik noch ganz vortheoretisch, nämlich an sinnlichen Situationsmerkmalen zu illustrieren vermögen.

Die eine Szene entnehme ich dem berühmten *Philosophenmosaik* von Torre Annunziata (Museo Nazionale in Neapel) (Abb. 2). In einer mit „intensive Idylle"

Abb. 2: Das Philosophenmosaik von Torre Annunciata 1. Jahrh. v. Chr. (Museum Neapel)

überschriebenen Kapitel hat Sloterdijk dieses Mosaik in einer ebenso einfühlsamen wie hochgradig spekulativen Interpretation als „Urszene" jener philosophischen Lebensweise gedeutet, die sich zum *Schauen* (*bios theoretikos/vita contemplativa*) berufen weiß und nicht zum Handeln (1999, 12 ff.).[9] Den entsprechend „sezessionistischen" Charakter solchen Schauens (*theorein*) liest Sloterdijk daran ab, dass diese Szene mit den sieben um die Kugel versammelten und im Schauen vereinten Philosophen erkennbar außerhalb der Stadt angesiedelt ist und damit anzeigt, „dass sich die Freiheit zur Theorie nur im Bruch mit der Stadt

---

[9] Anaxagoras soll auf die Frage, wozu wir auf der Welt sind, geantwortet haben: „eis theorian", d. h. „zum Schauen", vgl. Pieper 2012, 75; allgemein 2012, 57 ff. Ebenso Goethe, *Faust* II, 5 (Lynkeus der Türmer): „Zum Sehen geboren// Zum Schauen bestellt [...]".

verwirklicht" (1999, 18); denn die Kugel als gestalthaftes Vollkommenheitssymbol muss jedes Eingreifen- und Verändern-Wollen oder gar Verändern-Müssen sistieren und durch „kontemplative Dankbarkeit" für die gewährte Teilhabe an einer „geschauten" Wirklichkeit ersetzen, die keiner verändernden oder gar verbessernden Einwirkung bedarf, sondern nur noch zur „Kugelfrömmigkeit" (1999, 41) nötigt oder als „gutes Glück" genossen werden kann – so der Name des von Goethe 1777 in seiner Gartenhaus-Anlage an der Ilm erbauten Kugel-„Altars" (1999, 42–43). Obwohl Sloterdijk sich die auf dem Mosaik dargestellte Szene auch als „streitbare Debatte" zwischen den sieben Philosophen vorstellen kann, spielt er mit einem Gedanken, der mir weit plausibler und situativ weit angemessener zu sein scheint, nämlich dass sie in „stummer [!] Meditation" (1999, 16) verharren, wie ich sie mir auch nur vor dem erwähnten „Altar des guten Glücks" als passende Haltung vorstellen kann. Denn auch der gehorcht ja der „subtilen Dissidenz" (1999, 19), indem er vor die Toren Weimars verlegt worden ist, wo die Natur einer schweigenden Vernunft mehr Raum zu geben vermag als in den lauten Gassen der Stadt. Wenn jedoch heute selbst schmalste Hausgärten und engste Hauseingänge regelhaft von (Glas-, Plastik-, Keramik-)Kugeln überquellen, zeigt das wohl weniger an, dass sich auch auf kleinsten Raum „sezessionistische" Träume träumen lassen, sondern eher, dass sie sich erfolgreich zu bloß dekorativen Gartenträumen haben zähmen lassen.

Das o. g. *Philosophenmosaik* dient einschlägigen Publikationen gelegentlich als geschätzte Cover-Einstimmung auf Einführungen in „die antike Philosophie" (vgl. beispielsweise Niehues-Pröbsting 2004). Damit ist sicher der *mainstream* antiker wie nachantiker Philosophie ebenso treffend charakterisierbar wie mit dem Begriff „Kugeldenken", den Sloterdijk für diesen Philosophietyp „stummer Meditation" neben den eben bereits genannten erfunden und damit die Metaphernwelt wieder einmal um zitierfähige Beispiele bereichert hat (1999, 27 und öfter; zur „Kugel-Ontologie" 1999, 117). Was sich mit dieser Metapher aber so wenig wie mit dem erwähnten Coverbild angemessen beschreiben ließe, das ist ein spezifischer Typ von Philosophie, den manche schon gar nicht mehr Philosophie nennen würden (so erfolgreich war Platons Verdikt), den aber die Rhetorik für ihre theoretische Grundlegung notwendig voraussetzen muss. Bekannt ist dieser Typ von Philosophie unter dem gelegentlich auch heute noch leicht anrüchigen Namen *Sophistik* (vgl. dazu unten Kap. 8). Von ihr muss hier kurz die Rede sein, um wenigstens umrisshaft ein erstes Kontrastbild zu der eben geschilderten Szene des *Philosophenmosaiks* und ihrem inhärenten Redeverzicht entwerfen zu können.

Die präzisere Kontrastszene zu dieser außerstädtischen Idylle werden wir zwar erst unten (in Kap. 9) in Gestalt des relativ unbekannten, weil zum „fesselnden" Redner mutierten alten Herakles kennenlernen, dessen rhetorische

„Fesselungsarbeit" (mithilfe goldener (!) Ketten) sich mit dem philosophischen „Kugeldenken" besonders sinnfällig kontrastieren lässt. Doch schon hier können wir auf ein bekannteres und durchaus einschlägiges Beispiel einer lehrreichen Kontrastszene zur meditativ-kontemplativen Idylle philosophischer Denkarbeit verweisen, wie sie das *Philosophenmosaik* exemplarisch repräsentiert. Das gemeinte Beispiel, das auch kein geringerer als Hegel dem attraktiven Sophistik-Kapitel seiner *Vorlesungen über die Geschichte der Philosophie* zugrunde legt (1978, 413 ff.; ebenso Jaeger 1959/1, 364 ff.), hat genau mit dem Starsophisten zu tun, den Plato in einem gleichnamigen Dialog nicht ohne karikierende Häme porträtiert, gemeint ist Protagoras, um den die entsprechende Kontrastszene dramaturgisch inszeniert ist. Er ist es, dem wir nach Heinrich Gomperz' kühner These von 1912 (!) „die einzige philosophische Grundlegung der Rhetorik [verdanken], die es jemals [!] gegeben hat", wenn man darunter mit Gomperz nicht weniger als eine eigensinnige „Philosophie der Rhetorik" versteht, die etwas ganz anderes meint als bloße „rhetorische Theorien [von] Philosophen" (1965, 258; vgl. Oesterreich 2003 und Vorwort von Vittorio Hösle). Über diese rhetorikinhärente „Philosophie" ist zwar in der gemeinten Porträtskizze des Protagoras in Platons Dialog nicht die Rede, doch ihr Schlüsselbegriff wird darin mithilfe einer metaphorischen Umschreibung durchaus präzis, wenn auch mit pejorisierendem Unterton bestimmt, nämlich: „bezwingen": Rhetorisches Reden will Menschen nach Platon bezwingen. Schleiermacher übersetzt das griechische Original (*kelein*) mit „kirren", Hegel, Jaeger und Most übersetzen es mit „bezaubern"; man könnte auch die oben schon zitierte Metapher „fesseln" verwenden, um die Paradoxie eines „zwanglosen Zwangs" anzudeuten, mit der wir unten (Kap. 9) die spezifische Wirkung der Überzeugungskraft von Rede in Anlehnung an Habermas noch genauer bestimmen werden.

Kurz zur Situation (vgl. auch Jaeger 1959/2, 165 ff.): Protagoras ist mit zwei weiteren berühmten Kollegen (Prodikos und Hippias) in Athen eingetroffen und in der Luxusvilla des Kallias abgestiegen, zu der bereits frühmorgens Hippokrates auf dem Weg ist, um mithilfe seines (nicht gerade begeisterten) Mentors Sokrates den großen und allseits umworbenen Protagoras (natürlich für teures Geld) als seinen Lehrer zu gewinnen. Nach einigen Schwierigkeiten mit dem Türhüter, der ihnen den Zugang zunächst verweigert, können sie sich schließlich doch in die Vorhalle vordrängen. Hier nun die gemeinte Porträtskizze in geraffter Form, die Platon seinem Lehrer Sokrates in den Mund legt:

> Als wir nun eingetreten waren, trafen wir den Protagoras in dem vorderen Säulengange herumwandeln. Neben ihm gingen auf der einen Seite Kallias [...] auf der anderen aber der andere Sohn des Perikles [...]. Andere aber zogen hintendrein und hörten dem, was gesprochen wurde, zu, und von diesen schienen der größte Teil aus Fremden zu bestehen, welche

> Protagoras aus allen Städten, durch welche er kommen mag, *hinter sich herzieht durch den Zauber seines Mundes, wie Orpheus, so dass sie alle willenlos diesem Zauber nachfolgen*; es waren aber auch einige von den Einheimischen in diesem Reigen. An dem Anblicke dieser letzteren nun hatte ich am meisten meine Freude, nämlich darüber, wie hübsch diese stummen Zuhörer sich davor in acht nahmen, dem Protagoras vorn in den Weg zu treten, vielmehr, sooft er und die, die mit ihm gingen, sich umdrehten, sich sittig und wohlgeregelt auf beide Seiten verteilten, kehrtmachten und sich dann hinten in der schönsten Ordnung wieder anschlossen [meine Hervorhebung, J. K.]. (*Prot.* 315a)

Ich habe diese Schilderung nach der Übersetzung von Glenn W. Most zitiert, der sich auch für diese Auftrittsszene eines Sophisten interessiert, freilich aus einem anderen Grund: Er vermutet in ihr die Vorlage für Raffaels berühmte *Schule von Athen* (1999, 64)! Mich interessiert an dieser Auftrittsszene nicht ihr mögliche Modellcharakter für eines der bekanntesten Bilder der europäischen Kunst, sondern ihr Kontrastcharakter zu dem oben erläuterten *Philosophenmosaik*. Für dieses Interesse ist die Szenenschilderung, wenn man sie als Porträtskizze eines Starsophisten liest, in mehrfacher Hinsicht bemerkenswert: Zunächst ihre auffällige Fokussierung auf die choreographischen (*choros*!) Details dieser Selbstinszenierung eines der berühmtesten Sophisten, die natürlich gezielt kontrastieren soll mit dem um Zutrittserlaubnis geradezu bettelnden Sokrates, der für Platon dennoch der einzig richtige und wahre Lehrer für Hippokrates wäre. Mit diesem Lehrer wäre eine solche Auftrittszeremonie, wie sie Protagoras genießt, schon stilistisch schlechterdings undenkbar, weshalb sie auch sofort abgebrochen wird, als es Sokrates gelingt, den berühmten Sophisten in ein Gespräch zu verwickeln über die Frage, was er denn seine Schüler, zu denen ja auch Hippokrates so gerne zählen möchte, eigentlich lehre und ob das, was er lehren wolle, überhaupt lehrbar sei. Aus der Fangemeinde des Meisters, die staunend und fast unterwürfig seinen Schritten folgt und seine Bewegungen geradezu umtänzelnd begleitet, wird plötzlich ein Sitzkreis, in dem zwei Denker diskursiv über die Plausibilität und Durchführbarkeit des sophistischen Lehr- (bzw. „Paideia"-)Projekts streiten.

Bevor ich auf den in diesem Zusammenhang von Protagoras vorgetragenen anthropogenetischen Mythos eingehe (der eine antike, also außerjüdische Schöpfungsgeschichte des Menschen erzählt), sei aber vorher auf ein noch nicht genügend beachtetes Detail dieser Porträtskizze verwiesen, nämlich auf den ebenso reizvollen wie durchaus (zumindest aus Platonischer Sicht) höchst ambivalenten Vergleich von Protagoras mit Orpheus. Für höchst ambivalent halte ich Platons Orpheus-Vergleich, weil er aus Protagoras gleichsam einen *redenden Orpheus* macht. Damit wird der Rede eine bezwingende Macht attestiert, die der Mythos traditionell an Orpheus und seiner alles bezaubernden (griech. wieder *kelein*) Sang- und Saitenspielkunst demonstriert, dem sich bekanntlich selbst der Höllenhund und das Herrscherpaar der Unterwelt nicht entziehen können, weshalb

Orpheus das eigentlich Unmögliche erlaubt wird, nämlich seine Eurydike in die Oberwelt zurückzuholen – was ja beinahe auch gelungen wäre, hätte er nur selbst der Macht seiner Liebe vorbehaltlos vertraut. Als Symbol für die alles besiegende Macht der Liebe mag die Musik zwar eine schwer überbietbare sinnfällige Evidenz besitzen, doch als Vergleichsreferenz für die Macht der Rede verliert die Musik ihre Unschuld in dem Masse, als sie die originäre und eigensinnige Qualität der Rede, wie sie Sokrates im anschließenden Streitgespräch mit Protagoras ja auch exemplarisch zur Geltung bringt, völlig verkennt, nämlich sich als Medium anzudienen für die fällige Rechtfertigung (*logon didonai*, vgl. Kopperschmidt 1996, 74 ff.) wechselseitig erhobener bzw. bestrittener Geltungsansprüche durch ihre jeweils zu überzeugter Zustimmung nötigenden Einlösung bzw. Bestreitung. Das klingt fast wie die Funktionsbeschreibung rhetorischer Verständigungsarbeit, wie wir sie später vorschlagen werden. Das kann auch gar nicht anders sein, weil ja auch Sokrates nachweislich über keine andere Verständigungsmethode verfügt als sie die Rhetorik unter dem Namen „Argumentation" lehrt (s. bes. Kap. 11). Freilich bestreitet er, dass die Sophistik mit dieser Methode überhaupt ein ernsthaftes Verständigungsinteresse verbinde; es gehe ihr nur – so seine Behauptung – um die Durchsetzung privater Erfolgsabsichten. Eben darauf zielt ja auch der ebenso ingeniöse wie maliziöse Orpheus-Vergleich, der ja den an Protagoras adressierten impliziten Vorwurf enthält, Sprache bzw. Rede funktional für die Abrichtung eines gezielt „willenlos" (s. o. Zitat!) gemachten Publikums zu missbrauchen, dem man dann natürlich umso leichter seinen eigenen Willen oktroyieren kann, weil es ihn so leichter als den eigenen sich zu eigen zu machen bereit ist. Das steht zwar so nicht direkt in Platons Porträtskizze, doch die Ergänzung, die ich einem heute wieder zur Zitation freigegebenen Buch zu entleihen gewagt habe,[10] trifft durchaus die Sokratische Insinuationsabsicht, insofern sie den Starsophisten bereits in der Dialogexposition in einem möglichst ungünstigen Licht erscheinen lassen will, bevor er auch nur ein Wort hat sagen können. Sobald Platon ihn freilich sprechen und seinen anthropogenetischen Mythos erzählen lässt, erschließt dessen narrative Explikation ein Plausibilitätspotential für die anstehende Frage nach der Lehrbarkeit politischer Bildung, dem sich auch Sokrates nicht entziehen kann; denn für seine eigene Befindlichkeitsbeschreibung wählt er die gleiche Musikmetapher, mit der Platon Protagoras' Wirkung auf seine Fangemeinde beschrieben hatte: Er fühle sich wie „verzaubert" (*kelein*). Da ihm diese Metapher aber Platon in den Mund gelegt hat, darf man dem Kompliment natürlich nicht ganz trauen,

---

10 Ich meine das einschlägige Kapitel II, 6 aus Hitlers zum Bestseller sich entwickelnden *Mein Kampf* (*Eine Kritische Edition*. München und Berlin: IfZ, 2016, 2 Bde.), in dem das Steuerungsparadigma als methodische Schwächung der Widerstandskraft eines Publikums in ungeschönter Offenheit beschrieben und empfohlen wird; vgl. unten Kap. 12 und Kopperschmidt 2003.

sondern muss seine o. g. ironische Ambivalenz mithören, die sich dann auch recht bald zu erkennen gibt, wenn Sokrates nämlich in einer kleinen Nachfrage um eine scheinbar harmlose Begriffsklärung bittet, die natürlich in gewohnter Sokratischer Manier den Diskurs in heillose Aporien verstrickt, aus der sich Protagoras nur mithilfe der dafür typischen Formel „darüber lass uns später einmal reden" retten kann (361e). Das soll natürlich noch einmal exemplarisch den Verdacht auf das lenken, was der anfänglich skizzierte theatralische Auftritt des Starsophisten und seine orphisch gestimmte Wortmusik alles an Fragen verhindert oder überspielt, obwohl sie zur wirklichen Klärung der verhandelten Sache unerlässlich wären. Wortmusik – so lautet wohl die gewollte Botschaft – ist eben kein geeignetes Diskurs- und Verständigungsmedium, sondern verewigt nur die „Sklavenerziehung" in der Höhle des Nicht- und Scheinwissens, wie es später im berühmten, durch und durch antisophistisch gestimmten Höhlengleichnis Platons heißen wird (vgl. Niehues-Pröbsting 1999, 359; s. Kap. 3.3 und Kap. 7).

Erstaunlicherweise wird diese als bloß erfolgsorientiert denunzierbare *Überredungsrhetorik* (s. Kap. 11.3) von Platon aber nicht total verdammt, sondern für einen Zweck toleriert und sogar funktionalisiert, der sie als Mittel zu heiligen vermag und die sogar mit einer Lügenlizenz ausstattet. Mit diesem Zweck ist ihre strategische Indienstnahme durch die Philosophie gemeint, um Menschen, die mit philosophischen Diskursen nicht erreichbar und daher zum Verlassen der Höhle auch nicht zu bewegen sind, wenigstens erfolgreich zu nötigen, sich von Philosophen in der Höhle beherrschen zu lassen. Ich werde die solchermaßen für Platon pragmatisch legitimierbare Überredungsrhetorik *Konzessionsrhetorik* nennen, weil sie ihre Legitimierung allein der Konzession an die mentale Insuffizienz von Zuhörern verdankt (s. Kap. 3.3). Nur als diese Konzessionsrhetorik ist Rhetorik für Platon interessant und verliert ihre sophistische Anrüchigkeit durch ihren Überredungszweck, nämlich *der Wahrheit zum Erfolg zu verhelfen*; und nur als diese Konzessionsrhetorik hat Rhetorik auch geschichtlich überhaupt überlebt und konnte erfolgreich für die Vermittlung außerphilosophischer Wahrheiten allgemein beerbt werden, wie es z. B. durch Augustin geschehen ist im Interesse der Durchsetzung göttlicher Offenbarungswahrheiten (Kap. 3.4). Das ließ die Religion für lange Zeit (neben Literatur, Stilistik, Politik, Werbung usw.) zu einer wichtigen Schutzmacht der Rhetorik in Gestalt der Homiletik werden, was freilich auch deren bloß konzessionistische Funktionsregression lange Zeit zu stabilisieren half (s. Kap. 11.3).

Dass es eine ganz andere, nämlich eine nicht-konzessionistische Legitimationschance für Rhetorik gibt, ist heute gottlob kaum noch strittig, seitdem die oben zitierte Gomperz'sche Formel „Philosophie der Rhetorik" nicht mehr nur an die Sophistik als historischen Theorierahmen für ein nicht-reduktionistisches Rhetorikkonzept erinnern muss, sondern auf eine zwischenzeitlich tatsächlich gelungene Aussöhnung zwischen Philosophie und Rhetorik verweisen kann. Als verlässlicher Maßstab für das Gelingen einer solchen Aussöhnung kann der Grad gelten, in dem das antiplatonische Kerntheorem der Sophistik wie Rhetorik, dass nämlich „der Mensch das Maß aller Dinge sei", in seiner kognitiven wie normativen Bedeutungsdimension von der Philosophie rezipiert und ratifiziert worden ist (s. Kap. 3.4 und Kap. 8). Erst diese Aussöhnung, die natürlich nur von der Philosophie ausgehen konnte, weil nur sie die rhetorische Methodisierung dieses Kerntheorems als attraktives Modell einer modernen, nämlich zustimmungsabhängigen *Vernunft- und Geltungstheorie* entdecken konnte, – erst diese Aussöhnung hat ein Rhetorikverständnis möglich gemacht, für das in dieser *Einleitung in die Rhetorik* emphatisch geworben wird, eben nicht für eine konzessionistisch restringierte und nur am bloßen Erfolg orientierte Überredungsrhetorik, sondern für eine *zustimmungsbezogene Überzeugungsrhetorik*, deren Vernunftanspruch sich allein an die Prozessbedingungen gelingender Überzeugungsarbeit bindet (s. Kap. 11.3).

Für dieses Rhetorikkonzept ist besonders Blumenberg wichtig und einflussreich geworden, der in dem für die philosophische Rehabilitation der Rhetorik ebenso fundamentalen wie stilistisch grandiosen Aufsatz von 1981 die *anthropologischen* Voraussetzungen der Rhetorik freizulegen versucht hat, weshalb ich u. ein eigenes Kapitel seinem Rhetorikinteresse widme (Kap. 5). Freilich sind die Spuren dieses anthropologischen Rhetorikinteresses bis in den oben bereits genannten, aber noch nicht nacherzählten und erläuterten anthropogenetischen Mythos zu entdecken, den Platon in seinem *Protagoras*-Dialog (gottlob) den Starsophisten erzählen lässt, für dessen Inhalt er aber wenig Interesse zeigte, weil sein Frageziel primär der allgemeinen Lehrbarkeit von Tugend galt. Da dieser Mythos für unser Frageinteresse aber nicht nur mit Blick auf Blumenberg wichtig ist, sondern für eine theoretische Fundierungschance einer Rhetorik überhaupt, die sich nicht konzessionistisch auf eine Sozialtechnologie restringieren lassen will, sei die Erläuterung dieses Mythos hier kurz nachgeholt.

2.3 Verlegenheitsrhetorik

Wer für eine nicht-konzessionistisch restringierte Rhetorik erfolgreich werben will, muss Platons oben erläutertem Orpheus-Vergleich des Redners widersprechen und eine soziale Folgebereitschaft als möglich plausibilisieren können, die sich nicht bloß der Überwältigung eines vorgängig „willenslos" gemachten Publikums verdankt, sondern einer überzeugungsbedingten Zustimmungsbereitschaft. Ich werde – wie oben schon angekündigt – an einem mythologisch relativ unbekannten Herakles-„Abenteuer" diese Folgebereitschaft eines Publikums unten als Dialektik eines im Paradoxon der goldenen Kette symbolisierbaren „zwanglosen Zwangs" rekonstruieren (Kap. 9). Diese Dialektik ist prinzipiell ans Reden als Bedingung ihrer Möglichkeit gebunden; denn nur in Rede und Gegenrede kann der gemeinte „zwanglose Zwang" als frei bejahte Zustimmungsnötigung erfahrbar werden. Redenkönnen ist mithin die Elementarvoraussetzung möglicher Verständigung wie einer auf ihr basierenden gewaltfreien sozialen Kooperation: Wir müssen reden – so Aristoteles – *weil* wir reden können, und wir können reden, *damit* wir als soziopolitische Wesen unser Leben in freier und gleicher Selbstbestimmung leben können (s. Kap. 4). Der jetzt endlich anschlussfähige Protagoreische Mythos über die Menschwerdung des Menschen ist ein hoch interessanter Versuch, dieses überlebensnotwendige Reden-Müssen des Menschen anthropologisch zu plausibilisieren bzw. abzustützen, aber nicht ontologisch, wie es Aristoteles versuchen wird. Wenn der Begriff „anthropologisch" natürlich auch Protagoras noch nicht zur Verfügung stand, so ist seine Verwendung doch legitim, weil sich so das Protagoreische Frageinteresse in eine Reflexionstradition eingliedern lässt, die – freilich in entmythologisierter Gestalt – über Pico, Herder und Gehlen bis Blumenberg reicht und einen Theorierahmen eröffnet, in dem sich auch Rhetorik funktional rekonstruieren lässt, nämlich als überlebensnotwendige *Kompensation eines grundlegenden Mangels* (s. Kap. 5). Ein solcher Theorierahmen ist erkennbar geeignet, Rhetorik nicht mit ornativem Rede-Schnickschnack zu verwechseln, sondern als *operative* Methodisierung eines Überlebenswillens mittels Reden ernst zu nehmen (s. Kap. 11). Mit Bezug auf den griffigen Titel einer Publikation über Blumenberg (Wetz und Timm 1999) kann man das auch treffend eine *Kunst des Überlebens* nennen, die nach Blumenberg freilich erst unter Bedingungen der Moderne (nämlich unter Bedingungen kognitiven Evidenzmangels und sozialer Gewaltächtung) ihre Aktualität voll zur Geltung bringen und damit zugleich die Dialektik eines Mangels bewusst machen kann, der zur Quelle singulärer Selbstbestimmungschance wurde. Ich schlage für diese bei Protagoras beginnende Begründungsreflexion von Rede und Rhetorik eine Formel vor, die man leicht über eine kleine Abwandlung einer bekannten Spruchweisheit gewinnen kann, nämlich: *Not lehrt reden* (s. u. bes. Kap. 5 und 9 sowie Kopperschmidt 2009, 40 ff.). Die Wahrheit der in dieser Formel kondensierten Einsicht lässt sich leicht an aktuellen Beispielen wie „Stuttgart 21" demonstrieren, wie wir unten zu belegen versuchen werden (Kap. 10).

Der gemeinte anthropogenetische Protagoras-Mythos erzählt von dieser Not als der fatalen Folge eines *konstitutionellen Mangels* – *aporia* griechisch genannt –, der dem Prometheus-Bruder Epimetheus bei der Erschaffung des Menschen angelastet wird: Er hatte nämlich achtlos alle überlebenswichtigen Eigenschaften schon an andere Lebewesen verteilt, sodass er in arge Verlegenheit geriet, als er endlich daran dachte, den Menschen zu erschaffen. Aus dieser

Verlegenheit befreite ihn bekanntlich sein Bruder Prometheus mit dem strafbewehrten Raub des Feuers und der Vermittlung anderer wichtiger Fertigkeiten (*entechnos sophia*), um dem Menschen trotz seiner defizitären Ausstattung wenigstens eine minimale Überlebenschance gegenüber den weit besser ausgestatteten Tieren zu verschaffen. Doch auch dieser für Prometheus folgenschwere Raub reichte den Menschen nicht, um sich gegen die wilden Tieren dauerhaft erfolgreich verteidigen zu können, weil ständige zwischenmenschliche Konflikte die kooperative Organisierung einer kollektiven Verteidigung unmöglich machten: Deshalb musste Zeus endlich selber noch einmal eingreifen, um das Menschengeschlecht vor seinem vorzeitigen Ende zu bewahren: Er ließ ihm durch Hermes ein Geschenk bringen, das genau diese kooperationsermöglichende Kraft besaß, nämlich das Geschenk *praktisch/politischer Klugheit (politike sophia)*. Das Besondere an diesem Zeus-Geschenk aber ist bzw. war: Es sollte – anders als alle anderen Eigenschaften – an *alle Menschen gleichermaßen* (!) verteilt werden, was nach Protagoras erklärt, warum wir (was ja bis in die Gegenwart gilt) die praktisch/politische Klugheit bzw. Urteilskraft (wenn auch graduell differenziert) allen Bürgern wie selbstverständlich unterstellen und sie alle entsprechend für politische Entscheidungsfindung als prinzipiell hinreichend qualifiziert halten (323a–c). Andernfalls wäre eine politische Gesellschaftsordnung unter „Freien und Gleichen" gar nicht möglich. Aber dieses Zeus-Geschenk hatte noch eine andere Besonderheit, die überhaupt erst verstehbar macht, warum man sich wie Sokrates und Protagoras über ihre Lehr- bzw. Lernbarkeit streiten kann, obwohl wir sie ja allen zu unterstellen pflegen: Praktisch/politische Klugheit ist – wieder anders als alle anderen (ungleich verteilten) Kompetenzen – eine Fähigkeit, die nicht in ihrer bereits voll ausgebildeten Gestalt an alle Menschen verteilt ist, sondern bloß als dispositionelle Anlage, die – so die seither geltende pädagogische Trias – „durch Fleiß, Übung und Unterricht" erst aktiviert und entfaltet werden muss (323e), weshalb Menschen auch mit recht getadelt werden, die diese Pflicht versäumt oder ihr nicht hinreichend nachgekommen sind. Das aber macht nach Protagoras nur Sinn, wenn wir gemeinhin als unstrittig unterstellen, *dass jeder* (!) *können kann*, was er als Bürger *können muss*, um die politische Ordnung einer Gesellschaft möglich zu machen, in der, was alle angeht, auch von allen behandelt werden soll. Die verantwortliche Entfaltung dieser Anlage wird damit gleichsam zu einer staatsbürgerlichen Pflicht. Jetzt dürfte wohl auch plausibel werden, dass das o. g. sophistische „Paideia"-Projekt sich als soziopolitische Leistung präsentieren darf, die sich darum auch entsprechend entlohnen lassen kann, wenn sie Menschen dabei hilft, ihrer staatsbürgerlichen Pflicht durch entsprechende Kompetenzoptimierung besser nachkommen zu können. Und es dürfte jetzt auch der oben bereits zitierte Anspruch des Protagoras verstehbar sein, dass er Menschen „erziehen" und d. h. „besser machen" wolle, was erkennbar keine im engeren Sinne moralische Unterweisung meint noch auf traditionelle Kindererziehung reduziert werden will, sondern eine methodische Befähigung zur aktiven Teilnahme am öffentlichen/politischen Leben der Gesellschaft meinte. Mit einem auch heute wieder reaktualisierten Begriff, der aber eine rhetorische Vorgeschichte hat, werde ich diese aktive Teilnahme unten terminologisch als „deliberativ" spezifizieren (s. u. Kap. 4, 6 und 12). Damit ist erkennbar die Geburtsstunde einer bis heute virulenten, seinerzeit aber revolutionären Bildungsidee mit einem bis heute nicht erlahmten inhärenten Erziehbarkeitsoptimismus benannt (Jaeger 1959/1, 388, 391 und öfter), dem Sloterdijk in seiner berüchtigten Elmauer Rede unter dem riskanten Titel *Regeln für den Menschenpark* noch einmal ein ebenso klares wie Kritik provozierendes anthropotechnisches Profil (mit Bezug auf Platon!) gegeben hat (1999; vgl. dazu Kopperschmidt 2001, 314 ff). Und damit ist zugleich die Geburtsstunde einer bis heute nicht obsolet gewordenen Idee von Rhetorik anvisiert, die nicht bloß individuelle Verstehens- bzw. Rezeptionsdefizite mit strategischen Überredungstricks bearbeiten, sondern auf *konstitutionelle* Mängel des Menschen mittels *deliberativ zu methodisierender Überzeugungsarbeit* reagieren will.

Um diese Idee von Rhetorik gegen die oben skizzierte Konzessionsrhetorik auch terminologisch abgrenzen zu können, ließe sich durchaus an den oben bereits genannten Begriff „Kompensationsrhetorik" denken, der die entsprechende Funktion präzise zu benennen vermag, mit der Rhetorik auf solche konstitutionelle Mängel antworten zu können beansprucht. Doch ich spreche lieber von „Verlegenheitsrhetorik" als Gegenbegriff zu „Konzessionsrhetorik", wobei ich mir den Begriff „Verlegenheit" von Schleiermacher als Übersetzungsvorschlag für griech. *aporia* ausleihe, als welche im oben zitierten Protagoras-Mythos die durch Epimetheus entstandene peinliche Situation der Menschen gekennzeichnet wird. Ich tue das umso lieber, als auch Blumenberg den Begriff „Verlegenheit" favorisiert, um die konstitutionelle Situation des Menschen zu bestimmen, der ohne kognitive oder normative Gewissheitsevidenzen sein Überleben sichern muss (1981, 108). Rhetorik wird so für Blumenberg zur Funktionalisierung von Sprache für die Bewältigung „einer *spezifischen Verlegenheit* des Menschen [meine Hervorhebung, J. K.]" (1981, 108). Die hier vorliegende *Einleitung in die Rhetorik* lässt sich aus anthropologischer Sicht entsprechend auch als Einleitung in eine funktional als „Verlegenheitsrhetorik" zu spezifizierende Rhetoriktheorie lesen. Doch was biologisch ein Mangel ist, kann kulturevolutionär zum Vorteil werden, wenn sich denn Kultur als „Fortsetzung der biologischen Evolution mit überlegenen Mitteln" verstehen lässt (Markl 1998, 564 ff.).[11] Mit Bezug auf Perelman

---

11 Vgl. auch Wilson, der von „Gen-Kultur-Koevolution" spricht (2013, 236 ff., 283 ff.).

werde ich deshalb später vorschlagen, in der genannten „Verlegenheit" auch die Chance einer deliberativ nutzbaren Selbstbestimmung zu erkennen, was die Verlegenheitsrhetorik zugleich auch als *Selbstbestimmungs-* oder *Freiheitsrhetorik* zu deuten erlaubt (s. Kap. 6 und 12).

Wenn man die bisher in Kap. 1 und 2 eingeführten Schlüsselbegriffe einer solchen dialektischen Rhetoriktheorie mit einem Begriff zusammenfassen will, der das leitende Paradigma dieser Theorie am besten zu benennen vermöchte, dann empfiehlt sich fraglos der Begriff „Verständigung", der nicht zufällig auch ein Schlüsselbegriff der Habermas'schen Kommunikationstheorie der Gesellschaft ist.[12] Das entsprechende *Verständigungsparadigma* erleichtert es zugleich, die hier vorgelegte Konzeption einer Rhetoriktheorie von Rhetoriktheorien abzugrenzen, die ganz anders orientierten Paradigmen folgen, ob sie nun pathosbezogen (wie K. Dockhorns *Macht und Wirkung der Rhetorik* 1968) oder literatur- bzw. bildungsgeschichtlich orientiert sind (wie W. Barners *Barockrhetorik* 1970), ob textästhetisch (wie H. F. Pletts *Systematische Rhetorik* 2000 und Dubois' u. a. *Allgemeine Rhetorik* 1974) oder systemtheoretisch (wie T. Schmohls *Persuasion unter Komplexitätsbedingungen* 2016) usw., wobei jeweils auch ganz andere Schlüsselbegriffe als die hier eingeführten favorisiert werden. Das trifft besonders für Schmohls ambitionierten Versuch zu, Rhetorik aus einem eigensinnigen „Steuerung[sparadigma]" kategorial zu entfalten. So sehr ich für diesen Entwurf höchsten Respekt aufbringe und Joachim Knapes begeistertes „Geleitwort" teile, – in dem von Schmohl gewählten Steuerungsparadigma wäre die Chance einer Versöhnung zwischen Philosophie und Rhetorik, wie sie auf den folgenden Seiten nachgezeichnet wird, definitiv ausgeschlossen. Das gilt auch dann, wenn man statt von „Steuerung" von „Psychagogie" spricht und in diesem Platonischen Begriff einen nicht nur systemtheoretisch hochgradig anschlussfähigen Begriff vermutet (2016, 22 ff., 428 ff., 503 ff.), sondern – so Knape (2000, 9) – sogar einen „unverrückbaren Ausgangspunkt" ausmacht, der für jede „Theorie der Allgemeinen Rhetorik" Geltung beanspruchen müsse. Ich sage dagegen: Wer das „Steuerungs[paradigma]" in seiner Platonischen oder systemtheoretischen Gestalt als „Ausgangspunkt" einer Rhetoriktheorie wählt, macht nicht nur eine Aussöhnung zwischen Philosophie und Rhetorik unmöglich, sondern nimmt der „Wiederkehr der Rhetorik" auch ihren substanziellen Gehalt; der besteht nämlich nach der hier vertretenen These in der *philosophischen Nobilitierung des rhetorischen Prinzips überzeugter Zustimmungsnötigung als eines Kooperation ermöglichenden allgemeinen Geltungs- und Vernunftprinzips.*

---

12 Vgl. bes. sein zentrales Theorem: „Verständigung wohnt als Telos der Sprache inne" u. a. in 1981/1, 387; dazu allgemein McCarthy 1980, bes. 326 ff. und unten Kap. 11.3.

Hauptteil: **A: Personenbezogene Zugänge zur Rhetorik**

3 Luhmann oder warum die Mönche schweigen

3.0 Kleines und großes Schweigen

> Wohl ist das Schweigen noch vorhanden als wahres Schweigen in der Gemeinschaft der Mönche. Im Mittelalter war das Schweigen dieser Mönche noch mit den anderen Menschen, noch mit dem Schweigen der anderen Menschen außerhalb des Klosters verbunden. Heute ist das Schweigen in den Klöstern isoliert, es ist in der Klausur.

So endet eine etwas schöngeistige und kulturkritisch gestimmte Reflexion über *Die Welt des Schweigens* von Max Picard aus dem Jahr 1948 (1959, 159). Das „heute" des Jahres 2017 würde den so diagnostizierten Sachverhalt ungeachtet seiner Bewertung fraglos nur bestätigen können; denn das Schweigen, das Picard meint, das gibt es heute in der Tat nur noch „in Klausur", d. h. *hinter Klostermauern*. Außerhalb dieser Mauern gilt (fast) uneingeschränkt die in Kapitel 2 beschriebene *Vodafone*-Maxime: „Wir sind nicht auf der Welt, um zu schweigen". Dass dieses Plakat in Deutschland aufgestellt werden konnte, zeigt, dass seine Maxime als anschlussfähig unterstellt wurde an das Lebensgefühl eines Landes, über dessen Bewohner Thomas Mann einmal – lange ist's her (1918) – durchaus noch (!) wohlmeinend sagte, sie „[seien] so gar kein Volk des Wortes".[13] Fraglos – die Deutschen haben mittlerweile das Reden für sich entdeckt, was der gleiche Thomas Mann später gottlob als das diagnostizierte, was es nicht zuletzt auch war, nämlich eine konstitutive Ausrüstung für den Weg nach Westen, den Deutschland – so will es Winklers einschlägiger Buchtitel *Der lange Weg nach Westen* (2001) – zwischenzeitlich erfolgreich gegangen ist.[14]

Natürlich gibt es auch noch gelegentliches Schweigen außerhalb von Klostermauern, gleichsam das *Kleine Schweigen*, dessen verschiedene Formen eine Phänomenologie des Schweigens zu systematisieren und funktional zu differenzieren hätte wie z. B. das beklemmende, beredte, verängstigte, verschämte, trotzige, gekränkte, arrogante, pathologische, kluge, professionelle, zustimmende, mystische, meditative, kontemplative, öffentliche, protestierende, verbotene, mafiose

---

[13] Vgl. Kopperschmidt, Josef. „So gar kein Volk des Wortes?". *Germanistische Linguistik* 169–170. Hg. Martin Wengeler. Hildesheim: Georg Olms Verlag, 2003, 301 ff. Vgl. auch Magass, Walter. *Das öffentliche Schweigen*. Heidelberg: Lambert Schneider, 1967.
[14] Vgl. Kopperschmidt, Josef. „Endlich angekommen im Westen?". *Germanistische Linguistik* 169–170. Hg. Martin Wengeler. Hildesheim: Georg Olms Verlag, 2003, 455 ff.; Kopperschmidt, Josef. „1968 oder‚Die Lust am Reden'". *Muttersprache* 110, 2000, 1 ff.

(Omerta) usw. Schweigen.¹⁵ Es gibt sogar zunehmend „Räume der Stille", wo ausnahmsweise verboten ist, was in den klösterlichen „Parlatorien" seinerzeit ausnahmsweise erlaubt war, nämlich das Reden. Nicht zufällig befinden sich solche „Räume der Stille" gerade dort, wo man sie am wenigstens vermuten würde, nämlich an stark frequentierten Orten wie z. B. in Berlin im Brandenburger Tor, in Flughäfen, Fußballstadien, Shoppingmalls, in Universitäten, im *ICE* („Ruhezone"), in Landtagen und sogar in berühmten Kirchen (z. B. Benediktbeuern) usw., um sich der akustischen Dauerbelästigung wenigstens zeitweise entziehen zu können.¹⁶ Dennoch! Ein Schweigen als Lebensform, ein Leben *im Schweigen* und *als Schweigen*, also das *Große Schweigen* – das gibt es sicher nur noch „in Klausur", eben als *monastisch-asketisches* Schweigen. Ob das jemals anders war, wie Picard meint, kann ich mir nicht vorstellen, weil ein Leben im Schweigen immer schon organisatorische Rahmenbedingungen seiner Ermöglichung voraussetzt, die – so Luhmann und Fuchs über die Paradoxie des Schweigens – „schweigend nicht organisiert werden [können]" (1989, 38). Jedenfalls halte ich es für ausgemacht, dass heute eine Entscheidung für ein Leben im Schweigen und als Schweigen den Meisten als eine schlechterdings unvorstellbare Lebensoption erscheinen dürfte. Deshalb nehme ich auch an, dass die Abb. 3 eine heute im Vergleich mit der *Vodafone*-Werbung ziemlich unverständliche und in hohem Maße erklärungsbedürftige Situation zeigen dürfte. Insofern liegt *Vodafone* schon richtig: Schweigen ist nicht gefragt! Man sollte darüber nicht gleich lamentieren. „Schweigen kleid't nicht jeden" lässt Fontane seinen Dubslav im *Stechlin* sagen; und im Hause Jens galt – wie wir von Tilman Jens wissen – die Drohung „Weh Dir, Du schweigst!".¹⁷ Luther hatte als Kenner monastischen Lebens natürlich andere Gründe für dessen Problematisierung: „Darum müssen wir, soweit es uns möglich ist, das Leben in wortloser Einsamkeit fliehen",¹⁸ was er später ja auch getan hat.

---

15 Vgl. Die Deutschen Bischöfe – Liturgiekommission. *Räume der Stille*. Hg. Sekretariat der Deutschen Bischofskonferenz. Bonn, 2003.
16 Vgl. Wohlfahrt, Günter und Kreuzer, Johann. Artikel „Schweigen/Stille". *HWPh*, Bd. 8. Hgg. Joachim Ritter et al. Basel: Schwabe Verlag, 1992, 1483 ff.; Mayer, Heike. Artikel „Schweigen". *HWRh*, Bd. 8. Hg. Gert Ueding. Tübingen: Niemeyer, 2007, 686 ff. Über den Gott des Schweigens (Horus bzw. Harpokrates) *HWRh*, Bd. 8, 691 und 696; Ovid, *Metamorphosen* IX 692; Benthien, Claudia. *Barockes Schweigen*. München: Wilhelm Fink, 2006. Vgl. auch Seel, Otto. *Quintilian oder Die Kunst des Redens und Schweigens*. Stuttgart: Klett-Cotta, 1977, 326 ff.; Assmann, Aleida und Assmann, Jan (Hgg.). *Schweigen*. München: Wilhelm Fink, 2013.
17 Jens, Tilman. *Demenz. Abschied von meinem Vater*. Gütersloh: Gütersloher Verlagshaus, 2009, 15: „Stille war für meinen Vater, den Wortmenschen [...] ein Alptraum". Vgl. auch das riskante Kapitel „Die fatale Schweigekrankheit" (*Demenz. Abschied von meinem Vater*, 73 ff.), das Jens' Demenz als Flucht vor der Vergangenheit deutet, die ihn wie andere einzuholen drohte.
18 So zitiert W. Jens Luther zustimmend im Vorwort zu Henkys, Jürgen. *Luthers Tischreden*. Leipzig: Faber & Faber, 2003, 7. Vgl. Friedenthal, R. *Luther*. München und Zürich: Piper, 1982, 40 ff.

Abb. 3: Betender Mönch aus Film „Die grosse Stille" (Quelle: Frankfurter Allgemeine)

3.1 Kontemplatives Schweigen

Und dennoch – es gibt dieses selbstgewählte lebenslange monastische Große Schweigen auch heute noch, wenn auch nur ganz vereinzelt, in Form eremitischer Existenz (Einsiedelei/Klausnerei) und in Form sogenannter Schweigeorden, deren rigideste Gestalt (neben den Trappisten) der Orden der Kartäuser darstellt (nur *ein* Kloster im ganzen deutschsprachigen Raum noch, „Marienau" bei Bad Wurzach; weltweit noch ca. 500 Kartäuser-Mönche und -Nonnen). Umso erstaunlicher ist es daher, dass auch und gerade in Deutschland ein Film Kultcharakter erlangen konnte, an den ich mich noch genau so gut erinnern kann wie an das *Vodafone*-Plakat vor Chemnitz. Ich habe ihn mir mehrfach angeschaut und jedes Mal erneut nicht glauben wollen, was ich da zu sehen bekam: einen Film von beinahe drei Stunden Länge fast ganz ohne Ton! Und ein erkennbar fasziniertes Publikum, das am Ende des Films sitzen blieb. Natürlich rede ich von der preisgekrönten („European Film Academy" 2006) filmischen Meditation über *Die Große Stille* (2005) des Düsseldorfer Regisseurs Philip Gröning: Sie ist genauerhin ein Dokumentarfilm über das Stammkloster der Kartäuser in den Französischen Alpen bei Grenoble, über die 1084 durch Bruno von Köln gegründete „La Grande Chartreuse", die filmisch beobachten zu dürfen Gröning 18 Jahre (!) gewartet und gebettelt hatte. Was kann an einem (und sei es noch so einfühlsam beobachteten)

Leben im dauernden Schweigen eigentlich heutige Menschen interessieren, die sich doch wohl eher in der *Vodafone*-Welt zuhause fühlen? Nur der Reiz des Exotischen, dass es tatsächlich Menschen gibt, die etwas tun, was sie doch nur tun können, weil sie reden können und nicht stumm sind, mithin Gründe haben müssen, genau das nicht zu tun, was die meisten nie lassen könnten? Oder ist es bloß „die unwiderstehliche Poesie der Bilder", wie ein begeisterter Zeitungsbericht über diesen Film meinte? Das muss hier nicht entschieden werden. Es muss hier auch nicht der von Sloterdijk gestellten interessanten Frage nachgegangen werden, „wohin (denn) die Mönche gehen", wenn es keine Wüsten (wegen Touristenandrang) und Klöster (wegen Nachwuchsmangel) mehr gibt, damit sich die von Sloterdijk „anthropologisch" verorteten „monastischen Ausbrüche" wenigstens auf Zeit befriedigen lassen (1993, 86 ff.). Doch über eines muss hier gesprochen werden, wenn denn meine These aus Kapitel 1 gilt, dass über das Schweigen und erst recht über das Schweigen als frei gewählte Lebensform nicht schweigen kann und darf, wer über das Reden reden will, weil diese Lebensform – so habe ich jedenfalls ihre filmische Präsentation trotz aller Begeisterung empfunden – für Rhetoriker einen veritablen *Affront* darstellen muss. Denn die Entscheidung für eine solche Lebensform lässt sich ja nicht einfach als Beleg für ein vertrautes antirhetorisches Ressentiment abtun; hier wird prinzipiell auf eine, wenn nicht auf *die* entscheidende Möglichkeit bewusst verzichtet, sich redend in den Gang dieser Welt einzumischen, um dessen Richtung zu beeinflussen. Es geht beim rhetoriktheoretischen Interesse am monastischen Schweigen mithin um die Klärung der *Motive* dieses prinzipiellen Redeverzichts, zumal Einiges für die Vermutung spricht, dass diese Motive auch ein erhellendes Licht auf die Geschichte der Rhetorik und deren notorische theoretische Geringschätzung werfen könnten. Vielleicht gibt es ja sogar einen zwar sehr versteckten, aber durchaus plausiblen Zusammenhang zwischen dem beobachtbaren Ende der traditionellen Klosterkultur mitsamt ihrer Kultur des monastischen Schweigens (dafür spricht u. a. die derzeitige Musealisierung dieser Kultur in entsprechenden Kloster-Museen)[19] und dem neuerlichen Interesse an Rhetorik, wenn es denn nicht bloß deren traditionelle Schrumpfgestalt revitalisieren will, sondern auch ein Vernunftpotential zu entdecken verspricht, das sich in der Redekultur zustimmungsbezogener

---

19 Vgl. neben dem Landesmuseum „Kloster Dalheim" (Paderborn) die ehemalige „Kartause Marienbrück" in Astheim oder die in Tückelhausen (Würzburg) oder besonders die museal attraktivste in Buxheim (Memmingen). In Meßkirch kann man derzeitig das unglaubliche Projekt „Campus Galli" besichtigen, das eine aussterbende monastische Lebensform mit den Mitteln des dreizehnten Jahrhunderts wenigstens technisch/baulich (nicht spirituell) zu rekonstruieren versucht.

Verständigungsarbeit methodisch plausibler zur Geltung bringen kann als im meditativen bzw. kontemplativen Schweigen. Warum also – noch einmal gefragt – schweigen die Mönche?

Diese Frage fragt erkennbar nach etwas anderem als nach den operativen Paradoxien, die ein Leben im Schweigen nun einmal mit sich bringen und die entsprechend reizvolle Irritationen für eine Soziologie wie die Luhmann'sche implizieren; denn wer Gesellschaft durch Kommunikation definiert und die Reproduktion von Gesellschaft an Kommunikation rückbindet, muss sich theorieimmanent schwer tun mit der Möglichkeit eines sozialen Systems Kloster, dessen Existenz sich auf der Entscheidung für eine „absichtsvolle Nichtkommunikation" gründet (Luhmann und Fuchs 1989, 42). Doch wer einmal das Innenleben von Klöstern zu beobachten Gelegenheit hatte oder gar die Mönchsrepublik Athos etwas kennen lernen konnte, wird bestätigen: das Nicht-Reden-Wollen lässt sich durchaus so institutionalisieren, dass es schon gar nicht mehr als kommunikative Verweigerung von Kommunikation wahrgenommen wird, mithin auch nicht als Verletzung des 1. populären Axioms der Watzlawick'schen Kommunikationstheorie („Man kann nicht nicht kommunizieren") gelten muss,[20] weil auch „nichtkommunizieren" nur kommunikativ ermöglicht und gesichert werden kann. Doch dieser operative Hinweis auf die kommunikative Ermöglichungsbedingung von Nicht-Kommunikation erklärt noch nicht das zugrundeliegende Interesse an der Ermöglichung dieser Nicht-Kommunikation. Warum wollen Mönche denn eigentlich nicht kommunizieren?

Wenn für sie der oben (Kap. 2) zitierte Schlingensief-Satz gelten würde, dass es hier so schön sei, wie es im Himmel gar nicht sein könne, würde die Redeabstinenz so wenig Sinn machen wie die monastische Existenzweise überhaupt. Nach Auskunft der Bibel aber und ihrer dogmatischen Exegese ist die Erde überhaupt kein „schöner" Ort und kann es auch gar nicht sein, weil der Mensch an ihn nach seinem selbst verschuldeten Paradiesverlust zur Strafe verbannt bzw. exiliert worden ist. Daran erinnert die Mönche bis heute (!) noch immer das allabendliche Complet-Gebet im „Salve Regina" (aus dem elften Jahrhundert), das die Erde als „vallis lacrimarum" (Jammertal) (!) beklagt und sie selbst als „exsules filii Evae" (verbannte Kinder Evas) (!) bezeichnet, die in der Hoffnung leben, „post hoc exsilium" (nach dieser Exilzeit) in der wahren Heimat Gott endlich von Angesicht zu Angesicht schauen zu dürfen. Damit ist auch die Baecker'sche Frage eigentlich schon beantwortet, die freilich nicht nach der operativen Ermöglichung des Schweigens fragt, sondern nach seinem innerweltlichen Nutzen:

---

20 Watzlawick, Paul, Beavin, Janet H., Jackson, Don D. *Menschliche Kommunikation: Formen, Störungen, Paradoxien.* Bern: Huber, 1969; seit 1969 immer wieder aufgelegt.

„Wann hätte man je erlebt, dass das Schweigen fruchtbar ist – es sei denn in der Form des Schweigens innerhalb der Kommunikation?" (Baecker 2005, 9). Man versteht den dezidiert *a-kommunikativen* Charakter des monastischen Schweigens nicht radikal genug, solange man es mit Baecker bloß als kommunikative Modalität redefähiger Subjekte versteht und bewertet. Das Große Schweigen aber interessiert sich gar nicht für die Welt und ihre kommunikative Aneignung, sondern das Große Schweigen will die *Welt fliehen* („Apotaxis", „Anachorese", „fuga mundi"): A-kommunikatives bzw. ent-kommuniziertes Schweigen ist nur der kulturell bekannteste und methodisch erfolgreichste Versuch einer *innerweltlich möglichen Weltflucht,* was die Weltflucht aber als das erkennbar macht, was sie immer schon war und ist, nämlich „Menschenflucht durch Kommunikationsflucht" (Luhmann und Fuchs 1989, 34). „Heilige Asozialität" nennt das Sloterdijk treffend (1993, 99). Entsprechend heißt es z. B. in einem einschlägigen Kartäuser-Text aus dem vierzehnten Jahrhundert (frei übersetzt): „Fliehe die Menschen, doch wenn es nicht geht, dann schweige wenigstens, wenn du unter Menschen bist!".[21]

Besonders erfolgreich konnte dieser *Fluchtweg* des Schweigens aber nicht nur werden, weil er vergleichsweise unspektakulär[22] und historisch hoch angesehen war, sondern weit mehr noch, weil dieser Fluchtweg in der Religion einen mächtigen *Fluchthelfer* besaß. Die hält nämlich einen spezifischen Code bereit, der mit seiner binären Unterscheidung zwischen Immanenz und Transzendenz die Welt gleichsam zu verdoppeln vermag (Luhmann 1986, 183 ff.; 2000), indem sie für alle innerweltlichen Erfahrungen einen doppelten Referenzrahmen ihrer möglichen Deutung anbietet mit eindeutiger Präferenz für Transzendenz. Das erweitert nicht nur die erfahrungsbezogenen Deutungsoptionen exponentiell, sondern eröffnet auch eine *virtuelle* Realisierungschance von Weltflucht, die als „Weltfremdheit" (Sloterdijk 1993; Agamben 2012, 74 ff.) ein „Nein zur Welt" (Assmann 1998, 247; 2003 59 ff., 135 ff.) gleichwohl *weltimmanent* lebbar macht, weil es vor jeder affirmativen „Weltbeheimatung" wirksam zu schützen vermag. Nach Assmanns (nicht unstrittiger These, die er selbst mittlerweile nicht mehr voll teilt, vgl. 2015) war dies der Preis für den „Auszug aus Ägypten", der auch ein Auszug aus einem „inklusiven" in einen „exklusiven" bzw. „revolutionären Monotheismus" war, was „uns Abendländern" bis heute ein vorbehaltloses „Ja zur Welt" schwergemacht hat (2003, 62–63). Ein Leben in solchem „Nein zur Welt" mag der Außenbeschreibung zwar wie ein Leben von „Scheintoten"

---

21 Der lateinische Text bei Luhmann und Fuchs 1989, 37. Das isolierte Wohnen der Kartäuser erleichtert diese Empfehlung schon architektonisch.
22 Das gilt im Vergleich zu der „Rekordselbstquälerei" der berühmten syrischen Styliten (Säulenheilige) Simeon der J. und Ä., für die sich Sloterdijk besonders interessiert in 1993, 99 ff.

vorkommen (Sloterdijk 2010), für die Innensicht ist dieses Scheintot-Sein aber die Chance einer schon irdisch ermöglichten Teilhabe an einer Existenzform, die erst postmortal ihre Vollendung finden kann, nämlich in der wahren und ewigen „himmlischen Heimat" des Menschen (Paulus, *Phil.* 3.20; *Hebr.* 12,22; vgl. *Ps.* 63). Hermann Hesse lässt im 18. Kapitel seines Romans *Narziß und Goldmund* den Abt Narziß von dieser Innenansicht monastischer Existenz und ihren vergleichsweise größeren Chancen, „sich zu verwirklichen" einfühlsam reden. Denn es war und ist die Religion, die allein weiß (oder zu wissen behauptet), *warum* diese Welt nicht die wahre Heimat des Menschen sein kann bzw. warum seine „Weltfremdheit" und sein „Unbehagen am In-der-Welt-Sein" *konstitutionell* sind; denn „wir sind Vertriebene, fast von Anfang an. Wir alle haben eine Heimat gegen ein Exil getauscht" – so will es die biblische Erzählung vom Paradiesverlust als „mächtigster Mythos des Westens" (Sloterdijk 2014, 9 ff.). Gleichsinnig Augustins berühmte Formulierung in den *Confessiones* (I 1), dass des Menschen Herz nicht eher ruhen werde, als bis es diese Fremde verlassen habe und zu Gott heimgekehrt sei.[23]

Wie weit dieser Deutungsrahmen tatsächlich das Leben in und erst recht außerhalb von Klöstern historisch einmal geprägt hat und wie er gar heute gegen die Kraft eines völlig entgegenstehenden weltbejahend-säkularen und darum „antimonastischen" Lebensgefühls (Sloterdijk 1993, 105) noch ernsthaft vertreten werden kann, muss hier nicht thematisiert werden.[24] Gleichwohl bleibe ich dabei: Jede Erklärung monastischer Welt- und Menschenflucht qua Kommunikationsflucht muss unbefriedigend bleiben, wenn sie deren substanziellste Bedingung unterschlägt oder (zumindest hypothetisch) nicht ernst nimmt. Diese Bedingung meint den für den europäischen Kulturraum einst allgemein und erst recht für eine monastische Lebensweise verbindlichen Glaube an die Existenz eines transzendenten personalen Gottes, der sich nicht nur, aber besonders intensiv *im*

---

23 Vgl. Kopperschmidt, Josef. „Spiritualität unter Bedingungen der Säkularität". *Der zielfreie Weg*. (Schriften des Fachbereichs Sozialwesen der Hochschule Niederrhein, Bd. 58. 2015, 53 ff.) Hgg. Sigrid Verleysdonk-Simons und Josef Kopperschmidt. Zum Gast-Status des Menschen auf Erden vgl. das bekannte Kirchenlied „Wir sind nur Gast auf Erden" (gemäß Ps 119: „Ich bin ein Fremder auf Erden [...]"); Paulus *Gal.* 13, 14; *Phil.* 3,20 usw. und den seinerzeitigen Bestseller von Bunyan, John: *The Pilgrim's Progress* von 1678; vgl. auch Marcel, Gabriel. *Homo Viator. Philosophie der Hoffnung.* Düsseldorf: Bastion, 1949.
24 Es scheint mir bemerkenswert, dass der Begriff „Jammertal" aus dem beliebten Allerheiligenlied „Ihr Freunde Gottes allzugleich" klammheimlich bei der Neufassung des katholischen „Gotteslob" in den 70er Jahren durch den weniger irritierenden Begriff „Erdental" ersetzt worden ist, was auch anderen aufmerksamen Beobachtern wie Robert Spaemann (*Das unsterbliche Gerücht*. Stuttgart: Klett-Cotta, 2007, 212 ff.) nicht entgangen ist. Zur Tradition der „miseria hominis"-Literatur und deren sarkastische Karikatur durch Sloterdijk („Belcanto-Miserabilismus") s. u. Kap. 5.5!

Schweigen des Menschen vernehmbar zu machen verspricht. Dadurch wird eine Chance eröffnet, auf menschliche Kommunikation ganz zu verzichten und sich *direkt* mit diesem transzendenten Gott – so Sloterdijk gewohnt salopp – „kurzzuschließen". Ich erinnere mich in diesem Zusammenhang noch an den einzigen Satz, der am Ende des o. g. und gerühmten Films über *Die Große Stille* gesprochen wurde und mich zunächst völlig irritiert hatte, der die zitierte Sloterdijk'sche Deutung aber stützen kann: Ein alter blinder Mönch sagte da in völlig unprätentiöser Redeweise, er danke Gott nicht nur für ein Leben im Schweigen, sondern auch dafür, dass er dieses Leben im Schweigen durch seine Blindheit noch intensiviert habe. Versteht man diesen Satz – so schwer das zunächst auch fallen mag – im Sinne einer Deutung von Blindheit als zusätzlicher Chance eines radikalisierten Kommunikationsabbruchs mit der Welt, dann ahnt man vielleicht, dass eine *bloß negatorische* Beschreibung dieses Kommunikationsabbruchs die wichtigste Bedingung seiner Möglichkeit und die Sinnhaftigkeit dieser *„heiligen Asozialität"* überhaupt nicht zu erfassen vermag, was natürlich auch für die anderen drei bekannteren und verbindlicheren Gelübde jedes Mönches gilt (Armut, Keuschheit, Gehorsam). Doch auch das enorm einflussreiche Grundbuch des abendländischen Mönchtums, nämlich die Benediktsregel (*regula Benedicti*) aus dem Jahre circa 550, die im Kapitel 6 „Über das Schweigen" (*de taciturnitate*) handelt, hilft da zunächst auch nicht viel weiter als die umgangssprachliche Empfehlung, Schweigen sei „Gold", weil sie mehr Interesse an der biblischen Begründung des Schweigens zeigt („Beim vielen Reden wirst du der Sünde nicht entgehen") als an seiner funktionalen Einsichtigkeit: *„Ich stelle eine Wache vor meinen Mund, ich verstumme, demütige mich und schweige sogar vom Guten"* – so zitiert Benedikt den Psalm 38 (Abb. 4), um daraus eine verpflichtende Norm autoritativ abzuleiten für die von ihm konzipierte Mönchsgemeinschaft. Und auch diese Norm bleibt zunächst weitgehend negatorisch bzw. prohibitiv, indem sie vor dem törichten „Gerede", „Geschwätz", „Gelächter" und vor den „bösen Worten" schützen will (in Umberto Ecos *Der Name der Rose* ist es Jorge, der diese Haltung rigide verkörpert). Sogar „das gute Gespräch" will sie erstaunlicherweise untersagen. Und warum? Weiß der Text denn gar keinen einzigen positiven Grund, der die behauptete „große Bedeutsamkeit des Schweigens" etwas plausibilisieren und das tiefe Desinteresse an der Welt und den Menschen einsichtig machen könnte?

Doch, er weiß einen Grund, er nennt ihn sogar, wenn er auch etwas versteckt und eher indirekt am Beispiel der Beziehung „zwischen dem Meister und dem Jünger" Erwähnung findet, in der „das Reden und Lehren" dem Meister als Privileg vorbehalten wird, während dem Jünger „das Schweigen und Hören" als angemessene Haltung zukommen soll. Ein Schweigen aber, das bloß dem besseren Hören dienen soll, ist das nicht bereits ein Schweigen, das längst wieder *kommunikativ refunktionalisiert* ist und damit seine oben behauptete A-kommunikativität

Abb. 4: Verschlosser Mund („Garde le silence et le silence te gardera", Foto: Mrs. Jordan, Säulenkapitell an der Kirche „Sacré Coeur" in Paray-le-Mondial in Burgund)

längst dementiert hat? Auch der oben zitierte Kartäuser-Text aus dem vierzehnten Jahrhundert enthält als funktionale Begründung für das anempfohlene Schweigen eine oben noch nicht zitierte Chance, nämlich durch Schweigen „Gott reiner anhängen zu können" (*ut Deo sincerius adhereas*). Wenn aber das monastische Leben im Schweigen und als Schweigen in Wahrheit nur ein *Leben im Hören* und *als Hören* ermöglichen soll und ein solches Leben damit immer auf ein *redendes transzendentes Subjekt* bezogen bleibt, das in der jüdisch-christlichen Religionstradition ein notorisch *redender Gott* ist, der nicht nur die Welt durch das Wort erschafft, sondern seinem Volk Gebote verordnet und durch Propheten seinen Willen verkündet und durch die Evangelisten seine verbale Selbstoffenbarung fortsetzt, – wenn das so ist, dann ist auch die oben zitierte Rede vom „Kommunikationsabbruch" mit Blick auf monastisches Schweigen nicht genau genug, weil es sich bei diesem Kommunikationsabbruch doch eigentlich eher um eine *Kommunikationsverlagerung* handelt. Die ist auch wieder eine nur im o. g. religiösen Binärcode mögliche kommunikative Option, weil sich mit der Anwendung der Unterscheidung Immanenz/Transzendenz auf Kommunikation auch deren Realisierungsformen verdoppeln und eine Kommunikation mit dem religiös denkbar höchsten und vollkommensten Subjekt als durchaus rationale Option möglich wird, wenn dessen überragende Größe und Überlegenheit den jeweiligen menschlichen Kommunikationspartner auch notwendig zu einem (fast) dauerhaft Hörenden macht.[25]

So gesehen ist der monastische Verzicht aufs Reden bzw. das monastische Leben im Schweigen weder ein Leben in prinzipieller Redeverachtung noch gar ein Leben, das bloß die berühmte Wittgenstein'schen Alternative im letzten Satz des *Tractatus logico-philosophicus* ratifiziert hat, nämlich „dass man darüber, worüber man nicht sprechen kann, schweigen muss" (1969, 115). Das monastische Leben im Schweigen ist vielmehr ein *Leben im Hören*, das aber auch wieder nicht nur ein Hören meint, das kommunikative Anschlussfähigkeit sichern soll wie bei Adam Müller (s. Kap. 11, FN 43), sondern das monastische Hören verzichtet auf *eigenes* Reden, um göttlichem Reden Raum zu geben. Man könnte deshalb *im schweigenden* bzw. *hörenden Redeverzicht* sogar *eine subtile Hommage ans Reden* erkennen, insofern es Reden zum möglichen Kommunikationsmedium der Selbstmitteilung/-offenbarung Gottes macht. Auf diese fundamentale Sinnbedingung eines Redeverzichtes macht auch Philip Gröning in seinem Film mithilfe eines religionsgeschichtlich großartigen Textzitats aus dem Alten Testament (1. *Könige* 19, 11 ff.) aufmerksam, mit dem er *Die Große Stille* beginnen lässt und in fast poetischer Weise unsere Frage beantwortet, warum die Mönche schweigen:

> Da zog der Herr vorüber: Ein starker, heftiger Sturm, der die Berge zerriss und die Felsen zerbrach, ging dem Herrn voraus. Doch der Herr war nicht im Sturm. Nach dem Sturm kam ein Erdbeben. Doch der Herr war nicht im Erdbeben. Nach dem Erdbeben kam ein Feuer. Doch der Herr war nicht im Feuer. Nach dem Feuer kam ein sanftes, *leises Säuseln* [...]. *Da vernahm er (Elija) seine Stimme, die ihm zurief* [...] [meine Hervorhebung, J. K.].

Schweigen, um Gott besser hören zu können: Ich schlage vor, dieses als Kontaktmedium zur Transzendenz funktionalisierte Schweigen mit dem oben schon kurz erwähnten Begriff „kontemplativ" zu spezifizieren. Das tue ich nicht nur, weil

---

[25] Salomon bittet Gott entsprechend um ein „hörendes Herz" (1. *Kön.* 3.6 ff.). In seiner Rede vor dem Deutschen Bundestag 2011 hat Benedikt XVI. der Politik ein solch „hörendes Herz" empfohlen.

„kontemplativ" ein zwischenzeitlich weithin konventionalisierter Term für eine weltimmanente Weltverneinung oder zumindest Weltdistanzierung ist, sondern auch und noch mehr, weil dieser Begriffsvorschlag zugleich die willkommene Chance bietet, einen anderen bisher nicht berücksichtigten, aber nicht minder kulturell einflussreichen Fluchtweg für solche systematische Weltverneinung bzw. -distanzierung ins Spiel zu bringen, wie ihn die Philosophie anbot: „Kontemplativ" ist nämlich die Ciceronianische bzw. Seneceische Übersetzung für griechisch „theoretisch" (*theoretikos*), was zunächst eine Lebensweise kennzeichnete, die sich einem ebenso emphatischen wie „desinteressierten" (Sloterdijk 2010, 11, 98, 106) „geistigen Sehen" hingibt, das im Deutschen am besten mit „Schauen" – „Zuschauen" meint Arendt (1960, 26) – übersetzt und gegenüber dem interessebezogenen und seit der Neuzeit zunehmend technisch (Fernrohr!) unterstützen „Beobachten" (*observatio*) abgegrenzt wird. Diese „schauende Lebensweise" (*bios theoretikos* bzw. *vita contemplativa*) galt einflussreichen Philosophen der Antike als eine nur wenigen Menschen vorbehaltene und ihnen auch nur ganz selten und nur ganz kurzfristig erreichbare Höchstform glückhaft gelingender Existenz, die zunächst mit einer philosophischen Lebensweise identifiziert wurde, später aber auf alle Formen weltflüchtiger bzw. „beschaulicher" (!) Existenz terminologisch entgrenzt wurde, bis sie neuzeitlich der *vita activa* weichen musste.[26] Das hatte natürlich auch Folgen für die monastische Lebensweise, obwohl sie ja einen anderen Fluchtweg als den des geistigen Sehens bevorzugte, nämlich den des geistigen Hörens. Doch diese kulturell bedingte mediale Differenz ist sekundär, weil das *kontemplative Schauen* (siehe das in Kap. 2 zitierte *Philosophenmosaik*!) erkennbar dem gleichen Ziel dient wie das *kontemplative Hören*, nämlich sich durch methodischen Weltentzug einen Kontakt zur Transzendenz bzw. zur Welt des „Unvergänglichen" und „Unveränderlichen" zu schaffen, die Sokrates im Platonischen *Phaidon*-Dialog kurz „die andere Welt" nennt, zu der es „von hier nach dort" zu gelangen gelte (*Phaid.* 82/83). Dabei ist irrelevant, ob sich diese „andere Welt" wie im jüdisch-christlichen Kulturraum eher in religiöser Gestalt eines personalen und redenden Gottes konkretisiert oder wie im antiken Kulturraum in philosophischer Gestalt der Platonischen „Ideen", die als wahrheitserschließende Erkenntnisevidenzen demjenigen zu schauen gelingen, der sich von seinen irdisch-sinnlichen Fesseln zu befreien vermocht hat. An seinem Lehrer Sokrates zeigt Platon im eben zitierten *Phaidon* exemplarisch, wie eine solche Befreiungsbedingung nicht nur eine notorische

---

26 Zur „Umstülpung von Theorie in Praxis" und innerhalb von Praxis zur Differenzierung zwischen „Handeln", „Herstellen" und „Arbeit" vgl. Arendt 1960, 23 ff., 281 ff. Vgl. auch König, Gert. Artikel „Theorie". *HWPh*, Bd. 10. Hgg. Joachim Ritter et al. Basel: Schwabe Verlag, 1998, 1129–1130; Ritter 1977, 9 ff.; Pieper 2012; Wetz 1994, 102 ff.

„Todesappetitlichkeit" (Sloterdijk 1993, 197–198, 167 ff., 200 ff.; vgl. 2010, 98 ff.) fördern kann, sondern sogar einen Justizskandal zu nutzen nicht scheut, um diese Todessehnsucht endlich stillen und die Seele aus der Welt bzw. aus dem Körper als ihrem „Gefängnis" „befreien" zu können. Sokrates nennt das mit einer sinnträchtigen Metapher die ihm durch das Todesurteil des Volksgerichts ermöglichte Chance einer „Umsiedlung" (*metoikesis*) (!), die ihm seine Freunde zwar unbedingt ersparen möchten, für deren Gewährung Sokrates ihnen aber dem Asklepios (Gott der Heilkunst!) sogar einen Hahn zu opfern aufträgt (*Phaid.* 118), was ja wohl hintersinnig meint: Der Gott habe Dank verdient, der ihn aus diesem Leben sich zu befreien half und so „Heilung [verschaffte] von der Mutter aller Krankheiten – *der Krankheit des Lebens*" (!) (Sloterdijk 2010, 71). Sloterdijk nennt dies mit recht eine „gefährliche Metapher", weil sie einem „stolzen Defätismus" (Sloterdijk 2010, 72) für lange Zeit das schlechte Gewissen zu ersparen half, der das „desinteressierte" Zuschauen dem zugreifenden Handeln vorzog, wie es auch das berühmte Olympia-Gleichnis des Pythagoras sinnfällig zum Ausdruck bringt, das die kontemplative Lebensweise des Philosophen als die vergleichsweise höchste Lebensform nobilitiert.[27]

3.2 Erzwungene Rückkehr

Was Sokrates 399 v. Chr. ein demagogisches Schurkenstück erlaubte, nämlich sich bzw. seine Seele aus der Körper-Haft zu befreien, das lässt sich natürlich schwerlich als Modell für eine kontemplative Weltflucht im Sinne *weltimmanenter* „Umsiedlung" operationalisieren, wie sie das europäische Mönchstum erfolgreich institutionalisiert hat. Gleichwohl! Wenn die Antike auch dieses Mönchstum mit seiner gelegentlichen Weltflucht- und „Mortifikationsathletik" (Sloterdijk) nicht kannte, so hatte sie doch die Philosophie, die für vergleichbare anachoretische Neigungen die eben genannte Chance eines „philosophischen Todes" (Arendt 1960, 25) oder „theoretischen Scheintodes" im Sinne eines „Gestorbenseins zu Lebzeiten" (Sloterdijk 2010, 98 ff.) bereithielt, nämlich: Über lebenslanges Philosophieren eine mögliche Befreiung der Seele aus ihrer körperbedingten Fesselung an die Sinnenwelt zu erlangen; eine Befreiung, über die sich die Seele wieder dem Zustand ihrer Präexistenz anzunähern versucht, in dem ihr noch rein geistiges, durch keine Körpereinwirkung verzerrtes Schauen möglich war, bevor

---

[27] Cicero erzählt dieses Gleichnis in den *Tusculanen* (V.3) nach, das die Philosophen mit Olympia-Besuchern vergleicht, die nicht aus Ruhm- oder Gewinnsucht gekommen sind, sondern nur, um zuzuschauen. Pieper 2012, 57: „Kontemplation ist schweigendes Vernehmen von Wirklichkeit". Zur „Ethik des Zuschauens" vgl. Sloterdijk 2010, 106 ff.

sie – so der einschlägige Platonische *Phaidros*-Mythos vom befiederten Seelenwagen (*Phaidr.* 246 ff.) – ins Schleudern geriet und in die Sinnenwelt abstürzte, in der sie nun wie in einem „Gefängnis" festgehalten wird.

Doch auch ohne Schlingensiefs Liebesbekenntnis zur Erde und aller offiziellen „Jammer"-Rhetorik zum Trotz ist schwer zu leugnen: Die meisten Menschen dürften sich hier unten überhaupt nicht wie in einem Gefängnis oder wie in der Fremde gefühlt haben, sondern ganz wie zu Hause, sodass sie für die anachoretischen Ambitionen von Philosophen und anderen Weltfremdlingen nur mitleidiges Lachen übrig haben wie die berüchtigten Mägde über den in die Grube gefallenen Thales (vgl. dazu Blumenberg 1987). Im berühmtesten philosophischen Gleichnis der Antike, im sogenannten *Höhlengleichnis* Platons (*Pol.* 514 ff.), drohen sie sogar – ein leicht entschlüsselbarer Bezug auf das o. g. Sokrates-Schicksal von 399 v. Chr. – jedem mit dem Tod, der es versuchen sollte, sie aus diesem zur Höhle metaphernpragmatisch entgrenzten Kerker jemals „befreien" zu wollen. Die Erinnerung an ihre Präexistenz-Phase als körperlose Seelenwesen scheint also erfolgreich beim Absturz getilgt zu sein (so *Phaidr.* 250a). Um sich die äußerst künstlich wirkende Konstruktion dieser Gleichnis-Höhle einigermaßen vorstellen zu können, schiebe ich eine hilfreiche Darstellung aus dem frühen siebzehnten Jahrhundert ein (Abb. 5), die den zusätzlichen Gewinn enthält, zugleich ein Beispiel für die *christliche Rezeptionsanfälligkeit* dieses Gleichnisses zu liefern und die eben genannte Nähe zwischen Platonischer und christlicher „Weltfremdheit" exemplarisch zu belegen (vgl. Kopperschmidt 2009, 307–308; Maslankowski 2005, 17 ff.): Die Platonische Höhle ist in diesem Beispiel erkennbar zur gleichnishaften Illustration der „Finsternis" umgedeutet, die nach dem *Johannes-Evangelium* (siehe das bildimmanente Textband) „die Menschen mehr liebten als das Licht, das in die Welt kam", weshalb sie den, der sie (wie Sokrates) befreien wollte, (wie Sokrates) umbrachten (*Joh.* 3.19).

Erstaunlicherweise endet Platons Höhlengleichnis aber nicht mit der erwähnten Todesandrohung der Höhleninsassen, sondern überrascht mit einer narrativen Volte, die man nicht übergehen darf, weil sie für unser Frageinteresse in diesem Kapitel nach den rhetoriktheoretischen Konsequenzen eines philosophischen (oder religiös) motivierten weltabwendigen Schweigens von größter Relevanz ist: Die gemeinte Volte in der Gleichniserzählung überrascht aber nicht nur den heutigen Leser, sondern irritierte auch den Mitunterredner Glaukon, dem Sokrates ja in der *Politeia* das Höhengleichnis erzählt (*Pol.* 519d): Dem Einen oder den Wenigen, die (woher auch immer diese anonym bleibende Hilfe kommen konnte) es endlich geschafft haben, sich aus dem Höhlendunkel mühsam ans Tageslicht emporzuarbeiten, wird nämlich strikt verwehrt (von wem, bleibt ebenfalls unerklärt), auf der „Insel der Glückseligen" zu bleiben, um sich dort – so

Abb. 5: Platons Höhle, Antrum Platonicum (1604) (Quelle: Wikimedia Commons, gemeinfrei)

Heideggers diesmal durchaus zutreffende Pointierung (vgl. Kopperschmidt 2009, 311) – „in der Sonne zu aalen", was den welt- und körperflüchtigen „scheintoten" Philosophen im *Phaidon* durchaus noch erlaubt war. Stattdessen wird ihnen hier im Höhlengleichnis ein unerbittliches „Ihr müsst zurück!" entgegengehalten (*Pol.* 520c) und mit einem Appell an das philosophische Ethos derer begründet, die sich als privilegierte Günstlinge in die Pflicht nehmen lassen müssten, indem sie sich um die kümmern, die im Höhlendunkel bzw. in der „Jammerwelt der Menschen" (*anthropeia kaka*) (!) zurückgeblieben sind.

Dieser Appell zur (wenn auch befristeten) Rückkehr in die Höhle ist für unser Frageinteresse deshalb so wichtig, weil dieses „Zurück!" narrativ zu der oben (Kap. 2) genannten konzessionistischen Rhetoriklegitimation überleitet, will sagen: ohne dieses „Zurück!" hätte es *keine philosophische Rettung der Rhetorik* gegeben, mag diese philosophische Rettung durch Platon auch allenfalls ein Überleben der Rhetorik *im Dienste der Philosophie* (als deren *ancilla*/ Magd) ermöglicht haben, was sie erfolgreich auf eine *Sozialtechnologie* ohne philosophisches Eigengewicht restringierte und ihren philosophisch prekären Status für Jahrhunderte festschrieb (Kopperschmidt 2012). Dennoch bleibt richtig: Das „Zurück!" hat der Rhetorik überhaupt erst eine philosophische

Überlebenschance eröffnet; denn auf der philosophischen „Insel der Glückseligen" kann es so wenig wie im christlichen Himmel oder vormaligen Paradies einen Bedarf an Rhetorik geben (s. u. Kap. 3.4); denn was könnte wohl eine Rhetorik vor der Vollkommenheit, Ewigkeit, Unveränderlichkeit (und wie die transzendenzfreudigen Begriffe alle heißen) einer absoluten Wahrheit anderes tun als in die Knie zu gehen und zu schweigen? Doch genau darauf versteht sich eine Rhetorik schlecht, die sich darum auch mit einer kontemplativ eingeübten Rezeptionshaltung nur schwer verträgt, sondern für *aktiv-engagiertes* und interessegeleitetes Sich-Einmischen in den notorischen Streit zwischen Meinungen über zustimmungsfähige Handlungsoptionen disponiert ist. Man kann die gleiche These auch personal fokussieren und mit Quintilian formulieren: Wären alle Menschen Philosophen, „bliebe der Raum für Rhetorik recht schmal" (*IO* II 17, 28).

Die Irrealität dieser utopischen Annahme sichert der Rhetorik zwar ihre pragmatische Nützlichkeit, verschafft ihr aber natürlich noch keine philosophische Achtung – zumindest nicht bei Platon. Doch wie soll denn diese zumindest philosophisch instrumentalisierte Rhetorik nach Platon in der Lage sein, die zwangsweise in die Höhle Zurückgeschickten vor der tödlichen Gewalt zu schützen, die von den „Gefangenen" ja allen angedroht worden ist, die sie aus der Höhle herauszuholen versuchen wollten (*Pol.* 519d)? Oder ist diese Drohung bereits vergessen und damit der riskante Charakter des „Zurück!" ebenso verharmlost wie der Preis für eine an dieses „Zurück!" geknüpfte sozialtechnologische Rettung der Rhetorik?

3.3 Höhlenrhetorik

Platon jedenfalls ist dieser Vergessensvorwurf nicht zu machen, wohl aber seinem Interpreten Heidegger, der in einer abenteuerlichen Deutung des Höhlengleichnisses in zwei einschlägigen und zeitbedingt aktualisierten Vorlesungen (1931/1932 bzw. 1933/1934) – anders als Platon – glauben machen will, die Zwangsrückkehrer kämen tatsächlich „als Befreier" in die Höhle zurück. Davon steht aber nichts, aber auch gar nichts bei Platon, was auch andere Interpreten wie besonders Blumenberg in seinem Problemkrimi *Höhlenausgänge* (1989) bestätigen, die genauer als Heidegger zu lesen verstanden und genauer die kompositorische Stellung des Höhlengleichnisses in der *Politeia* zur Kenntnis nahmen; denn es ist ja kein Zufall, dass dieses Gleichnis genau in der Mitte eines Werkes steht, dessen Ziel die Plausibilisierung eines Theorems ist, das im Platonischen Corpus immerhin zehnmal zitiert wird, mithin (trotz des mehrmals 389/399, 368, 361 v. Chr. gescheiterten Syrakus-Abenteuers) zu den Kernüberzeugungen Platons zählen kann, nämlich: Ein einigermaßen gerechter und stabiler Staat ist nur möglich, wenn es gelingt, *philosophische Einsicht und politische Macht miteinander zu verbinden*, sodass der Staat nicht mehr von Blinden, sondern von Wissenden regiert wird, die unter dem Namen „Philosophenkönige" in die politiktheoretische Diskussion eingegangen sind und bis heute strittige Berühmtheit erlangt haben (vgl. Kopperschmidt 1995, 56 ff. und 2009, 356 ff.). In Zeiten tatsächlicher oder nur gefühlter Politikohnmacht oder -inkompetenz vermag sich unter dem verharmlosenden Titel „Profis" diese alte Idee einer Epistemokratie (bzw. Techno- oder Expertokratie) trotz aller Warnungen von Kant bis Habermas sogar erneut wieder in Erinnerung zu bringen.[28] Dass diese „Philosophenkönige" bei ihrem Pazifizierungsgeschäft in der Höhle anders als auf der „Insel der Glückseligen" neben Gewalt auch viel Rhetorik, *sehr viel Rhetorik* sogar brauchen werden, soll ihr Vorhaben gelingen (vgl. Popper 2003, 168, 369), versteht sich ebenso von selbst wie die Frage noch völlig offen ist, was das denn für eine Rhetorik sein müsste, der das eigentlich Unmögliche sollte gelingen können, nämlich *unter Bedingungen der Höhle das Leben in der Höhle* nachhaltig zu verändern.

Bevor ich diese Frage beantworte, muss noch kurz ein anderer Interpret zu Worte kommen, der zwar weit verlässlicher mit dem Höhlengleichnis umgeht als Heidegger, sich aber dennoch nicht von der misslichen Idee zu verabschieden vermag, als hätte Plato wirklich mit der Idee einer Rhetorik gespielt, die eben das zu leisten vermöchte, nämlich die Gefangenen aus ihrem Höhlendunkel erfolgreich zu befreien. Niehues-Pröbsting – er ist mit diesem Interpreten gemeint – nennt das die Chance einer *Überredung zur Einsicht*, eine Formulierung, die zugleich als Titel seiner kenntnisreichen Habilitationsschrift fungierte (1987; vgl. u. Kap. 11.3). Mit dieser Annahme widerspricht Niehues-Pröbsting meines Erachtens aber nicht nur Platons eindeutiger Gleichnisdeutung (517b–521b), sondern auch seinen eigenen Prämissen. Die gehen nämlich mit recht davon aus, dass „Rhetorik [gemäß ihrem Platonischen Verständnis] in der Höhle [angesiedelt ist]", mithin alle Plausibilitätsressourcen der Rhetorik (angefangen von der Körpersprache über das Ethos und die Meinungen bis zu den stilistischen Figuren) an „Leiblichkeit" als notwendiger „Bedingung" ihres möglichen Wirksamwerdens gebunden sind, während „reine Theorie, wie die Schau der Ideen [...], Rhetorik ausschließt" (1987, 108). Das impliziert ja wohl: Mit „Höhlenrhetorik" kommen die „Befreier" in der Höhle nicht weit, weil sie, um die Gefangenen *aus* der Höhle herausbringen zu können, *in* der Höhle Erfolg haben müsste, womit sie aber gerade die Höhle und ihre Vorstellungen von der Welt beglaubigen würde, aus der

---

[28] Vgl. Popper 2003, Kap. 8: „Der königliche Philosoph"; Ottmann, Henning. *Platon, Aristoteles und die neoklassische Philosophie der Gegenwart*. Baden-Baden: Nomos, 2005; Lilla, Mark. *Der hemmungslose Geist. Die Tyrannophilie der Intellektuellen*. München: Kösel Verlag, 2015.

sie doch gerade herausführen will. Darum widerspreche ich der These Niehues-Pröbstings explizit, dass beides „Rhetorik" sein könnte, sowohl „was die Höhlenbewohner bannt", wie auch das, „was sie dazu motiviert, den beschwerlichen Weg ins Freie anzutreten und ihn bis ans Ende zu gehen" (1987, vgl. 137 und 1999, 355). Dieses Paradox lässt sich auch nicht dadurch entparadoxieren, dass man mit Niehues-Pröbsting zwischen zwei verschiedenen Höhlenrhetoriken unterscheidet, nämlich zwischen einer „sophistischen" und einer „philosophischen Rhetorik": Die eine wäre die von Platon im *Gorgias* denunzierte „Demiurgie"-Rhetorik, die andere die im *Phaidros* skizzierte und positiv nobilitierte „Psychagogie"-Rhetorik. Mit letzterer glaubt Niehues-Pröbsting die o. g. „Überredung zur Einsicht" erzielen und damit einen Ausbruch aus der Höhle bewerkstelligen zu können. Doch der Befreiungsversuch in der Höhle, den Platon mit einem strikten Wechsel der Blickrichtung der Seele (*periagoge*) verbindet, scheitert ja überhaupt nicht an einer falschen Rhetorik, sondern an der prinzipiellen Unmöglichkeit, *in* der Höhle und mit Plausibilitäten *der* Höhle die Existenz einer Welt *außerhalb der Höhle* so überzeugend vermitteln zu können, dass mehr als ein paar philosophisch besonders Musikalische Lust hätten, die Höhle zu verlassen. Solche „philosophisch besonders Musikalischen" nennt Platon „philomatheis", also Wissens- bzw. Erkenntnisfreunde; doch von denen ist *nicht* in der *Politeia* die Rede, sondern im *Phaidon* (82 ff., vgl. 64 ff.), aus dem auch Niehues-Pröbsting das Motto für seine Arbeit ausleiht (*Phaid.* 82d–83b). Dieses *Phaidon*-Zitat spricht in der Tat von der prinzipiellen Chance einer „Befreiung" (*lysis*) der Seele aus der „Kerkerhaft" des Körpers durch die Philosophie, aber die gilt eben nur für die Wenigen, die sich von der Philosophie befreien lassen wollen und d. h.: die sich von ihr dazu „überreden" lassen, dass die notwendige Bedingung einer solchen Befreiung die radikale Abkehr von der körperlichen Sinnenwelt bedeutet. Und dazu zählt auch die radikale Abkehr von jeder Rhetorik, insofern darunter ein Werben um meinungshafte Zustimmung verstanden wird, was immer nur eine leib- bzw. sinnenbezogene Zustimmung meinen kann (*homodoxein to somati*), während, um zu wahrem Erkennen zu gelangen, die Seele etwas ganz Anderes tun müsste, nämlich: „sich in sich selbst ganz zurückziehen [...] und nichts anderem glauben als sich selbst, was sie von den Dingen an und für sich anschaut", allem anderen aber zu misstrauen (*Phaid.* 83a/b). Dass die Idee einer solchen weltfremden Rhetorik im biographischen Kontext der Todessehnsucht eines todesnahen Sokrates im *Phaidon* entstehen konnte, in dem Platon seinen Lehrer ja auch die bis Montaigne[29] wiederholte Formel in den Mund legt, dass „richtiges Philosophieren sterben lernen" bedeute (*Phaid.* 67e), mithin eine lebenslange „ars

---

29 Vgl. seine *Essais* XX; allgemein: Taureck, Bernhard H. F. *Philosophieren: Sterben lernen?* Frankfurt: Suhrkamp, 2005.

moriendi" (Sterbekunst) werden müsse, das mag sich plausibilisieren lassen. Was eine solchermaßen im *Phaidon* empfohlene rigide *Monologisierung* der Rhetorik für Niehues-Pröbsting aber noch mit Rhetorik zu tun haben soll, sogar deren philosophische Nobilitierung ermöglichen soll, bleibt mir schwer nachvollziehbar, selbst wenn dieser Typ von „Selbstüberredungsrhetorik" unter Rhetorikern wieder Freunde zu bekommen scheint.[30]

Darum noch einmal: So sehr Platon einen solchen Typ von *Befreiungsrhetorik* im *Phaidon* als möglich insinuieren mag, von einer „Selbstüberredungsrhetorik" ist zumindest in der *Politeia* so wenig die Rede wie von der Chance einer kollektiven Befreiung aus der Höhle mithilfe einer leibfremden, ja leibfeindlichen Rhetorik.

Eben das ist auch die Grundthese der Blumenberg'schen Interpretation des Platonischen Höhlengleichnisses, die entsprechend für den vergleichsweise weit plausibleren Vorschlag plädiert, dass die in die Höhle Zurückgeschickten nämlich nicht „als Befreier" zurückkommen, wie Heidegger wollte, sondern als *Herrscher*, die legitimiert sind zur Herrschaft allein durch die Qualität ihres philosophischen Wissen, das sie *von oben* in die Höhle mitbringen.[31] Von diesem mitgebrachten Wissen aber hat Platon – zumindest in der *Politeia* – nicht angenommen, dass es sich erfolgreich in der Höhle vermitteln ließe, wohl aber dass es als eine hilfreiche Orientierungschance für die Zurückgeschickten bei ihrem politischen Geschäft in der Höhle sein könnte. Damit aber setzt er nicht mehr auf Abschaffung der Höhle, sondern auf deren *Pazifizierung* und zwar durch Herrscher, die, weil sie viel lieber auf den „Inseln der Glückseligen" geblieben wären, zum Herrschen genötigt werden müssen, die aber gerade deshalb nach Platon eine verlässliche Gewähr dafür bieten, dass sie sich nicht in ihre politische Macht verlieben und sie darum nicht wieder abgeben wollen.

Und was ist nun mit einer Rhetorik, die Platon im *Phaidros* skizziert und die nach seinem Willen „den Göttern und nicht den Menschen gefallen [soll]" (273e; vgl. *Leges* 716c), und der Niehues-Pröbsting zusammen mit der o. g. *Phaidon*-Idee von Rhetorik die Möglichkeit einer „philosophischen" Rettung der Rhetorik zutraut? Soll diese „philosophische Rhetorik" tatsächlich auch für das Pazifizierungsprojekt der Höhle geeignet sein? So ist es – freilich müsste diese Rhetorik,

---

30 Vgl. u. a. Meuthen, Erich. *Selbstüberredung: Rhetorik und Roman im 18. Jahrhundert*. Freiburg: Rombach Druck- und Verlagshaus, 1994; Oesterreich, Peter L. „Selbstfindung, Subjektivität und interne Rhetorik". *Rhetorik, Bd. 30: Rhetorik und Subjektivität*. Berlin, 2011, 80 ff.
31 Von „Herrschaft aus Einsicht" spricht Blumenberg 1989, 133; von „aufgeklärter Diktatur" Schelsky, Helmut in *Die Arbeit tun die anderen. Klassenkampf und Priesterherrschaft der Intellektuellen*. Opladen: Westdeutscher Verlag, 1975, 221 und (ironisch) von „Befreiung durch Herrschaft" Arendt 1993, 54.

die den Göttern gefallen soll, zugleich aber auch den Menschen gefallen, wenn sie denn erfolgreich sein sollte, was sie natürlich sein müsste, um für das Pazifizierungsprojekt der Höhle geeignet zu sein. Diese doppelte Gefallensbedingung löst Platon mit einer erstaunlich pragmatischen Lösung ein, die auf den ersten Blick freilich mehr als bloß irritieren muss: Platon gewährt der von ihm positivierten Rhetorik nämlich eine (oben bereits erwähnte) erstaunliche *Lügenlizenz*, vermittels derer eine zur Herrschaftsstrategie mutierten Rhetorik sich die fälligen Zustimmungen notfalls auch mit „wohlmeinenden Lügen"[32] persuasiv erschleichen darf, *solange sie* nur dem Zweck ihres Einsatzes nicht widerstreiten, nämlich die Pazifizierung der Höhle nach Maßgabe philosophisch fundierter Einsichten zu erreichen. Dass man diese pragmatische Lösung nur auf den ersten Blick für erstaunlich halten kann, soll sagen, dass die Platonische Lügenlizenz natürlich einiges an Irritation verliert, wenn sie sich wenigstens durch die philosophische bzw. epistemische Unterstellbarkeit eines prinzipiell möglichen, wenn auch privilegierten *objektiven Wahrheitsbesitzes* legitimieren ließe. Eben diese Unterstellung galt ja für Platon ebenso wie sie spätestens seit der durch Kant eingeleiteten „kopernikanischen Wende" in der Philosophie kognitiv nur noch schwer zu halten ist, wenn dieser Prozess einer Destruktion aller Objektivismen der traditionellen Metaphysik für die Rhetorik auch erst frühestens seit Nietzsche folgenreich wurde (s. u. Kap. 8). Doch in diesem Kapitel geht es noch nicht um die Haltbarkeit der Platonischen Prämissen, sondern um die fatalen Folgen ihrer traditionellen Unterstellung für die Rhetoriktheorie. Und dass sie lange Zeit fast selbstverständlich unterstellbar waren, ist ebenso evident wie der Zusammenhang, der zwischen ihrer Unterstellbarkeit und dem schlechten philosophischen Ruf der Rhetorik bestand – und in kleinen Exklaven bis heute besteht. Schlecht war dieser Ruf der Rhetorik und er musste es solange bleiben, als dem rhetorischen Kernprinzip jede philosophische Relevanz bestritten wurde, was aber nicht ausschloss, dass dieses rhetorische Kernprinzip dennoch auch philosophischen Zwecken dienen konnte und insofern als philosophisch nützlich gelten durfte: Nützlich konnte Rhetorik für Philosophie sein bzw. werden, wenn deren Kernprinzip, nämlich ihr *überzeugungsgestütztes Zustimmungsprinzip* bzw. *zustimmungsbezogenes Überzeugungsprinzip* einer philosophisch beglaubigten Wahrheitsgeltung noch eine zusätzliche Wirkung zu verschaffen versprach, die der Wahrheitsgeltung eine Zustimmungschance auch bei denen gab, die Zustimmungsnötigung nicht als *intrinsische* Qualität der Wahrheitsevidenz selbst nachvollziehen können. Diese bloß *additive Beziehung zwischen Wahrheit und Wirkung* mag zwar vielen ihre Zustimmung subsidiär erleichtern; doch solche

---

32 Popper spricht von „vornehmen Lügen" (2003, 369 ff.), weshalb Blumenberg das Höhlengleichnis und die ganze *Politeia* einen „Dialog vom Versagen des Dialogs" nennt (1989, 88).

instrumentelle Dienlichkeit der Rhetorik im Dienste der Wahrheit kann ihr natürlich keine gehaltvolle Wahrheitsrelevanz verschaffen, die sich allein aus einem *intrinsischen Wahrheitsbezug* der rhetorischen Überzeugungskraft ableiten ließe, wie ihn bereits Aristoteles in einem kühnen Satz seiner *Rhetorik* andeutet. Doch dazu unten mehr (Kap. 4)!

Mit Blick auf Platon jedenfalls muss es hinsichtlich der Rhetorik dabei bleiben, was oben mit dem Begriff „Sozialtechnologie" vorweg gekennzeichnet worden ist: Rhetorik bietet methodische Hilfsmittel zur Erfolgs- und Wirkungssteigerung von Aussagen, deren Effizienz erkennbar auch von denen nicht bestritten wird, die sie wie Platon für gefährlich halten, sobald sie in falsche Hände gelangen, was im Platonischen Denkkontext meint: sobald sie sich aus ihrer philosophischen Obhut lösen und sich, vermittelt über verantwortungslose Sophisten, Machtinteressen andienen oder ausliefern. Zugleich bleibt es aber auch dabei, dass Rhetorik unter Platonischen Denkvoraussetzungen eines objektiven bzw. zustimmungsunabhängigen Wahrheitsbegriffs keine Chance hat, aus ihrer „verächtlichen" Dienstmagd-Rolle herauszufinden. Sie ist und bleibt – und das ist ihr unauslöschlicher philosophischer Makel, den Platon ihr mit seiner Autorität für Jahrhunderte vermacht hat – eine *Konzession an die kognitive Schwachheit der Vielen*. Ärgerlich an dieser pragmatischen Konzessionsrhetorik ist freilich nicht zuletzt dies, dass sie der von Platon so bekämpften sophistischen Rhetorik funktional zum Verwechseln ähnlich ist, insofern Täuschung in beiden Fällen zur Erreichung von vermeintlich richtigen Zielen als legitim unterstellt wird. Blumenberg verdächtigt solche Ärgerlichkeit als eine Form von „höherem Opportunismus", der auch die eigentlich erstaunliche *Verführbarkeit des Philosophen* (2005, 22) durch autokratische politische Systeme (von Plato bis Heidegger) erklärbar zu machen hilft.

3.4 Nachplatonische Konzessionsrhetoriken

Wenn Platons positivierte Rhetorik nicht wirklich als „philosophische Rhetorik" gelten kann, dann besteht auch kein Grund, Niehues-Pröbstings Klage zu teilen, dass sich leider nicht Platons Idee einer „philosophischen Rhetorik" historisch durchgesetzt habe, sondern Ciceros Idee von Rhetorik (1987, 108, 15). Substanziell unterscheiden sich nämlich beide Rhetorik-Konzepte überhaupt nicht voneinander, insofern beide der Rhetorik und ihrem Zustimmungsprinzip keinen intrinsischen Wahrheitsbezug und damit keine Wahrheitsrelevanz attestieren, sondern für Wahrheit und Wirkung jeweils unterschiedliche Gelingensbedingungen annehmen. Dabei ist freilich einzuräumen: Das Ciceronianische Rhetorik-Ideal einer (durch Sokrates erst folgenreich verletzten) Einheit von „Handeln und Reden" und damit von „sapientia" (Weisheit) und „eloquentia" (Beredsamkeit) (*de oratore* III 59) klingt zunächst zwar gar nicht mehr nach Platonischer Konzessionsrhetorik; doch die von Cicero behauptete „wesenhafte" Einheit zwischen „Herz und Zunge" (*cor et lingua*), zwischen „Inhalt und Form" (*sapere sentire/ornate dicere*) meint eher eine ästhetisch eingeforderte „Kombination von Philosophie und Rhetorik", die entsprechend Rhetorik nur „sekundär auf die Wahrheit" bezieht, insofern sie Wahrheit ornativ „verschönern" und so leichter durchzusetzen helfen soll (Niehues-Pröbsting 1987, 15–16; Blumenberg 1981, 105; Apel 1975, 146 ff.), nicht aber ihre eigene Geltungsrelevanz einklagen will. Insofern widersprechen sich Platons konzessionistische Rettung der Rhetorik und Ciceros sprachhumanistische Verherrlichung der Rhetorik in ihren *erkenntnistheoretischen* Voraussetzungen nicht nur nicht, sondern sie sind sogar weithin kompatibel. Das macht sie damit beide als Wegmarken auf dem Weg zu dem hier vertretenen Konzept einer wirklich „positivierten" Rhetorik ungeeignet, die Vernunft öffentlich zum Reden nötigen bzw. ihren öffentlichen Gebrauch methodisieren soll.

Das trifft auch für die dritte große Rhetorik-Autorität zu, die für die Traditions- bzw. Rezeptionsgeschichte der Rhetorik einen ganz wichtigen Part gespielt hat, ich meine Augustin, den zeitweiligen Rhetorikprofessor in Mailand und späteren einflussreichen Bischof und Theologen von Hippo (Nordafrika) (vgl. Kopperschmidt 1995, 102 ff.). Dass er sich nach einem kontemplativen/meditativen Leben in Schweigeklöstern hätte (ernsthaft) sehnen können, ist mir schwer vorstellbar, selbst wenn er sich gegen die Übernahme des Bischofsamtes – ähnlich den Platonischen Philosophen gegen die Übernahme politischer Verantwortung in der Höhle – gesträubt haben will. Seine bedeutende Schrift *De doctrina christiana* (Über die christliche Bildung) von 396/397 bzw. 426/427 jedenfalls gehört besonders wegen ihres 4. Buches mit zu den wirkmächtigsten und erfolgreichsten theoretischen Rettungsversuchen der Rhetorik, obwohl das natürlich nicht ihr vorrangiger Zweck war, mag der lebenslange Cicero-Fan Augustin in diesem Werk auch alles getan haben, um seine frühere Rhetorik-Profession als zumindest konversionsfähig darzustellen. Das eigentliche Ziel dieser großartigen Schrift ist nämlich der ambitionierte Versuch, ein angemessenes Verstehen (Hermeneutik) der Bibel wie ein erfolgreiches Vermitteln (Homiletik) ihrer Offenbarungswahrheit u. a. mithilfe der Rhetorik zu methodisieren. Der Augustinische Rettungsversuch der Rhetorik enthält freilich – wie zu zeigen sein wird – so wenig wie der Platonische das Zeug zu einer substanziellen Rehabilitation der Rhetorik, nach der hier gefragt wird; und das aus identischen Gründen: Beide nämlich interessieren sich für Rhetorik ausschließlich aus *wirkungspragmatischen* Motiven, nämlich: Wie können Wahrheiten, mögen sie sich nun göttlicher Selbstoffenbarung verdanken oder philosophischer Ideenschau, so vermittelt werden, dass Menschen aus ihnen Hilfestellung für die Bewältigung ihres Leben bzw. – im Fall von Glaubenswahrheiten – Orientierung für ihre Heilssuche gewinnen können (*de doct.* IV 13.78)? Dabei ist der o. g. prinzipielle Konzessionscharakter der Rhetorik für Augustin ebenso unstritig wie für Platon, insofern die Rhetorik der notorischen (postparadiesischen) Schwachheit und Trägheit der menschlichen Natur geschuldet ist (*taedium, fastidium plurimorum, de doct.* IV 11.26, 13.29; *de ordine* II 28 und öfter), um Zustimmung (*assensus*) zu den heilsnotwendigen Wahrheiten auch denen erfolgreich abzugewinnen, die sie ihnen aufgrund ihres Evidenzcharakters allein nicht geben können oder wollen (*de doct.* IV 12.77 ff., 26.146 ff.). Denn die meisten „lieben an den Worten" deren Gefälligkeit, nicht „deren Wahrheit" (IV 22.72), während nur ganz wenige sich auch von einer „nackten Wahrheit" zur Zustimmung nötigen lassen (IV 26.147). Darum dürfte Augustins Appell an den „christlichen Redner", wenn man ein Pendant zum o. g. Platonischen „Ihr müsst zurück (in die Höhle)!" erfinden wollte, wie folgt lauten: *Ihr müsst Rhetorik lernen*, um die Wahrheit, die wir zu verkünden haben, so eloquent zu machen, dass sie auch die Schwerfälligen und Trägen zur Zustimmung bewegt (vgl. *de doct.* IV 26.58 und öfter). Diese ihre konzessionistische Notwendigkeit macht die Rhetorik auch für den ehemaligen Rhetorikprofessor erkennbar zu dem, was sie für Platon schon immer war: ein durch und durch irdisches Geschäft. Von seiner höchsten Rhetorik-Autorität Cicero lässt sich Augustin in einem langen Zitat aus dessen philosophisch gestimmten *Hortensius* diese seine nüchterne Rhetorikeinschätzung mit der rhetorischen Frage bestätigen: „Wofür wäre Rhetorik nötig [quid opus esset eloquentia], wenn wir unser götterähnliches Glück in ewiger Kontemplation [contemplatio naturae] genießen könnten" – fern aller irdischen Plackerei mit ihrem Dauerbedarf an Rhetorik, was sie eher der Necessität („necessitas" als notwendiges Übel) zuschlägt als freigewählter Tätigkeit (*voluntas*) (*de trinitate* XIV 14.12)? So spricht der Rhetorik-Fan Cicero und so zitiert ihn zustimmend der Cicero-Fan und ehemaliger Rhetorikprofessor Augustin, der als viel gefragter Gelehrter, Prediger, Bischof und Streitschlichter (in der *civitas Dei* wie *civitas terrena*) wahrlich wusste, wovon er zitathaft redete.

Weit mehr aber noch als für den konzessionistischen Charakter der Rhetorik interessiert sich Augustin in *De doctrina christiana* für die Legitimität dieser Konzession. Er findet sie erstens über den (etwas waghalsigen) Nachweis, dass das göttliche Offenbarungswort der Bibel selbst das Musterbeispiel eines an die Hörer und ihre Rezeptionsgewohnheiten angepassten Botschaft sei, was meint: dass sich Gott für seine Selbstoffenbarung erkennbar genau an eben die Regeln gehalten habe, die auch der Rhetorik als besonders hörerwirksam gelten und von der Ciceronianischen Rhetorik in einschlägigen Regeln systematisch zusammengefasst worden sind (*de doct.* IV 6.9, 7.11 ff.).³³ Inwieweit Augustin selbst ernsthaft an die Überzeugungskraft dieses Arguments angesichts renommierter Gegenstimmen (besonders etwa Tertullian) geglaubt hat, mag hier auf sich beruhen, zumal Augustin noch ein zweites einschlägiges Argument pro Rhetorik parat hält, das zwar weit weniger bekannt ist als die These von der vermeintlichen Rhetorizität der Bibel, dafür aber weit subtilere Legitimationschancen für eine konzessionistisch zu nutzende Rhetorik eröffnet.

Die entsprechende Legitimationsfigur lautet: Wenn die Rhetorik als Theorie über die Bedingungen überzeugungsgestützter Zustimmung Rede nachweislich (was Augustin mit Cicero unterstellt) valide Aussagen zu machen vermag, dann muss sie damit über ein einschlägiges „wahrheitsfähiges Wissen" verfügen, das sich freilich nicht kontemplativem Hören verdankt, sondern *empirischer Beobachtung von Persuasionsprozessen* (*de doct.* II 16.54). Natürlich kann solches observativ gewonnene Wissen der Rhetorik im Unterschied zur kontemplativ erlangten Wahrheitsoffenbarung material keine Heilsrelevanz für sich beanspruchen. Dieses rhetorische Wissen wäre weit eher sogar der „curiositas" (nutzloser Wissensneugier) verdächtig, könnte es sich nicht doch höchst sinnvoll nutzen lassen, um Menschen gezielt zu beeinflussen und so wenigstens subsidiär zur Annahme heilsnotwendiger Wahrheiten zu motivieren. Angesichts des unstrittigen Machtpotentials der Rhetorik wäre es nach Augustin geradezu „töricht", deren wahrheitsfähiges *Wissen über die Bedingungen erfolgreicher Rede* nicht auch für eine wirksame Verbreitung solcher heilsnotwendiger Wahrheiten (etwa in der Verkündigungspraxis) zu nutzen, sondern dieses Wissen denen zu überlassen, die damit nur ihre Lügen erfolgreich zu verbreiten versuchen (IV 3,4). Entsprechend plädiert er für eine Überführung dieser Wissensschätze von ihren illegitimen (weil sie missbrauchenden) heidnischen Besitzern in eine „christliche Nutzung" (*in usum convertenda christianum* [*praecepta*]) (II 11.60)).³⁴

Hier wird erkennbar noch einmal das oben bereits an Platon und Cicero abgelesene Fehlen einer relevanten, nämlich *intrinsischen Beziehung zwischen Wahrheit und Wirkung* bzw. zwischen *Wahrheit und Zustimmungsfähigkeit*

---

33 Das gilt auch für die dunklen Stellen der Offenbarung, die Gott überdeckt hat, „damit sie den Verstand des [...] forschenden Menschen in Übung halten" und vor Oberflächlichkeit schützen (zit. nach Han, Byung-Chul 2012). Im Islam gilt die sprachliche Schönheit des Koran als Beweis seiner göttlichen Offenbarung, vgl. Kermani 2015, 68 ff.

34 Rhetorik wird damit vergleichbar der Brecht'schen „List, die Wahrheit unter vielen zu verbreiten" („Fünf Schwierigkeiten beim Schreiben der Wahrheit" in Brecht, Bertolt. *Versuche*, 9. Berlin: Suhrkamp, 1956, 94) oder zum sprachlichen Mittel möglicher Wirksamkeitssteigerung von Wahrheit – so bei Gadamer: „Alle Wissenschaft, die praktisch werden soll, ist auf Rhetorik angewiesen" (in: Gadamer 1986, 237). Oben (Kap. 2.2) haben wir das „Konzessionsrhetorik" genannt.

bekräftigt, was überhaupt erst erklären kann, warum Wahrheit nach Augustin nicht unbedingt Zustimmung finden muss oder Lüge durchaus erfolgreich sein kann: Wahrheit und Zustimmungsfähigkeit sind eben – wie es die herrschende Tradition will – eigensinnige Qualitäten, die entsprechend aus eigensinnigen Begründungsressourcen schöpfen wie sie sich eigensinnigen Zugangsmethoden erschließen (Observation statt Kontemplation) und eigensinnige Betreuungsinstanzen besitzen (Rhetorik statt Theologie). Für Augustin resultiert aus dieser fehlenden Beziehung zwischen Wahrheit und Zustimmungsfähigkeit, dass Rhetorik als eine normativ durch und durch „wertneutrale" Zustimmungstheorie verstanden werden muss (*in medio posita facultas*), die deshalb in ihrem spezifischen Wahrheitsgehalt auch durch mögliche Werbung für Falsches nicht verfälscht werden kann; denn ihre Regeln sind kein Produkt menschlicher Erfindungskunst, sondern formulieren nur „praezeptiv", was systematische Beobachtung an erfolgreichen Persuasionsprozessen entdeckt hat (*observationes potius inventae (...) quam institutae*), gleichgültig ob sie nun Wahrheiten oder Lügen erfolgreich verbreiten (*de doct.* II 36.54 und öfter). Gerade diese unterstellte Wertneutralität der Rhetorik, die wir heute freilich nicht mehr ernsthaft teilen könnten (s. u. Kap. 11.3), erleichtert es erkennbar Augustin, das wahrheitsfähige Theoriewissen der Rhetorik ungeachtet seiner fehlenden direkten Heilsrelevanz dennoch indirekt heilsrelevant zu machen, eben über seine Funktionalisierung im Interesse einer besseren hermeneutischen Ermittlung wie einer besseren homiletischen Vermittlung heilsrelevanter Offenbarungswahrheiten. Die durch Rhetorik methodisch erzielbare Zustimmungsfähigkeit dieser Wahrheiten kann deren Wahrheit zwar nicht wahrer machen, wohl aber kann sie ihr bei den meisten eine größere Handlungswirksamkeit verschaffen, die nach Augustin das eigentliche Ziel jeder Wahrheit ist. So werden für Augustin die aus der traditionellen Rhetorik vertrauten drei kanonischen „officia oratoris" (Aufgaben jedes Redenden), nämlich: „docere" (belehren), „delectare" (erfreuen) und „movere" (bewegen) (für die er wieder Cicero als Autorität zitiert (*de doct.* IV 12.27 und öfter)), zum willkommenen Beleg einer von der Rhetorik empfohlenen Methodik erfolgreicher Zustimmungsnötigung, insofern sie genau seine These zu stützen vermag, dass für handlungswirksame Zustimmung in der Regel bloße Wahrheitserkenntnis nicht ausreichend ist. Dieses in der Tat rhetorikgenuine Theorem aber – was Augustin ja tut – funktional allein mängeltheoretisch in der menschlichen Schwachheit und Trägheit zu fundieren, dafür kann er sich zumindest nicht auf diejenige rhetorische Tradition berufen, der er folgt und explizit mit Cicero und seinem Ideal einer Symbiose von „Sapienz und Eloquenz" zitiert; das ist vielmehr die eigensinnige Wertung eines konvertierten Rhetorikprofessors, die aber folgenreich für seine Rhetoriktheorie und deren Rezeptionsgeschichte wurde. Denn selbst wenn der theoretische Wahrheitsgehalt der Rhetorik auch gar nicht bestritten wird, über die funktionale Rückbindung von Rhetorik an die Mängelkonstitution des Menschen wird dieser Wahrheitsgehalt gleichwohl zum bloßen Wahrheitsgehalt einer rhetorischen Mängelkompensation und ist damit – anders als bei Blumenberg (s. Kap. 5) – material eindeutig abgewertet. Andererseits ist dieser Makel ihres materialen Wahrheitsgehalts für die Rhetorik aber auch wieder nicht so dramatisch angesichts der o. g. Tatsache, dass Gottes Selbstoffenbarung sich ja auch nicht zu schade war, sich an die Bedingungen menschlicher Zustimmungsbereitschaft zu halten und sich rhetorischen Regeln zu unterwerfen. Augustin geht einmal sogar so weit, zu behaupten, dass Gott als Schöpfer der menschlichen Natur ja auch die Anlagen menschlicher Zustimmungsbereitschaft geschaffen habe, die er nun in seiner Offenbarung zu berücksichtigen müsse (*de doct.* IV 7.60). Die Idee rhetorikspezifischer Wahrheiten kann erkennbar auf ziemlich riskante Denkwege locken, die Augustin aber nicht weiter verfolgt hat.

Das gilt auch für ein wissenschaftstheoretisches Projekt, das unfertig blieb, das aber jeden Rhetoriker neugierig gemacht hätte, nämlich von Augustin zu erfahren, wie der Wahrheitsgehalt der Rhetorik ein Weg zur göttlichen Quelle aller Wahrheit werden könnte, wenn dieser methodologische Wahrheitsgehalt zugleich auch Lügen material zustimmungsfähig zu machen vermag.[35] Weniger Schwierigkeiten dagegen bot es, auch im Rahmen einer bloß mängeltheoretischen Begründung der Rhetorik und ihrer bloß mängelkompensatorischen Funktionalisierung die oben schon erwähnte These von der Rhetorizität der Bibel aufrechtzuerhalten: Gott ist so sehr ganz Mensch geworden (*Inkarnation*), dass er sogar in seiner Wortwerdung (*Inverbation*) sich menschlichen Rezeptionsbedingungen demütig unterwirft.

Die damit skizzierte mängeltheoretische Funktionalisierung der Rhetorik bei Augustin hat ihr fraglos nicht weniger als ihre o. g. gleichsinnige Adoption durch Platon eine Überlebenschance verschafft, die bis zum Augustinermönch Luther[36] und weit darüber hinausreichte. Diese Überlebenschance hat Rhetorik freilich mit dem gleichen Preis wie bei Plato bezahlt, nämlich: sich für Jahrhunderte zur Schrumpfgestalt einer Sozial- bzw. Persuasionstechnologie restringieren zu lassen. Man kann es auch vornehmer formulieren: Rhetorik wird auf

---

35 Augustin wollte in den „libri disciplinarum" die in den *septem artes* (sieben freie Künste) gespeicherten wahrheitsfähigen Erkenntnisse methodisch für einen Vernunftaufstieg zu Gott als der Quelle aller Wahrheiten nutzen, s. Marrou 1995, 471 ff.
36 Der Augustinermönch Luther zählt die Aristotelische Rhetorik neben der Poetik und Logik zu den wenigen Werken, die der Aristoteles-Verächter Luther zumindest „für junge Leute [zwecks] Üben im Wohlreden und Predigen" gelten lässt; ansonsten „hat uns Gott mit ihm [Aristoteles] geplagt um unser Sünden willen" („An den christlichen Adel deutscher Nation von des christlichen Standes Besserung" (1520). Hrsg. Thomas Kaufmann. Tübingen: Mohr Siebeck, 2014).

die o. g. wenig ruhmvolle „ancilla" (Dienstmagd)-Rolle festgelegt, insofern sie Wahrheiten zu Hilfe kommen soll, die ohne zusätzliche Zustimmungsstimulanzen keine Chance auf praktische Wirksamkeit haben. Wir haben diese Rhetorik wegen ihrer bloß geduldeten Leistung Konzessionsrhetorik genannt. Da sie sich mit einer bloßen „Überredung zur Einsicht" zufrieden gibt, werden wir sie später auch „Überredungsrhetorik" nennen und redekritisch von einer „Überzeugungsrhetorik" abgrenzen, die zu nichts überreden, wohl aber von der Geltung eines Wahrheits- oder Richtigkeitsanspruchs überzeugen will, die aber von jeder Überredungsrhetorik *parasitär* beerbt werden muss, will sie erfolgreich sein. Das macht die unten (Kap. 11.3) noch genauer zu klärende notorische Theorieunfähigkeit jeder Überredungsrhetorik aus.

Darum kann es bei dem Blumenberg'schen Fundamentaltheorem bleiben, auf das ich mich in dieser *Einleitung* immer wieder beziehen werde, dass es nämlich, *solange* „ewige Wahrheiten" in Religion oder Philosophie unterstellbar seien, für die Rhetorik keine realistische Chance gäbe, aus ihrer „ancilla"-Rolle herauszukommen (1981, 112). Doch ebenso gilt dann aber auch im Umkehrschluss: *Sobald* die eben genannten religiösen oder philosophischen Wahrheitsbedingungen an Plausibilität verlieren und *Die Suche nach Gewissheit* (Dewey 1998) regelmäßig ins Leere läuft (vgl. u. Kap. 8), muss auch das Interesse an dem rhetorischen Kernprinzip überzeugter Zustimmung als eines allgemeinen Wahrheits- bzw. Geltungs- und Vernunftprinzips steigen, wodurch sich für die Rhetorik ganz andere Nützlichkeitsoptionen eröffnen als die in diesem Kapitel behandelten. Den Eintritt dieses „sobald" macht Perelman im ersten Satz seiner *Neuen Rhetorik* von einer fälligen „rupture" abhängig, d. h. von einem radikalen Bruch mit dem seit Descartes herrschenden neuzeitlichen Vernunftbegriff (2004, 1). Nach dem bisher Gesagten darf man diese „rupture" durchaus noch nach hinten verlängern und radikalisieren: Sie ist auch ein „Bruch" mit dem „Platonischen Heilswegs der kontemplativen Vergewisserung" (Habermas 2012, 16) und ineins damit ein „Bruch" mit der skizzierten „alteuropäischen Tradition", nach der „die eigentlichen Bedingungen einer möglichen Erkenntnis des Wahren, Guten und Schönen immer erst dann gegeben sind, *wenn der Mensch schweigt* [meine Hervorhebung, J. K.]" (Baecker 2005, 7).

Darüber wird unten (besonders im Kap. 6) noch zu reden sein. Vorher aber wird ein Denker vorzustellen sein, der zumindest in die frühe Vorgeschichte des von Perelman so genannten philosophiegeschichtlichen „Bruchs" gehört, gemeint ist natürlich Aristoteles (s. Kap. 4). Es ist eigentlich nur ein einziger, freilich inhaltlich sehr komplexer und gehaltvoller Satz, der ihn in diese Vorgeschichte einzureihen erlaubt. Es ist aber ein Satz, der meines Wissens erstmals nachsophistisch eine mehr als bloß additive Beziehung zwischen Wahrheit und Zustimmung nicht nur nicht leugnet, sondern sogar als relevante, nämlich *intrinsische Beziehung explizit bejaht*, die darum auch auf eine mängeltheoretische Fundierung der Rhetorik verzichten kann und die o. g. Arbeitsteilung zwischen Philosophie und Rhetorik problematisch erscheinen lässt. Dass Augustin in diese Vorgeschichte leider nicht aufzunehmen ist, habe ich oben (Kap. 3.4) zu begründen versucht; nachzutragen bleibt allenfalls noch, dass es eine mit der philosophischen Rehabilitation der Rhetorik vergleichbare „rupture" in der Theologie nie gegeben hat – und auch nicht geben konnte; denn dafür wäre ein zustimmungsabhängiges Wahrheitsverständnis Voraussetzung, was zumindest für die katholische Glaubenslehre bis heute definitiv ausgeschlossen ist.[37] Solange Offenbarungswahrheiten noch als möglich unterstellbar bleiben, mag das angehen, wenn es auch längst subtilere Insinuierungsversuche gibt wie etwa Robert Spaemanns suggestiven wie riskanten Vorschlag, nämlich fundamentale Wahrheiten sich ebenso durch die Insistenz ihres Geglaubtseins bezeugen zu lassen wie sich die Existenz des Wassers durch den Durst bezeugt.[38]

---

37 Das hat mit aller wünschenswerten Deutlichkeit erst kürzlich der Präfekt der Vatikanischen Glaubenskongregation, Kardinal Gerhard Ludwig Müller, noch einmal erklärt, als er in einem Interview sagte: „Die Kirche ist kein Philosophenclub, der sich der Wahrheit annähert, *sondern die Offenbarung ist uns gegeben* [!], *um sie zu bewahren und treu auszulegen* [meine Hervorhebung, J. K]". http://www.faz.net/aktuell/feuilleton/debatten/glaubenspraefekt-gerhard-ludwig-mueller-ueber-denken-glauben-13997177.html. *FAZ*, 5. Januar 2016 (25. August 2017). Dieser heutzutage wahrlich mutige, wenn nicht gar kecke Wahrheitsbesitzanspruch kann uns die Suche nach weniger zeitnahen Zeugen seiner Beglaubigung ersparen (vgl. u. a. Micha 6.8 oder Paulus *Röm*. 1.18 ff.), wenn er auch den meisten wohl kaum wie ein Fels in der Brandung vorkommen dürfte, sondern eher wie ein hilfloser Versuch, durch Dogmatisierung zu retten, was längst diskursiv unterwandert ist und daher auch nur diskursiv – so Habermas' viel diskutierter Übersetzungsvorschlag für religiöse Gehalte in säkulare Sprache (2012, 16, 183 ff.) – zu retten sein wird.
38 In: *Schritte über uns hinaus. Gesammelte Reden und Aufsätze*, Bd. 1. Hg. Robert Spaemann. Stuttgart: Klett-Cotta, 2010, 374: „Wir sind zwar zum wishful thinking geneigt [...]. Doch [...] mit Wünschen, die für den Menschen konstitutiv sind, ist es doch eher so, dass sie ein starkes Argument *für* die Wahrheit des Gewünschten sind. Die Oase in der Wüste kann ein Wahngebilde sein, dem der Durstige nachjagt. Aber dass Menschen Durst haben, ist ein Beweis dafür, dass es Wasser gibt" [meine Hervorhebung, J. K.].

4 Aristoteles oder warum Rhetorik nützlich ist

4.0 „Der Mensch ist ein Wesen, das spricht"

Warum die Mönche schweigen, haben wir in Kapitel 3 zu beantworten versucht: aus den gleichen Gründen, aus denen auch Philosophen das Schweigen favorisieren; beide möchten der Quelle unverstellter Wahrheit näherkommen, und das erreicht man im traditionellen Verständnis durch kontemplatives Schweigen, insofern sich dadurch Menschen am ehesten, sei es schauend oder hörend, für die Erfahrung von Transzendenz zu öffnen vermögen. Entsprechend gilt (bzw. galt) die kontemplative Lebensweise als die höchste und beglückendste Form menschlicher Existenz (s. o. Kap. 3.1; Pieper 2012 und Wetz 1994, 102 ff.). Welche Folgen diese Hochschätzung der „vita contemplativa" hatte, ist mit wenigen markanten Strichen präzis von Sloterdijk unter dem Stichwort „Weltverleumdung" skizziert worden, der in der Tradition des besonders von Nietzsche nobilitierten Verdachts gegenüber der „alteuropäischen Theoriekultur" der Herkunft des „homo theoretikus" nachgegangen ist mit der Frage, ob dieser „homo wirklich aus so gutem Hause ist, wie er selbst von seinen ersten Tagen an versichert" (2010, 63). Das Ergebnis dieses Frageinteresses ist erwartungsgemäß mehr als ernüchternd, insofern es einen „fatalen" Reduktionismus und eine „pathetische Verarmung aller Weltbezüge" freilegt, die Sloterdijk in Analogie zu „iatrogenen" von „philosophogenen Krankheiten [...] der abendländischen Rationalitätskultur" reden lässt, deren Spuren bis in die Gegenwart reichen (2010, 102 ff.).

Natürlich trifft diese Einschätzung der „fatalen" Folgen der „alteuropäische Theoriekultur" auch für die Rhetorik in vollem Umfang zu, weil „Weltverleumdung" und „Rhetorikverleumdung" (Toulmin 1986) immer recht nah beieinander gewohnt haben. Dennoch! Es gibt bzw. es gab einen antiken Philosophen der Meisterklasse, der trotz seiner Zugehörigkeit zu dieser „alteuropäischen Theoriekultur" für die Rhetorik ein Glücksfall war, wie ich zeigen zu können hoffe, ich meine natürlich Aristoteles. Zwar zählt auch für ihn Kontemplation zur wertvollsten Tätigkeit des Menschen und entsprechend hatte sie als „bios theoretikos" den Primat innerhalb der Hierarchie möglicher Lebensformen („bioi") inne (vgl. König 1998; Ritter 1977, 9 ff.; Arendt 1960, 12 ff., 282 ff.), doch als dauernde Existenzweise behielt sie Aristoteles den Göttern vor, während er die Menschen nur selten und nur kurzfristig an ihr teilhaben ließ. Darum wählte Aristoteles auch nicht das kontemplative Schweigen zur spezifizierenden Kennzeichnung und gleichzeitigen Auszeichnung des Menschen, sondern eine Kompetenz, die Schweigen überhaupt erst möglich macht und die dort und nur dort gebraucht wird, wohin Platon im oben erläuterten Höhlengleichnis (Kap. 3.2) die widerwilligen Philosophen zurückschickt, nämlich dorthin, wo „menschliche Dinge betrieben [werden]" und d. h.: wo, um sie betreiben zu können oder gar gut betreiben zu können, unbedingt geredet werden muss. Entsprechend lautet eine der berühmtesten und für die europäische Denktradition folgenreichsten einschlägigen Aussagen über den Menschen bei Aristoteles auch: „Der Mensch ist ein Wesen, das logos hat" (*zoon logon echon, Polit*. 1253; Schütrumpf 1991/1, 212 ff.; Krautter 2009; Taylor 2017).

4.1 Der evolutionäre Vorteil der Sprache

Bei der Übersetzung des griechischen Kernwortes „logos" tat sich schon die lateinische Sprache schwer, die mit der gängigen Formel vom „animal rationale" (Vernunftwesen) (Schmidinger und Sedmak 2004; Schnädelbach 1984; 1992) erkennbar nur einen Teilaspekt des „logos"-Begriffs erfasste. Erst recht blieb nicht nur für Goethes „Faust" im Studierzimmer die Frage unentscheidbar, wie man im Deutschen den Begriff „logos" (in diesem Fall aus dem biblischen Johannes-Prolog: „en arche en ho logos") angemessen übersetzen könne, ohne in interpretierende Hilfsübersetzungen ausweichen zu müssen wie „sprachfähige Vernunft" bzw. „vernunftfähige Rede". Unbeeindruckt von dieser aporetischen Tradition wartet dagegen Heidegger in seiner (unten in Kap. 7 noch genauer zu erläuternden) Aristoteles-Vorlesung von 1924 mit einem forschen Übersetzungsvorschlag für das eben erwähnte Aristoteles-Zitat auf: „Der Mensch ist ein Wesen, das spricht" (2002, 107 und öfter). Unbekümmertheit ist Heidegger im Umgang mit griechischen Texten bekanntlich nie ganz fremd, doch in diesem Fall bringt sie einen Teilaspekt des „logos"-Begriffs ins Spiel, der an der betreffenden Bezugsstelle der Aristotelischen *Politik* fraglos am ehesten deren Diskussionsfokus trifft. Außerdem ist dieser Teilaspekt für unser Frageinteresse in diesem Kapitel besonders geeignet, um nach dem Aufenthalt in den Höhen anachoretischer Kontemplation die Rückkehr in die *Vodafone*-Welt zu versuchen, deren Bewohner – so der Ertrag aus Kap. 3 – aufgrund erodierter Traditionsprämissen nicht das Reden, sondern eher das Schweigen für erklärungs- und legitimationsbedürftig halten dürften. Die Heidegger'sche Übersetzung von „zoon logon echon" ist für dieses Frageinteresse besonders geeignet, weil sie sich als Abstützung geradezu anbietet für eine kühne These, die oben (Kap. 2) bereits erwähnt wurde und jetzt noch genauer zu begründen bleibt, nämlich: dass Aristoteles der *Vodafone*-Behauptung, „wir [seien] nicht auf der Welt, um zu schweigen", sicher gern zugestimmt hätte. Er hätte diesem Satz sogar zustimmen *müssen*, weil man einem Wesen, dessen auszeichnendes Merkmal das Sprechen-Können sein soll, ja schwerlich auf Schweigen als Sinn seiner Existenz verpflichten kann.

Freilich ist das auch fast alles, was sich für unser Frageinteresse aus Heideggers Aristoteles-Vorlesung gewinnen lässt; denn die zieht zwar die Aristotelische *Rhetorik* in singulärer Weise als Materialquelle heran, doch das tut sie nicht, um das Aristotelische Verständnis von Rhetorik zu klären (obwohl sich attraktive Einlassungen durchaus finden lassen), sondern um die *Grundbegriffe der aristotelischen Philosophie* (so der Titel von Heideggers Vorlesung) in gezielter Abgrenzung gegen die Rhetorik und deren notorische Verfallstendenz („Verfallensgeneigtheit") zu rekonstruieren (2002, 108 und öfter). Insofern geht es im Folgenden auch darum, die Heidegger'sche Übersetzung von „zoon logon echon" mit „der Mensch ist ein Wesen, das spricht" vor Heideggers eigener Interpretation zu schützen, um den authentischen Gehalt dieser Aussage für eine philosophische Rehabilitation der Rhetorik zu retten, die bei Aristoteles fraglos beginnt – mag diese Einschätzung auch erst retrospektiv aus einer seit Nietzsche versuchten philosophischen Rhetorik-Rehabilitation möglich sein (s. Kap. 8).

Der Schutz der Heidegger'schen Übersetzung vor Heideggers eigener Interpretation des übersetzen Aristotelischen Satzes muss bereits bei dessen Verständnis als „Definition" beginnen. Natürlich erfüllt der Aristotelische Bezugstext wesentliche Merkmale einer Definition; doch die werden erst dann dominant, wenn der entsprechende Bezugstext vorgängig in einem Maße entkontextualisiert wird, dass dessen argumentative Funktion fast unkenntlich wird. Zwar verschweigt Heidegger nicht ganz, dass sich in dem von ihm „Definition" genannten Satz über den Menschen bei Aristoteles „ein Grundcharakter des Daseins als zoon politikon offenbart", insofern „der Mensch in der Weise des Miteinanderseins ist", das „seine Grundmöglichkeit im [...] Miteinandersprechen hat" (2002, 104); doch nicht für diese „politische" Funktionalisierung des Sprechens als Medium praktischer Verständigungsarbeit interessiert sich Heidegger, sondern für „Sprechen" als „Basis [...] der Begriffsbildung im Dasein", d. h. für den nach Heidegger an Aristoteles beispielhaft ablesbaren Prozess der *Befreiung philosophischer Begriffsbildung aus der meinungsverhafteten Alltagsgerede*, in der seit Platon die Rhetorik pejorisierend verortet wird (2002, 108 und öfter; vgl. Kopperschmidt 2009, 318 ff. und unten Kap. 7). Durch dieses Frageinteresse wird aber die eigentliche Aristotelische Frageintention bis zur Unkenntlichkeit verstellt, die ja das Reden in Theorie und Praxis gerade an eine spezifische Lebensform (den *bios politikos*) systematisch rückbinden will, um es so mit ihr zusammen in einer Weise zu nobilitieren, die der Heidegger'schen Sichtweise der Rhetorik radikal entgegensteht. Dieses interpretative Kunststück gelingt Heidegger auch nur dadurch, dass er in einer abenteuerlichen Kompilationsstrategie das Aristotelische Rhetorikverständnis mit dem Platonischen in einer Weise vermittelt, die Aristoteles zum authentischen Exegeten der Platonischen Idee einer „positiven Rhetorik" macht, die aber, wenn unsere einschlägige Interpretation (in Kap. 7) plausibel ist, nur eine sozialtechnologische Restringierung der Rhetorik betreibt. Statt diesen verqueren Konstrukten hier schon weiter nachzugehen zu wollen, sei kurz der authentische Aristotelische Reflexionskontext skizziert, um die wirkliche Funktionsbeziehung zu klären, die zwischen den beiden Kernaussagen der *Politik* besteht, nämlich dass der Mensch sowohl „ein *sprechendes Wesen*" wie ein „*politisches Wesen* [meine Hervorhebung, J. K]" sei (*Polit.* 1352/53).[39] Dieses „sowohl als auch" ist bei Aristoteles funktional genauerhin in der Weise bestimmt, dass der Mensch *deshalb* ein „sprechendes Wesen" *sein müsse, damit* er ein „politisches Wesen" *sein könne*; denn dazu habe ihm als einzigem Lebewesen die „Natur, die nichts umsonst tut" (!), die Sprache gegeben, dass er in einer „polis"-Gemeinschaft zu leben vermöchte. Deshalb kann Schweigen keine politische Tugend sein und jeder, der „a-polis" lebt, der also nicht in eine solche soziopolitischen Gemeinschaft eingebunden ist, muss „entweder mehr oder weniger als ein Mensch sein", mithin „entweder Gott oder Tier".

Wem bei der Lektüre dieser großartigen Textpassage (nicht zu Unrecht) darwinistisch oder sonst wie motivierte Bedenken gegen die Unterstellung eines *teleologischen* (bzw. finalistischen) Naturbegriffs kommen,[40] den mag die Versicherung beruhigen, dass auch eine evolutionstheoretische Übersetzung des eben genannten Aristotelischen Teleologie-Theorems („Die Natur tut nichts umsonst", vgl. dazu Schütrumpf 1991/1, 206 ff.; Wetz 1994, 164) dessen substanziellen Gehalt nicht *eo ipso* dementieren muss; denn dass die Sprachfähigkeit des Menschen ein ihn auszeichnendes Alleinstellungsmerkmal ist, erlaubt nicht nur, ihn in der sprachhumanistischen Tradition Herders zu einem „Geschöpf der Sprache" zu machen (1965, 80), sondern ebenso, diese Sprachkompetenz als einen eminent wichtigen, wenn nicht sogar als den wichtigsten *evolutionären Selektionsvorteil* für die Hominisation des Menschen zu bestimmen. Um für diese heute kaum noch bestreitbare evolutionstheoretische Denklogik das Aristotelische Theorem retten zu können, muss eigentlich nur (mag dieses „nur" auch geistesgeschichtlich viel wiegen) die *teleologische* Funktionsbeziehung zwischen Sprache (Logizität) und soziopolitischer Lebensform (Polizität) *kausal* reformuliert bzw. transformiert

---

39 Vgl. auch Aristoteles *NE* 1269b, außerdem Höffe, Otfried. *Der Mensch. Ein politisches Tier?* Stuttgart: Reclam, 1992; Schmidinger und Sedmak 2005; Zinsmaier 2009. Kritisch zu solch substanziellen Aussagen Arendt 1993, 11 und Meyer 1994, 197 ff.
40 Die einschlägige Diskussion ist neu entbrannt unter dem Titel „intelligent design", womit eine dem Kreationismus verwandte Argumentation gemeint ist, die bestreitet, dass sich die komplexen Bedingungen möglichen Lebens durch Mutations- und Selektionsprozessen hinreichend erklären ließe. Vgl. u. a. Hemminger, Hansjörg. *Und Gott schuf Darwins Welt.* Gießen: Brunnen, 2009, 140 ff. Dagegen bes. Dawkins 1996; s. auch FN 14! Zur Funktion der verwandten These, dass „die Natur nichts überflüssig tut", bei Kant s. u. Kap. 5.4.

werden: Der Mensch ist primär deshalb Mensch geworden, *weil* er ein sprachfähiges Wesen ist.⁴¹

Dass dieser evolutionären Vorteil sich exemplarisch an der Komplexitätssteigerung sprachlich vermittelter Kooperativität ablesen lässt, bestreitet auch Tomasello mit seinen preisgekrönten und viel gerühmten (vgl. Habermas' Preisrede auf Tomasello 2013, 166 ff.) Arbeiten zur Evolutionsanthropologie bzw. -biologie der Kooperation nicht (2009, 339 ff.), wenn er auch – anders als Aristoteles – sich dadurch nicht genötigt glaubt, die Sprache zur Bedingung möglicher Kooperation machen zu müssen und in einem teleologischen Anthropozentrismus zu verorten; denn nicht erst Sprache benennt für Tomasello das zentrale Distinktiv zwischen Mensch und nichtmenschlichen Primaten, sondern etwas, was ihm bei Experimenten an Kleinkindern aufgefallen ist und was er als ontogenetischen Schlüssel zur Phylogenese des Menschen zu nutzen versucht (2009; 2010; Siefer 2010; Sennett 2012): Was Kinder nämlich bereits im Alter von 12–14 Monaten von allen nichtmenschlichen Primaten prinzipiell, nicht bloß graduell unterscheidet und insofern ein menschliches Alleinstellungsmerkmal begründet, ist ihre bereits vorsprachlich (!) (wenn natürlich auch erst rudimentär) ausgebildete singuläre Fähigkeit zu „[kollektiv] *geteilter* [und nicht nur subjektiver] Intentionalität [meine Hervorhebung, J. K.]" bzw. „Wir-Intentionalität" (Tomasello 2009, 17 ff., 83 ff., 341 ff.). Damit sind kognitive, referenzielle, soziale, motivationale, normative usw. Gemeinsamkeiten gemeint, die kooperierende Subjekte miteinander teilen und die sie so zu einem „Wir" werden lassen, was für mögliche Handlungskoordinationen natürlich einen enormen „Anpassungsvorteil" impliziert. Selbst wenn – wie gesagt – Sprache nach Tomasello nicht die Quelle spezifisch menschlicher Kooperationskompetenz ist, sondern deren Folge (und darum auch bei Zeigegesten gegenüber Kleinkindern bereits vorsprachlich an deren Blickrichtung nachgewiesen werden kann (2009, 22–23, 347 ff.; 2010, 64–65)), bedeutet die sprachlich vermittelte Kooperation dennoch nicht nur eine quantitative Steigerung möglicher Kooperationschancen, sondern eine *qualitative* Veränderung ihres Komplexitätsgrades (2009, 19 ff., 341 ff.); denn mit Sprache werden natürlich die für Zeigegesten verbindlichen engen Raum- und Zeitbedingungen exponentiell entgrenzbar und die „geteilte Intentionalität" auf „Gegenstände" lenkbar, die nur als Vorstellungen präsentierbar, reflektierbar und deliberativ diskutierbar sind. Wenn bei Tomasello auch weder Aristoteles noch gar Rhetorik vorkommen, das oben zitierte Aristotelische Grundtheorem der

---

41 Vgl. Arendt 1993, 10: „Menschen sind nur darum zur Politik begabte Wesen, weil sie mit Sprache begabte Wesen sind". Noch radikalere Argumentation bei Isokrates und Quintilian: Ohne Sprache bzw. ohne deren persuasiven Gebrauch wären politische Gemeinschaftsformen gar nicht zustande gekommen, s. Jackob 2005, 200; Andersen 2001, 274 ff.

engen Beziehung zwischen Logizität und Polizität wäre mit seinen evolutionsbiologischen Kategorien ebenso leicht reformulierbar wie die Nützlichkeit einer Rhetorik plausibilisierbar zu machen wäre, die sich als Methodisierung einer sprachlich vermittelten und darum vernunftgestützten Handlungskoordination versteht; und Rhetorik kann das, weil sie die dafür nötige Fundamentalbedingung einer „geteilten Intentionalität" als zustimmungsbezogene Verständigungsarbeit im Interesse besserer Kooperationschancen operativ elaboriert.

4.2 Die vierfache Nützlichkeit der Rhetorik

Mit „zustimmungsbezogener Verständigungsarbeit" wird ein Rhetorikbegriff bestimmbar, der sich nicht nur *aus* der Aristotelischen *Politik* und *Rhetorik* rekonstruieren, sondern sich auch *gegen* das Konzept einer bloßen *Konzessionsrhetorik* abgrenzen lässt als dem vorrangigen Typ einer sozialtechnologischen Überredungsrhetorik, ob sie nun auf der Kanzel (Augustin) oder in der Höhle gebraucht wird (Platon), ob sie sich nun der Befreiung aus einem sündhaft verstrickten oder aus einem meinungshaft verdunkelten Leben andient. Bei solcher Abgrenzung der Aristotelischen *Rhetorik* darf freilich nicht unterschlagen werden, was oben bereits gesagt wurde, dass nämlich diese sprachlich mediatisierte politische Existenzweise gleichwohl nur die zweitbeste Lebensform in deren triadischer Hierarchisierung darstellt (vgl. König 1998, 1071 ff.). Man sieht es bei genauerem Hinblicken auch den Aristotelischen Aussagen über Rhetorik noch an, dass sie sich von den traditionellen Fußangeln der Platonischen Rhetorikverdächtigung noch nicht ganz befreit haben. Diese Fußangeln sollen deshalb im folgenden Versuch einer systematisch interessierten Rekonstruktion des Aristotelischen Rhetorikbegriffs auch nicht ausgeklammert werden (s. Abschnitte a und b), wenn der Fokus dieses Rekonstruktionsversuches auch mehr auf die innovativen Aspekte dieses Rhetorikbegriffs zielt (s. die Abschnitte c und d), die ihn überhaupt erst in die Vorgeschichte der modernen philosophischen Rhetorikrehabilitation einzureihen erlauben.

Unter den traditionellen Versatzstücken der Aristotelischen Verständnisses von Rhetorik gehört fraglos deren *defizit*- bzw. *mängeltheoretische* Begründung zu den vertrautesten: Sie ist unter dem Term *Konzessionsrhetorik* oben (Kap. 3.3/3.4) bereits zur Sprache gekommen, um die Platonische und Augustinische Legitimation von Rhetorik als gleichsam kompensatorische Reaktion auf die intellektuellen Defizite, Insuffizienzen bzw. Mängel zu bestimmen, die es den meisten Menschen verwehren, ohne *zusätzliche* persuasive Wirkungsstrategien Wahrheitsevidenzen eine Überzeugungskraft abgewinnen zu können. Entsprechend bestimmt auch Aristoteles Rhetorik als „nützlich", weil sie

a) mithilft, „die Vielen" bzw. „die Menge" wenigstens „zu überreden (*peithein*), notfalls auch mit emotionaler Einwirkung (*pathos*) und/oder sprachlich einnehmender Gestaltung (*lexis*), was, wären wir alle vernunftbestimmte Wesen, völlig „überflüssig" wäre (*Rhet*. 1404a). Aber die Menschen sind nun einmal nicht alle total vernunftbestimmt oder – so Quintilian gleichsinnig (*IO* II 17, 28) – philosophisch ambitioniert, weshalb sie sich nicht überzeugen lassen, „selbst wenn wir das sicherste Wissen hätten" (*Rhet*. 1355a, 1357a, 1404a; vgl. Rapp 2002/2, 814–815). Die grammatische Form dieses Zitats erinnert zumindest an eine Option, die es eigentlich gar nicht mehr geben kann, weil es Rhetorik nach Aristoteles nur mit solchen Sachverhalten zu tun hat, die genau das definitiv ausschließen, was hier wenigstens aus argumentationsstrategischen Gründen denkbar bleibt, nämlich der Besitz von „sicherstem Wissen". Der ist aber deshalb definitiv auszuschließen, weil wir über Sachverhalte, „die *auch anders sein können* [meine Hervorhebung, J. K.]" – so Aristoteles' umständlich ontologische Formel für den Kontingenzcharakter der „Praxis" – prinzipiell kein sicheres, geschweige denn „sicherstes Wissen" haben können (*Rhet*. 1357a), wie es vergleichsweise im Bereich von „Theorie" (im o. g. Sinne) möglich ist, die darum aber auch nichts bewegen bzw. verändern, sondern nur kontemplativ genießen kann (vgl. Riedel 1972, 87; Ritter 1977, 9 ff.). Doch genau wegen dieser Unmöglichkeit praktischer Gewissheitschancen bzw. wegen der *Theorieunfähigkeit von Praxis* ist ja überhaupt nur Rhetorik nach Aristoteles nötig, die entsprechend auch darum nützlich genannt werden darf, weil sie

b) eine *Methode* anbietet, das fehlende Wissen im Bereich der Praxis „deliberativ" (*bouleusis*) bzw. diskursiv zu *kompensieren*. Erkennbar geht es jetzt nicht mehr um Rhetorik als bloßer Konzession an die Schwäche „der Vielen", sondern um deren *Kompensation*, wobei die hier gemeinten Mängel aber – anders als die spätere Begriffskonvention will (s. u. Kap. 5) – nicht anthropologischer, sondern *ontologischer* Natur sind, weshalb Mainberger auch lieber von „Kontingenzbewältigung" spricht (1987/1, 153 ff., 257 ff.). Rhetorik ist, weil sie es mit ontologisch defizitären Sachverhalten zu tun hat, deshalb selbst eine vergleichsweise defizitäre Angelegenheit, gleichsam ein „Verlegenheit[sprodukt]" (Blumenberg 1981, 108), dem jede philosophische Dignität abgeht, zumindest solange ontologische Rangstufen als selbstevident unterstellbar sind.[42] Diese Rangindikation

---

[42] Erhellend ist in diesem Zusammenhang, dass Aristoteles – durchaus konsequent – die Poesie für höherrangiger und philosophischer hält als die Historiographie, weil nur sie Handlungen erfinden kann, die „vollkommen" sind, insofern sie „allgemein" geltender „Notwendigkeit und Angemessenheit" gehorchen, statt sich wie die Historiographie mit dem „Besonderen" geschichtlicher Fakten zu beschäftigen und sie nachzuzeichnen, *Poetik*, c.9.

widerspricht aber nicht notwendig einer pragmatischen Wertschätzung der Rhetorik als „nützlich", sondern sie erklärt nur deren historisch dauerhaft prekären Status. Den kann Rhetorik nämlich auch durch noch so strenge empirische Beobachtungsarbeit bzgl. rhetorischer Wirkungsbedingungen nie wettmachen, weil ihr Handicap kein Exaktheitsdefizit meint, sondern ein in ihrem Gegenstand selbst fundiertes Wertdefizit, das sich auch genau bestimmen lässt: Rhetorik hat es – anders als Kontemplation – mit Sachverhalten zu tun, die *nicht* streng wissenschaftlich zugänglich sind, weil sie *nicht* ewig, *nicht* unvergänglich, *nicht* unveränderbar und deshalb auch *nicht* vollkommen sein können;[43] denn Vollkommenheit schließt Veränderbarkeit logisch aus, insofern jede Veränderung von Vollkommenheit immer nur deren Minderung meinen kann. Rhetorik ist daher, was ihren originären Gegenstand angeht, eigentlich nur *negatorisch* bestimmbar, wie es Aristoteles an der eben zitierten Stelle ja auch exakt tut: Rhetorik beschäftigt sich mit Sachverhalten, die auch „*anders sein können*", also *veränderbar* (bzw. kontingent) sind, weshalb wir „für sie *keine* strenge Wissenschaft besitzen" und entsprechend über sie auch „*kein* gesichertes Wissen [meine Hervorhebung, J. K.]" haben können (*Rhet.* 1357a).

Die eben aufgelisteten Negate negieren beispielhaft Eigenschaften, die die Rangindikation eines Sachverhaltes traditionell ausmachten und so auch den Wert einer Wissenschaft traditionell bestimmten. Selbst wenn das heute wissenschaftsimmanent weithin irrelevant sein dürfte und auch Philosophie (von den Wissenschaften ganz zu schweigen) sich nicht mehr über „die Suche nach dem Unwandelbaren" (Dewey 1998, 30 ff.) definiert – es ist ja noch nicht ganz so lange her, dass diese Suche und mit ihr die traditionelle *Suche nach Gewissheit* (so der einschlägige Dewey-Buchtitel) überhaupt abgebrochen werden musste. Der Wissenschaftshistoriker E. P. Fischer nennt sogar ein exaktes Datum für „die Zerstörung der alten Gewissheit"; es war der Zeitpunkt, zu dem die Wissenschaft sich genötigt sah, die Frage nach der wahren Natur des Lichtes als wissenschaftlich prinzipiell nicht eindeutig beantwortbar anzuerkennen (2005, 166, allg. 109 ff., 160 ff.). Gewissheit ist seither eine unwissenschaftliche Kategorie. Dewey hält sich lieber an die vertrautere Terminologie, wenn er den gemeinten Abbruch der „Suche nach Gewissheit" mit der „kopernikanischen Wende" in Verbindung bringt, wie sie erstmals Kant seinerzeit als „Analogie"-Formel erfolgreich eingeführt hat, um für die Pointe des mit seiner Erkenntnistheorie fälligen Paradigmenwechsels ein griffige Parallele aus der Wissenschaftsgeschichte zu nutzen (1974, 25). Eine „Analogie" oder – so Blumenberg (1965, 100) – eine „Metapher"

---

[43] Vgl. Rapp, Christof. *Aristoteles zur Einführung.* Hamburg: Junius, 2001, 122 ff., 131 ff.; Höffe, Otfried. *Aristoteles.* München: C.H. Beck, 1996, 32.

war diese Kant'sche Formel und als solche hat sie auch historisch primär Erfolg gehabt, weil sie sich nicht für die faktischen Folgen interessierte, die mit dem Wechsel vom ptolemäischen zum kopernikanischen Weltbild für Theologie, Religion und Gesellschaft verbunden waren, sondern weil sie diese kosmologische Wende als lehrreiches Beispiel nutzte, um an ihm die Pointe einer vergleichbaren *erkenntnistheoretischen Wende* bzw. „Revolution der Denkart" plausibilisieren zu können, wie sie Kant vorschlug (s. u. Kap. 8). Und diese Pointe meinte: Man versteht unser Erkenntnisvermögen (und seine Grenzen) besser, wenn man den von Kopernikus seinerzeit vorgenommenen Standpunktwechsel des Beobachters als ingeniösen Vorschlag nutzt, beim Erkennen das Erkenntnissubjekt sich nicht nach den Erkenntnisgegenständen, sondern umgekehrt die Erkenntnisgegenstände sich nach dem Erkenntnissubjekt und seinen Beobachtungs- bzw. Erkenntnisbedingungen richten zu lassen. Oder mit Deweys Worten von 1929 reformuliert: Nach der erkenntnistheoretisch adoptierten „kopernikanischen Wende" „ist der Geist nicht länger ein Zuschauer, der die Welt von außen betrachtet und seine höchste Befriedigung im Genuss einer sich selbst genügenden Kontemplation findet. Der Geist ist in der Welt als ein Teil ihres voranschreitenden Prozesses" (Dewey 1998, 291; vgl. Kuhn 1980). Dadurch wird aus einem vermeintlich objektivistischen „Erkennen als einem Betrachten von außen" ein „Erkennen als aktive Teilnahme" am Erkenntnisprozess und entsprechend an der Konstitution der Erkenntnisgegenstände selbst (Dewey 1998, 291), was „mit dem alten philosophischen Begriff von Wahrheit nichts mehr zu tun hat" (Arendt 1960, 282–283 und bes. unten Kap. 8). Natürlich auch nichts mehr mit dem alten Versprechen, das z. B. Kopernikus' Wissenschaftsinteresse noch motivational antrieb, nämlich: dass eine Welt, die Gott *für* den Menschen („propter nos") als ihren privilegierten Zuschauer gemacht habe, auch *vom* Menschen in ihrer inneren Prozessdynamik (etwa was die Bewegungen der Himmelkörper angeht), verstehbar sein müsse (Blumenberg 1965). „Kränkung", von der Freud später (im Plural) sprechen wird (s. Wetz 1994, 125 ff.), war also nicht erst die Reaktion auf eine systematische Enttäuschung dieser lange gehegten Verstehbarkeitsunterstellung, „Kränkung" war historisch auch der vorgängige Impuls gegen das als „anstößig" (so Kopernikus!) empfundene „Missverhältnis zwischen der metaphysischen Weltqualität und dem theoretischen Weltanblick, zwischen postulierter Weltordnung und praktischer Weltkonstruktion" (Blumenberg 1965, 50). Doch die Arbeit an der Beseitigung dieser Kränkungsursache war bekanntlich nicht sehr erfolgreich: aus Wissenschaft als willkommener Gehilfin der Religion, die dem Glauben seine Vernünftigkeit attestieren und so als Weg „zu Gott" fungieren sollte, wurde eine „gottfremde Macht" (Weber 1967, 21), deren selbst methodologisch gezähmter Atheismus Gott in wissenschaftlichen Argumentationszusammenhängen keinen Platz mehr einräumen mochte, was absoluten Gewissheitschancen ebenso ihre

Basis nahm wie das Glückversprechen kontemplativer Wahrheitszugänglichkeit („Wissenschaft als Weg zum Glück" (Weber 1967, 21; vgl. Pieper 2012, 72–73)) verweigern musste.

Ist aber nur noch „die Gewissheit der Ungewissheit" (Pörksen 2008) gewiss, dann ist damit auch explizit und endgültig ein Paradigma verabschiedet, das Dewey die *„Zuschauertheorie des Erkennens* [meine Hervorhebung, J. K.]" nennt (1998, 27), die wir oben (Kap. 3) bereits gleichsinnig als jahrhundertelang geltendes Modell kontemplativer und d. h.: rezeptiver Erkenntnis- und Wahrheitsfindung skizziert haben. In ihm konnte noch als inhärente Eigenschaften der Dinge selbst ausgegeben werden, was wir heute „Konstrukte" des Erkennenden zu nennen genötigt sind (vgl. dazu unten Kap. 8), insofern wir die Dinge auch kognitiv nur so erfassen, wie es für unser Überleben förderlich ist, weil unser Gehirn primär kein Organ des interesselosen Erkennens, sondern des Überlebens ist – was schon Nietzsche kühn behauptete (vgl. dazu Kopperschmidt 1994, 51–52) und heute neurobiologisch wie evolutionstheoretisch stützbar ist. Entsprechend dürfte – so Hawkings vergleichbares, nur forscheres Resümee in *Der große Entwurf* (2010) – heute kein Wissenschaftler mehr ernsthaft glauben, durch kontemplatives „Zuschauen" statt durch gezieltes, in der Regel technisch unterstütztes experimentelles „Beobachten" Erkenntnisse gewinnen zu können (die freilich vom Beobachten nicht unbeeinflusst bleiben); und nur notorisch Uninformierte dürften heute noch hoffen, dass sich wenigstens in den vermeintlich exakten modernen Naturwissenschaften Oasen stabiler Ordnung finden ließen, während wir doch längst wissen könnten, dass sowohl im Mikro- wie im Makrokosmos die gleiche Veränderungsdynamik herrscht wie auf unserer Erde. Diese Vorstellung, „dass unsere Welt unentwegt in Bewegung ist" und es nirgends „absolute Ruhe" „gibt", dürfte den meisten Menschen freilich – so Fischer (2005, 150) – eher Angst machen denn von ihnen – wie noch bei Hawking im eben genannten *Großen Entwurf* (2010, 19 ff., 167 ff.) – als „großer Triumph" der menschlichen Erkenntnisfähigkeit gefeiert zu werden, weil sie endlich durch Einsicht in die „Gesetze der Natur" die Unterwerfung unter den „Willen eines allmächtigen Gottes" unnötig gemacht habe. Aus Rosas Bestseller über *Beschleunigung* (2005) als spezifische Zeitsignatur moderner Gesellschaften wissen wir freilich mittlerweile, wie sehr die als Beschleunigung gegenwärtig erfahrene (technische, geistige und soziale) Veränderungsdynamik bereits als Belastung und Überforderung empfunden wird, die eine Suche, wenn schon nicht nach Gewissheit, so doch wenigstens nach „Entschleunigung" mehr als plausibel macht.[44]

---

[44] Vgl. Fischer, Ernst Peter und Wiegandt, Klaus (Hgg.). *Dimensionen der Zeit. Die Entschleunigung unseres Lebens*. Frankfurt: Fischer, 2012. Zur folgenreichen „Gegenwartsschrumpfung" durch Beschleunigung s. Lübbe, Hermann. *Im Zuge der Zeit*. Berlin und Heidelberg: Springer, 2003.

Und was bedeutet das für Rhetorik? Sehr viel, meine ich! Man muss diese Andeutungen über den zeittypischen wie (vielleicht) endgültigen Verlust von Gewissheitschancen nur mit dem schon öfters erwähnten Blumenberg'schen Schlüsseltheorem in Verbindung bringen, um die Konsequenzen dieses Gewissheitsverlustes für unser Frageinteresse nach der philosophischen Relevanz der Rhetorik sofort zu erkennen: *"Solange die Philosophie ewige Wahrheiten, endgültige Gewissheiten* [!] *wenigstens in Aussicht stellen mochte, musste ihr der consensus als Ideal der Rhetorik, Zustimmungen als das auf Widerruf erlangte Resultat der Überredung, verächtlich erscheinen* [meine Hervorhebung, J. K.]" (1981, 112), will sagen: Solange man „die Suche nach Gewissheit" noch mit gutem Gewissen betreiben konnte, musste der Rhetorik jede philosophische Dignität abgehen, weshalb die Philosophen auch mit Rhetorik wenig anzufangen wussten, außer sie brauchten sie als Nothilfe für ihr Überleben in der Höhle. Wenn jedoch nach dem bisher Gesagten das Blumenberg'sche „solange" für die Gegenwart nicht mehr gelten kann, weil „der Philosophie der *Verzicht* [!] *nicht erspart blieb, der aller* [!] *Rhetorik zugrunde liegt* [meine Hervorhebung, J. K.]", wenn also das „ontologische Vorurteil" der Tradition (Riedel 1972, 88) bzw. ihre „ontologische Schlagseite" (Baecker 2005, 8) mit einer eindeutigen Präferenz für das Unveränderlich-Statische wissenschaftstheoretisch für uns bereits befremdlicher geworden ist als der modernitätsspezifischen Verzicht auf wissenschaftlich mögliche objektive Gewissheit überhaupt, – wenn das so ist, dann wird mit dem von Blumenberg eingeklagten „Verzicht" auch die traditionell trennscharfe Grenze zwischen absolut sicherem Wissen bzw. Wahrheit und bloßen Meinungen nicht nur porös, sondern grundsätzlich aufgehoben zugunsten einer Unterscheidung zwischen wissenschaftlich geltenden oder herrschenden und strittigen Meinungen. Das aber muss fundamentale Konsequenzen für eine Rhetorik haben, deren „Reich" (Perelman 1980) ja aus genau diesen Meinungen besteht, die keinen *direkten Zugang zur Welt* für sich reklamieren können, sondern „nur" Geltungsansprüche für sich und ihre *Aussagen über die Welt* erheben, die bestritten, verteidigt, gestützt, eingelöst, akzeptiert usw. werden können. *Jetzt und erst jetzt* kann Rhetorik wirklich philosophisch interessant, ja relevant werden, weil ihr überzeugungsbedingtes Zustimmungsprinzip zu einem *allgemeinen Geltungsprinzip* avancieren kann, das nicht mehr nur – wie noch bei Aristoteles – im spezifischen Bereich von kontingenter Praxis das Fehlen „letzter Gewissheiten" kompensieren soll, sondern in dem Maße seinen bisherigen Geltungsbereich sprengen kann, als die traditionellen Bestimmungen von Praxis verallgemeinert werden müssen zu Bestimmungen unseres Umgang mit Welt überhaupt. Der muss nämlich als ein durch und durch meinungshaft bzw. *doxastisch* geprägter Umgang verstanden werden (Rorty 1988, 16), der entsprechend auch nur Geltungsansprüche erheben kann, deren Anerkennung sich allein *überzeugungsbedingter Zustimmungsnötigung* verdankt

(s. u. Kap. 8). Die Modernität einer solchen rhetorisch geprägten Geltungstheorie besteht nach Rorty darin, dass „Wahrheit" nichts mehr ist, was – wie die Tradition wollte – „gefunden wird" (etwa durch Kontemplation), sondern eher – wie die Sophistik wollte – was „gemacht wird" (1991, 37, 96; 1987, 176).

Dieses Szenario einer geltungstheoretisch und damit philosophisch attraktiv gewordenen Rhetorik kann natürlich für Aristoteles noch nicht unterstellt werden. Dennoch! Auch bei Aristoteles ist neben der Konzessionsrhetorik und der aus ontologischen Gründen als bloßer Mängelkompensation im Bereich von Praxis funktionalisierten Verlegenheitsrhetorik schon von einer *anderen Rhetorik* zumindest ansatzweise die Rede, über die in den bisherigen zwei Argumenten für die Nützlichkeit der Rhetorik noch gar nicht gesprochen worden ist. Doch Aristoteles kennt – wie oben gesagt – insgesamt mindestens vier solcher Nützlichkeitsargumente (vgl. auch Rapp 2002/1, 79 ff.), von denen die beiden restlichen (c und d) durchaus geeignet wären, die bisherige Funktionsbestimmung der Rhetorik (a und b) fast vergessen zu machen; denn diese andere Rhetorik ist in der Tat alles andere ist als „ein bloßes Resignationsideal". Sie darf nicht einmal mit der Idee einer positivierten Rhetorik verwechselt werden, die Aristoteles nach Heideggers tollkühner These bei Platon entdeckt haben und in seiner „Rhetorik" operativ ausgebaut haben soll, während Aristoteles in Wahrheit mit seiner „Rhetorik" sich wie kein anderer von Platon und dessen Idee von Rhetorik konzeptionell entfernt hat. Zwar gilt nach wie vor noch – auch für Aristoteles – die von Riedel eingeklagte fatale „Aporie" als notwendiger Folge des o. g. „ontologischen Vorurteils" der Tradition, dass es nämlich „von Gegenständen, die veränderlich und unselbständig sind und somit auch Veränderung durch Handeln zulassen, kein methodisch gesichertes Wissen gibt, dass jene Gegenstände hingegen, die ein solches Wissen zulassen, infolge ihrer Beschaffenheit [der Unveränderlichkeit bzw. Selbstständigkeit] nicht zu verändern sind" (1972, 88–89). Doch selbst wenn man die prekäre Wirkung dieser „Aporie" auf die europäische Wissenschaftsgeschichte und besonderes auf die praktische Philosophie nicht unterschätzen darf, sie hat die Suche nach einem Verfahren nicht lähmen können, das die „Veränderung durch Handeln" auch ohne „gesichertes Wissen" zu methodisieren sich zutraute (vgl. Buchheim 1986, 77 ff.). Aristoteles hat diese mögliche Methodisierungsleistung der Rhetorik zugetraut und für diese rhetorische Leistung sogar einen Schlüsselbegriff geprägt, der längst in lateinischer Übersetzung in die einschlägige Reflexionsgeschichte eingegangen ist und bis heute in einer emphatischen Weise gebraucht wird, die kaum nach ahnen lässt, dass es sich einmal um eine ontologisch bedingte Mängelkompensation gehandelt hat; gemeint ist der Begriff „Deliberation".[45]

---

[45] Vgl. Buchheim 2000, 113 ff.; Habermas 1992, 349 ff. und unten Kap. 12.

Dieser latinisierte Übersetzungsbegriff für den griechischen Originalbegriff *bouleusis* (Beratung) ist aus zwei Gründen als Schlüsselbergriff für unser Frageinteresse geeignet: Einmal fungiert er bei Aristoteles als Brückenbegriff, der die oben bereits erläuterte Beziehung zwischen der Logizität und Polizität des Menschen operationalisiert, insofern sich in „Deliberation" das Sprachlich-Werden bzw. das Zur-Sprache-Kommen von Politik operativ vollzieht. Zum anderen bietet der Begriff „Deliberation" die willkommene Chance, als Anschlussbegriff zu fungieren, mit dessen Hilfe sich unser Frageinteresse an eine internationale Diskussion andocken lässt, die unter dem Namen „deliberative Politik" geführt wird und in deren Rahmen Habermas einen Begriff von „kommunikativer Vernunft" konturiert hat (1985a, 344 ff.), der für jedes Rhetorikkonzept, das Vernunft zum Sprechen bringen will, attraktiv werden muss. Das u. a. auch deshalb, weil die Spezifikation „kommunikativ" Vernunft nicht „material" bzw. „substanziell", sondern „formal" bzw. „prozedural" bestimmt und damit die Idee von Vernunft als „Verfahrensrationalität" entwirft (Habermas 1988, 42 ff.). Dadurch kommt sie einer Theorie entgegen, die wie die Rhetorik auch über *keine eigenen materialen* Überzeugungsressourcen verfügt, sondern nur ein *Verfahren zu methodisieren* verspricht, mit dem jeweils unterstellbare Überzeugungsressourcen problembezogen und adressatenspezifisch aktualisiert werden können, um erfolgreiche Problemlösungen zu finden. Als erfolgreich dürften aber heute, wie einschlägige aktuelle Beispiele leicht belegen könnten, weithin nur noch Problemlösungen gelten, die durch überzeugungsbedingte Zustimmungen gedeckt sind und damit den fälligen sozialen Kooperationsbedarf moderner Gesellschaften nur noch aus zustimmungsbezogener Verständigungsarbeit zu befriedigen vermögen.

4.3 Umrisse einer anderen Rhetorik

Der Begriff „Deliberation" (verständigungsbezogene Beratung) spezifiziert bei Aristoteles nicht mehr bloß eine der drei traditionellen Redegattungen (*genus deliberativum*), sondern charakterisiert die spezifische Leistung einer funktionalen Sprachverwendung überhaupt, wie sie die Rhetorik methodisiert (vgl. Kopperschmidt 1995, 88 ff.). Zum Schlüsselbegriff avanciert „Deliberation" bei Aristoteles, weil sie ein Verfahren kennzeichnet, das zwar fehlende Evidenzen von Praxis kompensieren muss („Wir beraten nur über Dinge", über die wir „keine Gewissheit besitzen können", *Rhet.* 1357a; vgl. *NE* 1130b), zugleich aber mit diesem Kompensationszwang ein *Niveau möglicher Kooperation* erschließt, das Praxis qualitativ völlig zu verändern in der Lage ist. Denn was Deliberation operativ ermöglicht, ist *Kooperation* mittels einer *auf zustimmungsbezogener Verständigung* basierenden und durch sie motivierten Handlungskoordination, die ihrerseits Subjekte voraussetzt, die fähig und bereit sind, die „Möglichkeit des Anders-Seins" positiv als *Handlungsoptionen* bzw. als *Entscheidungsoptionen* zu nutzen und sie nach theoretischen wie praktisch/normativen Kriterien zu selektieren, die von den Handelnden selbst verantwortet werden. Was also ontologisch durchaus ein Mangel sein und bleiben mag, kann *handlungstheoretisch* zur Bedingung möglicher (praktischer) Optionalität und Freiheit werden (vgl. Riedel 1972, 88), sodass man wegen dieser Folgen sogar – in Anlehnung an eine vergleichbar paradoxe Formel[46] – von einem *vorteilhaften Mangel (felix inopia)* reden könnte, über den sich Mängelkompensations- und Verständigungsparadigma miteinander versöhnen lassen. Das sagt Aristoteles zwar so nicht und meint es auch nicht so, und doch ist das ontologische Defizit von Praxis im Sinne von „Möglichkeit des Anders-Seins" auch für ihn zugleich die notwendige Voraussetzung der *Möglichkeit von Politik* (und veränderungsbezogener Praxis überhaupt), die ihrerseits wieder als Voraussetzung eines als spezifisch menschlich definierten Lebens (*zoon politikon*) fungiert, das nach dem oben Gesagten nur eine durch Sprache vermittelte Kooperation zwischen „Freien und Gleichen" (*Polit.* 1255b und öfter; Schütrumpf 1980, 74 ff.) sein kann. So lautet nämlich Aristoteles' griffige Formel für diese „höchste" und allein als politisch qualifizierte „Herrschaftsform" (*arche*) (*Polit.* 1252a), die bis heute (meist zitatfrei, besonders bei Habermas) für das Programm und Ideal *demokratischer Selbstbestimmung* steht. Dass für Aristoteles die Bedingungen solcher Selbstbestimmung von „Freien und Gleichen" seinerzeit natürlich nur eine männliche Minderheit erfüllen konnte, muss den Wahrheitsgehalt dieses folgenreichen Ideals nicht mindern, allenfalls den uneingeschränkten Geltungssinn dieses Ideals einklagen. Deliberative Verständigung unter „Freien und Gleichen" bleibt das attraktive Leitbild für eine politische Existenz, die nicht bloß ein „Überleben" sichern will (wie bei Hobbes) noch bloß im Kampf um wirksamere Herrschaftstechniken sich erschöpft (wie bei Machiavelli), sondern ein „glückhaft gelingendes Leben" intendiert (*Polit.* 1252a) – und zwar *im Hier und Jetzt*. Rhetorik, wenn man sie mit Aristoteles als Theorie, Praxis und Methodisierung solcher Kooperation ermöglichenden Deliberation versteht, ist dann aber auch keine bloße „Verlegenheits-" oder Mängelkompensationstheorie mehr und erst recht natürlich keine bloße Konzessionstheorie, sondern sie ist theoriestrategisch längst auf dem (freilich noch langen) Weg zu ihrer Selbstdefinition als *deliberativer Verständigungstheorie für Freie und Gleiche*.

Zwei der insgesamt vier Nützlichkeitsgründe aus Aristoteles' *Rhetorik* sind – wie gesagt – bisher noch gar nicht herangezogen, die aber für die eben genannte

---

46 „felix culpa" bezeichnet seit Augustin die Ursünde als „glückhafte Schuld" des Menschen, weil sie zur Menschwerdung des Erlösers geführt hat; in der katholischen Osternacht-Liturgie ist dieses Oxymoron bis heute präsent. Vgl. dazu allgemein Marquard 1995, 11 ff.

evolutionäre Einschätzung der Aristotelischen *Rhetorik* und ihre Ansätze einer „anderen Rhetorik" fundamental sind. Das soll jetzt endlich nachgeholt werden. Der eine Grund lässt sich als weitere

c) Nützlichkeitsbestimmung aus der Aristotelischen *Politik* entnehmen, die an einer für unser Frageinteresse wichtigen Stelle ganz un-, ja antiplatonisch dafür plädiert, das eben genannte Potential deliberativer Verständigung durch systematische *Entgrenzung* der Zugangsbedingungen zu dieser Verständigungsarbeit zu vergrößern (*Pol.* II 2 ff.; vgl. Kopperschmidt 1995, 85 ff.). Dass hier nicht mehr bloß von Kompensationsleistungen ontologischer Defizite die Rede ist, sondern weit mehr vom originären, nämlich *summativen Leistungsgewinn kollektiver* Verständigungsarbeit, lehrt die erkennbare Nähe dieser „Summierungstheorie" (vgl. Rapp 2002/2, 130; Ottmann 2005, 214) zu modernen (sozialpsychologischen) Theorien über den „Vorteil der Gruppe" oder *Die Weisheit der Vielen* (Surowiecki 2005), was neuerdings gern „Schwarmintelligenz" genannt wird (s. Miller 2010), oder erst recht zu Hannah Arendts *Apologie der Pluralität* (2016). Damit wird Aristoteles' Theorem sogar evolutionsgeschichtlich anschlussfähig, insofern es die Klugheit der „Vielen" (sofern sie nur „freie Männer" (!) sind und „sich an Gesetze halten") der vermeintlichen Weisheit der Wenigen (auch der monologisierenden „Philosophenkönige"!) als überlegen einschätzt (s. u. Kap. 8). Noch wichtiger erscheint mir, dass mit der summierungstheoretischen bzw. kognitiven Aufwertung der „Vielen" (*plethos/hoi polloi*) durch Aristoteles nicht nur ihrer notorischen Verachtung durch Plato widersprochen wird, sondern dass sich positive Anschlusschancen an bedeutende und – wie im Fall von Perelman etwa – sogar an rhetorikaffine Theorien ergeben, die den *Grad der Öffentlichkeit* zum Maßstab für die Qualität und Vernünftigkeit deliberativer Verständigung machen (s. u. Kap. 6).[47] Habermas meint sogar, dass man die oben erläuterte Aristotelische These, wonach der Mensch ein *zoon politikon* sei, erst recht verstehe, wenn man „politikon" mit „im öffentlichen Raum existierend" übersetze (2005, 17). Dem ist vorbehaltlos zuzustimmen, zumal damit implizit noch einmal die oben behauptete enge Beziehung zwischen Polizität und Logizität (in der Doppelbedeutung von sprach- und vernunftfähig) des Menschen bestätigt wird: Der Mensch muss nach Aristoteles „ein redendes Wesen" sein, *um* „ein im öffentlichen Raum existierendes" und seine Vernunft so zur Geltung bringendes Wesen sein zu können. Im bereits zitierten

---

[47] Aristoteles erinnert in diesem Zusammenhang an eine allgemeine Erfahrung, dass nämlich „Menschen nicht ein und dasselbe öffentlich und privat loben, sondern öffentlich nur das Gerechte und Treffliche, während sie privat eher den eigenen Vorteil anstreben" (*Rhet.* 1399a). Interessant ist diese Erfahrung als Hinweis auf ein bis heute (s. auch soziale Netzwerke) nachweisbares höheres intellektuelles und moralisches Niveau öffentlichen Redens, das sich für politische Entscheidungsprozesse nutzen lässt (vgl. *Pol.* 1281).

Titel der Habermas-Festschrift *Die Öffentlichkeit der Vernunft und die Vernunft der Öffentlichkeit* (2001) findet nicht nur diese dialektische Denkfigur in einer entsprechenden Stilfigur („Antimetabole") ihren sprachlich angemessenen Ausdruck, sondern auch das Programm einer Rhetorik findet in ihr eine pointierte Verdichtung, die den öffentlichen Vernunftgebrauch im Interesse kooperativer Handlungsermöglichung für „freie und gleiche" Subjekte methodisieren will. Selbst wenn Reden-Können dem Menschen nach Aristoteles zur Ermöglichung seiner politischen Existenzweise dient (s. o. Kap. 4.1), so ist damit die ganze Funktionsbreite von Rede natürlich genau so wenig benannt wie die politische Existenz die einzige Weise menschlichen Lebens beschreibt; doch nobilitiert sie eine Existenzweise, in der das Reden-Können seine vornehmste Funktion gewinnt, insofern es – so Nietzsches klassische Formulierung (*KGA* II 4, 113 ff.) – zum „*größten Machtmittel inter pares* [meine Hervorhebung, J. K.]" zu werden vermag, d. h.: zum „größten [ich würde lieber sagen: zum einzigen] Machtmittel" unter gleichberechtigten Subjekten in ihrer Rolle als Bürger. Diese Bürgergemeinschaft aber ist keine bloß vergrößerte Hausgemeinschaft (bzw. Familie), sondern eine singuläre Assoziation „freier und gleicher" Männer zum Zwecke der deliberativen Verständigung über die Praxis gelingenden Lebens, das mehr meint als „bloßes Überleben" (*Pol.* 1280a). Deshalb ist für Aristoteles die strikte Unterscheidung zwischen „*oikos*" und „*polis*", zwischen „Haus" und „Staat" so konstitutiv (vgl. Ottmann 2005, 12–13), sodass, wer den politischen Raum betreten will, das Haus als herrschaftlich organisiertes Abhängigkeitsgefüge[48] verlassen muss; denn nur im politischen Raum herrscht das Prinzip der „Pluralität" (Arendt 1993, 9; 2016) und gilt entsprechend das Prinzip der Vielfalt möglicher Meinungen, die sich nicht nach Hausherrenart zur Einheit zwingen oder – so Platons Konzept (s. u. Kap. 7) – durch Expertenwissen (Expertokratie) einfach ausschalten lassen, sondern die durch Überzeugungsarbeit um mehrheitsfähige Zustimmung werben müssen. „Macht" bestimmt sich unter solchen Bedingungen nicht als erfolgreiche „Instrumentalisierung eines fremden Willens für eigene Zwecke", sondern als gelingende „Formierung eines gemeinsamen Willens in einer auf Verständigung gerichteten Kommunikation". So beschreibt Habermas sein „kommunikatives Handlungsmodell", das explizit an Hannah Arendt und ihre kategoriale Unterscheidung zwischen „[sprachimprägnierter] Macht und [stummer] Gewalt" (1975, bes. Kap. II) anschließt und darüber vermittelt natürlich auch an Aristoteles, dessen „Praxis"-Begriff Arendt nach Habermas besonders in ihrem Hauptwerk *Vita activa oder vom tätigen Leben* (1960, bes. Kap. II) „systematisch erneuert hat" durch eine

---

[48] Vgl. zu dieser herrschaftlich durchorganisierten Hausgemeinschaft von Sklaven, Frauen und Kindern *Pol.* 1253b.

gegen Platon eingeklagte kategoriale Abgrenzung der „Praxis" von „Poiesis/ Herstellen" und „Arbeit" (Habermas 1978, 103 ff.). Wenn nur die öffentliche „Mobilisierung von Zustimmung Macht erzeugt" (1978, 104), wenn also „Macht sich nur im kommunikativen Handeln bildet" und insofern „ein Gruppeneffekt der Rede ist", dann wird Politik als genuiner „Praxis"-Raum zum genuinen Rede-Raum,[49] in dem jener „eigentümlich zwanglose Zwang" zur Geltung kommen kann, der gelingender Überzeugung eigen ist und deren „Vernunftanspruch" selbst „erfolgreiche Manipulation" von Überzeugungsarbeit nicht zu dementieren vermag,[50] weil ja auch deren Erfolg sich nur dem erfolgreich prätendierten „zwanglosen" Überzeugungszwang verdankt (1978, 106 und unten Kap. 11.3). Nach einem großartigen Wort von Arendt gibt es „auf die Frage nach dem Sinn von Politik" nur eine mögliche Antwort: „Der Sinn von Politik ist Freiheit" (1993, 28, 35 ff.). Wenn diese Freiheit im Rede-Raum öffentlicher Überzeugungsarbeit unter „Freien und Gleichen" konkrete Praxis wird, dann avanciert Rhetorik erkennbar aus einer legitimen Strategie „wohlmeinender Lüge" und Überredung bei Plato zu einem Medium operativer Ermöglichung von Freiheit (s. u. Kap. 11.3).

Dass Aristoteles in der Vorgeschichte eines solchen Rhetorikverständnisses einen prominenten Platz beanspruchen darf, bezeugt schließlich besonders

d) sein letztes und viertes Nützlichkeitsargument, das deshalb auch besondere Beachtung verdient. Denn an der gemeinten Stelle der *Rhetorik* formuliert Aristoteles eine These, mit der nicht nur Heidegger in seiner o. g. Vorlesung von 1924 nichts anzufangen wusste, obwohl ihr substanzieller Aussagegehalt für Ohren von Rhetorikern eigentlich (vergleichsweise) ungeheuerlich klingen müsste. In ihm wird nämlich nicht weniger als eine *intrinsische* und nicht bloß *additive Beziehung zwischen Wahrheit und Überzeugungskraft* behauptet, was die missliche Arbeitsteilung zwischen Philosophie und Rhetorik aufkündbar macht: „*Die Rhetorik ist nützlich, weil das Wahre und Gerechte immer* [!] [*bzw. von Natur aus*] *größere Überzeugungskraft* [*pithanotera*] *besitzen als das jeweilige Gegenteil* [meine Hervorhebung, J. K.]" (*Rhet.* 1355a21 bzw. a37). Sollte sich dieses Konvergenztheorem plausibilisieren lassen, dann impliziert es erkennbar eine folgenreiche Konsequenz für die Rhetorik, insofern dann nämlich die mögliche

---

[49] „Wortloses Handeln gibt es streng genommen überhaupt nicht" (Arendt 1960, 168; allg. dazu 1994, 164 ff.). „Politisch zu sein […], das hieß, dass alle Angelegenheiten vermittels der Worte, die überzeugen können, geregelt werden und nicht durch Gewalt oder Zwang" (1994, 30).
[50] Die These, dass auch „noch die erfolgreiche Manipulation Vernunftansprüchen Rechnung tragen muss", soll natürlich nicht die Nürnberger Parteitage der NSDAP zu deliberativen Rede-Räumen verharmlosen, sondern nur die nicht tilgbare „Ambivalenz" betonen zwischen „Überzeugung und Überredung, die dem rhetorisch hervorgebrachten Konsensus anhängt" (Habermas 1973, 267); vgl. Kopperschmidt 2003, 181 ff., 327 ff.

(graduell durchaus differenzierbare) *Überzeugungskraft* einer Aussage als ein (entsprechend differenzierbares) *Indiz ihrer Wahrheit* gelten müsste und die rhetorische Arbeit an der Überzeugungskraft einer Aussage würde zugleich Arbeit an der Erschließung ihrer möglichen Wahrheitsindikation sein. Dass sich hier eine höchst interessante Perspektive für die *philosophische* Rettung der Rhetorik jenseits ihrer bloß konzessiven oder verlegenen Duldung auftut, ist offenkundig, muss aber noch etwas genauer erläutert werden, als es der obige Satz tut. Denn der behauptet zwar einen intrinsischen, genauerhin: *indikativen* Zusammenhang zwischen der jeweiligen Überzeugungskraft einer Aussage und ihrer Wahrheit und begründet *aus* diesem Zusammenhang auch die Nützlichkeit der Rhetorik, doch lässt er völlig offen, worin diese Nützlichkeit operativ bestehen soll bzw. *wie* sich die Rhetorik mit Bezug *auf* diesen Zusammenhang denn nützlich machen könnte, wenn die o. g. traditionelle Arbeitsteilung zwischen Philosophie (Wahrheit) und Rhetorik (Wirkung) nicht mehr haltbar ist. Etwas später freilich folgt dann ein Satz, der argumentativ eigentlich schon hier fällig gewesen wäre, nämlich: dass es die originäre Aufgabe der Rhetoriktheorie sei, „zu erkennen, welche Ressourcen möglicher Überzeugungskraft [pithana] in einer jeweiligen Problemlage verborgen liegen" (*Rhet.* 1355b). Fügt man diesen Satz argumentativ in den fraglichen Zitat-Text ein, dann erschließt sich der in ihm behauptete Nützlichkeitswert der Rhetorik fast von selbst – jedenfalls für eine *Wahrheitstheorie*, der die *Überzeugungskraft von Rede als Wahrheitsindiz* gilt: Rhetorik ist demnach nützlich, weil sie die *Überzeugungskraft*, die dem Wahren und Gerechten immer bzw. von Natur aus eher zukommt als dem Unwahren und Ungerechten, *methodisch freilegen zu können verspricht* und Überzeugungskraft damit als Wahrheitsindiz überhaupt erst *operativ wirksam* werden lässt.

Die Kühnheit dieses für den evolutionären Charakter der Aristotelischen *Rhetorik* grundlegenden Theorems dürfte damit präzis bestimmbar sein: Rhetorik ist nicht nur deshalb nützlich, weil sie das (vermeintlich) objektiv Wahre und Gerechte noch zusätzlich (additiv) überzeugungskräftig und damit für „die Vielen" leichter zustimmungsfähig zu machen versteht, sondern Rhetorik ist primär deshalb nützlich, weil sie die Überzeugungskraft als *immanente*, wenn auch für viele meist *latente* Eigenschaft des Wahren und Gerechten systematisch zur *Selbstexplikation* nötigt und so deren Zustimmungsfähigkeit *faktisch* stärkt. Denn je mehr Menschen sich an der Explikation bzw. Freilegung dieser überzeugungsgestützten Zustimmungsfähigkeit deliberativ beteiligen, desto größer muss nach summationstheoretischem Kalkül die Chance ihres Gelingens sein (s. o. unter c). Deshalb favorisiert Aristoteles – wieder anders als Platon – auch nicht mehr die monologische Gewissheitssuche, sondern eine möglichst entgrenzte Chance deliberativer Beteiligung. Rhetorik wird dadurch – so Rapps treffende Metapher (2002/2, 133, 85 ff.) – „eine Art Selbsthilfeeinrichtung des logos", insofern sie das „natürliche [!] Überzeugungspotential" des Wahren und Gerechten auffindbar zu machen hilft (vgl. auch Figal 1996). Entsprechend wäre es auch „schändlich, wenn sich die Rede [logos] nicht selber mithilfe der Rhetorik zu helfen wüsste, obwohl der Gebrauch der Rede doch weit eigentümlicher für den Menschen ist als der des Körpers".

Doch worauf beruht eigentlich dieses „natürliche Überzeugungspotential" des Wahren und Gerechten bzw. wie begründet Aristoteles eigentlich die bisher nur behauptete intrinsische Beziehung zwischen dem Wahren/Gerechten und deren vergleichsweise größerer Überzeugungskraft, die es methodisch zu entbinden gilt? Es gibt, soweit ich sehe, keine direkte Antwort von Aristoteles auf diese Frage; wohl aber lässt sich eine indirekte Antwort finden, wenn man nämlich einschlägige Theoriestücke Aristotelischen Philosophierens zusammenträgt und in einen argumentativ konsistenten Zusammenhang bringt. Eben das will ich versuchen, indem ich von der These ausgehe, die dem Theorem von der Überzeugungskraft als immanenter Eigenschaft des Wahren und Gerechten unmittelbar vorausgeht. Es heißt dort: „Die Menschen [also nicht nur wenige Experten!] sind für das Wahre von Natur aus [!] hinlänglich begabt, und meistens treffen sie auch das Wahre; die anerkannten Meinungen [ta endoxa] zu treffen verlangt nämlich [!] die gleiche Begabung wie die Wahrheit zu treffen" (1355a). Wer heute den ersten Teil dieser Behauptung mit Aussicht auf Zustimmung begründen wollte, würde schwerlich noch den Weg wählen können, den Aristoteles seinerzeit bedenkenlos gehen konnte; denn der Aristotelische Satz, der sich für die starke Behauptung einer *natürlichen* bzw. *prinzipiellen Wahrheitsfähigkeit* des Menschen (vgl. Rapp 2002/2, 72 ff.) als plausible Stützung anbietet, ist der Eröffnungssatz der Aristotelischen *Metaphysik*, was ihm ein besonderes Renommee verschafft: „Alle Menschen streben von Natur aus [!] nach Wissen" (980a). Um als Begründung der prinzipiellen Wahrheitsfähigkeit des Menschen beansprucht werden zu können, fehlt eigentlich nur noch ein Theorem, das oben auch bereits zitiert und als Argument funktionalisiert worden ist, nämlich: dass „die Natur nichts umsonst tut". Damit dürften alle relevanten Teilelemente eines konsistenten Begründungszusammenhangs komplett sein: Wie mithilfe des Arguments, dass die Natur nichts umsonst tue, oben die „natürliche" Polizität des Menschen aus seiner Logizität begründet worden ist, so wird hier analog die *Wahrheitsfähigkeit* des Menschen mit seinem „natürlichen" Wahrheitsstreben begründet; denn ebenso wie es sinnwidrig wäre, den Menschen mit einer singulären Sprachfähigkeit auszustatten, ohne mit dieser Sprachfähigkeit eine ihm allein eigene, nämlich „politischen" Existenzweise ermöglichen zu wollen, ebenso wäre es sinnwidrig, ihn mit einem „natürlichen" Wahrheitsstreben auszustatten, ohne diesem Wahrheitsstreben je eine Befriedigungschance zu gönnen. In beiden Fällen hängt erkennbar die Plausibilität der Argumentation definitiv von einer ihr zugrundeliegenden *teleologischen* bzw.

finalistischen Denkfigur ab, deren Akzeptabilität sich der Weigerung verdankt, die Natur könne sich – so die beliebte einschlägige Metaphorik – wie eine „böse Stiefmutter" (*noverca*) verhalten.[51] Nur wenn diese Weigerung allgemein unterstellbar ist, kann ein teleologischer Argumentationszusammenhang wie der hier rekonstruierte wirksam werden. Das gilt nach Blumenberg ebenso für das von ihm zitierte sinnverwandte Aristoteles-Theorem, dass „wir das, wovon alle überzeugt sind, ‚wirklich' nennen" (*NE* 1172b): Auch für die Plausibilisierung dieser These muss man – so Blumenberg – „immer schon ein teleologisches Argument im Hintergrund [haben]" (1981, 108), das ein Misslingen überzeugungsgeleiteter Wahrheitssuche weithin auszuschließen hilft; deshalb darf auch die oben bereits zitierte Annahme gelten, dass sich das „Treffen anerkannter [weil überzeugungskräftiger] Meinungen" und das „Treffen der Wahrheit" der gleichen Kompetenz verdankt (*Rhet*. 1355a), sodass sich das Treffen überzeugungskräftiger Meinungen – ähnlich wie der „consensus omnium" (allgemeine Übereinstimmung)[52] – als verlässliches Indiz dafür nutzen lässt, dass man sich bei der Wahrheitssuche auf der richtigen Spur befindet. „Erst die *skeptische* Zerstörung [meine Hervorhebung, J. K.]" dieser teleologisch gesicherten Annahme – und diese „skeptische Zerstörung" ist nicht nur für Blumenberg heute natürlich schlichte Faktizität[53] – macht die Frage dringlich, ob und wie sich Überzeugungskraft als immanenter Eigenschaft von Wahrheit auch *ohne teleologischen „Rückhalt"* retten ließe. Gerettet aber *muss* diese intrinsische Beziehung zwischen der Wahrheit einer Rede (im vorerst verallgemeinerten Sinn theoretischer wie praktischer Gültigkeit, s. u. Kap. 10.2.2) und ihrer Überzeugungskraft, weil von dieser Beziehung definitiv das Gelingen jeder philosophischen Rettung der Rhetorik abhängt, da Rhetorik es nun einmal „*positiv oder negativ* [*immer*] *mit der Wahrheit zu tun hat* [meine Hervorhebung, J. K.]" (Blumenberg 1981, 105). Wie also ließe sich diese intrinsische Beziehung *ohne teleologische Stütze* retten?

---

51 Vgl. zum „noverca"-Theorem usw. unten Kap. 5.4! „Natur" ist natürlich ein Pseudonym bzw. Metonym für ein gottähnliches Prinzip.
52 Vgl. Suhr, Martin. Artikel „consensus omnium, consensus gentium". *HWPh*, Bd. 1. Hgg. Ritter, Joachim et al. Basel: Schwabe Verlag, 1971, 1031 ff.
53 An der heutigen Unbekanntheit des 1955 bzw. (in Deutschland) 1959 erstmals erschienenen und seinerzeit engagiert diskutierten Buches *Der Mensch im Kosmos* (München: C.H. Beck) von Pierre Teilhard de Chardin lässt sich die Fremdheit teleologischer Denkstrukturen in der Wissenschaft beispielhaft ablesen, die Richard Dawkins in *Der blinde Uhrmacher* (München: Kindler, 1986 bzw. München: dtv, 1990) destruiert hat, indem er die seit William Paley (1802) mit der Uhrmacher-Metapher abgebildete und göttlich begründete Finalität der Welt durch zwei Prinzipien der Evolutionstheorie (Mutation und kumulative Selektion) wissenschaftlich erfolgreich zu ersetzen versucht.

4.4 Zwischen Geltungsindiz und Geltungskonstitution

Von Blumenberg kann man sich an eine zunächst äußerst gleichsinnig klingende Formulierung *vis veritatis* (Kraft der Wahrheit) erinnern lassen, die der christliche Rhetor Laktanz (viertes Jahrhundert) prägte, um mit ihr eine der göttlichen Wahrheit selbst inhärente Überzeugungskraft zu bezeichnen, die auch und sogar der *nuda veritas*, d. h.: der von allem rhetorischen Schmuck entblößten Wahrheit anhaften und ihr einen eigensinnigen Schmuck (*satis ornata per se*) verleihen soll, der jeden, der sie verteidigt, eloquent macht (*diserte copioseque defendere veritatem*) (Blumenberg 1998a, 59). Diese paradoxe *Rhetorizität rhetorikfreier Wahrheit* eine der „List der Vernunft" (Hegel) vergleichbare „List der Wahrheit" nennen zu wollen, verbietet sich angesichts des göttlichen Charakters dieser Wahrheit; gleichwohl stellt dieses Paradox eine „perfekte Unionsformel" für „das Verhältnis von Wahrheit und Rhetorik" dar (1998a, 57): Wenn die Wahrheit nämlich eine ihr eigene Überzeugungskraft (*vis*) besitzt, dann muss diese auch nicht mehr zum bloßen „Instrument der Wahrheit" sozialtechnologisch degradiert werden, sondern kann zu deren „Ausdruck" (!) avancieren: Dann „ist der Glanz der Diktion der Glanz der Wahrheit selbst, unmittelbare Selbstumsetzung der Sache in die Sprache und ihre Überzeugungskraft" (1998a, 59). So attraktiv sich diese Beschreibung Blumenbergs auch gibt und so sehr sie auch überzeugungspsychologisch recht haben mag, insofern die größte Überzeugungsressource fraglos das Überzeugtsein des Redners von der Wahrheit seiner Aussage ist, ein entsprechendes Rezeptionsorgan für die rhetorikfreie Rhetorizität göttlicher Wahrheiten würde ich mit Augustin dennoch nur bei ganz wenigen unterstellen wollen, weshalb seine pragmatische Rettung der Rhetorik als einer zusätzlichen Zustimmungsstimulanz wohl auch erfolgreicher war. Wer freilich wie Wilfried Stroh der Auffassung ist, dass „die Stiftungsurkunde einer christlichen Rhetorik" bei Laktanz zu finden sei, muss nach Belegen dafür suchen, dass die Augustinische Pragmatik auch Laktanz nicht ganz fremd war und er gelegentlich – so der gefundene Beleg – nicht nur der „eigenen Kraft der Wahrheit" vertraute, sondern auch auf „den Zauber der Rede" setzte, um der Wahrheit zum Erfolg zu verhelfen (Stroh 2009, 499). Ob solche Belege ausreichen, um als „Stiftungsurkunde einer christlichen Rhetorik" gelesen werden zu dürfen, mag dahin gestellt bleiben; ich würde diesen Ehrentitel eher Augustins *De doctrina christiana* vorbehalten, weil ich überzeugt bin, dass dieses Werk weit mehr bietet als das, was Stroh in ihm sieht, nämlich bloß „eine christliche Predigtlehre" (2009, 502). Wichtiger aber für unseren Fragekontext ist, dass beide christlichen Rhetoriker einen Erklärungsgrund für eine wahrheitsinhärente Überzeugungskraft bereithalten, der seinerseits wieder Prämissen – diesmal theologische – voraussetzt, die heute genauso chancenlos sein dürften wie die von Aristoteles unterstellten teleologischen, was deren Akzeptabilität angeht. Gibt es jenseits dieser obsoleten Prämissen wirklich keinen plausibleren Grund für die Überzeugungskraft als wahrheitsinhärenter Eigenschaft und damit für die philosophische Rettung der Rhetorik?

Doch, es gibt ihn! Er ist in dem Blumenberg-Satz bereits implizit genannt, der oben schon teilweise zitiert wurde, als von der „skeptischen Zerstörung des Rückhalts" die Rede war, der traditionell die intrinsische Beziehung zwischen Wahrheit und Überzeugungskraft noch teleologisch abzusichern vermochte. Und dann folgt ein oben ausgesparter, hier aber dringend benötigter Satzteil, der benennt, was diese skeptische Rückhalt-Zerstörung positiv geleistet hat: Sie hat nach Blumenberg „den pragmatischen Untergrund wieder sichtbar gemacht", auf dem die gemeinte Beziehung zwischen Wahrheit und Überzeugungskraft sich skepsissicher fundieren ließe. Dieser „pragmatische Untergrund" heißt *consensus* bzw. Übereinstimmung aufgrund überzeugter Zustimmungsnötigung (1981, 108–109). Damit ist gemeint: Wahrheit ist nicht deshalb vergleichsweise so überzeugungsstark, *damit* sie auf breite Zustimmung stoßen und sich so durchsetzen kann, sondern Wahrheit ist so überzeugungskräftig, *weil* ihre Überzeugungskraft selbst bereits vorgängiger Grund und vorgängiges Kriterium für ihre Anerkennung als wahrheitsfähiger Geltungsanspruch ist. Überzeugungskraft ist mithin keine *Folge* von Wahrheit, sondern deren *Geltungsbedingung*. Damit verändert sich aber die Funktion überzeugter Zustimmungsnötigung, insofern aus ihrer Wahrheit bloß indizierenden eine Wahrheit überhaupt erst konstituierende Leistung wird. Wahrheit, die sich solchermaßen als *zustimmungsabhängiger Geltungsanspruch* versteht, kann dann natürlich keine mögliche Eigenschaft *von Dingen* in der Welt mehr meinen, also keine ontologische Kategorie mehr sein, sondern Wahrheit wird zur möglichen Eigenschaft von Meinungen, die wir *über die Dinge* in der Welt äußern und *für die* wir einen Geltungsanspruch erheben, den wir bei Bedarf *überzeugend* verteidigen bzw. einlösen müssen, um *Zustimmung* zu finden als Basis kooperativer *Handlungschancen* (Rorty 1991, 21 ff.).[54]

Damit ist die Grenze hinreichend markiert, die eine philosophische Rettung der Rhetorik in der Moderne von Aristoteles' gleichsinnigem Versuch unterscheidet, der wegen seiner ontologischen Denkvoraussetzungen über eine Wertschätzung von Rhetorik als *Verlegenheitslösung* kaum hinausdenken konnte. Doch ohne diese Grenze wieder aufweichen zu wollen, die zwischen der zur Zustimmung nötigenden Überzeugungskraft als *Wahrheits-* bzw. *Geltungsindiz* und ihrer Rolle als *Wahrheits-* bzw.

---

54 Vgl. Habermas 1984, 151 ff. zur „Verwechselung von Objektivität und Wahrheit": „Wahrheit gehört kategorial der Welt der Gedanken an [...] und nicht der Wahrnehmung"; zur Unterscheidung zwischen „Wahrheit" und „Richtigkeit" s. 1999, 271 ff. und unten Kap. 10.2.2.

Geltungskonstitution liegt, bleibt doch bemerkenswert, wie nah sich Aristoteles argumentativ dieser Grenze angenähert hat. Denn um einen zustimmungsabhängigen Wahrheits- bzw. Geltungsbegriff zu beschreiben, kann man sich fast komplett einer Definition bedienen, mit der Aristoteles den Überzeugungsbegriff bestimmt hat: „überzeugungskräftig [pithanon] ist etwas immer *für* jemanden" (*Rhet.* 1356a). Ersetzt man „überzeugungskräftig" durch „wahr", dann wird „wahr" zu einem Geltungsanspruch und damit an ein Referenzsubjekt als Bedingung seiner Geltungskonstitution gebunden: „Wahr" ist etwas immer *für* jemanden, der einen entsprechenden Geltungsanspruch aufgrund einer ihn überzeugenden Einlösung bzw. unterstellten Einlösbarkeit zustimmend anerkennt. „Wahr" wird also, was „überzeugungskräftig" nach Aristoteles ist, nämlich ein „Relationsbegriff" (Rapp 2002/1, 169), der seine ontologischen Fesseln gesprengt hat und alle Geltungsansprüche in einen Relations- bzw. Referenzsog zieht, vor dem Aristoteles noch sein Teleologie-Argument schützen konnte, was aber nach der zur „kopernikanischen Wende" nobilitierten Revolution, die sich mit den Namen Kant verbindet, kaum noch gelingen kann. Wir werden unten (Kap. 8), wenn wir über die kognitiven Voraussetzungen der Rhetorik reden, einen Brückenschlag von Kant (trotz seiner Rhetorik-Kritik!) über Gustav Gerber zu Nietzsches großen Satz „Die Sprache ist Rhetorik" versuchen, der das Ergebnis eines kühnen Versuches war, Aristoteles' Rhetorik mit modernen Augen zu lesen. Darin drückt sich eine besondere Hochschätzung des Aristotelischen Textes aus, über den Nietzsche notiert, dass er im Vergleich zu anderen einschlägigen antiken Texten den Eindruck erwecke, „als habe es bis jetzt keine Rhetorik gegeben" (*KGA* II 4, 521 ff.). Ich kann diese Einschätzung Nietzsches bedenkenlos teilen, wenn ich auch anmerken muss, dass Nietzsche für die Geschichte der philosophischen Entdeckung dieser anderen Rhetorik weithin folgenlos geblieben ist, weshalb diese Entdeckung später auch noch einmal erfolgen musste, u. a. durch Perelman und Blumenberg. Aber auch deren Rezeption war – anders als im Fall Gadamer – so zögerlich, dass Habermas zunächst nicht einmal bemerkte, dass sich sein universalistisches Konzept einer Wahrheits- bzw. Geltungstheorie weithin mit Perelmans rhetorisch inspirierter Idee vom „universalen Publikum" (*auditoire universel*) deckte (s. u. Kap. 6). Nicht auszudenken, wie die rhetoriktheoretische Diskussion in Deutschland intensiviert und belebt worden wäre, hätte Habermas frühzeitig die Adresse dieser anderen, nämlich philosophisch ambitionierten Rhetorik erfahren, die man in Perelmans Brüssel – durch Zufall! – gefunden hatte und die Habermas selbst mit seiner äußerst rhetorikaffinen Terminologie unbewusst längst vielfach umschrieben hatte.

Wer wie ich die Attraktivität des Aristotelischen Konvergenztheorems, das die zur Zustimmung nötigende Überzeugungskraft einer Aussage als deren Wahrheitsindikation lesen will, unbedingt retten möchte, ohne zugleich die revitalisierungsunfähigen Denkvoraussetzungen dieses Theorems (etwa die Teleologie-Annahme) mitretten zu müssen, dem werden die beiden genannten Denker Perelman und

Habermas hilfreiche Dienste anbieten können, wie an deren zustimmungsabhängiger Geltungstheorie noch zu zeigen sein wird (Kap. 6.4). Denn die bloße Faktizität einer Zustimmung kann schwerlich als Grund ausreichen, um darin das Sprachrohr der Vernunft vernehmen zu wollen. Und auch Aristoteles' zusätzliche charakteriologische Annahme (Aufrichtigkeit des Redenden, *Rhet*. 1356a) reicht als Zusatzbedingung nicht aus, um das Konvergenztheorem zu retten. Ebenso hat Quintilian zwar recht, dass sich der rhetorische Erfolg nicht simulieren lässt (*IO* XII 3.12), wohl aber lassen sich dessen normative Ermöglichungsbedingungen durchaus erfolgreich simulieren,[55] weshalb eine redekritische (nicht redetheoretische) Unterscheidung zwischen „überreden" und „überzeugen" bzw. zwischen erfolgs- und verständigungsorientiertem Redeinteresse unbedingt nötig ist (s. u. Kap. 11.3).

Festzuhalten bleibt also an Aristoteles' Aussagen über die Nützlichkeit der Rhetorik besonders dies: Rhetorik ist nützlich, weil sie das Wahre und Gerechte, kurz: das Vernünftige bzw. die Vernunft, statt sie im Interesse größerer Überzeugungskraft bloß zusätzlich noch beredt machen zu sollen, *selbst zum Reden nötigt*, um so deren *inhärente Überzeugungskraft* methodisch zustimmungswirksam zu entbinden. Rhetorik begibt sich damit auf einen Weg, der – um es mit der eben benutzten funktionalen Kurzformel zu sagen – zu ihrem Selbstverständnis als einer *zustimmungsabhängigen Geltungstheorie* führen wird und führen muss.[56] Dieser Weg wird die Rhetorik zwar nicht völlig aus ihrer mängelkompensierenden Grundfunktion befreien, die sie als Konzessions- wie als Verlegenheitsrhetorik bei Platon bzw. Aristoteles an das bindet, was die defizitäre Struktur von Praxis psychologisch und/oder ontologisch ausmacht oder was man mit einem oben (Kap. 2) bereits genannten Ciceronianischen Begriff zusammenfassend auch die „Necessität" (notwendiges Übel) des menschlichen Lebens nennen könnte. Doch diese „Necessität" als normaler Raum der Rhetorik ist paradoxerweise zugleich ein Raum, in dem Menschen ihr Leben als „Freie und Gleiche" leben können, weil gerade seine Mängelstruktur sie zu einem selbstbestimmten Leben nötigt, das sozial nur als ein verständigungsbezogenes Leben gelingen kann. Dass diese dialektische Form von Selbstbestimmung aber selbst wieder als „Necessität" erfahren oder erlitten werden kann, ist – so viel Gegenwartsbezug sei erlaubt – in Zeiten wie den jetzigen exemplarisch zu beobachten, wenn die Permanenz

---

[55] Zum philosophischen Charakter der Aristotelischen *Rhetorik* vgl. ausführlich Rapp 2002/1, 378 ff.; im Kapitel *Rhetorik* bei Welsch, Wolfgang. *Der Philosoph*. München: Wilhelm Fink, 2012, 343 ff. merkt man leider wenig davon.
[56] Der Vorteil der Habermas'schen Konzeption einer zustimmungsabhängigen Geltungstheorie liegt darin, dass die für einen Überzeugungserfolg notwendigen Idealisierungen anders als bei Aristoteles nicht an Personen festgemacht werden, sondern an Situationsbedingungen („ideale Sprechsituation"), die zumindest schwerer als charakterliche Einstellungen bloß simulierbar sind.

globalisierter Krisen einen Problemdruck erzeugt, der die von Aristoteles empfohlene deliberative Verständigungsarbeit politisch wie gesellschaftlich auf eine harte Probe stellt. Deliberation ist eben doch nicht nur eine rhetorische Kompensation menschlicher Mängel, sondern zugleich auch eine ihrer anstrengendsten Erscheinungsformen, weshalb sie Blumenberg u. a. sogar ein „Armutszeugnis" zu nennen wagt. Dazu mehr im nächsten Kapitel!

5 Blumenberg oder warum Not reden lehren kann

5.0 „Anthropologische Annäherung an die Aktualität der Rhetorik"

Im vorangegangenen Kapitel haben wir mithilfe von Aristoteles die Frage beantwortet, warum wir unbedingt reden müssen. Wir haben damit zugleich auch die Frage beantwortet, wer Rhetorik brauche, wenn denn die Methodisierung des überzeugenden Redens das grundlegende Geschäft der Rhetorik ist: Rhetorik braucht, wer der Wahrheit zur Selbstexplikation ihrer immanenten Überzeugungskraft verhelfen will oder schwerfälligen Menschen ihrer Zustimmung erleichtern will, wer die deliberative Verständigungsarbeit fördern oder der Vernunft Chancen öffentlicher Wirksamkeit verschaffen will. Doch wer es wie Blumenberg genauer wissen will, wird mit diesen Antworten nicht zufrieden zu stellen sein, weil sie eigentlich nur zur nächsten Frage drängen, nämlich: Welche Voraussetzungen müssen denn solche Funktionsbehauptungen ihrerseits wieder vorgängig unterstellen, um entsprechende Funktionswerte der Rhetorik plausibilisieren zu können? Doch auch diese sicher weit grundlegendere Frage nach dem gemeinsamen Grund dieser diversen Funktionalitäten von Rhetorik dürfte nach dem bisher Gesagten unschwer zu beantworten sein: Als in diesem prinzipielleren Sinne nützlich lässt sich Rhetorik damit bestimmen, dass sie fundamentale Verlegenheiten bzw. *Mängel zu kompensieren* verspricht, ob diese Mängel nun ontologisch bedingte generelle Rationalisierungsdefizite der Praxis sind oder kognitive Schwächen vieler Zuhörer, ob diese Mängel auf Grundbedingungen menschlicher Existenz verweisen oder auf die fatale Selbstentmachtung einer sich monologisch restringierenden Vernunft. In allen diesen und verwandten Fällen lässt sich mit „Kompensation" eine genuine Leistung der Rhetorik charakterisieren und auszeichnen, die diese Mängel zwar nicht unbedingt zu beseitigen, deren Wirkung aber durch geeignete Interventionen vermindern zu können verspricht; und zwar so sehr, dass die ursprünglichen Mängel gelegentlich sogar zur indirekten Quelle evolutionärer Innovationen werden, wie wir es bereits für das Aristotelische Konzept der Rhetorik oben behauptet haben, als wir sie auf dem Weg zu einer deliberativen Verständigungstheorie positioniert haben.

Rhetorik im skizzierten Sinne allgemein als methodische Mängelkompensation zu rekonstruieren, ist auch das leitende Interesse Blumenbergs in seinem furiosen und gedanklich kaum ausschöpfbaren Rhetorik-Essay von 1971/1981 (vgl. dazu u. a. Heidenreich 2005, 79 ff.; Kopperschmidt 2009, 40 ff.), der in

Rhetorikerkreisen trotz vieler Anstrengungen[57] immer noch nicht die Wertschätzung und Wirkung gefunden hat, die er verdient. Dass sich Blumenberg aber für die eben erwähnten mängeltheoretischen Ambitionen der traditionellen Rhetorik nicht interessiert, erklärt sich aus dem dezidiert *anthropologischen* Fokus seiner Fragestellung, was zugleich eine Präzisierung des Mängeltheorems impliziert, die fast alle der eben genannten Mängel als zumindest anthropologisch irrelevant oder nicht einschlägig auszuschließen nötigt. Als Mängel im terminologisch strengen Sinne der Anthropologie bleiben dann nur noch solche Mängel übrig, die strikt gattungsbezogener Natur sind, mithin nur Mängel, die zur „anthropologischen Zentralfrage" drängen, *wie denn ein Lebewesen, „dem Wesentliches mangelt* [meine Hervorhebung, J. K.]", *überhaupt zu überleben in der Lage sein kann* (1981, 124, 115; 2006, 216 ff.; vgl. Kopperschmidt 2000/1). Doch dieses Lebewesen kann das ja offenbar so gut, dass es sogar in der Lage ist, sich Gedanken zu machen über seine eigenen in der Tat hochgradig „paradoxen" Existenzbedingungen (Gehlen 1966, 20) und sie in Theorien über seine „Dennoch-Existenz" (Blumenberg 2006, 218, 130; Heidenreich 2005, 25 ff.) auszuformulieren. Ein Lebewesen mit einem solchen intellektuellen Potential liefert darum mit seiner Selbstbeschreibung als „Mängelwesen" zugleich deren veritable Selbstdementierung mit, weshalb diese Selbstbeschreibung auch sinnvollerweise nur als provokativer Appell gelesen werden will, endlich das Paradox eines Lebewesens aufzuklären, dass trotz seiner Mängel bzw. „trotz seiner biologischen Indispositionen" (Blumenberg 1981, 115, 130; Gehlen 1966, 18 ff.) so erfolgreich gewesen ist, wie es der Mensch nachweislich gewesen ist und noch immer ist: Er hat sich „die Erde [so sehr] untertan gemacht" (*Genesis* 1.28), dass mittlerweile fast alles Leben auf ihr (inklusive seines eigenen) von seiner Gnade abhängt. Entsprechend musste die jahrhundertealte Geschichte der Auseinandersetzung mit dem eben genannten Paradox notwendigerweise zur Geschichte von Versuchen werden, die geheime Logik dieses Paradoxes aufzuklären, bis man sie in der Dialektik seiner pointiertesten Zuspitzung glaubte gefunden zu haben, nämlich: Der Mensch ist offensichtlich ein Lebewesen, das nicht so sehr *trotz*, sondern geradezu *wegen*

---

[57] Neben der hier benutzten deutschen Erstpublikation 1981 ist Blumenbergs Essay auch von Anselm Haverkamp aufgenommen in den von ihm herausgegeben. Band: *Hans Blumenberg. Ästhetische und metaphorologische Schriften*. Frankfurt: Suhrkamp, 2001, 406 ff. Ich selbst habe den betreffenden Essay zweimal publiziert in Kopperschmidt 1991, 285 ff. und 2000, 67 ff. Doch in Rhetorikerkreisen hat es Blumenberg gelegentlich immer noch schwer, etwa bei Oesterreich, was ich besonders bedaure, weil er meinen philosophisch fokussierten Zugang zur Rhetorik im Prinzip teilt, meine Hochschätzung Blumenbergs aber partout nicht mittragen will; s. seinen Beitrag 2000, 353 ff., wo er in Kap. 8 „Wider die neue Sophistik" Blumenberg einen „antimetaphysischen Neosophisten" schilt (2000, 367); vgl. auch 1996, 77 ff.

seiner Mängel so erfolgreich gewesen ist, insofern es offensichtlich seine Mängel waren, die ihm und seinem Überlebenswillen überhaupt erst die Anstrengung zur erfolgreichen *Kompensation* dieser Mängel haben abtrotzen können (Blumenberg 2006, 216 ff.; vgl. unten Kap. 5.4).

5.1 Die anthropologische Zentralfrage

Über diese dialektische Mängel-Positivierung wird im Folgenden zu reden sein mit besonderem Blick auf die für Rhetoriker natürlich höchst attraktive These Blumenbergs, Rhetorik könnte die entscheidende Antwort auf die eben genannte „anthropologische Zentralfrage" sein, weil sie deren Paradox aufzulösen vermöchte. Mit diesem recht ungewöhnlichen Rhetorikverständnis eröffnen sich – leicht erkennbar – ganz neue Optionen für Theorieanschlüsse, die Rhetorik endgültig aus der Schmuddelecke eines theorielosen oder -schwachen Pragmatismus herauszubringen versprechen.[58] Dass freilich die Qualifikation „Armutszeugnis" für eben diese anthropologisch neu entdeckte Rhetorik (Blumenberg 1981, 130) viele rhetorikaffinen Forscher (besonders Bornscheuer 1985, vgl. auch Recki 1999, 156) irritiert oder sogar geärgert hat, lässt sich gut nachvollziehen, auch wenn sie keine bekennenden Ciceronianer oder Quintilian- bzw. Isokrates-Fans waren. Es genügt, an die oben (Kap. 4) erläuterte zentrale Rolle der Rhetorik für die „politische" Existenzermöglichung des Menschen bei Aristoteles zu erinnern, die ungeachtet des ontologisch defizitären Status von Praxis in Geltung blieb und die Aristoteles dennoch nie mit dem Begriff „Armutszeugnis" bestimmt hätte. Doch auch nach Blumenbergs eigenen Voraussetzungen – es sei schon vorweg gesagt – ließe sich die Rhetorik statt als ein „Armutszeugnis" ebenso gut auch als ein besonders beredtes *Zeugnis für erfolgreiche Mängel-* bzw. genauer: *Armutskompensation* bestimmen (vgl. u. a. 1981, 116). Blumenberg benutzt sogar den entsprechenden Begriff „Kompensation" (wenn auch nur einmal, was mich zunächst überrascht hat) explizit mit Bezug auf Rhetorik (1981, 108). Dennoch ist nicht zu bestreiten: Blumenberg interessiert sich für diese anthropologische Einschätzung rhetorischer Mängel- bzw. Armutskompensation weit weniger als für die – als irreversibel eingestandenen, aber dadurch nicht weniger schmerzhaften – „Verzicht[sleistungen]", die dieses Eingeständnis die Philosophie gekostet hat (1981, 112; vgl. unten Kap. 5.3). Das hat sicher auch mit der Person Blumenberg zu tun. Dem weltfremden Nacht-Denker aus Altenberge (vgl. Sibylle Lewitscharoffs

---

[58] Für Rhetorik spielt die Anthropologie bei Blumenberg eine vergleichbar zentrale Rolle wie sie die Anthropologie bei Ludwig Feuerbach für die Rekonstruktion von Religion hatte in: *Das Wesen des Christentums*. Stuttgart: Reclam, 1994 [1841].

romanhafte Reflexion über *Blumenberg* 2011) geht die pointenfreudige Leichtigkeit eines Marquard eben völlig ab, der „sein epistemologisches Lotterleben" zu genießen freimütig bekennt (2000, 11 ff., 31 ff.) und der dem „Homo compensator" fast bewundernd bei der Arbeit an der „Entübelung" oder zumindest „Relativierung der Übel" zuschaut (1995 Einleitung u. passim; vgl. auch unten Kap. 5.4!). Marquard hätte darum wohl kaum seinen eigenen Definitionsvorschlag für den Menschen – eben „Homo compensator" – gegen den von seinem hochgeschätzten Münsteraner Kollegen Blumenberg favorisierten eintauschen mögen, so einnehmend Blumenbergs (von G. Simmel geborgter) Definitionsvorschlag auch zugegebenermaßen sein mag, dass der Mensch nämlich „ein trostbedürftiges Wesen" sei (2006, 623 ff.; 1987a, 153 ff.). Mein Ehrgeiz in diesem 5. Kapitel wird gleichwohl der Versuch sein, dafür zu werben, den Fokus auf die Armut des Menschen und den Fokus auf den diese Armut methodisch kompensierenden Reichtum seiner Rhetorik nicht als strikte Alternativen anthropologischer Bezugnahmen bei Blumenberg zu lesen, sondern als komplementäre Sichtweisen der gleichen Sache, will sagen: Ich möchte dafür werben, auch in Blumenbergs Begriff „Armutszeugnis" die nicht nur von Bornscheuer mit recht so bewunderte Herder'sche Dialektik (wenn auch leise) mitzuhören, indem man diesen Begriff bei Blumenberg beides bezeugen lässt, sowohl die Armut des Menschen wie den Reichtum seiner Mittel zu deren Bewältigung. Dabei mag, wer will, mit Blumenberg sogar so weit gehen, im Kontext des eben erwähnten Simmel'schen Definitionsangebots diese Mittel der Rhetorik „Mittel des Trostes" zu nennen (2006, 655), statt bloß funktional von „Leistungskompensaten" zu reden, die den „Ausstattungsmangel wettmachen" (2006, 218).

5.2 Konstitutionelle Evidenzmängel

Gleichwohl – es bleibt dabei, dass die mängelfokussierte Sichtweise auf die Rhetorik bei Blumenberg gegenüber ihrer dialektischen Positivierung eindeutig vorherrscht. Und das ist nicht nur aus der Persönlichkeit Blumenbergs erklärbar, sondern auch aus seinem Frageinteresse, das selbstredend nicht primär das eines Rhetorikers ist, sondern das eines Philosophen, was zur Folge hat: Blumenberg interessiert an Rhetorik überhaupt nicht deren innertheoretisches System (wie es Lausberg 1960 noch einmal ebenso faszinierend wie abschreckend rekonstruiert hat),[59] sondern nur der ebenso notorische wie singuläre Dauerstreit, den die

---

[59] Vgl. beispielhaft Lausbergs Analysen von Goethes „Wandrers Nachtlied" in: *Der Deutschunterricht* 18/6, 1966, 47 ff. oder des „Johannes-Prolog. Rhetorische Befunde zu Form und Sinn des Textes" in: *Nachrichten der Akademie der Wissenschaften in Göttingen* 5, 1984, 5 ff.

Philosophie mit ihr seit Platon angezettelt hat – *und anzetteln musste*! Denn in diesem Dauerstreit, dessen „Ausgleich" nach Blumenberg deshalb auch „immer wieder misslungen ist" (1981, 110), ging es eben nicht um irgendwelche Peanuts, sondern um ein sowohl für die Philosophie wie – was vielen nicht sofort plausibel erscheinen mag – auch für die Rhetorik zentrales Problem, nämlich um die *Wahrheitsfrage*. Mit dieser Wahrheitsfrage – so Blumenbergs grundlegendes Theorem (1981, 105) – „*hat es Rhetorik positiv oder negativ [immer] zu tun* [meine Hervorhebung, J. K.]". Damit ist behauptet: Je nachdem, ob die prinzipielle Wahrheitszugänglichkeit für den Menschen philosophisch bejaht oder verneint wird, ist zugleich auch über die mögliche Rolle der Rhetorik immer schon mitentschieden! Nämlich darüber, ob sie den als (theoretische bzw. normative) Evidenzen unterstellten Wahrheiten bloß *zusätzliche* Wirksamkeitschancen persuasiv verschaffen soll oder ob sie diese Wahrheiten an den *überzeugungsbedingten Zustimmungserfolg* rückbindet, um den die versuchte Einlösung von Geltungsansprüchen zu kämpfen hat. In dem einen Fall – so eine Schlüsselpassage aus Blumenbergs Essay – „*hat es Rhetorik mit den Folgen aus dem Besitz von Wahrheit zu tun*", im anderen – und nur dieser Fall interessiert Blumenberg – „*mit den Verlegenheiten, die sich aus der Unmöglichkeit ergeben, Wahrheit zu erreichen* [meine Hervorhebung, J. K.]" (1981, 105). Wäre es anders, bliebe der Dauerstreit zwischen Philosophie und Rhetorik völlig unverstanden! Daraus ergibt sich, dass die Geschichte der Philosophie wie die der Rhetorik unauflöslich miteinander verwoben sind, weshalb, wer sich mit Rhetorik beschäftigt und darunter nicht bloß Figuralästhetik versteht, sich für Philosophie interessieren muss, wie umgekehrt sich für Rhetorik interessieren muss, wer sich mit dem Fortgang und besonders mit dem Ausgang dieses Dauerkonflikts zwischen Philosophie und Rhetorik beschäftigt. Der müsste freilich, um seine geistesgeschichtliche Dimension einigermaßen kenntlich zu machen, genauerhin ein Dauerkonflikt zwischen *Philosophie und Sophistik* heißen. Auf ihn weist Blumenberg explizit hin, wenn er diesen Dauerkonflikt mit Platons „Unterstellung" beginnen lässt, „die Rhetorik der Sophisten [...] beruhe auf der These von der Unmöglichkeit der Wahrheit" und dem daraus abgeleiteten „Recht, das Durchsetzbare für das Wahre auszugeben" (1981, 104–105). Diese Schlussfolgerung Platons teilt der Platonkritiker Blumenberg natürlich nicht, wohl aber die in Platons „Unterstellung" zitierte sophistische These von der „Unzugänglichkeit der Wahrheit". Sie macht den zentralen konstitutionellen „Evidenzmangel" des Menschen aus, der einen Armutsbegriff zu konturieren erlaubt, wie er für Blumenberg weit interessanter ist als der in der traditionellen Anthropologie aus dem Mensch/Tier-Vergleich gewonnene Armutsbegriff. Arm ist darnach nämlich primär der am (theoretischen wie praktischen) *Evidenzmangel* leidende Mensch. Interessanter ist dieser Armutsbegriff, weil er über die Kant'schen Fragen „Was können wir wissen?" *(Kritik der reinen Vernunft)* und „Was sollen wir tun?" (*Kritik der praktischen Vernunft*) sowohl eine Anschlusschance an die lange Tradition der philosophischen Erkenntnis- und Werttheorie eröffnet wie diese Anschlusschance für eine aufschlussreiche „Zuordnung" zwischen den zwei eben genannten alternativ radikalisierten Rhetorikbegriffen (sophistisch/platonisch) und den zwei ebenso alternativ radikalisierten anthropologischen Konzepten (armer/reicher Mensch) ermöglicht. Über die Engführung dieser rhetoriktheoretischen und anthropologischen Alternativkonzepte ergibt sich nämlich die Chance einer Engführung rhetoriktheoretischer und anthropologischer Armuts- bzw. Reichtumsbegriffe, wie sie in dem oben zitierten Blumenberg'schen Schüsseltext exemplarisch versucht wird: Rhetorik hat es entweder „mit den Verlegenheiten" zu tun, die sich aus dem konstitutionellen Evidenzmängel des Menschen ergeben und wird damit zu einer Methodisierung seiner Kompensation durch Verständigungsarbeit, oder Rhetorik „hat es mit den Folgen aus dem Besitz der Wahrheit zu tun" und wird entsprechend zu einer Methodisierung ihrer erfolgreichen Vermittlung („die Wahrheit verschönern" (Blumenberg 1981, 104–105)). Für den einen Fall schlage ich mit Bezug auf die eben zitierte einschlägige Blumenberg'sche Terminologie den Begriff verständigungsorientierte *Verlegenheitsrhetorik* vor, für den anderen Fall den Begriff erfolgsorientierte *Wirksamkeitsrhetorik* bzw. die auch schon (Kap. 3) eingeführten Termini *Konzessions*- bzw. *Subsidiaritätsrhetorik*, bevor ich später (Kap. 11) beide Typen von Rhetorik durch die gängigeren Begriffe sozialtechnische *Überredungsrhetorik* bzw. zustimmungsbezogene *Überzeugungsrhetorik* kategorial strikt zu unterscheiden vorschlagen werde (Abb. 6).

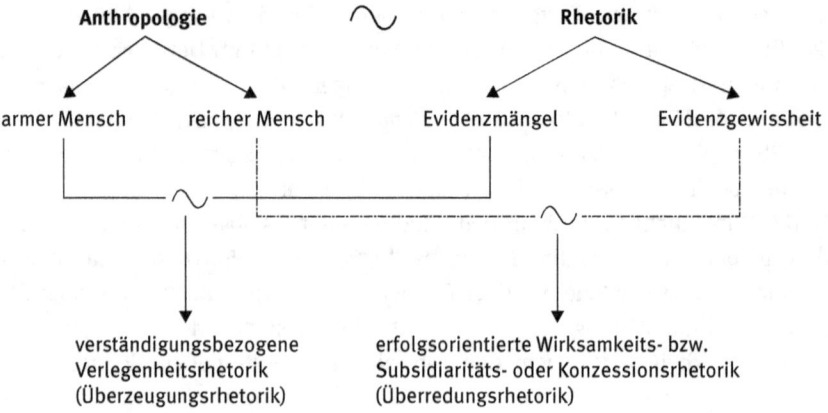

Abb. 6: Anthropologie und Rhetorik

Diese Engführung der rhetoriktheoretischen und anthropologischen Alternativen des armen und reichen Menschen lässt erkennbar zwar zwei

Rhetorikkonzepte zu, doch anders als im Fall der Anthropologie hat sich im Fall der Rhetorik – wie schon oben (Kap. 3.3 und 3.4) erläutert – nicht das mängeltheoretische Paradigma einer Verlegenheitsrhetorik historisch durchgesetzt, sondern das alternative einer Wirksamkeitsrhetorik. In ihrer Ciceronianischen Gestalt der Symbiose von „Beredsamkeit und Weisheit" (*eloquentia et sapientia*) wurde sie nicht nur für den Humanismus äußerst attraktiv, sondern über ihre einflussreiche Adoption durch Augustin auch für eine christlich rezipierte Rhetorik, insofern sie der Verbreitung der göttlichen Heilswahrheit unter Bedingungen ihrer sündhaft erschwerten Zugänglichkeit dienen sollte (vgl. oben Kap. 3). Dass diese subsidiäre Wirksamkeitsfunktion der Rhetorik das Überleben durch die Jahrhunderte ebenso erleichtert hat, wie sie ihr die dauernde Geringschätzung seitens der Philosophie einbrachte, ist naheliegend und von Blumenberg bedauernd vermerkt worden (1981, 105). Trotz dieser historischen Erfolgsasymmetrie des Mängeltheorems in Anthropologie und Rhetorik geht Blumenberg aber so weit, zu behaupten, dass sich die Anthropologie des armen Menschen bzw. „des Menschen außerhalb der Idealität" nicht nur mit der entsprechenden Rhetorikvariante systematisch korrelieren lasse, sondern dass diese Anthropologievariante des Mängelwesens sogar „*in der Rhetorik [selbst] angelegt und aufgegangen [sei]* [meine Hervorhebung, J. K.]" (1981, 107), will sagen: Rhetorik sei in Wahrheit selbst eine der zentralen kompensationsanthropologischen Leistungen des armen, weil an Evidenzmängeln leidenden Mensch und d. h. zugleich: Rhetorik könne nur ein Wesen nötig haben, „dem Wesentliches fehlt" (1981,124),[60] wie es die Tradition des Mängeltheorems ja anthropologisch behauptet (s. u. Kap. 5.4). Entsprechend kann Rhetorik nach Blumenberg für die Philosophie auch erst dann ernsthaft von Interesse werden, wenn sie nicht mehr nur als notwendiges Übel in Gestalt einer Konzessionsrhetorik nützlich ist, um Evidenzen bzw. Heilswahrheiten auch für schwerfällige bzw. verfallsgeneigte Menschen wirksam zu verbreiten (1981, 105), sondern wenn sich Rhetorik als Methodisierung eines deliberativen Verständigungsverfahrens empfiehlt, das die „Verlegenheiten" von Subjekten kompensieren zu können verspricht, denen jeder „direkte" oder „unmittelbare" Zugang zur „Wirklichkeit" prinzipiell versagt ist. Die Einsicht in diese ernüchternde Tatsache kommt aber, weshalb sie auch so lange gedauert hat, für die Philosophie einem radikalen „Verzicht" gleich (1981, 112); einem „Verzicht" zwar, der „aller Rhetorik zugrunde liegt", der für die Philosophie aber gerade als Grund zur Verachtung der Rhetorik immer ausgereicht hat, nämlich der „Verzicht" auf Wahrheitsbesitz

---

60 Vgl. Baecker 2005, 39: Rhetorik „ist eine Form des Wissens um Kommunikation", die „genau dort platziert ist, wo man sie braucht, wenn die Evidenz und Garantie einer externen Wirklichkeit verloren gehen und das Bewusstsein einer durch Kommunikation konstruierten und strikt vorläufigen Wirklichkeit [...] an ihre Stelle tritt".

(1981, 112): Solange sich die Philosophie diesen „Verzicht" zu ersparen vermochte, konnte die Rhetorik nicht als eine „Kunst des Überlebens" (vgl. Wetz und Timm 1999) in den Blickfang der „Zentralfrage" einer mängeltheoretisch ambitionierten Anthropologie geraten, nämlich: Wie kann der Mensch unter Bedingungen eines konstitutionellen Evidenzmangels eigentlich überleben? Seitdem die Philosophie sich aber diesem „Verzicht[szwang]" nicht mehr entziehen kann, gibt es die Chance einer möglichen Antwort auf die eben zitierte anthropologische „Zentralfrage" mit Blick auf die Rhetorik, die auch ihr gern moniertes Verständnis als „Armutszeugnis" ins rechte Licht zu setzen vermag: Denn Rhetorik, wenn man sie mit Blumenberg als kompensatorische Bewältigung eines konstitutionellen Evidenzmangels versteht, *bezeugt* implizit die Existenz von „Armut" in Gestalt eines Mangels, den es zu bewältigen gilt. Als so verstandenes „Armutszeugnis" drückt sich in diesem Begriff aber keine Geringschätzung der Rhetorik aus, sondern der Versuch, den Kerngehalt ihrer viel beschworenen „Wiederkehr" in der Gegenwart zu benennen und zugleich methodisch als Armutsbewältigung zu präzisieren. Was schon im Kapitel „Philosophie [!] der Sophisten" in Hegels *Vorlesungen über die Geschichte der Philosophie* erstmals im WS 1805/1806 unterstellt wird (1978, 406 ff.) und was nach ihm Heinrich Gomperz von einer „Philosophie [!] der Rhetorik" reden ließ (1965, 258), die er in der Protagoreischen Sophistik und besonders in ihrem *homo-mensura*-Theorem verortete (s. o. Kap. 8), und was schließlich Oesterreich mit der Wahl der gleich lautenden Buchtitel-Formel *Philosophie der Rhetorik* (2003) explizit ratifizierte – alles das meint im Kern nichts anderes als was auch Blumenbergs Qualifizierung der Rhetorik als „Armutszeugnis" ausdrücken will: dass es nämlich, wenn von Rhetorik die Rede ist, immer auch um Philosophie geht und ging, weil die funktionalen Voraussetzungen der Rhetorik weniger rhetorischer als philosophischer Natur sind, weshalb die gegenwärtige „Wiederkehr der Rhetorik" auch nur als eine durch Philosophie fundierte und ermöglichte „Wiederkehr" angemessen verstanden werden kann.

Was der Rhetorik von Plato folgenreich einst vorgeworfen wurde, dass sie es nämlich mit der Wahrheit nicht allzu ernst nehme, ja sogar deren Möglichkeit bestreite, das ist – so die von Blumenberg erinnerte denkgeschichtliche Pointe – heute längst zur Anthropologie des „Mängelwesen" Mensch „radikalisiert" und notgedrungen akzeptiert worden. Der Konflikt zwischen Philosophie und Rhetorik hat mithin längst seine „erkenntnistheoretischen" Voraussetzungen eingebüßt oder anders gesagt: dieser Streit ist „erkenntnistheoretisch" längst „entschieden" (1981, 105). Doch er ist „entschieden" – und jetzt folgt eine Formulierung, die das ganze Gewicht dieser Auseinandersetzung noch einmal wie in einem Brennspiegel fokussiert – er ist nämlich „entschieden *in der Philosophie* [...] *gegen die Philosophie* [meine Hervorhebung, J. K.]". Ich halte diesen Satz für so bemerkenswert und für das Blumenberg'sche Verständnis der philosophischen „Aktualität der Rhetorik" so gehaltvoll, dass er es verdient, noch etwas genauer angesehen zu werden (s. u. Kap. 5.3); denn er enthält die Kernthese von Blumenbergs *Anthropologische Annäherung an die Aktualität der Rhetorik* und mit ihr zugleich ein ungeheuer attraktives Angebot an Rhetoriker, nämlich: Ihr originärer Reflexionsgegenstand müsste eigentlich der Mensch sein, „[*der*] *sich Rhetorik nicht leisten kann, es sei denn, dass* [*er*] *sich sie leisten muss* [meine Hervorhebung, J. K.]" (1981, 106) – und zwar aus dezidiert erkenntnistheoretischen und nicht bloß pragmatistisch-opportunistischen Gründen! Entsprechend lässt sich dieses attraktive Angebot wie folgt reformulieren: Der originäre Reflexionsgegenstand der Rhetorik ist nach Blumenberg aus anthropologischer Sicht der Mensch, der reden muss, um überhaupt überleben zu können. Damit nimmt die Rhetorik nach Blumenberg eine „anthropologische Radikalisierung der erkenntnistheoretischen Situation [vor], die Platon der Sophistik unterstellt hatte" (1981, 105).

Diese These Blumenbergs ist erkennbar ein Plädoyer für ein alternatives Rhetorik-Narrativ, insofern es nicht nur eine andere Entstehungsgeschichte der Rhetorik erzählt, sondern auch für ein anderes Selbstverständnis ihrer sozialen Funktion wirbt, als es aus der Tradition vertraut ist.

5.3 Das Ende einer Konfliktbeziehung

Dass ich Blumenberg neben Aristoteles für einen weiteren Glücksfall in der Geschichte der philosophischen Rehabilitation der Rhetorik halte und Blumenbergs Arbeiten für einen mindestens ebenso „befreienden Durchbruch" für die Rhetorik, wie es Dockhorn seinerzeit für Gadamers Arbeiten behauptet hat,[61] dürfte aus dem bisher Gesagten ebenso deutlich hervorgegangen sein wie dies, dass für mich Blumenbergs Rhetorik-Essay von 1971/1981 als bedeutendster Beitrag zur systematischen Aufklärung derjenigen Bedingungen gilt, die eine philosophische und damit substantielle *Wiederkehr der Rhetorik* (Vetter und Heinrich 1999; und oben Kap. 1) möglich gemacht haben. Denn wo gäbe es einen Satz, der in stilistisch vergleichbarer Präzision die Komplexität der konfliktösen Beziehung zwischen Philosophie und Rhetorik zu bezeichnen vermöchte wie der eben bereits erwähnte und gerühmte Satz: „Die von Plato gesetzte Feindschaft zwischen Philosophie und Rhetorik ist in der Philosophie selbst [...] gegen die Philosophie entschieden"?

---

[61] Dockhorn, Klaus. „Rezension von Gadamers ‚Wahrheit und Methode'" *Göttingische Gelehrte Anzeigen* 218/3–4, 1966, 169 ff.

„*In* der Philosophie" [meine Hervorhebung, J. K.] verweist darauf, dass die philosophische Entdeckung der Rhetorik wie auch alle anderen disziplinären Entdeckungen der Rhetorik von außen erfolgten und erfolgen mussten, weil die Voraussetzungen dieser Entdeckungen einzulösen überhaupt nicht in der Macht der Rhetorik stand. Das galt natürlich besonders für die oben erwähnte Wahrheits- bzw. Geltungsfrage und ihre erkenntnistheoretischen Implikate; denn „so lange die Philosophie ewige Wahrheiten, endgültige Gewissheiten wenigstens in Aussicht stellen mochte, musste [!] ihr der consensus als Ideal der Rhetorik, Zustimmung als das auf Widerruf erlangte Resultat der Überredung verächtlich erscheinen" (1981, 112). Das änderte sich erst, als auch „der Philosophie der Verzicht [!] nicht erspart blieb, der aller Rhetorik [!] zugrunde liegt". Die Kategorie „Verzicht" hintertreibt jede Verlockung, von einem Sieg der Rhetorik über die Philosophie reden zu wollen; wenn überhaupt von Sieg die Rede sein soll, dann war es – so Blumenbergs zitationsanfällige dialektische Formel – ein Sieg des rhetorischen Paradigmas „in der Philosophie [...] gegen die Philosophie", will sagen: ein Sieg der Philosophie selbst über ihr traditionell objektivistisches Gewissheitsparadigma zugunsten eines *zustimmungsabhängigen* und damit *überzeugungsbedingten Geltungsparadigmas*, wie es die Rhetorik vertrat und wie es in Protagoras' berühmt-berüchtigten *homo-mensura*-Satz („Der Mensch ist das Maß aller Dinge") ideen- und rezeptionsgeschichtlich seine klassische Formulierung gefunden hat (vgl. Buchheim 1986, 43 ff.; Meister 2010, 143 ff.). Dieser Satz beziffert präzis den Preis, den der „Sieg" der Philosophie über bzw. *gegen* sich selbst die Philosophie gekostet hat, ohne den aber eine philosophische Nobilitierung der Rhetorik nie möglich gewesen wäre. Diese philosophisch bezahlte Nobilitierung war und ist die eigentliche Pointe der „Wiederkehr der Rhetorik" auf die Bühne der Theorie! Denn zu einer Wiederkehr der sozialtechnischen Überredungsrhetorik hätte es schon deshalb gar nicht kommen können, weil diese affirmative Schrumpfgestalt von Rhetorik (Genette 1970) in der Vorgeschichte vieler Disziplinen längst ihre bescheidene Überlebenschance gefunden hatte. Was es allein noch zu entdecken galt, war die philosophische Relevanz des substanziellen Gehalts von Rhetorik. Und der konnte nur *in* der Philosophie und nur *durch* die Philosophie entdeckt werden, weil nur sie den Verzicht auf absolute Gewissheitsmöglichkeit „erkenntnistheoretisch" sich abverlangen und damit die Voraussetzung für eine philosophische Entdeckung der Rhetorik überhaupt schaffen konnte.

Gleichwohl – diese Entdeckung blieb an eine Verzichtsleitung gebunden, die die Philosophie nicht nur *mit* sich selbst, sondern auch „*gegen*" sich selbst aushandeln musste, nämlich gegen ihren lange Zeit emphatisch verteidigten Anspruch, der Mensch müsse als ein prinzipiell wahrheitsfähiges Wesen gedacht werden. Ich habe viel Sympathie für Denker, die wie Blumenberg zumindest noch ahnen lassen, welch großartiges Versprechen diese prinzipielle Wahrheitsunterstellung traditioneller Metaphysik implizierte, wenn sie dem Menschen zutraute, „[seine] Gedanken könnten auch die eines Gottes sein" (1981, 107), und was es entsprechend bedeuten musste, „ewige Wahrheiten auf das Maß der nächsten Verlässlichkeiten herunterstimmen [zu müssen]" (1981, 109) oder sich einzugestehen, dass „die Welt kein Komplize unseres Erkenntniswillens" ist.[62] Wie wichtig der Philosophie traditionell dieser prinzipielle Wahrheitsanspruch gewesen sein muss, zeigt sich nach Blumenberg einmal darin, dass „die Philosophie [zwar] nicht aus der Feindschaft gegen die Rhetorik hervorgegangen ist, [aber] sich doch erst in dieser Feindschaft endgültig formiert hat" (2005, 92). Zum anderen belegen diese Wichtigkeit des Wahrheitsanspruchs die Hilfskonstruktionen, die die Philosophie zu seiner Abstützung erfand, indem sie nach Erklärungen suchte, warum Wahrheit auf so viel Widerstand stoßen kann, was angesichts ihrer reklamierten Selbstevidenz doch eigentlich höchst kontraintuitiv erscheinen musste. Aber wie es keinen Himmel ohne Verleumdung der Erde gibt, so wenig lassen sich elitäre Wahrheitsbesitzansprüche durchsetzen ohne Verleumdung vermeintlicher Ignoranten. Die bekannteste und einflussreichste, obwohl zugleich abenteuerlichste aller Hilfskonstruktionen ist das oben (Kap. 3) bereits erläuterte Platonische Höhlengleichnis (samt seiner dort auch genannten christlichen Rezeption). Blumenberg nennt die mit ihm versuchte Hilfskonstruktion deshalb nicht zu Unrecht „eine Verschwörung" (1981, 133), was besser als Begriffe wie „Verleumdung" (Toulmin 1986) oder „Verdacht" (Baecker 2005) den eben genannten strategischen Charakter einer Hilfskonstruktion kennzeichnet, auf die jeder Wahrheitsbesitzanspruch angewiesen ist, um mit der „ärgerlichen" Tatsache (Blumenberg 1989, 161–162) theoretisch einigermaßen fertig zu werden, dass die Wahrheit trotz ihres Evidenzanspruchs in der Regel auf zusätzliche rhetorische Unterstützung angewiesen bleibt, um überhaupt zustimmungsfähig zu werden. Die gleichzeitige Abwertung dieser rhetorischen Unterstützungsstrategie zur leidigen *Konzession* an die Schwäche der „Vielen" (*hoi polloi/plethos*) verschafft erkennbar denen, die sich als Wahrheitsbesitzer verstehen, die willkommene Chance, ihren Machtanspruch in der Höhle als „Herrschaft *aus* Einsicht" zu legitimieren, weil eine „Vermittlung" *der* diese Herrschaft legitimierenden Einsicht in der Höhle leider nicht gelingen kann (Blumenberg 1989, 133). Mit Blick auf diese Konzessionsrhetorik würde sich Blumenbergs oben erläuterter Begriff „Armutszeugnis" zwar durchaus anbieten, doch dann würde er entgegen Blumenbergs Absicht Platons Idee der Höhle eher abzustützen als zu destruieren helfen. Denn arm sind für Blumenberg eben nicht die in ihre Schattenbilder verliebten Höhlenbewohner Platons,

---

[62] Aus Michel Foucault 1977, 36; vgl. auch: *Die Ordnung der Dinge*. Frankfurt: Suhrkamp, 1974, 46 ff.

sondern arm ist ein Wesen wie der Mensch aus konstitutionellen Gründen, weshalb die erste Aussage über ihn eine anthropologische Aussage sein muss, die lautet: „Es ist *nicht selbstverständlich, dass der Mensch existieren kann* [meine Hervorhebung, J. K.]" (1981, 114). Zum „Armutszeugnis" werden mithin für Blumenberg alle Strategien, die der Mensch unternehmen muss, um „dennoch" oder „trotzdem" existieren zu können (1981, 115, 130). Zu diesen funktional als „Kompensationen" terminologisierten Überlebensstrategien gehört nach Blumenberg auch die oben behandelte politische Existenzform des Menschen, die freilich aus einer „vermeintlichen Wesensbestimmung des Menschen als eines ‚zoon politikon' in eine funktionale Aussage überführt [werden müsste]", um sinnvoll überhaupt verstanden zu werden. Das hat Hobbes getan, wofür ihn Blumenberg lobt und was er Aristoteles als (freilich denkgeschichtlich erklärbare) Unterlassung anlastet (1981, 115–116). Ähnlich ergeht es Cassirers Definition des Menschen als *animal symbolicum*, die mit „Sprache, Mythos, Kunst und Wissenschaft" zwar die relevanten Regionen der Kulturwelt benennt, deren spezifische Leistung zu klären aber versäumt, sodass „die Anreicherung der nackten Existenz [mit dieser Kulturwelt „symbolischer Formen"] in keinem Funktionszusammenhang zu ihrer Möglichkeit steht" (Blumenberg 1981, 114). Erklärbar ist dieses Versäumnis für Blumenberg, weil bei Cassirer wie in der traditionellen Metaphysik eine „Anthropologie des ‚reichen' Menschen" unterstellt ist, dem als „wesentliche" Eigenschaften attestiert werden, was in Wahrheit „Resultate derjenigen Leistungen" sind, mit denen der Mensch sein Überleben überhaupt erst zu sichern versucht. Einen entsprechenden Theorierahmen für eine Anthropologie des „armen" Menschen und d. h.: für eine Anthropologie, die „das vermeintlich Natürliche seiner Künstlichkeit im Funktionssystem der menschlichen Elementarleistung Leben zu überführen [vermag]", glaubt Blumenberg bei Gehlen als wichtigsten Repräsentanten einer „modernen Anthropologie" gefunden zu haben (1981, 115), worüber unten (Kap. 5.4) noch zu reden sein wird.

Hier sei zuvor als ein für unser Frageinteresse besonders einschlägiges Beispiel einer fälligen Überführungsstrategie das Medium Sprache erwähnt. Sie ist nach Blumenberg zwar für die Rhetorik der zentrale Ausgangspunkt und muss es auch sein, weil es Sprache ist, „worin der Mensch einzig ist"; dies ist sie aber wiederum „nicht deshalb, weil Sprache sein spezifisches Merkmal wäre, sondern weil Sprache in der Rhetorik als Funktion einer spezifischen Verlegenheit des Menschen zutage tritt" (1981, 108, vgl. 104, 130). Dabei meint das „Spezifische" dieser „Verlegenheit" keinen „transzendenten Überschuss", sondern einen „immanenten Mangel an vorgegebenen, präparierten Einpassungsstrukturen und Regulationen", was den Menschen „aus den Ordnungsstrukturen der Natur [herausfallen lässt]" und ihn zu „Kompensationen" nötigt, die „Regulationen ersetzen müssen, die ihm fehlen" und die „Institutionen [schaffen müssen], wo

Evidenzen fehlen" (1981, 108, 110). Sprache wird damit für Rhetorik in diesem Funktionskontext notwendig weniger als „ein Instrumentarium zur Mitteilung von Kenntnissen oder Wahrheiten" relevant, sondern als Medium, das „der Herstellung der Verständigung" dient bzw. „der angestrengten [!] Herstellung derjenigen Übereinstimmungen, die anstelle des ‚substantiellen' Fundus an Regulationen treten müssen, damit Handeln möglich wird" (1981, 108). Dadurch avanciert die rhetorisch erzielte Übereinstimmung (*consensus*) zur „Basis für den Begriff von dem, was ‚wirklich' ist" (1981, 109, 112), d. h. zu einem „über-individuellen Organ des Seinsverständnisses" (Haverkamp 2001, 451), was „Wirklichkeit" (nicht „Objektivität"!) zu einem zustimmungsabhängigen Konstrukt macht, das zu sprengen auch wissenschaftlichen Theorien nicht gelingen kann (1981, 113: „Auch Theorien werben implizit um Zustimmung").

Damit dürfte die Blumenberg'sche Überführungsstrategie in ihrer Logik deutlicher erkennbar geworden sein, insofern sie den Versuch methodisiert, systematisch „Natürlichkeiten zu destruieren", um sie als „Künstlichkeiten" eines Wesens rekonstruieren zu können, das mithilfe dieser „Künstlichkeiten" seine Mängelkonstitution funktional zu kompensieren und so sein Überleben zu sichern sich anstrengt. In Anlehnung an eine entsprechende einflussreiche Formulierung Gehlens („Die Kultur ist die zweite Natur des Menschen" (1966, 38)) könnte man von diesen „Künstlichkeiten" bzw. von Kulturalität überhaupt als spezifisch menschlicher Naturalität sprechen. Ein Glanzstück dieser Blumenberg'schen Überführungsstrategie, die freilich die bereits früher von Nietzsche mithilfe von Gustav Gerber geleistete Vorarbeit nicht nutzt (s. u. Kap. 8), ist fraglos der Versuch, die rhetorische Figurenlehre – lange Zeit (besonders seit Heinrich Lausberg) als Glanzstück des rhetorischen Systems gehätschelt – der ästhetischen Stilistik wie der linguistischen Deviationstheorie (s. u. Kap. 11) zu entreißen und erkenntnistheoretisch zu rekonstruieren, nämlich als exemplarische Kompensationsleistung eines Wesens, das keinen „direkten" bzw. „unmittelbaren" Zugang zur Welt hat, weder kognitiv noch sprachlich, mithin sich ihr nur „umwegig" anzunähern vermag, was griechisch „metaphorisch" heißt (1981, 115) und gemeinhin eine der bedeutendsten und geschätztesten Stilfiguren der rhetorischen Elocution terminologisiert. Für Blumenberg aber wird die Metapher, statt bloß „Surrogat" eines unterstellbaren Begriffs zu sein (1981, 132; 1998), konsequent zum willkommenen Leitmodell für die Metaphorizität von Sprache und eines durch sie eröffneten Weltzugangs überhaupt, der Welt zwar nicht in ihrem An-sich-Sein abzubilden vermag, sie aber uns (!) erschließt, wenn auch bloß „indirekt, umständlich, verzögert, selektiv und vor allem metaphorisch", eben auf „rhetorischem Umweg" (1981, 115, 122) und d. h.: nach Maßgabe unserer (!) lebensweltlich bewährten Vertrautheitskriterien: Etwas nämlich „*als* etwas zu begreifen, unterscheidet sich radikal von dem Verfahren, etwas *durch* etwas anderes zu begreifen", weil nur im letzten Fall das Gegebene als das Fremde bewusst wird, das erst über den „metaphorischen Umweg" bzw. über den Bezug auf „das andere" „vertraut", „handlich" und „verfügbar" gemacht werden muss (1981, 116). Denn die Welt nur „zu bedeuten, nicht zu sein, macht die klassische Differenz der Rhetorik zur ‚Natürlichkeit' aus" (1998, 165), wodurch die Welt auf Distanz gehalten wird, was als Bedingung möglicher Selbstbehauptung des Menschen ein Schlüsseltheorem Blumenberg'schen Denkens ist (1974). Diese Differenz macht nach Blumenberg aber umgekehrt auch die Nähe der Rhetorik zur modernen Anthropologie aus und zu ihrem Leitparadigma des armen Menschen bzw. genauer: des „Menschen außerhalb der Idealität" (1981, 107). Diese konstitutive Rückbindung der Rhetorik an die Anthropologie bedeutet aber keine „Gnadenfrist" für sie (1981, 130), weil die Anthropologie des armen Menschen eine – wie oben bereits zitiert – „in der Rhetorik angelegte und aufgegangene Anthropologie ist", die nach Blumenberg „die Möglichkeit, ‚philosophisch' zu sein, verloren hat und [deshalb] die letzte und verspätete Disziplin der Philosophie wird" (1981, 107).

An der philosophischen Entdeckung und anthropologischen Kompensationsrekonstruktion der Metapher, wie sie Blumenberg einer von ihm kreierten „Metaphorologie" als einer „Theorie der Unbegrifflichkeit" zur Aufgabe gemacht (1979, 75 ff.)[63] und in beispielhaften metaphorologischen Einzeluntersuchungen (wie etwa über die *Lesbarkeit der Welt* 1981a oder über den *Schiffbruch mit Zuschauern* 1979) selbst durchgeführt hat, lässt sich die anthropologisch inspirierte philosophische Entdeckung der Rhetorik an ihrem philosophisch scheinbar unergiebigsten, aber traditionell wegen seiner Formalisierbarkeit besonders beliebten Bereich, nämlich der Figurenlehre, exemplarisch ablesen. Zugleich aber lässt sich auch der Blick dafür schärfen, was eine Rhetorik gewinnt, wenn sie sich auf ein anthropologisches Interesse einlässt, das die „Verlegenheiten" penibel auflistet, denen sie sich als „Notlösung" (1981, 116) verdankt; freilich als eine „Notlösung", die zugleich das Zeug hat, zur „Kunst" zu werden (1981, 132), der aufklärende Kraft in dem Maße zukommt, als sie der Wirklichkeit jeden „Appellationswert" bestreitet, wie er sich noch im fast sprichwörtlich verwendeten und gemeinhin antirhetorisch fokussierten *res, non verba*-Mahnruf (zu den Sachen selbst statt bloßer Worte!) zur Geltung bringt. „Antirhetorisch" ist dieser Mahnruf, weil er die durchgängige Rhetorizität der Wirklichkeit glaubt widerrufen zu können, die sich nur deshalb so schwer bemerkbar macht, weil Rhetorik „schon allgegenwärtig

---

63 Vgl. Blumenberg 1998. Dazu und allgemein zur Metapher vgl. Haverkamp, Anselm. *Theorie der Metapher*. Darmstadt: Wissenschaftliche Buchgesellschaft, 1996 (darin ebenfalls der eben genannte Beitrag von Blumenberg von 1981); Eggs, Ekkehard. Artikel „Metapher". *HWRh*, Bd. 5. Hg. Gert Ueding. Tübingen: Niemeyer, 2001, 1099 ff.

ist" und „Wirklichkeit [längst] zu einem Resultat künstlicher Prozesse [gemacht hat]" (1981, 132–133; vgl. Bolz 1996). Es sind also gerade „die Schwierigkeiten", die die Rhetorik mit einer bereits zur „Natur" gewordenen „Wirklichkeit" hat, die ihre Modernität ausmachen (vgl. Haverkamp 2001, 439–440).

Nicht minder vermag eine zur „Kunst" anthropologisch nobilitierte Rhetorik eine andere ähnlich sprichwörtlich erstarrte Antithese zu delegitimieren, die „Wahrheit" gegen bloße „Wirkung" genüsslich auszuspielen pflegt, als wäre „die rhetorische Wirkung [bloß] die wählbare Alternative zu einer Einsicht, die man *auch* haben könnte", während sie in Wahrheit doch nur die einzig ernsthafte Alternative „zu der Evidenz [ist], die man *nicht* oder noch nicht, zumindest hier und jetzt nicht, haben kann" (1981, 111–112), was impliziert: „*Es gibt keine Wahrheit, die für sich selbst stehen könnte, nicht hilfsbedürftig wäre* [meine Hervorhebung, J. K.]" (Blumenberg 1998, 164). Damit wird natürlich auch die so gern als trennscharf unterstellte Unterscheidung zwischen wahrheitsfähiger Erkenntnis und bloßer Meinung (*doxa*) hinfällig zugunsten einer „Verabsolutierung des Meinens", was allenfalls noch die Unterscheidung nach Graden der Überzeugungskraft zulässt, die Meinungen für die von ihnen erhobenen Geltungsansprüche mangels einer externen Wahrheitsinstanz anzuführen vermögen (1981, 125; vgl. Kersting. 1994, 17, 42, Anm. 29; s. u. Kap. 8 zum „doxastischen" Weltbezug). Insofern kann es nicht überraschen, dass Blumenberg mit dem kühnen (aber gefährlichen) Gedanken spielt, Rhetorik beziehungsreich[64] sogar eine „List der Vernunft" zu nennen, wovor er aber dann doch zurückschreckt; dies aber nicht deswegen, weil diese Charakterisierung die Rhetorik überschätzen würde, sondern im Gegenteil, weil sie ihm zu geringwertig erscheint: Rhetorik ist für Blumenberg nämlich keine bloße „List" einer autonomen Vernunft, die Rhetorik für sich arbeiten lässt; sie ist weit mehr: sie ist selbst (!) „eine Gestalt", genauerhin: eine moderne und nur modern denkbare *Gestalt „von Vernünftigkeit"*, so etwas wie *„das vernünftige Arrangement mit der Vorläufigkeit der Vernunft* [meine Hervorhebung, J. K.]" (1981, 130). Kann man eigentlich größer von Rhetorik denken, als es in diesem Satz gewagt wird?

Doch da gibt es noch einen Satz bei Blumenberg, der die gerade zitierte Hochschätzung von Rhetorik noch überbieten zu wollen scheint: Mit Bezug auf Platons ebenfalls antirhetorisch fokussiertes Höhlengleichnis notiert Blumenberg fast am Ende des hier primär herangezogenen Rhetorik-Essays: „Die philosophische Wendung von den Schatten zur Wirklichkeit ist von der Rhetorik [...] usurpiert worden" (1981, 133), was ja wohl heißen soll: Die Rhetorik setzt

---

64 Implizit wird eine Hegelsche Formulierung (u. a. aus den *Vorlesungen über die Philosophie der Geschichte*. 1976, 49) zitiert, die von „der List" spricht, mit der die „Vernunft" ihre Ziele erreicht.

das Geschäft der Philosophie fort – und zwar auf dem erkenntnistheoretischen Niveau der Moderne, insofern sie die „philosophische Wendung von den Schatten zur Wirklichkeit" in dialektischer Umkehr als rhetorische „Wendung von" der vermeintlichen „Wirklichkeit" zu den vermeintlichen „Schatten" vollzieht; die aber stellen, weil es für uns eine rhetorikfreie Wirklichkeit gar nicht geben kann, die für uns einzig zugängliche und erfahrbare Wirklichkeit dar, was die Höhle insgesamt zu einem für uns günstigen, weil Schutz und kulturelle Evolution ermöglichenden Lebensraum macht (was sie in Wirklichkeit ja auch evolutionsgeschichtlich war) (Blumenberg 1989, 193 ff.; Kopperschmidt 2009, 310 ff.). Entsprechend müsste der unten (Kap. 8) noch zu interpretierende große Nietzsche-Satz „Die Sprache ist Rhetorik" im Licht der Blumenberg'schen Usurpationsthese synekdochetisch[65] gelesen werden: Nicht nur „die Sprache", sondern die *Wirklichkeit überhaupt*, wie sie uns erscheint, ist Rhetorik, weil sie das Resultat von lauter Operationen ist, mit denen wir (bewusst oder unbewusst) die Wirklichkeit für uns zugänglich und verfügbar machen. Haverkamp nennt das kühn, aber zutreffend die „transzendentale Radikalisierung" der Rhetorik durch Blumenberg (2001, 439). Damit wird der Rhetorik erkennbar nicht nur eine eigene „(Haus-)Philosophie" zugeschrieben (s. o. Kap. 5.2), sondern Rhetorik wird in die Rolle *der* Philosophie gedrängt, die sie, die Rhetorik, so lange zu verdrängen versucht hatte. Eigentlich ein ungeheuerlicher Vorschlag, der aber nachvollziehbar wird, wenn man mit Blumenberg den so lange hinausgezögerten Verzicht der Philosophie auf absolute Gewissheitsansprüche für die Verzögerungen verantwortlich macht, sich endlich „im Provisorium vor allen definitiven Wahrheiten und Moralen zu arrangieren", statt dieses Provisorium mit Descartes zur bloße Interimslösung zu verharmlosen (1981, 110); denn „alles, was diesseits der Evidenz übrig bleibt, ist Rhetorik" (1981, 111). Damit „radikalisiert sich die erkenntnistheoretische Situation, die Plato der Sophistik unterstellt hatte, anthropologisch zu der des ‚Mängelwesens', dem alles in die Ökonomie seines Instrumentariums zum Überleben rückt", was „auch den Begriff einer [...] Rhetorik elementarer [zu fassen nötigt]" (1981, 105).

Die gerade vorgetragenen Anmerkungen wollen weniger der oben kurz erwähnten Kritik an Blumenbergs Urteil über Rhetorik als „Armutszeugnis" widersprechen als den theoretischen Gewinn bestimmbar machen, der sich für die Rhetorik aus ihrer anthropologischen Fundierung im anthropologischen Mängeltheorem gewinnen lässt. An ihm hält Blumenberg fest und trotz aller Anerkennung für die erkenntnistheoretische Modernität der Voraussetzungen

---

[65] Unter „Synekdoche" wird das stellvertretene Benennen einer Sache durch einen ihrer Teile verstanden (pars pro toto, z. B.: Brot statt Nahrung).

von Rhetorik bleibt er bei seiner anthropologischen Grundthese, dass Rhetorik nur „der arme Mensch" brauche (1981, 105). Und „arm" machen den Menschen in dem von Blumenberg gemeinten konstitutionellen Sinn seine „Evidenz-" bzw. „Wahrheitsmängel", seine „Normentbehrung", sein „Zeitmangel" und „Handlungsdruck" und was der „Verzicht[skatalog]" sonst noch alles enthält, „der aller Rhetorik zugrunde liegt" (1981, 112). Insofern es einem anthropologisch fokussierten und spezifizierten Interesse an Rhetorik primär um diese ihre Voraussetzungen geht, besteht für ein „Feiern" der Rhetorik „als kreatives Talent des Menschen" so lange wenig Anlass, als dieses sonst nicht unbekannte Feiern die Frage zu übertönen pflegt, wozu der Mensch denn dieses „kreative Talent" überhaupt nötig habe (1981, 130). Jedenfalls scheint mir der Fragetyp, den Blumenberg eindeutig favorisiert, nämlich: *Wer braucht eigentlich Rhetorik?* vergleichsweise besser als jeder Antwortversuch auf den anderen Fragetyp, nämlich „Was ist Rhetorik?" (vgl. zuletzt Knape 2000), vor der Gefahr gefeit zu sein, sich mit essentialistischen Antworten zufrieden zu geben, die meistens doch nur das an der Rhetorik historisch jeweils für wesentlich Erachtete zum Wesen der Sache selbst machen. Dass es Not ist, die Rhetorik nötig macht, dass ihr erkenntnistheoretisches Fundament der Skeptizismus ist (1981, 111), dass jede „Belebung der Rhetorik seit der Antike [auch immer] ein Merkmal bestimmter Resignationen [war]" (1998, 164), dass sie auf ein Leben im „[Dauer-]provisorium" einstimmt (1981, 110–111) usw. – alles das mindert den funktionalen Wert der Rhetorik überhaupt nicht, sondern benennt nur die kriteriellen Bedingungen, die diese Wertschätzung überhaupt erst intellektuell nachvollziehbar machen. Zugleich sensibilisieren sie aber auch für die prinzipielle Gefährdung der Rhetorik und ihre Missbrauchsanfälligkeit, von der Kant in seinem fatalen Rhetorikverdikt spricht, wenn er Rhetorik abfällig eine „Kunst" nennt, „sich der Schwächen der Menschen zu seinen Absichten zu bedienen".[66] Gegen diesen generellen Rhetorikverdacht ist Blumenbergs Rhetorik-Essay ebenso angeschrieben wie gegen die Platonische Rhetorikrestriktion auf eine bloß konzessionierte Sozialtechnologie; denn „in einer anthropologischen Lokalisierung der Rhetorik ist [zwar] von diesen Schwächen [im Sinn von Mängeln der Menschen], nicht [aber] von jenen Absichten die Rede", die Kant seinem Verdikt zugrunde legte (1981, 134) und mit denen er Rhetorik als Prinzip erfolgreicher Mängelkompensation folgenschwer zu einer „hinterlistigen Kunst" verfälschte. Dennoch gilt: Ohne die von Kant erzwungene „kopernikanische Wende" hätte es nie eine philosophisch ambitionierte „rhetorische Wende" geben können (vgl. unten Kap. 8).

---

66 In Kant 1976, §53.

5.4 Der unfertige Mensch

Es ist bereits angemerkt worden, dass für Blumenberg der „Verlegenheit[s]-" und „Notlösung[scharakter]" der Rhetorik ihrem „Kunst[charakter]" nicht widersprechen muss (1981, 116, 132), sondern allenfalls den anthropologisch bedingten Fokus betonen soll, der eine Nobilitierung von Rhetorik eher indirekt durchzuführen nötigt, nämlich über die Auflistung der Mängel, die Rhetorik als deren Kompensation zu bewältigen mithilft. Bornscheuer jedoch, der zu den schärfsten Kritikern des bisher erläuterten Blumenberg'schen Rhetorik-Essays zählt (1981), hätte diese meine Verteidigung wohl kaum überzeugt. Zu sehr verstörte ihn Blumenbergs in der Tat etwas zu starre Reduzierung der modernen Philosophischen Anthropologie „auf *eine* Alternative", nämlich auf die „radikale Alternative" zwischen dem „Menschen als armen *oder* als reichen Wesen" (1981, 104). Ihn verstörte dieser Rigorismus besonders angesichts einer dialektisch weit geschmeidigeren Vermittlung zwischen „Armut" und „Reichtum" des Menschen, wie er sie bei Herder fand und zur Formel *„Reichtum aus Armut"* verdichtete (Bornscheuer 1985, 129). Es dürfte nachvollziehbar geworden sein, dass ich meinerseits keine Probleme hätte, mithilfe dieser Formel auch die Blumenberg'sche starre Alternative zu flexibilisieren, indem ich den Menschen durchaus reich nennen könnte, insofern ihn die erfolgreiche Kompensation seiner konstitutionellen Mängel statt zum „Prothesengott" – wie Freud wollte (in *Das Unbehagen in der Kultur*, 3. Kap.) – zum erfolgreichsten Lebewesen dieser Erde hat werden lassen. Und ich hätte auch keine Bedenken, die Verlegenheitsrhetorik, als welche Blumenbergs Rhetorikkonzept oben bestimmt worden ist, durchaus auch eine Verständigungsrhetorik zu nennen, weil es nach Blumenberg ja die Methodisierung der Verständigungsarbeit ist, mittels deren Rhetorik die „Verlegenheiten" erfolgreich zu kompensieren versucht, die dem Menschen aus seinen (Blumenberg allein interessierenden) theoretischen wie praktischen Evidenzmängeln erwachsen. Insofern ließen sich – wie oben bereits vorgeschlagen – der inkriminierte Begriff „Armutszeugnis" und der Begriff „erfolgreiche Mängelkompensation" durchaus als *komplementäre* Beschreibungen miteinander versöhnen, die Rhetorik im einen Fall mehr auf die Voraussetzungen ihrer Notwendigkeit hin fokussieren, im anderen mehr auf die Methode ihres Umgangs mit Mängeln. Doch ich gebe gern zu, eine mit Herder vergleichbar dialektisch ambitionierte Formel findet sich bei Blumenberg in der Tat nicht.

Freilich findet sich bei Blumenberg nicht nur keine vergleichbar griffige dialektische Formel, es findet sich nicht einmal ein Hinweis auf Herder, sondern nur auf Gehlen (1981, 115), dem er – durchaus nicht unkritisch – ja die Anthropologie des armen Menschen, „Mängelwesen" von Gehlen terminologisch folgenreich genannt, verdankt. Von Gehlen als wichtiger Referenz für Blumenberg ist bei Bornscheuer jedoch wiederum erstaunlicherweise nicht die Rede, obwohl diese Referenz ihn hätte darüber informieren können, dass Gehlen als wichtigste Inspirationsquelle für sein anthropologisches „Mängelwesen"-Konzept nicht nur den auch von Bornscheuer so geschätzten Herder *en passant* nennt, sondern über ihn und seine Preisschrift *Über den Ursprung der Sprache* ähnlich begeistert spricht: „Die philosophische Anthropologie hat seit Herder keinen Schritt vorwärts getan, und es ist im Schema dieselbe Auffassung, die ich mit den Mitteln der modernen Wissenschaft entwickeln will. Sie braucht auch keinen Schritt vorwärts zu tun, denn dies ist die Wahrheit" (1966, 84). Natürlich haben sich weder Herder noch Gehlen für Rhetorik interessiert, weshalb der kühne Versuch, deren Anthropologie des „Mängelwesens" Mensch erstmals mit Rhetorik engzuführen, auch allein auf Blumenbergs Konto geht. Das mag die Schärfe leichter gemacht haben, mit der Bornscheuer den Blumenberg'schen Versuch der eben genannten Engführung verreißt („monströses Menschenbild" (1985, 124)); denn immerhin geht Blumenberg bei seiner Gehlen-Referenz so weit, sich dessen Schlüsselbegriff „Institution" sogar auszuleihen, um mit ihm die kompensatorische Entlastungsrolle der Rhetorik prägnant zu kennzeichnen: „Rhetorik schafft Institutionen, wo Evidenzen fehlen" (1981, 110). Wie auch immer – es lohnt sich, der Vorliebe Bornscheuers für Herder etwas nachzugehen, zumal wenn man Grund zur Vermutung hat, dass die Brillanz der von Herder inspirierten Formel „Reichtum aus Armut" leicht blind machen kann für die stilistisch weniger auffällige Dialektik der Blumenberg'schen Argumentationsweise.

Und wie lautet nun der Originaltext, dem diese in der Tat attraktive dialektische Formel abgewonnen ist? Es ist ein Text, in dem die Erwartungen präzis genannt werden, die erfüllt sein müssen, um den unerträglichen „Widerspruch" aufzulösen, die Natur habe sich gegenüber dem Menschen wie „die härteste Stiefmutter" benommen. Hier ist der entsprechende Text:

> Ja fänden wir eben in [!] diesem Charakter [des menschlichen Geschlechts] die Ursache jener Mängel, und eben in der Mitte dieser Mängel, in der Höhle[67] jener großen Entbehrung von Kunsttrieben, den *Keim zum Ersatze*, so wäre diese Einstimmung ein genetischer Beweis, dass hier die wahre Richtung der Menschheit liege und dass die Menschengattung über den Tieren nicht an Stufen des Mehr oder Weniger stehe, sondern an Art [meine Hervorhebung, J. K.] (1965, 25).

---

67 Dass mit der „Höhle jener großen Entbehrung" implizit auf Platons berühmtes Höhlengleichnis angespielt wird, ist zu unterstellen, zumal später (1965, 82) explizit dieses Gleichnis zitiert wird, indem Herder jedenfalls für den von ihm entworfenen Menschen annimmt, dass er nicht aus Platons „finsterem Kerker" stamme, sondern „aus den Händen der Natur, im frischesten Zustande seiner Kräfte und Säfte und mit der besten, nächsten Anlage kam [...]".

Herders Empfehlung, „in der Mitte dieser Mängel" selbst nach deren „Ersatz" zu suchen, um den unerträglichen „Widerspruch" aufzulösen, meint erkennbar die Suche nach der möglichen Kompensation dieser Mängel. Wenn er auch diesen Begriff nicht benutzt, so umschreibt er dessen Funktion doch in großartiger Präzision mittels eines deutschen Äquivalenzbegriffs, indem er von „Schadloshaltung" der Mängel spricht, was auch genauer noch als „Ersatz" ist; denn nicht um Ersetzung von Mängeln geht es ja bei deren Kompensation eigentlich, sondern um deren „Entschädigung" (Marquard); und die gelingt durch deren Umfunktionierung zum „Keim", der „verborgene Kräfte" zum Wachsen bringt, sodass „aus der Schwachheit Stärke" werden kann (Herder 1965, 97), was dem Menschen zu seiner „Sonderstellung" (Gehlen 1966, 20) unter allen Lebewesen verhilft. Dass diese konstitutionelle „Schwachheit" *gewollt war*, „damit er wie kein Tier, eine Erziehung genieße" (Herder 1965, 97, 57, 80–81, 98 und öfter und bei Menke 2006, 334 ff.), gehört sicher zu den theologischen wie teleologischen Restbeständen einer Denktradition, die nichtsdestoweniger mit der „Sprache" fraglos korrekt und bis heute unbestritten das wichtigste, erfolgreichste und subtilste Kompensationsmittel überhaupt bestimmte.

Wie oben schon gesagt: Herder interessiert sich für Sprache, nicht aber für Rhetorik; mit Blick auf Rhetorik hatte er praktischere als anthropologische Fragen parat, z. B. *ob wir Ciceronen auf der Kanzel haben sollen.*[68] Für die anthropologische Dimension von Rhetorik hat ihn erst Bornscheuer interessieren wollen, weil er bei ihm genau die Formel glaubte gefunden zu haben, mit der auch Rhetorik bzw. Sophistik ihr Geschäft zu beschreiben pflegten – und auf energischen Widerspruch der Philosophie stießen und stoßen mussten; denn es lag natürlich nahe, den „erkenntnistheoretischen Anthropozentrismus" (Bornscheuer 1985, 122) des Protagoreischen Versprechens, „aus eigener Schwäche Stärke machen [zu können]" (so Aristoteles' *Rhet.* 1402a), als krudesten Relativismus zu verdächtigen. So suggestiv die Nähe zwischen Herder und Rhetorik zugegebenermaßen auch zunächst erscheinen mag und so sehr es verlockt, mit Bornscheuer in der Rhetorik genau „diejenige techne [zu sehen]", die „aus Schwäche Stärke" bzw. „aus Armut Reichtum" machen zu können verspricht (1985, 125), – man muss (leider) darauf insistieren, dass bei Herder und Protagoras dennoch von ganz verschiedenen Dingen die Rede ist: im einen Falle von einem Prinzip der Anthropologie, im anderen von einem Prinzip rhetorischer Überzeugungsarbeit. Letzteres behauptet in der Tat, aus (persuasiv-argumentativ vermeintlich) schwachen Positionen starke bzw. umgekehrt aus (persuasiv-argumentativ vermeintlich) starken

---

68 In: Herder, Johann Gottfried. *Sämtliche Werke*, Band 5. Hg. Bernhard Suphan. Berlin: Weidmannsche Buchhandlung, 1891.

Positionen schwache machen zu können.[69] Man kann das auch durchaus rechtens behaupten, sobald die Wahrheit einer Aussage nicht mehr *in der Sache selbst* verankerbar ist, sondern nur noch als einlösungsbedürftiger Geltungsanspruch einer *Meinung über eine Sache* gilt, die in der Regel auf andere Aussagen stößt, die über die gleiche Sache andere bzw. sogar gegensätzliche Meinungen mit einem gleichen Geltungsanspruch erheben. Eben diese geltungstheoretische Subjektivierung hat die Sophistik zur nahe liegenden These von den „zweierlei Reden" (*dissoi logoi*) geführt, was meint: Man kann „über jede Sache zwei verschiedene Reden halten", weil jede Sache zwei entsprechend verschiedene Meinungen zulässt und so das „in utramque partem disputare" zum Normalfall macht.[70] Für etwas ganz Anderes aber als diese persuasionspragmatische These interessiert sich erkennbar die von Herder zitierte Anthropologie des armen Menschen; sie interessiert sich nämlich nicht für die überzeugungsbedingte bzw. zustimmungsabhängige Geltung von Meinungen, sondern für eine anthropologische Dialektik, die in der physisch mangelhaften Ausstattung des Menschen dessen eigentlichen Vorteil erkennen zu können glaubt. Deshalb kann die Protagoras-These auch nicht als ein Beispiel für Kompensation oder „Schadloshaltung" von Schwächen gelten, sondern nur als Beispiel für die von der Sophistik beanspruchte „Kraft der Rede"; und die besteht natürlich nicht darin, in den persuasiv-argumentativen Schwächen der eigenen Position deren heimliche Stärken zu erkennen, sondern die eigene Position durch bessere Persuasions- bzw. Argumentationsstrategien überzeugungskräftiger zu machen, was methodisch meint: bessere Anschlusschancen an unterstellbare Plausibilitätsressourcen für die eigene Position zu suchen (s. u. Kap. 11). Rhetorik ist mit anderen Worten zwar selbst das Produkt einer anthropologisch erfolgreichen Mängelkompensation, doch ihr Wirkungsprinzip gehorcht entgegen Bornscheuers Annahme keiner analogen Kompensationslogik, sondern einer auf sophistischer Erkenntnistheorie beruhenden und sie praktisch nutzenden Rede- bzw. Persuasions- oder Anschlusstheorie!

Dennoch liegt Bornscheuer mit seiner Vermutung nicht völlig falsch, dass das anthropologische Mängel- bzw. Kompensationstheorem seinerseits ideengeschichtlich zurück in die Sophistik führe, genauerhin auf Protagoras. Freilich handelt es sich in diesem Fall nicht um dessen eben zitiertes, gemeinhin moralisch inkriminiertes Persuasionstheorem, sondern um den oben in Kap. 2

---

69 Ich spreche bewusst von „Positionen", womit ich griechisch „logoi" wiedergebe, während oft die fragwürdige Cicero-Übersetzung von *logos* mit *causa* genutzt und im Deutschen dann mit „Sache" übersetzt wird; doch von einer „Sache" ist in dem berühmten Zitat überhaupt nicht die Rede, sondern nur von der doxastischen Weise ihrer Existenz. Richtig dazu Stroh 2009, 46.
70 Vgl. dazu Schirren, Thomas und Zinsmaier, Thomas (Hgg.). *Die Sophisten*. Stuttgart: Reclam, 2003, 290 ff.; „in utramque partem disputare" zitiert aus Senecas Briefe an Lucilius. 88, 43.

bereits erwähnten und interpretierten anthropogenetischen Mythos, den Platon in seinem gleichnamigen Dialog *Protagoras* erzählen lässt, wonach die fatalen menschlichen Mängel einer schlichten Panne des Epimetheus anzulasten seien: Er habe bei der Verteilung der verschiedenen überlebenswichtigen Kompetenzen den Menschen völlig vergessen, sodass Prometheus (Feuerdiebstahl) und sogar Zeus selbst (politische Kunst) den überlebensunfähigen Menschen zu Hilfe kommen mussten.

Wenn es auch nachvollziehbar ist, dass Bornscheuer in Herders dialektischem „Stärke-aus-Schwäche"-Prinzip gern das „epochale Pendant" zu diesem anthropogenetischen Mythos des Protagoras sehen möchte (1985, 128), bei Herder findet sich kein entsprechender Hinweis auf diese (oder eine andere) Quelle seiner Argumentation, mag seine Beschreibung des mangelhaft ausgestatteten Menschen („nackt und bloß, schwach und dürftig, schüchtern und unbewaffnet") auch ganz protagoreisch klingen (vgl. auch Konersmann 2003, 37). Erst später (in den *Ideen zur Philosophie der Geschichte der Menschheit*) verrät Herder die Denktradition, der er verpflichtet ist (vgl. Pöhlmann 1970, 301), was einschlägige Kenner freilich bereits der *noverca*(Stiefmutter)-Vergleich bei Herder hätte vermuten lassen müssen: Es ist nicht so sehr Protagoras, wie neben Konersmann auch Bornscheuer annimmt, sondern der ältere Plinius, der zwar nicht die früheste, wohl aber die für die Traditionsbildung wichtigste Quelle darstellt, die auch Herder verwendet. Auf die in dieser einflussreichen Denktradition systematisch eingeübte Leitfrage, ob die Natur eine veritable „Stiefmutter" sein könne oder nicht doch eher eine (freilich im Verborgen) treu sorgende „Mutter" sei, muss hier nicht *in extenso* eingegangen werden, zumal das Material einigermaßen komplett bei Pöhlmann (1970) aufgelistet ist und auf einschlägige Auswertung wartet (vgl. auch Landmann 1962; 1964; Schmidinger und Sedmak 2009, besonders Sedmak 2009; Jackob 2005, 200 ff.). Hier sei stattdessen der Blick noch einmal auf Gehlen gerichtet. Doch so wenig Bornscheuer den Gehlen-Hinweis bei Blumenberg nachgegangen ist, so wenig hat Blumenberg seinerseits – wie bereits erwähnt – den Herder-Hinweis Gehlens genutzt, um ein bisschen mehr über die Geschichte und die Quellen des anthropologischen Mängeltheorems und seine immanente Dialektik ausfindig zu machen, was Gehlen durchaus versucht hat. Die glaubte er nämlich bei Herder und Schiller erstmals belegt zu finden (1966, 32), obwohl Schiller (*Über Anmut und Würde*) ebenso wie der von Gehlen zitierte Kant (*Idee einer allgemeinen Geschichte in weltbürgerlicher Absicht*) und der von Gehlen übersehene Hegel (s. u.) einer ganz anderen Argumentationstradition (nämlich dem biblischen Sündenfall-Mythos) verpflichtet sind, ihr aber – darin hat Gehlen wieder Recht – die gleiche dialektische Pointe abzugewinnen versuchen wie Herder seiner Plinius-Quelle, nämlich: Dass *aus Schwäche Stärke entstehen kann*, was in diesem Fall meint: Dass aus dem Verlust des Paradieses dem Menschen sogar Gewinn erwachsen kann. Mit „Übergang des Menschen zur Freiheit und Humanität" überschreibt entsprechend Schiller das 1. Kapitel seiner Schrift von 1790.[71]

So wenig Gehlen die von ihm zitierten heterogenen Belege quellenkritisch zu ordnen versucht, so sehr hält er doch für deren gemeinsame dialektische Pointe einen Begriff parat, den ich in diesem Kapitel noch gar nicht zitiert und genutzt habe (wohl aber in der Überschrift dieses Unterkapitels); dieser Begriff ist auf den ersten Blick so unscheinbar, dass man ihn fast überliest, obwohl er meines Erachtens in ungewohnt einfacher, weil terminologiefreier Alltagssprache die fundamentale Voraussetzung für jede anthropologische Kompensationsarbeit benennt und das sogar noch präziser tut als der bisher verwendete Term „Mängel". Präziser ist er, weil er Mängel interpretativ spezifiziert zu Mängeln, die genauerhin ein *„Unfertigsein* [meine Hervorhebung, J. K.]" des Menschen meinen (1966, 10, 32 und öfter). Gehlen verschweigt nicht, wer ihn zu dieser Beschreibung inspiriert hat; es ist natürlich Nietzsches gleichsinnig gemeinte Rede vom „noch nicht festgestellten Tier", die ähnlich wie Gehlens Formulierung exakt auf den Punkt bringt, warum die Mängel des Menschen einen Kompensationsdruck implizieren, der sie dialektisch als Stärken bzw. Vorteile zu qualifizieren nicht nur erlaubt, sondern nötigt: Dass der Mensch „unfertig" ist, heißt nämlich, dass er – anders als das Tier – *noch nicht* fertig ist, dass er *erst noch* fertig werden muss, „sich selbst noch Aufgabe" bleibt (1966, 32), um überhaupt überleben zu können. Diese Einsicht in die „Sonderstellung" des Menschen ist es, die Marquard das Loblied auf das „Halbe" und „Unvollkommene" („Das Wahre ist das Halbe" (1995, 9–10)) anstimmen und im Konzept des „Homo compensator" theoretisch reformulieren lässt (1995, 11 ff.; 2000, 11 ff., 30 ff., 40 ff.; 1976, 912 ff.). Und die gleiche Einsicht war es, die Herder „in den Keimen" der Mängel nach deren „Schadloshaltung" hat suchen lassen. Das Ergebnis seiner Suche ist es, was Herder nicht nur für Gehlen, Bornscheuer u. a. bis heute immer noch so

---

71 Wichtige und für meine Argumentation einschlägige Texte sind ergänzend zu den von Gehlen zitierten zu nennen: Kant 1977, 83 ff. sowie Schillers hochinteressanter Aufsatz: „Etwas über die erste Menschengesellschaft nach dem Leitfaden der mosaischen Urkunde" (1790), im 11. Thalia-Heft erschienen, jetzt in: *Sämtliche Werke* (Säkular-Ausgabe), Bd. 13, Historische Schriften. Stuttgart und Berlin: J. G. Cotta'sche Buchhandlung, 1905, 24 ff. Hier eine Kostprobe von Schillers großzügigen Umgang mit Mosaischen Quellen: „Dieser Abfall des Menschen [...] ist [...] die glücklichste und größte Begebenheit in der Menschengeschichte; von diesem Augenblick her schreibt sich seine Freiheit, hier wurde zu seiner Moralität der erste entfernte Grundstein gelegt" (1905, 33). Vgl. zu diesen und anderen „säkularen Metamorphosen des Erbsündedogmas" Spaemann, Robert. *Das unsterbliche Gerücht*. Stuttgart: Klett-Cotta, 2007, 199 ff.; allgemein 185 ff.

faszinierend macht (selbst wenn Herders Quellen ihm bei diesem Fund natürlich sehr hilfreich waren). Und dieser Fund heißt: *Es ist der Mensch selbst, der sich fertig machen bzw. vollenden soll*; er soll „sich selbst Zweck und Ziel der Bearbeitung sein" (1965, 26) und so lange (bes. durch Erziehung) an sich arbeiten, „bis er Mensch ist" (1965, 82; Menke 2006, 334 ff.; s. u. Kap. 5.4), will sagen: *Er soll der Schöpfer seiner selbst sein* und sich gerade dadurch als authentisches Abbild seines schöpferischen Bildners bezeugen (Herder 1965, 123), das alle vermeintlichen „Tiervollkommenheiten" (1965, 81) vergessen lässt. Gehlen reformuliert diese Idee kongenial mit Anschluss an eine andere, aber gleichsinnige Mythentradition, indem er den Menschen zu seinem eigenen „Prometheus" werden lässt (1966, 32). Kann man die „Sonderstellung" des Menschen großartiger beschreiben, selbst wenn es die „Sonderstellung" eines „gefährdeten und riskierten Wesens mit einer konstitutionellen Chance, zu verunglücken ist", selbst wenn diese prometheische Aufgabe also aus „ernster Not" statt aus „Luxus" übernommen wird (1966, 17)? Allenfalls noch mit Sätzen eines Autors, den seltsamerweise keiner der bisher genannten Theoretiker erwähnt hat,[72] gemeint ist natürlich Pico della Mirandola: Er lässt in seiner (geplanten) Inaugurationsrede von 1486 Gott selbst zu dem von ihm erschaffenen Adam die seitdem berühmten Worte sagen, er habe ihn – anders als die anderen Lebewesen – deshalb nicht gestalthaft fertig ausgeformt und mit einer „fest bestimmten Natur" (*definita natura*) ausgestattet, damit (!) er als „sein eigener, frei entscheidender Schöpfer und Gestalter" (*plastes et fictor sui ipsius*) „zu dem werden könne, der er sein wolle" (*id esse, quod velit*) (1990, 6).[73]

---

[72] Unter den Nicht-Genannten hat u. a. Oesterreich auf Picos Rede Bezug genommen, sie freilich geistesgeschichtlich ganz anders verortet. Diese Rede gilt ihm ebenso wie Descartes' Zweite Meditation als Zeugnis „rhetorischer Selbsterfindung neuzeitlicher Subjektivität", in: *Rhetorik*, Bd. 30. Hgg. Peter L. Oesterreich und Markus Mülke. Berlin: De Gruyter, 2011, 81 ff. Meine Bedenken habe ich vorgetragen in: „Ein neuer Beleg für ‚Descartes' Error'"? in: *Rhetorik*, Bd. 23. Hg. Peter D. Krause. Berlin: De Gruyter, 2004, 153 ff.

[73] Sehr hilfreich für das Verständnis des heute kaum noch nachvollziehbaren humanistischen Pathos (obwohl wir technisch tendenziell längst tun, was Pico und Manetti seinerzeit am Menschen bewunderten, nämlich seine Selbsterfindungschance) sind August Bucks Einleitung zu Picos Rede von 1486 (1990, VIIff.) sowie seine Einleitung zu dem gleichgestimmten Text von Manetti, Giannozzo. *De dignitate et excellentia hominis* von 1452 (1990, VIIff.), in dem der Mensch sogar mit Bezug auf Cicero als ein „sterblicher Gott" (!) zu rühmen gewagt wird; ähnlich neben Pico (1990, 9) auch Juan Luis Vives' *Fabula de homine* von 1518 (dazu Buck 1990, XXVIff.). Allgemein vgl. neben Pöhlmann 1970 sowie Schmidinger und Sedmak 2009 besonders Landmann 1962; 1964. Vgl. auch FN 19! Auch die jüdischen Psalmen kennen gelegentlich das Staunen über den Menschen, den sein Schöpfer „nur wenig geringer gemacht hat als Gott" (Ps 8,6).

Dass diese vom humanistischen Glauben an die Selbstverwirklichungskraft des Menschen geprägte Rede mit ihrem höchst eigensinnigen Schöpfungsbericht[74] nie gehalten werden konnte, sondern vom Papst verboten wurde (ohne ihre Rezeptionsgeschichte verhindern zu können), erklärt sich fast von selbst; denn das dieser Rede zugrundeliegende Menschenbild hat mit dem biblisch-christlichen nur noch den Rahmen seiner mythischen Narration gemeinsam; von dem selbstverschuldeten Fall dieses „gottähnlichen" Geschöpfes scheint Pico ebenso wenig wissen zu wollen wie vom Strafcharakter seiner irdischen Existenz oder von der Erlösungsbedürftigkeit des „Homo peccator" (Landmann 1964, 62 ff.). Der Papst hatte Pico also – trotz aller heute wohlfeil eingestandenen Sympathie für diesen großartigen Text – durchaus richtig gelesen und auch richtig verstanden! Denn wozu braucht ein gottähnliches Wesen noch einen Gott? Oder eine Erlösung, wenn die durch den Sündenfall verderbte Natur des Menschen (*natura corrupta*) anthropologisch zur bloß unfertigen Natur schöngeredet wird?

Nicht minder großzügig geht mit der kirchlichen Dogmatik aber auch der evangelische Pastor und Theologe Herder in der oben schon zitierten und gerühmten Preisschrift von 1771 um. Auch er unterstellt ein Menschenbild, das sich wie bei Pico als das authentische Abbild Gottes in seinem Geschöpf ausgibt, das aber dessen weitere fatale Geschichte in einem Maße ausblendet, als seien die Hörer/Leser von dieser Geschichte und ihren Folgen, wie sie besonders von Luther in seiner Rechtfertigungslehre mit ihrer *sola-fide-* und *sola-gratia*-Bedingung möglicher Rettung (nur aus Glauben/nur aus Gnade) theologisch ausformuliert sind (Landmann 1964, 77 ff.), überhaupt nicht betroffen. Stattdessen wehrt Herder nur den Verdacht ab, dass solche Nobilitierung des Menschen als eines sich selbst erschaffenden Geschöpfes Gottes Schöpferstellung entwerten könnte. Und er wehrt diesen Verdacht mit dem charmanten Argument ab, dass nämlich, wer von Gott als Schöpfer groß denken wolle, auch vom Menschen als seinem Geschöpf groß denken müsse (1965, 123), um in ihm sein Abbild erkennen zu können. Dennoch – die Grenzen der Orthodoxie werden enorm strapaziert, selbst wenn es in Herders Preisschrift primär auch nur um Sprache geht (und das eben zitierte großartige Argument sich zunächst auch auf Sprache und ihre Erfindung durch den Menschen bezieht); doch weil Sprache für Herder zugleich als wichtigster Beleg für die menschliche Kreativität fungiert, ist dieser Beleg zugleich auch das beispielhafte Zeugnis für die Selbsterfindungskraft des Menschen überhaupt.

---

74 Als „eigensinnig" muss dieser „Schöpfungsbericht" gelten, weil er den Menschen zum *geschöpflichen Schöpfer* seiner selbst macht und so im traditionellen Paradigma der biblischen Schöpfungsgeschichte eine vorevolutionäre Entwicklungsdynamik einbaut. Vgl. auch Landmann, Michael. *Der Mensch als Schöpfer und Geschöpf der Kultur*. München und Berlin: E. Reinhardt, 1961.

Der Herder'sche Schöpfergott verlangt unter dem aufklärerischen Decknamen „Natur" vom Menschen geradezu, seine Selbsterfindungskraft als „Selbstverwirklichung[schance]" (vgl. Menke 2006) aktiv zu nutzen, um so „Monarch der Schöpfung" zu werden (Herder 1965, 88). Wie anders benutzte dagegen doch der schon zitierte Blaise Pascal die gleiche Metapher, als er den Menschen – weit näher an christlicher Orthodoxie – einen „entthronten König" (*roi dépossédé*) nannte, dessen „Größe" (*grandeur*) sein nur ihm mögliches „Elendsbewusstsein" (*misère*) ausmacht![75]

Ich habe darum auch keinen Zweifel, dass Herder, hätte er die oben erwähnten Texte (siehe FN 71) kennen können, sie als dankbare Bestätigung seiner Intentionen gelesen hätte und in Hegels Diktum von 1830, „der Sündenfall [sei] der ewige Mythos des Menschen, wodurch er eben Mensch wird",[76] durchaus verwandte Gedanken entdeckt hätte, wenn sie diesmal auch an einem anderen biblischen Stoff zu entwickeln versucht wurden, eben an der theologischen Urkatastrophe des Sündenfalls. Für diese Urkatastrophe hat kein geringerer als Augustin die oben (Kap. 4) bereits genannte ungeheuerliche Formel „glückliche Schuld" (*felix culpa*) geprägt, mit deren Logik sich auch die skizzierte Dialektik des Mängeltheorems als „felix inopia" (glücklicher oder fruchtbarer Mangel) reformulieren ließe. An ihr gemessen war Kants – wie er sie selbst beschwichtigend nannte – „bloße Lustreise" von 1786 fast ein harmloses Unterfangen, wenn auch noch nicht so risikolos, wie sie heute wäre. Wer Interesse verspürt, eine verspätete dialektische Transformation des für die europäische Kultur so folgenreichen Sündenfall-Mythos auf recht unterhaltsame und doch hoch reflexive Weise (sogar mit Hegel im Hintergrund!) zu genießen, dem sei Peter Hacks Komödie *Adam und Eva* (2011, erstmals 1972) zur Lektüre empfohlen. Diese komödienhafte *Arbeit am Mythos* (Blumenberg 1986) in drei Akten versteht sich als ein „Paradise Lost And Regained" (2011, 80), d. h. als Hommage an John Milton, dessen zwei Versepen

---

75 *Über die Religion* (Pensées, Nr. 397/398). Die oben (FN 17) in seiner Gottähnlichkeit fundierte „Würde" (*dignitas*) des Menschen wird bei Pascal korrektiv in dessen Elendsbewusstsein (*miseria*) verschoben: „Die Größe des Menschen ist groß, weil er sich als elend erkennt. Ein Baum weiß nichts von seinem Elend [...]". Manettis oben (FN 17) genannter Text verstand sich seinerseits als Korrektiv zu *De miseria humanae conditionis* des Kardinal Lothar von Conti (späterer Papst Innozenz III.), vgl. bes. IV 44 ff.; dazu Buck (FN 17), IXff.

76 Vgl. Hegel, Georg Wilhelm Friedrich. *Vorlesungen über die Philosophie der Geschichte*. Werke, Bd. 12. Frankfurt: Suhrkamp, 1976, 389: „Das Erkennen als Aufhebung der natürlichen Einheit ist der Sündenfall, der keine zufällige, sondern die ewige Geschichte des Geistes ist. Denn der Zustand der Unschuld, dieser paradiesische Zustand, ist der tierische. Das Paradies ist ein Park, wo nur die Tiere und nicht die Menschen bleiben können". „Daher ist der Sündenfall der ewige Mythos des Menschen, wodurch er eben Mensch wird"; doch „der unendliche Verlust wird [...] durch seine Unendlichkeit ausgeglichen und dadurch unendlicher Gewinn" (1976, 91).

Paradise Lost (1667) und *Paradise Regained* (1671) Peter Hacks zur Dialektik eines Paradieses kombiniert hat, das man verlassen haben muss, um es wirklich gewinnen zu können.[77] Diese Dialektik lässt Hacks zuerst Eva kapieren, während Adam zunächst noch zögert und die Engel mit ihrem ewigen Halleluja Gott nur zu langweilen vermögen. Nicht in ihnen erkennt sich aber Gott wieder, sondern in seinen zwei menschlichen Geschöpfen, die er mit dem Apfelverbot nur auf die Probe stellen wollte, um sie sich als seine Geschöpfe bewähren zu lassen. Auch an Hacks Komödie der Menschwerdung des Menschen – da bin ich sicher – hätte Herder seine Freude gehabt!

Um die bisher beispielhaft genannten Materialquellen für das Mängeltheorem und seine dialektische Positivierung etwas ordnend zusammenzufassen, bietet sich erkennbar der oben eingeführte Gehlen'sche Begriff „Unfertigsein" als hilfreicher Klammerbegriff von selbst an. Was alle bisher genannten Texte nämlich verbindet, ist ja, dass sie von spezifischen, nämlich unfertigkeitsbedingten Mängeln des Menschen handeln, ob sich diese Mängel nun im Vergleich zu den Tieren aufdrängen (Plinius, Protagoras, Herder, Gehlen), im Vergleich zum paradiesischen Urzustand des Menschen (Kant, Schiller, Hegel) oder im Vergleich zur Idee seiner gottgewollten Vollkommenheit (Pico, Herder, Hacks) bzw. seiner lange Zeit philosophisch unterstellten kognitiven/normativen Evidenzkompetenz (Blumenberg). Zugleich aber werden diese Mängel in z. T. kühnsten Interpretationsvolten zu Mängeln umgedeutet, die das „Unfertigsein" des Menschen schrittweise zu positivieren wagen, weil die Ratifikation dieses „Unfertigseins" entweder zur überlebensnotwendigen Hilfsaktion von außen nötigt (Prometheus, Zeus) oder – so die anthropologisch attraktivste, weil dialektischste Variante – weil sie dem Menschen die Chance bietet, sein Fertigwerden selber in die Hand zu nehmen, um sich zu dem zu machen, der er selber sein will (Pico, Herder, Gehlen, Blumenberg, Hacks). Angemerkt sei noch, dass diese Mängelpositivierung selbst wieder nur die Spezifizierung einer viel allgemeineren Denk- und Argumentationsfigur darstellt, in der es um die dialektische (genauer: um die kompensatorische) *Positivierung des Negativen* geht – historisch besonders bekannt, gepflegt und geschätzt in der Tradition der Theodizee (vgl. Marquard 1995, 11 ff.).

Fehlt nur noch der Hinweis auf die *Non-finito*-Skulpturen in der Kunst (etwa bei Michelangelo oder Rodin), die das „Unvollendete" – so will es zumindest eine romantische Kunsttheorie – zu einer Gestalt des ästhetisch Vollendeten erklären[78]

---

77 Vgl. besonders die Schlussverse von Miltons *Das verlorene Paradies* (1667): „Sie schauten hinter sich .../ Noch rannen Tränen, balde abgewischt;/ Vor ihnen offen lag die Welt, wo sich/ die feste Stätte ihres Bleibens fände/ Und die Vorsehung ihre Schritte wies:/ Sie gingen Hand in Hand, langsamen Ganges/ durch Eden einsam wandernd ihren Weg" (Stuttgart: Reclam, 1968, 784 ff.).
78 Vgl. Bredekamp, Horst. *Michelangelo. Fünf Essays*. Berlin: Wagenbach, 2009.

sowie der Hinweis auf Steve Jobs' bewusste Wahl des angebissenen Erkenntnis-Apfels aus der jüdisch-christlichen Mythologie als beziehungsreiches *Apple*-Firmenlogo,[79] das dem Kundigen den verschämten Stolz verrät, mit dem das erfolgreiche Ignorieren eines mythischen Verbots immer noch als Naschen verbotener Früchte vom „Baum der Erkenntnis" gefeiert wird. Zwischenzeitlich freilich ist der Erkenntnisoptimismus, der seit Francis Bacons *Novum Organon* von 1620 versprach, durch methodischen Wissenserwerb den Paradiesverlust wett machen zu können und dem Menschen eine vergleichbare „Herrschaft" über die Natur (*regnum hominis*) in Aussicht stellte,[80] wie es Giambattista Vico in seiner *Scienza nuova* von 1725 für den Bereich der Geschichte tat[81] – zwischenzeitlich ist solche Unbefangenheit einem fast angstmachenden Verdacht gewichen, dass mit Einritt in das sogenannte „Anthropozän" das Schicksal unserer Erde total „in unserer Hand liegt"[82] und dass es alles andere als sicher ist, ob es da gut aufgehoben ist (vgl. Harari 2013; 2017; Sloterdijk 2016, 7–43).

Doch statt mit solcher Endzeitrhetorik dieses Kapitel abzuschließen sei lieber noch ein Blick in einen „Miserabilismus" geworfen, der weniger beängstigend daherkommt, wenn man ihn mit Sloterdijk als „Belcanto-Miserabilismus" auf Distanz zu bringen vermag.

5.5 Wider den Vorwurf des „Belcanto-Miserabilismus"

Natürlich hat Sloterdijk recht, wenn er daran erinnert, dass Mängel in und von der Evolution nicht kompensiert, sondern mitsamt ihren Trägern nur gnadenlos ausselektiert würden, weshalb der Mensch als „Mängelwesen" überhaupt keine Überlebenschance hätte haben können, mithin jede Anthropologie des *homo*

---

79 Vgl. die *FAZ* vom 7.Oktober 2011, 1 zum Tod von Steve Jobs.
80 Bacon, Francis. *Neues Organon der Wissenschaften*. Darmstadt: Wissenschaftliche Buchgesellschaft, 1990. Das Paradies ist zwar verloren, doch es kann „im Leben [!] gewissermaßen wiedergewonnen werden", nämlich durch „Glauben und Wissenschaft"; in der biblischen Strafandrohung „‚im Schweiße deines Angesichts sollst du dein Brot essen' liegt zugleich die Zusicherung, dass wir durch steten Fleiß" – und d. h.: durch methodische „Beobachtung" statt durch Disputationen (1990, 24, 26, 74 ff.) – „ein fruchtbringendes Leben zu führen im Stande sein werden" bzw. ein „Reich des Menschen" (*regnum hominis*) schaffen können (1990, 236, 49). Vgl. Schäfer, Lothar. *Das Bacon-Projekt*. Frankfurt: Suhrkamp, 1999.
81 Vico, Giambattista. *Prinzipien einer neuen Wissenschaft über die gemeinsame Natur der Völker*. Hamburg: Meiner, 1990; vgl. Konersmann 2003, 38 ff.
82 Reinhold Leinfelder in: „Das neue Erdzeitalter. SPIEGEL-Gespräch über das Anthropozän". *DER SPIEGEL*, 39/2016, 109–112; vgl. Boström, Niklas. *Superintelligenz. Szenarien einer kommenden Revolution*. Frankfurt: Suhrkamp, 2016.

5.5 Wider den Vorwurf des „Belcanto-Miserabilismus" — 115

pauper ein evolutionstheoretisch unsinniges Konstrukt sei (2004, 671 ff.). Doch so viel wussten natürlich auch Gehlen (und Blumenberg) über das evolutionstheoretische Grundprinzip des *survival of the fittest*, dass ihnen der Widersinn nicht unbemerkt blieb, in den sich jede *homo-pauper*-Anthropologie verstricken muss, wäre sie so naiv, wie ihr Sloterdijk unterstellen möchte:

> Offenbar soll ja der arme und schwache Mensch [...] den Ausgangspunkt [!] einer großen Erzählung vom primordialen [!] Mangel und dessen gleichanfängliche Kompensation durch Kulturfähigkeiten bilden. Innerhalb dieser Zeichnung bleibt es aber völlig unklar, wie ein Lebewesen durch natürliche Evolution zu seinen Anfangsmängeln [!] gekommen sein soll. Eine so dramatische Mitgift an Beraubungen ist aus der Naturgeschichte des Vormenschen unmöglich zu gewinnen. Die sich selbst überlassene Natur kennt keine erfolgreiche Überlieferung von Unangepasstheiten oder tödlichen Schwächen (2004, 704).

Noch einmal: Natürlich hätte Sloterdijk Recht, dieses Porträt des armen und schwachen Menschen eine „Mängelwesen-Fiktion" zu nennen und den „Auftritt eines lebensunfähigen Geschöpfs" zur „Urszene der Menschenbildung" machen zu wollen als ein völlig „abwegiges" Konstrukt zu karikieren (2004, 699 ff., 704–705). Nur – diese „Mängelwesen-Fiktion" ist selbst das Produkt einer Sloterdijk'schen Fiktion, der wir freilich auch eine neuerliche Wortschöpfung feinster Klasse verdanken: „Belcanto-Miserabilismus" (2004, 684). Ihr zu liebe sei die Häme verziehen, mit der Sloterdijk im dritten Band seines voluminösen *Sphären*-Projekts die Mängelanthropologie überzieht (2004, 671 ff.).

Ich weiß nicht, ob Gehlen die Arbeit von Paul Alsberg aus dem Jahre 1922, obwohl er sie nicht explizit zitiert, dennoch kannte. Blumenberg jedenfalls erwähnt und rühmt sie ausdrücklich und bedauert ihren geringen Bekanntheitsgrad (1981, 115; 2006, 571, 575 ff., 584 ff.). Zumindest Blumenberg also darf man als Zeugen dafür bemühen, dass er sich bewusst war, wie man den Gehlen'schen Begriff „Mängelwesen" zu verstehen habe, um seinem im Sloterdijk-Zitat nur noch einmal referierten Missverständnis nicht zu erliegen. Dort jedenfalls hätte Sloterdijk nachlesen können, dass eine Deutung des Mängeltheorems, wie er sie einer einschlägigen *homo-pauper*-Anthropologie unterstellt, nämlich eine *nachträgliche* „Wehrhaftmachung" eines sich seiner „Wehrlosigkeit" bewusst werdenden Menschen anzunehmen, kompletter Unsinn sei; vielmehr sei der Mensch „in jeder Phase seiner Entwicklung [...] vollkommen angepasst [gewesen]", wobei im Verlauf seiner Entwicklung freilich eine „allmähliche Rückbildung [...] körperlicher Schutz- und Anpassungsvorrichtungen" zugunsten „künstlicher" bzw. „geistiger Werkzeuge" (zentral: Sprache) erfolgt sei, der er seine heutige Überlegenheit verdanke (1985, 46 ff., 67 ff.). Blumenberg wusste also, dass man das „Mängeltheorem" sinnvollerweise nur verstehen könne, wenn man seine Pointe in die Fokussierung der noch zu beantwortenden „anthropologischen

Zentralfrage" verlege, nämlich wie ein solches mangelhaft ausgestattetes Lebewesen eigentlich „zu existieren vermag" (1981, 115). Doch dazu brauchte Blumenberg sich auch nicht erst von Alsberg belehren zu lassen; Gehlen selbst hätte ihm hinlänglich vor jedem Missverständnis dieses Theorems, wenn es denn überhaupt nötig gewesen wäre, bewahren können. Denn Gehlen hat – anders als Sloterdijk mit seinem „Ontologisierung[sverdacht]" unterstellt (2004, 700) – das „Mängelwesen" überhaupt nicht (terminologisch) erfunden, um mit ihm die „Urszene der Menschenbildung" konkret zu beleben. Mit ihm sollte weder das Paradox eines zunächst „lebensunfähigen Geschöpfes" in die „Vorgeschichte des Menschen" eingeschmuggelt noch „Mangel zu einer Art negativer Essenz" verabsolutiert werden. Die theoriestrategische Funktion des Begriffs „Mängelwesen" ist für Gehlen eine völlig andere: Mit ihm ist überhaupt „kein Substanzbegriff" gemeint, sondern dieser aus der Vergleichsbeziehung Mensch/Tier gewonnene Begriff „hat nur [!] einen *transitorischen* Wert [meine Hervorhebung, J. K.]", insofern er bloß die „im Vergleich zum Tier paradoxe [Ausstattung]" eines Lebewesens wie des Menschen markieren soll, um darin einen hilfreichen Hinweis zu erkennen, dass dessen „Sonderstellung" befriedigend auch nur „übertierisch" erklärt werden könne (1966, 20), was heißt: Der Mensch/Tier-Vergleich wie der daraus gewonnene Begriff „Mängelwesen" dienen eigentlich nur dazu, sie für die zugrundeliegende anthropologische Suche nach einer möglichen Erklärung für die unstrittige „Sonderstellung" des Menschen sowohl als ungeeignet auszuweisen wie dieser Suche zugleich einen Wink für ihren möglichen Erfolg zu geben (1966, 131, 32). Gehlen fehlt 1940 erkennbar für dieses etwas ungewöhnliche, aber methodologisch gar nicht unbekannte Verfahren, um es terminologisch exakt zu beschreiben, ein einschlägiger Begriff, weshalb er an anderer Stelle vom „Mängelwesen" als bloßer „Denkhilfe für sehr komplexe Zusammenhänge" spricht und damit natürlich beschreibt, was gemeinhin „heuristisches Prinzip" heißt:[83] Der Mensch/Tier-Vergleich wie der Begriff „Mängelwesen" sollen also nur die Suche bzw. das Auffinden einer befriedigenden Problemlösung methodisch anleiten, wie es ähnlich bei Rousseau dessen *homme-naturel*-Konstrukt tut.[84] Man kann für diese heuristische Anleitung, will man sie auf unseren konkreten Fall konstitutioneller Mängel beziehen, eigentlich keine bessere Beschreibung finden, als sie Herder gelungen ist mit seinem Vorschlag, „in der Mitte dieser Mängel [...]

---

83 Vgl. Darge, Rolf und Schmidhuber, Martina. *Das Mängelwesen bei Arnold Gehlen*. in: Schmidinger und Sedmak 2009, 29 ff., besonders 48 ff.; Schepers, Heinrich. Artikel „Heuristik". *HWPh*, Bd. 3. Hgg. Joachim Ritter et al. Basel: Schwabe Verlag, 1974, 1116 ff.
84 Jean-Jacques Rousseaus Preisschrift von 1751 *Abhandlung über den Ursprung und die Grundlagen der Ungerechtigkeit unter den Menschen*. Stuttgart: Reclam, 1998, 31 ff.; vgl. Spaemann (s. FN 15), 200 ff.

den Keim zum Ersatze" bzw. zu ihrer „Schadloshaltung" zu suchen (1965, 25). Gefunden konnte entsprechend bei dieser Suche deshalb auch nicht das „Mängelwesen" Mensch werden, sondern nur ein seine Mängel produktiv bewältigendes Wesen (so Gehlen 1966, 37), dem es gelungen ist, die *„Mängelbedingungen seiner Existenz eigentätig in Chancen seiner Lebensfristung um[zu]arbeiten* [meine Hervorhebung, J. K.]", sodass er sich zu einem „sterblichen Gott" machen konnte (s. FN 17!). Sloterdijk freilich sieht in diesem von Bornscheuer so bewunderten Paradox eines „Reichtums aus Armut" nur den Versuch misslauniger „Mängelanwälte", die das „Luxuswesen Mensch" zum Paradox eines „durch Reichtum armen Menschenwesens" kleinreden wollen (2004, 712).

Der Gipfel Sloterdijk'scher Missdeutung des Mängeltheorems ist freilich der aberwitzige Versuch, das anthropologische Interesse am Mängeltheorem aus einem konservativ gespeisten „Mangel an Mangel" bzw. „Not-Mangel" abzuleiten, den eine „entente cordiale Gehlens mit dem weimarischen Pastor Herder" und seinem Erbmangel-Theorem zu befriedigen versucht haben soll, um so den zunehmenden Plausibilitätsverlust des traditionellen Erbsünde-Theorems zu ersetzen (2004, 707). Wenn ich die beiden inkriminierten Autoren und ihr anthropologisches Projekt einer Mängel-Positivierung nicht völlig missverstanden haben sollte, kann man Sloterdijks gegen sie erhobenen „Misero-" bzw. „Ponophilie"-Verdacht nur als völlig abwegig bezeichnen; denn wie sollte gerade eine Mängel-Positivierung zugunsten des sich selbst vollendenden Menschen eben dazu erfunden worden sein, die Dogmatik des erbsündebedingten Verfallsstatus des Menschen vor ihrer weiteren Plausibilitätserosion zu schützen?

Wie leicht wiegt dagegen vergleichsweise Haverkamps Vorwurf (2001, 451), Gehlen habe nicht bemerkt, dass sich Rhetorik als exemplarisches Beispiel für eine ebenso erfolgreiche wie folgenreiche *Mängelbewältigung* geradezu angeboten hätte. Es sei Gehlen wie vielen anderen rhetorisch Unmusikalischen verziehen, zumal Blumenberg ja in expliziter Anlehnung an Gehlen'sche Begriffe später (besonders in dem hier behandelten Text) das Versäumte nachgeholt hat. Dabei hat er freilich die Brücke nicht genutzt, die Gehlen zur Rhetorik zumindest implizit angeboten hatte mit der zentralen Kompensations- bzw. „Entlastung[sinstitution]" „Sprache" oder „Kommunikation" als Bedingung möglicher verständigungsabhängiger Kooperation (1966, 50, 131 ff.). Der Grund dafür ist oben bereits in anderem Zusammenhang genannt worden: Blumenberg interessiert Rhetorik weniger sprach- oder kommunikationstheoretisch als philosophisch, weshalb es auch weit näher lag, die Brücke zur Rhetorik geltungs- und vernunfttheoretisch zu suchen, nämlich: *Wie sind Geltungsansprüche unter Bedingungen prinzipieller Evidenzmängel vernünftig einzulösen?*

Zwar findet sich bei Blumenberg der methodologisch einschlägige Begriff „heuristisches Prinzip" für die anthropologische Funktion des Mängeltheorems nicht, doch fehlt es – wie gezeigt – nicht an Versuchen seiner vorsichtigen dialektischen Positivierung, von denen einer abschließend noch zitiert sei: „Jedes Moment seiner [des menschlichen Wesens] Dennoch-Existenz wird [...] das Resultat einer schlichten Unnatürlichkeit, die es zwingt, als ‚Entwurf' seiner selbst zu leben" (2006, 218). Dass Rhetorik ein wichtiges „Moment" dieser „Dennoch-Existenz" des Menschen war, das ihm dabei half, „als Entwurf seiner selbst leben [zu können]", das ist ein wichtiger Ertrag ihrer anthropologischen Entdeckung durch Blumenberg. Wenn ich abschließend eine griffige Formel für diese Entdeckung vorschlagen sollte, würde ich das oben (Kap. 5.3) bereits in stilistischer Anlehnung an den Rhetoriker Augustin vorgeschlagene Oxymoron „felix inopia" wählen: Für die Rhetorik war und ist deren anthropologische Mängelvoraussetzung ein durchaus „fruchtbarer Mangel" gewesen.[85]

---

85 Vgl. einschlägige Redewendungen wie: „Not lehrt beten", „denken", „reden", „macht erfinderisch" usw. oder Martin Walsers zitationsanfällig herrlichen Satz: „Meine Muse ist der Mangel" in: *Über Rechtfertigung, eine Versuchung*. Reinbek: Rowohlt, 2012, 81; vgl. auch die nicht minder zitationsanfällige These Sloterdijks: „Nicht das Wort war am Anfang, sondern das Unbehagen, das nach Worten sucht" (in: *Die schrecklichen Kinder der Neuzeit*. Berlin: Suhrkamp, 2014, 10).

6 Perelman oder warum seine Argumentationstheorie eine „Neue Rhetorik" ist

6.0 Ein Zufallsfund

In seiner Ohio-Rede von 1982 hat Perelman versucht, seine Zuhörer in einem „25minütigen" Crashkurs über den „25 Jahrhunderte" dauernden Prozess der restriktiven Deformation der Rhetorik zu informieren, angefangen von Platon über Peter Ramus und Omer Talon bis in seine unmittelbare Gegenwart hinein (1986, 4 ff.). Innerhalb dieses Zeitraums sei – so Perelman – aus der Rhetorik als einer „study of reasoning" eine „study of figures" geworden, weshalb seine *Neue Rhetorik* das Ziel verfolge, aus dieser auf eine „ornamental art" geschrumpften Rhetorik wieder eine „practical art" zu machen (1986 und 1979, 5 ff.). Der Autor, der ihm für dieses Projekt (zwar nicht das Motiv, wohl aber) die einschlägigen Stichworte geliefert hat, kann verständlicherweise nur ein Theoretiker sein, der aus der eben genannten Prozesslogik dieser Deformationsgeschichte der Rhetorik herausfällt, nämlich: Aristoteles. Nur wenn unsere oben (Kap. 4) versuchte Rekonstruktion seiner *Rhetorik* als evolutionäre Methodologie deliberativer und geltungsbezogener Verständigungsarbeit plausibel ist, wird nachvollziehbar, dass Aristoteles für Perelman zum „Begründer der Argumentationstheorie" (1980, 11) werden konnte, an den sich seine als „Traktat über das Argumentieren" bestimmte *Neue Rhetorik* anschließen ließ (2004, erstmals 1958; vgl. dazu meinen Sammelband 2006).

Es ist freilich nicht ohne Reiz zu beobachten, dass Perelman das Monopol der „more geometrico"-Rationalität mithilfe eben des Philosophen brechen will, nämlich Aristoteles, den Toulmin voll verantwortlich gemacht hat für diese Monopolisierung und gegen die er sich mit seinem höchst erfolgreichen Buch *The uses of argument* genau so entschieden wendet (1996, 9) wie Perelman mit seiner im gleichen Jahr erschienenen Publikation. Die Erklärung dieser befremdlichen Paradoxie ist recht einfach: Toulmin kannte 1958 den Aristoteles gar nicht, den Perelman meinte und der auch Perelman lange unbekannt war, bis er ihn – diesen *anderen Aristoteles* – endlich durch Zufall entdeckte. Damit meine ich natürlich nicht den sowohl Perelman wie Toulmin als Autor der beiden *Analytiken* bzw. „den Begründer der formalen Logik" selbstverständlich bekannten Aristoteles, sondern den Verfasser der früher entstandenen *Topik*, der *Rhetorik* und der *Sophistischen Widerlegungen* (Perelman 1980, 11); also den Autor jener Texte, auf die sich Perelman bezieht, wenn er euphorisch von Aristoteles als den „Begründer der Argumentationstheorie" spricht und dessen Unkenntnis Toulmin später (1986) beklagt und für die philosophische „Verleumdung der Rhetorik" verantwortlich macht.

Was den o. g. Zufall angeht, so war Perelman (zusammen mit Lucie Olbrechts-Tyteca) über ein Buch von Jean Paulhan (*Les fleurs de Tarbes*, 1936) und dessen Anhang über Brunetto Latini endlich auf Aristoteles und dessen *Rhetorik* gestoßen (1980, 3–4), die ihn eine alte Antwort auf die Frage, „wie Menschen über Werte räsonieren" (1967, 135), entdecken ließ. Er publizierte die Rekonstruktion dieser Antwort zunächst unter dem Titel *Nouvelle Rhétorique*, später (ab 3. Auflage 1976) unter dem Titel *Traité de l`argumentation*. Dieser Titelwechsel (bzw. genauer: dieser Austausch zwischen Ober- und Untertitel) nutzt nur die Möglichkeiten des zugrundeliegenden Theorems, wonach Rhetorik eine Theorie der Argumentation ist und sein muss, wenn sie ihren Namen verdient. Diese Fokussierung der Rhetorik auf Argumentation erliegt keinem neuerlichen logozentrischen Reduktionismus, sondern will nur das Verfahren benennen, an dem sich der Kerngehalt dessen modellhaft ablesen lässt, um was es in jeder Rhetorik geht: um die Theorie bzw. Praxis *überzeugungsgestützter Zustimmungsnötigung*. Das Verfahren für diese Zustimmungsnötigung (*adhésion*) ist die Argumentation, weil Zustimmung methodisch nur gelingen kann durch überzeugende Anpassung (*adaption*) an das jeweilige Publikum (*auditoire*) und seine Plausibilitäten, wie es in der argumentationstypischen Formel „p, weil q" operativ beschrieben wird (s. u. Kap. 11). Die eigentliche Pointe der Perelman'schen philosophischen Entdeckung der Rhetorik freilich besteht meines Erachtens dennoch nicht so sehr in der Entdeckung ihres argumentativen Glutkerns – *soma* von Aristoteles genannt (*Rhet*. 1354a); auch nicht in der beeindruckenden Rekonstruktion einer Vielfalt von argumentativen Überzeugungsressourcen (material, personal, formal, emotional usw.) und einer Vielzahl von (bis heute gängigen) Argumentationsmustern (*schèmes d`argumentatifs*), mit denen auf höchst verschiedene Weise operative Anschlüsse an die Plausibilitätspotentiale eines Publikums jeweils versucht werden (2004, §§ 44 ff.); die eigentliche Pointe der *Neuen Rhetorik*, die in ihr *kein bloß erneuertes*, sondern *ein neues Interesse an Rhetorik* zu sehen nötigt, besteht meines Erachtens in einer zunächst sehr formal wirkenden Unterscheidung von Publikumsanschlüssen nach dem Grad ihrer quantitativen Entgrenzung, ob sie sich nämlich auf ein „universales" oder bloß „partikulares Publikum" beziehen (*auditoire universel/particulier* 2004, § 7). Ich will im Folgenden versuchen, die philosophische Relevanz deutlich zu machen, die diese scheinbar so harmlose Unterscheidung dann gewinnt, wenn man sie wie Perelman für die Operationalisierung einer anderen Unterscheidung nutzt, die schon öfters zitiert worden ist und für eine Rhetorik, wie sie hier verstanden wird, fundamental ist: gemeint ist die Unterscheidung zwischen „überzeugen/überreden" (*convaincre/persuader*) (s. u. Kap. 11.3). Fundamental ist diese Unterscheidung, weil nicht jede erfolgreiche Publikumsanpassung zu einer Zustimmung führt, die vernunft- bzw. geltungstheoretischen Ansprüchen genügen kann, sondern nur eine überzeugungsgestützte Zustimmung. Hier und nur hier liegt daher meines Erachtens der Schlüssel zur Versöhnung zwischen Philosophie und Rhetorik, nämlich: in der operativen *Engführung zwischen Rhetorik und Geltungstheorie*, was einer *Rhetorisierung der Vernunft* gleichkommt (vgl. Ptassek 1993).[86] Was die zentrale kognitive Voraussetzung dieser Rhetorisierung angeht, ist sich Perelman mit Blumenberg einig (vgl. oben Kap. 5): Erst der konstitutionelle Mangel an „Evidenz" vermag das philosophische Interesse an einer zustimmungsabhängigen Geltungstheorie zu wecken, in der „*die Trennung der Fragen der Wahrheit von denen der Zustimmung* [meine Hervorhebung, J. K.]" (1980, 154) aufhebbar und ein radikaler Bruch mit der Descartes'schen Denktradition erzwingbar wird, die über eine Generalisierung des Zweifels an allem ein „fundamentum inconcussum" (unerschütterliches Fundament) glaubte methodisch freilegen zu können.

6.1 Die Rhetorisierung der (praktischen) Vernunft

Mit der eben genannten Unterscheidung zwischen „überzeugen" und „überreden" versucht Perelman erkennbar eine äußerst missliche Konsequenz des konstitutiven Publikumsbezugs bzw. Anpassungszwangs jeder Rhetorik aufzufangen, die in der traditionellen Kritik an Rhetorik als Verdacht ihrer opportunistischen bzw. populistischen Gefälligkeitsbereitschaft seit Platons Zeiten nie ausgelassen wurde und jede Geltungsrelevanz von Zustimmung erfolgreich zu destruieren vermochte. Wie also wäre dieser Publikumsbezug nicht nur zu retten, sondern so zu nutzen, dass sich aus ihm eine Geltungstheorie entwickeln ließe, die in dem Maße modernitätskompatibel wäre, als sie in der Kant'schen Tradition *Geltung von prozedural gelingender Zustimmung* statt umgekehrt *Zustimmung von objektivistisch unterstellter Geltung abhängig* zu machen nötigt (Zustimmungsgeltung statt geltungsbedingter Zustimmungspflicht)?

Hier Perelmans Antwort: Der Publikumsbezug muss, um geltungstheoretisch relevant werden zu können, eine Unterscheidung zwischen *vernünftiger* und bloß *faktischer* Zustimmung vorsehen, wobei die fällige Unterscheidung nicht mehr materialer, sondern nur noch formal-prozeduraler Natur sein darf, um modernen geltungstheoretischen Bedingungen zu entsprechen. Insofern ist es kein Zufall, dass Perelman sich für seine Idee eines „universalen Publikums" und einer

---

86 Dabei geht es bei Perelman freilich nur um die praktische Vernunft bzw. um praktische Geltungsansprüche; doch gilt die Rhetorisierung auch für theoretische Geltungsansprüche, was bei Habermas zur geltungstheoretischen Korrelation zwischen „Wahrheit" und „Richtigkeit" führt trotz ihres jeweils unterschiedlichen Geltungssinns; s. Habermas 1999, 271 ff. und unten Kap. 10.2.1.

entsprechend universal entgrenzten Zustimmung (2004, §§ 6–9) von Kant hat inspirieren lassen. Der hatte nämlich einen für Rhetoriker höchst attraktiven (aber natürlich nicht an sie adressierten) Vorschlag gemacht, wie sich, um die Wahrheit eines Urteils operativ zu ermitteln, zwischen „Überzeugung" und bloßer „Überredung" unterscheiden ließe. Attraktiv war dieser Vorschlag für Perelman nicht nur, weil er zwei rhetorisch zentrale Begriffe betraf, sondern auch und noch mehr, weil das vorgeschlagene Unterscheidungskriterium selbst sich sogar eines genuin rhetorischen Prinzips bediente, nämlich des Zustimmungsprinzips. Kant schlug nämlich als operatives Unterscheidungskriterium einen *Universalisierungstest in Gestalt eines Zustimmungstests* vor:

> Der Probierstein des Fürwahrhaltens, ob es Überzeugung oder bloße Überredung sei, ist also [...] die Möglichkeit, dasselbe mitzuteilen und das Fürwahrhalten für jedes Menschen Vernunft gültig zu befinden; denn alsdenn ist wenigstens eine Vermutung, der Grund der Einstimmung aller Urteile, ungeachtet der Verschiedenheit der Subjekte untereinander [...], werde auf dem gemeinschaftlichen Grunde [...] beruhen, mit welchem sie daher alle zusammenstimmen und dadurch die Wahrheit des Urteils beweisen werden" (*Kritik der reinen Vernunft*, 1974, 689).

Bei Perelman klingt das dann so: „Wir schlagen vor [...], eine Argumentation überredend zu nennen, wenn sie nur bei einem partikularen Publikum gelten soll, und sie überzeugend zu nennen, wenn sie mit dem Geltungsanspruch auf Zustimmung bei allen vernünftigen Wesen verbunden ist" (2004, 37).

Mit dieser ingeniösen Kombination des Kant'schen Universalisierungsprinzips mit dem rhetorischen Zustimmungsprinzip versuchte Perelman exemplarisch einzulösen, was er als zentrale Bedingung für die Freilegung der „philosophischen Tragweite" der Rhetorik anmahnte, nämlich dass dazu ihre „technischen Begriffe [...] unbedingt verallgemeinert werden müssen" (1967, 158), was Blumenberg gleichsinnig „elementarisieren" nannte (1981, 106). Zur Exemplarität dieser „Verallgemeinerung" mithilfe von Kant sei hier nur so viel angemerkt (vgl. dazu mehr Kopperschmidt 2009, 26 ff.): Natürlich weiß Perelman, dass diese Kombination nicht ganz reibungsfrei ist (2004, 38 ff.); und natürlich weiß er auch, dass Kant mit seinem Universalisierungstest in Gestalt eines Zustimmungstests („Probierstein") eine Unterscheidung des „Fürwahrhaltens" innerhalb der „theoretischen Vernunft" operationalisieren wollte, während er selbst allein an einer entsprechenden Unterscheidung für „die praktische Vernunft" interessiert war. Dass es dafür bei Kant keinen gleichsinnigen Vorschlag einer kategorialen Unterscheidung zwischen „Überzeugung" und „Überredung" gab, ist zwar richtig, doch ebenso richtig ist, dass Kant ja mit dem „kategorischen Imperativ" für die praktische Vernunft einen durchaus vergleichbaren Universalisierungstest in Gestalt eines Zustimmungstests vorgeschlagen hatte, den man nur aus seiner monologischen

Privatheit hätte befreien und zu einem öffentlichen Zustimmungstest hätte entgrenzen müssen, um ihn als solchen zu erkennen:[87] „Handle so, dass die Maxime deines Willens jederzeit zugleich als Prinzip einer allgemeinen Gesetzgebung gelten könne". Diesen Satz aus Kants *Kritik der praktischen Vernunft* (1974, 52) scheint Perelman – was für einen Philosophen seines Ranges eigentlich erstaunlich ist – erst später als einschlägig bemerkt zu haben; jedenfalls zitiert er ihn erst 1965 in *Fünf Vorlesungen über die Gerechtigkeit* (1967, 85 ff.) als Beleg dafür, wie sehr sein „Ideal der Universalität" als normatives Geltungsprinzip mit Kants Ideen grundsätzlich kompatibel ist (1967, 153 ff., 159–160). Eine solche kühne Rhetorisierung des „kategorischen Imperativs" scheint mir nicht riskanter zu sein als die von Perelman früher gewagte und bereits oben erwähnte rhetorische Adoption der Unterscheidung zwischen „Überzeugung" und „Überredung" aus der *Kritik der theoretischen Vernunft*, die ihm endlich erlaubte, zwischen einem universalen und einem bloß partikularen Zustimmungsinteresse differenzieren zu können wie zwischen der Vernünftigkeit eines Zustimmungserfolgs und seiner bloßen Faktizität, was für jede geltungstheoretisch ernsthafte Beanspruchung des rhetorischen Zustimmungsprinzips, wie sie u. a. Perelman versuchte, fundamental ist.

Wenn man zusätzlich noch die Mehrdeutigkeit des oben eingeführten Begriffs „Anpassung" nutzen will, ließe sich die Überredungsrhetorik auch als Anpassungsrhetorik im negativen Wortsinn von „Anpassung" bzw. als populistische *Angleichungsrhetorik* verstehen und von der Überzeugungsrhetorik als Anpassungsrhetorik im positiven Wortsinn von „Anpassung" bzw. von *Anschlussrhetorik* unterscheiden (s. dazu unten Kap. 11.3). So geläufig auch die Beispiele aus der Praxis der Überredungsrhetorik sein mögen, erfolgreich kann eine solche Überredungsrhetorik – wie oben bereits gesagt – nur sein, wenn sie ihre pragmatischen Erfolgsbedingungen zu invisibilisieren und sich als verständigungsorientierte Überzeugungsrhetorik auszugeben vermag, was heißt: Keine noch so häufige *faktische* Suspendierung ihrer Gelingensbedingungen vermag die normative Infrastruktur von Rhetorik zu dementieren und den *parasitären* Charakter jeder Überredungsrhetorik aufheben.

6.2 Gibt es Inkarnationen des „universalen Publikums"?

So elegant auch Perelmans Reformulierung sowohl des Kant'schen universalistischen Geltungsprinzips in Gestalt eines Prinzips universaler Zustimmung wie des Kant'schen Universalisierungstests in Gestalt eines Tests universaler

---

[87] Diese Umformulierung ist leicht durchführbar: Handle so, dass die Maxime deines Willens die Zustimmung eines „universalen Publikums" finden könnte.

Zustimmungsnötigung sein mögen, *eine* Frage an Perelman ist damit noch nicht aus dem Weg geräumt. Und diese Frage bezieht sich genau auf die für uns konzeptionell so attraktive Kategorie des „universalen Publikums": Wo gibt es denn *empirisch* ein Publikum, das wirklich „universal" zu nennen wäre und damit den Test einer Zustimmungsuniversalisierung überhaupt erst konkret durchführbar machen würde? Sind – anders gefragt – nicht alle Publika in empirischer Hinsicht bloß „partikulare Publika"? Und wenn das so ist, was leistet dann noch die mühsam operationalisierte Unterscheidungschance zwischen einem überzeugungs- und einem bloß überredungsorientierten Zustimmungsinteresse für eine zustimmungsabhängige Geltungstheorie? Und was leistet endlich eine noch so elegante Reformulierung des Kant'schen „kategorischen Imperativs", wenn dessen öffentliche Durchführung – anders als Kants privatistische – methodisch gar nicht möglich ist? Die Idee des „universalen Publikums" scheint nicht zufällig – wie Perelman selbst klagte (1984, 190) – zu der „am meisten missverstandenen" Idee seines Denkens zu gehören.

Natürlich bestreitet auch Perelman nicht, dass alle Publika faktisch „partikulare Publika" sind, dass mithin die Kategorie „universales Publikum" *keine empirische Kategorie* ist, sondern nur ein „*ideales Konstrukt* [meine Hervorhebung, J. K.]" darstellt (1952, 252),[88] das allein als „normativer Maßstab" oder als „regulative Idee vernünftiger Geltung" fungiert (2004, 40–41) und deshalb auch nur ein „Streben nach Universalität" einklagen kann (1967, 169). Als solche Idee formuliert sie erkennbar nur die Bedingungen, die ein Geltungsanspruch *muss* erfüllen wollen, wenn er als vernünftig gelten *soll*, und das sind Bedingungen allgemeiner Anerkennungs- bzw. universaler Zustimmungsfähigkeit (1967, 42). Insofern ist jede Argumentation, insofern sie, um erfolgreich zu sein, eine um universale Zustimmung werbende Argumentation sein muss, notwendig eine – so Perelmans Terminologie – „Argumentation ad humanitatem" (an die Menschheit gerichtet). Diese These widerspricht nicht der Tatsache, dass es faktisch unterschiedliche Grade von Publikumsentgrenzung gibt; sie behauptet nur, dass diese Grade nicht als unterschiedliche Universalisierungsgrade von Geltungsansprüchen verstanden werden dürfen. Wie aber soll dieses veritable Paradox auflösbar sein, Geltungsansprüche in faktisch „partikularen Publika" an ein „universales Publikum" adressieren zu wollen? Perelman schlägt vor, das „universale Publikum" als eine Idee zu verstehen, die sich *in* verschiedenen Publika gleichsam „verkörpern" bzw. „inkarnieren" kann, sodass auch in faktisch partikularen Publika ein

---

[88] Während Perelman klären muss, ob und wenn ja, wie ein „partikulares Publikum" ein „universales Publikum" vertreten kann, fragt Rousseau – bedingt vergleichbar –, wann die „volonté des tous" mit der „volonté générale" identisch wird; s. den entsprechenden Artikel von Iring Fetscher im *HWPh*, Bd. 11. Hgg. Joachim Ritter et al. Basel: Schwabe Verlag, 2001, 1141 ff.

ihre Partikularität „transzendierendes" (2004, 41) „universales Publikum" stellvertretend bzw. vikarisch ansprechbar bleibt. Dadurch kann jeder Appell an die Vernunft zum „Appell an die universale Öffentlichkeit" (1980, 26) werden, wie sie auch immer situativ inkarniert sein mag.

Die Tücken dieses Vorschlags sind schnell bemerkbar und werden von Perelman auch nicht geleugnet. Doch kann er auf altvertraute Strategien wie etwa die „rhetorische Frage" verweisen (2004, 28), deren Suggestivität ja genau darin besteht, dass sie an ein im konkreten Publikum inkarniertes bzw. vikarisch anwesendes „universales Publikum" gerichtet wird, dem der jeweilige Redner insinuierend unterstellt, dass es einer vom ihm vertretenen These nicht ernsthaft widersprechen könne, was ja regelhaft auch nicht geschieht und so den bloß „rhetorischen" Charakter der Frage bestätigt. Darüber hinaus glaubt Perelman, dass man den in philosophischen Aussagen traditionell erhobenen Vernunft- bzw. Allgemeinheitsanspruch nur verstehen könne, wenn man eine solche kommunikative (nicht faktische) Entgrenzung des konkreten Publikums unterstellt, wodurch ein gleichsam virtuell anwesendes Publikum entsteht, das man auch „die Welt" nennen kann, die ja „das eigentliche Publikum" für alle diejenigen ist, die von „ihrer Vernunft öffentlichen Gebrauch machen" – so Kant in der berühmten *Beantwortung der Frage: Was ist Aufklärung?* von 1783 (1977, 53 ff.).

Das Inkarnationstheorem hat erkennbar zur Folge, dass der Begriff „partikulares Publikum" bei Perelman mehrdeutig wird, insofern er einmal ein kommunikativ strikt „partikulares Publikum" meint, weil es als Adressat einer Überredungsrhetorik fungiert; zum anderen meint „partikulares Publikum" aber auch ein bloß faktisch „partikulares Publikum", das, weil es als Adressat der Überzeugungsrhetorik fungiert, entsprechend kommunikativ entgrenzt ist und als solches ein „universales Publikum" vertreten soll. „Partikulare Publika", die historisch für diese kommunikative Entgrenzung bzw. für diese vikarische Rolle gemeinhin als besonders geeignet galten, waren etwa das Eliten-Publikum, das Experten-Publikum (etwa in Form der oben bereits genannten Platonischen Philosophenkönige), das „Diskussions"-Publikum (2004, § 7) oder natürlich auch Götter als die bedeutendste Inkarnation eines „idealen" bzw. „universalen Publikums" (2004, 10; 1979, 13–14). Doch noch zwei andere Typen von Publika zählten nach Perelman zu solchen „vikarischen" Formen einer möglichen Inkarnation des „universalen Publikums", obwohl das zunächst völlig kontraintuitiv erscheinen mag, nämlich das Selbstgespräch (2004, § 9) und das Zwiegespräch (2004, § 8). Als renommierten Zeugen für die erste Inkarnationsform zitiert Perelman natürlich seinen Lieblingskontrahenten, nämlich Descartes. Descartes' berühmtes Selbstgewissheitsexperiment mithilfe des methodisierten Zweifelns an allem kann — so seine sinnkritische Rekonstruktion durch Perelman – nur deshalb einen allgemeinen Gültigkeitsanspruch für sich erheben, weil Descartes sich selbst gleichsam als „Inkarnation" bzw. als „idealen Repräsentanten" des „universalen Publikums" versteht, so dass das, was ihm zwingend zu sein scheint, auch jeden anderen überzeugen müsste, so er nur Vernunft hat (2004, 43–44). Eigentlich ein „abenteuerlicher" Anspruch, der aber nur nachhaltig darauf hinweist, dass hier ein völlig anderes geltungstheoretisches Konzept zugrunde liegen muss mit einer entsprechend völlig anderen Funktion von Zustimmung, als sie Perelman in seiner Geltungstheorie unterstellt; denn im Rahmen seines zustimmungsabhängigen Geltungsparadigmas ist der Descartes'sche Geltungsanspruch nur so lesbar, wie wir ihn heute zu lesen gewohnt sind, nämlich als Prüfappell an unsere rationale Zustimmungsbereitschaft; doch um diese Zustimmungsbereitschaft steht es im Fall des Descartes'schen Selbstgewissheitsexperiments heute bekanntlich nicht gut (vgl. Damasio 2005). Einen evidenzgestützten Zustimmungszwang jedenfalls wird ihm niemand mehr attestieren wollen, allenfalls wird man dieses im „cogito, ergo sum" sich traditionsbildend artikulierende Gewissheitsexperiment dankbar als lehrreiches Beispiel für das begrüßen, was Perelman die Historizität unserer Evidenzvorstellungen nennt (2004, 44–45).

Als Beispiel für die zweite kontraintuitive, nämlich dialogische Form einer Inkarnation des „universalen Publikums" wählt Perelman Platons Dialog *Gorgias* (2004, 48 ff.). In diesem Dialog leitet Sokrates sein Gespräch mit Kallikles mit der erstaunlichen These ein, eine zwischen ihnen beiden möglicherweise gelingende Übereinstimmung in der Sache sei fraglos ein untrügliches Zeichen dafür, dass sie „das Ziel der Wahrheit getroffen hätten" (*Gorg.* 487e). Eigentlich wieder eine abenteuerliche, wenn nicht gar eine – so Perelman mit Bezug auf Pareto – „lächerliche" Behauptung; es sei denn, man verstünde sie sinnkritisch als Konsequenz einer systematischen Entindividualisierung des jeweiligen Dialogpartners, die ihn so sehr mit jedem anderen beliebigen Dialogpartner funktional austauschbar macht, dass er nur noch in seiner „vikarischen" Rolle wichtig wird, die ihn ein „universales Publikum" zu vertreten erlaubt. Diese „vikarische" Rolle spielen und ein „universales Publikum" vertreten kann ein einzelner Dialogpartner aber nur, wenn er bloß exemplarisch die zur Zustimmung zwingende Kraft einer unmittelbaren Evidenzerfahrung bestätigen soll, die sich auch jedem anderen Dialogpartner als Zwang aufdrängen und ihn nötigen müsste, „sich vor der Evidenz der Wahrheit zu beugen"; denn Wahrheit beruht nach diesem Geltungsverständnis erkennbar nicht auf universaler Zustimmung („Zustimmungsgeltung"), sondern zwingt vielmehr aufgrund ihrer intrinsischen Evidenz zu universaler Zustimmung („Evidenzgeltung"). Allein die Fähigkeit und Bereitschaft, diesem Zustimmungszwang nachzugeben, unterscheidet Publika voneinander und macht ihre jeweils unterschiedliche Eignung für den Prozess argumentativer/deliberativer Geltungssuche aus (2004, 42).

Die eben zitierten verschiedenen Modelle inkarnierter Universalität spiegeln erkennbar nur die jeweiligen Vorstellungen der Redenden über die Eigenschaften, die ein Publikum geeignet machen sollen, als Inkarnation des „universalen Publikums" zu fungieren (2004, 44). Die Parameter dieser Qualifikation bzw. Eignung mögen zwar individueller Natur sein, weshalb sich auf das „universale Publikum" auch übertragen lässt, was Perelman über das Publikum überhaupt sagt, dass es nämlich „ein Konstrukt des Redners" sei (2004, § 4). Dennoch ist dieses Konstrukt damit nicht notwendig zugleich auch ein bloß privatistisches Konstrukt; vielmehr bringen sich in ihm in der Regel allgemeine „Konzeptionen" zum Ausdruck, die das bündeln, was historisch oder kulturell jeweils als Eignung eines Publikums eingeklagt wird, um das „universale Publikum" vertreten bzw. „repräsentieren" zu können. Platon z. B. nennt besonders drei Eignungseigenschaften eines solchen Publikums, nämlich „Kompetenz" (*episteme*), „Wohlwollen" (*eunoia*) und „Redefreiheit" (*parrhesia*) (*Gorg.* 487); Eigenschaften also, die für das „Geben und Nehmen von Argumenten" ebenso unerlässlich sind, wie sie Platons Vermutung durchaus plausibilisieren können, dass sie in intim-dialogischen Redeformen eher anzutreffen sein dürften als in Reden vor Massenpublika. Man kann sich also – so paradox das klingen mag – „vikarische" Formen von Universalität auch durch Exklusion ausdenken: „In diesem Fall handelt es sich um eine Allgemeinheit [...], die in der Vorstellung des Redners als Einverständnis jenes Publikums existiert, die universell sein müsste, wenn man diejenigen, die nicht daran teilnehmen, mit guten Gründen aus der Erwägung aussparen könnte" (2004, 42).[89]

Geht man freilich wie Perelman von der historischen und kulturellen Relativität dieser Inkarnations-Konzeptionen aus, dann dürfte deren Pluralität ebenso wenig eine Überraschung sein wie die Variabilität unserer Begriffe von dem, was jeweils als „wirklich", „wahr" oder „objektiv" gilt (2004, 44–45). Entsprechend bleiben diese Konzeptionen auch nur so lange plausibel, als Übereinstimmung herrscht hinsichtlich der Merkmale, die ein Publikum für die „vikarische" Rolle befähigen, ein „universales Publikum" vertreten zu können. Solange diese Übereinstimmung aber herrscht, wird sie als Übereinstimmung kaum bemerkt, und damit wird auch nicht bemerkt, dass ihre Wirksamkeit auf der vorgängigen Übereinstimmung beruht, welche geltungstheoretische Funktion Zustimmung

---

[89] Ganz anders ist natürlich die Exklusion zu bewerten, deren sich Goebbels in seiner berüchtigten Sportpalast-Rede 1943 rühmt, als er unter großem Beifall der Anwesenden sich brüstet, Juden selbstverständlich nicht eingeladen zu haben. Vgl. zu dieser Rede Kegel, Jens. *„Wollt ihr den totalen Krieg?"* (Tübingen: Niemeyer, 2006), dessen primär linguistisches Interesse freilich – anders als Fetscher 1998 – wenig zur Wirkungsanalyse dieser Rede beisteuern kann; vgl. auch unten Kap. 12.2.

jeweils spielen soll. Mit Blick auf die eben erwähnten Modelle inkarnierter Universalität lässt sich jetzt unschwer konstatieren, dass in ihnen *Zustimmung nicht Geltung konstituieren*, sondern vielmehr deren *objektive Evidenz bloß ratifizieren* soll. Damit ist das oben gemeinte grundsätzlich andere geltungstheoretische Paradigma bereits bestimmt, das sowohl Descartes wie Platon und auch die (außersophistische) philosophische Antike unterstellen: Zustimmung, auch universale Zustimmung, hat keine geltungskonstituierende Kraft, fungiert mithin auch nicht als *Geltungsgrund* bzw. *Geltungsprinzip*, sondern allenfalls als *Geltungsindiz*, insofern sich im Zustimmungszwang nur die Evidenz einer subjektunabhängigen bzw. objektiven Geltung wirksam zum Ausdruck bringt. Nur innerhalb dieses geltungstheoretischen Rahmens macht es überhaupt Sinn, faktisch „partikulare Publika" ein „universales Publikum" repräsentieren zu lassen, weil die Zustimmung solcher „partikularen Publika" ohnehin nur jeweils exemplarisch vollziehen soll, was ein „universales Publikum" nicht anders tun könnte, nämlich einem *evidenzbedingten Zustimmungszwang nachzugeben*. Das von Perelman gern zitierte Modell eines solchermaßen unterstellten Zustimmungszwangs ist der Platonische Traum von einer argumentativen Redekraft, die so zwingend ist, dass sie sogar Götter überzeugen können müsste (*Phaidr.* 273e; Perelman 2004, 10). Die entsprechende Kehrseite eines solchen unterstellten Zustimmungszwangs ist das bereits oben zitierte Platonische Unverständnis für Publika, die sich – wie im berühmten Höhlengleichnis (s. o. Kap. 3.2 und Kap. 7) – diesem Zustimmungszwang verweigern und sich damit – so der Vorwurf – die Chance wahrheitsfähiger Einsicht nehmen. Perelman teilt dieses Urteil über die vermeintliche Selbstdisqualifikation solcher Publika natürlich ebenso wenig (2004, 45) wie er Platons Traum von einem argumentativen Zustimmungszwang nachträumen mag; denn Zustimmungszwang ist mit argumentativer Überzeugungsarbeit – anders als mit logisch-analytischer Beweiskraft – *prinzipiell inkompatibel* (2004, 1, 86 und öfter; 1967, 162), weshalb jeder Vergleich universaler Übereinstimmung mit „einem göttlichen Geist, der zur Wahrheit nur sein Einverständnis geben kann" (2004, 44), irrig wäre. Es gäbe überhaupt keinen Bedarf an Argumentation und entsprechend gäbe es auch überhaupt keinen Bedarf an Argumentationstheorie und Rhetorik, wenn Zustimmung bloß den Zwangscharakter analytischer Beweiskraft passiv ratifizieren würde, statt den Erfolg einer aktiven Überzeugungsarbeit zu belohnen (2004, 43); und die ist auf die vielen von der Rhetorik rekonstruierten Überzeugungsressourcen ja nur deshalb angewiesen, weil die Überzeugungskraft einer Rede allenfalls die Summe der zur Zustimmung rational motivierenden Gründe darstellt, die allein für sich zwar alle keine Kraft hätten, zur Zustimmung zu bewegen, in ihrer Gesamtheit aber durchaus eine vernünftige Zustimmungsbereitschaft abzustützen vermögen (s. u. Kap. 11).

6.3 Nicht-vikarische Inkarnationsformen

Im Lichte dieser geltungstheoretischen Voraussetzung erscheinen alle Inkarnationen des „universalen Publikums" leicht als willfährige und strategisch anfällige „Konstrukte", mit deren Hilfe die jeweils eigenen Geltungsansprüche bloß gegen mögliche Einwände immunisiert werden sollen, während sie doch „oft nur unberechtigte Verallgemeinerungen partikularer Interessen sind" (2004, 44, 51). Zudem müsste im Rahmen einer zustimmungsabhängigen Geltungstheorie der Zirkel vitiös erscheinen, den jede Auswahl von Publika durch diejenigen implizieren würde, für die Zustimmung ein Geltungsgrund mit geltungskonstituierender Funktion wäre. Darum hat Zustimmung diese Funktion im objektivistischen Konkurrenzparadigma nie gehabt – trotz missverständlicher Formulierungen wie der von Klaus Oehler, der vom „consensus omnium als Kriterium der Wahrheit" spricht (1961), womit aber nichts anderes gemeint ist, als was oben „Geltungsindiz" genannt wurde: Universale Zustimmung bzw. universale Übereinstimmung (*consensus*) kann Wahrheit nämlich nur indizieren bzw. als „Wahrheitszeugnis" (1961, 108) belegen, solange universale Übereinstimmung als verlässlicher Beleg für die bezwingende Kraft objektiver Geltung angesehen wird; und das kann sie, solange objektive Geltung ebenso unterstellbar ist wie die prinzipielle Fähigkeit des Menschen, sie erkennen zu können (vgl. Aristoteles *Rhet*. 1355b; Figal 1996). Die verschiedenen Grade eines solchen *consensus* sind dann nur unterschiedliche Grade an Verlässlichkeit, dass sich in den gemeinsam geteilten Meinungen objektive Geltung wirksam zum Ausdruck bringt.

Eben diese Einschätzung aber ist im Rahmen einer strikt zustimmungsabhängigen Geltungstheorie nicht mehr plausibel, weshalb Perelman mit der partikular inkarnierten Universalität auch seine Schwierigkeiten hatte und haben musste. Eigentlich kann diese Idee im Rahmen einer unterstellten Zustimmungsgeltung überhaupt keinen Platz finden, weil sich die Idee des „universalen Publikums" als eines normativen Geltungsprinzips selbst desavouieren müsste, wenn sie sich in einem „partikularen Publikum" inkarnieren ließe und damit Universalität paradoxerweise partikular oder selektiv abbildbar machen würde. Das sagt Perelman zwar so nicht explizit, doch bekennt er mehrfach, dass die behandelten Inkarnationsformen immer prekäre Formen inkarnierter Universalität bleiben (etwa 2004, 41, 43 ff., 57, 61). Deshalb können sie auch für eine nicht-objektivistische Geltungstheorie keine befriedigende Lösung des noch immer anstehenden Problems bieten, nämlich wie das „universale Publikum" als normatives Geltungsprinzip „operativ wirksam" werden kann unter Bedingungen seiner empirischen Nichterreichbarkeit. Ist Perelmans Unbehagen sein letztes Wort zum Inkarnationsproblem oder lässt sich bei ihm zumindest ansatzweise auch eine nicht-vikarische Form von inkarnierter Universalität erkennen? Ich meine, dass Letzteres der Fall ist.

Diese Form ist aus der *Neuen Rhetorik* von 1958 zwar nur sehr indirekt erschließbar, aus einigen Bemerkungen in Perelmans späteren Arbeiten aber doch einigermaßen eindeutig bestimmbar. In diesen Bemerkungen wiederholt Perelman nämlich nicht nur die oft zitierte Tatsache, dass das „universale Publikum" als normatives Geltungsprinzip kein empirischer Begriff sei, sondern Perelman reformuliert diese formal negative Begriffsbestimmung jetzt endlich auch in einer Weise, die positive Chancen einer Operationalisierung dieses Geltungsprinzips erkennen lässt. Denn wenn ein Geltungsanspruch seinen Anspruch auf universale Zustimmungsfähigkeit empirisch nie endgültig einzulösen vermag, dann folgt daraus ja nicht notwendig die Einsicht in die geltungspragmatische Irrelevanz dieses Geltungsprinzips; aus der gleichen Einsicht ließe sich ebenso gut ein ganz bestimmtes und daher auch leicht operationalisierbares Kriterium entwickeln, an dem die Ernsthaftigkeit eines universalistisch ambitionierten Geltungsanspruchs überprüfbar würde: Vernünftig wäre darnach z. B. ein Geltungsanspruch in dem Maße, als er die Vorläufigkeit jeder faktisch erzielten Zustimmung explizit bejaht und aus dieser Bejahung einen *prinzipiellen Geltungsvorbehalt* ableitet, der sich konkretisiert in einem auf Dauer gestellten, also infiniten „Test [der] Universalität" von Geltungsansprüchen bzw. ihrer universalen Zustimmungsfähigkeit (1967, 155, 169; 1980, 26, 43 und öfter). Leicht operationalisierbar ist dieses Kriterium, weil es keinen abstrakten Universalitätswillen bloß nobilitiert, sondern ein überprüfbares „Streben nach Universalität" erwartet (1967, 159). Überprüfbar wird ein solches Streben aber nicht schon daran, dass es sich im Einklang weiß mit der „fortschreitenden Universalisierung unserer moralischen Prinzipien" (1967, 155), sondern erst daran, dass das „Streben nach Universalität" diesen Prozess in operativ wirksamer Weise unterstützt, etwa in Form der Abwehr dogmatischer Selbstabschottung faktisch erzielter Einverständnisse. Das wäre eine mögliche praktische Konsequenz des eben genannten prinzipiellen Geltungsvorbehalts, nach dem sich im Rahmen einer zustimmungsabhängigen Geltungstheorie jedes Einverständnis offen halten müsste für seine permanente Korrigierbarkeit. Dabei stellt das von Perelman erwähnte zeitliche bzw. prozessuale Offenhalten von Einverständnissen natürlich nicht die einzige Form dar, wie sich „das Streben nach Universalität" operationalisieren lässt. Es gibt neben dem prozessualen ja auch ein kommunikationsstrukturelles Offenhalten von Einverständnissen, womit Rede- bzw. „Verständigungsverhältnisse" gemeint sind, deren Binnenstruktur allgemeine kommunikative Zugänglichkeit durch Abbau aller kommunikationshemmenden Hindernisse gewährleistet (vgl. McCarthy 1980, 346 ff.). So sehr nämlich gilt, was oben gesagt worden ist, dass keine noch so intensive kommunikative Entgrenzung des Publikumsbezugs ein „partikulares Publikum" real universal entgrenzen kann, so wenig trifft diese Auskunft erkennbar für die kommunikative Binnenstruktur eines „partikularen Publikums" zu: Sie kann durchaus entgrenzt, ja universalisiert werden, eben durch eine *strukturelle Universalisierung kommunikativer Teilnahmechancen*.

Erkennbar handelt es sich bei der prozessualen wie bei der kommunikationsstrukturellen Entgrenzung des Publikums um eine völlig andere Form möglicher Operationalisierung von Universalität, als es die bisher erläuterte „vikarische" Operationalisierung darstellt. Deshalb möchte ich diese beiden Formen auch terminologisch unter dem Begriff „prozedurale Universalisierung" zusammenfassen[90] und von der „vikarischen Universalisierung" unterscheiden, um dadurch eine Operationalisierung von Universalität zu spezifizieren, die sich nicht an der *personalen* Idealität bzw. Qualität eines Publikums festmachen lässt, sondern nur an der *strukturellen* Idealität bzw. Qualität eines *Verfahrens*, das kommunikative Teilnahmechancen – traditionell Redefreiheit genannt – prozessual wie strukturell zu universalisieren vermag.[91]

Ich gebe freilich gern zu, dass Perelman den Begriff „Redefreiheit" so wenig verwendet wie die korrelativen Begriffe „vikarische" bzw. „prozedurale Universalisierung". Dennoch behaupte ich, dass die von mir vorgeschlagene Differenzierung zweier Operationalisierungsformen von Universalität in der Logik einer Argumentation liegt, die das universalistische Geltungsprinzip retten will, ohne seine operative Wirksamkeit in der traditionellen Form „vikarischer Universalisierung" plausibilisieren zu müssen. Erstaunlich freilich bleibt für mich, dass Perelman den hier skizzierten Schritt zu einem prozeduralen Universalitätsbegriff nur sehr zögerlich gegangen ist und die so nahe liegende Ergänzung der prozessualen Dimension solcher prozeduralen Universalisierung durch die eben genannte kommunikationsstrukturelle im Sinne einer Symmetrisierung von Redechancen erst gar nicht erwähnt, obwohl sich damit eine kommunikative Entgrenzung faktischer Partikularität operativ ja leicht hätte ermöglichen lassen. Generell bleibt zu konstatieren, dass der geltungstheoretische Schlüsselbegriff der *Neuen Rhetorik*, nämlich „universales Publikum", bei Perelman nie (auch in seinen Arbeiten nach 1958 nicht) zu einer terminologisch präzis handhabbaren Kategorie entwickelt worden ist. Das dürfte u. a. auch der Grund sein

---

90 Diesen Begriff entleihe ich Habermas, der damit einen nicht materialen, sondern formalen bzw. diskursiven Vernunftbegriff spezifiziert, dessen Vernünftigkeit sich entsprechend über eine „Verfahrensrationalität" zur Geltung bringt; vgl. dazu Kopperschmidt 2000, 17 ff.
91 „Argumentationen weisen per se [!] über alle partikularen Lebensformen hinaus. In den pragmatischen Voraussetzungen von rationalen Diskursen oder Beratungen ist nämlich der normative Gehalt der im kommunikativen Handeln vorgenommenen Unterstellungen verallgemeinert, abstrahiert und entschränkt, d. h. auf eine inklusive Gemeinschaft ausgedehnt, die im Prinzip kein sprach- und handlungsfähiges Subjekt, sofern es relevante Beiträge liefern könnte, ausschließt. Diese Idee zeigt den Ausweg aus jener Situation, wo die Beteiligten ihre normativen Orientierungen sozusagen ganz aus sich selber schöpfen müssen", so Habermas 1996, 58.

für die ebenso zögerliche wie hochselektive Rezeption der Idee des „universalen Publikums" als eines nicht-objektivistischen Geltungsprinzips, obwohl seine konzeptionelle Nähe etwa zu transzendental- und universalpragmatischen wie diskurstheoretischen Formen eines universalistischen Geltungs- und Moralprinzips ja auf der Hand liegen. Im nächsten Unterkapitel möchte ich daher mithilfe eines Theorievergleichs diese konzeptionelle Nähe noch etwas genauer belegen und zugleich den Vergleich für eine komparative Plausibilitätsbewertung der jeweils verschiedenen Theoriestrategien nutzen.

6.4 Das „universale Publikum" im Theorievergleich

Zu der nicht gerade stattlichen Gruppe von Philosophen, die man als rhetorikfreundlich bzw. „rhetorikaffin" (Oesterreich) bezeichnen könnte, gehört sicherlich K.-O. Apel, seitdem er 1963 in seiner Arbeit über *Die Idee der Sprache in der Tradition von Dante bis Vico* die Rhetorik als die „geheime Philosophie" eines „Sprachhumanismus" ausgemacht hatte und die Rhetorik damit in die renommierte Vorgeschichte des Kampfes gegen ein logozentrisch bzw. „technischszientifisch" verkürztes Sprachverständnis aufrückte (1975, 131 ff.). Die Rhetorik hat sich nämlich – zumindest nach dem Selbstverständnis ihrer bedeutenden Theoretiker[92] – nie mit der (bis heute noch rudimentär virulenten) *Arbeitsteilung* zufrieden gegeben, die das gemeinsame Interesse von Philosophie und Rhetorik an Rede dadurch von Dauerkonflikten freizuhalten versuchte, dass der Philosophie der *wahrheitsfähige Sachbezug* der Rede und der Rhetorik der *hörerbezogene Wirkungsbezug* als jeweiliger Reflexionsgegenstand zugesprochen wurde (1975, 126 ff., 150–151). Damit wurde aber – so Apel – nicht so sehr ein Konflikt entschärft, sondern ein (zwar nicht logischer, wohl aber) „dialektischer Widerspruch" unterlaufen, der in diesem Konflikt nur seinen disziplinären Ausdruck fand, nämlich der Widerspruch zwischen der „realen Kommunikationsgemeinschaft", an die sich jede konkrete Rede wenden muss, um überhaupt adressierbar zu sein, und der „idealen Kommunikationsgemeinschaft", die jede Rede immer schon mitmeinen muss, wenn sie ein ernsthaftes Verständigungsinteresse verfolgen will (Apel 1973/1, 64–65; 1973/2, 429 ff.): „Wer argumentiert, der anerkennt implizit alle möglichen Ansprüche aller Mitglieder der Kommunikationsgemeinschaft, die durch vernünftige Argumente gerechtfertigt werden können [...], und er verpflichtet sich, alle eigenen Ansprüche an Andere durch Argumente zu rechtfertigen" (1973/2, 425).

---

92 Vgl. etwa Ciceros Klage über die Dissoziation zwischen *cor* und *lingua* (Herz und Zunge), dazu Apel 1975, 147; 1973/2, 430.

6.4 Das „universale Publikum" im Theorievergleich — 133

Diese Dialektik zwischen „realer" und „idealer" Kommunikationsgemeinschaft" einzuklagen, weil sie konstitutiv für Rede überhaupt ist, heißt: der eben genannten pazifizierenden Dissoziation zwischen dem Subjekt- und Objektbezug von Rede energisch zu widersprechen und diesen Widerstand sinnkritisch zu fundieren (1975, 7 ff.). Apel bezeichnet das später als Aufgabe einer so genannten „transzendentalen Pragmatik der Rede" (1973/1, 64 Anm. 101a; vgl. Kopperschmidt 1978, 88 ff.; 2009, 31 ff.), wobei dieser Begriff als terminologische Kennzeichnung eines ambitionierten Programms fungiert, das den traditionellen Transzendentalismus der idealistischen Subjektphilosophie kommunikationspragmatisch transformieren will („Transformation der Philosophie"). In diesem Zusammenhang schlägt Apel u. a. die oben bereits zitierte kategoriale Unterscheidung zwischen einer „Rhetorik der Überzeugung" und einer „Rhetorik der bloßen Überredung" vor und empfiehlt die „transzendentale Pragmatik der Rede" als den angemessenen Rahmen für die theoretische Rekonstruktion einer „Rhetorik der Überzeugung". Und als bestätigendes Zeugnis für diese Auffassung nennt er bezeichnenderweise Perelmans *Neue Rhetorik* (1973/1; vgl. auch Apel 2002, 91).

Selbst wenn Perelman Apels Terminologie fremd ist und man nicht sicher sein kann, ob er seine *Neue Rhetorik* als ein transzendentalpragmatisches Projekt hätte lesen wollen – die Unterscheidung zwischen „partikularem/universalem Publikum" bzw. zwischen „realer/idealer Kommunikationsgemeinschaft" ist theoriestrategisch erkennbar ebenso funktionsäquivalent wie es die Rolle des „universalen Publikums" bzw. der „idealen" oder „unbegrenzten Kommunikationsgemeinschaft" als „regulatives Prinzip" jedes ernsthaften Verständigungsanspruchs ist. Entsprechend kann die konzeptionelle Nähe zwischen „Transzendentalpragmatik" und *Neuer Rhetorik* so wenig bestritten werden wie die Identität der Problemlage, die beide Konzeptionen zu bewältigen versuchen, nämlich den Kant'schen Universalismus unter Bedingungen der Moderne sprachpragmatisch so zu reformulieren, dass er vor seiner Selbstgefährdung durch einen „methodischen Solipsismus" geschützt wird (1973/2, 430 und öfter). Dass Apel dieses Transformationsprojekt, nimmt man die Rezeptionsbereitschaft zum Maßstab, offensichtlich besser gelungen ist mit seiner Orientierung an der pragmatischen Philosophie als Perelman mit seiner Orientierung an der Rhetorik, lässt sich schwerlich bestreiten.[93] Und dafür gibt es gute Gründe: Während Perelman das Universalisierungsprinzip nicht aus der Rhetorik selbst entwickeln kann, sondern dieses Prinzip der philosophischen Tradition des moralischen Universalismus entleihen und mit der

---

93 Manche gehen freilich so weit, dass sie die antike Rhetorik teilweise als „prätranszendentalpragmatisch" zu rekonstruieren versuchen, vgl. Braun, Edmund. „Zur Vorgeschichte der Transzendentalpragmatik. Isokrates, Cicero, Aristoteles". *Transzendentalpragmatik*. Hgg. Andreas Dorschel et al. Frankfurt am Main: Suhrkamp, 1993, 13 ff.

Rhetorik erst über die Entgrenzung des rhetorischen Publikumsbezugs methodisch vermitteln muss, vermag Apels „Transzendentalpragmatik" *in der Rede selbst* „transzendentale Voraussetzungen" freizulegen, die den Vollzug von Rede immer schon an (notfalls kontrafaktisch) zu unterstellende Bedingungen knüpfen. Dadurch wird auf einen nicht einfach auflösbaren logischen, sondern auf einen als „dialektisch" zu qualifizierenden „Widerspruch" verwiesen, der konstitutiv für Rede überhaupt ist und jede Verständigungsanstrengung bestimmt (1973/2, 429–430). Was Apel u. a. in der Tradition von Kant an der Lüge beispielhaft illustriert (1973/2, 414–415), ließe sich auch an dem oben bereits genannten „parasitären" Charakter der Überredungsrhetorik belegen, die so wenig als eigenständige Theorie möglich ist, wie sich die Überredungsleistung als originäre Redeleistung rekonstruieren lässt, ohne auf die Bedingungen überzeugender Rede zu rekurrieren, die erfolgreich prätendiert werden müssen, wenn Überredung erfolgreich sein will (s. u. Kap. 11.3).

Dieser Prätendierungszwang der Überredungsrhetorik ist natürlich ein willkommener Hinweis auf den von Apel diagnostizierten „dialektischen Widerspruch", der in der „realen" immer schon eine „ideale Kommunikationsgemeinschaft" zu antizipieren nötigt und damit ein Transzendierungs- bzw. Universalisierungsprinzip einzuklagen vermag, das bereits in die Gelingensbedingungen von Rede selbst eingelassen ist und nur bei Strafe des „performativen Selbstwiderspruchs" ignoriert werden darf, selbst wenn die Einlösung der *immer schon* antizipierten Gelingensbedingungen *erst noch* ausstehen mag. Aus der Einsicht in diese Dialektik zwischen „immer schon" und „erst noch" lässt sich nicht nur ein dem Perelman'schen Geltungsvorbehalt funktional analoger „universaler Fallibilitätsvorbehalt" gewinnen (Apel 1973/1, 63); es lässt sich daraus auch – dies der andere Vorteil der Apel'schen „Transzendentalpragmatik" gegenüber der *Neuen Rhetorik* – eine „Ethik der Argumentation" bzw. „der Kommunikation" allgemein entwickeln (später „Diskursethik" genannt) (1973/2, 412 ff., 424 ff.; 2002, 13 ff.) und zugleich mit einer politischen und sozialen Programmatik verbinden, die auf eine schrittweise Einlösung der immer schon antizipierten Bedingungen von Rede insistiert (1973/1, 65–66; 1973/2, 430–431). Dass damit Perelmans o. g. infiniter Prozess der Publikumsuniversalisierung operational weit griffiger reformulierbar wird, weil er sich mit politischen und ideologischen Programmen direkt vermitteln lässt, liegt ebenso auf der Hand wie dies, dass der Universalisierungsappell eine ganz andere Dynamik bekommt, wenn er – wie bei Apel – zur Ratifikation dessen auffordert, was immer schon unterstellen (oder zumindest als Unterstellung strategisch erfolgreich prätendieren) muss, wer sich aufs Reden einlässt.

Für das, was Apel in seiner „Transzendentalpragmatik" die in jedem Verständigungsversuch immer schon zu antizipierende „ideale Kommunikationsgemeinschaft" nennt, hat Habermas die oben bereits genannte griffige Formel einer „Transzendenz von innen" vorgeschlagen (1992, 110 ff.; 2001) und der sogenannten

6.4 Das „universale Publikum" im Theorievergleich — 135

„Universalpragmatik" (1976, 174 ff.) die Aufgabe gestellt, diese „Transzendenz von innen" als normative „Geltungsbasis" jeder Rede, die freilich erst im Fall ihres argumentativen Einlösungsbedarfs bemerkbar wird, „systematisch zu rekonstruieren". Die „ideale Kommunikationsgemeinschaft" dringt so gesehen gleichsam als „idealisierende Kraft" über die „transzendierenden Vorgriffe ins Herz der kommunikativen Alltagspraxis ein" (1992, 124) und verschafft dem leicht missdeutbaren (aber nie widerrufenen) Theorem doch etwas Plausibilität, dass *„Verständigung als Telos der menschlichen Sprache innewohnt* [meine Hervorhebung, J. K]" (1981/1, 387; 2004, 25): „[...] noch das flüchtigste Sprechaktangebot, das konventionellste ‚Ja' und ‚Nein' verweisen auf [...] das ideal erweiterte Auditorium [!], dem sie einleuchten müssen, wenn sie gültig sein sollen" (1992, 125). Erkennbar ist hier zunächst eine ebenso seltene wie terminologisch erstaunlich präzise Annäherung an Perelmans Idee des *auditoire universel* gewagt, was sich gleichsam als Versuch von Habermas lesen ließe, die Universalpragmatik einmal tentativ in die Kategorien der *Neuen Rhetorik* zu übersetzen, die er spätestens seit 1972 kannte und gelegentlich (freilich nur *en passant*) auch zitiert hat.[94] Erkennbar ist hier aber auch, was den theoriestrategischen Charme einer Denkfigur ausmacht, wie sie der „Universalpragmatik" eigen ist, ein Charme, dem Perelmans *Neue Rhetorik* – man muss es trotz aller Sympathie eingestehen – wenig an die Seite zu stellen hat. Die bisherigen Überlegungen sind ja nicht zufällig immer wieder auf das neuralgische Problem der *Neuen Rhetorik* gestoßen, nämlich: wie kann das universalistische Geltungsprinzip in Gestalt des universalen Einverständnisses „operativ wirksam" werden, wenn es weder ein empirisch „universales Publikum" noch ein entsprechendes Einverständnis über deren Inkarnationsformen geben kann? Der gemeinte Charme der „universalpragmatischen" Denkfigur besteht erkennbar darin, dass sie für die von Perelman anvisierte Form von Universalität eine Formel anbieten kann, die dem opaken Begriff „prozedural" einen ebenso prägnanten wie operationalen Sinn zu geben vermag: „Idealisierung" definiert Habermas nämlich als Leistung eines „Vorgriffs", der immer schon vorgenommen werden *muss*, wenn Verständigung *gewollt* wird (2001, 33, 48 und öfter; 1992, 35).[95] In diesem Sinne ließe sich Perelmans Idee des „universalen Publikums"

---

94 Ich habe sieben Belege in Habermas' Opus gefunden, bei Apel drei. Knapes Meinung, „Perelmans Vorstellung nähere sich hier punktuell dem Konzept rationaler Kommunikation bei Jürgen Habermas" (2000, 300), ist, wenn auch missverständlich formuliert, in der Sache richtig, weil beide Denker ein konvergentes geltungstheoretisches Konzept vertreten.
95 Habermas versteht seine Studie (2001) insgesamt als eine Klärung des Begriffs „Idealisierung"; vgl. auch Habermas 1992, 32 ff.; 1999, 186 ff. Zum vergleichbaren „Vorgriff auf Vollkommenheit" als „Axiom aller Hermeneutik" bei Gadamer vgl. Tietz, Udo. *Hans-Georg Gadamer zur Einführung*. Hamburg: Junius, 2001, 57 ff.

„universalpragmatisch" in der Weise beschreiben, dass das „universale Publikum" – statt ein bloßes „Konstrukt" des Redners zu sein – in Gestalt des „idealisierenden Vorgriffs" auf ein „ideal [und d. h.: universal] erweitertes Auditorium" in jeder Rede immer schon präsent ist, wenn sie an Zustimmung interessiert ist – selbst wenn dieses Interesse um des Erfolges willen bloß strategisch prätendiert ist. Und zwar „präsent" durchaus im Sinne von „operativer Wirksamkeit", etwa in Form des kritischen Geltungsvorbehalts gegen alle „absoluten Geltungsansprüche". Dieser Vorbehalt nötigt dazu, Geltungsansprüche „auf immer weiteren Foren vor einem immer kompetenteren und größeren Publikum gegen immer neue Einwände zu rechtfertigen" (Habermas 2001, 48) und so ihren Anspruch auf „rationale Akzeptabilität" einem ständigen Bewährungstest auszusetzen (2001, 37). Ein solcher Bewährungstest impliziert aber nicht nur eine (auch in Perelmans prozessualer Universalisierung berücksichtigte) „zeitliche Entschränkung" des Publikums, um durch „Offen[halten]" faktischer Einverständnisse die Idee des „universalen Publikums" und seiner Zustimmung als postmetaphysisches Geltungskriterium „operativ wirksam" werden zu lassen. Neben der genannten zeitlichen betont Habermas noch eine (von Perelman nicht berücksichtigte) Dimension möglichen „Offen[haltens]", nämlich die „soziale", wodurch eine *kommunikationsstrukturelle* „Entschränkung" von Teilnahmechancen ermöglicht werden soll. Beide Formen möglicher Publikumsentgrenzung, unter dem Begriff „raumzeitliche Entschränkung" von Habermas zusammengefasst, sollen „die Inklusion aller Betroffenen und die gleichwertige Berücksichtigung aller betroffenen Interessen" verfahrensmäßig sichern (2001, 43) und so ein universalistisches Geltungsprinzip einlösen, das normative Gültigkeit an eine „die historischen und kulturellen Grenzen der je besonderen sozialen Welt [sprengende] rational motivierte Anerkennung aller sprach- und handlungsfähigen Subjekte" bindet (2001, 41–42; vgl. 1991, 32, 61, 83 und öfter). Erst diese operative Dimension der Universalisierung macht aus der bloß prozessualen Universalisierung, wie sie Perelman vorsieht, eine wirklich „prozedurale", die es auch erlaubt, endlich genauer zu bestimmen, was mit dem „idealisierenden Vorgriff" gemeint ist, nämlich: der Vorgriff auf die „idealisierenden Voraussetzungen" bzw. situativen Bedingungen praktischer Verständigungsarbeit, deren approximative Einlösung sich durchaus überprüfen lässt. Dazu gehören nach Habermas: a) „Öffentlichkeit und Inklusion", wodurch die Beteiligung aller Betroffenen an der Deliberation gesichert werden soll; b) „kommunikative Gleichberechtigung", wodurch die Symmetrisierung von Rederechten/-chancen aller Betroffenen garantiert werden soll; c) „Zwanglosigkeit", wodurch gewährleistet werden soll, dass sich nur der „zwanglose Zwang" überzeugungskräftiger Argumente durchzusetzen vermag.[96] Diese

---

96 Habermas 2001, 45; 1991, 161–162; 1996, Kap. 1; 1999, 48 ff.

drei Merkmale lassen sich durchaus wieder unter dem oben bereits erwähnten rhetorischen Begriff „Redefreiheit" zusammenfassen, wenn man mit ihm keine nur in intimer Dialogik gelingende Freimütigkeit im Reden meint, sondern diesen Begriff als allgemeine Kennzeichnung öffentlicher Redeverhältnisse versteht, die mindestens die folgenden drei Leistungen kommunikationsstrukturell abstützen müssten: Die Fähigkeit, reden zu können, die Bereitschaft, reden zu wollen, und schließlich die soziokulturelle Nötigung, reden zu müssen, um für die allgemeine Zustimmungsfähigkeit subjektiv erhobener Geltungsansprüche zu werben.[97] Das Verfahren, in dem um solche allgemeine Zustimmungsfähigkeit geworben wird, bezeichnet Habermas mit dem vertrauten Begriff „Argumentation" und die Kommunikationsform, in der dieses Verfahren rationaler Geltungseinlösung aktualisiert wird, mit „Diskurs" (als Korrelatbegriff zu „kommunikativem Handeln"). Deshalb kann auch nicht überraschen, dass die Argumentationstheorie als Rekonstruktion dieses methodischen Verfahrens sowohl für Perelmans *Neue Rhetorik* wie für Habermas „Diskurstheorie" (1981/1, 25 ff.) in gleicher Weise zur Basistheorie werden musste. Was die „Diskurstheorie" gegenüber der *Neuen Rhetorik* in unserem Fragekontext aber auszeichnet, ist bereits oben gesagt worden: Sie vermag präziser die Bedingungen zu bestimmen, die ein „Diskurs" erfüllen muss, damit in ihm der „idealisierende Vorgriff" auf ein „universales Publikum" in Gestalt „idealisierender Argumentationsvoraussetzungen" „operativ wirksam" werden kann und ein faktisch erzieltes Einverständnis entsprechend als vernünftig gelten darf.

Habermas hatte 1972 für diese idealisierenden Redebedingungen den (lange Zeit nur noch lustlos wiederholten) Begriff „ideale Sprechsituation" geprägt (1984, 174 ff.), auf den er aber heute doch nicht mehr glaubt verzichten zu können, weil der Begriff etwas (und sei es noch so kontrafaktisch) präzis einklagt, was auch funktional vergleichbaren Kategorien aus anderen Theoriekonzepten kaum weniger missdeutbar zu benennen gelingt, nämlich: Unter Bedingungen entsubstantialisierter bzw. proceduralisierter, versprachlichter, kontextualisierter und situierter, kurz: unter Bedingungen „detranszendentalisierter" oder „kommunikativer Vernunft" (2001; 1999, 102 ff.) kann der transzendierende Eigensinn vernünftiger Geltungsansprüche nur noch die Suche meinen nach einer „immer weiter gehenden Entschränkung aktueller Verständigungsformen hinsichtlich sozialer Räume, historischer Zeiten und sachlicher Kompetenzen", um so „das Erwiderungspotential zu erweitern, an dem sich rational akzeptierte Geltungsansprüche bewähren [müssen]" (2001, 37). Zu diesen anderen,

---

[97] Vgl. Kopperschmidt 1980, 133 ff.; zur „höherstufigen Intersubjektivität von Öffentlichkeit" vgl. Habermas 1991, 26. Zur Redefreiheit unter Bedingungen digitaler Massenkommunikation s. Garton Ash, Timothy. *Redefreiheit. Prinzipien für eine vernetzte Welt*. München: Hanser, 2016.

mit der „idealen Sprechsituation" prinzipiell vergleichbaren Kategorien zählt Habermas interessanterweise neben Apels „unbegrenzt erweiterter Kommunikationsgemeinschaft", Peirces „indefinite communication of investigators" und Putnams „idealen Erkenntnisbedingungen" auch Perelmans „ideales Auditorium", was noch einmal deutlich macht, wie selbstverständlich Habermas seit 2001 das philosophische Kernstück der *Neuen Rhetorik* im Kontext moderner Vernunft- bzw. Geltungstheorien zu lesen gelernt hat. Doch sei zugegeben, dass sein eigener Begriffsvorschlag von 1972 in gleichem Maße missdeutbar war und ist (und entsprechend notorisch missdeutet worden ist) wie die anderen begrifflichen Funktionsäquivalente – inklusive des Perelman'schen „universalen Publikums". Das geschieht immer dann, wenn die „ideale Sprechsituation" bzw. deren Funktionsäquivalente hypostasierend bzw. reifizierend als Idealisierungen einer realen Sprechsituation missdeutet werden, während diese Begriffe doch nur die (freilich nicht optionale, sondern unvermeidliche) Idealisierung durch „Vorgriffe" meinen, die in einer Sprechsituation immer schon vorgenommen werden müssen, wenn es um verständigungsorientiertes Reden geht. Dieser Idealisierungszwang wird in dem Maße nicht zu einer bloßen „Fiktion" bzw. zu einem bloßen „Konstrukt", als er „im Verhalten der Argumentationsteilnehmer operativ wirksam wird" (2001, 47).

Versteht man den Idealisierungszwang in diesem Sinne, dann hat man nicht nur ein vergleichsweise sicheres Kriterium für die Unterscheidung zwischen verständigungsorientierter und bloß strategisch interessierter Rede bzw. zwischen Überzeugungs- und Überredungsrhetorik, sondern es wird darüber hinaus eine geradezu „revolutionäre Kraft" erkennbar (2001, 35), die aus dem „egalitären Universalismus" resultiert; dieser Universalismus muss in den o. g. Merkmalen der „idealen Sprechsituation" zwar immer schon unterstellt werden, doch aufgrund der Kontrafaktizität dieser Unterstellung bleibt er zugleich eine in konkreten Redeverhältnissen erst noch zu verwirklichende Aufgabe. „Revolutionär" ist der Anspruch dieses „egalitären Universalismus" daher, weil er mit der „idealen Aufwertung des kritischen Publikums zu einer letzten Instanz" für normative Geltungsansprüche zu einer allgemeinen Demokratisierung der gesellschaftlichen (und nicht nur politischen) Redeverhältnisse nötigt; denn nur über eine solche Demokratisierung ist der Transformationsprozess subjektiver Gewissheiten in inter- bzw. transsubjektive Geltungsansprüche institutionell abzusichern. Das solchermaßen institutionalisierbare Geltungsprinzip lautet daher in seiner diskursethischen Gestalt, die erkennbar den Kant'schen „Kategorischen Imperativ" bloß entmonologisiert bzw. *in foro externo* oder *publico* reformulieren will: Vernünftige Geltung können normative Ansprüche nur erheben, wenn sie „die Zustimmung aller Betroffenen als Teilnehmer eines praktischen Diskurses finden können" (Habermas 1996, 49, 56 ff.; 1983, 73, 103, 93 ff.; 1984/1, 218 ff.; 1991, 20–21, 119 ff., 154–155 und öfter).

Noch einmal: Verglichen mit dem Charme des Habermas'schen Theorems vom kontrafaktischen Idealisierungszwang und verglichen mit der Eleganz, die dieses Theorem für die versuchsweise Lösung des notorischen Problems bereithält, nämlich wie die Faktizität verständigungsorientierter Rede mit der Idealität der Bedingungen ihrer Ermöglichung theoriestrategisch vermittelbar ist, verglichen damit hat es Perelmans *Neue Rhetorik* nicht leicht, mag sie auch das gleiche Problem quälen: Wie kann ein faktisch immer nur „partikulares Publikum" kommunikativ zu einem „universalen Publikum" so entgrenzt werden, dass dem universalistischen Geltungsprinzip zu operativer Wirksamkeit verholfen werden kann? Die Habermas'sche Antwort auf diese zentrale Frage jeder universalistischen Geltungstheorie dürfte fraglos plausibler sein, weil sie den Unterschied zwischen der *empirisch* unerreichbaren Universalität („universales Publikum"/ universaler Konsens) und der operativ bzw. *prozedural* durchaus möglichen Universalisierung von Partikularität („partikulares Publikum"/partikularer Konsens) konsequenter nutzt als es Perelman in seiner *Neuen Rhetorik* gelingt. Doch wenn man bedenkt, in welch intensivem Diskussionsaustausch Habermas sein Projekt einer universalistischen Geltungstheorie entwickeln konnte, und damit die Situation vergleicht, in der Perelman 1958 gleichsam auf eigene Faust ein ähnlich orientiertes Projekt versucht hat, dann kann man die ingeniöse Leistung nur bewundern, mit der Perelman den rhetorischen Publikumsbezug theoriestrategisch benutzt hat, um über seine Universalisierung ein Geltungsprinzip zu formulieren, das philosophisch so attraktiv und geltungstheoretisch so aktuell war, dass Habermas (neben Apel) darin unschwer seine eigenen Frageinteressen wiederzuerkennen vermochte, so fremd ihm auch die Wahl des rhetorischen Paradigmas für eine solche Problemreflexion blieb.

6.5 Schlussbemerkungen

Nach dem bisher Gesagten dürfte es unstrittig sein, dass neben Nietzsche, Gadamer, Apel und Blumenberg Perelman derjenige Philosoph und Theoretiker ist, der für die „kritische Rettung der Rhetorik" (Adorno 1975, 66) am meisten getan hat und entscheidend daran beteiligt war, die sterile Zwangsopposition zwischen zwingender Beweiskraft und schierer Arbitrarität aufzubrechen, indem er ein *tertium datur* dagegen stellte,[98] nämlich den von der Rhetorik traditionell reflektierten „zwanglosen Zwang" argumentativer Überzeugungskraft.

---

98 Das „tertium datur" widerspricht dem „tertium non datur" in der Logik, das ein Drittes zwischen zwei (kontradiktorischen) Gegensätzen ausschließt.

Zwischenzeitlich ist dieses rhetorische „tertium" für viele zur einzig kritisch noch haltbaren Option einer Geltungstheorie geworden, was als später Sieg der sophistischen Rhetorik über die Platonische Philosophie gelegentlich durchaus begrüßt wird (Blumenberg 1981, 105). Der notorische Streit zwischen Philosophie und Rhetorik jedenfalls, das lässt sich heute bilanzieren, fand eben doch nicht auf einem Nebenschauplatz statt, sondern in ihm ging es um essentiell philosophische Fragen und nicht um Stilfragen. Das wieder bewusst gemacht zu haben, ist auch ein Verdienst von Perelman und rechtfertigt den emphatischen Titel *Neue Rhetorik* für ein Werk, das Stilfragen nur im Kontext argumentativer Geltungsfragen zu behandeln bereit ist.

So sehr der Streit zwischen Philosophie und Rhetorik heute entschieden zu sein scheint, die Hoffnung, die Perelman durchaus mit Habermas verbindet, dass sich nämlich das Prinzip universaler Zustimmung als einzig noch legitimierbares Geltungsprinzip unaufhaltsam durchsetzen wird (1967, 155), diese Hoffnung muss aufgrund zeitaktueller Erfahrungen doch etwas gedämpft werden. Die Geschichte unserer normativen Wertvorstellungen, angefangen von der Magna Charta (1215) über die amerikanische und französische Verfassung (1778/1791), die Allgemeine Erklärung der Menschenrechte (1948), die KSZE-Schlussakte (1975), die Etablierung eines Internationalen Strafgerichtshofs (2002) bis zu den verschiedenen Kriegsverbrechertribunalen – diese Geschichte mag sich wie die Geschichte einer unaufhaltsamen Universalisierung unserer normativen Wertvorstellungen lesen, die „zu einer immer weitergehenden Dezentralisierung eigener Deutungsperspektiven treibt" (Habermas 2001, 48; 2004, 113 ff.) und auf eine „Weltbürgergesellschaft" (Kant) hinzielt. Dennoch! Neben der unstrittigen Tendenz einer Universalisierung normativer Geltungsansprüche ist heute gleichzeitig deren gegenläufige „Ethnisierung" und „Nationalisierung" zu beobachten, die einen neuen kulturalistisch geprägten „Partikularismus" (mit z. T. kämpferischer Dynamik, vgl. Huntington 1998) zu befördern scheinen und sich auf die Kurzformel „Globalisierung versus Fragmentarisierung" bringen lassen (Menzel 1998, 40 ff.). Dass die in dieser Formel kondensierte Paradoxalität für die in diesem Beitrag versuchte Rekonstruktion des universalistischen Geltungsprinzips in hohem Maße irritierend ist, versteht sich von selbst; denn ein Geltungsprinzip, das auf sich selbst nicht widerspruchsfrei anwendbar ist, macht keine gute Figur, wie die Wirksamkeit des einschlägigen Retorsionsarguments (Selbstwiderspruch) belegen kann (vgl. dazu Perelman 2004, 286 ff.), will sagen: Ein Geltungsprinzip, das auf universale Zustimmung als modernitätsspezifisches Kriterium vernünftiger Geltung setzt und für seinen eigenen Geltungsanspruch nachweislich keine universale Zustimmung findet, stellt fraglos ein ärgerliches Problem dar; zumal dann, wenn diese Zustimmung nicht nur in fundamentalistisch gestimmten Kulturen verweigert wird, für die Tibi den Begriff einer technizistisch „halbierten Moderne" vorgeschlagen hat (2002, 14 ff.), sondern auch in undogmatischen Kreisen, denen immer mehr das Vertrauen in eine autonome, weil auf sich selbst gestellte Vernunft zu schwinden beginnt.

Doch dieses Problem, so ärgerlich es sein mag, dürfte mit den theoretischen Möglichkeiten der „Transzendental-" bzw. „Universalpragmatik" so wenig zu lösen oder auch nur angemessen zu diskutieren sein wie mithilfe der „Diskurstheorie"/„-ethik" oder gar der *Neuen Rhetorik* von Perelman, selbst wenn Maneli ihr zutraut, eine *philosophy and methodology for the next century* zu sein (1994), und Perelman sich sicher ist, dass „ohne die neue Rhetorik Philosophie nicht auskommt" (1980, 16). Vielleicht sind mit diesem Problem in der Tat anthropologische Grundfragen tangiert (vgl. Menzel 1998, 242 ff.), die das zugrunde liegende Menschenbild betreffen, dem jede zustimmungsabhängige Geltungstheorie ihrerseits immer schon verpflichtet ist, auch die Perelman'sche (vgl. 2004, 723 ff.; Blumenberg 1981; Kopperschmidt 2003). Selbst wenn Perelman die Rhetorik nur dazu befähigt hätte, sich in diese Auseinandersetzung endlich wieder selbstbewusst einzumischen, wäre seiner *Neuen Rhetorik* ein Ehrenplatz in der langen Geschichte (vgl. Meyer 2004a) der unter dem Namen „Rhetorik" geleisteten vielschichtigen Reflexionsarbeit sicher.

7 Heidegger oder warum sein Rhetorikinteresse kein Glücksfall für die Rhetorik war

7.0 Heidegger im Urteil von Rhetorikern

Natürlich ist mir bewusst, dass ich mit der Titelfrage und dem in ihr angedeuteten Zweifel an der positiven Rolle Heideggers für eine (spezifisch philosophische) Rehabilitation der Rhetorik die Logik des Teils A dieser *Einleitung in die Rhetorik* etwas störe, insofern ich mit Heidegger erstmals keinen weiteren erfolgversprechenden „personenbezogenen Zugang zur Rhetorik" vorstellen werde. Vielmehr will ich davor warnen, sich vom Renommee des großen Namens allzu leichtfertig den kritischen Blick auf Heideggers zeitweiliges Interesse an Rhetorik trüben zu lassen. Denn entgegen einem weit verbreiteten Gerücht ist dieses Interesse Heideggers kein Glücksfall für die Rhetorik gewesen. Meine diesbezügliche Warnung ist auch deshalb nötig, weil ich mit meiner Einschätzung Heideggers einigen Positionen in der einschlägigen Rhetorikforschung widerspreche, die diese Rolle ganz anders bewerten, nämlich entschieden positiver. Damit meine ich nicht nur Klaus Dockhorn, der Heidegger seinerzeit zwar nicht, wie er es mit Gadamer tat, zum „Symbol eines befreienden Durchbruchs" in Sachen Rhetorik nobilitierte, der aber Heideggers „beiläufige" Bemerkung über die Aristotelische *Rhetorik* in *Sein und Zeit*, dass sie nämlich „die erste systematische Hermeneutik der Alltäglichkeit des Miteinanderseins [sei]", für ebenso bemerkenswert hielt wie Heideggers Urteil, dass „die grundsätzliche ontologische Interpretation des Affektiven seit Aristoteles kaum einen nennenswerten Schritt vorwärts hat tun können" (Dockhorn 1966, 169 ff.). Für einen Forscher wie Dockhorn, der in der „Pathosanthropologie der Rhetorik" deren eigentliches Kernstück sah und der darum der Lausberg'schen Paragraphenrhetorik eine komplett „falsche Weichenstellung" des neuerlichen Rhetorikinteresses vorwarf, war Heideggers pathosfreundlicher Rhetorikbegriff verständlicherweise eine willkommene autoritative Abstützung seiner eigenen Position. Doch diese Einschätzung konnte sich, das muss zu ihrer angemessenen Bewertung angemerkt werden, nur auf *einen einzigen*, nämlich den eben zitierten Satz aus *Sein und Zeit* von 1927 berufen, ohne seine kontextuelle Funktion zu kennen, was Einblicke in die Marburger SS-Vorlesung von 1924 nötig gemacht hätte. Die aber war nur wenigen vor ihrer Edition 2002 bekannt, z. B. Heinrich Niehues-Pröbsting, der darum auch ein Kapitel über den „Anschluss der Phänomenologie an die Rhetorik in Heideggers Hermeneutik der Alltäglichkeit des Daseins" in seine bemerkenswerte Habilitationsschrift *Überredung zur Einsicht* aufnahm, um die beiden „Pionierleistungen" zu skizzieren, die Heidegger der Rhetorik für die Existenzialontologie des Daseins und die „Phänomenologie der

Rede" zuguteschrieb (1987, 243 ff.). Dadurch wurde Heidegger neben Nietzsche für Niehues-Pröbsting zu den wenigen „Ausnahmen in neuerer Zeit", die Rhetorik nicht als einen philosophisch „unwürdigen Gegenstand" missachteten.

Auch Joachim Knape hatte eine der Nachschriften der Marburger Vorlesung eingesehen und in ihr die „Vorstufe" der oben zitierten Rhetorik-Definition aus *Sein und Zeit* erkannt, ohne freilich das 1924 explizit thematisierte Verfallstheorem des „griechischen Daseins" auf die Rhetorik zu beziehen, wie es Heidegger mit Bezug auf die pejorisierte Sophistik explizit tut (s. u. Kap. 7.4 und 7.5). Stattdessen lässt Knape Heidegger in Rhetorik und Logik das Kontrastprogramm einer „neuen Wissenschaft" entdecken, mit der Platon und Aristoteles gegen die von Heidegger so genannte „Veräußerlichung des griechischen Daseins" angekämpft haben sollen (2000, 68). Knape hat in seinem späteren, mit Thomas Schirren verfassten Beitrag *Martin Heidegger liest die Rhetorik des Aristoteles* diese wohlwollende Deutung nicht zurückgenommen, sondern er ist dabei geblieben, dass Heidegger mit dieser Vorlesung die Rhetorik habe „philosophisch rehabilitieren [wollen], indem er sie in seine Philosophie integriert und ihr damit gleichzeitig einen neuen systematischen Platz [zugewiesen habe]" (2005, 310). Da war Oesterreich schon etwas vorsichtiger, der nach seiner Lektüre der edierten Vorlesung sein früheres, weit positiveres Urteil über die einschlägige Vorlesung (sie hat „für die philosophische Rhetorikrenaissance des zwanzigsten Jahrhunderts bahnbrechende Perspektiven eröffnet [...]" (1990, 9)), zumindest implizit stark eingeschränkt und modifiziert hat, nachdem er bereits 1994 den „ambivalenten" Charakter der Heidegger'schen Aristoteles-Rezeption eingestanden und die „existenzialontologische Transformation eines Teils der Aristotelischen Rhetorik als einen gemäßigt rhetorikrepugnanten Text bezeichnet [hatte]" (1994, 24 ff.). 2009 endlich wird aus dem vermeintlich „rhetorikaffinen Neuaristoteliker" Heidegger dann sogar ein eindeutig „rhetorikrepugnanter Kryptoplatoniker", womit nach Oesterreich auch die „in der jüngsten Forschung vorherrschende Vorstellung eines generell affirmativen Verhältnisses Heideggers zur Rhetoriktradition hinfällig und korrekturbedürftig wird" (Oesterreich 2009, 180). Damit ist, wie die zugehörige Fußnote belegt, besonders die von Daniel M. Gross und Ansgar Kemmann herausgegebene Publikation *Heidegger and Rhetoric* (2005) gemeint, die sich u. a. zu einer emphatischen Aussage versteigt, an der schon die bedächtige Rezension von Robling (in: *Rhetorik* 16, 2007, 150–151) mit recht Anstoß nahm, dass es sich nämlich bei Heideggers 1924er-Vorlesung um „the best twentieth-century reading of Aristotle's Rhetoric" handeln solle. Wer ein solches Urteil fällt oder auch nur teilt, muss meines Erachtens einen anderen Text gelesen haben als die von Michalski 2002 sorgfältig als Bd. 18 der Gesamtausgabe (GA) edierte Heidegger-Vorlesung von 1924, der ich mich nun etwas genauer zuwenden will. Doch um mögliche Missverständnisse von vorneherein vorzubeugen, betone ich explizit, dass meine Kritik an Heidegger sich natürlich nicht auf den philosophisch hoch gerühmten Meisterdenker bezieht, sondern ausschließlich (!) auf Heideggers Auseinandersetzung mit der Aristotelischen *Rhetorik*. Ich beschäftige mich also mit Heideggers zeitweiligem Interesse an Rhetorik nur aus *rhetoriktheoretischer* Sicht, was heißt: ich frage allein, ob dieses Interesse *an* der Rhetorik *für* die Rhetorik von Nutzen war; ich frage nicht, welchen Gewinn Heideggers Philosophie von diesem Interesse hatte. Das ist z. B. Thema von Dimitrios Yfantis' Arbeit über *Die Auseinandersetzung des frühen Heidegger mit Aristoteles (1919–1927)* aus dem Jahre 2009, die u. a. auch noch bisher unedierte Texte als Belege für Heideggers These vom „Kampf [der Griechen] gegen Sophistik und Rhetorik" (!) bereithält und so die von manchen Autoren euphorisch gefeierte Rhetorikaffinität Heideggers zusätzlich schwer haltbar macht (2009, 260 ff.).

Selbst wenn es, wie eingangs eingeräumt, in diesem Kapitel 7 meiner *Einleitung in die Rhetorik* nicht um die Empfehlung eines weiteren „Zugangs zur Rhetorik" geht, sondern eher um die fällige Warnung vor einem „Holzweg" (im nicht-Heidegger'schen Sinne verstanden), – diese Warnung, insofern sie sich argumentativ beglaubigen muss, kann indirekt dann doch wieder als ein möglicher „Zugang zur Rhetorik" gelesen werden; denn meine Bestreitung der Rhetorikaffinität Heideggers setzt ja notwendig einen Begriff von Rhetorik voraus, für dessen Plausibilität diese *Einleitung* ja gerade werben will und aus dessen Plausibilität allein die Kritik an Heidegger ihre Zustimmungschance gewinnen kann. Insofern lässt sich die hier versuchte Kritik an Heidegger durchaus auch als ein indirekter Zustimmungstest zu dem Rhetorikverständnis verstehen, aus dem diese Kritik ihre Kriterien bezieht.

7.1 Einige Irritationen mit Heideggers 1924er-Vorlesung

Die gemeinten Irritationen beginnen bereits mit dem Titel der Vorlesung. Bis 1991 ist die 2002 von Mark Michalski publizierte Marburger Vorlesung von 1924 vom Klostermann-Verlag als Bd. 18 innerhalb der GA der Werke Heideggers unter dem Titel *Aristoteles: Rhetorik* angekündigt worden, was Rhetoriker (wie mich) natürlich ungeheuer neugierig machte, besonders wenn sie (wie ich) keine Einsicht in die beiden studentischen Vorlesungsnachschriften hatten, auf die die Edition von 2002 primär beruht. Die erwähnte Neugier blieb auch erhalten, als nach 1991 die Vorlesung unter dem auch 2002 beibehaltenen endgültigen Titel *Grundbegriffe der aristotelischen Philosophie* angekündigt wurde (vgl. dazu den Herausgeber im Nachwort 2002, 405 ff.); allenfalls kamen erste irritierende Fragen hinzu, nämlich was denn die „aristotelischen Grundbegriffe" wie etwa *ousia, arche, physis* usw. (2002, 3–4) mit Rhetorik zu tun haben könnten; zumal mit einer Rhetorik, die

Heidegger ja in seiner unter Rhetorikern berühmt gewordenen oben bereits zitierten Definition aus *Sein und Zeit* als „erste systematische Hermeneutik der Alltäglichkeit des Miteinanderseins" verstanden wissen wollte (1977, 138). Sollte es für Heidegger etwa zwischen dieser „Alltäglichkeit" bzw. zwischen Rhetorik als ihrer „Hermeneutik" und den philosophischen „Grundbegriffen" eine aufklärungsbedürftige und -fähige Beziehung geben? *Ja, es gab sie!* Zumindest für Heidegger: „Wir suchen nach der Basis, der Bodenständigkeit der Begriffsbildung im Dasein selbst" (2002, 104). Damit ist Rhetorik, insofern sie sich nach Heidegger als „Hermeneutik" eben dieses Daseins angemessen verstehen lässt, als einschlägige Adresse für diese Suchbewegung bereits ins Blickfeld geraten – mit gewichtigen Folgen für ihr Verständnis und ihre Bewertung, wie sich noch zeigen wird.

Weitere Irritationen enthalten die der Vorlesung von 1924 im § 2 vorangestellten und als „starke Zumutung" qualifizierten „Voraussetzungen". Nach ihnen verfolgt „die Vorlesung gar keine philosophische Abzweckung", sondern eine „philologische" (!), insofern sie das „Lesen von Philosophen" einüben wolle (2002, 5). Wer freilich Heideggers Umgang mit Texten kennt, hätte wenig Hoffnung haben dürfen, dass philologische Einsichten in Heideggers „philologischen" Umgang mit Aristoteles' *Rhetorik* Eingang finden würden, was sich exemplarisch etwa an seiner nicht nur eigenwilligen, sondern falschen *dynamis*-Übersetzung von *Rhetorik* 1355b25 exemplarisch ablesen lässt (2002, 114 ff.; vgl. dazu auch Knape und Schirren 2005, 325). Doch vielleicht wird hier nur einschlägig, was Heidegger über Wissenschaft dort sagt, dass sie nämlich – anders als Max Weber in seiner berühmten Münchener Rede von 1917 über *Wissenschaft als Beruf* will – „kein Beruf ist [...], sondern die *Möglichkeit der Existenz des Menschen*", und d. h.: „die Möglichkeit, sich einzig auf sich selbst zu stellen" (Heidegger 2002, 6), was „alle Wissenschaft, mag sie es wissen und wollen – oder nicht – [zu] Philosophie [macht]" (Heidegger 1990, 11). Mit Blick auf die „Begrifflichkeit", die nach Heidegger „die Substanz jeder wissenschaftlichen Forschung ausmacht", meint das genauerhin, „dass der, der die Wissenschaft gewählt hat, die Verantwortung für den Begriff übernommen hat". Sollte an dieser „Verantwortung[sübernahme] für den Begriff" etwa die Konfliktlinie zwischen Wissenschaft und einer als „Hermeneutik der Alltäglichkeit" verstandenen Rhetorik verlaufen?

Weit schwerer freilich für unser Frageinteresse wiegt im Fall der 1924er-Vorlesung etwas anderes: Zwar soll es nach Heideggers Worten „gerade Aristoteles" sein, der uns „überhaupt etwas zu sagen hat", doch nutzt Heidegger dessen Rhetorikdefinitionen in der *Rhetorik* kaum, um zu belegen, was er uns denn zu sagen hätte, sondern sein zentrales Rhetorikverständnis, wie unten (Kap. 7.4) noch zu zeigen sein wird, bezieht er aus einer ganz anderen Quelle, nämlich aus Platons *Gorgias*! Nicht weniger irritierend ist, dass das, was uns Aristoteles nach Heidegger „zu sagen hat", darin bestehen soll, „dass es *mit uns in irgendeiner*

Hinsicht nicht stimmt" (2002, 5). Wer auch nur einigermaßen seinen Aristoteles kennt, wird sich schwer tun mit dieser Formulierung, weil er ihre These mit jedem anderen Philosophen eher in Verbindung bringen wird als mit Aristoteles. Was könnte eine Rhetorik denn zur erwarteten Einsicht beisteuern, dass es „mit uns in irgendeiner Hinsicht nicht stimmt", wenn diese Rhetorik nach Aristoteles gerade deshalb „nützlich" sein soll, weil „das Wahre und Gerechte von Natur aus stärker [überzeugender] ist als das jeweilige Gegenteil" (*Rhet.* 1355a)? Über diesen meines Erachtens bedeutendsten Satz der Aristotelischen *Rhetorik* (vgl. oben Kap. 4), an dem sich die Abgrenzung vom Platonischen Rhetorikverständnis beispielhaft ablesen ließe, verliert Heidegger erstaunlicherweise kein einziges Wort! Bloßer Zufall? Oder passt er einfach nicht zu einem Begriff von Rhetorik, deren „von Aristoteles beabsichtigter Sinn" nach Heidegger „nichts anderes" (!) sein soll als eine „Hermeneutik des Daseins" zu versuchen (2002, 110)? Das war und ist – so behaupte ich – *definitiv nicht* der „von Aristoteles beabsichtigte Sinn" seiner *Rhetorik*, sondern die war und ist eine Produktionstheorie von Rede bzw. genauer: eine *Theorie überzeugungsbasierter, weil zustimmungsbezogener Verständigungsarbeit*. Die mag zwar auch eine „Hermeneutik" enthalten, um überhaupt überzeugungskräftige Anschlusschancen an die jeweiligen Plausibilitätspotentiale von Publika erschließen zu können (s. u. Kap. 11), doch kann sie in einer solchen „Hermeneutik" nicht ihr funktionales Ziel haben. Das ist vielmehr in einer Methodisierung von Verständigungsarbeit zu suchen, die nach Aristoteles nötig und „nützlich" ist, um den für Rationalisierung sperrigen Bereich der *praxis* (Handeln) überhaupt zugänglich zu machen; für wissenschaftliche Erkenntnis (*episteme*) ist nämlich dieser Bereich der *praxis* prinzipiell nicht zugänglich, weil ihr Gegenstand aufgrund seiner strukturellen Kontingenz (Veränderlichkeit bzw. „Möglichkeit des Andersseins") ontologisch und deshalb auch erkenntnis- und wissenschaftstheoretisch vergleichsweise defizitär ist. Freilich ist es gerade dieses ontologisch/erkenntnis- und wissenschaftstheoretische Defizit, das – fast paradoxieverdächtig (vgl. Riedel 1972, 88–89) – auch die Möglichkeit eines eigenverantwortlichen Handelns eröffnet, weil dessen Evidenzmangel durch deliberative Verständigungsarbeit (*bouleuesthai*) so sehr kompensiert werden kann, dass sogar ein Leben unter „Freien und Gleichen" in einer *polis* (Stadtgemeinde) organisierbar wird. Ich habe in Kap. 4 zu zeigen versucht, dass Heidegger an einer so verstandenen Rhetorik, wie sie Aristoteles meines Erachtens im Blick hatte, überhaupt kein Interesse haben konnte: Ihn interessierte an Rhetorik nicht die von dieser notorischen Philosophie-Kontrahentin versprochene Rationalisierung einer philosophisch nicht zugänglichen Praxis durch Methodisierung ihrer deliberativen Aufklärungschance, sondern Heidegger vermutete in Rhetorik die Chance, für die oben zitierte Schlüsselkategorie „Alltäglichkeit des Miteinanderseins" eine kategorial singulär ausdifferenzierte *Hermeneutik* zu finden, aus der sich die *Genese philosophischer* bzw. *wissenschaftlicher*[99] Begriffssprache plausibilisieren ließe, nämlich als eine Weise „nicht-alltäglichen" bzw. – positiv reformuliert – als eine Weise „eigentlichen Sprechens" (*logon echon kyioos*) (2002, 106, 36). Damit wird Rhetorik erkennbar zumindest indirekt für die Etablierung eines von Adorno später so erfolgreich karikierten *Jargons der Eigentlichkeit* instrumentalisiert; eines Jargons, der „mit Gesten einspruchsloser Autorität" (1964, 44) reden kann, weil er den Begriff „ohne Berücksichtigung auf [seine] subjektive Vermittlung" so verdinglicht, dass in dem „Urteil über das Eigentliche an einem Begriff das Interesse an diesem" erfolgreich unkenntlich zu machen gelingt (1964, 104, 103).[100] Doch genau um die Klärung dieses Heidegger'schen „Interesses" am Begriff sowie um die Rolle, die Aristoteles' *Rhetorik* als exemplarische Rhetorikkonzeption für dieses „Interesse" spielt, geht es auf den folgenden Seiten.

Die Heidegger'sche Differenzierung zwischen „eigentlich" und „uneigentlich" hat zwar mit Aristoteles' gegenstandsbezogener Unterscheidung zwischen *philosophisch/epistemischer Erkenntnisarbeit* und *rhetorisch/deliberativer Verständigungsarbeit* nichts zu tun, dennoch bleibt es lehrreich, zu beobachten, wie Heidegger mittels einer – wie ich sie nennen möchte – Insinuationsphilologie es in wenigen Schritten immer wieder schafft, ein gedankliches Netzwerk zu knüpfen, in das sich viele seiner ZuhörerInnen seinerzeit ebenso gern haben einfangen lassen wie einige seiner heutigen LeserInnen. Es wäre kein Aufheben von solch schlechter Philologie aus philosophischer Feder zu machen, wenn sie nicht ein paar Jahre später an einem weit einflussreicheren Beispiel, als es die Aristotelische *Rhetorik* darstellt, erneut erprobt worden wäre; ich meine Heideggers Interesse am Platonischen Höhlengleichnis: Da geht es nämlich nicht mehr bloß um Rhetorik als „Boden" einer philosophischen Begriffssprache, sondern um Rhetorik als Hilfsmittel eines revolutionären NS-„Aufbruchs", den Heidegger seit 1931 immer mehr bis zur berüchtigten Rektoratsrede vom 27. Mai 1933 zum möglichen *Ausbruch* aus der Platonischen Höhle philosophisch zu nobilitieren versuchte (1990, 19, 11; vgl. Kopperschmidt 2009, 301 ff.). Doch weil Heideggers Weg zu Platon und in dessen Höhle (und auch wieder aus ihr heraus) nun einmal – so kurios das auch klingen mag – über den Umweg Aristoteles führt, gerät sogar, wie zu zeigen sein wird, die 1924er-Vorlesung in die Vorgeschichte

---

99 „Wir suchen nach der Basis, der Bodenständigkeit der Begriffsbildung im Dasein selbst. Begriffsbildung [...] ist eine Grundmöglichkeit des Daseins selbst, sofern es sich für die Wissenschaft entschieden hat." (2002, 104)
100 „Während Heidegger als unparteilicher Wesensschauer einräumt, Uneigentliches könne ‚das Dasein nach seiner vollen Konkretion bestimmen', sind die Beiworte, die er jenem Seinsmodus zuerteilt, vorweg gehässig." (Adorno 1964, 82)

eines ebenso abenteuerlichen wie die *Verführbarkeit des Philosophen* (Blumenberg 2005) erschreckend bezeugenden Denkweges, den – so Safranskis anspielungsreicher Buchtitel (2001) – ein *Meister aus Deutschland* gegangen ist, der als charismatischer Lehrer und Denker leider viele für „die Syrakus-Illusion Platons" (Blumenberg 2005, 100) hat einnehmen können.[101] Diese „Illusion" wiegt in der Tat weit schwerer als die Missdeutung der Aristotelischen *Rhetorik*, wenn letztere ihr auch nicht ungelegen kam.

7.2 „Das Man" als das „Wie der Alltäglichkeit"

Die bereits mehrfach erwähnte und zentrale Schlüsseldefinition Heideggers für die Aristotelische *Rhetorik* von 1927, nämlich „die erste systematische Hermeneutik der Alltäglichkeit des Miteinanderseins" zu sein, sie lässt sich hinsichtlich ihrer Genese aus der 1924er-Vorlesung ebenso gut rekonstruieren wie ihre Anfälligkeit für eine rhetorikrepugnante Deutung unschwer bereits erkennbar wird.

Die gemeinte Schlüsseldefinition ist nämlich das Produkt der Heidegger'schen Interpretation und Kombination von zwei „Definitionen" aus der Aristotelischen *Politik*, die für die europäische Denktradition eine singuläre Bedeutungsrelevanz besitzen: „Der Mensch ist ein Wesen, das spricht" (*zoon logon echon*) und „Der Mensch ist ein Wesen, das auf die polis als Lebensraum angelegt ist" (*zoon politikon*) (*Pol.* 1253). Über diese beiden Sätze ist oben (Kap. 4) bereits ausgiebig gesprochen worden, sodass der Interpretationsertrag hier nur kurz zusammengefasst werden muss, um für die Kritik an Heideggers Deutung dieser Sätze genutzt werden zu können. Heidegger behauptet nämlich, dass diese beiden (scheinbar) definitorischen Aussagen über den Menschen nicht „auseinander deduziert [werden dürften]", sondern „das Phänomen des Daseins des Menschen [habe] als solches gleichursprünglich das Sprechendsein und das Miteinandersein" (2002, 64), was heißt: „Der Mensch [sei] in der Weise des Miteinanderseins" (2002, 63). Ich behaupte dagegen, dass es nicht nur nicht selbstverständlich ist, die beiden Aristotelischen „Definitionen" über den Menschen in der von Heidegger als einzig richtig unterstellen Weise zu lesen, nämlich als „gleichursprünglich", sondern dass diese Deutung der Aristotelischen Intention sogar eindeutig widerspricht. Die Beziehung zwischen den beiden Aussagen ist nämlich bei Aristoteles eindeutig *teleologischer* Art, will sagen: Aristoteles behauptet, dass der Mensch „ein sprachfähiges Wesen [sei]", *damit* (!) er als „ein politisches Wesen"

---

[101] Vgl. Fritz, Kurt von. *Platon in Sizilien und das Problem der Philosophenherrschaft.* Berlin: De Gruyter, 1968.

leben könne und d. h.: *damit* er mittels deliberativer Verständigung mit seinesgleichen in „Freiheit und Gleichheit" ein gelingendes Leben (*eu zen*) leben könne, das mehr als ein bloßes „Überleben" meint (*Pol.* 1253; 1280–1281). „Die Natur macht" nämlich – so Aristoteles' entsprechendes Argument – „nichts umsonst", woraus folgt, dass die singuläre Sprachfähigkeit des Menschen nur teleologisch bzw. finalistisch richtig verstanden werden kann, eben als notwendige Bedingung einer Lebensform, die wie die politische ohne Sprache gar nicht möglich ist, weil sie auf einer nur sprachlich ermöglichbaren „Gemeinsamkeit" normativer Überzeugungen beruht. Insofern kann Aristoteles den Menschen als ein „von Natur aus" (*physei*) „politisches Wesen" bezeichnen und d. h.: als ein Wesen, das erst *als* politisches zur vollen Entfaltung seiner wesenhaften Möglichkeiten (*telos*) gelangt, was zugleich jeden, der *a-polis* lebt, als ein Wesen zu bezeichnen nötigt, das entweder mehr (Gott) oder weniger als ein Mensch (Tier) ist. Insofern handelt es sich bei den beiden einschlägigen Aussagen der Aristotelischen *Politik* erkennbar nicht um zwei „gleichursprüngliche" Definitionen des Menschen, sondern nur um *eine* Definition, die den Menschen als „politisches Wesen" bestimmt und darum sinnvollerweise auch in der *Politik* steht, wobei es sich bei der vermeintlich zweiten „Definition" in Wahrheit um die Ermöglichungsbedingung eines „politischen Wesens" handelt: Sprache ist die unerlässliche Voraussetzung einer politischen Existenz und deren eigentlicher Zweck, weshalb dieser Definitionsteil sinnvollerweise auch wieder in der *Politik* steht und nicht in der *Rhetorik*.

Die Folgen von Heideggers Fehldeutung der immanenten Funktionslogik der beiden geschichtsträchtigsten Aussagen über den Menschen als „Definitionen" sind für die Rhetorik fatal, aber im spezifischen Kontext des Heidegger'schen Interesses an Rhetorik als einer „Hermeneutik der Alltäglichkeit des Miteinanderseins" waren sie strategisch durchaus hilfreich, um die Bedingungen („Bodenständigkeit" heißt das bei Heidegger) (2002, 104, 269 ff.) zu klären, unter denen ein anderes als das bloß alltägliche, eben ein philosophisches und d. h.: ein *selbstverantwortetes* Reden hat entstehen können – oder sogar müssen; denn das „alltägliche" Reden ist nach Heidegger ein Reden, das Selbstverantwortung für sich zu übernehmen gar nicht zulässt, weil es ein Reden im Modus des „Man" ist, und das so sehr, dass sogar

> die primäre Aussage „ich bin" eigentlich [bereits] falsch ist. Man muss sagen: „*ich bin man*". [Denn] „man" ist, „man" unternimmt das und das, „man" sieht die Dinge so und so. Dieses Man ist *das eigentliche Wie der Alltäglichkeit*, des durchschnittlichen, konkreten Miteinanderseins. Aus diesem Man heraus erwächst die Art und Weise, wie der Mensch die Welt *zunächst und zumeist* sieht, wie die Welt den Menschen angeht, wie er die Welt anspricht. Das Man ist das eigentliche Wie des Seins des Menschen in der Alltäglichkeit und *der eigentliche Träger dieses Man ist die Sprache* [meine Hervorhebung, J. K.] (2002, 63–64).

„Miteinandersein" als „Sprechendsein" ist also zugleich ein *„Sein in der Alltäglichkeit" des „Man* [meine Hervorhebung, J. K.]"!

Es dürfte nicht mehr schwer fallen, die zentrale strategische Funktion dieser zielstrebigen begrifflichen Vernetzungslogik für Heideggers Projekt zu erahnen, das ja die Genese eines philosophisch verantworteten Redens am Beispiel der Genese „aristotelischer Grundbegriffe" aufzeigen will: *Wenn* sich tatsächlich das „Man" als das „Wie der Alltäglichkeit des Miteinanderseins" verstehen lässt und *wenn* die Aristotelische *Rhetorik* tatsächlich als „Hermeneutik der Alltäglichkeit des Miteinanderseins" verstanden werden will, *dann* müsste – so das unterstellbare Kalkül – Rhetorik sich doch auch für eine Hermeneutik der „Sprache" nutzen lassen, die ja „der eigentliche Träger dieses Man ist", will sagen: Rhetorik müsste sich nutzen lassen für die Rekonstruktion des Redens im „alltäglichen" Modus des „Man", um den „Boden" zu beschreiben helfen, „aus dem" ein ganz anderes Reden entstehen konnte (2002, 4 und öfter) – und *musste*, sobald erst einmal ein Reden „mit den Sachen selbst" statt bloß ein Reden „über die Sachen" erstrebenswert wurde und damit zugleich ein Dasein, das man nicht „verschläft" (2002, 100), sondern bewusst „ergreift". Im vorgreifenden Bezug auf das einschlägige Kapitel aus *Sein und Zeit* von 1927 (§ 27 „Das alltägliche Selbstsein und das Man") könnte man die hier von Heidegger konturierte Rhetorikfunktion noch präziser als Hermeneutik des „Man-selbst" oder sogar des „Niemand" (!) kennzeichnen und die Form des Daseins, die man als „das Man" (sic!) „zunächst und zumeist ist", könnte man „unterscheiden" vom Dasein eines eigentlichen, das heißt: „eigens ergriffenen Selbst": „Das Begriffliche" avanciert so erkennbar nicht nur etymologisch zu einer spezifischen Weise der bewusst, explizit und „radikal" „ergriffenen Auslegung des Daseins selbst" (2002, 278) und damit zur „eigentlichen Weise des Daseins" (2002, 100), die bei Heidegger als „Existenz" terminologisiert wird (2002, 44, 165, 218, 265; 1977, 130).

Folgt man dieser Interpretation „des Man" als „Boden", dem solche „Existenz" allererst noch abgerungen, ja abgekämpft werden muss (2002, 109, 262–263; s. u. Kap. 7.4), dann erschließt sich auch ein zunächst höchst befremdlicher, bisher aber noch nicht erwähnter Übersetzungsvorschlag Heideggers für die Aristotelische „Definition" des Menschen als eines „politischen Wesens", von der Heidegger selbst annimmt, dass sie seinen Zuhörern zumindest „merkwürdig klingen" müsste, von der er aber wieder fest überzeugt ist, dass sie durchaus – anders als gängige Übersetzungen – dem Sinn „der griechischen Definition entspricht", nämlich: „Der Mensch ist ein Lebewesen, das Zeitung liest" (2002, 108; vgl. ebenso 1977, 126). Das ist wahrlich eine „merkwürdige" Übersetzung für eine der berühmtesten „Definitionen" der europäischen Denkgeschichte, die zwar schwerlich den Sinn der Aristotelischen Formel treffen dürfte, wohl aber Sinn macht innerhalb einer Argumentation, die wie die Heidegger'sche – anders als Aristoteles – nicht mehr an Sprache bzw. Reden als Abgrenzung zwischen Mensch und Tier interessiert ist, sondern an der Differenzierung zwischen *zwei Weisen des Redens*, nämlich zwischen *rhetorischer „Alltäglichkeit"* und *philosophischer „Begrifflichkeit"* (2002, 158). Diese Differenzierung aber wird erst dann funktional plausibel, wenn das alltägliche Reden möglichst nüchtern, genauer: möglichst ergänzungsbedürftig bestimmt wird. Genau das will meines Erachtens Heideggers Übersetzungsvorschlag leisten, insofern das „Zeitung lesen" ja nicht die Sprachfähigkeit des Menschen erschöpfen, wohl aber Sprechen als eine vergleichsweise „alltägliche" Tätigkeit kennzeichnen soll (2002, 21), wie sie sich eben in „Gespräch" und „Rede" realisiert, wenn man „so redet", wie man gemeinhin „außerhalb der Wissenschaft [redet]" (2002, 107).

Doch uns soll hier nicht so sehr interessieren, wie eng die gedanklichen und begrifflichen Beziehungen zwischen der 1924er-Vorlesung und Heideggers Hauptwerk *Sein und Zeit* von 1927 sind, sondern es soll die erstaunliche Rolle bestimmt werden, die Aristoteles' *Rhetorik* 1924 für die Entwicklung der Heidegger'schen Existenzialhermeneutik gespielt hat. Dabei soll nicht zuletzt der Preis interessieren, den die Rhetorik allgemein für diese nur scheinbar attraktive Rollenübernahme gezahlt hat. An der Konturierung „des Man" mithilfe umfunktionierter Kategorien aus der Aristotelischen *Rhetorik* und *Politik* lässt sich nämlich, wie bereits deutlich geworden sein dürfte, beispielhaft und zugleich erschreckend ablesen, wie aus dem Aristotelischen Begriff von Rhetorik als einer deliberativen Verständigungstheorie ein Begriff von Rhetorik als „Hermeneutik" des „Man-selbst" wird; die kann freilich in dem Maße attraktiv werden, als sie dieses „Man-selbst" beim Reden methodisch beobachtbar zu machen verspricht und so die Heidegger primär interessierende Frage zu beantworten hilft, *wie „das Man" in seiner „Alltäglichkeit" eigentlich spricht*, wenn denn „die Sprache" als der „eigentliche Träger dieses Man" zu gelten hat. Als „Leitfaden" (!) für die Beantwortung dieser Frage „nehmen wir die Rhetorik" – heißt es entsprechend bei Heidegger und dann folgt wieder die Zitation seines bereits öfters zitierten Rhetorikverständnisses – „sofern sie nichts anderes ist als die Auslegung des Daseins hinsichtlich der Grundmöglichkeit des *Miteinandersprechens* [meine Hervorhebung, J. K.]" (2002, 139). Es hätte sinngleich mit Bezug auf das eben Gesagte auch heißen können: sofern sie (die Rhetorik) die Auslegung der Sprache als „des eigentlichen Trägers dieses Man" ist. Rhetorik wird damit funktional immer attraktiver für das, was oben die Methodisierung der Rekonstruktion der „Basis" bzw. „des Bodens" genannt worden ist, dem es eine philosophische „Begrifflichkeit" allererst unter Mühen abzuringen gilt, um ein sachbezogenes Reden überhaupt zu ermöglichen.

7.3 Wie spricht eigentlich „das Man"?

Man kann nach dem bisher Gesagten das strategische Kalkül von Heideggers „philologischen" Unternehmen relativ genau bestimmen, das sich – wie gezeigt – zunächst aus der Aristotelischen *Politik* (und nicht aus der *Rhetorik*) eine vermeintlich allgemeine Definition des Menschen mittels illegitimer Verselbständigung zweier finalistisch verknüpfter Aussagen zu konstruieren versucht, um dann dieses Definitionskonstrukt als Kennzeichnung einer bloß „zunächst und zumeist" gelebten Form des „Miteinanderseins" im „Man" zu relativieren, das schließlich als „alltäglich" spezifiziert und damit implizit einem Binärcode unterworfen wird, der entsprechend ein „nicht-alltägliches" Reden nicht nur zulässt, sondern geradezu erzwingt; zumindest für denjenigen, der sein Reden nicht bloß aus den Plausibilitäten eines „doxastischen" bzw. meinungsverhafteten „Man" beziehen, sondern sein Reden als ein „Ich" in der 1. Person Singular selbst verantworten will und d. h. nach dem oben (Kap. 7.2) Gesagten: der selbst „die *Verantwortlichkeit für den Begriff* [als der Substanz jeder wissenschaftlichen Forschung] übernehmen [will] [meine Hervorhebung, J. K.]" (2002, 63, 6). Operativ ist dieser Anspruch nach Heidegger methodisch nur einlösbar durch einen *horismos*, d. h. durch ein definitorisches (also eingrenzendes bzw. – so Heidegger – „begrenzendes") Gewinnen einer „Begrifflichkeit" *aus* der alltäglichen Sprache „des Man" (2002, 36–37); denn erst eine solchermaßen „*nicht* alltägliche", „*nicht* primäre", „*nicht* durchschnittliche", „*nicht* oberflächliche", „sondern ganz ausgezeichnete [Möglichkeit des Sprechens]" kann die Chance eines „*eigentlichen Ansprechens der Welt* [meine Hervorhebung, J. K.]" eröffnen, was nämlich meint: „radikal mit der Welt zu sprechen" (2002, 36, 40). An einer späteren Stelle der 1924er-Vorlesung wird diese Operation dann metaphorisch sinnfällig charakterisiert als „Entkleiden [der Dinge] des Aussehens, das sie im nächsten Umgang haben" (2002, 262) bzw. als „Freimachen von dem, was Gerede [!] und unsachliche Diskussion über sie [die Dinge] geschichtet haben" (2002, 278, 158). Es geht bei dieser erkennbar „privativen" Operation[102] im Prinzip um ein Abräumen der vielen sachfremden, weil bloß meinungshaften Bedeutungsschichten, die schließlich auch bald erwartungsgemäß einer im Sinne Platons als *sophistisch pejorisierten Rhetorik* angelastet werden als der kontrastiv konturierten Gestalt eines verantwortungslosen Redens. Dazu unten (Kap. 7.4) mehr und zu der „Anstrengung", die das

---

[102] Die gewählte Kleider-Metaphorik entspricht Heideggers „privativem" Wahrheitsbegriff (2000/1, 49 und öfter), den er später mit Platons Höhlengleichnis narrativ abzustützen versucht (s. Kap. 7.4, FN 8; Kap. 3.3 und Kopperschmidt 1995, 46 ff.; 2009, 347 ff.). Natürlich widerspricht Heideggers *privativer* Wahrheitsbegriff fundamental dem hier vertretenen *zustimmungsabhängigen* Wahrheits- bzw. Geltungsbegriff (s. u. FN 9).

„Herausarbeiten der reinen Sachlichkeit aus dem [...] Gerede" einer sophistischen Rhetorik die Philosophen nach Heidegger gekostet haben soll, namentlich Plato und (!) Aristoteles; hier muss es freilich vorerst noch einmal um die Aristotelische *Politik*-Definition des Menschen als *zoon politikon* gehen und um die höchst problematische Deutung eines für diese „politische" Daseinsweise konstitutiven Begriffs, nämlich: Deliberation (*bouleuesthai*).

Für höchst problematisch nämlich, wenn nicht sogar für schlicht irreführend halte ich es, wie Heidegger seine Deutung des „Man" als Strukturelement der „Alltäglichkeit" über eine (gewohnt) eigenwillige Interpretation des Aristotelischen Schlüsselbegriffs „Deliberation" (bzw. – so mein Übersetzungsvorschlag – „deliberative Verständigungsarbeit") präzisiert. Von einer Irreführung ist meines Erachtens in diesem Fall mal wieder zu sprechen, weil der Sinngehalt des einschlägigen Aristotelischen Textes, obwohl er eigentlich kaum missverstanden werden kann, durch Heidegger massiv verfälscht wird. Der einschlägige Text behauptet nämlich, dass die deliberative Verständigung den konstitutionellen Mangel von Praxis an epistemischer (wissenschaftlicher) Zugänglichkeit *methodisch zu kompensieren* versucht (vgl. oben Kap. 4); und zwar primär dadurch, dass praktische Problemfragen mit allgemein anerkannten Meinungen (*endoxa*) operativ so verknüpft werden (z. B. argumentativ), dass *aus* deren unterstellter Zustimmungsfähigkeit sich zustimmungsfähige Problemlösungen überzeugend gewinnen lassen (vgl. unten Kap. 11). Der Grad des Gelingens eines solchen Zustimmungstransfers ist nach Aristoteles ein Indiz für wahrheitsfähige Verständigung, weil – so das oben bereits zitierte einschlägige fundamentale Theorem – „das Wahre und Gerechte von Natur aus stärker [überzeugender] sind als das jeweilige Gegenteil". Doch was Heidegger aus diesem eindeutigen Plädoyer für Rhetorik als deliberativer Methode wahrheitsfähiger Handlungsaufklärung im Interesse eines gelingenden Lebens interpretativ macht, ist in der Tat schon unglaublich: Aus der spezifisch menschlichen Sprachfähigkeit und der damit ermöglichten singulären Verständigungschance, situativ jeweils fällige Handlungsentscheidungen aus den gemeinsam geteilten Vorstellungen über „gut und schlecht, gerecht und ungerecht" zu gewinnen (*Pol.* 1253), wird bei Heidegger ein für die „doxastische" bzw. meinungshafte „Alltäglichkeit" (!) typisches Reden, in dem sich das „besorgende" bzw. „überlegende Sprechen über das Beiträgliche" vollzieht (2002, 61) und in dem „ein Miteinanderhaben von Welt" (2002, 49) konstituiert wird, das „Gemeinsamkeit" (*koinonia*) von Wertvorstellungen weniger als auszeichnendes Distinktiv des Menschen versteht denn als bloße „Durchschnittlichkeit" eines „Man-selbst". Das aber ist in Wahrheit ein geschlechts- und subjektloses „Niemand", weil es sein „Orientiertsein in der Welt" „zunächst und zumeist" aus der jeweils „herrschenden Verständlichkeit" bezieht, also aus Meinungen, die „man" gemeinhin so hat (2002, 49 ff., 275–276): „[Das] Wer des alltäglichen Daseins [...] ist *das Niemand*, dem alles Dasein im Untereinandersein sich je schon ausgeliefert hat [meine Hervorhebung, J. K.]" (1977, 128). Entsprechend ist die Sprache, die dieses „Man als das Niemand" spricht, die Sprache eines verantwortungslosen „Geredes" und höhlentypischen „Geschwätzes" – so Heideggers Übersetzungsäquivalente für die aus Plato vertraute Rhetorikkritik. Dagegen ist zu sagen: Hätte tatsächlich dieses „Man [...] die eigentliche Herrschaft in der Sprache" (Heidegger 2002, 62) und wäre damit tatsächlich die Aristotelische Grundbestimmung des Seins des Menschen als *zoon politikon* angemessen getroffen, wäre weiter für *doxa* (Meinung) tatsächlich primär kennzeichnend, „dass sie auch andere haben" (2002, 14) und nicht vielmehr dies, dass sie gemeinhin nur im Plural vorkommt, weshalb ihr subjektgebundener Geltungsanspruch sie zum Ringen um öffentliche Anerkennung und intersubjektive Zustimmung nötigt, weil sie nur als gemeinsam geteilte Meinung überhaupt handlungs- und kooperationswirksam werden kann, – wäre es also tatsächlich so, wie Heidegger annimmt, es bliebe völlig unverständlich, wie sich aus der Addition solch ich-loser „Niemands" im Prozess öffentlicher Deliberation ein *Summierungseffekt* an praktischer Einsicht ergeben könnte. Den aber unterstellt Aristoteles eindeutig (gegen Platon) – und den kann er auch unterstellen, weil er ihn nicht aus dem egalisierten „Man-selbst" der einzelnen Deliberierenden ableitet, sondern aus ihren jeweils individuellen Deliberationsbeiträgen, die *zusammen* nicht *trotz*, sondern gerade *wegen* ihrer differenzierten Einzelkompetenzen regelhaft zu besseren Urteilen gelangen als jeder einzelne für sich selbst und allein (vgl. oben Kap. 4.3).

Den Deliberationsbegriff, der für Aristoteles' Ausdifferenzierung des spezifisch rhetorischen Redens in dessen *Rhetorik* fundamental ist (1356b und 1357a), zitiert Heidegger zwar zweimal in entsprechenden Anmerkungen (2002, 158 ff. bzw. 161), doch jedes Mal wird die Pointe des Zitats völlig verfehlt, weil Heidegger den Begriff „Deliberation" (*bouleuesthai*) unbedingt für die Charakterisierung alltäglicher Rede umfunktionalisieren will, die entsprechend als bloß meinungshaft (*doxa*) bestimmt und als genuiner Gegenstand der Rhetorik von der philosophisch/wissenschaftlichen Rede (*dialegesthai*) unterschieden werden soll (2002, 155, 158 ff.). Doch Deliberation meint bei Aristoteles nicht, wie Heideggers Übersetzung suggeriert, das, „was schon immer in der Gewohnheit steht, Gegenstand der Beratung zu sein", d. h. „worüber man sich von altersher im Miteinandersein in der *polis* unterhält" (2002, 161, 136), sondern Deliberation meint das, „worüber wir beraten [*müssen, weil*] wir dafür keine wissenschaftliche Erkenntnismethode haben [meine Hervorhebung, J. K.]"; und die kann es nach erkenntnis- und wissenschaftstheoretischen Prämissen der Antike (und noch weit über sie hinaus) nicht geben bei Gegenständen, die – wie menschliches Handeln (*praxis*) – „sich auch anders verhalten können", also *nicht* ewig, *nicht* unveränderlich und darum auch *nicht* vollkommen sind (vgl. Rapp 2002/2, 171 ff.), mithin für evidenzbezogene Erkenntnisansprüche prinzipiell *nicht* zugänglich sind, sondern sich mit rhetorischer Verständigungsarbeit als deren einschlägiger *Kompensation* begnügen müssen. Bei Heidegger wird also aus dem bei Aristoteles ontologisch begründeten „es könnte auch anders sein" ein bloßes Charakteristikum „doxastischen" Redens, das „gar nicht alles hinsichtlich seines Sachgehalts erforscht hat, [sondern] sich daran hält, was die anderen sagen" (2002, 151). Entsprechend leitet Heidegger das Reden-Müssen nicht wie Aristoteles aus dem für ein „politisches" Zusammenleben dringenden Deliberations- bzw. Verständigungsbedarf epistemisch unzugänglicher praktischer Problemfragen ab, sondern aus der Struktur einer *doxa*, deren „Sinn [es] ist, eine Diskussion offen zu lassen", was heißt: die sich nicht festlegen will, obwohl das – so muss man als Leser unterstellen – durchaus möglich wäre, wenn man nur „an der Sache selbst" statt an seinen eigenen „Ansichten von ihr" interessiert wäre. Dieses scheinbar sachfremde Interesse an „Ansichten" kann Aristoteles freilich weit plausibler als Heidegger erklären, nämlich aus der prinzipiellen Subjektbindung jeder *doxa*, um deren überzeugte Zustimmungsfähigkeit darum auch jeder Redende konsequent und legitim mit allen seinen persuasiven Kräften werben muss (vgl. unten Kap. 10). Dabei „spricht" der Redende als Anwalt der von ihm vertretenen Sache und nicht, wie Heidegger will, bloß *neben* der Sache „mit", wenn er „für die Sache spricht", was „die Sache an sich selbst" aber nach Heidegger eher „verdeckt", sodass sie „nicht [mehr] für sich selbst sprechen kann" (2002, 150, 119). Dass sie es aber durchaus könnte, ist bei Heidegger ebenso unterstellt, wie seine Lieblingsformel für das meinungshafte Alltagsverständnis (dass es nämlich bloß ein „Vertrauen zu dem [abbildet], was sich zunächst [und zumeist] zeigt") so tut, als impliziere dieses „zunächst und zumeist" nur eine temporale bzw. modale Geltungseinschränkung des Alltagsverständnisses, insofern es sich *auch* als „Boden [!] für die Untersuchung der Sache selbst" instrumentell umfunktionalisieren ließe (2002, 152), die dann offensichtlich, „entkleidet" von allen „verdeckenden" Meinungen, „rein für sich selbst [zu] sprechen [vermöchte]" (2002, 150).

Mit dieser Annahme scheint mir der entscheidende Differenzpunkt zu Aristoteles und dessen *Rhetorik* markiert zu sein, deren eigentlichen „Sinn" Heideggers Vorlesung ja zu eruieren und gegen Missdeutungen schützen zu können versprochen hat, den sie aber verfehlt, weil er diesen Differenzpunkt gar nicht bemerkt hat bzw. interessebedingt gar nicht bemerken konnte: Aristoteles sieht in der Rhetorik nämlich, anders als Heideggers Deutung will, keine Verhinderung, „die Sache an sich selbst rein für sich sprechen [zu lassen]", sondern im Gegenteil die einzige und wirksamste Chance – das macht ja ihre „Nützlichkeit" aus! –, sie allererst *zum Sprechen zu bringen*, weil keine Sache für sich selbst spricht. Das müssen wir schon selber tun, indem wir ihr unsere Stimme leihen, was sie dann aber auch mit unserer Stimme zu reden nötigt. Das ist besonders bei praktischen und d. h. bei epistemisch nicht zugänglichen Problemfragen der Fall, insofern sich hier die Sache selbst gar nicht anders als in der *Zustimmungsfähigkeit eines für die Sache überzeugend werbenden Redens zur Geltung bringen kann*, – so die oben (Kap. 7.3) bereits referierte, aber von Heidegger nicht beachtete fundamentale These aus Aristoteles' *Rhetorik*, die erkennbar Rhetorik in den Prozess praktischer Wahrheitsfindung aktiv mit einbezieht, statt diese wie Heidegger einer philosophischen Begriffssprache vorzubehalten, die erst der meinungshaften Alltäglichkeit und ihrem sachfernen „Gerede" und „Geschwätz" als dem vermeintlichen *Reich der Rhetorik* (Perelman 1980) mühsam abgerungen werden muss (Heidegger 2002, 278).

Bei Aristoteles muss diesem „Reich" dagegen nichts abgerungen werden, weil Rhetorik für ihn bereits als ein Medium deliberativer Verständigungsarbeit gilt für Fälle, wo diese meinungshafte Alltäglichkeit in ihrer unterstellten Vertrautheit durch Problematisierungen ihrer Geltungsbedingungen so sehr gestört ist, dass eine Fortsetzung kooperativen Handelns unmöglich wird (s. u. Kap. 10). Solche deliberative Verständigungsarbeit ist aber mit geschlechts- und ichlosen „Niemands" gar nicht durchführbar, weil sie prinzipiell nicht könnten, was Verständigungsarbeit voraussetzt, nämlich Verantwortung für die redend immer schon erhobenen Geltungsansprüche zu übernehmen, indem man sie im Fall ihrer Problematisierung methodisch einzulösen bereit ist.[103] Unter Bedingungen einer borniertten Alltäglichkeit, wie sie Heidegger zeichnet, wäre für eine Rhetorik dieses Typs überhaupt kein Platz, weil kein Bedarf an einem durch Verständigungsarbeit wieder herzustellenden Einverständnis bestünde. Wovon sollte eine Rhetorik denn auch Menschen überzeugen wollen, von denen „jeder der andere ist und keiner er selbst" (1977, 128), von denen also keiner für sein „Gerede" zur Verantwortung zu ziehen wäre? Eine Rhetorik nach Aristoteles' Vorstellungen kann mit solchen Subjekten nichts anfangen, weil Rhetorik es mit Situationen zu tun hat, die strukturell auf eine *krisis* hin fokussiert sind, d. h. auf ein Urteil bzw. auf eine Entscheidung, was eine einschlägige Streitfrage bzw. Problemlage voraussetzt und ein Reden nötig macht, das sich an Zuhörer „wie an Richter" (*krites*) wendet, insofern sie über die Überzeugungskraft der jeweils vorgeschlagenen Problemlösungen urteilen sollen (*Rhet.* 1391b). Dabei meint die Rollenbezeichnung „Richter" keine auf das forensische Genus spezifizierte Rede- bzw. Hörhaltung (Gerichtsrede), sondern eine die traditionelle rhetorische Gattungsform transzendierende, generelle Rollenkennzeichnung für Kommunikationsteilnehmer in praktischen Verständigungsprozessen, deren Probleme nur deliberativ geklärt und entsprechend

---

[103] Zu dem mit „rechtfertigen" gemeinhin übersetzten griechischen Begriff „logon didonai" vgl. Kopperschmidt 1996; 2000, 205 ff.; Figal 1996, 132 ff. und unten Kap. 10.

auch nur über Zustimmungserfolge entschieden werden können, mithin auf entscheidungsfähige und -bereite Subjekte angewiesen sind. Natürlich ist solche Verständigungsarbeit nicht voraussetzungslos, will sagen: sie fängt nicht jedes Mal am Nullpunkt an, sondern muss methodisch immer schon mehr Verständigtsein bzw. Einverständnisse voraussetzen, als sie ihrerseits jeweils zu sichern vermag. Eben das ist mit dem oben bereits genannten operativen Schlüsselbegriff der Rhetorik, nämlich „anschließen", gemeint: Verständigungsarbeit, wie sie die Rhetorik betreibt, ist *methodische Anschlussarbeit* an jeweils unterstellbare einschlägige Plausibilitätspotentiale (s. u. Kap. 11).

Ich will freilich nicht unerwähnt lassen, dass es neben der Aristotelischen Verständigungsrhetorik, um deren Verteidigung gegen Heideggers existenzial-hermeneutische Vereinnahmung und Verfälschung es hier primär geht, natürlich auch eine Rhetorik „des Niemands" (durchaus im Sinne Heideggers) gibt und immer gegeben hat, für die der berühmteste „Niemand" der europäischen Literaturgeschichte exemplarisch steht, nämlich Homers Odysseus (den Heidegger verständlicherweise nicht erwähnt, weil Heideggers „Niemand" kein Überlebenskünstler ist wie Odysseus, sondern die „Man"-Existenz der „Alltäglichkeit" verkörpert):[104] Der „schmiegt sich" – so die nicht weniger berühmte Interpretation seines Polyphem-Abenteuers durch Horkheimer und Adorno in deren legendären *Dialektik der Aufklärung* (1971, 59 ff.) – so sehr „dem Vertrauen Polyphems ein und damit dem von ihm vertretenen Beuterecht aufs Menschenfleisch", dass er strategisch sich ihm „angleichend"[105] in der Tat zu einem „Niemand" (*oudeis/outis*) wird: Listig „schmeichelnd" redet Odysseus dem Ungeheuer so sehr nach dem Munde und verwöhnt es so großzügig mit süßen Wein, dass dessen erwartbare Wirkung Odysseus berechtigt hoffen lässt, sein Leben vielleicht doch noch aus der Gewalt Polyphems retten zu können: „Vergiss mir auch die Bewirtung nicht, die du verheißen!" (*Odyssee* IX, 365). Polyphem verspricht es Odysseus, ihn nämlich als letzten verspeisen zu wollen. Um die doppelte List – des Namens und der Rede – eines Odysseus zu begreifen, fehlen seinem „schwachen Witz" (Horkheimer und Adorno 1971, 62) freilich alle intellektuellen Voraussetzungen.

Odysseus muss ein „Niemand" werden, weil es unter Bedingungen einer total asymmetrischen Sozialbeziehung, wie sie zwischen ihm als hilflos Gestrandetem und einem solitär und gesetzlos lebenden Menschenfresser herrscht, keine Chance für Verständigung geben kann. Aber Odysseus will auch nicht der

---

104 „[…] das Man als das Niemand [ist kein] Nichts. Im Gegenteil. In dieser Seinsart ist das Dasein ein ens realissimum, falls ‚Realität' als daseinsmäßiges Sein verstanden wird" (1977, 128).
105 1971, 53 zur „Selbsterhaltung durch Angleichung". Zur kategorialen Ausdifferenzierung von „anpassen" in bloßes „angleichen" und methodisches „anschließen" s. u. Kap. 11.3 und Kopperschmidt 1999/1.

„Niemand" bleiben, als welcher er sich schließlich zu retten vermochte: Als er sich mit den wenigen übrig gebliebenen Gefährten nach der erfolgreichen Blendung Polyphems auf das Schiff gerettet hat, ruft er dem erfolglos um Hilfe Rufenden stolz seinen wahren Namen zu („Odysseus, der Sohn des Laertes, der Städteverwüster, hat [dein] Auge geblendet") (IX, 504), was ihn und seine Gefährten noch einmal in größte Lebensgefahr bringt. Warum tut er das? Horkheimer und Adorno wollen darin „die Dialektik der Beredsamkeit" erkennen, die in der „Versuchung" bestehe, immer „zuviel zu reden", um so den „hinfälligen Vorteil des Wortes" versuchsweise festzuhalten. „Hinfällig" ist dieser „Vorteil" nach Horkheimer und Adorno, weil – so der typische *Sound* dieser beiden Autoren – „*das Wort sich schwächer weiß denn die Natur, die es bezwang* [meine Hervorhebung, J. K.]" (1971, 63). Ich glaube freilich nicht, dass diese Deutung die Pointe dieser Szene angemessen trifft; näher scheint mir zu liegen, an ihr weniger „die *Dialektik*" als die *Bedingung möglicher „Beredsamkeit"* – wenn auch nur e negativo – beispielhaft ablesen zu können: Deliberative Verständigungsarbeit bzw. Überzeugungsarbeit sind „kulturelle Praxen" (vgl. Lachmann u. a. 2008), die unter Gewaltbeziehungen prinzipiell nicht möglich sind[106] bzw. notwendig zu listigen Überredungsstrategien pervertieren müssen, in denen es nicht mehr um Verständigung geht, sondern nur noch um Erfolg bzw. – wie im Fall des Odysseus – ums nackte Überleben. Von „pervertieren" ist dennoch rechtens zu reden, weil auch bei bloß erfolgsorientierten Überredungsstrategien Moral ins Spiel kommt, insofern eine Überredung nur erfolgreich sein kann, wenn sie ihre Überredungsabsicht erfolgreich invisibilisiert, was heißt: wenn sie erfolgreich eine Überzeugungsabsicht vorzutäuschen vermag. Gegenüber Polyphem ist eine solche Täuschungsabsicht freilich, wie sie Odysseus erfolgreich anwendet, leicht zu verkraften, weil es gegenüber einem Menschenfresser keine moralischen Pflichten gibt. Anders dagegen verhält es sich mit Alltagssituationen, in denen man es gemeinhin nicht mit Menschenfressern zu tun hat, sondern mit Personen, die man für eigene Ziele gewinnen oder einspannen will, was schnell zu einem Konflikt zwischen dem egoistischen Erfolgsinteresse und der moralisch gebotenen Wahrhaftigkeit und Fairness führt; deren erfolgreicher Prätention verdankt sich aber jeder kommunikative Erfolg, weshalb man diese bloß strategische Prätention auch regelhaft in Kommunikationen unterstellen darf, die – wie etwa die werbliche – prinzipiell nur erfolgsorientierte Interessen parasitär verfolgen.

Noch einmal: Odysseus kann dieses Wahrhaftigkeitsproblem gegenüber Polyphem nicht haben, wenn er auch seinen „Niemand"-Status unbedingt wieder loswerden und mit seinem wahren Namen seine Identität wieder zurückhaben

---

106 S. u. Kap. 9 zu den sozialen Bedingungen möglicher Rhetorik!

will, wie sie für ein Leben unter Menschen mit zivilen Umgangsformen unerlässlich ist. Doch an Odysseus und seinem Verhalten gegenüber Polyphem lässt sich exemplarisch die Relevanz der hier einzuklagenden Unterscheidung verdeutlichen, für die es im Deutschen gottlob ein singuläres Lexikalisierungsangebot gibt, gemeint ist die Unterscheidung zwischen *erfolgsorientierter Überredungs-* und *verständigungsorientierter Überzeugungsrhetorik* mit ihren je unterschiedlichen Anpassungsformen (Angleichung/Anschluss). Entsprechend der Relevanz dieser fundamentalen Unterscheidung für eine kritische und nicht bloß sozialtechnologisch interessierte Rhetoriktheorie wird auf das Polyphem-Abenteuer später (s. u. Kap. 11) noch einmal zurückzukommen sein, um an ihm den dezidiert redekritischen bzw. moralischen (nicht kompetenztheoretischen) Charakter dieser Unterscheidung zwischen den beiden Anpassungsformen zu präzisieren, wie sie in Überredungs- und Überzeugungsrhetorik jeweils zur Geltung kommen.

7.4 Definitionskontamination

Ebenso wie die hier vertretene Einschätzung der Aristotelischen *Rhetorik* (als Theorie und Methodisierung verständigungsbezogener Überzeugungsarbeit im Fall problematisierter Geltungsansprüche) sich mit Heideggers Deutung dieser Pragmatie (als „erster systematischen Hermeneutik" des alltäglichen bzw. meinungshaften Verständigtseins) reibt, gib es auch weitere relevante Divergenzen in der jeweiligen Bewertung der Rhetorik allgemein bei Aristoteles und Heidegger: Bei Aristoteles ist die rhetorische Verständigungsarbeit zwar (aus den o. g. Gründen) ontologisch und deshalb auch erkenntnis- und wissenschaftstheoretisch prinzipiell defizitär, aber das verändert (mangels Alternativen) nicht ihre prinzipielle Unersetzbarkeit und pragmatische „Nützlichkeit" (s. besonders *Rhet.* 1355a), deren Nachweis ja die Aristotelische *Rhetorik* dient. Bei Heidegger gilt umgekehrt die Rhetorik der „Alltäglichkeit", insofern sie zum „Man als eines wesentlichen Existenzials" gehört (1977, 129), zwar nicht per se als defizitär, sondern hat sogar Teil an dessen existenzialer Nobilitierung; doch diese Rolle kommt gegen den durchgehend pejorisierenden Eigensinn der Heidegger'schen Beschreibung dieser Rolle („durchschnittlich", „oberflächlich", „uneigentlich", „alltäglich", „Gerede" usw.) nicht an und kann ihn auch trotz emphatischer Gegenrede (besonders in 1977, 128 ff.) nicht zum Schweigen bringen. Und selbst wenn das gelänge, bliebe es immer noch völlig unbegreiflich, warum „*gegen*" diese Rhetorik der „herrschenden Verständlichkeit" (2002, 272 ff.) die Philosophie hätte ankämpfen und eine „Begrifflichkeit" wie die von Heidegger an Aristoteles exemplarisch rekonstruierte hätte überhaupt entwickeln müssen; denn die soll ja „*die Sachen an sich selbst [...] rein*" und „ohne praktische Abzweckung"

„für sich selbst sprechen [lassen] [meine Hervorhebung, J. K.]" (2002, 150), sodass „der logos selbst praxis" werden (2002, 159) und ein „eigentliches Ansprechen der Welt" ermöglichen kann (2002, 40). Wenn eine solche Sprache der „reinen Sachlichkeit" aber offensichtlich als möglich unterstellbar ist und wenn sie – anders als bei Aristoteles – eine veritable Option darstellt, die sogar „eine existenzielle Modifikation des Man" und damit ein „eigentliches Selbstsein" in Aussicht stellen kann, dann bekommt man ein Problem, das schon Platon hatte und Heidegger von Platon geerbt hat: Warum wählen Menschen eigentlich diese doch attraktive Option nachweislich so selten und bleiben lieber ihrer vertrauten Meinungswelt treu, für die Platon das berühmte gleichnishafte Bild der Höhle erfunden hat (*Pol.* 514 ff.) (vgl. oben Kap. 3.3)?

Heidegger verwendet dieses philosophiegeschichtlich wohl einflussreichste Gleichnis erst seit 1926 und erst 1931/1932 bzw. 1933/1934 widmet er ihm zwei große Vorlesungen, um seinen „privativen" Wahrheitsbegriff („a-letheia" im Sinne von Un-verborgenheit)[107] bildhaft zu plausibilisieren, nämlich: Wahrheit als Befreiung aus der Höhle, was auch eine Befreiung aus der Meinungswelt der Rhetorik sein sollte (vgl. Kopperschmidt 2009, 347, 365 ff.). 1924 hatte Heidegger diese suggestive Höhlen-Metaphorik offensichtlich noch nicht zur Verfügung, wohl aber einen vergleichbar autoritativen Text des gleichen Autors, mit dem sich die Rhetorik als ein philosophisch höchst fragwürdiges Phänomen der Sophistik diskreditieren ließ, gemeint ist natürlich Platons Dialog *Gorgias*. Dass Heidegger in einer Aristoteles gewidmeten und dessen *Rhetorik* ausgiebig nutzenden Vorlesung eine Platonische Rhetorikdefinition aus dem *Gorgias* nicht nur zitiert, sondern ihr eine argumentativ zentrale Funktion einräumt, ist schon sehr merkwürdig. Noch merkwürdiger ist, dass – wie oben bereits vermerkt – einschlägige Definitionen aus Aristoteles' *Rhetorik* Heideggers Interesse weit weniger zu wecken vermochten. Zu meiner oben versuchten Erklärung dieser Merkwürdigkeit stehe ich immer noch: Heidegger konnte bei Aristoteles keinen Begriff von Rhetorik finden, an dem sich die – jetzt muss der einschlägige Begriff endlich genannt

---

107 Zu diesem vermeintlich antiken Wahrheitsbegriff, bes. prägnant entwickelt in Heidegger 1997, 482 ff., s. Kopperschmidt 2002, 310 ff. Nach Heidegger meint Wahrheit „Privation", wie es der griechische Begriff für Wahrheit, nämlich *a-letheia*, schon morphologisch mit seinem „a-privativum" anzeigen soll, was implizieren würde: Nicht Un-Wahrheit ist wie im Deutschen die Negation von Wahrheit, sondern Wahrheit ist die Negation von vorgängiger Un-Wahrheit im Sinne von Verborgenheit, der Wahrheit als Un-Verborgenheit erst entrissen (*privare*) werden muss. Deshalb ist das Leben in der Höhle die Normalität eines im Scheinwissen gefesselten und deshalb uneigentlichen Lebens in der Unwahrheit, aus dem die Höhlenbewohner erst befreit werden müssten, um ein Leben in der Wahrheit zu führen. Ungeachtet aller Bedenken halte ich es dennoch für einen Geniestreich Heideggers, das Höhlengleichnis als narrative Explikation des „a-privativum" im griechischen *a-letheia*-(Wahrheits-)Begriff zu deuten. Vgl. oben Kap. 3.2 und 3.3!

werden – „*Verfallensgeneigtheit* [meine Hervorhebung, J. K.]" menschlicher Rede hätte illustrieren und sich als Grund für die notwendige Entwicklung einer philosophischen Begriffssprache hätte plausibilisieren lassen. Das ging nur mit Platon, besonders gut mit Platons *Gorgias* als der wichtigsten philosophischen Kampfschrift gegen die Sophistik und ihr Rhetorikverständnis. Wer wie Heidegger diese Schrift zitiert, kann nicht mehr glaubhaft behaupten, deren pejorisierende Intention einklammern zu können. Das ist genau so kontraintuitiv, wie den pejorisierenden Eigensinn der oben zitierten Beschreibung rhetorischen Redens existenzialhermeneutisch bzw. -ontologisch neutralisieren zu wollen, was schon Adorno Heidegger nicht abnahm. Zudem verrät bereits Heideggers Übersetzung der gemeinten Rhetorikdefinition aus dem *Gorgias* (*rhetorike peithous demiourgos*, s. 453a), wie sehr er sich die Platonische pejorisierende Sichtweise der Rhetorik zu eigen gemacht und wie weit er sich damit von der des Aristoteles entfernt hat: „Das Redenkönnen ist diejenige Möglichkeit, in der ich über die Überzeugungen der Menschen, wie sie miteinander sind, *die eigentliche Herrschaft* [!] habe. In dieser Grundverfassung der Griechen ist der Boden zu suchen für [die] Definition des Menschen", nämlich dass „der Mensch ein Lebewesen ist, das spricht [meine Hervorhebung, J. K.]" (Heidegger 2002, 108). Man beachte, wie an der Aristotelischen Ausgangsdefinition „Der Mensch ist ein Seiendes, das spricht" (*zoon logon echon*) bei Heidegger mittels einer kontaminierenden Verknüpfung mit einer Platonischen Rhetorikdefinition interpretativ eine entscheidende *Bedeutungsverschiebung* vorgenommen wird, die aber als authentisches Verständnis der Aristotelischen *Rhetorik* ausgegeben wird (vgl. Kopperschmidt 2009, 318 ff.). Noch deutlicher im folgenden Zitat: „Der Mensch ist ein Lebewesen, das im Gespräch und in der Rede sein eigentliches Dasein hat. Die Griechen existierten in der Rede. Der Rhetor ist derjenige, der *die eigentliche Macht über das Dasein hat* [meine Hervorhebung, J. K.]" (2002, 108). In gerade mal drei knappen Sätzen ist nicht nur eine kühne Brücke vom „Menschen" allgemein über „die Griechen" zum „Rhetor" geschlagen, sondern aus dem Menschen als einem sprachfähigen Wesen ist im Eilverfahren auch ein nach Macht strebendes Subjekt geworden, das im „Rhetor" seine modellhafte Repräsentanz findet. Dieser forsche Gestaltwandel macht freilich argumentationsstrategisch für Heidegger durchaus Sinn, insofern er ihm endlich die Frage definitiv zu beantworten erleichtert, um die es ihm in seiner 1924er-Vorlesung ja primär geht, nämlich: Warum hat die Philosophie sich eigentlich eine Sondersprache erfinden müssen? Hier steht die Antwort: *Es war die Rhetorik, die die Philosophie dazu genötigt hat*, weil es die Rhetorik war, die „das Man" lehrte, wie man „seine eigentliche Herrschaft in der Sprache [haben kann]" (2002, 64), was operativ meint: Wie man die eigene interessenverhaftete Meinung über eine Sache so erfolgreich zu vertreten vermag, dass „die Sache an sich rein für sich selbst zu sprechen" gar keine Chance mehr hat. Macht also als soziale Macht im

Meinungskampf ist es, was die Rhetorik mit der von ihr methodisierten Überzeugungskraft der Rede nach Heidegger verspricht und was ihr erfolgsfixiertes Versprechen so attraktiv macht, dass ein philosophisches Wahrheitsinteresse für die meisten chancenlos blieb. Dadurch konnte Rhetorik, insofern die dazu anleitete, „im Zunächst, in der Mode, im Geschwätz aufzugehen", für die Griechen nach Heidegger „zur Grundgefahr ihres Daseins" werden (2002, 108).

Heidegger hat für diese These auch gleich ein einschlägiges, u. a. von Aristoteles überliefertes (*Rhet.* 1402a) Protagoras-Zitat parat, das erkennbar auf den Punkt bringen soll, was Rhetorik mit Sprache als sozialem Machtmittel konkret verspricht, nämlich: „das schwächere Argument zum stärkeren machen zu können" (*ton hetto logon kreitto poiein*). Heidegger übersetzt dieses Protagoras-Zitat wie folgt: „Über Geometrie zu diskutieren, auch wenn man nichts von Geometrie versteht; das Gespräch so zu führen, dass ich den anderen überwinde ohne Sachkenntnis" (2002, 108–109). Ich sage nicht, dass das eine absolut falsche Übersetzung sei, ich sage nur, dass diese Übersetzung das Ergebnis einer weiteren Kontamination Heidegger'scher Interpretationskunst ist; denn diese Übersetzung orientiert sich weniger an dem eben genannten von Aristoteles überlieferten Original, sondern an der im Platonischen *Gorgias* vom Namensgeber dieses Dialogs vorgetragenen These, der Wert der Rhetorik bestünde darin, über alles auch „ohne Sachkenntnis" (!) sogar „besser als die jeweiligen Sachverständigen" – zumindest vor der „unwissenden Menge" (*plethos, ochlos, hoi polloi*) – reden zu können, wodurch man sich „mithilfe einer einzigen Kunst" das Erlernen vieler Künste ersparen könne (*Gorg.* 458 ff.). Dass die intellektuelle Schlichtheit dieser zeit- bzw. arbeitsökonomischen Begründung von Rhetorik philosophisch zum Widerspruch geradezu herausfordern muss und sich als Steilvorlage für Sokrates' Abrechnung mit dieser Art von („demiurgischen") Rhetorik besonders gut eignet, versteht sich von selbst, wenn hier auch unentschieden bleiben mag, wie hoch der Platonische Anteil an der provokativen Ärgerlichkeit dieser These ist. Wichtiger in unserem Zusammenhang ist, dass Heidegger sich von Platon die Deutung einer für das Protagoreische Denken zentralen These kritiklos hat vorgeben lassen, die mit dem Namen Protagoras zugleich endlich auch die Bewegung benennt, gegen die sich ja die Platonische Rhetorikkritik im Kern wendet, nämlich gegen die Sophistik als die einschlägige Haustheorie der Rhetorik. Dass es für den von Heidegger zitierten Satz des Protagonisten der Sophistik spätestens seit Hegels großartigem Kapitel über „Die Philosophie der Sophistik" in dessen *Geschichte der Philosophie* (1971/1, 406 ff.) eine ganz andere, wenn auch unplatonische Deutung gibt, sei hier nur am Rande erwähnt, weil auf diesen Satz zurückzukommen sein wird, wenn wir über die kognitiven Aspekte der Rhetorik reden (s. u. Kap. 8). Hier muss der Hinweis auf die erneut erkennbare Argumentationsstrategie Heideggers ausreichen, nämlich die Rhetorik über ihre (ideengeschichtlich durchaus korrekte) Verortung eben dort zu positionieren, wo die wirklichen Konfliktlinien mit ihr seit Platon für Jahrhunderte in der Tat verlaufen, nämlich zwischen Philosophie und Sophistik. Entsprechend kann jetzt auch „die Existenz der Sophistik" in die Rolle schlüpfen, die vorher die Rhetorik als das „Gerede" „des Man" spielte, nämlich als „Erweis" zu fungieren für ein „Verfall[ssyndrom]", das nach Heidegger an Rede allgemein und an Rede „zur Zeit Platos und Aristoteles'" im Besonderen festzumachen sei und das die Notwendigkeit einer sachhaltigen Begrifflichkeit philosophischer Sprache allererst plausibel mache; denn nur „*aus*" diesem durch Sophistik (inklusive Rhetorik) repräsentierten „Verfall[ssyndrom]" sowie im Kampf „*gegen* [meine Hervorhebung, J. K.]" es wird nach Heidegger die Genese philosophischer Begrifflichkeit angemessen verstehbar (2002, 272 ff.). Und genau das ist das Ziel Heideggers in der 1924er-Vorlesung: nachvollziehbar zu machen, was es bedeutet,

> aus dieser Veräußerung des griechischen Daseins, aus dem Gespräch und Gerede das Sprechen zurückzuholen, das Sprechen dahin zu bringen, dass Aristoteles sagen kann: Der *logos* ist *logos ousias*, ‚Sprechen über die Sache, was sie ist'. Aristoteles stand in der extremsten Gegenstellung zu dem, was um ihn herum lebendig war [...]. Man darf sich nicht vorstellen, dass den Griechen die Wissenschaft in den Schoß gefallen wäre. Die Griechen sind gänzlich im Äußeren aufgegangen. Zur Zeit Platos und Aristoteles' war das Dasein so mit Geschwätz [!] beladen, dass es der ganzen Anstrengung beider bedurfte, um überhaupt mit der Möglichkeit der Wissenschaft Ernst zu machen (2002, 109; vgl. auch 114).

Hier ist kein Platz, auf dieses Konstrukt einer historisch frei schwebenden Zeit- bzw. Kulturkritik näher einzugehen, dem man ohnehin leicht ansieht, dass es seinem Autor nicht leicht fallen dürfte, Aristoteles als einen antisophistischen Kampfgenossen Platons plausibel machen zu können, der seine *Rhetorik* sogar – dies der Gipfel Heidegger'scher Interpretationskunst – als systematische Ausarbeitung der Platonischen Idee einer „positiven Rhetorik" habe verstanden wissen wollen. Das ist ebenso absurd wie es der weitere Versuch Heideggers ist, Nietzsche als Autorität für die erwähnte Behauptung über die Sophistik als „Verfall[ssyndrom]" einzuspannen (2002, 109). Denn das Nietzsche-Zitat aus dessen Vorlesung 1872/1873, das Griechische sei „die sprechbarste aller Sprachen", hat eindeutig einen ganz anderen Fokus als Heidegger zu insinuieren versucht; denn nicht dass „die Griechen der Sprache verfallen sind", stützt dieses Nietzsche-Zitat ab, sondern dass diese „sprechbarste aller Sprachen" nicht „vom Himmel gefallen ist", vielmehr das Produkt eines „Volkes [ist], das unersättlich viel gesprochen hat", um sich eine solche Sprache zu „erarbeiten" (1995, 413 ff.).

Es fällt mir zugegeben nicht leicht, die Auseinandersetzung mit Heideggers Aristoteles-Vorlesung von 1924 hier abzubrechen, obwohl zu dem für deren Rhetorikeinschätzung so zentralen Verfallsparadigma und seiner möglichen Herkunft noch wenig gesagt worden ist – was freilich auch für den Begriff „Öffentlichkeit" gilt, der für die hier konturierte Rhetorik ebenso zentral ist, wie er bei Heidegger bloß die „verfallende Flucht" eines verantwortungslosen „Man" bezeichnet.[108] Doch bleiben wir aus Platzgründen beim Verfallssyndrom! In seinem Fall sind noch einige ergänzende Worte nötig, weil die Einführung dieses Paradigmas in die Argumentation alles andere als plausibel ist, wie das folgende Zitat Heideggers belegen kann, das es trotz seiner formallogischen Oberflächenstruktur einem Verstehensversuch nicht gerade leicht macht: „*Wenn* die Rede die eigentliche Möglichkeit des Daseins ist, in der es sich abspielt, und zwar konkret und zumeist, *dann* ist gerade dieses Sprechen auch die Möglichkeit, in der sich das Dasein verfängt [...] [meine Hervorhebung, J. K.]" (2002, 108). Eine fast identische Sprach- bzw. Denkstruktur, diesmal aber auf die Grundkategorie „Sorge" bezogen, findet sich in dem sogenannten Natorp-Bericht von 1922, der sicher nicht zufällig auch eine breite Exposition des für Heidegger so wichtigen Verfallsparadigmas enthält: „Die Möglichkeit, das Sein des Lebens bekümmert zu ergreifen, ist *zugleich* die Möglichkeit, Existenz zu verfehlen [meine Hervorhebung, J. K.]" (2002a, 25, vgl. 18, 43, 58, 61, 131, 138 ff. und 1977, § 39 ff.). Die erkennbar identische Sprach- und Denkstruktur hilft zwar auch nicht viel weiter, um die intrinsische Logik des zugrunde liegenden Sprach- bzw. Denkmusters aufzuklären, doch erlaubt sie wenigstens den Schluss, dass dieses Sprach- bzw. Denkmuster seine binarisierende Differenzierungsleistung weder *aus* der Struktur des Redens selbst (so 1924) noch *aus* der Struktur der Sorge (so 1922) abzuleiten versucht, sondern diese eher *auf* Reden (besorgendes/verfallendes) bzw. *auf* Sorge (bekümmerte/verfallende) bloß anwendet, was heißt: seine Plausibilität muss dieses Verfallsparadigma anderen Begründungsressourcen verdanken, etwa gnostischen (Jonas 1991) oder erbsündetheoretischen (Spaemann 2007, 199 ff.) oder säkularisierten bzw. existenzialontologisch umfunktionierten Theologumena (vgl. Kopperschmidt 2009, 334 ff.). Jedenfalls ließen sich hier naheliegende Anschlusschancen vermuten für apodiktische Aussagen Heideggers über die „Verfallenstendenz des Lebens" wie etwa diese: „Hinsichtlich ihres konstitutiven Sinns hat die Negation den ursprünglichen Primat vor der Position. Und das deshalb, weil der Seinscharakter des Menschen faktisch *in einem Fallen*, in dem welthaften Hang bestimmt ist [meine Hervorhebung, J. K.]" (2002a, 27). Vielleicht hat die von Heidegger als „Urtatsache" apostrophierte Evidenz einer „Grundtendenz des Lebens zum Abfallen von sich selbst" (2002a, 19) doch mehr mit dem jahrhundertelang als Urkatastrophe des

---

108 „Die verfallende Flucht *in* das Zuhause der Öffentlichkeit ist Flucht *vor* dem Unzuhause, das heißt der Unheimlichkeit, die im Dasein als geworfenem, ihm selbst in seinem Sein überantwortetem In-der-Welt-sein liegt" (1977, 189, 127) – so Heideggers sowohl Kant wie Habermas widersprechender Öffentlichkeitsbegriff.

Menschen theologisch verstandenen Sündenfall zu tun als Heideggers forsche Verpflichtung von Philosophie auf Atheismus (2002a, 28) wahrhaben will (vgl. auch 1977, 175–176). Bei einem Denker, der sich noch 1921 als einen „christlichen Theologen" bezeichnete und der sich noch 1916 auf den Freiburger Lehrstuhl für „Christliche Philosophie" (mit Schwerpunkt „Mittelalterliche Philosophie") gern hätte berufen lassen (was aber nicht erfolgte und Heidegger sehr verletzte), wäre das ja nicht einmal überraschend.

7.5 Heidegger gegen Heidegger lesen?

Genug der vorgetragenen Gründe, warum Heideggers Versuch von 1924, die als sophistisch denunzierte Rhetorik als ein „Verfall[ssyndrom]" zu rekonstruieren und aus ihm die Genese einer philosophischen Begriffssprache zu plausibilisieren, für die Rhetorik alles andere als ein Glücksfall war. Bleibt statt eines Resümees nur noch die Schlussfrage, ob Heidegger, wenn er schon kein Glücksfall für die Rhetorik war, ihr denn wirklich so sehr geschadet hat, dass es der Mühe wert ist, diesen Schaden, wie hier geschehen, versuchsweise zu bilanzieren. Ich meine: Ja! Natürlich hat Heidegger den grandiosen Rhetorik-Essay des emphatischen Heidegger-Kontrahenten Hans Blumenberg gottlob nicht verhindern können (von dessen pietätloser Abrechnung mit Heideggers oft gerühmter Ausdeutung des Platonischen Höhlengleichnisses von 1989 ganz zu schweigen) (s. o. Kap. 5.3). Doch dass es so lange gedauert hat, bis Blumenbergs Essay *Anthropologische Annäherung an die Aktualität der Rhetorik* seine geistige Sprengkraft entfalten und zum Basistext der philosophischen Entdeckung der Rhetorik werden konnte, daran hat auch ein Meisterdenker wie Heidegger seinen Anteil. Zumindest hat seine Autorität es erschwert, Aristoteles' *Rhetorik* einmal mit Blumenbergs Augen zu lesen und in ihr statt einer „Existenzialhermeneutik" ein „vernünftiges Arrangement mit der Vorläufigkeit der Vernunft" (1981, 130) zu entdecken, die als eine „Gestalt von Vernünftigkeit" anzuerkennen nach dem Ende aller Gewissheiten eigentlich leichter hätte fallen müssen als diese Vernünftigkeit mit Plato und ewigen Platonikern immer noch von der philosophischen Überwindung der Rhetorik zu erwarten, als fände „die Sache an sich selbst" erst zu ihrer eigenen Sprache, wenn sie die der Rhetorik endlich zum Verstummen gebracht hätte. Der Verdacht ist heute gottlob weit verbreitet, weil gut begründbar, dass mit dem Verstummen von Rhetorik auch die Sachen selbst verstummen würden, weil es schon immer Rhetorik war, die sie das Sprechen (heimlich) gelehrt hat – wie Nietzsches kühnes Theorem „Die Sprache ist Rhetorik" behauptet (s. u. Kap. 8).

Wenn Heidegger mit seiner Autorität etwas in Sachen Rhetorik erschwert hat, dann ist es dies: die Chance einer philosophischen Entdeckung der Rhetorik wahrzunehmen, die in der Entdeckung der philosophischen Relevanz ihres originären Prinzips liegt, nämlich des *Prinzips überzeugungsbedingter Zustimmungsnötigung*. Denn in ihrem philosophischen Kerngehalt kann eine philosophische Entdeckung der Rhetorik, wenn sie diesen Namen verdienen soll, nur die Entdeckung des *rhetorischen Zustimmungsprinzips als eines vernünftigen Geltungsprinzips* unter Bedingungen der Moderne meinen. Das konnte zwar noch kein Aristoteles so sehen, doch dass er in die Vorgeschichte der philosophischen Entdeckung eines modernen und d. h.: eines *zustimmungsabhängigen Geltungsprinzips* gehört, resultiert schon aus der oben (Kap. 4.) erwähnten Konvergenzunterstellung zwischen Wahrheit und rhetorischer Zustimmungsnötigung; die meint zwar noch keinen durch rhetorische Zustimmungsnötigung *konstituierten* Wahrheits- oder *Geltungsgrund*, wohl aber ein an rhetorischer Zustimmungsnötigung *ablesbares* Wahrheits- oder *Geltungsindiz*, was jedenfalls weit mehr ist als die bloß *additive* Beziehung zwischen Wahrheit und Wirkung, wie sie Platon in seiner „positiven" Rettung der Rhetorik (*Phaidr.* 269) vorschlägt, um auch „den Vielen" einen Zugang zur Wahrheit zu eröffnen, die für deren „unverdeckte" bzw. „unverstellte" Selbstevidenz (2002, 119, 150, 276, 281, 285–286 und öfter) nicht disponiert sind, sondern noch äußerer Wirkmittel bedürfen, um sich zur Zustimmung überreden zu lassen (vgl. Kopperschmidt 2009, 378 ff.). Mag eine solche – bloß der menschlichen Schwäche geschuldete – Konzessionsrhetorik auch subsidiär der Philosophie noch so sehr zu Diensten stehen, sie wird dadurch nicht philosophisch relevant, sondern bleibt, was die Platoniker der Sophistik immer vorgeworfen haben, nämlich: eine bloß wirkungs- bzw. erfolgsorientierte Sozialtechnologie, die sich von dieser diskreditierten Rhetorik nur durch ihren vornehmeren Dienstherrn unterscheidet. An einer solchen Rhetorik gibt es philosophisch nichts zu entdecken, weil ein durch sie erleichterter Zustimmungserfolg pragmatisch zwar hilfreich sein mag, geltungstheoretisch aber solange ohne Gewicht bleibt, als der Zustimmung selbst keine geltungsrelevante Funktion zukommt. Da es aber eine philosophische Entdeckung der Rhetorik tatsächlich gegeben hat, muss es sich bei dieser Entdeckung, für die neben Blumenberg besonders Namen wie Gadamer, Apel, Perelman und auch Habermas[109] stehen,

---

109 Vgl. etwa Habermas' prägnante Beschreibung des „rhetorisch hervorgebrachten Konsenses", der „weder theoretisch zwingend noch bloß arbiträr ist", sondern sich der Kraft „überzeugender Rede" verdankt (1973, 267) oder das oft zitierte Oxymoron „zwangloser Zwang des besseren Arguments". Dass Habermas, wenn auch spät, viele Übereinstimmungen mit Perelmans *Neuer Rhetorik* entdeckte, habe ich oben schon vermerkt und in einem Theorievergleich erläutert (Kap. 6.4), ohne Habermas zu einem Rhetoriker machen zu wollen; die Übereinstimmungen erklären sich recht leicht, wenn auch für viele immer noch überraschend, aus einem verwandten geltungstheoretischen Frageinteresse.

um eine *andere Rhetorik* handeln, als es die ist, von der Platon und Heidegger sprechen. So ist es! Es ist die Geschichte dieser anderen Rhetorik, in der ein noch nicht von Heidegger zum heimlichen Platoniker gemachter Aristoteles seinen Platz hat! Und erst recht hat in der Geschichte dieser anderen Rhetorik die Sophistik einen prominenten Platz, sofern man sie nicht mit Heidegger bloß der „Verfallensgeneigtheit" bezichtigt, sondern in ihr mit Buchheim etwa die „Avantgarde des normalen Lebens" (1986) oder mit Adorno gar die „Sokratische Linke" zu entdecken vermag (1964, 40), was heute eigentlich gar nicht so schwer fallen dürfte, weil sich eine (vermeintliche) „Einsicht [in die Dinge]" gegen die bloße „Ansicht [über die Dinge]" im Sinne Heideggers (vgl. 2002, 118, 136 ff.) ernsthaft kaum noch ausspielen lässt, seitdem „die Antithese von Wahrheit und Wirkung oberflächlich [geworden] ist"; und das ist sie nach Blumenberg, seitdem „die rhetorische Wirkung nicht [mehr] die wählbare Alternative zu einer Einsicht ist, die man *auch* haben könnte, sondern zu der Evidenz, die man *nicht* oder noch nicht, jedenfalls hier und jetzt nicht, haben kann [meine Hervorhebung, J. K.]" (1981, 111–112).

Gleichwohl – trotz aller nicht zurückzunehmenden oder zu verharmlosenden Kritik an Heideggers Rhetorikverständnis gebe ich zu, was jeder vergleichende Blick in Josef Königs ebenfalls 2002 erstmals edierte *Einführung in das Studium des Aristoteles an Hand einer Interpretation seiner Schrift über die Rhetorik* aus dem Jahre 1944 leicht belegen kann: Spannender als der philologisch fraglos weit verlässlichere König bleibt dennoch Heidegger – und das auch und gerade wegen seiner vielen Fehlurteile und Missdeutungen der Rhetorik; denn nur ein Heidegger vermag dazu zu reizen, was Habermas für seinen dialektischen Umgang mit diesem Denker bereits 1953 (!) empfohlen und selbst erfolgreich erprobt hat (1973/1, 67 ff.; vgl. 2005, 23 ff.; 1989, 30–31), nämlich „Heidegger gegen Heidegger" zu lesen. Darin liegt nämlich zumindest die Chance, Heidegger doch als einen (wenn auch indirekten) Zugang zur Rhetorik zu berücksichtigen und in eine *Einleitung in die Rhetorik* aufzunehmen: Er nötigt eben wie kaum ein anderer zur genaueren Klärung der Grundlagen der notorischen Konfliktbeziehung zwischen Philosophie und Rhetorik und zugleich zur Klärung der Gründe für das weithin konsentierte Ende dieser Konfliktbeziehung in der Gegenwart, was Formulierungen erstaunlich leicht über die Zunge von Rhetorikern gehen lässt, die von einer *Philosophie der Rhetorik* reden (Oesterreich 2003, vgl. auch Vorwort von Vittorio Hösle).

B: Systematische Zugänge zur Rhetorik

8 Heißen ist wichtiger als Sein oder über die kognitive Dimension der Rhetorik

8.0 Vorbemerkung

Mit Kapitel 7 ist der 1. Teil dieser *Einleitung in die Rhetorik* abgeschlossen, der sich mit sechs ausgewählten *personenbezogenen Zugängen zur Rhetorik* beschäftigte. Sein Ertrag lässt sich wie folgt zusammenfassen: Wir sind nicht auf der Welt, um zu schweigen (Kap. 2), selbst wenn unter bestimmten theologischen bzw. philosophischen Bedingungen kontemplatives Schweigen eine kulturell hoch geschätzte Lebensform gewesen sein mochte (Kap. 3). Heute dürfte eher gelten: Wir müssen reden, weil wir nur mittels ständiger Verständigungsarbeit ein selbstbestimmtes Leben als „Freie und Gleiche" führen können (Kap. 4); denn die Bereitschaft zur sozial notwendigen Kooperation macht sich zunehmend von der Zustimmungsfähigkeit handlungsleitender Ziele und handlungsbezogenen Wissens abhängig. Die Methodisierung solcher Verständigungsarbeit wird jedoch in dem Maße schwieriger, als die Ressourcen, aus denen Verständigungsarbeit traditionell ihre theoretischen und praktischen Gewissheiten schöpfen konnte, in rasanter Dynamik erodieren und durch weniger stabile, weil veränderungsoffene Plausibilitäten ersetzt werden müssen. Für die Deutung dieses globalen Prozesses stehen mehrere Optionen bereit, von denen hier besonders Blumenbergs anthropologisches Mängeltheorem herangezogen wurde, weil es in singulärer Weise den modernitätstypischen Verlust an Gewissheitschancen mit dem zunehmenden Bedarf an Rhetorik in einen systematischen Zusammenhang zu bringen vermag (Kap. 5), der das neuerliche Interesse an Rhetorik substanziell erklären kann. Perelmans argumentationstheoretischer Entwurf einer *Neuen Rhetorik* ist als ein bedeutender, wenn auch noch verbesserbarer Versuch vorgestellt worden, diesen Zusammenhang durch eine Vielfalt argumentativer Verständigungsformen methodisch zu operationalisieren (Kap. 6). Dagegen ist nicht verschwiegen worden, dass ich Heideggers hermeneutiktheoretisches Rhetorikinteresse (Kap. 7) für keinen glücklichen Zugang zur Rhetorik halte, weil es Rhetorik einem verfallstheoretischen Syndrom zurechnet, das – anders als Blumenbergs anthropologisches Paradigma – keine günstigen Rahmenbedingungen bereitstellen kann, unter denen sich das verständigungsorientierte Frageinteresse einer modernen Rhetorik kategorial angemessen entfalten ließe. Darum werde ich im folgenden 2. Teil dieser *Einleitung in die Rhetorik* Blumenbergs anthropologisches Mängeltheorem weiterhin favorisieren, um in seinem Rahmen nach den personenbezogenen Zugängen zur Rhetorik eine *systematische Selbstexplikation der Rhetorik* zu versuchen, für die ich ein vierdimensionales Ordnungsprinzip vorschlage (kognitiv, sozial, geltungspragmatisch, operativ), das in den folgenden vier Kapiteln 8–11 abgearbeitet werden wird.

8.1 Ansichten über den „homo rhetoricus"

Innerhalb des anthropologischen Paradigmas muss von der bisher behandelten *anthropologischen Begründung* der Rhetorik (im Sinne ihrer mängeltheoretischen Funktionalisierung: Not lehrt reden) unterschieden werden, was man „rhetorische Anthropologie" nennen kann (vgl. Kopperschmidt 2000/1). Dass es so etwas wie eine der Rhetorik eigene, also „*in ihr angelegte und aufgegangene* [meine Hervorhebung, J. K.]" Anthropologie gibt, behauptet ja nicht nur Blumenberg (1981, 107), sondern auch Dockhorn, der recht früh (1974, 17; vgl. 1968, 46 ff.; 1966) davon sprach, dass es eine rhetorikspezifische „Weltanschauung gebe im vollsten Sinne des Wortes [...] mit eigener Erkenntnistheorie, eigener Moral und vor allem eigener Anthropologie". Folgen hatte diese These seinerzeit so wenig wie (zumindest anfangs) die Blumenberg'sche von 1971 (bzw. 1981). Ich will mich mit diesen verschiedenen Anthropologie-Begriffen hier nicht weiter beschäftigen, auch nicht mit der für Rhetoriker interessanten These einer Anthropologie *avant la lettre*, die nach Niehues-Pröbsting unter dem Namen „Rhetorik" vikarisch betrieben wurde, und das offenbar so gut, dass die Antike keine eigene Anthropologie entwickelte, „[weil] sie die Rhetorik hatte" (1994, 31). „Rhetorische Anthropologie" soll hier vielmehr die *spezifische* Sichtweise markieren, unter der Rhetorik als Theorie bzw. als theoretisches Frageinteresse ihren Gegenstand konstituiert. Es liegt nahe, diesen ihren spezifisch konstituierten Gegenstand *homo rhetoricus* zu nennen, der nach dem bisher Gesagten genauerhin bestimmbar wäre als der Mensch, der reden muss, um sein Leben mittels zustimmungsbezogener Überzeugungsarbeit selbstbestimmt in „Freiheit und Gleichheit" leben zu können. Ein solches Frageinteresse ist erkennbar breiter angelegt als die Frage nach der anthropologischen Begründungschance von Rhetorik, wie sie bisher thematisiert wurde. Das auf den *homo rhetoricus* fokussierte Frageinteresse ist auch nicht mit dem Hinweis auf das (wegen seines singulären Ausdifferenzierungsgrades) gern gerühmte und modellhaft wirksam gewordene System der Rhetorik befriedigbar, das in Lausbergs einflussreicher Paragraphenrhetorik unter dem Namen *Handbuch der literarischen Rhetorik* seine skelettierte Schrumpfgestalt gefunden hat, die kaum noch die Frage erahnen lässt, die dieses System eigentlich zu beantworten versuchte. Diese Frage findet man aber in dem denkbar radikalsten Gegenentwurf zu Lausbergs Rhetorik-Rekonstruktion explizit gestellt, ich meine in Oesterreichs *Fundamentalrhetorik*

8.1 Ansichten über den „homo rhetoricus" — 173

von 1990.[110] „Fundamentalrhetorik" soll dabei keine neue Art von Rhetorik anzeigen, wohl aber einen neuen Zugang zu ihr und zu ihrem traditionsreichen System, das auch bei Lausberg seine Logik aus den fünf Phasen ableitet, die seit der Antike für die Produktion einer Rede empfohlen werden und sich als Modell für die Systematisierung des rhetorischen Wissens geradezu anbieten.[111] Oesterreich übernimmt zwar dieses Systematisierungsmodell aus der Tradition, zugleich aber koppelt er es vom Prozess der bloßen Redeproduktion ab und befreit es damit auch aus seiner engen Redner-/Orator-Zentrierung, um es als Heuristik nutzen zu können für das Porträt des „homo rhetoricus", den meines Wissens Oesterreich seinerzeit wohl erfunden und erstmals im Rahmen einer „fundamentalrhetorischen Anthropologie" zu konturieren versucht hat (1990, 91 ff.). Mit dieser heuristischen Umfunktionalisierung des traditionellen Systematisierungsmodells der Rhetorik ist sein Versuch gemeint, die „Kunstrhetorik" als bloß artifizielle Systematisierung einer bereits in der persuasiven Redepraxis fundierten „inartifiziellen Rhetorik der Lebenswelt" zu lesen, was die „Kunstrhetorik" dann ihrerseits als Heuristik beerbbar macht, die das Problemfeld des „Rhetorischen" als Ort lebensweltlicher Redepraxis methodisch zu rekonstruieren helfen kann (1990, 46). Dadurch wird das „Rhetorische" zum *„Grundphänomen des welthaften Daseins des Menschen* [meine Hervorhebung, J. K.]" und das Porträt des „homo rhetoricus" zum Porträt eines „Wesens", in dem sich „die Seinsweise der öffentlichen Lebenswelt selbst" artikuliert (1990, 47).

Es ist leicht erkennbar, dass dieser ambitionierte Versuch schon im Titel (*Fundamentalrhetorik*) verrät, wie sehr er von Heidegger und seiner „Fundamentalontologie" inspiriert ist, der Oesterreich daher seinerzeit auch eine „verborgene konzeptionelle Rhetorikaffinität" attestierte (1990, 19).[112] Doch soll auch nicht unerwähnt bleiben, dass Oesterreich seine rhetorikaffine Einschätzung von *Sein und Zeit* später gottlob geändert hat (was mit Bezug auf Blumenberg leider noch aussteht), insofern er mit der Rhetorik das gleiche Ziel verfolgt, das Heidegger mit der Philosophie anstrebt: Wie dieser nämlich mithilfe der „Fundamentalanalyse" die Philosophie im „Dasein" festmacht, um aus deren „Hermeneutik" die Möglichkeit von Philosophie selbst zu plausibilisieren (1977, § 7–9), so will Oesterreich die artifizielle „Kunstrhetorik" auf das „Rhetorische" als ihre ebenso inartifizielle wie „ursprüngliche" (!) Gestalt zurückführen, die er an der „jeder lebensweltlichen Öffentlichkeit immer schon eigenen Orationalität" abliest als der „Basis

---

110 Zu Begriff und Kritik s. Knape 2000, 64 ff., außerdem Robling, Franz-Hubert: „Hypostasierte Anthropologie", in: Kopperschmidt 2009, 371 ff.
111 Zu diesen fünf Phasen s. Lausberg 1990, § 255 ff.
112 Es sollte freilich nicht unerwähnt bleiben, dass Heidegger *Sein und Zeit* später eine „Verunglückung" nannte, s. Figal 1999, 48.

aller kunstrhetorischen Ausdifferenzierungen" (1990, 91).[113] Ich kann und will hier nicht weiter verfolgen, wie dieses Programm einer fundamentalrhetorischen Rekonstruktion der Rhetorik im Einzelnen durchgeführt wird, und ob es gelingt, Rhetorik im lebensweltlichen „Reden-können" so zu fundieren, dass sich ihre o. g. fünf Phasen der Redeproduktion auf fünf „Teilkompetenzen" einer allgemeinen personalen Redekompetenz zurückführen lassen (1990, 104 ff.).[114] Dennoch will ich nicht verschweigen, was mir an diesem Programm missfällt: Es ist sein Anspruch, nicht nur ein Beitrag zu einer „rhetorikspezifischen, philosophischen Anthropologie" sein zu wollen (was schon viel wäre), sondern dieser „fundamentalrhetorischen Anthropologie" sogar zuzutrauen, *„zu einer universalen* [!] *Anthropologie* [meine Hervorhebung, J. K.]" werden zu können (2000, 353 bzw. 355). Das kann (falls überhaupt) nur gelingen, wenn man das „konstitutive und ubiquitäre Prinzip des Redenkönnens" zuvor so sehr rhetorisiert hat, bis sich das Aristotelische „sprachbegabte Lebewesen" Mensch (s. o. Kap. 4) bzw. das „animal rationale" endlich in seiner (vermeintlich) wahren, d. h. „ursprünglichen [!] und unverkürzten" Gestalt zu erkennen gibt – eben als „animal orationale", das seine „Orationalität" nicht mehr „verdrängen" muss (2000, 353 ff.).[115] Ich glaube nicht, dass dieser zirkelverdächtigen Argumentationsstrategie viele folgen möchten, sondern dass sie Rhetorik lieber als Methodisierung einer kommunikationsspezifischen Logos-Funktionalisierung verstehen wollen, die nach dem bisher Gesagten als Werben um überzeugte Zustimmung im Interesse kooperativen Handelns unter „Freien und Gleichen" bestimmt werden kann. Solches Werben-Müssen aber ist gottlob nicht permanenter kommunikativer Alltag (schon gar nicht in der oben skizzierten *Vodafone*-Welt, s. Kap. 2), sonst würde Alltag gar nicht funktionieren angesichts der Anstrengungen, die Überzeugungsarbeit nachweislich (ich erinnere nur an das „Stuttgart 21"-Schlichtungsverfahren) kostet (s. u. Kap. 9). Es ist daher meines Erachtens weit plausibler, statt mit Oesterreich von „oratorischer Existenz" (1990, 12) von *spezifischen Konfliktsituationen* auszugehen, die rhetorische Verständigungsarbeit *explizit* nötig machen, um den sozialen Bedarf an Kooperation unter bestimmten kulturellen Bedingungen zu befriedigen.

---

113 „Das Rhetorische ist die persuasive Rede in der lebensweltlichen Öffentlichkeit" (Oesterreich 1990, 46).
114 „Erfinden-", „Ordnen-", „Gestalten-", „Erinnern-" und „Aufführenkönnen" (Oesterreich 1990, 104 ff.; 2000, 358) – erkennbar sind das Übersetzungsäquivalente für *inventio, dispositio, elocutio, memoria* und *actio*, s. Lausberg in FN 2.
115 Das ist kein Widerspruch zu der später (Kap. 8.4) zu zitierenden berühmten Nietzsche-These „Die Sprache ist Rhetorik"; denn dabei geht es um die intrinsische Rhetorizität von Sprache allgemein im Unterschied zu ihrer vermeintlich interessefreien Wirklichkeitsabbildung, nicht um das jeweils persuasiv verfolgte Interesse einer Einzelrede.

Entsprechend habe ich vorgeschlagen, den *homo rhetoricus* – anders als Oesterreich will – nicht mit philosophisch-anthropologischen Ehren auszustatten, sondern ihn in Anlehnung an andere vertraute disziplinäre *homo*-Projekte als *rhetorikspezifisches Konstrukt* zu verstehen (2000/2). Das will sowenig wie die anderen Konstrukte (*homo sociologicus, -oeconomicus, -politicus, -religiosus* usw.) allgemeine Aussagen über „den ganzen Menschen" oder über sein Wesen machen (was die sich wechselseitig relativierende Pluralität solcher *homines* schon verhindern müsste), noch hegt es philosophische bzw. essentialistische Ambitionen (vgl. Dahrendorf 1971, 97 ff.), sondern es versucht, den Menschen unter einer spezifisch rhetorischen, mithin hoch selektiven Perspektivierung zu konturieren. Dadurch werden zwar keine konkreten Rede-Subjekte abbildbar, wohl aber „künstliche Menschen" (1971, 20 und öfter) profilierbar, die „künstlich" sind, weil sie ihre Existenz ausschließlich den spezifischen Frageinteressen disziplinären Beobachtens verdanken, die aber deshalb zugleich überscharfe Konturierungen zulassen, wodurch sich die jeweiligen Profile dieser „künstlichen Menschen" leichter voneinander unterscheiden lassen, z. B. der um überzeugte Zustimmung werbende *homo rhetoricus* von dem in verschiedenen sozialen Rollen handelnden *homo sociologicus* oder von dem seinen Gewinn rational verfolgenden *homo oeconomicus* usw.

Ich habe deshalb seinerzeit das spezifische Profil des *homo rhetoricus* an den spezifischen Merkmalen einer Situation exemplarisch abzulesen bzw. zu konkretisieren versucht, die für sein rhetorisches Handeln besonders typisch und einschlägig ist, nämlich das Gericht. Entsprechend habe ich den „forensischen Menschen" als Modell für die Konturierung des *homo rhetoricus* gewählt. Ich bin auf diese Idee durch Platon gekommen, der im *Theaitet* eben diese forensische Situation gewählt hat, freilich nur um die Verächtlichkeit von Rhetoren zu illustrieren, die anderen „nach dem Munde reden" müssen, um Erfolg zu haben.[116] Es ist nicht alles schief an dieser hämischen Rhetorik-Karikatur, weshalb z. B. Handlungsdruck oder Zeitmangel, die Platon u. a. als Situationsmerkmale forensischen Handelns benennt, auch bei Blumenberg explizit Erwähnung finden als konstitutive Elemente rhetorischen Handelns (1981); doch insgesamt ist das Platonische Porträt des forensischen Menschen erwartungsgemäß alles andere als rhetorikfreundlich, sondern es ist der Versuch, die rhetorische Existenz im Vergleich zur philosophischen als eine „knechtische" zu diskreditieren, die entgegen allgemeiner Wertschätzung eher Verachtung oder mindestens Bedauern verdient hätte. Dass man das als „knechtisch" diffamierte „nach dem Munde Reden" auch ganz anders rekonstruieren kann, werde ich in Kap. 9 zu zeigen versuchen, wenn über die „goldenen Ketten der Rhetorik" zu reden sein wird und damit über die

---

[116] Vgl. dazu Niehues-Pröbsting 1987, 43 ff; anders dazu Kopperschmidt 2000/2, 208 ff.

intrinsische Dialektik spezifisch rhetorischer „Fesselung". Hier reicht es, die forensische Situation als eine durchaus sinnvolle und ergiebige Situation anzuerkennen, in der man den *homo rhetoricus* als forensischen Menschen bei seiner Rede-Arbeit gut beobachten und offensichtlich auch verallgemeinerbare Erkenntnisse über sein Kompetenzprofil gewinnen kann.[117] Denn obwohl die Gerichtssituation natürlich nicht der *Normalfall* des Lebens ist, sondern eher einen Ausnahmefall anzeigt, kann dieser *Ausnahmefall* doch etwas über den *Ernstfall des Lebens* mitteilen, in dem es, wie Platon selbst zugibt (*Theait.* 173a), gelegentlich um Leben und Tod geht. Das nimmt jeder Rhetorik, die dort im Interesse sozialer „Selbstbehauptung"/„Selbsterhaltung" tätig wird, die Chance, sich wie die Philosophie zum Denken in meditativer Muße zurückzuziehen, um ihre Freiheit von den Plackereien des Alltags kontemplativ genießen zu können. Sokrates' Koketterie, sich in dergleichen (für die Rhetorik typischen) Situationen immer ziemlich hilflos vorgekommen und sich sogar lächerlich gemacht zu haben (*Theait.* 174), verharmlost die radikal unterschiedlichen Rahmenbedingungen rhetorischen und philosophischen Redens zwar ebenso wie Niehues-Pröbstings Versuch, diese Lächerlichkeit – anders als Blumenberg (1987a) – dadurch zu relativieren, dass sie ja nur von unwissenden Mägden droht und sich gegen eine weit bedrohlichere mögliche Lächerlichkeit aufrechnen ließe, nämlich die im Jenseitsgericht, wenn die Seele nackt und d. h. ohne jede rhetorische Hilfe Rede und Antwort stehen muss (1987/1, 61, 84). Doch in beiden Fällen wird der eigentliche Grund dieser Verharmlosung auch nicht völlig verschwiegen: Mit Niehues-Pröbstings eigenen Worten formuliert liegt „der letzte Grund für den Gegensatz von Philosophie und Rhetorik", wie er in der Unterscheidung zwischen den beiden Formen von Lächerlichkeit sich nur symptomatisch anzeigt, darin, dass „diese [die Rhetorik] *an dem festhalten und um jeden Preis verteidigen* [will], *was jene* [die Philosophie] *möglichst schnell hinter sich lassen muss* [und will] [meine Hervorhebung, J. K.]" (1987/1, 60). Was Niehues-Pröbsting diesbezüglich rhetorische „Selbstbehauptung" bzw. „anthropozentrische Orientierung" versus philosophischer „Verähnlichung mit Gott" nennt, habe ich oben (Kap. 3) in Anlehnung an Jan Assmann gleichsinnig mit der basalen Unterscheidung zwischen dem „Ja" und dem „Nein zur Welt" beschrieben, worin in der Tat der tiefste Grund für den notorischen Konflikt zwischen Philosophie (Platonischer Provenienz) und Rhetorik lag – und womit zugleich der Grund seiner Historizität benannt ist: Der Rhetorik als deliberativer Verständigungsarbeit unter „Freien und Gleichen" kann man nämlich nur solange ihre volle soziokulturelle Wertschätzung verweigern, als das

---

[117] Sonst würde die Gerichtsrhetorik (*genus iudiciale*) nicht als eine der wichtigsten Redegattungen gelten und das Gericht als Metapher (z. B. „Gerichtshof der Vernunft" bei Kant) nicht so beliebt sein.

„Ja zur Welt" noch nicht selbstverständlich geworden ist, das immer auch ein „Ja" zum Engagement wie zur Selbsterhaltung durch Reden in der Welt impliziert; denn aufs Reden kann und wird nur verzichten, wer andere Möglichkeiten der Selbsterhaltung zur Verfügung hat (z. B. Gewalt, s. u. Kap. 9) oder wer wie Sokrates bzw. wie die Mönche einen anderen Begriff von „Selbsterhaltung" haben (s. u. Kap. 3). Insofern die eben genannten Bedingungen für ein „Ja zur Welt" heute für viele in einem historisch singulären Maße einlösbar geworden sein dürften, sodass ihre frühere Einschätzung der Welt als Exil, Gefängnis, Höhle, Jammertal usw. kaum noch verständlich zu machen sein dürfte, ist das Interesse an Rhetorik und deren spezifischem Interesse am Menschen auch kein bloßer Zufall mehr, sondern wohlbegründet. Denn – um es in stilistischer Anlehnung an eine klassische Formulierung Dahrendorfs zu sagen („Die Soziologie hat es mit dem Menschen im Angesicht der ärgerlichen Tatsache der Gesellschaft zu tun" (1971, 18)) – Rhetorik hat es mit dem Menschen im Angesicht einer Gesellschaft zu tun, die sich ihm zunehmend *als Produkt seines eigenen Willens* zu begreifen aufdrängt, und damit als Produkt von Willensbildungsprozessen, die – mögen sie auch noch so unaufgeklärt im Einzelfall ablaufen – die Grundprämisse ihrer eigenen Möglichkeit immer deutlicher ins Bewusstsein heben, nämlich: dass das „Ja zur Welt" immer weniger ein „Ja" zu ihrer Faktizität oder gar zu ihrer vermeintlichen Vollkommenheit meint, sondern ein „Ja" zu ihrer Veränderlichkeit ist. Dabei wird der traditionell defizitäre (weil *ontologisch* minderwertige) Status von Veränderlichkeit in dem Maße positivierbar, als er *handlungstheoretisch* umdeutbar wird (s. o. Kap. 4.2), wodurch die abstrakte *Veränderlichkeit* der Welt zur konkreten Chance ihrer *Veränderbarkeit durch uns* wird, was verändernde Eingriffe in sie nicht nur erlaubt, sondern nötig macht, um das Leben in ihr *für uns* zu verbessern – und zwar nach „Maßgabe" *unserer* (!) Vorstellungen von einem lebenswerten Leben (s. zum sophistischen „homo-mensura-Satz" FN 21). Ob die jeweiligen Änderungsvorschläge – beispielsweise die Gleichstellung der gleichgeschlechtlichen Ehe mit der heterosexuellen oder die Technisierung des Tötens mit Drohnen oder das Recht auf den eigenen Tod oder die angemessene Reaktion auf die weltweiten Flüchtlingsbewegungen usw. – dieser „Maßgabe" entsprechen, ist naturgemäß strittig und macht regelhaft deliberativen Aufklärungs- und Abstimmungsbedarf durch Reden nötig. Der steigt mittlerweile in modernen Gesellschaften in einem Ausmaß an, dass deren normative Grundlagen vielen ausgelaugt zu sein scheinen und sie sich selbst einem dauernden Entscheidungszwang ausgesetzt fühlen, der die „Gnade des Hinnehmenmüssens" sogar gelegentlich wieder attraktiv werden lässt (Beck und Beck-Gernsheim 1994, 18) als Folge einer dauerhaften Überforderung durch „Übertribunalisierung" (Marquard 1980, 201). Also doch keine so günstigen Zeiten für den *homo rhetoricus*?

8.2 Tom Sawyers Entdeckung

Eine der bekanntesten Inkarnationen des *homo rhetoricus* ist meines Wissens in dieser Funktionsrolle bisher noch nicht identifiziert worden; ich meine Mark Twains *Tom Sawyer* (1876). Zwar weiß Tom davon so wenig, wie er von dem „Gesetz" etwas „wissen kann", das Mark Twain ihn „unwissend" entdecken lässt. Dennoch ist dieser Lausbub der Prototyp eines Überlebenskünstlers, den Mark Twain gleich im 2. Kapitel seines Erfolgsbuches etwas tun lässt, was er die intuitive Anwendung eines Prinzips nennen wird, das klügere Leute, als Tom Sawyer es war, sofort als ein „Gesetz" von größter Relevanz erkannt hätten; es enthält nämlich eine basale Einsicht in die Bedingungen des Überlebens durch erfolgreiches Reden, was impliziert: Es muss sich, wenn das Mark Twain auch so nicht explizit sagt, um ein *„Gesetz" der Rhetorik* handeln. Dieses „Gesetz" hätte freilich für die meisten Leser nur den ambivalenten Status der Rhetorik bestätigt, würde Mark Twain dieses „Gesetz" nicht an seinen jugendlichen Helden Tom Sawyer so sympathisch illustriert haben, dass ihm kein Leser den Erfolg seiner Erfolgsrhetorik ernsthaft missgönnen könnte, besonders wenn er gegen Tante Polly erstritten wird, in deren Haus bekanntlich das Waisenkind Tom aufwachsen muss. Doch was hat dieses „Gesetz" mit den kognitiven Voraussetzungen der Rhetorik zu tun?

Zunächst kurz zur Erinnerung an die im entsprechenden Kapitel 2 von Mark Twain geschilderte Situation: Es ist Sonnabend, herrliches Wetter und schulfrei, große Abenteuer könnten also auf dem Programm stehen. Doch Tom muss den Zaun (von 25 Meter Länge!) streichen, was Tante Polly sich als „Strafe" ausgedacht hatte für die total verschmutze Kleidung, mit der Tom am Abend zuvor nach Hause gekommen war. Lustlos beginnt er mit der „Arbeit". Doch Tom wäre nicht Tom, wenn ihm nicht etwas einfiele, um sich vor dieser nervenden Arbeit zu drücken. Freilich scheitert sein erster Versuch noch, die Arbeit an einen seiner Freunde (Jim) zu delegieren, obwohl er ihn sogar mit einer Glasmurmel zu „bestechen" unternimmt. Aber Tom lernt aus seinem Misserfolg (Not macht erfinderisch, s. o. Kap. 5!). Was er falsch gemacht hat, sagt Mark Twain zwar nicht explizit, doch mit dem „glänzenden Einfall", den er ihm eingibt und mit dem er ihm beim zweiten Versuch (mit Ben) sofort großen Erfolg gönnt, wird klar, was er beim ersten Mal falsch gemacht hatte: Man kann nämlich so etwas wie das Zaunstreichen für andere nicht attraktiv machen, wenn man es selbst als lästige „Arbeit" bezeichnet. Gegenüber Ben zeigt Tom, was er zwischenzeitlich gelernt hat: Als dieser gut gelaunt vorbeikommt und ihn mit der „Strafarbeit" hänselt, reagiert Tom in einer Ben völlig irritierenden Weise: Er bestreitet zwar nicht, dass man das Zaunstreichen „Strafe" und „Arbeit" nennen könne, doch bestreitet er, die Sache ließe sich nicht *auch anders sehen* („Vielleicht ist's Arbeit, – vielleicht auch nicht!"). Was aber könnte die Sache denn total verändern? Wenn man sie

„in ganz anderem Lichte erscheinen ließe", – so Mark Twains zugeflüsterter Vorschlag, was meint: wenn man die Sache, statt als lustloses Abarbeiten einer „Strafe", als Herausforderung an technisches und ästhetisches Können ausgeben würde. Eben das tut Tom und beglaubigt diese Entkoppelung des Zaunstreichens von seinem konventionell pejorativen Image als mühevolle „Arbeit" damit, dass er mit gespielter Kennermiene eine kritische Begutachtung seiner bisher geleisteten Arbeit inszeniert, als handle es sich bei dem gestrichenen Zaun um ein überdimensionales Bild, das man wie ein „Künstler" aus angemessenem Abstand betrachten müsse, um eventuelle Unstimmigkeiten besser bemerken zu können. Toms Freund Ben tappt in die raffiniert gestellte Falle und übernimmt Toms Sichtweise, die in ihm sogleich den von Tom strategisch einkalkulierten Ehrgeiz weckt, seinem Freund zeigen zu wollen, dass er, Ben, über die gleiche Kompetenz verfüge, wie sie Tom für sich beansprucht. Doch dieser ziert sich noch kurz strategisch („mit Widerstreben im Antlitz und Frohlocken im Herzen"!), um den Preis für die Erlaubnis, streichen zu dürfen, immer mehr in die Höhe zu treiben, bis er mit dem Geschäft zufrieden ist: Er lässt Ben an die Arbeit, genießt das Zuschauen sowie das Streichgeld und sorgt mit der gleichen Methode erfolgreich für Nachschub an Streichwilligen, an denen es jetzt nicht mehr fehlte: „Sie kamen, um zu spotten, und blieben, um anzustreichen"! Da ist offenkundig ein Meister am Werk! Genauer: Da ist einer im Schnellkurs zum Meister geworden!

Mark Twains Kommentar zu Toms genialer Entdeckung, die dieses veritable Wunder möglich gemacht hat: „Ohne es zu wissen, hat er ein tief in der menschlichen Natur wurzelndes *Gesetz* entdeckt, die Triebfeder zu vielen, vielen Handlungen. Um nämlich einem Menschen [...] irgendetwas [!] *begehrendwert* zu machen, braucht man ihm dieses Etwas nur *als recht schwer erreichbar hinzustellen* [...] [meine Hervorhebung, J. K.]". Mittels dieser aus der Werbepraxis (als Prinzip künstlicher Verknappung zum Zwecke gesteigerter Begehrlichkeit) bestens bekannten Strategie gelingt es erkennbar Tom in der Tat, aus Zaunstreichen als „Strafe" und „Arbeit" eine „erstrebenswerte" Tätigkeit zu machen, die ihm ebenso viele kleine „Reichtümer" und Freizeitvergnügen beschert wie seinen „Opfern" Schweiß und hohe Kosten, sodass, wäre die Farbe nicht ausgegangen, „er unfehlbar sämtliche Jungens im Städtchen bankrott gemacht hätte". Was also hat Tom unwissend „entdeckt"?

Nach Mark Twain war es das eben genannte Knappheitsprinzip als Wertsteigerungsprinzip. Doch Knappheit bzw. Verknappung ist natürlich nur eine der Möglichkeiten, Dinge oder Tätigkeiten für andere „erstrebenswert" zu machen bzw. ihr „Image" zu verändern. Das „Gesetz", das Mark Twain Tom Sawyer entdecken lässt, ist daher von weit prinzipiellerer Natur: Tom Sawyer entdeckt nämlich, was sich in einem terminologisch elaborierteren Code, als Mark Twain

Tom sprechen lässt, wie folgt formulieren ließe (seine pointierte Verknappung erfolgt im Nietzsche-Unterkapitel unten Kap. 8.4):
– Nicht Dinge oder Tätigkeiten sind an sich bzw. aus sich heraus „begehrenswert" oder wertlos; sie werden dazu *erst gemacht durch Bewertungen*, mit denen *wir* sie erfolgreich versehen. Die Dinge selbst sagen mithin nicht, wie sie heißen wollen (Rorty 1991, 23–24), weshalb es Gott im *Genesis*-Mythos auch Adam überlässt, den Dingen ihre Namen zu geben (*Genesis* 2.19–20).
– Erfolgreiche Bewertungen bringen sich in *erfolgreichen Beschreibungen* zur Geltung, die z. B. etwas „Strafe" oder „Spaß", „Arbeit" oder „Vergnügen" usw. zu nennen nötigen. Erfolgreich sind solche Beschreibungen, wenn sie a) für die jeweiligen Adressaten als einsichtig bzw. *plausibel* gelten und wenn ihnen b) der Sprecher *glaubwürdig* erscheint.
– „Plausibel" sind Beschreibungen, wenn sie mit allgemein oder adressatenspezifisch unterstellbaren Wertvorstellungen *überzeugend vermittelbar* bzw. an sie *anschließbar* sind, wie z. B. in unserem Fall mit jugendlichen Leistungsansprüchen, die das Streichen eines Zauns „erstrebenswert" machen können, sobald es gelingt, diese Tätigkeit zur Kompetenzprobe erfolgreich hochzustilisieren.
– „Glaubwürdig" sind solche Beschreibungen, wenn sie Werthaltungen zur Geltung bringen, die der Sprecher erkennbar selber teilt, sodass sie sich nicht als strategisches Kalkül verdächtigen und entsprechend entwerten lassen. Wir werden diese Bedingung erfolgreicher Beschreibung unten (Kap. 10) die Wahrhaftigkeitsbedingung überzeugungsfähiger Rede nennen und an deren bloß strategischer Einlösung den redekritisch zentralen Unterschied zwischen „überzeugen" und „überreden" festmachen (unten Kap. 11.3). Wer wie Tom andere zu „Opfern" raffinierter Ausbeutung macht, muss ein ernsthaftes Überzeugungsinteresse erfolgreich prätendieren können, um erfolgreich zu sein, selbst wenn er nur an einem strategischen Überredungserfolg interessiert ist, der auch vor Täuschung und List nicht zurückschrickt („mit Widerstreben im Antlitz und Frohlocken im Herzen"), weil die erzielte Zustimmung für Tom nur in ihren faktischen Folgen zählt und für seine eigene Bewertung der Tätigkeit völlig irrelevant bleibt.
– Da es Mark Twains offenkundige Sympathie für seinen Helden dem Leser aber fast unmöglich macht, Tom seine fragwürdigen Erfolgsmethoden ernsthaft übel zu nehmen, soll auch hier vor deren Verharmlosung nicht moralisierend gewarnt werden. Natürlich gönnt man als Leser Tom, der „am Morgen noch ein armer, besitzloser Junge" war, dass er sich nachmittags „buchstäblich in Reichtümer wälzen konnte", sodass ihm *„die Welt gar nicht mehr so öd und traurig* [meine Hervorhebung, J. K.]" erschien, wie es sonst der Fall war. Dennoch sollte man diese wunderbare Verwandlung der Welt nicht

zum bloßen Jungenstreich verharmlosen, sonst verkennt man das enorme Machtpotential, das in dieser Verwandlungskraft liegt und das die Kenntnis über ihre operativen Entbindungschancen hoch attraktiv macht – auch für weniger nette Jungens als Tom. Mark Twain deutet diese Dimension nur an, wenn er die Vorstellung des Lesers mit der Frage beflügelt, was ein veritabler „Philosoph" aus Toms Entdeckung hätte machen können, die in ihrer allgemeinsten Form ja wohl lauten müsste: *Die Welt ist veränderbar, weil die Beschreibungen veränderbar sind, mit denen wir unsere Meinungen über die Welt erfolgreich zur Geltung bringen*, woraus als Folgethese resultiert, was unten in Kap. 9 noch genauer zu besprechen sein wird: Wenn Veränderungen der Welt im Kopf beginnen, dann *hat soziale Macht, wer mithilfe erfolgreicher* und d. h. genauerhin: *wer mithilfe überzeugungskräftiger bzw. zustimmungsfähiger Beschreibungen der Welt die herrschenden Meinungen über die Welt handlungswirksam zu verändern bzw. zu beeinflussen vermag.* So gesehen ist es vielleicht doch nicht ganz so unverständlich, was man 2017 im „Parthenon der Bücher" auf der Kasseler Documenta 14 lernen konnte, dass nämlich *Tom Sawyer* einmal (in den USA) auf der Liste der verbotenen Bücher stand. Welchen Gebrauch jemand macht von Rhetorik als einer Form sozialer Macht, ist eine Frage der Moral, die aber die Rhetorik durchaus etwas angeht, weil sie selbst – wie die Wahrhaftigkeitsbedingung überzeugungskräftiger Rede beispielhaft belegt – ebenso ein normatives Fundament als Bedingung ihrer Möglichkeit hat wie Rede überhaupt (vgl. unten Kap. 10 und 11.3).

Diese Form sozialer Macht hat natürlich nicht darauf gewartet, sich von Tom Sawyer entdecken zu lassen. Sie war seit langem bekannt – unter dem Namen Rhetorik bzw. Sophistik als der Haustheorie der Rhetorik! Ihnen – so Tenbrucks nüchterne (in einer Fußnote versteckte, aber enorm wichtige) These – verdanken wir nämlich *„die faszinierende Entdeckung, dass die Welt verändert werden kann* [meine Hervorhebung]" (1967, 67; vgl. Borsche 1997, 53 ff. und unten Kap. 9). Dass statt dieser Faszination eine über 2000 Jahre lang erfolgreiche „Verleumdungs-" bzw. „Verdachtsgeschichte" diese „Entdeckung" begleitet hat (Tenbruck 1967, 62; Toulmin 1986; Baecker 2005, 7 ff.), lässt sich schwerlich allein aus ihrem Missverständnis erklären, dem Platon Gorgias in seinem gleichnamigen Dialog folgenreich erliegen lässt, wenn er ihn über Rhetorik als Quelle grenzloser Macht schwadronieren lässt (456 ff.), als wolle er Bacons spätere (wissenschaftstheoretisch revolutionäre) Formel „knowledge is power" vorwegnehmen, indem er sie – statt an der Naturwissenschaft – an einer sozialwissenschaftlichen Disziplin wie der Rhetorik beispielhaft zu belegen versucht. Noch einmal: So sehr Platons Dialog das Zerrbild von Rhetorik geprägt oder zumindest erleichtert haben mag, die o. g. Irritation, dass aus einer „faszinierenden Entdeckung" eine erfolgreiche

Diskreditierungsgeschichte werden konnte, muss substanziellere Gründe haben. Und die lassen sich auch unschwer an dem *erkenntnistheoretischen* Provokationspotential von Rhetorik und Sophistik erkennen, das die Grundfesten traditioneller Philosophie zu erschüttern in der Lage war. Zumindest so lange, als sie davon ausgehen konnte, dass Veränderbarkeit ein ontologischer Mangel sei, der die Unvollkommenheit von Dingen anzeige, die sich entsprechend auch wahrheitsfähiger Erkenntnis entzögen, wie sie nur vollkommenen, weil unvergänglichen bzw. ewigen und unveränderlichen Gegenständen zukommen könne (vgl. dazu oben Kap. 2, Kap. 4 und unten Kap. 8.3; außerdem Taylor 2009, 100 ff.). Wir können heute wissen, dass Veränderung und nicht Stabilität (sogar im Kosmos) die Regel sind und vermeintlich ewige Gesetze nur das Produkt unserer beschränkten Wahrnehmungsfristen sind. Doch unter vormodernen Denkvoraussetzungen musste der legendäre Anspruch des Star-Sophisten Protagoras, jede *„schwächere Sache zur stärkeren machen zu können"* (und natürlich auch umgekehrt!) (Arist. *Rhet.* 1402a25; vgl. 1355a; Rapp 2002/2 zur Stelle) für Philosophen eine schier unerträgliche Provokation sein; denn dieser Anspruch machte implizit *„den Menschen [zum] Maß aller Dinge* [meine Hervorhebung, J. K.]" (ebenfalls Protagoras, s. Meister 2010; Buchheim 1986, 43 ff.), der deshalb auch darüber befinden können muss, wie die Dinge zu beschreiben und zu bewerten sind. Plato widersprach diesem Usurpationsversuch bekanntlich emphatisch, den Menschen an die Stelle Gottes zu setzen, der allein „das Maß aller Dinge" sein könne (*Leges* 716c).[118]

Es ist daher kein Zufall, dass sich mit der Protagoreischen Formel auch das „Gesetz" analytisch leicht bestimmen ließe, das Tom „unwissend" bei seiner Zaunstreich-Aktion nach Mark Twain entdeckt haben soll: Wäre er, was schon sein Autor ihm wünschte, ein gebildeter Philosoph gewesen, dann hätte ihm Protagoras und dessen eben zitierter kühner Selbstanspruch einfallen müssen; denn Tom macht ja auch nichts anderes, als was der Star-Sophist als sein Metier ausgibt: Tom „macht die schwächere Sache erfolgreich zur stärkeren", indem er aus Zaunstreichen als „Strafe" und „Arbeit" einen erstrebenwerten Könnensnachweis macht und so die Richtigkeit des „homo-mensura-Satzes" exemplarisch beglaubigt, nämlich: Nicht die „Sachen" sagen uns, wie sie angemessen genannt oder beschrieben werden wollen, sondern *wir* entscheiden darüber. Ihr *jeweiliges Heißen* (s. dazu unten Kap. 8.4) spiegelt also nur ihre jeweils geltende und darum auch jederzeit veränderbare *Beschreibung* wider: „Die Welt ist kein Komplize unsere Erkenntnis" – so Foucault (1977, 36). Es kann darum eigentlich

---

[118] Dass sich auch diese scheinbare Evidenz auch nur einem kulturell wie historisch bestimmten Gottesbild verdankt, hätte Platon natürlich bestritten und Feuerbachs Fundierung der Theologie in der Anthropologie (in: *Das Wesen des Christentums*. Stuttgart: Reclam, 1994) von 1841 dezidiert widersprochen.

auch gar keine *per se* oder *an sich* schwachen oder starken „Sachen" geben, sondern ihre jeweilige Stärke oder Schwäche beziehen sie allein aus der Stärke oder Schwäche einer Zustimmungsnötigung, die ihre Beschreibung zu entfalten vermag (vgl. Buchheim 1986, 12 ff.; Hetzel 2011, 129, 144–145). Tom betreibt mithin zwar „unwissend", aber höchst erfolgreich das Geschäft eines ausgewiesenen Sophisten und Rhetorikers, wenn auch aus ganz egoistischen (also moralisch höchst anfechtbaren) Überredungsabsichten! Doch wenn Rorty recht hat (was ich unter bestimmten Bedingungen annehme), dann stehen wir heute wieder „dort, wo die Sophisten standen, bevor Platon [...] das philosophische Denken erfand"; wir werden nämlich „*nicht* nach einem unerschütterlichen Fundament Ausschau halten, sondern nach unanfechtbaren Argumenten", womit wir „jenen Raum betreten, den Sellars den ‚Raum des Begründens' nennt [meine Hervorhebung, J. K.]" (1987, 176; 1991, 24, 96). Wir werden diesen Sellar'schen Raum noch öfters (zusammen mit Robert Brandom) betreten, nämlich unten in Kap. 10.3, und in Kap. 11 werden wir ihn unter operativem Frageinteresse noch genauer ausmessen, um erneut die Unterscheidung zwischen „überzeugen" und „überreden" abzustützen, die allein das sophistische Erbe der Rhetorik – so Adorno (1975, 66) – „kritisch zu retten" vermag.

Mit diesem Blick auf die Sophistik soll angemahnt werden, dass die oben mit erkennbarer Sympathie beschriebene Aktion Tom Sawyers für uns natürlich mehr ist als ein bloß unterhaltsamer Jungenstreich! In ihr wird ein erkenntnistheoretisches Theorem bloß spielerisch exekutiert, das die Sophistik erstmals auf die Tagesordnung gesetzt hatte und das seitdem die europäische Geistesgeschichte nicht mehr losließ: Was sind die Bedingungen möglichen (theoretischen wie praktischen) Erkennens? Solange diese als Bedingungen *reinen Schauens* galten, war wahrheitsfähiges Erkennen nur für diejenigen prinzipiell möglich, die – so die seit Platon einschlägige und gängige Metaphorik – die Höhle zu verlassen vermögen, was freilich nur ganz Wenigen (nämlich Philosophen) gelingt, die dann auch zurückzukehren gezwungen werden müssen, um in der Höhle als Herrscher die Macht über die Unwissenden zu übernehmen (s. o. Kap. 3.2). Eben das meint ja das schon öfters zitierte zentrale Blumenberg'sche Theorem: „*Solange* die Philosophie ewige Wahrheiten, endgültige Gewissheiten, wenigstens in Aussicht stellen mochte, musste ihr der *consensus* [also überzeugte Zustimmung] als Ideal der Rhetorik [geltungstheoretisch] verächtlich erscheinen [meine Hervorhebung, J. K.]" (1981, 112). Bedarf an Rhetorik konnte es unter solchen Bedingungen nicht geben – außer als Konzession an philosophische Herrscher, die sich ihrer (samt „wohlmeinender Lügen") strategisch zur Durchsetzung ihres epistemisch legitimierten Herrscherwillens bedienen sollten. Für die Rhetorik – so die Implikation dieses gewichtigen Theorems – veränderten sich diese Bedingungen erst dann, und zwar radikal, als „auch der Philosophie der Verzicht, der aller Rhetorik zugrunde liegt, nicht erspart blieb", was in die eben zitierte Bildsprache des Höhlengleichnisses übersetzt meint: als die Höhle zu einem für Menschen äußerst günstigen Raum möglichen Überlebens mutierte, in dem nicht bloß scheinhaftes Wissen unter Unwissenden ausgetauscht wird, sondern in dem *unter Bedingungen prinzipieller Evidenzmängel Meinungen wechselseitig um Anerkennung und überzeugungsbedingte Zustimmung ihrer Geltungsansprüche werben, damit kooperatives Handeln möglich wird.*

Es war Hegel, der diese Wende – wenn auch ohne Bezug auf die Höhlenmetaphorik – erstaunlicherweise mit einer anderen Wende in Beziehung brachte, die als „kopernikanische" metaphorisch[119] Karriere gemacht hat, seitdem Kant den folgenreichen Vorschlag machte, hinsichtlich der Probleme der Erkenntnistheorie es doch einmal vergleichsweise mit Kopernikus zu versuchen und mit seiner erfolgreichen „Revolution der Denkart": nämlich statt „unsere Erkenntnis sich nach den Gegenständen [...] die Gegenstände sich nach unserer Erkenntnis richten [zu lassen]" (1974, 25; s. o. Kap. 4.2). Damit ist nach Hegel behauptet, „dass wir nur Erscheinungen kennen, d. h. dass das, was uns als objektiv, als Realität erscheint, nur zu betrachten ist in seiner Beziehung auf das Bewusstsein und nicht ist ohne diese Beziehung", was zugleich heißt: „Das Subjekt ist das Tätige, Bestimmende, [das] den Inhalt hervorbringt" (1978, 431), weshalb es kein Objekt geben kann ohne ein Subjekt, das es dazu macht.[120] Darum ist Erkennen kein bloß rezeptiver/kontemplativer/passiver Akt schauender Vergewisserung („Zuschauermodell", s. Dewey 1998, 27, 291 und öfter), sondern eine produktive Tätigkeit, was Cassirer zu der großartigen Formulierung ermunterte, dass „der Mensch, statt mit den Dingen selbst umzugehen, sich in gewissem Sinne dauernd *mit sich selbst unterhält* [meine Hervorhebung, J. K.]" (1960, 39; s. u. Kap. 8.4). Beim späten Kant heißt das dann ähnlich lapidar: „Wir machen alles selbst".[121] Anders also als die „kopernikanische Wende" gemeinhin verstanden wird, fungiert sie bei Kant als Modell nicht, um den Menschen aus der Mitte der Welt zu verdrängen, sondern *in die Mitte zurückzuholen* (Fischer 2005, 58 ff.). Und so

---

[119] „Der kopernikanische Umsturz ist nicht als theoretischer Vorgang Geschichte geworden, sondern als Metapher [...] für eine neue Selbstlokalisation des Menschen im Ganzen der gegebenen Natur [...]" so Blumenberg 1965, 100. Metaphorische Qualität hat die „kopernikanische Wende" gewonnen, weil sie für eine „Spaltung" steht „zwischen der sinnlichen und begrifflichen Erkenntnis, zwischen der Welt der Erscheinungen und der Welt der Theorien [...]" (Fischer 2005, 61–62). Die Einbeziehung des Subjekts in die Forschungspraxis, Erkenntnis- und Geltungstheorie, Positivierung des Rechts usw. lässt sich natürlich auch als schrittweise Entgrenzung des sophistischen „homo-mensura-Satzes" verstehen.

[120] Vgl. Martin Seel: „Entgegen weit verbreiteter Meinung, gibt es kein Wesen der Dinge, sondern Wesen ist das, was wir als wesentlich halten" (in: *Theorien*. Frankfurt: Fischer, 2009, 165).

[121] Vgl. dazu Welsch, Wolfgang. *Blickwechsel*. Stuttgart: Reclam, 2012, 178–179.

gesehen ist der als notorischer Rhetorikverächter gescholtene Kant (vgl. *Kritik der Urteilskraft* § 53) sogar einer der Denker, ohne dessen erkenntnistheoretisch gewagte „kopernikanischen Wende" auch keine Rhetorik als zustimmungsabhängige Geltungstheorie möglich geworden wäre, wie wir beispielhaft an Perelmans *Neuer Rhetorik* und deren explizitem Kant-Bezug belegt haben (s. o. Kap. 6).

8.3 „De la métaphysique à la rhétorique"

So gelesen konnte der oben zitierte Protagoreische „homo-mensura-Satz" – anders als für Platon – in der Tat für Hegel zu „einem großen Satz" werden, weil „sich um den von nun an alles dreht [...] bis in die neueste Philosophie"; denn „das Prinzip der modernen Zeit beginnt in dieser Periode", nämlich „das Zeitalter der subjektiven Reflexion" (1978, 430–431, 404, 420), weshalb man auch „den Fortgang der Philosophie [als] Erläuterung dieses Satzes [lesen könne]". Es ist hier nicht der Ort, dieser lockenden Hegel'schen Empfehlung nachzukommen und den „Fortgang der Philosophie" über Kant hinaus einmal unter der These zu lesen, dass dieser „Fortgang" den Protagoreischen „homo-mensura-Satz" in seinem philosophischen Gehalt zur Geltung bringe, insofern dieser „Fortgang" tendenziell alle subjektunabhängigen Geltungsansprüche delegitimiert wie allen Aussagen über eine rede-, meinungs- und beobachterunabhängige Existenz von Objektivität den Boden entzieht.[122] So viel aber kann und muss gesagt werden: Wenn der Protagoras-Satz tatsächlich dieses philosophische Gewicht hat und wenn er zugleich das Theoriekondensat jeder ernsthaften Rhetorik enthält, dann war die philosophische Entdeckung der Rhetorik in der Tat – wie ja besonders Perelman und Blumenberg behaupten (s. Kap. 5 und 6) – in den „Fortgang der Philosophie" selbst eingeschrieben und alles andere als ein Zufall.

Man muss sicher nicht so weit gehen wie Perelman, der diesen „Fortgang der Philosophie" in einer nicht mehr vollendeten Publikation als Weg *De la métaphysique à la rhétorique* zu verstehen vorschlagen wollte (Meyer 2004a); doch wer hinfort noch von Wahrheit reden will, kann, wenn er den offenkundigen Paradigmenwechsel von Was-Fragen zu Wie-Fragen, also *von der Ontologie zur Epistemologie* (wenn nicht gar zur Doxologie)[123] nicht einfach unterlaufen will, damit eigentlich nur noch eine „Wahrheit [meinen], die" – so Rorty (1991, 27) – „eher

---

[122] Das Gleiche meint die These von der Unmöglichkeit theorieunabhängigen Beschreibens von Welt, s. Hawking 2010, 42, 45, 168. Vgl. auch Pörksen (2008, 11 ff.) u. a. zu Maturanas Schlüsseltheorem „Alles, was gesagt wird, wird von einem Beobachter gesagt".
[123] Dieser doxastische Weltbezug macht „die herkömmliche Unterscheidung zwischen Wahrheit und Meinung" irrelevant nach Rorty (1988, 16).

gemacht als gefunden" oder gar – so Heidegger (s. o. Kap. 7) – bloß „enthüllt wird", was heißt: die nur einen Geltungsanspruch erheben kann, der durch überzeugende und damit zustimmungsfähig gemachte Rede eingelöst werden muss.

Es gab also durchaus so etwas wie „eine kopernikanische Wende" *avant la lettre*, die die Sophistik ins Spiel gebracht hatte, wenn sie auch ideengeschichtlich chancenlos, weil verfrüht war; und sie war verfrüht, weil sie den mühsamen Prozess der europäischen Denkgeschichte bis zu Paradigmen einer nicht-kontemplativen Erkenntnistheorie in einem kühnen Gewaltakt abkürzen wollte. Die *Suche nach Gewissheit* – so der Titel einer bedeutenden einschlägigen Untersuchung von Dewey (1998)[124] – endete zwar schon bei ihrem Autor und endet erst recht heute in der *Gewissheit der Ungewissheit* (Pörksen 2008); gleichwohl war diese vergebliche Suche nach ewigen Wahrheiten und unwandelbaren Gesetzen offensichtlich so wenig abkürzbar wie sich das fast komplette Eingeständnis ihres Scheiterns oder die vielen „Abschiede" von metaphysischen Optimismen hätten vorziehen lassen, die Blumenberg unter dem oben zitierten Begriff „Verzicht" zusammengefasst und der Philosophie als Leistung abverlangt hat (s. o. Kap. 5), um die Rhetorik und ihre Hausphilosophie Sophistik nicht mehr bloß als Speerspitze antiphilosophischen und oberflächlichen Denkens missdeuten zu müssen.[125]

Darum ist es mir auch nur schwer verständlich, wie ein so rhetorikaffiner Denker wie Oesterreich immer noch am pejorisierten Sophistikbegriff der (platonischen) Tradition festhält (z. B. 1996, 85 ff.; 2000, 366 ff.), um mit ihm sogenannte „Neosophisten" dingfest zu machen, die wie Habermas (1988) oder Blumenberg (1981) „nachmetaphysisch" längst für eine weithin akzeptierte philosophische Zeitsignatur halten. Dass die alte Sophistik sicher eindeutig „metaphysikrepugnant" war, ist Oesterreich zuzugeben; doch dass die auch von Oesterreich konstatierte und bejahte moderne Rehabilitation der Rhetorik (*rhetorical turn*) je verstehbar sein könnte *ohne eine gleichzeitige philosophische Rehabilitation* der traditionell diffamierten Sophistik inklusive ihrer „metaphysikrepugnanten" Grundstimmung,[126] das dürfte vielen nur schwer einleuchten. Denn so zutreffend Oesterreichs Beschreibung der antiken Sophistik als „radikalen rhetorischen Konstruktivismus" auch ist, der die „Indifferenz von Wahrheit und

---

124 Vgl. dazu u. a. Kertscher, Jens. „Experimenteller Empirismus" in: Pörksen 2011, 46 ff.
125 „Avantgarde" oder „Artistik des Wissens" wären entsprechende Beispiele für versuchte Neubeschreibungen der Sophistik bei Buchheim (1986) oder Sloterdijk, der für die sympathische „Figur des noblen Sophisten" wirbt (2009, 451 ff.). Allgemein vgl. Meister 2010; Schröder 2005, 240 ff.
126 „Entspräche die Welt des Menschen dem Optimismus der Metaphysik [...], so gäbe es keine Rhetorik; denn es bestünde kein Bedürfnis nach der Möglichkeit, durch sie zu wirken", so Blumenberg 1981, 124.

Glaubwürdigkeit vertritt und konsequent jeden rede-transtendierenden Wahrheitsanspruch bestreitet" (1996, 85–86), und so zutreffend auch seine Charakteristik des modernen philosophischen *common sense* als „Wiedererstarken dieser sophistischen Mentalität" und ihres „radikalen rhetorischen Konstruktivismus" ist, so schwer lässt sich Oesterreichs Pejorisierung dieser Phänomene als „theoretische Übel" bzw. als „Rückfall" in „antimetaphysische Neosophistik" nachzuvollziehen, die sich mit ihrer Insistenz auf der „Evidenz der Nicht-Evidenz" unbemerkt in dogmatistische Selbstwidersprüche verheddere (2000, 367). Ich meine dagegen: dieser Vorwurf kann die *common-sense*-These vom durchgehenden Evidenzmangel der Moderne nicht treffen, weil die aufklärende Rekonstruktion traditioneller Evidenzgewissheiten als Erfahrungen, die ihre eigenen Konstitutionsbedingungen nicht bemerkt haben, dezidiert kein Interesse an neuen Dogmatismen haben kann, sondern nach bewährten methodologischen Kompensationen sucht, die wie die Rhetorik in diesem Mangel an Evidenzgewissheiten geradezu ihre *raison d´être* haben. Dass Oesterreich gegen solche als „neosophistisch" diskreditierte Kompensationsmethodologie glaubt, Platons kategorische Unterscheidung zwischen „sophistischer Peitho" (Überredung) und philosophischer „Aletheia" (Wahrheit) bzw. zwischen „Schein und Sein" erfolgreich aufbieten zu können und im Platonischen *Phaidros* sogar den möglichen „[Modell]entwurf einer philosophischen Rhetorik" zu erkennen wagt, ist nach allem, was bisher zur Historizität der theoretischen Denkvoraussetzungen Platons und seines philosophischen Rhetorikentwurfs gesagt worden ist, mit dem hier vertretenen Verständnis von Rhetorik und den rekonstruierten Bedingungen ihrer philosophischen Rehabilitation schlechterdings (leider) völlig inkompatibel.

Doch Oesterreichs begriffliche Kennzeichnung der Sophistik als „radikalen rhetorischen Konstruktivismus" übernehme ich gern, weil damit ein Term – natürlich ohne seinen pejorativen Bedeutungsgehalt – angeboten wird, der bisher schon gelegentlich genutzt oder mit gleichsinnigen Termen umschrieben worden ist, um die vielen Anschlusschancen des philosophischen Rhetorikinteresses an vergleichbare Theorien des konstruktivistischen Paradigmas nicht zu verpassen, die die Möglichkeit redetranszendierender Wahrheitsansprüche ebenso bestreiten wie jede redeunabhängige Realität: „Außerhalb der Rede gibt es buchstäblich nichts" – so fasst Hetzel in einem umfänglichen Kapitel die konstruktivismusaffine Position der Sophistik im legendären Konflikt zwischen „Rhetorik und Philosophie" u. a. zusammen (2011, 117, 173 ff. und besonders 149 ff.). Das Aufdecken solcher Anschlusschancen des philosophischen Rhetorikinteresses an kurrente Paradigmen wäre dann freilich – ganz anders als Oesterreichs Unterscheidung zwischen „metaphysischer Intellektualität" und „sophistischer Rationalität" will (1996, 85) – nicht das Aufdecken eines bedrohlichen Irrwegs oder „Rückfalls" in obsolete Denkversuche, sondern das Freilegen auffälliger Konvergenzen, die die vielfach behauptete philosophische Aktualität der Rhetorik ihrerseits zu bestätigen helfen. Andeutungsweise ist davon schon bei Gadamer die Rede, wenn er mit Rhetorik „den von ältester Tradition her einzigen [!] Anwalt eines Wahrheitsverständnisses" verbindet, der „das der gemeinen Vernunft Einleuchtende gegen den Beweis- und Gewissheitsanspruch der Wissenschaft [zu] verteidigen [wagte]" (Gadamer 1986, 236). Noch deutlicher wird Habermas mit seiner – auf Adorno gemünzten – wahrlich kühnen These, „dass, nach dem Ende der großen Philosophie, des Sokrates Erbe in der aufklärenden Rhetorik unverbesserlicher Sophisten getreuer aufgehoben ist als bei den platonischen Schülern" (1973/1, 176).[127]

Doch bevor die damit in Umrissen erkennbar werdende philosophische Dimension der Rhetorik mit Blick auf und mit Hilfe von Nietzsche noch etwas genauer bestimmt werden soll (Kap. 8.4), möchte ich zumindest nicht unerwähnt lassen, dass Toms oben skizziertes Zaun-Abenteuer, erlebt man es nicht allein mit Toms „unwissenden" Augen, sich nicht nur mit Sophistik und Rhetorik in Beziehung bringen lässt, sondern auch mit einer Bewegung, die einen ähnlichen, wenn auch weit bedeutenderen und folgenreicheren Versuch unternommen hatte, die Einschätzung von Arbeit durch ihre Neubeschreibung zu verändern; gemeint ist natürlich der Calvinismus, zumindest in seiner immer noch einflussreichen (wenn auch nicht mehr unumstrittenen) Deutung durch den renommierten Soziologen Max Weber in seiner Schrift von 1920 über *Die protestantische Ethik und der Geist des Kapitalismus* (1965).

In dem von Weber zitierten Beispiel des Calvinismus geht es natürlich nicht darum, „Arbeit" strategisch in „Vergnügen" umzudeuten, wohl aber darum, Arbeit als (eine seit *Genesis* 3.17 ff. negativierte) Bürde, Qual und Strafe in eine berufsethisch positivierte und gottgewollte Leistung zu verwandeln, was nach Max Weber eine der „folgenreichsten" Leistungen der Reformation war. „Folgenreich" war diese Leistung nicht nur, weil sie die theologisch denunzierte (katholische) Werkgerechtigkeit zumindest teilweise zu kompensieren vermochte und so den Menschen und seine Heilssorge nicht total der Gnadenwahl Gottes auslieferte; „folgenreich" war diese Neudefinition nach Weber auch und noch mehr, weil das protestantische Berufsethos eine zentrale „geistige" Voraussetzung des Kapitalismus theologisch bereitstellte, indem sie zur gottgefälligen innerweltlichen Pflicht erhob, was traditionell entweder biblisch als o. g. Strafe oder antik als ehrlose Tätigkeit unfreier Menschen (Sklaven) galt.

Andere Versuche von Neu- bzw. Umdefinitionen haben es freilich schwerer gehabt als die der Reformatoren, weil sie keine vergleichbar überzeugungskräftigen Anschlusschancen für ihre Neudefinitionen besaßen. Das trifft beispielsweise

---

[127] Vgl. Gabriel, Gottfried. *Logik und Rhetorik der Erkenntnis*. Paderborn: Ferdinand Schöningh, 1997; Übersichten über Konstruktivismus s. Pörksen 2011 sowie Keller, Reiner et al. (Hgg.). *Kommunikativer Konstruktivismus*. Wiesbaden: Springer, 2013.

für die von Freud als große „Kränkungen" qualifizierten historischen Paradigmenwechsel der europäischen Geistesgeschichte zu.[128] Wenn Kopernikus, Darwin und Freud selbst – um sie handelt es sich nämlich – wirklich deshalb „Kränkungen" waren (und gelegentlich wie im Fall Darwins bis heute blieben), weil ihnen für ihre Neudefinitionen/-bewertungen/-beschreibungen keine Ersatzanschlüsse von gleicher Überzeugungskraft zur Verfügung standen, wie sie die alten Paradigmen besaßen, dann belegt das exemplarisch den durch und durch rhetorischen Charakter dieser *Anschlussarbeit*; erfolgreich nämlich ist sie, wie unten (in Kap. 11) noch genauer zu erläutern sein wird, wenn sie zu überzeugen vermag, was heißt: wenn es ihr gelingt, problematisierte Geltungsansprüche in ein Netz von unterstellbaren Plausibilitäten so zu verorten, dass die Geltungsansprüche selber einen „zwanglosen Zwang" (Habermas) der Zustimmungsnötigung entwickeln. Man kann in Anlehnung an den o. g. Oesterreich'schen Begriff solche Neudefinitionen bzw. Neubewertungen „rhetorische Konstrukte" nennen, insofern sich an ihnen die grundlegende „Differenz" zwischen „res und verba" (Blumenberg 1981, 133), zwischen „Sein und Bedeuten" demonstrieren lässt (Blumenberg 1998, 165), was fundamental wichtig wird, um Rhetorik gegenüber „Natürlichkeit" abzugrenzen; denn „die Welt nur zu bedeuten, nicht zu sein, macht die klassische Differenz der Rhetorik zur Natürlichkeit aus", was heißt: Rhetorik hat es nur mit Bedeutungen bzw. mit Bewertungen und Beschreibungen von Welt zu tun, nicht mit der Welt selbst. Darum ist für die Rhetorik auch das „Bedeuten" wichtiger als das „Sein", weil es für Rhetorik kein rhetorikfreies Sein geben kann (Blumenberg 1981, 133), an das sich appellieren ließe, während doch alles längst „rhetorische Tinktur" trägt, die nur nicht bemerkt wird, weil sie allgegenwärtig ist (Bolz 1996, 67 ff.).

Wenn man jetzt noch bereit ist „bedeuten" terminologisch durch „heißen" zu ersetzen und „heißen" als Ergebnis erfolgreichen Beschreibens zu verstehen, dann ist der Zielsatz erreicht, der vorgreifend zwar schon in der Überschrift dieses Kapitels 8 zitiert worden ist, der aber erst jetzt in seinem vollen Aussagehalt verstehbar sein dürfte: *Heißen ist wichtiger als Sein*. Meine These lautet

---

128 Zu den drei narzisstischen „Kränkungen des Menschen" (kosmologisch: Kopernikus, biologisch: Darwin, psychologisch: Freud selbst) s. Freud, Sigmund. „Eine Schwierigkeit der Psychoanalyse" von 1917. *Gesammelte Werke*, Bd. XII. Hgg. Anna Freud et al. Frankfurt: Fischer, 2006. Selbst wenn neue Erkenntnisse nicht zu „Kränkungen" führen, nötigen Paradigmenwechsel zu einem „Wandel des Sehens", wie ihn Kuhn am Beispiel des Pendels verdeutlicht (1973, 161). Nicht weniger folgenreich sind „Paradigmenwechsel", die sich an Reaktionen auf Naturkatastrophen ablesen lassen: Während das Erdbeben von Lissabon am 1. November 1755 um 9:40 Uhr ein religiös fundiertes Weltvertrauen tief erschütterte, haben vergleichbare Katastrophen wie die von L'Aquila (2009) oder Amatrice (2016) in Italien/Abruzzen weder einen Voltaire (*Candide*) oder gar Leibniz (*Theodizee*) auf den Plan gerufen, sondern allenfalls den Staatsanwalt, der die Politik wegen fehlender baurechtlicher Präventionsmaßnahmen auf „fahrlässige Tötung" hin anklagte.

nämlich: In diesem Nietzsche-Satz (s. Kap. 8.4) hat das von Mark Twain angesprochene und von Tom unbemerkt entdeckte „Gesetz" endlich seine prägnanteste Formulierung gefunden, die zugleich die *kognitive Dimension* bzw. Voraussetzung dieses „Gesetzes" kenntlich macht, um die es nach dem Untertitel in diesem Kapitel 8 ja primär geht. Ungeachtet ihrer Prägnanz ist diese Formulierung nie zur zitationsanfälligen Formel ausgereift, wie sie anderen Begriffsbeziehungen gelungen ist, etwa der oppositiven Beziehung zwischen „Haben und Sein" (Erich Fromm) oder gar der determinativen Beziehung zwischen „Sein und Bewusstsein" in der Marx'schen Philosophie, nach der ja das Sein das Heißen (bzw. das Bewusstsein) und nicht, wie Nietzsche und die Rhetorik wollen, das Heißen das Sein bestimmt.[129] Über die Gründe für die ausgebliebene Zitat-Nobilitierung von „Heißen ist wichtiger als Sein" muss man nicht spekulieren; sie haben natürlich mit der sophistischen bzw. rhetorischen Erbschaft dieser Formel zu tun.

8.4 Nietzsche und das Theorem: Heißen ist wichtiger als Sein

> Dies hat mir die größte Mühe gemacht und macht mir noch immerfort die größte Mühe: einzusehen, dass unsäglich mehr darin liegt, *wie die Dinge heißen*, als was sie sind. Der Ruf, Name und Anschein. Die Geltung, das übliche Maß und Gewicht der Dinge – im Ursprunge zuallererst ein Irrtum und eine Willkürlichkeit, den Dingen übergeworfen wie ein Kleid und seinem Wesen und selbst seiner Haut ganz fremd – ist durch den Glauben daran und sein Fortwachsen von Geschlecht zu Geschlecht dem Dinge allmählich gleichsam an- und eingewachsen und zu seinem Leibe selber geworden: der Schein von Anbeginn wird zuletzt fast immer zum Wesen und *wirkt* als Wesen! Was wäre das für ein Narr, der da meinte, es genüge, auf den Ursprung und diese Nebelhülle des Wahns hinzuweisen, um die als wesenhaft geltende Welt, die sogenannte ‚*Wirklichkeit', zu vernichten*! Nur als Schaffende können wir vernichten! – Aber vergessen wir auch dies nicht: es genügt, *neue Namen* [!] und Schätzungen und Wahrscheinlichkeiten zu schaffen, um auf die Länge hin *neue ‚Dinge'* [!] zu schaffen [meine Hervorhebung, J. K.].

Dieser Text aus Nietzsches *Die fröhliche Wissenschaft* von 1882 (1988a, 422) enthält eigentlich eine irritierende Auskunft über seinen Autor: Sollte wirklich ein klassischer Philologe vom Format eines Nietzsche, den man in Basel ohne Promotion zum Professor machte, sollte der wirklich nie von einem Theorem gehört haben, wie es der stoische Philosoph Epiktet „unzählige Male wiederholt hat" – so der Stoa-Experte Pohlenz (1959/1, 333; 1959/2, 164) –, dass nämlich *„nicht die Dinge selbst uns erregen und unser Handeln bestimmen, sondern das Urteil, das ‚Dogma', durch das wir subjektiv ihnen Wert beilegen oder nicht* [meine

---

129 Vgl. Marx, Karl. „Zur Kritik der Politischen Ökonomie". *MEW* 13. 1971, 9.

Hervorhebung, J. K.]"[130] Oder benennt das eingestandene Sich-Schwer-Tun im o. g. Zitat nur Nietzsches Hemmungen, die Folgen dieses Theorems konsequent zu Ende denken zu wollen; ein Theorem, das ja zunächst bei Epiktet (60–140 n. Chr.) im Rahmen einer primär als praktischer Lebenshilfe funktionalisierten Philosophie eindeutig einen therapeutischen Fokus hatte und deshalb auch nicht zufällig von Paul Watzlawick gern aufgegriffen wurde, um es für eine therapeutische Strategie von Problemlösungen „zweiter Ordnung" zu nutzen (1997, 99 ff.), die er treffend „die sanfte Kunst des Umdeutens" nannte (1997, 116 ff.)? Wie dem auch sei; Nietzsche hat spätestens 1872 eine attraktive Theorie kennengelernt, die dieses Epiktet-Theorem (ohne es explizit zu zitieren) aus seiner praktisch-therapeutischen Enge zu befreien und so endlich seinen *erkenntnistheoretischen Kerngehalt* bemerkbar zu machen half. Gemeint ist die zweibändige Publikation von Gustav Gerber, eines renommierten Vertreters der romantischen Sprachwissenschaft, die Nietzsche sich bald nach Erscheinen (1871) aus der Basler Uni-Bibliothek nachweislich ausgeliehen hat (September 1872). Die Spuren der Lektüre von *Die Sprache als Kunst* sind gravierend gewesen und lassen sich in Nietzsches (von ihm nicht edierten) Schrift *Über Wahrheit und Lüge im außermoralischen Sinne* von 1873 (1988, 873 ff.) deutlich nachweisen, die sich wie eine erste, noch ganz frische Reaktion auf Gerbers Grundthese liest, dass die Sprache „Kunst" sei im Sinne einer *„in der Sprache"* unbewusst wirkenden „*Kunsttechnik* [meine Hervorhebung, J. K.]" (1961/1, 91 ff.). Die lasse sich als „Figuration" terminologisieren und mithilfe der rhetorischen Figurenlehre methodisch gut rekonstruieren, was zu einer sprachkritischen Fundierung der Kant'schen Erkenntniskritik nötige, insofern deren *Kritik der reinen Vernunft* in eine „*Kritik der unreinen Vernunft*" im Sinne einer „Kritik der Sprache" „*fortgeführt* [meine Hervorhebung, J. K.]" werden müsse (Gerber 1961/1, 244, 260; 1961/2, Vorrede; Kopperschmidt 1994, 42 ff.).[131]

Der Name Gerber kommt in Nietzsches Text von 1873 erstaunlicherweise nicht vor. In der 2. Bezugnahme auf Gerbers *Die Sprache als Kunst* aber, in der SS-Vorlesung 1874 über die *Darstellung der antiken Rhetorik* (1995, 426) erscheint Gerber zumindest in einer Fußnote (!), was natürlich kaum die Bedeutung dieses

---

130 Vgl. dazu neben Pohlenz u. a. Konersmann, Ralf. *Komödien des Geistes*. Frankfurt: Fischer, 1999, 39 ff. Selbst Werbeplakaten ist dieses Theorem vertraut, wie folgendes FARNER-Beispiel (in Zürich entdeckt) zeigt: „Nicht die Tatsachen, sondern die Meinungen über die Tatsachen bestimmen das Zusammenleben".
131 Ich hätte keine Bedenken, Gerbers „unreine Vernunft" mit der Vernunft zu vergleichen, die Habermas „kommunikative", „prozedurale" oder „detranszendentalisierte Vernunft" nennt (2001; 1985a, 344 ff.; 1984, 39 ff.); vgl. Kopperschmidt 1984, 39 ff.

Textes für Nietzsche und sein evolutionäres Verständnis von Rhetorik angemessen wiedergibt. Doch Gerber ist in der Vorlesung durchaus sehr präsent, sogar in Form eines (freilich nicht gekennzeichneten!) Zitats (aus Gerber 1961/1, 158), was aber immerhin erkennen lässt, welcher Kerngedanke Gerbers es Nietzsche angetan haben muss: „*Nicht die Dinge treten ins Bewusstsein, sondern die Art, wie wir zu ihnen stehen* [meine Hervorhebung, J. K.]".

Einen anderen Satz Gerbers lohnt sich noch zu zitieren, weil er dieses „wir" noch präziser benennt und die Nähe zu modernen konstruktivistischen Denkformen besonders deutlich macht: Weil alle Sprache „Figuration" ist, „ist nichts falscher als anzunehmen, dass wir durch die Sprache die Dinge in der Welt bezeichnen. *Die Wörter bedeuten überhaupt nicht die Dinge, sondern – und zwar bildlich – nur uns selbst, nur unsere Welt* [meine Hervorhebung, J. K.]" (1961/1, 248 ff.; 391–392). Wir betreiben mithin – so Nietzsche – mit jedem Reden (und Erkennen!) „die Metamorphose der Welt in den Menschen", indem wir uns selbst „als Maß an alle Dinge halten" (1988b, 883). Wir haben es also immer nur mit dem Heißen der Dinge zu tun, ihr Sein ist allenfalls ein unkenntlich gewordenes Heißen, das den erfolgreichen Beschreibungsakt längst vergessen gemacht hat, dem es sich verdankt. Entsprechend gibt es nach Nietzsche so wenig „moralische Phänomene", wie es sonstwie bestimmbare Phänomen gibt, „sondern nur eine moralische [oder sonstwie bestimmte] Interpretation dieser Phänomene" (1988, 149).

Es ist jetzt an der Zeit, auf einen kleinen, fast unscheinbaren, aber für unser Frageinteresse wichtigen Zusatz hinzuweisen, den Nietzsche in seiner SS-Vorlesung 1874 an das eben genannte (ungekennzeichnete) Gerber-Zitat ebenso ungeniert anhängt: „Nicht die Dinge treten ins Bewusstsein, sondern die Art, wie wir zu ihnen stehen, *das pithanon* [meine Hervorhebung, J. K.]" (das Überzeugende). Dieser kleine Zusatz hat es in sich (s. dazu Kopperschmidt 1994, 48 ff.; 2009, 22 ff.); er fungiert gleichsam als Operator, der dem Gerber-Zitat eine ganz bestimmte Deutungsrichtung gibt. Sie bringt nämlich den Aussagegehalt des Gerber-Zitats mit der in der Vorlesung bereits zweimal von Nietzsche erwähnten (bei Gerber aber nicht vorkommenden) Rhetorikdefinition des Aristoteles und deren Zentralbegriff *pithanon* über eine originäre Engführung in Beziehung: Rhetorik „ist eine Kraft [...], an jedem Ding das herauszufinden und geltend zu machen, was wirkt und Eindruck macht" (*Rhet.* 1355b). Was Aristoteles in dieser freien Nietzsche-Übersetzung über die Rhetorik sagt, das lässt sich – so Nietzsches These – mit dem Gerber'schen Sprachtheorem in produktiver Weise vermitteln: Rhetorik hat es nicht mit den *Dingen selbst* zu tun, sondern mit unseren *Meinungen* (*doxai*) *über die Dinge*, die wir in dem Maße miteinander teilen, als sie uns *überzeugen*, was heißt: als sie an unsere jeweils unterstellbaren Plausibilitätspotentiale erfolgreich *anzuschließen* vermögen (s. u. Kap. 11). Eben das meint ja auch Blumenberg mit dem oben bereits zitierten Satz (1981, 133), dass „die Wirklichkeit" heute keinen

Appellationswert mehr habe, mithin der traditionell beliebte Binärcode *res/verba* (Sachen/bloße Worte) obsolet geworden sei samt des antirhetorischen Appells „res, non verba" (zu den Sachen!);[132] denn wenn alle „res" bereits rhetorische Tinktur zeigen, lassen sie sich gegen ihre vermeintliche sprachliche Verfälschung so wenig ausspielen, wie sich „Meinung"/„Schein" (*doxa*) noch ernsthaft gegen objektives „Wissen"/„Wahrheit" (*episteme*) abgrenzen lässt (vgl. Bolz 1991, 52 ff.), sondern Meinungen lassen sich allenfalls nach dem Grad ihrer Zustimmungsfähigkeit unterscheiden, ob sie also allgemein anerkannt sind („herrschende Meinungen") oder bloß Minderheitspositionen wiedergeben.

Doch was macht denn nun die besondere philosophische Attraktivität der Rhetorik gegenüber der Sprache allgemein aus, deren intrinsische Rhetorizität bzw. Metaphorizität ja auch Gerber nie bestritten hätte und die Nietzsche mit dem eigentlichen Schlüsselsatz seiner Überlegungen zusammenfasst: *„Die Sprache ist Rhetorik"* (1995, 426)? Macht diese These Rhetorik mit deren „Universalisierung" (Bolz 1991, 52 ff., 59 ff.) nicht bloß zu einer „Fortsetzung der in der Sprache gelegenen Kunstmittel am hellen Lichte des Verstandes"? Und gilt das nicht erst recht, wenn man mit dieser „Universalisierung" der Rhetorik Rhetorizität zum Modell unseres allgemeinen *Weltbezugs* macht („metaphorischer Weltbezug", s. Blumenberg 1981, 115)? Nein! Diese Gefahr ist deshalb unwahrscheinlich, weil jede Aktivierung von Rhetorik in konkreter Überzeugungsarbeit ja die in Sprache immer längst still gestellte Rhetorizität unseres Weltbezugs situativ allenfalls revoziert, indem sie das geltende Heißen der Dinge problematisiert und seine Haltbarkeit einer fälligen *Arbeit am Heißen*[133] aussetzt, die gelegentlich auch zu einem „*Kampf ums Heißen*" werden kann, ja werden *muss*, wenn die Veränderung der Dinge mit der Veränderung ihres Heißens beginnt.[134]

Rhetorik als konfliktbedingte Überzeugungsarbeit im Interesse kooperativer Handlungsermöglichung ist die ständige Erinnerung daran, dass es keine „unrhetorische Natürlichkeit" des Heißens (Nietzsche) gibt, mithin alle Namen sich unserer Namengebung verdanken. Damit wird endlich auch deutlich, dass die Einsicht in unsere Namengebungsgewohnheiten viele traditionelle (besonders theologische) Problemlagen (etwa das Paradox der Trinität), mit deren Lösung sich Intellektuelle wie etwa Augustin lebenslang gequält haben, als

---

132 Vgl. Eggs, Ekkehard über das „res/verba-Problem" in *HWRh*, Bd. 7. Hg. Gert Ueding. Tübingen: Niemeyer, 2005, 1260 ff.; Bolz 1991, 52 ff.
133 Für diese Formulierung habe ich mich von Blumenbergs *Arbeit am Mythos* (1986) inspirieren lassen.
134 Vgl. Hegel: „Ist erst das Reich der Vorstellungen revolutioniert, so hält sich die Wirklichkeit nicht aus", Brief an F. I. Niethammer in: Hoffmeister, Johannes (Hg.). *Briefe von und an Hegel*, Bd. 1. Hamburg: Meiner, 1952, 253.

selbstgestellte Denkfallen durchschaubar macht, die nicht die Grenzen unseres Verstandes schmerzhaft einklagen, sondern die der Verwechslung von Beschreibungskonstrukten mit beschreibungsunabhängigen Objekten erliegen (was dem Denktraining natürlich überhaupt nicht geschadet hat, wie die Scholastik zeigt). Aber auch dies macht die eben genannte Einsicht in unsere Namengebungsgewohnheiten überdeutlich: eine neue und ungeheuer große Verantwortung impliziert unsere Namengebungspraxis, die traditionelles Heißen im Zeichen politisch sensibilisierter Korrektheit oft als Diskriminierung zu lesen gelernt hat (z. B. „Neger", „Fräulein", „Mädchen", „behindert" usw.). Der „Kampf ums Heißen" gehört mithin längst zu unserem Alltag, und die in den Medien tagtäglich gemeldeten aktuellen „Kämpfe ums Heißen" beweisen nur, dass in diesen unserem Alltag das einstige akademische Theorem längst angekommen ist: Wir haben es, wenn wir es mit dem Heißen der Dinge zu tun haben, immer nur – so der oben (Kap. 8.2) zitierte Cassirer – mit uns selbst zu tun.

8.5 Von der Arbeit am Heißen zum „Kampf ums Heißen"

Nietzsches Basler SS-Vorlesung von 1874 hätte eigentlich ein fixes Datum abgeben können, an dem eine entsprechend interessierte Geschichte über den „rhetorical turn", wenn nicht den absoluten Beginn, so doch eine wichtige Frühphase der philosophischen Rehabilitation der Rhetorik hätte festmachen können. Die gewählte Modalität meiner Formulierung freilich lässt unschwer erkennen, dass daraus nichts geworden ist. Konnte es auch nicht! In einer Vorlesung vor zwei (!) Studenten – zudem noch vor Fachunkundigen – in Nietzsches Privatwohnung konnte eine philosophische Entdeckung der Rhetorik schwerlich folgenreich werden, wenn wir den beiden Studenten auch dankbar sind, dass ihre Mitschrift (neben Nietzsches Notizen) uns überhaupt an diesem Privatissimum haben teilnehmen lassen (vgl. dazu Kopperschmidt 1994, 7 ff.). Doch für diese Teilnahme interessierte sich die einschlägige Forschung auch erst, als die vielen Wiederentdeckungen der Rhetorik in den verschiedenen Disziplinen (Literaturwissenschaft, Sprach- und Sprechwissenschaft, Ästhetik, Kommunikationstheorie usw., s. Kopperschmidt 1990/1991) endlich auch die Philosophie neugierig machte und (zunächst noch sehr verhalten) reagieren ließ; so publizierte z. B. Blumenberg seinen furiosen Rhetorik-Essay 1971 in italienischer (!) Sprache in einer italienischen Zeitschrift (*Il Verri*), bevor er ihn 1981 gottlob bei „Reclam" in einer Aufsatzsammlung aufnahm und so leichter zugänglich machte. Und auch dann dauerte es noch einige Zeit, bis – aufgeweckt durch entsprechende Signale aus Frankreich – man sich auch hier an Nietzsche und seine frühe Vorlesungsbeschäftigung mit der Rhetorik in Basel erinnerte und sie sich genauer ansah. So genau freilich, dass man, weil man sich endlich auch für die Quellen Nietzsches interessierte, sogar vor Plagiatsverdächtigungen nicht zurückschreckte und sie penibel zu belegen versuchte (Most und Fries 1994, 17 ff., 251 ff.). Das ist mittlerweile auch bereits Geschichte, die aber neben Gustav Gerbers großen Anteil an Nietzsches Ideen und seiner Rolle bei der philosophischen Entdeckung der Rhetorik auch Nietzsches geniale Handschrift zu würdigen lernte, die überhaupt erst Rhetorik in zeitgemäße Denkmuster einzuordnen und so auf deren Attraktivität und Aktualität aufmerksam zu machen vermochte. Mit „zeitgemäße Denkmuster" meine ich besonders die geistesgeschichtliche Einordnung oder zumindest Annäherung der Rhetorik an ein modernitätstypisches, nämlich nachmetaphysisches Paradigma, das Habermas später einflussreich das „kommunikative" bzw. das „Verständigungsparadigma" nannte (1981/1; 1981/2; 2001; 1985a, 344 ff.; 1988, 35 ff.). Es setzt erkennbar die o. g. Ablösung des ontologischen Paradigmas (Erkennen als Kontemplation) durch das subjektzentrierte (Erkennen als Bewusstseinsleistung) bis zum kommunikativen (Erkennen als Verständigung) fort und stellt damit ideale Rahmenbedingungen bereit für eine auf Verständigungsarbeit fokussierte Theorie wie die Rhetorik, um ihr Selbstverständnis auf zeitgemäßem Theorienniveau zu artikulieren.[135]

Nach diesen ernüchternden Bemerkungen über Nietzsches faktischen Einfluss auf die philosophische Wiederentdeckung der Rhetorik wird es kaum verwundern, dass die als Überschrift dieses Kapitels gewählte griffige Formel „Kampf ums Heißen" kein Nietzsche-Zitat ist, obwohl sie sich geradezu als Konsequenz aus Nietzsches Einsicht lesen ließe, dass wir es nämlich immer nur mit dem Heißen der Dinge zu tun haben, weshalb – so das etwas allzu optimistische Eingangszitat zu Kap. 8.4 – „es genügt, *neue Namen* und Schätzungen [...] zu schaffen, um auf die Länge hin *neue Dinge* zu schaffen [meine Hervorhebung, J. K.]" (1988, 422). Dennoch! Nicht Nietzsche ist diese großartige Formel „Kampf ums Heißen" eingefallen, sondern Hermann Lübbe, knapp 100 Jahre später in einem Aufsatz über *Sein und Heißen* (1975; 1975/1), der die Bedingungen eines möglichen „Kampfes ums Heißen" und seine innere Widersprüchlichkeit zu präzisieren helfen kann (vgl. Kopperschmidt 1995, 184 ff.; 1998/1, 151 ff.): Es muss nämlich 1.) eine „Differenz zwischen Sein und Heißen" unterstellt werden, weil sonst ein Kampf um „richtiges Heißen" bzw. gegen „falsches Heißen" schwerlich möglich wäre. Es muss aber 2.) angenommen werden, dass – wie oben (Kap. 8.3) formuliert – das Heißen das Sein bestimmt und nicht umgekehrt, weil es keinen unmittelbaren sprachfreien Zugang zum Sein gibt bzw. Sein immer nur in Gestalt

---

[135] Vgl. ähnlich Schnädelbach über die Paradigmenabfolge (ontologisch, mentalistisch, linguistisch) in der europäischen Philosophie in: Martens und Schnädelbach 1985, 37 ff.

seines Heißens für uns zugänglich ist („Auch der Streit ums Heißen ist [...] ein Streit ums Sein"). Daraus erklärt sich 3.) überhaupt erst das Interesse an einem bestimmten Heißen, weil in diesem Heißen ein bestimmter Umgang mit dem Sein erschlossen wird: „Wir ändern durchs Ändern des Heißens das System der sozial geltenden Unterscheidungen, über das wir uns jeweils zu dem, was ist, verhalten"; darum „ist der Kampf ums Heißen [...] ein Spezialfall politischen Handelns" (Lübbe 1975, 140, 142, 137).

Es war entsprechend Lübbe, der Politik als „Kunst" definierte, „im Medium der Öffentlichkeit Zustimmungsbereitschaften zu erzeugen", was Politik nötige, der Aristotelischen Empfehlung strikt zu widersprechen, nämlich „nicht um Worte zu streiten" (*Top*. I 18); stattdessen müsse man – das war seinerzeit primär an die in Bedrängnis geratenen Konservativen adressiert – energisch gegen jeden „Alleinvertretungsanspruch" des politischen und ideologischen Gegners auf einzig legitime („wahre") Wortverwendungen angehen, um nicht öffentlich sprachlos und damit öffentlich-kommunikativ inexistent gemacht zu werden und die Deutungshoheit sprachlich verloren zu geben (Lübbe 1975, 87 ff.).[136] Und es war Hans Maier, der in seinem einflussreichen Beitrag von 1972 die suggestive (weil rhetorische gemeinte) Frage stellte: „Können Begriffe die Gesellschaft verändern?" (1975, 53 ff.). Natürlich können sie das – und tun es längst, so Maiers seinerzeitige Klage, weil die Linke die traditionellen politischen Schlüsselbegriffe (Freiheit, Emanzipation usw.) in gezielter Weise semantisch so umdeute, dass sie fast nur noch in „negatorischer" Verwendung (Freiheit als Befreiung von) Sinn machten. Ähnliches gelte für die „eschatologische Aufladung" politischer Begriffe, wodurch aus „Ordnungsbegriffen Verheißungen" würden, die so zum „pauschalen Verdacht gegen das Bestehende" umfunktionalisiert seien (1975, 60).[137]

Ich will über dieses historische Lehrbeispiel eines „Kampfes ums Heißen" hier nicht weiter ausholen und zähle aus Platzgründen nur einige bemerkenswerte Beispiele aus der Geschichte von „Kämpfen ums Heißen" auf, wozu fraglos Weizsäckers Rede zum 8. Mai 1985 gehört mit der erfolgreichen Neubeschreibung des 8. Mai 1945 als „Tag der Befreiung".[138] Dazu gehört meines Erachtens, wenn diese Einschätzung auch riskant sein mag, Goebbels Sportpalastrede vom 18. Februar 1943, wobei ich deren strategische (!) Brillanz darin sehe, trotz der schonungslos,

---

[136] Noelle-Neumann prägte dafür den griffigen Term „Schweigespirale" (*Die Schweigespirale. Öffentliche Meinung – unsere soziale Haut*. München: Langen Müller, 1980).
[137] Vgl. Kopperschmidt 1995, 184 ff. Umgekehrt gibt es Begriffe, deren ideologischer Gebrauch sie so „verhunzt hat", dass sie lange Zeit nicht mehr verwendet werden können, so Thomas Mann in „Bruder Hitler" (Mann, Michael und Kurzke, Hermann (Hgg.). *Ausgewählte Essays in drei Bänden*, Bd. 2. Frankfurt: Fischer, 1977, 233); vgl. dazu Kopperschmidt 2003/3, 469 ff.
[138] S. Kopperschmidt, Josef. „Der verflixte 8. Mai". *Der Deutschunterricht* 48, 1996, 71 ff.

ja waghalsig vorgeführten Opfer dieses mörderischen Krieges die eigentlich naheliegende Frage „Wer hat das alles zu verantworten?" erst gar nicht aufkommen zu lassen, sondern durch eine andere Frage erfolgreich zu ersetzen, die eine totale Umdefinition bzw. codespezifische Neubeschreibung der Situation ermöglichte: Soll das alles umsonst gewesen sein?[139] Die tosende Antwort im Sportpalast ist so bekannt wie die Folgen dieser Bereitschaft zum „totalen Krieg". Goebbels Rede, obwohl ich sie für erfolgreich und bedeutend halte, würde ich freilich nie „groß" zu nennen wagen; es fehlt ihr, was wirklich große Reden meines Erachtens auszeichnet: Freisetzung einer moralischen Bindekraft. Die kann keine Rede entfalten, die integraler Teil eines verbrecherischen Angriffskrieges war (vgl. Kopperschmidt 2003/3, 181 ff.). Als weniger riskant dürfte Hararis These gelten, dass „am Morgen des dritten Jahrtausends" eine Neubeschreibung der Welt und des Menschen in ihr sich systematisch durchzusetzen beginne, die fast alles, was Gott oder Göttern traditionell vorbehalten war, menschlicher Intelligenz als technisch erreichbar verspreche (2017, Kap. 1). Dass Religion und besonders das Christentum dadurch in eine prekäre Situation geraten, ist an den massiven aktuellen Säkularisierungstendenzen leicht ablesbar, die einer jahrhundertelang geltenden Selbstbeschreibung des Menschen (besonders durch Paulus formuliert) als eines nach dem selbstverschuldeten Paradiesverlust im Exil lebenden und deshalb rechtfertigungs- wie erlösungsbedürftigen Wesens ihre Plausibilität bestreiten (vgl. Sloterdijk 2014, 10 ff.) – und das alles bereits ohne erkennbaren öffentlichen Kampf ums Heißen, als sei der längst entschieden. Entschieden ist auch ein anderer Kampf ums Heißen, der zwar weit weniger Gewicht für sich reklamieren kann, aber noch gut in Erinnerung sein dürfte und ein instruktives Beispiel für eine erfolgreiche Neubeschreibung darstellt; ich meine die Beschneidungsdebatte des Jahres 2012, an der ich in Kapitel 11 die operative Dimension der Rhetorik beispielhaft erläutern möchte, zu der auch die Suche nach einer anschlussfähigen Problembeschreibung gehört, um einen Konflikt wie den über die Legalität einer fremdkulturellen Beschneidungspraxis überhaupt lösbar machen zu können.

So viel zum Nietzsche-Satz, dass das Heißen wichtiger sei als das Sein, und seine rhetoriktheoretische Relevanz. Leichter macht die Einsicht in die Konsequenzen dieses Satzes – so lässt sich wohl vorsichtig bilanzieren – das Leben sicher nicht. Wer möchte die lästige Verantwortung für die Namen der Dinge nicht manchmal gern eintauschen wollen gegen die einstmalige Hoffnung, bei

---

139 Vgl. dazu Fetscher 1998, der treffend von einer „Umwandlung der Katastrophe von Stalingrad in ein mythisches Geschehen" spricht (1998, 110). Wenig hilfreich dagegen ist Kegel, Jens. „Wollt ihr den totalen Krieg?". Tübingen: Niemeyer, 2006. Allgemein zur Redekritik s. Kopperschmidt 2003/3.

entsprechender kontemplativer Anstrengung die Dinge mit *ihren wahren Namen* nennen und sich gegen *falsa nomina* (falsche Benennung/Beschreibung) wehren zu können?[140] Doch wer kann heute in solcher Hoffnung noch mit Anstand mehr erkennen als nostalgische Flucht in eine durch und durch vergangene Vergangenheit? Nietzsche jedenfalls hält die Erfahrung, „dass wir die Wahrheit nicht haben", für ebenso unumgänglich wie singulär, insofern sie „noch kein Zeitalter [vor uns] hatte".[141] Bei Blumenberg heißt es ähnlich in dem als General-Motto dieser *Einleitung in die Rhetorik* vorangestellten Text: „Es gibt keine Wahrheit, die für sich selbst stehen könnte, nicht hilfsbedürftig wäre" (1998a, 164). Rhetorik in dem hier verstandenen Sinne meint die methodische Reaktion auf diese Hilfsbedürftigkeit von Wahrheit wie sie zugleich auch immer ein Symptom „bestimmter Resignationen" ist, die anderen Zeiten fremd blieben, solange man noch von der Möglichkeit „nackter Wahrheit" zu reden vermochte (Blumenberg 1998, 61–62). Doch es ist nicht zuletzt genau dieser ihr „bestimmter" Symptomcharakter, der die so spät entdeckte philosophische Modernität der Rhetorik ausmacht.

Doch auch die eben genannte politische Dimension dieser Modernität von Rhetorik dürfte in gleichem Maße kenntlicher werden, wie die – zumindest für westliche Gesellschaften typische – „Weigerung" zunimmt, „die Dinge auf sich beruhen zu lassen", wofür Ralf Konersmann in seiner Publikation über *Die Unruhe der Welt* (2015) den Neologismus „Inquietät" als ideengeschichtlichen Begriff vorgeschlagen hat (2015, 18–19, 40). Wer für die innere Verknüpfung von „Inquietät" mit dem politischen „Kampf ums Heißen" nach einem aktuellen Beispiel sucht, kann es gerade im fast überparteilichen Wahlkampfversprechen „Ehe für alle" finden, insofern darin ja die endliche Ausweitung des Ehebegriffs auf die bisher bloß „eingetragene Lebenspartnerschaft" genannten gleichgeschlechtlichen Personenbeziehungen versprochen wird, womit in der Tat über ein verändertes Heißen ein (zumindest rechtlich) verändertes Sein angestrebt wird.

---

140 Vgl. zur klassischen Analyse dieses Phänomens bei Thukydides. *Geschichte des Peloponnesischen Krieges* III 82, s. Kopperschmidt 1995, 194 ff.
141 Vgl. dazu Manschot, Henk. „Nietzsche und die Postmoderne in der Philosophie". *Die unvollendete Vernunft: Moderne versus Postmoderne*. Hgg. Dietmar Kamper und Willem van Reijen. Frankfurt: Suhrkamp, 1987, 484.

9 Die goldenen Ketten der Rhetorik oder über die soziale Dimension der Rhetorik

9.0 Warum ist Rhetorik nötig?

In Kapitel 8 sind, um die spezifisch kognitiven Voraussetzungen der Rhetorik zu bestimmen, einige grundlegende und miteinander eng verknüpfte Thesen entwickelt und zu begründen versucht worden, die hier noch einmal zusammengefasst werden sollen, um für die weitere Diskussion präsent zu sein: 1.) Die Welt ist veränderbar, weil die Beschreibungen veränderbar sind, mit denen wir uns die Welt meinungshaft (doxastisch) zugänglich bzw. verfügbar machen. Mit den von Nietzsche entliehenen Kategorien Heißen/Sein haben wir diese These wie folgt reformuliert: Das Sein ist veränderbar, weil das Heißen veränderbar ist, mit dem wir das Sein beschreiben/benennen. Wenn diese Relation zwischen Heißen/Sein unterstellbar ist, dann folgt daraus 2.): Es ist das meinungsabhängige Heißen, das (für uns) das Sein bestimmt (nicht umgekehrt), weshalb 3.) gilt: *Wer die Welt verändern will, muss ihr meinungsabhängiges Heißen verändern*, was in der Regel meint: *er muss den „Kampf ums Heißen" aufnehmen*.

Diese griffige Formel ist, wie oben bereits (Kap. 8.5) erwähnt, zunächst zwar nur für den Bereich des Politischen geprägt worden, doch ist sie auf alle Situationen ausdehnbar, in denen ein Veränderungswille, um überhaupt Aussicht auf Erfolg haben zu können, auf die Mithilfe von anderen Subjekten angewiesen ist, was heißt: dieser Veränderungswille muss – wie das oben behandelte Tom-Sawyer-Beispiel belegt – *andere für seine* Beschreibung von Sachverhalten zu gewinnen versuchen, die sich aber in der Regel, weil diese Beschreibung eine Veränderung intendierende Neubeschreibung von Sachverhalten ist, *gegen andere* Beschreibungen erst noch behaupten muss. Hier kommt erkennbar das Geschäft der Rhetorik zentral ins Spiel, wenn sie denn im bisher beschriebenen Sinne als Theorie (Praxis und Methode) einer um Zustimmung werbenden Überzeugungsarbeit verstanden wird. Genauerhin kommt freilich eine Dimension von Überzeugungsarbeit ins Spiel, die nicht wie bisher deren *kognitive* Voraussetzung bzw. Ermöglichungsbedingung thematisiert, sondern deren dezidiert *soziale* Implikation in den Blick nimmt: Denn Rhetorik ist nur dort nötig, wo Subjekte zu schwach (eventuell auch zu klug) sind, um ihren Veränderungswillen monologisch durchsetzen zu können (bzw. zu wollen). Die operative Dimension der Bewältigung dieser für Rhetorik typischen sozialen Ohnmacht wird in Kap. 11 mit Hilfe des schon öfters benutzten Schlüsselbegriffs „anschließen" behandelt werden. In diesem Kapitel 9 geht es dagegen zunächst um die Klärung des Begriffs „Veränderung" (9.1) und seine generalisierende Adoption für ein forensisches Rhetorikverständnis, was 1963 vom damaligen Rhetorikpapst Heinrich Lausberg erfolgreich vorgeschlagen wurde (9.2). An einer berühmten und für unser Frageinteresse höchst attraktiven, wenn auch ungewohnten Lesart des traditionellen Herakles-Mythos soll schließlich eine dialektische Umdeutungschance der eben zitierten Ohnmachtsvoraussetzung von Rhetorik erprobt werden, die aus Ohn-macht Macht zu generieren verspricht (9.3); denn erst unter Bedingungen sozialer Ohnmacht wird die verständigungsbasierte Suche nach einem gemeinsamen Willen nötig, gibt es mithin überhaupt erst eine Chance für die Entdeckung und Nutzung einer Machtressource, die Nietzsche „das größte Machmittel inter pares" (unter Gleichen) nannte (1955, 363 ff.; vgl. Hetzel 2011, 368 ff.). Er meinte damit selbstredend die Rhetorik, deren politische Machtrolle er entsprechend historisch an den Prozess einer Demokratisierung rückbindet, deren partizipatorische Dynamik freilich erst in modernen Gesellschaften in alle Lebensbereiche einzudringen vermag, sodass in ihnen Reden bzw. Kommunikation zunehmend zur wichtigsten Handlungsmodalität wird, die tendenziell „aus Betroffenen Beteiligte" macht (Habermas) und sie so als „Freie und Gleiche" (Aristoteles) behandelt (s. o. Kap. 4). Damit soll nicht naiv unterstellt werden, dass rhetorische Macht nicht auch, statt repressive Macht und Gewalt zu ersetzen, zu deren subtiler Manifestation pervertieren kann (strategische „Überredungsrhetorik"), wohl aber soll damit behauptet werden, dass Reden, wenn es erst einmal zur bevorzugten Handlungsmodalität avanciert ist, die vergleichsweise größte Chance bietet, soziopolitische Partizipationschancen zu entgrenzen. Jedenfalls bliebe die auffällige Konjunktur von „Kommunikation" als moderner Nachfolgebegriff für „Rhetorik" (freilich ohne deren problemgeschichtliches Erbe) ebenso unverständlich wie seine Funktion als Schlüsselbegriff in modernen Gesellschaftstheorien (besonders bei Habermas und Luhmann) und in der Alltagssprache (beispielhaft ablesbar etwa an den vielen kommunikationsbezogenen Stellenangeboten oder Anforderungsprofilen), würde sich darin nicht – wie vermittelt auch immer – der Prozess einer allgemeinen Partizipationstendenz anzeigen. Um sie muss es daher auch in diesem Kapitel mit Blick auf die spezifisch soziale Voraussetzungsdimension von Rhetorik gehen, wenn denn gilt, was sich als Ertrag des 8. Kapitels zusammenfassen und woran sich im Folgenden anschließen lässt, dass nämlich *das Interesse an Rhetorik*, weil sie und nur sie es mit dem meinungsabhängigen Heißen der Dinge zu tun hat, *in gleichem Maße zunimmt, wie die soziale Relevanz dieses Heißens bewusst wird*. Das macht u. a. ihre – so Plett (1996) – „Aktualität" aus und ihre – so Bolz (1999, 174) – seit Nietzsche bemerkte Eignung „als Schlüssel zur Diagnose der Moderne".

9.1 „Ändere die Welt!"

Dieser zum „kategorischen Imperativ" forcierte Appell ist einem bekannten Song aus Bert Brechts Lehrstück *Die Maßnahme* (1930) entnommen, der das Verändern der Welt geradezu zu einer moralischen Pflicht macht:

> ... Könntest du die Welt endlich verändern, wofür
> Wärest du dir zu gut?
> ... Versinke im Schmutz
> Umarme den Schlächter, aber
> *Ändere die Welt: sie braucht es!* [meine Hervorhebung, J. K.].[142]

Wie sehr „sie es braucht", zeigt mithilfe einer gleichsam dramaturgisierten Argumentation besonders anschaulich Brechts Theaterstück *Der gute Mensch von Sezuan* (1938–1940), in dem das Paradox bühnenwirksam illustriert wird, dass man sich das Gut-Sein unter sozialen Ausbeutungsbedingungen nur leisten kann, wenn man seine ruinösen Folgen durch gleichzeitige Ausbeutungsbereitschaft zu kompensieren vermag. Die moralische Unerträglichkeit eines solchen Verhaltensparadoxes wird zwar eindringlich im Stück eingeklagt, doch nicht aufgelöst, sondern bleibt am Ende dem Zuschauer als Denkaufgabe überantwortet:

> ... Was könnte die Lösung sein?
> Soll es ein andrer Mensch sein? Oder eine andre Welt?
> Vielleicht nur andere Götter? Oder keine?
> ... Der einzige Ausweg wär aus diesem Ungemach:
> Sie selber dächten auf der Stelle nach
> Auf welche Weis dem guten Menschen man
> Zu einem guten Ende helfen kann.
> Verehrtes Publikum, los, such dir selbst den Schluss!
> Es muss ein guter da sein, muss, muss, muss!

Der gesellschaftstheoretische Kontext, in dem dieser zur Veränderungspflicht radikalisierte Veränderungsappell seine Plausibilität findet, ist auch in einem anderen, noch berühmteren Text vorausgesetzt, auf den man – gottlob immer noch – stößt, wenn man das Foyer der Berliner Humboldt-Universität betritt, obwohl das Regime, das ihn seinerzeit in goldenen Lettern an der Haupttreppe hat anbringen lassen, längst verschwunden ist, weil seine Praxis eine Theorie zu offenkundig dementierte, die in dem gemeinten Text ihren pragmatisch kondensierten und fokussierten Ausdruck fand (Abb. 7):

---

[142] U. a. in Brecht, Bertolt. *Lehrstücke*. Reinbek: Rowohlt, 1973, 37.

Abb. 7: Marx im Foyer: 11. Feuerbach-These an der Haupttreppe im Foyer der Humboldt-Universität zu Berlin (Quelle: Wikimedia Commons, gemeinfrei)

Diesen Text, lässt man kleine stilistische Änderungen durch den Erstherausgeber Friedrich Engels einmal unberücksichtigt, schrieb der junge Karl Marx 1845 während seines Brüsseler Aufenthalts; berühmt geworden ist dieser Text nach seiner Erstpublikation 1888 unter dem seither gemeinhin auch zitierten Titel „11. Feuerbach-These" (vgl. *MEW* 3, 533 ff.). Ich nehme an oder besser: ich hoffe sogar, dass für eine mögliche Irritation, die dieser Text auf heutige Besucher oder Nutzer des Universitätsfoyers ausüben könnte, weniger die Erinnerung an die ehemalige DDR verantwortlich ist, die ihn hier hinterlassen hat, als die oppositive Begriffsrelation, die der Text zwischen „interpretieren" und „verändern" semantisch erkennbar unterstellt. Es war eben diese irritierende Relation, die auch Ernst Bloch dazu nötigte, ihren oppositiven bzw. „konträren" Charakter zu bestreiten (die „aber"-Partikel steht nicht im Original!) oder zumindest in der Weise abzuschwächen, dass er ihn nur für eine bestimmte Richtung philosophischen Denkens gelten lassen wollte, die er „kontemplative und die Welt lediglich antiquarisch interpretierende" statt „revolutionär verändernde" nannte (1959/1, 325, allgemein 288 ff.). Unter dem Titel *Das Prinzip Hoffnung* hat Bloch 1959 das ambitionierte Projekt einer „Ontologie des Noch-Nicht-Seins" entworfen, die den 7. Tag erst noch erwartet, weil die „wirkliche Genesis nicht am Anfang ist, sondern am Ende" (1959/2, 1628), an dem sich deshalb auch erst über das *Experimentum mundi* (1975, 269) sagen lässt, ob wirklich „alles sehr gut ist" (*Genesis* 1.31).[143]

Wir haben diese Art von Philosophie samt ihrer ontologisch bedingten Präferenz für das Unveränderlich-Dauerhaft-Ewige am Beispiel des Philosophenmosaiks oben (Kap. 3) kurz skizziert, das mit seiner anachoretischen Idylle ein kontemplativ gestimmtes Denk- bzw. Theoriemuster abbildet, das solange stilbildend war, als in der Tradition Platons unsere Wirklichkeit als schwaches und unvollkommenes Abbild einer vollkommenen Ideenwelt philosophisch abgewertet werden

---

[143] Vgl. Blochs kühne Rezeption des Augustin-Zitats „dies septimus nos ipsi erimus" (der 7. Tag werden wir selbst sein) in 1968, 25.

konnte, deren – wie schwer auch immer ermöglichter – Zugang (Höhlenausbruch) allein wissensfähiges Erkennen im Gegensatz zum bloß meinungsverhafteten Vermuten (*doxa*) versprach. Die in diesem Denkmodell notwendig implizierte Abwertung alles Veränderlichen als Verfallsphänomen – explizit bei Platon in den *Gesetzen* (797d) – hat Popper 1957 als „methodischen Essentialismus" bestimmt und Platons Idealstaatskonzept respektlos als Versuch denunziert, jegliche Veränderung im Politischen „zum Stillstand" bringen zu wollen (2003, 27, 24 ff., 46 ff.), was ihn für Popper (neben Marx) zu einem der renommiertesten und historisch einflussreichsten „Feinde einer offenen Gesellschaft" gemacht hat, für die Popper ebenso leidenschaftlich wirbt wie für einen erkenntnistheoretischen Fallibilismus.

Mit dem Kreditverlust der Platonischen Denktradition musste auch der an sie geknüpfte Theoriebegriff an Plausibilität verlieren bzw. die Spannung, die Theorie von Praxis traditionell abhob, in sich selbst aufzunehmen versuchen, was Theorie dann nach einer an Praxis interessierten oder eben nichtinteressierten Variante zu unterscheiden und entsprechend zu bewerten ermöglichte. Bei Adorno klingt das dann beispielsweise so: „Es gibt keinen Gedanken, wofern er irgend mehr ist als Ordnung von Daten und ein Stück Technik, der nicht sein praktisches Telos hätte" (1977, 175), womit Adorno die eben zitierte 11. Feuerbach-These vor dem Missverständnis zu schützen versuchte, als würde sie etwa die *theoriefeindliche* „Ungeduld" teilen, „welche die Welt verändern will, ohne sie zu interpretieren" (1977, 176).[144]

So sehr uns auch noch der emphatische Veränderungswille vertraut klingen mag[145] und so schwer es uns fallen dürfte, angesichts täglicher Nachrichten über Terror, Vertreibung, Ausbeutung, Unterdrückung usw. dem in der Feuerbach-These angemahnten Veränderungsbedarf der Welt zu widersprechen, – ich habe

---

144 Das geht schon deshalb nicht, weil nach Hegel „erst das Reich der Vorstellungen revolutioniert [sein muss], damit die Wirklichkeit nicht [mehr] standhält"; zu diesem Zitat und sinnverwandten Theoremen s. Wehler, Hans-Ulrich. *Nationalismus. Geschichte, Formen, Folgen.* München: C.H. Beck, 2001, 45. Vgl. auch Günther Anders: „Es genügt nicht, die Welt zu verändern. Das tun wir ohnehin. Und weithin geschieht das sogar ohne uns. Wir haben diese Veränderung auch zu interpretieren. Und zwar, um diese zu verändern. Damit sich die Welt nicht weiter ohne uns verändere" (aus: *Die Antiquiertheit des Menschen.* München: C.H. Beck, 1981, Motto des 2. Bd.).
145 Dieser Veränderungswille/-appell reicht von den Beatles („we all want to change the world") über Obama („yes, we can change the world"), Jean Ziegler („*Ändere die Welt*") bis zur Plakataktion 2010 der „Kindernothilfe" („Ich ändere die Welt"); er reicht zurück über Marxens „kategorischen Imperativ" („alle Verhältnisse umzuwerfen, in denen der Mensch ein erniedrigtes, ein geknechtetes, ein verachtetes Wesen ist [...]") bis zum utopischen Versprechen in der *Apokalypse* „Seht, ich mache alles neu" (in Gestalt eines vom Himmel herabsteigenden Neuen Jerusalems (Kap. 21)). Vgl. auch Konersmann 2015, 239 ff. In Becks (unvollendet gebliebenen) letzten Buch *Die Metamorphose der Welt* (Berlin: Suhrkamp, 2017) hat „verändern" bereits den bedrohlichen Charakter einer radikalen „Verwandlung" angenommen (2017, 15 ff.).

dennoch den Eindruck, dass das öffentliche Veränderungspathos angesichts deprimierender Misserfolge gut gemeinter Veränderungsabsichten doch leiser geworden ist oder sich durch ermüdende Überanstrengung (z. B. „Entschuldigen Sie die Störung, wir verändern gerade das Land"[146]) selbstreflexiv einzuholen beginnt. Dadurch bekommt eine Skepsis wieder die Chance, gehört zu werden, die sich schon lange, wenn auch meistens erfolglos, in Gestalt der konservativ angemahnten „Beweislastregel" zu Wort gemeldet hatte, wonach derjenige, der etwas verändern wolle, die Beweislast dafür zu übernehmen habe und nicht derjenige, der sich dem widersetze (Lübbe 1978, 132).[147] Mit explizitem Bezug auf die 11. Feuerbach-These wird entsprechend bei Marquard der oben mit dem Brecht-Zitat belegten emphatischen Veränderungspflicht ebenso emphatisch widersprochen und, statt zu einem „Ändere die Welt!", zu deren „Schonen" aufgerufen: „Die Geschichtsphilosophen haben die Welt nur verschieden verändert; es kömmt darauf an, sie zu verschonen"; und dann folgt ein Satz, der die uns ja besonders interessierende Beziehung zwischen Heißen und Sein über deren dialektische Pointierung in einer Weise reformuliert, die „das Interpretieren" zur „ändernsten Form des Verschonens" macht (Marquard 1981, 120), was meint: *Die wirksamste und nachhaltigste Form des Veränderns der Welt ist das Verändern ihres Heißens*.

In unserer Problemskizze eines das Sein verändernden Heißens darf ein Autor nicht fehlen, der auch die erwähnte weltumgreifende Veränderungseuphorie zu dämpfen empfiehlt. Damit meine ich nicht Niklas Luhmann mit seiner leicht kokettierenden Selbstbescheidung, er strebe „keine Verbesserung der Welt" an, sondern nur eine Verbesserung der theoretischen Beschreibung von Welt[148] – als ob eine Verbesserung des Verstehens der Welt bzw. der Gesellschaft folgenlos bleiben könnte für die, die in ihr leben und handeln. Ich meine hier einen anderen attraktiven Meisterdenker, nämlich Peter Sloterdijk, der sich zwar nicht den Brecht'schen Imperativ als Titel für seine 732 Seiten umfassende Problemreflexion über das „anthropotechnisch"[149] fokussierte Verändern ausgewählt hat, auf eine literarisch ambitionierte Bezugnahme im Buchtitel aber doch nicht verzichten wollte. Und so verfiel er auf Rilkes berühmten *Archaischen Torso Apollos* und den darin zu Stein gewordenen „absoluten Imperativ", den Rilke seinen Apollo sagen lässt: *Du musst dein Leben ändern* (2009, besonders 37 ff.).

---

146 Protestplakat aus São Paulo, zitiert in *DIE ZEIT*, 26/2013, 2.
147 Entsprechend nennt Lübbe den oben zitierten Appell aus Brechts *Die Maßnahme* einen „terroristischen Imperativ" („Freiheit und Terror" in Lübbe 1978, 91–92).
148 So Luhmann im Interview, abgedruckt in Breuer, Ingeborg et al. (Hgg.). *Welten im Kopf*. Darmstadt: Wissenschaftliche Buchgesellschaft, 1996, 169.
149 Vgl. den Untertitel „Über Anthropotechnik" des zitierten Buches von Sloterdijk und die gehaltvolle „Einleitung: Zur anthropotechnischen Wende" (2009, 9 ff.).

Sloterdijks einfühlsame Deutung dieses Imperativs: „Ich lebe zwar schon, aber etwas sagt mit unwidersprechlicher Autorität: Du lebst noch nicht richtig [...]. Es ist die Autorität eines anderen Lebens in diesem Leben" (2009, 47). Es ist aber auch eine Autorität, die das „Arbeiten an sich selbst", also die „Selbstverbesserung" nicht etwa gegen eine überfordernde globale „Weltverbesserung" bloß ausspielt (2009, 23), sondern deren Ermöglichung selbst noch dieser „Selbstverbesserung" in Form des eben zitierten Rilke'schen „absoluten Imperativs" auflädt (2009, 587 ff., 546 ff.). Wer freilich mittlerweile „Mühe hat, sich Ströme vorzustellen, die aufwärts fließen", will sagen: wer zunehmend Mühe hat, das „vorwärts *und* aufwärts [meine Hervorhebung, J. K.]" im Prozess technischen *und* moralisch-sozialen Fortschritts noch synchronisieren zu können, der lastet seinem Leben eine „Passionsform" auf, die vormodernen Formen artistischer Selbstformungsanstrengungen unter „asketischen Minderheiten" fremd war (2009, 493 ff.).

Diese Überlegungen mögen als Problemskizze hier ausreichen, um den für die Rhetorik bisher reklamierten emphatischen Veränderungswillen in der allgemeinen Reflexion über soziale Veränderung und deren modernitätstypische Dynamisierung wenigstens so weit zu verorten, dass man diesen der Rhetorik bisher bloß attestierten Veränderungswillen in seiner Zielrichtung jetzt leichter spezifizieren kann, ohne die „faszinierende Entdeckung" kleinlaut zu revozieren, die nach Tenbruck die Entdeckung der Veränderbarkeit der Welt durch die Sophistik und ihre Rhetorik allemal bedeutet (1976, 67; Borsche 1997, 53 ff.; s. o. Kap. 8.2 und 8.3). „Faszinierend" ist sie schon, diese Entdeckung, zur Leichtfertigkeit kann sie aber nur verführen, wenn man die spezifische Bedingung vergisst, der sich diese Gestalt sozialer Macht verdankt: Sie muss an das jeweilige Publikum und seine Plausibilitätspotentiale erfolgreich *anschließen* können; denn „nicht ich [als Redner] entscheide, was ein triftiger Grund für etwas sei" (Wittgenstein 1971, 73). Das macht den eigensinnig *dialektischen* Charakter rhetorischer Macht aus, von dem auch der erfahrene Kanzelredner Luther wusste, wenn er bekennt, dass er als Prediger „nicht weiter als zu den Ohren [seiner Zuhörer] kommen könne, weil er die Herzen der Menschen nicht in seiner Gewalt habe, wie der Töpfer den Ton, mit ihnen nach seinem Gefallen zu schaffen".[150] Dass er gelegentlich auch nicht einmal bis „zu den Ohren kommen" konnte, hat er erst später erfahren müssen während des Wormser Reichstags 1521, auf dem die Mächtigen sich strikt weigerten, mit einem Mönch über dessen Thesen zu disputieren, sondern nur ein „revoco" (ich widerrufe) hören wollten.

---

150 Vgl. Joestel, Volkmar, Schorlemmer, Friedrich (Hgg.). *Ich kann keinen gen Himmel treiben. Martin Luthers Invokavitpredigten vom März 1522*. Wittenberg: Drei Kastanien Verlag, 2007, 18.

9.2 Gemeinsamer Veränderungswille

Wir haben im Blumenberg-Kapitel (Kap. 5) bereits ein für das Rhetorikverständnis des betreffenden Philosophen konstitutives Theorem zitiert, nach dem „der menschliche Wirklichkeitsbezug indirekt, umständlich, verzögert, selektiv und vor allem ‚metaphorisch' [sei]" (1981, 115). In dieser (als Überlebensprinzip eines Mängelwesens verstandenen) Beschreibung sind die kognitiven Voraussetzungen der Rhetorik noch einmal zusammengefasst, was uns zu der Formel angeregt hat, dass die Welt veränderbar sei, weil ihr Heißen veränderbar sei, mit dem wir uns die Welt zugänglich machen. Diese Zugänglichkeitsbedingung impliziert als Folgebedingung für jeden Veränderungswillen, dass, wer immer die Welt verändern will, sie nicht direkt verändern kann, sondern nur „indirekt" bzw. „umständlich", also nur über die *vorgängige Veränderung ihres meinungsabhängigen Heißens*, deren möglicher Erfolg erst einen zum Handeln drängenden Änderungsbedarf vernünftigerweise einklagen kann.

Natürlich kann auch jeder privat für sich das Heißen weltbezogener Sachverhalte verändern, indem er seine Urteile bzw. Meinungen über sie ändert bzw. deren offizielles Heißen für illegitim erklärt. Wirksam freilich und folgenreich für soziale Handlungssysteme werden solche privaten Meinungen in der Regel aber erst, wie etwa die aktuelle Dauerdebatte über Merkels Flüchtlingspolitik belegt, wenn sie aufgrund ihrer Zustimmungsfähigkeit zu kollektiv teilbaren Meinungen werden, was einen erfolgreichen bzw. überzeugungskräftigen „Kampf ums Heißen" voraussetzt. Damit kommt erkennbar eine weitere Bedeutungsdimension der eben genannten Begriffe „indirekt" bzw. „umständlich" zur Geltung, über welche auch endlich die für dieses Kapitel zentrale *soziale* Voraussetzung der Rhetorik in den Blick gerät: Rhetorik ist zwar *kognitiv nur möglich*, weil das Heißen das Sein für uns bestimmt; sie ist aber *sozial erst nötig*, wenn dieses Heißen, um überhaupt handlungswirksam werden zu können, Ausdruck eines erfolgreich kollektivierten, also gemeinsamen meinungsabhängigen Heißens geworden ist. Denn Heißen – so war oben in Kapitel 8 gesagt worden – ist keine originäre Eigenschaft von Dingen oder Sachverhalten, sondern Ausdruck ihrer gemeinsamen Beschreibung aufgrund kollektiv erfolgreicher Meinungsbildung. Die aber kann nur gelingen, wenn ein Änderungswille zu einem *Verständigungswillen* wird, der sich im *Werben um überzeugte Zustimmung* artikuliert, was sich jetzt als genauere Reformulierung für die bisher verwendete Formulierung „Kampf ums Heißen" empfiehlt. Genauer ist diese Reformulierung, weil Werben – auch in seiner Textsortenausprägung als „Werbung" im engeren Wortsinne – die Spezifik einer durch Reden mediatisierten und auf Zustimmung fokussierten Verständigungsarbeit präziser zur Geltung bringt als jede Kampfmetaphorik. Die war freilich auch der Rhetorik nie ganz fremd, wie u. a. Quintilians Formulierung „arma facundiae" (Waffen der Beredsamkeit) belegt

(*IO* II 16.10); doch wird sich unten (Kap. 9.3) an der versuchten Umdeutung des Herakles-Mythos noch zeigen, wie schwierig es im Einzelnen ist, rhetorische Überzeugungsarbeit als metaphorisierten Waffengebrauch zu plausibilisieren. Darum macht der Vorschlag von Norbert Bolz generell Sinn, nämlich „werben" zum definitorischen Funktionsmerkmal von Rhetorik zu machen (1999, 174–175); denn die ist nach Blumenberg nicht nur ein „Armutszeugnis", insofern sie die anthropologische Mängelausstattung des Menschen kompensieren muss (1981, 130; s. Kap. 5), sondern Rhetorik ist auch ein *Ohnmachtszeugnis*, insofern sie „den Verzicht auf Zwang impliziert" (1981, 113) und ihre eigensinnige Macht nur unter Bedingungen der Ohn-macht entfalten kann. Was auch immer diesen Verzicht erklären mag, ob er konstitutionell, sozial oder bloß strategisch motiviert ist, entscheidend ist der durch einen solchen Gewaltverzicht signalisierte Verständigungswille im Interesse eines auf *Kooperation* gegründeten statt durch Gewalt erzwungenen Handelns, dessen vergleichsweise größere Effizienz jedenfalls empirisch mittlerweile unstrittig ist (Tomasello 2009, 83 ff.; allgemein: 2010, 19 ff.; Kopperschmidt 1993, 13 ff.).

Als Modell, an dem sich der Vorteil des Gewaltverzichts zugunsten eines kooperativen Konfliktlösungsmechanismus nicht nur beispielhaft ablesen, sondern auch die konstitutive Rolle des Redens in diesem Konfliktlösungsmechanismus systematisch beobachten lässt, hat Lausberg – wie oben erwähnt – das Institut Gericht gewählt (1990; 1966). Dieses Modell hat seit der Antike sowohl für die Genese der Rhetorik wie für deren funktionaler Analyse und gattungsbezogener Differenzierung eine ähnlich zentrale Rolle gespielt (vgl. Kopperschmidt 2000, 205 ff.) wie in den neuzeitlichen Selbstaufklärungsversuchen von Philosophie (Kant: „Gerichtshof der Vernunft"), Literatur (Schiller: „Gerichtsbarkeit der Bühne") oder Diskurstheorie (Habermas: Geltungsansprüche als Rechtsansprüche, s. u. Kap. 10). Nicht zuletzt stellt dieses Modell einen der Schlüsselbegriffe der Rhetorik bereit, nämlich *über-zeugen*.[151] Uns interessiert an diesem von Lausberg gewählten (und oft rezipierten) forensischen Modellfall nicht so sehr die Frage, ob es sich zur Einleitung in die „literarische Rhetorik" eignet, deren „Elemente" Lausberg ja systematisch auflisten will; uns interessiert hier vielmehr die zum Definitionsmerkmal von Rhetorik avancierte Kategorie „Situationsänderung"; sie ist nämlich nach Lausberg das allgemeine Ziel einer „Verhandlung", in der sich die Redenden bzw. die

> Situationsinteressierten [...] häufig in Parteien aufspalten, deren eine z. B. eine Änderung der Situation in einer bestimmten Richtung oder deren Unterlassung [...] anstrebt, während die andere Partei die Änderung der Situation in einer anderen Richtung für besser hält. Die situationsinteressierten Parteien wenden sich in Parteireden an den Situationsmächtigen

---

[151] Die Argumente bzw. Gründe sind gleichsam Zeugen, die für eine Sache/Meinung eintreten bzw. sie be-zeugen und sie so im Gelingensfall über-zeugend machen.

und versuchen, diesen durch Überredung [...] zur Änderung (oder Beibehaltung) der Situation in dem der jeweiligen Partei günstigen Sinn zu beeinflussen (1990, 17).

Die zunächst etwas paradox klingende Formulierung, die „Beibehaltung" einer Situation zu deren möglichem Änderungsziel zu zählen, erklärt sich aus Lausbergs Interesse, auch die dritte der drei klassischen antiken Redegattungen, nämlich die Epideiktik, ebenso wie Forensik und Politik als bloß bereichsspezifische Ausdifferenzierung einer gemeinsamen Redefunktion zu verstehen. Deren Spezifizierung besteht in diesem Fall freilich darin, durch ein (meist festliches) Beschwören gemeinsamer Werthaltungen und Überzeugungsfundamente gleichsam präventiv deren prinzipiell prekärem Status Rechnung zu tragen und so ihrer ständig möglichen Erosionsgefahr und Destabilisierung entgegenzuwirken, damit das Vertrauen in eine gemeinsam bewohnte Welt gesichert bleibt (vgl. Kopperschmidt und Schanze 1999).

Weniger schwierig dürfte die Ausweitung des forensischen Modells auf den Bereich der Politik und andere verwandte Bereiche sein, in denen es idealtypisch ebenso wie vor Gericht um die gewaltfreie Klärung und Entscheidung über strittige Sachverhalte in einem meist institutionalisierten und entsprechend formalisierten „Verfahren" geht, in dem die jeweils „Situationsinteressierten" (etwa Parteien – mit unterstellbarer Abneigung gegeneinander) die jeweils „Situationsmächtigen" (Richter, Parlament) für ihre Sicht der Dinge zu gewinnen versuchen, wobei diese beiden stabilen funktionalen Rollen auch wechselseitig von den am „Verfahren" Beteiligten übernommen werden (in Politik) und in weniger formalisierten Verfahren auch zusätzliche Funktionsträger (Schlichter, Moderatoren, Mediatoren usw.) hinzugezogen werden können. Gemeinsam ist diesen „Verfahren", dass alle am „Verfahren" Beteiligte genötigt werden, aus „Feinden" zu „Gegnern" zu werden, die statt Drohungen Argumente austauschen, um ihre Interessen als rechtmäßige und darum begründungsfähige Ansprüche zu verteidigen. Gemeinsam ist diesen „Verfahren" außerdem eine „Situationsänderung" (Lausberg) bzw. – wie ich lieber formulieren würde – ein kooperatives Handeln erleichternder oder überhaupt erst wieder ermöglichender Konfliktlösungswille, der, um sein Ziel zu erreichen, selbst gewaltfrei, also verständigungsorientiert sein muss. Reden galt immer und gilt bis heute gemeinhin als das wichtigste und effektivste Verständigungsmittel, was die eben beispielhaft genannten Verfahren der Konfliktlösung und -hegung allesamt zu *redeintensiven* Verfahren macht, was Reden und Rhetorik als ihre Theorie bis heute zugleich aber auch immer strategischer Manipulationsanfälligkeit verdächtig gemacht hat – und das nicht nur bei Platon.

Schließlich teilen diese Verfahren möglicher Konfliktlösung noch eine Eigenschaft miteinander, die wieder am Modellfall Gericht exemplarisch ablesbar ist: gerade ihre redeintensive Grundstruktur verweist nämlich darauf, dass das Gerichtsinstitut, mag sich an ihm auch ein klassisches Konfliktmanagement exemplarisch ablesen lassen, dennoch nicht als *Normalfall* sozialer Kommunikation missverstanden werden darf. Vielmehr muss das Gericht ein *Grenzfall* strittiger Kommunikation bleiben, an dem – freilich nur *e negativo* – auch ablesbar wird, *was alles unstrittig sein oder bleiben muss*, soll Gesellschaft überhaupt möglich sein; denn die verbraucht zu ihrem Funktionieren immer schon mehr Plausibilitäten, als sie selbst methodisch in aufwendigen und „umständlichen" (s. o.) „Verfahren", wie es rhetorische Überzeugungsarbeit allemal ist, herzustellen oder abzusichern vermag (s. u. Kap. 10).

Wenn auch vieles für die von Lausberg gewählte Forensik als Modellsituation der Rhetorik spricht, es kann und soll nicht verschwiegen werden, dass – wie eben bereits erwähnt – es einen ganz prominenten Kritiker dieses Modells und damit jeder Rhetorik gibt, die an diesem Modell ihr Selbstverständnis erläutern will. Gemeint ist natürlich Platon, der im *Theaithet*-Dialog die rhetorische Modellsituation Gericht nutzt, um an ihr den sophistischen Machtanspruch der Rhetorik rigoros zu destruieren (vgl. Kopperschmidt 2000/2, 227 ff.; Niehues-Pröbsting 1987, 47 ff.): Entgegen ihrer Selbsteinschätzung seien die Rhetoren nämlich nicht beneidenswerte Machthaber des Wortes (*Gorg.* 459), sondern „Knechte ihrer Reden" (*hyperetai ton logon*) (*Theait.* 173); denn die vermeintliche Macht der Rhetoren sei bloß die Außenseite einer totalen Ohn-macht: Mächtig seien die Rhetoren nämlich nur in dem Maße, als sie sich zugleich total abhängig machen sowohl von denen, *über* die sie Macht haben wollen (indem sie ihnen „nach dem Munde reden" müssen), wie von den situativen Bedingungen, *unter* denen dies allein möglich ist, nämlich notorischer Zeitmangel und permanenter Handlungsdruck. Gemessen an diesen rigiden Anpassungszwängen verschwinden die Machtunterschiede zwischen Rednern und Zuhörern zugunsten eines „Vereintseins in fremdbestimmter Knechtschaft" (*homodouloi*) (*Theait.* 172).

So konträr die beiden Paradigmen auch sein mögen, die diesen beiden Rhetorikeinschätzungen zugrundeliegen (dominativ vs. submissiv bzw. sophistisch vs. platonisch), ich halte sie gleicherweise für unzureichend, wenn nicht sogar für irreführend. Natürlich gab es immer die von Platon diskreditierte populistische Manipulationsrhetorik, deren Praxis eine Theorie aber nur so lange hilflos gegenüber steht, als sie den kategorial prinzipiellen Unterschied zwischen Überredungs- und Überzeugungsrhetorik unterschlägt oder für irrelevant hält (s. dazu unten Kap. 11.3). Aber ebenso gilt, dass diese prinzipielle Rhetorik-Unterscheidung mit den von Platon angebotenen Kategorien (Gott oder Mensch als Maß von Rhetorik) (*Leg.* 716; *Phaidr.* 270 ff., s. dazu oben Kap. 8) heute nicht (mehr) gelingen kann. Und das Endgericht, von dem Platon erwartet, dass sich da die Seele nackt zeigen und so bar jeder rhetorischen Tricks ihr wahres Wesen entblößen müsse (*Gorg.* 523a ff.; vgl. dazu Niehues-Pröbsting 1987, 107 ff.), ist erkennbar einem Theorem verpflichtet, das Blumenberg als dezidiert antirhetorisch qualifiziert hat, weil es außerhalb ontologisch gestützter Evidenzprämissen so etwas wie nackte Wahrheit gar nicht geben könne (s. o. Kap. 5). Die grundsätzliche Pejorisierung von Anpassung an ein Publikum, der Plato erkennbar erliegt, weil er zwischen passiv sich *angleichender* oder aktiv *anschließender* Anpassung nicht differenziert, wie wir es unten vorschlagen werden (Kap. 11.3), sie blockiert von vorneherein jede Einsicht in die spezifische *Dialektik* rhetorischer Zustimmungsnötigung, die etwa bei dem Rhetorik-Kenner Adam Müller 1812 ihre griffige Formulierung gefunden hat, wenn er sagt: „Wer [rhetorisch] *herrschen* will, [...] muss vielen *gehorchen* [meine Hervorhebung, J. K.]", will sagen: „Durch Hören lernt man reden", weshalb „niemand ein größerer Redner sein kann als Hörer" (1967, 64 ff.,75, 46, 72).[152]

Um diese fundamentale Dialektik rhetorischer Anpassung soll es im folgenden Unterkapitel (9.3) gehen, das versuchen will, in der mythologischen Rede von den „goldenen Ketten" der Rhetorik eine sinnfällig übersetzbare Visualisierung des „eigentümlich zwanglosen Zwangs" (Habermas 1984, 161) zu erkennen, dem jede Rhetorik, sofern sie erfolgreich ist, ihre Überzeugungskraft verdankt. Bewusst wahrgenommen habe ich die ikonographische Umsetzung dieses Motivs mithilfe des Herakles-Mythos, obwohl sie mir aus Plett bekannt war (1970, 223 ff., 245), erst auf dem Cover von Peter Ptasseks wichtiger Arbeit über *Rhetorische Rationalität* (1993); und das mehr aus Irritation, wie sich denn „rhetorische Rationalität" mit rhetorischer Fesselung vereinbaren ließe. Ich habe diese Irritation mithilfe eines klugen Museumswärters aus Neapel für mich abbauen können und hoffe, es auch im Folgenden für andere tun zu können.

9.3 Fesselnde Rhetorik

Neidisch könnte man als Rhetoriker schon werden auf die Philosophen wegen des Reichtums an Motiven, die ihnen die europäische Kunstgeschichte gleichsam als Vorlage anbietet, um daraus sinnfällige Visualisierungen ihres Geschäfts zu machen. Ich denke dabei etwa an Leonardo da Vincis *Proportionsschema der menschlichen Gestalt* oder an Raffaels *Die Schule von Athen* oder an das oben (Kap. 3) bereits genannte *Philosophenmosaik*, das Niehues-Pröbsting als

---

152 Deshalb sind nach Carl Gustav Jochmann auch „Herren und Knechte selten gute Redner" (zitiert nach Hinderer, Walter. *Deutsche Reden*, Teil I. Stuttgart: Reclam, 1973, 44). Zu Adam Müllers Theorie der Rhetorik als „Kunst des Hörens" vgl. Friedrich Balke. „Rhetorik nach ihrem Ende". *Rhetorik. Figuration und Performanz*. Hg Jürgen Fohrmann. Stuttgart und Weimar: Metzler Verlag, 2004, 444 ff., besonders 453 ff. Bekannter ist das von Adam Müller zitierte rhetorische Anpassungsprinzip in seiner von Francis Bacon formulierten Gestalt der methodischen Naturüberlistung: „natura non nisi parendo vincitur", s. dazu unten Kap. 11.3 FN 77.

Cover-Design für sein Buch über *Die antike Philosophie* (2004) genutzt und Sloterdijk einer eingehenden Interpretation unterzogen hat (1999, 13 ff.).

Natürlich ist auch die Rhetorik nicht ganz so unansehnlich, dass kein Künstlerauge an ihr hätte Gefallen finden können. Als weithin erfolgreich dürfte sicher ihre Allegorisierung gelten, die sie in der Tradition von Martianus Capella erfahren hat, wodurch sie in den Jungfrauen-Reigen der *septem artes liberales* (der 7 freien Künste) aufgenommen wurde.[153] Das hat ihr u. a. sogar den Zugang zu den Westportalen der mittelalterlichen Kathedralen (etwa in Freiburg) verschafft bzw. ihr den Weg in den berühmten *Hortus deliciarum* (Garten der Köstlichkeiten) der Äbtissin Herrad von Landsberg (circa 1175) eröffnet, wo Rhetorik innerhalb einer rosettenartigen Komposition zusammen mit den anderen trivialen (Grammatik, Dialektik) und quadrivialen Künsten (Astronomie, Mathematik, Geometrie, Arithmetik) das enzyklopädische Wissen ihrer Zeit vertrat,[154] bis sie in weit komplexere „Stammbäume des Wissens" Eingang fand, etwa in Hobbes' *Leviathan* (c. IX) oder in die große französische *Enzyklopädie* von 1751. Doch was können solche ziemlich sterilen Rhetorik-Allegorien schon über die Rhetorik und deren originäres Geschäft wirklich aussagen? Oft gelingt ja nicht einmal eine eindeutige Kennzeichnung der Rhetorik durch spezifizierende Attribute, sodass sie mit anderen *artes* ihre ungesicherte Identität teilen muss.[155]

Wie gesagt: man könnte schon neidisch werden auf die Philosophen, – *wenn* es nicht seit 1993 die oben schon erwähnte Publikation von Peter Ptassek gäbe mit einem ungewöhnlichen Cover-Design, das Herkules (bzw. griechisch: Herakles) bei einer nicht minder ungewöhnlichen Arbeit zeigt, nämlich bei der Fesselung von Menschen (Abb. 8). Kein Neid also mehr, seit Ptassek mit der dort abgebildeten und vielen erstmals bekannt gemachten Szene von Vincenzo Cartari (1647) endlich an ein attraktives und seinerzeit äußerst populäres Motiv[156] erinnert hat, das der Rhetorik eine präzise Selbstdarstellungschance

---

153 Vgl. Capella, Martianus. *Die Hochzeit der Philologia mit Merkur*. Übersetzt und eingeleitet von Hans Günther Zekl. Würzburg: Königshausen und Neumann Verlag, 2005; Grebe, Sabine. *Martianus Capella, De nuptiis Philologiae et Mercurii*. Stuttgart und Leipzig: Teubner, 1999.
154 Das enzyklopädische Wissen wird erkennbar über sieben Ströme aus der Philosophie in die sieben *artes* abgeleitet und kann sich so als ein abgeschlossenes System verstehen.
155 Relativ eindeutig ist der Bienenkorb im Freiburger Münster oder Anton Feuchtmayers „Birnauer Honigschlecker" der Rhetorik bzw. dem rhetorisch einflussreichen „doctor mellifluus" Bernhard von Clairvaux zuzuordnen; doch wie wenig verrät dieses gustatorische Symbol schon über die komplexe Dimensionalität überzeugungskräftiger Rede allgemein oder gar die Bernhards! Die (wenig bekannte) Göttin *Peitho* (lat. *Suada*) hat keine Ikonographie gezeigt, sondern blieb eine abstrakte Kopfgeburt, vgl. Hetzel 2011, 418 ff. Zum Gott des Schweigens vgl. Kap. 3 FN 4.
156 Ich erwähne nur beispielhaft die gleiche Darstellung in den *Fundamenten des Wissens* von Tibaldi in der Escorial-Bibliothek oder Tiepolos Deckenfresko im Palazzo Sandi in Venedig.

bot, sofern man das Fesselungsmotiv nur weit genug metaphorisiert, wie es aus der im Deutschen konventionalisierten Metapher „fesselnde Worte" ja längst vertraut ist: Keine schön gekleidete Jungfrau also, auch kein Odysseus oder sonst ein antiker Redeheld sollen die Rhetorik mehr repräsentieren, sondern – ein Herakles, wie wir ihn kennen, nämlich bei der Arbeit, wenn auch diesmal bei einer recht befremdlichen Arbeit, die der traditionelle Herakles-Mythos mit seinen berühmten 12 Arbeiten (*dodekathlos*) jedenfalls noch nicht kannte: Herakles zieht – wenn man es denn „ziehen" nennen will – Menschen mit einer Kette hinter sich her! *Rhetorische Überzeugungsarbeit* als *verbale Fesselungsarbeit*?

Abb. 8: Der gallische Herkules (aus: Vincenzo Cartaris „Imagini delli dei de gl´antichi", Venedig 1647)

Die Vorlage für diese szenische Darstellung stammt aus dem zweiten nachchristlichen Jahrhundert, genauer aus der mit „Herakles" überschriebenen *prolalia* (kleine epideiktische Kunstprobe einer Bildbeschreibung bzw. *ekphrasis*) des griechischen Schriftstellers Lukian (vgl. dazu Kopperschmidt 2004, 209).[157]

---

157 Dort auch zu ganz anderen Funktionen der „goldenen Kette" in der europäischen Kultur. Zu ihrer bei Cartari abgebildeten rhetorischen Funktion sei noch ergänzend hingewiesen auf Martin 1946; Plett, Heinrich F. *Rhetoric and Renaissance Culture*. Berlin und New York: De Gruyter, 2004,

Darin wird von einem Gemälde berichtet, dass der Autor in Gallien bei einem Museumsbesuch gesehen haben will und das ihn sehr irritiert habe; denn – so der entsprechende, von Martin (1946, 359–360) übersetzte Text –

> dieser Herakles zog eine reichlich große Menge von Menschen gefesselt an ihren Ohren nach sich. Als Fessel dienten ihm dünne Ketten aus Gold[158] ähnlich den schönsten Schmuckschnüren. Und obwohl die Menschen an so dünnen Ketten geführt wurden, wollten sie nicht entlaufen, obwohl sie es leicht gekonnt hätten, und sie leisteten gar keinen Widerstand und stemmten sich auch nicht sich zurücklehnend mit den Füßen dagegen, sondern folgten strahlend und freudig, und voll Lob auf ihren Führer folgten sie ihm alle, und im Streben vorwärts zu kommen, lassen sie die Fessel locker werden, ganz als ob sie ungehalten wären, wenn man sie losmachen würde. Doch das Allerungereimteste will ich nicht für mich behalten; da nämlich der Maler keinen Ort zum Festmachen der Ketten hatte, [...] durchbohrte er seine Zungenspitze und ließ so die Gefesselten nachziehen; Herakles aber wandte sich lächelnd nach ihnen um. Als ich dieses Bild sah, blieb ich lange bewundernd und nachdenkend stehen. Ein Kelte aber trat hinzu [...] und sprach in reinem Griechisch: Ich will dir, Fremder, das Rätsel des Bildes lösen [...]. Wir Kelten nennen den Logos nicht wie ihr Griechen Hermes, sondern vergleichen ihn mit Herakles, weil der um vieles stärker ist als Hermes. Wundere dich auch nicht, dass er als alter Mann gebildet ist; denn nur in einem alten Manne pflegt der Logos seine höchste Kraft zu zeigen [...]. Wenn sodann dieser alte Herakles Logos die Menschen mit ihren Ohren an seine Zunge gebunden hinter sich herzieht, so wundere dich auch darüber nicht, wenn du die enge Verwandtschaft der Zunge und der Ohren kennst. Nicht Übermut gegen ihn ist es, wenn seine Zunge durchbohrt ist [...]. Kurz, wir glauben, dass auch Herakles als weiser Mann durch die Macht der Überredung[159] die meisten Taten vollbracht habe, nicht durch die Stärke seines Körpers; und die Pfeile, mit denen sein Köcher angefüllt ist, sind nach unserer Auslegung nichts anderes als Worte eines beredten Mannes, die wie rasche Geschosse die Seelen der Zuhörer durchdringen und daher auch von eurem Homer ‚geflügelt' genannt werden.

499, 513 ff.; Till, Dietmar. „Der ‚Hercules Gallicus' als Symbol der Eloquenz". *Artibus. Kulturwissenschaft und deutsche Philologie des Mittelalters und der frühen Neuzeit*. Hgg. Stephan Füssel et al. Wiesbaden: Harrassowitz Verlag, 1994, 249 ff.; Braungart, Georg. „Mythos und Herrschaft: Maximilian I. als Hercules Germanicus". *Traditionswandel und Traditionsverhalten*. Hgg. Walter Haug und Burghart Wachinger. Tübingen: De Gruyter, 1991, 77 ff.; Trabant, Jürgen. *Der Gallische Herkules. Über Sprache und Politik in Frankreich und Deutschland*. Tübingen und Basel: A. Francke Verlag, 2002; Varwig 1987, 35 ff.; Bulst, Wolfger A. „Hercules Gallicus, der Gott der Beredsamkeit". *Visuelle Topoi*. Hgg. Ulrich Pfisterer und Max Seidel. München: Deutscher Kunstverlag 2003, 61 ff.; Brakensiek, Stephan. Artikel „Rhetorikikonographie". *HWRh*, Bd. 8. Hg. Gert Ueding. Tübingen: Niemeyer 2007, 186 ff.; Lücke, Hans-K und Lücke-David, Susanne. *Antike Mythologie. Ein Handbuch*. Reinbek: Rowohlt, 1999, 430 ff.

158 Gold als Attribut von Objekten wie Fessel, Kette, Käfig, Brücke usw. dient generell zu deren positivierender Qualifikation, die wie im Fall von Kette oder Käfig bis zur Unkenntlichmachung ihrer primären Funktionalität reichen kann.

159 Hier ist „überreden" natürlich nicht in der von mir eingeklagten redekritischen Unterscheidung von „überzeugen" verstanden.

Wir kennen natürlich das von Lukian so einfühlsam beschriebene Gemälde nicht (falls es sich nicht um eine bloße Fiktion handelt); doch die o. g. Cartari-Abbildung von 1647 dürfte diesem Gemälde sehr nahe gekommen sein; näher jedenfalls als die beiden anderen früheren Darstellungen von 1531 und 1542,[160] von denen die eine (1531) aber dem von Lukian referierten keltischen bzw. gallischen Glauben an die große Macht der Rede wenigstens in der subscriptio eine sprachlich prägnante Form gegeben hat: *eloquentia fortitudine praestantior*, was eine Übersetzung von 1542 wie folgt transferiert: „wolredung get vor gewalt"[161] oder zeitgemäßer reformuliert (mit stilistischer Anlehnung an die o. g. Hierarchisierung zwischen Heißen und Sein): Wichtiger als körperliche Stärke ist die Überzeugungskraft der Rede. Wichtiger aber nicht so sehr deshalb, weil mit ihrer Hilfe ein einzelner über viele oder ein Schwacher über Starke Macht bekommen kann, sondern weil die Überzeugungskraft der Rede körperliche Stärke, statt sie bloß zu kompensieren, zu substituieren vermag; und das kann sie, weil – um es mit Bezug auf eine für Herakles typische Waffe zu sagen – weil Rhetorik eben *keine bloß bessere Keule ist, sondern etwas weit Besseres als eine Keule*! Was Rhetorik verspricht, ist eben dies: eine prinzipiell andere, also nicht physisch, sondern sozial fundierte und qualifizierte Macht, die körperliche Überlegenheit nie verschaffen könnte. Man kann diese beiden Arten von Macht terminologisch auch anders als bloß attributiv differenzieren, nämlich kategorial, wie es z. B. Hannah Arendt mithilfe der Begriffe *Macht und Gewalt* (1975) gleichsinnig getan hat. Wer wie Arendt aus historischer Erfahrung glaubt belegen zu können, dass noch „nie" ein System, auch kein totalitäres Herrschaftssystem, „sich ausschließlich auf Gewaltmittel hätte stützen können" (1975, 51), verharmlost nicht Gewalt, sondern beharrt nur darauf, dass (anders als Mao Tse-tung glaubte) „aus Gewehrläufen keine Macht kommen kann" (1975, 54), mithin jede Gewalt ihre Stabilität einer „Machtbasis" verdankt, die „hinter ihr steht" und ihr ein Minimum an meinungsabhängiger „Zustimmung" sichern muss. Damit sind zwei Schlüsselbegriffe genannt, nämlich „Meinung" und „Zustimmung", mit denen Arendt nicht nur ihren Machtbegriff konturiert und gegen andere Verständnisse (etwa Max Webers) abgrenzt, sondern auch die Brücke wenigstens kategorial andeutet, die notwendig zu der Theorie (Methode und Praxis) führt, die wir bisher als Theorie (Methode und Praxis) intrinsischer – und d. h. ja: meinungsabhängiger – Zustimmung beschrieben haben, nämlich die Rhetorik. Deshalb macht es Sinn, wenn Ptassek u. a. die Rhetorik als „die Basis der Macht"

---

[160] Die beiden gemeinten Motivdarstellungen habe ich andernorts abgebildet in: Kopperschmidt 2004, 233.
[161] S. dazu Klein, W. Peter. Artikel „Eloquentia" *HWRh*, Bd. 2. Hg. Gert Ueding. Tübingen: Niemeyer, 1994, 1095–1096.

definiert, die „den Zugang zur Macht eröffnet" (1992, 156), – sofern man Macht als „Zuwachs an Handlungsmöglichkeiten" versteht, um den gesellschaftlichen „Koordinationsbedarf" zu befriedigen, der aber nur durch „Verständigungsleistungen" zu befrieden ist. Gleichsinnig Habermas mit explizitem Bezug auf Arendt: „Das Grundphänomen der Macht ist nicht[162] die Instrumentalisierung eines fremden Willens für eigene Zwecke, sondern die *Formierung eines gemeinsamen Willens in einer auf Verständigung gerichteten Kommunikation* [meine Hervorhebung, J. K.]" (1978, 104). Ohne Rhetorik beim Namen zu nennen, beschreibt Habermas – nicht zum ersten Mal – exakt deren Geschäft, wenn er fortfährt: „Die Mobilisierung [!] von Zustimmung erzeugt die Macht [...] soweit sie auf *Überzeugung* und damit auf jenem *eigentümlich zwanglosen Zwang* beruht, mit dem sich Einsichten durchsetzen [meine Hervorhebung, J. K.]", um handlungswirksam zu werden (1978, 104–105; 1984, 161).

Den damit bestimmten Machtbegriff nennt Habermas mit recht „kommunikativ" (1978, 104, 108, 121). Er ist erkennbar durch und durch rhetorikfreundlich, weil eine Macht, die, statt durch Gewalt, „durch Mobilisierung von Zustimmung" generiert wird, sich für eine Theorie interessieren muss, die eben diese „Mobilisierung" als „Macht der einigenden Rede" methodisieren zu können beansprucht. Nichts anders als diese „Mobilisierung" versucht ja auch das von Lukian beschriebene Gemälde sinnfällig zu veranschaulichen, nämlich: Dass sich Menschen nicht nur freiwillig von einem charismatischen Redner fesseln lassen, sondern dass sie sogar von ihm gefesselt werden wollen. Doch was machen die „rhetorischen Wunderwaffen" („arma facundiae" nennt sie Quintilian, s. o.) eigentlich so viel wirksamer als andere Waffen?

Als vorläufige Antwort, die zumindest die Richtung einer möglichen Entparadoxierung dieser Paradoxie schon anzeigt, lässt sich sagen: Die vom Museumswärter zitierte „Macht der Überredung" meint erkennbar die eben genannte Macht der „Mobilisierung" mittels einer intrinsischen Zustimmungsnötigung. Denn die Überzeugungskraft der Rede kann ja nicht vom Redenden selbst voluntativ oder gar gewaltsam erzwungen werden, sondern – so die oben zitierte Wittgenstein-These – sie kann nur vom Zuhörer ratifiziert werden. Das Paradox der „goldenen Kette" meint mit anderen Worten das Paradox einer Fesselung, die in Wahrheit eine *Selbstfesselung* der Betroffenen ist, weil an deren eigene Einsicht und Urteilskraft und d. h.: an deren Selbstbestimmung appelliert wird, die sie deshalb aus bloß Betroffenen zu emphatisch Beteiligten macht. Denn ein Zwang, der zur Selbstbestimmung nötigt, dementiert *eo ipso* seinen Zwangscharakter. Das ist

---

[162] Wie Gorgias im gleichnamigen Dialog bei Platon meint (459a/b) oder gleichsinnig Hitler 1934/2, Kap. 6.

freilich begrifflich leichter zu formulieren als bildlich darzustellen. Dennoch ist an den verschiedenen Motivdarstellungen ablesbar, wie die Ketten immer zarter werden und sich den von Lukian vergleichsweise genannten „Schmuckschnüren" immer mehr annähern, bis sie nur noch eine Personengruppe zum konversationellen Gespräch sinnträchtig verbinden (vgl. Varwig 1987, 45 (FN 16)) und dann sogar so locker durchzuhängen vermögen, dass sie ein konversationell typisches Personenarrangement zulassen, das in der späten Hummel-Abbildung dann ganz auf die Ketten verzichten lässt (vom Löwenfell ganz zu schweigen), um eine Bergpredigt-Situation imaginieren zu können.

Das durch Habermas und seine Diskurstheorie bekannt gewordene, von Rhetorikern aber kaum genutzte, obwohl sich geradezu aufdrängende eben genannte Oxymoron eines „eigentümlich zwanglosen Zwangs" scheint mir eine ebenso moderne wie begrifflich gelungene bildfreie Reformulierung der Paradoxie zu sein, die sich im Motiv der goldenen Kette bildsprachlich zur Geltung zu bringen versucht: So wenig die goldene Kette die Kette spüren lässt, mit der sie fesselt, so wenig hat der „zwanglose Zwang" intrinsischer Zustimmungsnötigung mit dem Zwang externer Fremdbestimmung zu tun (vgl. Habermas 1984, 161).[163] Der oben bereits genannte Adam Müller hat mit der von ihm betonten Beziehung zwischen Reden- und Hörenkönnen eine identische Grundeinsicht der Rhetorik zu formulieren versucht wie Lukian mit der Unterstellung einer innigen „Verwandtschaft zwischen Ohr und Zunge": Wer sein Publikum für sich und seine Ziele gewinnen will, muss *das Ohr seiner Zuhörer erreichen*, was in dem Maße gelingt, als sie beginnen, an seiner Zunge bzw. – so der im Deutschen konventionalisierte Ausdruck – *an seinen Lippen zu hängen*.[164] Entkleidet man diese Redewendung ihrer metonymischen Figuralität,[165] dann wird hier erkennbar behauptet: Wer Menschen von einer Sache überzeugen will, muss erfolgreich an deren Plausibilitätspotentiale anschließen können (vgl. u. Kap. 11), was erfolgreiche Überzeugungsarbeit in der Tat zu einer *wechselseitigen Fesselungsarbeit* macht, die man mit Aristoteles treffend ein von monologischer Willensdurchsetzung strikt zu unterscheidendes „gemeinsames Werk" (*koinon ergon*) nennen mag (*Topik* VIII 11). Es ist erkennbar dieses Erfolgsprinzip der Rhetorik, das die „goldene Kette" ikonographisch sinnfällig machen will, insofern ihr

---

[163] Brecht findet in seinem *Leben des Galilei* ein vergleichbar attraktives Paradoxon, wenn er Galilei von „der sanften Gewalt der Vernunft" reden lässt, der sich „nur Tote" entziehen könnten (Szene 3).
[164] Vgl. verwandte konventionelle Redewendungen wie: „jemandem sein Ohr leihen" bzw. „das Ohr von jemanden haben" oder „besitzen".
[165] In ihr vertritt ein Teil das Ganze, hier: die Zunge den ganzen Menschen; vgl. Lausberg 1990, § 801.

Gold[166] die Kette nicht unkenntlich machen soll, sondern ihr die metaphorische Qualität einer Selbstnötigung zuschreibt, die bei Cartari einen Bewegungssog auslöst, auf den der Museumswärter eigens aufmerksam macht, um die eigensinnige Wirkweise dieser besonderen Kette nicht zu übersehen. Dieser Bewegungssog kontrastiert auffällig mit dem o. g. Philosophenmosaik und seiner kontemplative Ruhe ausstrahlenden Stimmung. Man mag das als Ausdruck eines für die Rhetorik generell typischen und von Philosophie unterschiedenen Weltbezugs verbuchen, der durch aktivierende Dynamik statt durch meditative Beschaulichkeit geprägt ist. Für diesen spezifisch rhetorischen, für Veränderung weit geöffneten Weltbezug lässt sich sogar mit einem – wohl so nicht gewollten – rhetorikaffinen Satz aus Aristoteles' Feder werben, wonach „das Denken allein nichts bewegt" (*NE* 1139a), wenn es nicht – wie das rhetorisch gestimmte Denken – ein „praktisches Telos [hat]" (Adorno 1977, 175). Was das methodisch bedeutet, wird in Kap. 11 zu behandeln sein, wo nicht nur der bisher schon immer benutzte Schlüsselbegriff „anschließen" seine terminologische Klärung und Präzisierung erfahren wird, sondern sich auch die damit operativ beschriebene Überzeugungsarbeit als sprichwörtliche „Herkulesaufgabe" zu erkennen geben wird. Dass das heute den im Fernsehen so beliebten politischen Talkshows kaum noch anzumerken ist, soll nicht verschwiegen werden. Der Grund ist leicht im Fehlen des eben genannten „praktischen Telos" zu sehen, d. h. im Fehlen eines zur Kooperation nötigenden Handlungsdrucks, wodurch ein argumentativer Schlagabtausch von jedem ernsthaften Verständigungsinteresse entbunden und zum unterhaltsamen *fight* freigegeben wird, der mit entsprechenden Provokationen nur noch um den höchstmöglichen Applaus populistisch buhlt.[167]

Doch zurück zum Lukian'schen Herkules! Im Rückblick auf die für unsere Zwecke jetzt hinreichend rekonstruierte Geschichte über seine rhetorische Fesselungskunst mithilfe der „goldenen Kette" mag noch die Frage erlaubt sein: Was mag denn gerade den mythischen Herakles für die „Umprägung" seiner berühmten Heldentaten zu rhetorischen Meisterleistungen disponiert haben, als sollte so an Herakles illustriert werden, was Blumenberg das „anthropologische Radikal" der Rhetorik nennt (1981, 114), nämlich „physische durch verbale Leistungen zu ersetzen"?

---

166 Anders als „die imaginären Blumen an den Ketten", die nach Marx „das irdische Jammertal" bloß mit einem „Heiligenschein verbrämen, statt ihn [den Heiligenschein] überflüssig zu machen" – so in „Zur Kritik der Hegelschen Rechtsphilosophie". *MEW* 1, 1969, 379.
167 Vgl. den Eklat in der „Maischberger"-Talkshow der ARD vom 12.07.2017, die der Moderatorin nach eigenem Urteil „total aus dem Ruder gelaufen war" und zum ostentativen Verlassen eines Gastes führte.

Mit „Umprägung" greife ich einen Terminus von Wilamowitz-Moellendorff auf (1959/2, 102), der mit ihm kennzeichnet, was wir bisher in Kap. 8 interessebedingte Neubeschreibung von Sachverhalten genannt und an der Tom-Sawyer-Geschichte illustriert haben. Erstaunlicherweise erwähnt der allwissende Meisterphilologe Wilamowitz-Moellendorff die uns interessierende „Umprägung" des Herakles zum fesselnden Redner überhaupt nicht, dafür aber andere, weit bekanntere Versuche (etwa aus der kynischen und stoischen Philosophie oder Xenophons *Herakles am Scheidewege*), die diesen wegen seiner menschenfreundlichen Heldentaten berühmten und beliebten Halbgott für eine wirksame Verbreitung ihrer jeweiligen Ansichten nutzen wollten (1952/2, 1 ff.).[168] Und das, wie unbedingt zu ergänzen ist, bis in die Moderne hinein, wofür besonders Peter Weiss' großer Roman über *Die Ästhetik des Widerstands* (1983) steht, den der Autor mit einer Beschreibung des Pergamonaltars beginnen lässt und mit dem Vermissen einer Figur, auf die nur noch „die Tatze eines Löwenfells, das er als Umhang getragen hatte" hinwies, gemeint ist Herakles. Weiss deutet es als „Omen, dass gerade er, *der unsresgleichen* [!] war, fehlte, und dass wir uns nun selbst ein Bild dieses Fürsprechers des Handelns zu machen hätten [meine Hervorhebung, J. K.]" (1983, 11). Das politische Bild, das Weiss von dieser im Fries fehlenden mythischen Figur entwirft (1983, 314 ff.), ist natürlich weit weg von den diversen anderen „Umprägungen", zu denen dieser Herakles angeregt hat, ob sie ihn nun komisch, burlesk, tragisch (Euripides), melancholisch, müde usw. oder gar – wie bei Lukian – eloquent zeichneten.[169] Dennoch! Weiss' Urteil ist erkennbar voller Sympathie mit diesem Herkules, der „unsresgleichen war", weil er mit uns unter unserem Leben mitzuleiden vermochte: „Er war der für uns Irdische, [...] der zum ersten Mal klarmachte, dass hier, im Diesseitigen, die Veränderungen, die Verbesserungen stattfinden mussten [...]" (1983, 314). So war es Herakles, der dem Tod Alkestis entriss, um sie Admet zurückzugeben, für den sie sich zu opfern bereit war, womit Herakles doch wieder etwas an Lukians „Herakles" heranrückt, der ja – so die spezifische Pointe seiner kühnen „Umprägung" – dadurch „unsresgleichen [wird]", dass, obwohl ein Halbgott, nicht übermenschliche Kräfte seine Heldentaten sollen erklären können, sondern die allermenschlichste unserer Fähigkeiten, nämlich das überzeugungskräftige Redenkönnen, das damit zur eigentlichen und größten Wohltat des Menschen nobilitiert wurde.

---

168 Dafür gibt es sogar christliche Beispiele, die Herakles (wie Odysseus) mit Jesus identifizierten, s. dazu Zilling, Henrike Maria. *Jesus als Held*. Paderborn: Ferdinand Schöningh, 2011.
169 Der „Herakles" ist ein Spätwerk Lukians, weshalb seine „Umprägung" auch biographische Bezüge haben könnte im Sinne einer Legitimation seiner erst im Alter aufgenommenen sophistischen Tätigkeit, so Martin 1946, 24.

Folgenreich freilich war diese Nobilitierung der Rhetorik durch Lukian – zumindest zunächst – nicht, anders als Augustins berühmte vier Bücher *De doctrina christiana* gut 300 Jahre später, die in der Tradition Platons die Rhetorik für die Verbreitung göttlich geoffenbarter Wahrheiten subsidiär zu nutzen einflussreich vorschlugen (s. o. Kap. 3.4). Das brachte die Rhetorik in Gestalt der o. g. Jungfrauen im Kreis der *artes liberales* zwar in die Eingangshallen der europäischen Kathedralen als symbolischen Durchgang ins Heiligtum, doch bis dieses gesichtslose Wesen Rhetorik durch Herakles abgelöst werden konnte, bedurfte es einer Renaissance, die sich u. a. des Lukian'schen Geniestreichs erinnerte und ihm wenigstens ikonographisch für einige Zeit zum nachträglichen Erfolg verhalf, bis die sprichwörtliche „Herkulesaufgabe" sich dann doch wieder lieber im Kraftprotz abbilden ließ, wie er auf Kassels Wilhelmshöhe steht, oder als Koloss aus Markus Lüpertz' Werkstatt, der heute den Turm der Gelsenkirchener Zeche Nordstern ziert.

Bleibt schließlich noch die anfänglich (oben Kap. 9.0) gestellte Frage nach der möglichen Irritation, die Ptasseks Buch über *Rhetorische Rationalität* mit dem „Gallischen Herakles"-Cover erzeugen könnte, ob die rhetorische Fesselung eine angemessene bildhafte Darstellung rhetorischer Rationalität sein könne. Die bisherigen Überlegungen haben hoffentlich geholfen, diese Frage positiv zu beantworten, insofern eine kollektiv gelingende intrinsische Zustimmungsnötigung durchaus als Kriterium einer verständigungsabhängigen Rationalität gelten kann, zumindest unter Bedingungen prinzipiell fehlender Evidenzen, wie sie nach Blumenberg ebenso modernitätsspezifisch wie für den Bedarf an Rhetorik typisch sind. Wenn man freilich an die Begeisterungsstürme denkt, die etwa Hitler (oder Goebbels) seinerzeit nachweislich zu entfesseln (!) vermochten, dann drängt sich als neuerliche Frage auf: Wie kann man die „intrinsische Zustimmungsnötigung" davor schützen, zum bloßen Legitimationskriterium jedes (!) faktischen Zustimmungserfolgs zu verkommen, was dieses Kriterium ebenso unkritisch wie hilflos machen würde. Auch darüber wird unten in Kap. 12 noch einmal zu reden sein, wobei darauf zu achten bleibt, dass dieses zustimmungsabhängige Legitimationskriterium nicht seinen formal-prozeduralen Charakter verliert, der es so attraktiv für eine moderne Theorie rationaler Geltung gemacht hat sowie für eine an sie anknüpfende Rhetoriktheorie. Mithilfe der schon öfters erwähnten strikten Unterscheidung zwischen Überzeugungs- und Überredungsrhetorik hoffe ich, das benannte Problem zumindest entschärfen zu können. Vorher aber muss in Kap. 10 noch nachgetragen werden, worüber in diesem Kapitel allzu leichtfüßig hinweggegangen wurde, nämlich: dass jeder Veränderungswille einen *Veränderungsbedarf* voraussetzt. Solange der Veränderungswille privat bleibt, kann die vorgängige Ratifizierung eines solchen Veränderungsbedarfs als selbstverständlich unterstellt bleiben. Explikationsnotwendig und begründungsfällig wird diese Unterstellung erst, wenn andere Subjekte für eine Ratifizierung des Veränderungsbedarfs gewonnen werden müssen; und erst dann ist – wie erläutert – Rhetorik gefragt. Die Situation, in der sich diese Frage nach Rhetorik stellt, werden wir als *Problemlage*[170] terminologisieren, weil in ihr die Gelingensbedingungen kooperativen Handelns durch Problematisierung ihrer Geltungsbasis gestört sind und methodisch bearbeitet werden müssen, um überlebensnotwendige Kooperation fortsetzbar zu machen.

---

170 Vgl. dazu Holzhey, Helmut. Artikel „Problem". *HWPh*, Bd. 7. Hgg. Joachim Ritter et al. Basel: Schwabe Verlag, 1989, 1397 ff.

10 „Alle Kommunikation ist riskant" oder über die geltungspragmatische Dimension der Rhetorik

10.0 Rhetorik als Ausnahmefall

Brecht hatte in dem oben (Kap. 9.1) zitierten Gedicht „Ändere die Welt!" die jetzt anstehende Frage nach ihrem Änderungsbedarf zwar mit „sie braucht es!" bereits beantwortet, doch wäre dieser apodiktische Befund außerhalb der Textsorte Gedicht natürlich für eine um Zustimmung werbende rhetorische Begründung des Veränderungsbedarfs von Welt zu knapp, um ihre latente Tautologie überspielen zu können. Hier ist freilich nicht der Ort, den mit diesem „kategorischen Imperativ" angemahnten Veränderungsbedarf der Welt mit aktuellem Material zu konkretisieren. Es gibt zurzeit ja wahrlich ein Übermaß an täglichen Nachrichten, die zum Himmel schreien. Doch dass Nachrichten zum Himmel schreien, reicht nicht aus, um Veränderungsprozesse auszulösen, gar weltweit. Das tun sie erst, wenn sie einen Veränderungswillen voraussetzen können, der herrschender Praxis ihr Geltungsrecht zu bestreiten vermag.

Wir haben solche Geltungsdiskussion methodologisch bisher als rhetorische Überzeugungsarbeit bestimmt. Über die operative Dimension dieser Überzeugungsarbeit wird unten (Kap. 11) zu reden sein; hier geht es nach der kognitiven (Kap. 8) und sozialen (Kap. 9) zunächst noch um die *geltungspragmatische* Dimension von Rhetorik. Die ist an der Überzeugungsarbeit deshalb gut ablesbar, weil Überzeugungsarbeit ja die normative Geltungsbasis jeder Kommunikation und jeder auf ihr beruhenden Kooperation dadurch freilegt, dass sie diese im Fall ihrer Störung methodisch einzulösen versucht, nämlich durch erfolgreiches und d. h.: zustimmungsfähiges Anschließen an jeweils unterstellbare Plausibilitätspotentiale. Als methodische Bearbeitung gestörter Kommunikation muss Überzeugungsarbeit mithin über einen gehaltvollen Begriff gelingender Kommunikation verfügen. Gehaltvoll ist dieser Begriff, wenn er – wie unten (Kap. 10.2) zu zeigen sein wird – die Gelingensbedingungen kommunikativer Prozesse genauerhin als deren *Geltungsbedingungen* zu rekonstruieren vermag, deren Einlösung in alltäglichen (bzw. informationsbezogenen) Kommunikationen zwar immer schon implizit unterstellt wird, in Konfliktfällen aber erst noch explizit erfolgen muss, um solch alltägliche Kommunikationen wieder fortsetzbar zu machen. Dazu müssen aber zuvor aus Konfliktbeziehungen zwischen Personen, Gruppen, Parteien etc. erst *geltungsbezogene Problembeziehungen* werden bzw. Konfliktlagen müssen erst in *geltungsbezogene Problemlagen* transformiert werden,[171] die erkennbar sind an Fragen

---

[171] Vgl. dazu Meyer, Michel. „Die Brüsseler Schule: Von der Neuen Rhetorik zur Problematologie" in: Kopperschmidt 2006, 383 ff.

wie: Ist (bzw. war) es richtig, gut, vernünftig, rechtens usw., p zu behaupten bzw. h tun zu wollen?

Solche Fragen leiten erfahrungsgemäß eine mühevolle, aufwendige und auch riskante geltungsbezogene Kommunikation ein, auf die sich niemand ohne Not einlässt, was das oben (Kap. 5) bereits anthropologisch genutzte Theorem auch hier einschlägig macht, dass nämlich erst „Not reden lehrt": Für solch geltungsbezogene Kommunikation müssen die jeweiligen Konfliktpartner nämlich erst einmal vorgängig gewonnen werden, was nicht leicht ist; denn mit Eintritt in diese Kommunikationsform werden neben den eben genannten Transformationsobligationen auch alle Gewinn- wie Verlustchancen neu gemischt, weil auf dem Markt rhetorischer Überzeugungsarbeit eine andere Währung gilt als auf dem vor- oder außerrhetorischen Markt! Für einen damit fälligen Währungstausch wird schwer zu gewinnen sein, wer wie Shylock „keines Menschen Zunge über [sich] Gewalt haben" lassen will (Shakespeare in *Der Kaufmann von Venedig*, IV,1). Es sind eben nicht nur „die Toten, die sich" – so Galileo Galilei in Brechts gleichnamigen Theaterstück – „nicht mehr von Gründen bewegen lassen" (3. Szene). Ich schlage vor, in diesem Zusammenhang terminologisch vom Werben um *Verständigungsbereitschaft* zu sprechen. Auf diese Verständigungsbereitschaft kann nur verzichtet werden, wenn es entsprechende Institutionen gibt wie Gerichte, die (etwa bei schweren Strafdelikten) die eben genannte „Not" stellvertretend ratifizieren müssen (Legalitätsprinzip). Erst recht muss diese Verständigungsbereitschaft in der Wissenschaft nicht explizit eingeholt werden, weil das Problematisieren ja geradezu ihr evolutionäres Erkenntnisprinzip ausmacht, das entsprechend Falsifikationen (zumindest theoretisch) höher prämiert als Verifikationen geltender Meinungen.[172] Ansonsten jedoch „tritt der rhetorische Fall" nicht schon dann ein, wenn „für den Orator die Frage von Wahrheit und Geltungsanspruch so weit geklärt ist, dass er in die rhetorische Handlung eintreten kann", um „sein Zertum [seine innere Gewissheit] bei anderen Menschen [zu] etablieren" (Knape, 2000, 31). In diesem Satz sind die komplexen Voraussetzungen rhetorischer Verständigungsarbeit allzu leichtfertig verharmlost; und das nicht nur durch die fast monologische Verengung des „Eintritts in die rhetorische Handlung", sondern ebenso durch die Annahme, es ließen sich „Gewissheiten bei anderen Menschen etablieren", als ginge es in der Kommunikation darum, etwas zu übertragen, gar die eigenen Meinungen (s. u. Kap. 11).

„[In Kommunikation] wird nichts übertragen" heißt die einschlägige forsche Gegenthese bei Luhmann (2001, 100), die ich hier aufgreife, um den Blick auf eine systemtheoretisch inspirierte Gesellschaftstheorie zu lenken, die wie

---

172 Vgl. Popper, Karl R. *Logik der Forschung*. Tübingen: Mohr Siebeck, 2005 [1934];.1992, 24 ff. Über Fachgrenzen hinaus ist Popper bekannt geworden mit seinem Appell „Lasst Theorien sterben statt Menschen!".

Habermas' handlungstheoretisch inspirierte Gesellschaftheorie – ungeachtet aller Unterschiede – ebenfalls eine Kommunikationstheorie der Gesellschaft sein will, wenn sie auch „das geläufige Verständnis von Kommunikation" zu unterlaufen nötigt (2001, 94; vgl. Kopperschmidt 2011). Das führt dazu, dass statt der auch im Rhetorikumfeld vertrauten Frage, wie man Kommunikation „verbessern" könne (Luhmann 2001, 76, 80), eine ganz anders fokussierte Frage relevant wird, nämlich: warum Kommunikation so schwer gelingt bzw. pointierter: warum sie sogar in hohem Maße „unwahrscheinlich ist" und warum dennoch diese ihre Unwahrscheinlichkeit gemeinhin so „unsichtbar" bleibt; so „unsichtbar" sogar, dass ein kommunikationstheoretisch immer noch populäres „pragmatisches Axiom" behaupten kann, „man [könne] nicht nicht kommunizieren" (Watzlawick 1996, 50 ff.).

Auf Luhmanns Erklärung dieser Invisibilisierungschance komme ich unten (Kap. 10.2.2) noch zu sprechen, wenn es um die ungleichen Anschlusschancen der Rhetorik an das systemtheoretische bzw. handlungstheoretische Kommunikationskonzept geht. Gleichwohl ist Luhmanns Vorschlag, Kommunikation „nicht so sehr als Phänomen, sondern als *Problem* auf[zu]fassen [meine Hervorhebung]" (2001, 78), ein durchaus bedenkenswerter Vorschlag, um sich der Funktion der spezifischen Kommunikationsform anzunähern, über die hier primär geredet wird, nämlich über die Rhetorik. Sie ist ja – so ihr bisher entwickeltes Verständnis – die Methodisierung eines Verfahrens, das an Kommunikation nicht nur deren latente Problemstruktur wahrnimmt, sondern sie im Ernstfall auch erfolgreich zu bearbeiten sich zutraut; das freilich nicht durch den Zaubertrick eines „Unsichtbar"-Machens dieser Problemstruktur, sondern durch die explizite Thematisierung ihrer Geltungsbasis in einer spezifischen Kommunikationsform, für die Habermas den Begriff „Diskurs" vorgeschlagen hat (s. u. Kap. 10.2). Gleichwohl bleibt Luhmanns Kurzcharakterisierung von Kommunikation für uns anschlussfähig, weshalb sie auch oben zitatfrei als Kapitelüberschrift genutzt wurde, jetzt aber erst aufgrund eines einschlägigen Fragehorizonts ihren wahren Aussagegehalt zu erkennen gibt: „Alle Kommunikation ist riskant" (2001, 103–104). „Riskant" ist Kommunikation, weil sie einem mehrfachen Selektionsprozess unterworfen ist: „Selektion einer Information, Selektion der Mitteilung dieser Information und selektives Verstehen oder Missverstehen dieser Mitteilung und ihrer Information" (2001, 97; 1988, 191 ff.). Hinzu kommt noch die in unserem Zusammenhang besonders einschlägige und wichtige „vierte Selektion": Sie

> führt zur Zuspitzung der Frage, ob die mitgeteilte und verstandene Information *angenommen oder abgelehnt* werden wird. Man glaubt eine Nachricht oder nicht: Kommunikation schafft zunächst nur die Alternative und damit das *Risiko der Ablehnung*. Sie forciert eine Entscheidungslage, wie sie ohne Kommunikation gar nicht entstehen würde [...]. Dieses

Risiko ist einer der wichtigsten morphogenetischen Faktoren, es führt zum Aufbau von Institutionen, die auch bei unwahrscheinlichen Kommunikationen noch Annahmebereitschaft sicherstellen [meine Hervorhebung] (2001, 103–104).

In der Rhetorik hätte (!) Luhmann eine solche „Institution" finden können, insofern Rhetorik dieses „Risiko" ja nicht nur kennt, sondern von ihm und seiner Bewältigung lebt; „Risiko" ist geradezu die *raison d'être* jeder Rhetorik. Insofern arbeitet Rhetorik genau an dem, was Luhmann „den Aufbau sozialer Systeme" nennt, die den „Prozess der soziokulturellen Evolution" durch „Umformung und Erweiterung der Chancen für aussichtsreiche Kommunikation" betreiben und so das o. g. Paradox zu entparadoxieren helfen, nämlich: wie trotz ihrer „Unwahrscheinlichkeit [...] Kommunikation möglich wird", ja sogar zur „Routineerwartung [...] des täglichen Lebens" werden kann (2001, 77). Es ist schon erstaunlich und zugleich schade, dass ein so informierter Denker wie Luhmann bei der Suche nach Mechanismen kommunikativer Risikobewältigung sich nicht an deren älteste und historisch einflussreichste Gestalt unter dem Namen Rhetorik zu erinnern vermochte, obwohl er „Kommunikation zu reparieren" eine spezifisch kommunikative Kompetenz nennt (2001, 102). Doch mit dieser problemgeschichtlichen Amnesie steht bzw. stand Luhmann ja nicht allein da.

So wichtig die Funktion der Rhetorik bei der methodischen Bewältigung gestörter Kommunikationsprozesse auch ist, – der Bedarf an Rhetorik darf kein kommunikativer Normalfall sein oder werden, soll Gesellschaft überhaupt möglich sein. Rhetorik im bisher verstandenem engen Sinn einer erst durch Geltungsproblematisierung erforderten und damit auf methodische Geltungseinlösung spezifizierten Form gewaltfreier, weil um Zustimmung werbender Kommunikation muss ein *prekärer Grenzfall* von Kommunikation bleiben – gleichsam eine „Insel im Meer der Praxis", so Habermas' einschlägige Metapher, mit der er den „Diskurs" vom „kommunikativen Handeln" abgrenzt (1990a, 147), das nicht dauernd selbstreflexiv nach seinen Geltungsbedingungen fragen darf, sondern deren Einlösung – wie „naiv" und „kontrafaktisch" auch immer – muss unterstellen können. Wenn das definitiv nicht mehr gelingt wie im Fall des sicherlich noch gut erinnerlichen Großprojekts „Stuttgart 21" und wenn auf den zunehmenden Widerstand einer Bevölkerung so unsensibel wie seinerzeit reagiert wird, obwohl die politische Dimension dieses Widerstands schon an dem aus Leipzig ausgeliehenen Programmtitel „Montagsdemo" abzulesen gewesen wäre, – wenn das also geschieht, dann kann es zu Konflikteskalationen kommen wie der Gewaltorgie am 30. September 2010, an jenem „Schwarzen Donnerstag" im Stuttgarter Schlossgarten, der einen *Problemdruck* erzeugte, der endlich allen am Konflikt Beteiligten zum Gang an den runden Tisch eigentlich keine ernsthafte Alternative mehr ließ (s. Kap. 10.1), wenn auch nicht allen klar gewesen sein dürfte, was diese fällige Transformation einer Konfliktlage in eine Problemlage neben Chancen auch an Risiken bereithielt.

10.1 „Stuttgart 21"

Natürlich gehe ich nicht soweit, zu sagen, dass sich der Streit um „Stuttgart 21" schon deshalb gelohnt habe, weil er einen Neologismus hinterlassen hat, den Dirk Kurbjuweit in einem *Spiegel*-Artikel über den „Wutbürger" erfand (41/2010, 26–27), um mit ihm die Protestlust der Deutschen zu charakterisieren, wie er sie u. a. „bei Demonstrationen gegen das Bahnprojekt Stuttgart 21" glaubte beobachten zu können. Und selbst wenn man das Porträt, das Kurbjuweit mit diesem griffigen Neologismus zu zeichnen versuchte, für nicht zutreffend hält, wird man zugeben müssen, dass der Porträttitel offensichtlich so attraktiv war, dass „Wutbürger" bereits 2010 zum „Wort des Jahres" (vor „Stuttgart 21") avancierte und seither aus öffentlichen Diskussionen nicht mehr wegzudenken ist, selbst wenn sie gar nicht „Stuttgart 21" betreffen. Alles das weist darauf hin, dass die mit diesem Großprojekt verbundene Protestbewegung von vielen Beobachtern als *Modell* verstanden wurde, an dem sich etwas mit singulärer Exemplarität ablesen ließe, was neu war und was diese Protestbewegung von anderen – insbesondere von der 68er – unterschied (vgl. Brettschneider und Schuster 2013, besonders 149 ff.). Ich teile diese Meinung bis heute und habe deshalb seinerzeit in mehreren Seminaren an der Uni Tübingen den Protest und das Schlichtungsverfahren unter dem Leitthema „Not lehrt reden" für rhetorische Frageinteressen fruchtbar zu machen versucht, deren Ergebnisse in diese Überlegungen mit eingegangen sind.[173]

Gero von Randow hat in einem bemerkenswerten *Zeit*-Artikel über „Die Revolution der Würde" (26/2013, 3) den Stuttgarter „Montagsdemo"-Protest mit Rebellionen in Georgien, Ukraine, im arabischen Raum, in Südeuropa, im Iran, in Russland usw. verglichen, insofern er in ihnen den gleichen Appell glaubte nachklingen zu hören, der Stéphane Hessels Buch von 2010/2011 so erfolgreich gemacht habe, nämlich: *„Empört Euch!"*. Mit „Würde" haben nach Randow alle diese Protestbewegungen zu tun, weil sie einer „Wahrheit" verpflichtet sind, die er tentativ „die demokratische" nennt: „Der Mensch muss sich nicht alles gefallen lassen [...]. Es ist unwürdig, alles hinnehmen zu wollen".[174] Am 24. September 2007 klang das auf dem Stuttgarter Marktplatz dann so: „Stuttgarterinnen und Stuttgarter – wehrt Euch! [...] Die Befürworter von Stuttgart 21 belügen das Volk". Mit dieser emphatischen Rede warb der ehemalige SPD-Bundestagsabgeordnete Peter Conradi für ein Bürgerbegehren, mit dem „Stuttgart 21" im Oktober 2007 (!)

---

[173] Ich danke besonders Herrn Lorenz Brockmann (Tübingen) für sein hilfreiches Engagement in meinen Seminaren.
[174] Von „verletztem Stolz" spricht Sloterdijk in *DER SPIEGEL* (45/2019, 136 ff.); vgl. Sloterdijk über die neue „Sorgen- und Erregungsgemeinschaft" in: *Stress und Freiheit*. Frankfurt: Suhrkamp, 2012, 12.

gestoppt werden sollte. Das Bürgerbegehren konnte aus rechtlichen Gründen nicht zugelassen werden; stattdessen verschärfte sich der Konflikt zwischen Projektbefürwortern und -gegnern, bis er am o. g. sogenannten „Schwarzen Donnerstag" durch einen ebenso massiven wie brutalen Polizeieinsatz im Schlossgarten eskalierte und zu circa 400 Verletzten führte. Nach diesem „Schwarzen Donnerstag" war nichts mehr so, wie es vorher war. Dass an diesem Tag die Polizei, statt „das Grundrecht auf Versammlungs- und Demonstrationsfreiheit zu schützen, dem Recht einer Baufirma auf Zufahrt zu einem Baugrundstück Vorrang gegeben habe", bezeichnete der gleiche Peter Conradi während einer Kundgebung gegen „Stuttgart 21" am 23. Oktober 2010 auf dem Stuttgarter Marktplatz als „den eigentlichen Skandal dieses Tages", der im Untersuchungsausschuss des Landtages aufgeklärt werden müsse. „Wir wollen nicht in einem Land leben, in dem wirtschaftliche Interessen den Vorrang vor den Grundrechten der Menschen haben" (in: Schorlau, Wolfgang (Hg.). *Stuttgart 21. Die Argumente*. Köln: Kiepenheuer & Witsch, 2010, 257). Nach der Landtagswahl vom 27. März 2011, die fraglos von dem Konflikt um „Stuttgart 21" nicht unbeeinflusst blieb, vereinbarte die neue rot-grüne Landesregierung für den 27. November 2011 eine Volksabstimmung, die mit knapper Mehrheit (58,9 %) den Ausstieg des Landes aus dem Projekt ablehnte. Seitdem muss eine Landesregierung nun entsprechend dem Mehrheitswillen der Bevölkerung ein Projekt unterstützen, dem der grüne Koalitionspartner mit MP Kretschmann an der Spitze einst den Kampf angesagt hatte. Auch das macht „Stuttgart 21" zu einem demokratiepraktischen „Lehrstück".[175] Doch primär sollte mit diesem Ruhmestitel natürlich etwas anderes ausgezeichnet werden, nämlich die legendäre *Schlichtung*, die für die gelungene Transformation einer eskalierten Konfliktlage in eine Problemlage steht. Sie, die Schlichtung, macht fraglos den Kerngehalt dessen aus, was „Stuttgart 21" im o. g. Sinne eines Modells bzw. „Lehrstücks" zu gewichten erlaubt, das wie kaum ein anderes auch und gerade rhetorische Frageinteressen tangiert, wenn denn gilt, was Blumenberg u. a. über Rhetorik behauptet, dass sie die Ersetzung *„physischer Leistungen in verbale* systematisiere [meine Hervorhebung, J. K.]" (1981, 114).

Um diese rhetorischen Frageinteressen an „Stuttgart 21" zu präzisieren, muss noch einmal auf den „Schwarzen Donnerstag" zurückgeblendet werden: Unter den 400 Verletzten war nämlich auch ein Ingenieur namens Dietrich Wagner, der zur Ikone der Protestbewegung wurde, nachdem er vom Strahl eines Wasserwerfers so stark getroffen worden war, dass er sein Augenlicht fast völlig verlor. Mit „Ikone" meine ich, dass durch ihn der Protest gegen „Stuttgart 21" ein Gesicht

---

[175] Eine entsprechende Headline in *DIE ZEIT* (02.12.2010) lautet „Geißlers Lehrstücke".

bekam – und das war ein Gesicht mit blutig unterlaufenen Augen, will sagen: das Foto, das mit diesem Gesicht durch die Medien sofort bundesweit verbreitet wurde (Abb. 9), diskreditierte unwiderruflich ein Projekt, selbst wenn es sich auf formal-rechtliche Verfahrenslegitimität berufen konnte. Solche Legitimität kann nämlich auch rückwirkend entzogen werden, wenn z. B. ein Projekt offensichtlich nur noch mit einer Gewalt durchsetzbar erscheint, wie sie am 30. September ausgeübt wurde, um den zivilen Ungehorsam von Bürgern zu brechen. Gegen das eben genannte Foto und sein immanentes Empörungspotential[176] war jedes wortreiche Anreden-Wollen, wie es die für diesen Polizeieinsatz Verantwortlichen zunächst versuchten, völlig chancenlos; denn nach dem Donnerstag-Schock wartete eine traumatisierte Öffentlichkeit nicht auf strategisch motivierte Schuldzuschreibungen, sondern auf eine situationsangemessene Geste des Bedauerns. Die aber blieb aus, bis sie endlich am 6. Oktober 2010 in der Regierungserklärung des MP Stefan Mappus im Landtag (zaghaft) nachgeholt wurde: „Im Schlossgarten hat es Szenen gegeben, *die sich nicht wiederholen dürfen*. Auch mich haben die Bilder berührt, und ich bedaure, dass es dazu hat kommen müssen [meine Hervorhebung, J. K.].[177] Und dann folgt ein Satz, um dessentwillen allein schon diese Regierungserklärung für unser Frageinteresse so relevant ist: „Vor allem anderen geht es jetzt darum, *dass geredet wird* [meine Hervorhebung, J. K.]". „Rhetorik ist Notwehr" heißt das gleichsinnig bei Bolz bzw. – so unsere bereits vorgeschlagene Formel – „Not lehrt reden". Erst sie schafft, was oben „verfahrensbezogene Verständigungsbereitschaft" genannt wurde, womit gemeint war: Konfliktlagen in Problemlagen transformieren zu wollen, was im Fall „Stuttgart 21" hieß, den Streit um den Durchgangsbahnhof mit Worten statt mit Wasserwerfern, Pfefferspray und Schlagstöcken fortführen zu wollen. Doch ist das nicht zu weich formuliert? Gab es denn überhaupt eine Alternative zu diesem Wollen oder war es längst zu einem Müssen geworden? Mit dieser Deutungsvariante möchte ich einer möglichen paradoxieverliebten Neigung zuvorkommen, nämlich die Gewaltorgie im Schlossgarten zum Preis des Schlichtungseinstiegs und eines dadurch erst ermöglichten „demokratischen Experiments" (Heiner Geißler) umfunktionalisieren zu wollen, also: Ohne den „Schwarzen Donnerstag" kein Schlichtungsverfahren?

---

176 Vgl. Knape, Joachim (Hg.). *Bildrhetorik*. Baden-Baden: Verlag Valentin Koerner, 2007, darin besonders den Beitrag von Anne Ulrich zu dem von Aby Warburg entliehenen Begriff „Schlagbild" (447 ff.) und Ulrich Heinen über die hirn- und emotionsphysiologischen Wirkungsbedingungen der Macht von Bildern/Fotos („Zur bildrhetorischen Wirkungsästhetik im Barock" 113 ff.). Außerdem Diers, Michael. *Schlagbilder*. Frankfurt: Fischer, 1997 und Asmuth, Bernhard. Artikel „Bild/Bildlichkeit". *HWRh*, Bd. 2. Hg. Gert Ueding. Tübingen: Niemeyer, 1994, 10 ff.
177 S. Plenarprotokoll des Landtags 14/100, 70879 ff.

Abb. 9: Rentner Wagner (aus: SZ Nr. 226, 2011, 6)

Diese Deutung würde nicht nur an Zynismus grenzen, sondern wäre auch in der Sache grundfalsch, weil es einen „Schwarzen Donnerstag" nur unter bestimmten soziokulturellen Rahmenbedingungen geben konnte; und das waren Bedingungen prinzipieller Ächtung von Gewalt als möglichem Mittel oder möglicher Option sozialer und politischer Konfliktlösung. Ich nenne das Ensemble dieser Bedingungen *öffentliche Verständigungskultur*. Sie ist unter den bisher genannten Voraussetzungen einer gelingenden Transformation von Konfliktlagen in Problemlagen meines Erachtens eindeutig die wichtigste, weil nur in einer öffentlichen Verständigungskultur sich *subjektive Verständigungsfähigkeit* sowie *Verständigungswille* und *-bereitschaft* bilden bzw. bei subjektiver Verweigerung wenigstens erfolgreich einklagen lassen.[178] Ich will die latente Paradoxie solcher verständigungsbezogenen Hierarchisierung freilich nicht verschweigen, die auch die Theoriegeschichte der Rhetorik nicht aufzulösen vermochte: Zwar hat sie die öffentliche Wirksamkeit von Rhetorik gern an die Existenz freier Gesellschaften geknüpft (s. Tacitus' *Dialogus de oratoribus*), andererseits aber auch die Ermöglichung von Gesellschaft überhaupt von Rhetorik abhängig gemacht, ohne die

---

[178] Vgl. zu den drei Begriffen Kopperschmidt 1980, 133 ff.; 2000, 93 ff.

sich – so exemplarisch Isokrates (*Nikokles*, 6) – „Menschen nie aus dem tierähnlichen Zustand hätten befreien" und sich für eine politische Lebensform hätten entscheiden können (vgl. Jackob 2005, 200 ff.). Doch so plausibel es zunächst erscheinen mag, dass Menschen unter Gewaltbedingungen das öffentliche Reden nicht erlernen können, so plausibel ist doch auch mit Blick auf aktuelle modernisierungsbedingte Konfliktlagen in vielen heutigen Ländern die Gegenfrage: Wo wenn nicht unter Gewaltbedingungen kann die destruktive und korrumpierende Macht der Gewalt samt ihren die Menschenwürde verletzenden Konsequenzen direkter erfahren bzw. erlitten werden und deshalb eher dazu nötigen, an pazifizierende Gewaltalternativen zu denken – und gelegentlich nicht nur zu denken, sondern ihre revolutionäre Durchsetzung zu versuchen. Außerdem bietet Hobbes ein denkgeschichtlich einflussreiches Modell vertragsbasierter Vergesellschaftung, die ohne Rhetorik auskommt, weil ihr „die Furcht vor einem gewaltsamen Tod" unter Bedingungen „des Krieges aller gegen alle" ausreicht, um die Menschen „zum Frieden geneigt zu machen" (*Leviathan*, I 13; vgl. Kersting 1994). Was in Hobbes' kontraktualistischem Denkmodell dabei herauskam, war zwar keine verständigungsbezogene „Kooperationslösung" des Gewaltproblems, sondern bloß eine „Unterwerfungslösung" aller Wölfe unter die Allgewalt eines einzigen Oberwolfes. Doch reichen diese Überlegungen aus, um die Chance einer gelingenden Gewaltächtung als Grundbedingung jeder Verständigungskultur denkbar zu machen, ohne Rhetorik als notwendige Mithilfe bei diesem Transformationsprozess bereits unterstellen zu müssen. Im Kern nutze ich hier erkennbar nur das oben (Kap. 5) schon anthropologisch verwendete Theorem, dass *erst Not reden lehren kann*, für die Lösung der Frage, ob nicht auch Gewalterfahrung selbst zur Ressource der Gewaltächtung werden kann, also zu so etwas wie einem Geburtshelfer einer freiheitlichen Verständigungskultur. Im emphatischen Sinne wird Gewalt zum Geburtshelfer, wenn sie – wie im Fall des Kosovo-Krieges – als „Gegengewalt" eingesetzt wird, um Gewalt zu brechen und notwendige Voraussetzungen für eine gewaltlose Verständigungsarbeit zu schaffen. Die seinerzeit große Bereitschaft im Westen, diese Gegengewalt als legitime, weil illegitime Gewalt bekämpfende Gewalt nicht nur zu bejahen, sondern auch aktiv unter dem Namen „humanitäre Intervention" auszuüben, hat sich freilich in prinzipiell durchaus vergleichbaren Fällen – wie Libyen und besonders Syrien – nicht wiederholt; und im Fall der völkerrechtswidrigen Krimbesetzung ist „Gegengewalt" als mögliche Option aus naheliegenden Gründen erst gar nicht erwogen, sondern sofort explizit ausgeschlossen worden zugunsten von dosierungsfähigen *Sanktionen*, die funktional identische Ziele verfolgen, nämlich mittelbar eine Verhandlungslösung zu erzwingen.

Man muss also weder mit Isokrates an eine Selbsterfindung der Rhetorik glauben noch Gadamer widersprechen, dass „die Bedingungen kommunikativer

Verständigung [...] nicht selbst durch Gespräch geschaffen werden können" (1986, 267);[179] man darf vielmehr durchaus der Gewalterfahrung unter evolutionär entsprechend entwickelten Rahmenbedingungen selbst zutrauen, zur originären Quelle der Gewaltdelegitimation werden zu können, deren intrinsische Überzeugungskraft ihr keine Rhetorik erst einreden muss. Auf den vergleichsweise gottlob weniger dramatischen Fall „Stuttgart 21" angewandt meint das: Ob man dem MP Mappus sein in der o. g. Regierungserklärung geäußertes Bedauern über die Gewalteskalation am 30. September als ehrlichen Gefühlsausdruck abnimmt oder bloß als strategisches Kalkül verrechnet, ist für die hier primär interessierende Frage ziemlich irrelevant, nämlich: Unter welchen Bedingungen kann die situative Anwendung des staatlichen Gewaltmonopols dessen prinzipiell nicht bestrittene Legalität in einem Grad delegitimieren, dass dieser Legitimationsverlust sogar – wie im Fall „Stuttgart 21" – zu strafrechtlichen (Anzeige) und parlamentarischen Sanktionen (Untersuchungsausschuss) gegen die Verantwortlichen führt. Alles das waren ja Konsequenzen, die nur in einer öffentlich approbierten Verständigungskultur möglich und erwartbar sind, solange über deren Regeleinhaltung eine freie Opposition, Presse, Öffentlichkeit usw. wirksam wachen und notfalls einen entsprechenden politischen Druck ausüben können.

Darum noch einmal: Wie glaubwürdig man auch immer Mappus' Verhalten einschätzen mag, ich halte es geradezu für einen Geniestreich dieses ansonsten ja nicht gerade situationssensiblen Politikers, dass er in seiner Regierungserklärung neben seinem Bedauern über das am 30 September im Schlossgarten Geschehene sogar den Vorschlag des Fraktionsvorsitzenden der Grünen, Winfried Kretschmann, positiv aufgreift, nämlich Heiner Geißler für eine Vermittlerrolle in dem Konflikt zu gewinnen; ja er greift ihn nicht nur auf, sondern er hat bereits dessen Bereitschaft für diese Vermittlerrolle erkundet, sodass er dem Landtag einen positiven Bescheid mitteilen konnte. Und selbst wenn für Mappus und die CDU dieser Vermittlervorschlag kein ernsthaftes Risiko enthielt angesichts der allen Experten ja bekannten Rechtslage, dass nämlich eine Vermittlungsbemühung, was sie auch immer unternehmen würde, an der Legalität des Baurechts der DB nichts ändern könne – es bleibt eine kluge Entscheidung, den Vermittlungsvorschlag der Opposition zum eigenen zu machen. Und diese Entscheidung bleibt auch dann

---

179 Vgl. die formal verwandte und berühmt gewordene Formulierung von Ernst-W. Böckenförde: „Der freiheitliche, säkularisierte Staat lebt von Voraussetzungen, die er selbst nicht garantieren kann" (in: *Der säkularisierte Staat*. München: Carl Friedrich von Siemens Stiftung Themenband 86, 2006, 71). Darum plädiert Habermas für einen schonenden und behutsamen Umgang mit religiösen Überzeugungsressourcen, sofern sich die aus ihnen gestützten Werthaltungen in eine säkulare Sprache übersetzen lassen, ohne ihre Plausibilität einzubüßen (2012, 183 ff., 308 ff.; 2008, 26 ff., 94 ff.; 2013, 287 ff.).

klug, wenn sie angesichts der öffentlichen verhandlungsfreundlichen Stimmungslage alternativlos war. Doch das war sie auch für die Grünen, weshalb auch ihre Vermittlungsidee und erst recht ihr Vorschlag, den ehemaligen CDU-Generalsekretär für die Vermittlerrolle zu gewinnen, klug war, wenn auch voraussehbar war, dass es die Grünen sein würden, die den Preis für diese fällige Deeskalationschance würden zahlen müssen, die ja auch einen allgemeinen vermittlungsbedingten Stimmungsumschwung in Sachen „Stuttgart 21" nicht ausschloss (s. u.).

Dass dieser Stimmungsumschwung tatsächlich eingetreten ist, dürfte fraglos das Verdienst Heiner Geißlers sein, der die primär aus Tarifverhandlungen vertraute Kommunikationsform „Schlichtung" vom 22. Oktober bis 27. November 2010 so moderierte, dass alle Beteiligten in den acht Vermittlungsrunden von fast 80 Stunden die Chance erhielten, ihre Sicht des Falls in entspannter und konstruktiver Atmosphäre darstellen und begründen wie gegen Einwände verteidigen zu können (bzw. zu müssen) (vgl. u. a. Brettschneider und Schuster 2013, 185 ff.) (Abb. 10). Ich möchte für diese Vermittlungsrunden und ihre sich erst prozessual entwickelnde Funktion einen Begriff adoptieren, den Habermas seinerzeit geprägt hat: Wie er die Wende in der DDR eine in sozio-evolutionärer Hinsicht „nachholende Revolution" nannte (1990), so möchte ich die während der Vermittlung durchaus mit Erfolg geleistete Verständigungsarbeit den Versuch einer *nachholenden Deliberation* bzw. *Partizipation* nennen; denn sie hat – wenn auch reichlich spät – endlich nachgeliefert, was an dem Großprojekt am meisten von dessen Gegnern beklagt wurde, nämlich dass es in den 15 Jahren seiner definitiven Planung (nach Rahmenvereinbarung 1995) an einer ausreichenden Beteiligung der Öffentlichkeit gefehlt habe und außerdem Informationen hinzugekommen seien, die bei der damaligen Beschlussfassung noch gar nicht berücksichtigt werden konnten. Insofern musste im Fall „Stuttgart 21" die nachholende Deliberation durch eine *nachholende Problematisierung* erzwungen werden, was dafür spricht, Verständigungsarbeit als einen dynamischen Prozess zu verstehen, der sich entsprechend schwer tun muss mit Entscheidungen, die – wie wieder im Fall „Stuttgart 21" – nicht revidierbar sind bzw. keine Exit-Strategie einplanen können.

Dass das Wissen um die deliberativen Defizite des Entscheidungsverfahrens die Dramaturgie des Vermittlers bestimmte, ist keine spekulative Vermutung, sondern kann seinem explizit formulierten Rollenverständnis entnommen werden, nämlich Anwalt einer medial zugeschalteten (und zunehmend wachsenden) bürgerlichen Öffentlichkeit zu sein,[180] die bei einem Projekt dieser Größenordnung ein Recht hat, am Streit um das Für und Wider beteiligt zu werden.

---

[180] Insoweit waren alle Aussagen in dieser Schlichtung doppelt adressiert: a) an die direkt Beteiligten am runden Tisch, b) an die Zuschauer am Fernsehen. *Phoenix* erreichte eine Zuschauerquote von fünf Millionen.

Geißler verlegte, um das auch praktisch zu erleichtern, die acht Vermittlungsrunden auf den Samstag und scheute sich nicht, eine auch für Nichtexperten verständliche Sprache nicht bloß folgenlos einzuklagen, sondern – wie z. B. im Fall „integraler Fahrplan" – konkret durchzusetzen. Dass dieser Versuch einer nachholenden und mit Kant (!) unterm Arm moderierten öffentlichen Bürgerbeteiligung zuweilen vergessen machte, dass die Pro- und Contra-Argumente die formal-rechtliche Einschätzung von „Stuttgart 21" nicht mehr würden beeinflussen können, belegt die enorme Zustimmung, die dieser rechtens als „demokratisches Experiment" gerühmter Vermittlungsversuch in seinem Verlauf fand. Und es dürfte auch diesem „demokratischen Experiment" der Stimmungsumschwung zuzuschreiben sein, der die Befürwortung von „Stuttgart 21" nach dem Schlichterspruch vom 30 November 2010 von 35 % auf 54 % wachsen ließ, aber auch bestätigte, was nüchternen „Parkschützern" sogleich klar war, dass die Schlichtung nämlich die Grünen zugleich hat „gewinnen" wie „verlieren" lassen.

Abb.10: Geißlers Vermittlung (aus: SZ Nr. 280, 2010, 15)

Nach Geißlers Schlichterspruch vom 30. November 2010, der u. a. einen Stresstest der DB abverlangte (und bekam), wurde der nur für die Vermittlungszeit vereinbarte bzw. von Geißler durchgesetzte vorläufige Baustopp wieder aufgehoben, was heißt: „Stuttgart 21" wird realisiert, wovon sich jeder Reisende vor Ort überzeugen kann. Dabei stören die gelegentlichen Demos kaum noch. Die methodisch so erfolgreiche Vermittlung hat dem Projekt eben doch nicht nur seine öffentliche Deliberationspflicht und Bürgerbeteiligung nachgeliefert, sondern ihm auch etwas mehr materiale Legitimität – ganz nebenher – nachgeliefert.

10.2 Die Geltungsbasis und ihre Problematisierung

Unter den fälligen Schritten, die bisher für die gelingende Transformation einer Konfliktlage in eine Problemlage aufgelistet wurden, fehlt noch ein Schritt, der so selbstverständlich ist, dass ihn jede „Schlichtung" immer schon implizit unterstellen muss, nämlich: die *Transformation des Konflikts in Sprache* als dem Medium, in dem ein Problem *als* Problem überhaupt erst rekonstruiert und Geltungsfragen überhaupt erst thematisiert werden können. Mit Bezug auf „Stuttgart 21" lautete die entsprechende Geltungsfrage: Ist es eigentlich richtig, vernünftig, sinnvoll, vorteilhaft usw., den Kopfbahnhof durch einen unterirdischen Durchgangsbahnhof zu ersetzen? Solche *Geltungsfragen* müssen strikt von bloßen *Wissens-* bzw. *Informationsfragen* unterschieden werden, die notfalls auch ohne Sprache (etwa mimisch) kommuniziert werden können. Geltungsfragen dagegen sind an Sprachlichkeit als Bedingung ihrer Möglichkeit gebunden und machen Problemlagen zusammen mit ihrem Geltungsbezug notwendigerweise zu besonders *redeintensiven* Akten. Ich möchte – in lockerer Anlehnung an Kategorien aus der Habermas'schen Diskurstheorie und mit Seitenblick auf Luhmanns Kritik daran – versuchen, am bisher gewählten Beispiel „Stuttgart 21" den Übergang in diese redeintensive Problemlage mithilfe der eben genannten Unterscheidung zwischen Wissens- und Geltungsfragen noch genauer zu klären; denn die Problemlage ist das genuine Entfaltungsfeld für Rhetorik sowie für die von ihr methodisierte Überzeugungsarbeit und d. h.: für das *Argumentationsprinzip als Kernprinzip rhetorischer Überzeugungsarbeit* (vgl. Kopperschmidt 1978, 102 ff.; 1980, 28 ff.; 1989, 33 ff.; 2003, 34 ff.). Dieser Zusammenhang dürfte zugleich erklärbar machen, warum es die Rhetorik war, die in der Antike die erste systematische Abhandlung über die Argumentation verfasst hat und warum Perelman seine *Nouvelle Rhétorique* rechtens auch *Traité de l'argumentation* nennen konnte (s. o. Kap. 6).

10.2.1 Zwei prominente Geltungsansprüche

Informationsfragen könnten im Kontext des gewählten Vermittlungsbeispiels nach den Kosten des geplanten Durchgangsbahnhofs fragen („Was kostet ‚Stuttgart 21'?"). Auch die Frage nach den Motiven für „Stuttgart 21" („Wer will ‚Stuttgart 21'?") verbleibt ebenso noch im informationsinteressierten Fragerahmen wie die Frage nach der technischen Beherrschbarkeit des Projekts („Hat man sich den unterirdischen Wasserverlauf auch genau angesehen?"). Diese und andere vergleichbare Fragen sind erkennbar immer noch *wissensbezogene Informationsfragen*, die freilich sehr schnell in *geltungsbezogene Problemfragen* umkippen können, wenn es nämlich nicht mehr nur um Fragen nach Kosten, Motiven, Risiken usw. des Bauprojekts geht, sondern um Fragen, die mit möglichen Antworten auf Wissensfragen noch gar nicht beantwortet sind, aber jederzeit an wissensbezogene Antworten angeschlossen werden könnten, z. B.: „Sind die Befürworter des Projekts wirklich sicher, dass sich die enormen Baukosten auch lohnen?" oder „Sind die Befürworter des Projekts wirklich sicher, dass die Risiken eines Wassereinbruchs beherrschbar sind?" usw. Die selbstverständliche Möglichkeit solcher Anschlussfragen weist implizit darauf hin, dass Antworten auf Informationsfragen nur solange befriedigen können, als die Geltungsbedingungen dieser Antworten immer schon als eingelöst oder als jederzeit einlösbar *unterstellt* werden. Eben nach dieser Unterstellbarkeit aber fragen die eben beispielhaft zitierten geltungsbezogenen Problemfragen, die den Kommunikations- bzw. Handlungsprozess selbstreflexiv *auf- und unterbrechen*, indem sie dessen Geltungsbedingungen explizit thematisieren. Entsprechend verlangen Antworten auf diese Fragen auch keine weiteren Informationen über das Projekt, sondern *Gründe*, mit denen die Befürworter des Projekts „Stuttgart 21" glauben, ihr Votum gegenüber den Bedenkenträgern abstützen bzw. funktional genauer: *rechtfertigen* zu können.[181] Da der deutsche Begriff „Gründe" notorisch mehrdeutig ist, muss vorgängig zwischen den verschiedenen Arten von Gründen unterschieden werden, die bei Antworten auf Wissens- bzw. Geltungsfragen jeweils erwartet werden.

Geltungsfragen klagen eine ganz bestimmte Art von Gründen ein, die man *Geltungsgründe* oder – gemäß traditionell eingeübter Terminologie – gemeinhin „Argumente" zu nennen pflegt (Abb. 11). Argumente sind mithin strikt von anderen Gründen wie *Ursachen* und *Motiven* zu unterscheiden, die nicht auf Geltungsfragen antworten, sondern auf Informationsfragen, ob diese nun (wie bei sinnfreien Ereignissen) nach *ursächlichen Erklärungen* oder (so bei sinnbezogenen Ereignissen bzw. Handlungen) nach *motivationalen Deutungen* fragen und entsprechend statt Geltungsgründe die Angabe von *Existenz*- bzw. *Handlungsgründen* erwarten.[182] Sobald aber solche ursächlichen Sacherklärungen

---

[181] „Rechtfertigen" ist im Deutschen regelhaft ein reflexives Verb (s. Kap. 10.3), das nur ausnahmsweise auch eine stellvertretende bzw. vikarische Leistung benennen kann, so z. B. in Luthers Rechtfertigungslehre, die jede Selbstrechtfertigungschance des Menschen negiert (*sola gratia*). Vgl. Ficker, Johannes (Hg.). *Luthers Vorlesung über den Römerbrief 1515/1516*. (Leipzig: Dieterich'sche Verlagsbuchhandlung, 1908, LXXIII) über *iustitia Dei* in Paulus' Römerbrief 1,17, die eine gerecht machende Gerechtigkeit meint. Zur Rechtfertigungslehre vgl. auch den Grundlagentext der EKD *Rechtfertigung und Freiheit*. Gütersloh: Gütersloher Verlagshaus, 2014. Eine recht unkonventionelle Reflexion dieses reformatorischen Schlüsselbegriffs s. in Walser, Martin. *Über Rechtfertigung, eine Versuchung*. Reinbek: Rowohlt, 2012.

[182] Solange bestimmte weltanschauliche Rahmenbedingungen keine sinnfreien Ereignisse zuließen, waren natürlich auch vermeintlich sinnfreie Ereignisse motivational gesteuert und konnten entsprechend auch beeinflusst werden (durch Gebete, Opfer etc.). Freilich machten sich

bzw. motivationalen Handlungsdeutungen nicht befriedigen können, entstehen Problemlagen, die diese Erklärungen bzw. Deutungen ihrerseits rechtfertigungsbedürftig machen, sodass *Geltungsgründe* bzw. *Argumente* dringlich werden, um die impliziten *Geltungsansprüche* solcher Erklärungen bzw. Deutungen methodisch explizit, nämlich mittels *Rechtfertigung* einzulösen. Die für Argumente spezifische, nämlich zur Zustimmung nötigende Rechtfertigungskraft nennen wir terminologisch ihre *Überzeugungskraft* (s. u. Kap. 11.3). Entsprechend kann man das Argumentationsprinzip genauerhin auch ein *geltungsbezogenes Rechtfertigungs-* bzw. *Überzeugungsprinzip* nennen. So konnten die oben beispielhaft genannten Bedenken gegen die technische Beherrschbarkeit eines solchen Großprojekts wie „Stuttgart 21" mit dem Hinweis auf einschlägige wissenschaftliche Gutachten argumentativ zu entkräften versucht werden oder im Fall der fraglichen Sinnhaftigkeit des ganzen Projekts u. a. die erwartete Reisezeitverkürzung bei einer unterirdischen Gleisführung als positives Argument angeführt werden. Ihre rechtfertigende Überzeugungskraft gewinnen die jeweiligen Argumente dabei freilich aus ganz verschiedenen *Geltungspotentialen* bzw. *-ressourcen*. Im einen Fall handelt es sich um *handlungsleitende normative Orientierungen*, im anderen Fall um *handlungsbezogenes sachliches Wissen*, was beides konstitutive Bedingungen für die Möglichkeit kooperativen Handelns sind. Von entsprechend unterschiedlicher Art müssen dann auch die jeweiligen Geltungsansprüche sein, die mit Argumenten aus diesen beiden Geltungsressourcen einzulösen versucht werden. Ich nenne die beiden Geltungsansprüche, je nachdem ob sie die *normative Verbindlichkeit* einer handlungsleitenden Orientierung oder die *sachliche Verlässlichkeit* handlungsbezogenen Wissens für sich beanspruchen, mit Bezug auf Habermas (1999, 48 ff., 55 ff., 230 ff., 246 ff., 271 ff.) abgekürzt *Richtigkeits-* bzw. *Wahrheitsansprüche*. Diese Unterscheidung ist wichtig, weil sie eine *sinnkritisch* relevante Differenz zwischen Wahrheits- und Richtigkeitsansprüchen anmahnt, die u. a. auch die Eigenprofile von theoretischer und praktischer Vernunft bestimmt: Während nämlich bei Richtigkeitsansprüchen der *Existenzgrund* von Normen bzw. Werten mit deren *Geltungsgrund* zusammenfällt,[183] garantiert

---

solche Deutungsmuster gelegentlich selbst rechtfertigungsbedürftig, was die Theodizee nötig machte, die heute weithin durch eine gängige Anthropodizee abgelöst ist. Vgl. Metz, Johann B. *Memoria Passionis*. Freiburg: Herder, 2006.
183 „Werte gelten kraft Unterstellung ihrer Geltung" (Luhmann 2001, 105), was heißt: „Der Sinn von ‚Richtigkeit' geht [anders als der von ‚Wahrheit'] in ideal gerechtfertigter Akzeptabilität auf" – ohne „ontologischen Rückhalt" (Habermas 1999, 284, allgemein 271 ff.; 1996, 54 ff.). Vgl. auch Sommer, Andreas U. *Werte*. Stuttgart: Metzler, 2016. Präzis Lübbes Unterscheidung: „Wenn das, was ist, auch nicht *dadurch* ist, dass wir es wissen, [so] ist das, was wir wissen, [doch] für uns nur, *indem und wie* wir es wissen [meine Hervorhebung, J. K.]" (1987, 20).

bei Wahrheitsansprüchen deren akzeptierter Geltungsgrund noch nicht die Existenz der behaupteten Sachverhalte, wie die Geschichte aller Wissenschaftsdisziplinen exemplarisch belegen kann, die ja immer auch die Geschichte der Irrtümer vermeintlicher Wahrheitsansprüche erzählt, die sich später als bloß jeweils herrschende Meinungen erwiesen haben („Wahrheit ist kein Erfolgsbegriff" (Habermas 1999, 50)). Die seit Popper beliebte Ersetzung des emphatischen Begriffs „Wahrheit" durch den nüchternen Begriff „Falsifikationsresistenz" kann diese wissenschaftsgeschichtliche Einsicht zwar wissenschaftstheoretisch ratifizieren, doch nötigt diese evidente Einsicht nicht notwendig zum völligen Verzicht auf den traditionsreichen Wahrheitsbegriff oder gar zu seiner Abwertung als „Erfindung eines Lügners" (Förster und Pörksen 2008); zumindest dann nicht, wenn man ihn mit Habermas posttraditionell reformuliert und so sinnkritisch zu retten vermag, nämlich als Insistenz auf den ebenso eigensinnigen wie „paradoxen" (bzw. „dilemmatischen") „Charakter von Wahrheit" (Habermas 1999, 53, 288). „Eigensinnig" ist dieser Charakter, insofern damit im Unterschied zur „Richtigkeit" ein „rechtfertigungstranszendenter Bezugspunkt" (1999, 53, 315) unterstellt wird, der davor warnt, Wahrheit einfach mit überzeugungskräftiger Rechtfertigung zu identifizieren. „Paradox" (bzw. „dilemmatisch") ist dieser mit „Wahrheit" gemeinte Geltungssinn, weil wir einerseits über keine andere Methode intersubjektiver „Wahrheitsvergewisserung" verfügen als über den Versuch der argumentativen Einlösung von problematisierten Wahrheitsansprüchen, es aber andererseits (zumindest für uns) „keinen direkten Zugriff auf uninterpretierte Wahrheitsbedingungen" gibt, der die prinzipielle „Kluft" zwischen der rechtfertigungstranszendenten bzw. -unabhängigen „Objektivität" der Welt und „Tatsachen" als meinungshafte Behauptungen *über* die Welt aufzuheben vermöchte (1999, 50 ff., 246 ff.). Wir haben das oben bereits (s. o. Kap. 8) den unaufhebbar *doxastischen* (also meinungshaften) *Charakter unseres Weltbezugs* genannt. Er ist für das Selbstverständnis der hier vertretenen Rhetoriktheorie erkennbar ebenso fundamental, wie der eben genannte rechtfertigungsimmanente Existenzgrund unserer normativen Überzeugungen, den wir jetzt begriffsanalog deren *doxastischen Existenzgrund* nennen und zugleich vom doxastischen Charakter unseres Weltbezugs sinnkritisch unterscheiden können (und müssen). Markus Gabriels kecker Buchtitel *Warum es die Welt nicht gibt* (2013) bestreitet diese These nicht, sondern bestätigt sie nur anders: Es gibt die Welt (für uns) nicht, weil wir keinen Standpunkt außerhalb der Welt – also im „nirgendwo"[184] – einnehmen können, um sie als Welt zu thematisieren, sondern es gibt nur „unbegrenzt viele Sinnfelder", in denen die Welt uns jeweils erscheint (2013, 254 ff.). Erst beide Konkretionen

---

184 Vgl. dazu Nagel, Thomas. *Der Blick von nirgendwo.* Frankfurt: Suhrkamp, 2012 und Gabriel 2013, 121 ff. sowie Tomasello 2014, 179 ff.

des doxastischen Grundprinzips (Weltbezug/Existenzgrund) zusammen vermögen die weitreichenden philosophischen Ambitionen kenntlich zu machen, die sich mit einem Verständnis von Rhetorik verbinden, das sie funktional auf die methodische Einlösung von theoretischen (Wahrheit) wie praktischen (Richtigkeit) Geltungsansprüchen im Fall ihres Problematischwerdens abonniert.

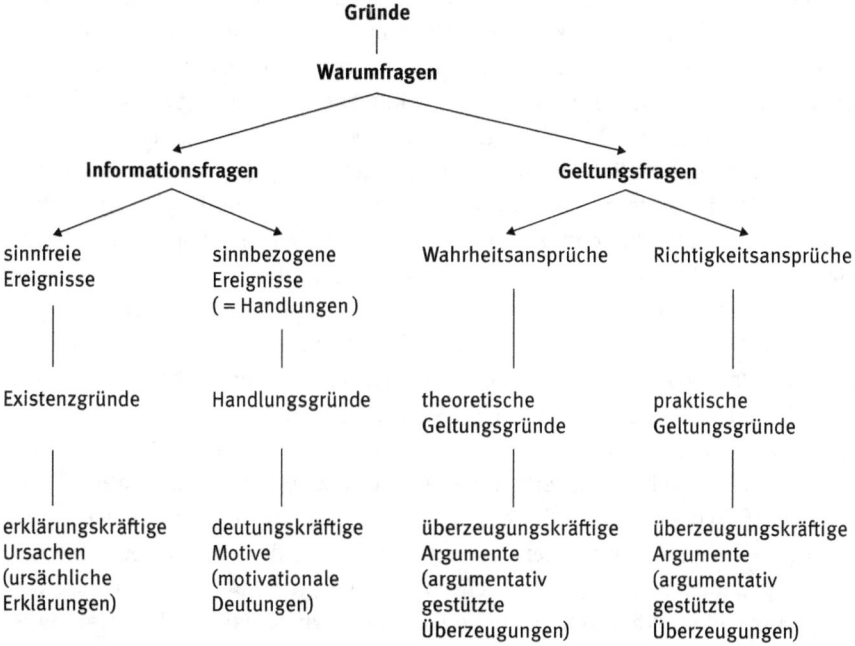

Abb. 11: Gründe

Weil also bei Wahrheitsansprüchen – anders als bei der „Rechtfertigungsimmanenz" von Richtigkeitsansprüchen – erfolgreiche Rechtfertigung bzw. „rationale Akzeptabilität und Wahrheit" nicht zusammenfallen, bleibt bei erfolgreich eingelösten Wahrheitsansprüchen immer ein „Fallibilitätsvorbehalt" zurück, den selbst „ideale Rechtfertigungsbedingungen"[185] nicht grundsätzlich aufzuheben

---

185 Auch das deutsche GG kennt bekanntlich eine „Ewigkeitsklausel" (Art. 79, Abs. 3), die Art. 1 und 20 für nicht änderbar erklärt. Vgl. Arendt (2000) über die „Aporien der Menschenrechte", seitdem ihr „axiomatischer Wahrheit[sanspruch]" weder historisch noch naturrechtlich noch religiös gesichert werden kann (601 ff.); in diesem Fall müssen die Menschenrechte „von der Menschheit selbst garantiert werden", was ihre Gewährleistung höchst prekär macht (s. FN 16!). Das „Nichts-als-Menschsein" ist nach Arendt die „größte Gefahr" für Menschen (2000, 620); dogmatische Setzungen können diese „Aporien" kaum aufheben.

vermögen. Anders als „Wahrheit" ist dagegen „Richtigkeit" zwar durchaus ein „Erfolgsbegriff", insofern überzeugte Zustimmung und *nur sie* – zumindest unter Bedingungen der Moderne – „rechtfertigungsimmanent" Geltung zu konstituieren vermag; dennoch trifft auch für „Richtigkeit" eine Einsicht – wenn auch leicht modifiziert – zu, die am Wahrheitsbegriff aufgrund seiner ontologisch fundierten „Rechtfertigungstranszendenz" leichter ablesbar ist, aber generell für alle Rechtfertigungsprozesse gilt (Habermas 1999, 271 ff.): Es gibt prinzipiell keine Argumente, deren Überzeugungskraft nicht einem materialen oder zeitlichen *Verfallsdatum* unterläge (weshalb sie immer wieder dogmatisch zu schützen versucht werden, s. u.). Und das muss so sein, weil es nachweislich für Menschen keine end- oder letztgültigen Überzeugungen gibt oder je gegeben hat, aus denen Argumente eine entsprechend unbedingte bzw. zwingende Überzeugungskraft je hätten gewinnen können. Freilich hat diese Unmöglichkeit end- und letztgültiger Argumente bei theoretischen und praktischen Geltungsansprüchen, also bei Wahrheits- bzw. Richtigkeitsansprüchen, verschiedene Ursachen: Bei Richtigkeitsansprüchen können Argumente selbstredend nicht am „Widerstand von Objekten" scheitern, wohl aber am „Widerspruch sozialer Gegenspieler" (1999, 56) oder an mangelnder oder nachlassender Zustimmung, was ihren Existenzgrund erodieren muss (z. B. Homophilie). Doch dieser Unterschied nivelliert oder relativiert sich wieder erkennbar auf der Ebene der Argumentation (1999, 295), insofern die jeweilige Überzeugungskraft in beiden Fällen die gleiche Kraftquelle beschwört, nämlich den „zwanglosen Zwang des besseren Arguments", will sagen: beide Geltungsansprüche unterliegen trotz unterschiedlichen Geltungssinns einer identischen Methodik ihrer argumentativen Rechtfertigung. Entsprechend verlangen beide Fälle den jeweiligen Rechtfertigungsbedingungen auch die gleichen „kontrafaktisch" zu unterstellenden Idealisierungen ab, damit nur den Argumenten eine intrinsische Überzeugungskraft zugebilligt wird, die diesen erschwerten Bewährungstest erfolgreich bestehen können und deshalb eine solchermaßen gestützte Verständigung als vernünftig zu nobilitieren erlauben. Damit wird auch der für Rhetorik so wichtige Grundbegriff „Meinung" (*doxa*) seinerseits differenzierungsbedürftig: Nicht alle (theoretischen wie praktischen) Meinungen gelten als gleichwertig, sondern sie lassen sich qualitativ darnach unterscheiden, ob sie bloß subjektiv-private Gewissheiten vertreten (die sich auf unmittelbare Evidenzen, göttliche Offenbarungen oder sonstige inappellable Instanzen stützen) oder sich bei ihrer fälligen argumentativen Rechtfertigung auf diskursiv/öffentlich plausibilisierte Positionen berufen können. Diese Rückbindung des Vernunftprädikats an argumentativ erfolgreiche Bewährung von Meinungen zeichnet aber gelungene Verständigung erkennbar nicht aufgrund ihres material-inhaltlichen Aussagegehalts als vernünftig aus, sondern bewertet vielmehr deren *verfahrensmäßiges* Zustandekommen als vernünftig, was heißt: Verständigung darf in genau dem Maße als vernünftig gelten, als sie sich verfahrensrationalen Bedingungen ihrer Genese verdankt. Das erlaubt zugleich einer entsprechenden Theorie, soziale Einverständnisse sich material nach Maßgabe neuer Erkenntnisse und normativer Einstellungen verändern zu lassen, ohne gleichzeitig die Bedingungen vernünftiger Verständigung revidieren zu müssen. Für einen solchen als „prozedural" zu bestimmenden Vernunftbegriff werden gerade unter posttraditionellen Geltungsbedingungen *Argumente zur originären Sprache der Vernunft* (vgl. Habermas 2001; Forst 2007, 23 ff.), was das Argumentationsprinzip als *prozedurales Vernunftprinzip* zu verstehen nahelegt, das Luhmanns Dissoziation von „Räson" und „Resonanz" zu unterlaufen erlaubt, insofern eine unter bestimmten Zustimmungsbedingungen erzielte „Resonanz" durchaus als „Räson" nobilitiert werden darf (vgl. Kopperschmidt 2011, 48 ff.).

Mit der solchermaßen negierten Möglichkeit „schlagender Evidenzen" oder „definitiv zwingender Argumente" will Habermas (1999, 49) freilich keine Revokation seines berühmt-berüchtigten Oxymorons „zwangloser Zwang des besseren Arguments" vornehmen. Und auch ich will mich nicht von dieser bisher ausgiebig genutzten Lieblingsformel klammheimlich verabschieden, sondern ich nutze nur die Gelegenheit, auf den komparativen Charakter von „besser" in der beibehaltenen Zitatformel explizit hinzuweisen. Damit sollen erkennbar nicht alle Rechtfertigungsprozesse dem Modell eines „organisierten Fallibilismus der Forschung" (1999, 255) angeglichen werden, wohl aber soll mit aller Deutlichkeit festgehalten werden: Auch mit dem „zwanglosen Zwang des besseren Arguments" lässt sich weder ein direkter Zugang zur Objektivität der Welt erschleichen noch die Überzeugungskraft von Argumenten auf Dauer stellen bzw. vor ständig drohender Erosionsgefahr schützen. „Besser" (bzw. „schlechter") sind Argumente vielmehr immer nur im konkurrierenden Vergleich mit anderen (etwa auch: früheren) Argumenten und deren jeweiligen Überzeugungsbedingungen. Wir werden unten (Kap. 11.1) noch zeigen, dass schon aufgrund seiner operativen Struktur (p gilt, weil q gilt) das Argumentationsprinzip Rechtfertigungsprozessen weder absolute Anfänge noch endgültige Abschlüsse versprechen kann (das nannte Marquard 1991 den fälligen *Abschied vom Prinzipiellen*), sondern nur das Anschließen an jeweils unproblematische und darum situativ unterstellbare Geltungen zu methodisieren vermag, weshalb man das Argumentationsprinzip auch ein seinerseits immer schon *Geltungen unterstellendes Anschlussprinzip* nennen muss, das Verständigung immer nur „transitorisch" sichern kann (Habermas 1988, 155). Wir werden dieses argumentative Anschlussprinzip unten (Kap. 11.3) als eine methodisch ausgereifte und weltweit verbreitete *kulturelle Praxis* bestimmen, die sich erklären lässt als koevolutionäres Produkt einer natürlichen Kooperationsanlage und ihrer kulturellen Überformung und Verstärkung (Tomasello 2009; 2010; 2014, 185 ff.; Lachmann u. a. 2008; Habermas 1999, 258) und die ihre politische Gestalt in einer *deliberativ grundierten Demokratie* findet (s. u. Kap. 12 und o. Kap. 4).

Vorher soll aber noch kurz angemerkt werden: trotz nachmetaphysischer Denkzwänge haben die Versuche, Argumente vor ihrer kontextbezogenen Relativierung zu schützen und ihnen den zeitlosen Geltungsschutz „letzter Worte" zu verleihen, ihre Verlockung nie ganz eingebüßt und finden sogar in die Präambeln neuzeitlicher und moderner Verfassungen „bis heute ein verhaltenes Echo" (Habermas 2013, 295), was besonders in der amerikanischen Unabhängigkeitserklärung von 1776 zu einer erhellend „absurden" Formulierung geführt hat: „We hold these truths to be self-evident". „Absurd" ist diese Formulierung nach Hannah Arendt, weil sie „Absolutes" (self-evident) sinnwidrig zum möglichen Ergebnis einer anfänglichen „Einigung" („we hold") macht (1974, 248, allgemein 231 ff.); erhellend zugleich bleibt diese „absurde" Formulierung, weil sie ungewollt das Interesse der Übereinstimmenden an einer Übereinstimmung verrät, die ihren eigenen Geltungsgrund dementieren soll und muss, soll sie autoritative Geltung für sich beanspruchen können.

10.2.2 Die normative Geltungsbasis der Rede

Wenn Gesellschaften ihre bestandserhaltenden Koordinationsaufgaben nicht mehr aus den Ressourcen präkommunikativ unterstellbarer Handlungsorientierungen befriedigen können, und wenn sie weiter die notwenige Handlungskoordination auch nicht durch akommunikative Sanktionsmittel bzw. durch Steigerung ihrer Kontrollkapazität erzwingen können, dann hängt – so war oben in Kap. 9 gesagt – ihre Überlebenschance davon ab, ob es ihnen gelingt, strukturell Kommunikationsprozesse zu ermöglichen und zu institutionalisieren, in denen sich kooperationsfördernde Einverständnisse und Motivlagen bilden und stabilisieren können, die Handlungskoordination unter „Freien und Gleichen" auf der „Grundlage einer Motivation durch Gründe" ermöglichen (Habermas 1981/1, 525). In Gesellschaften dieses Typs wird mit anderen Worten das bisher skizzierte Argumentationsprinzip zum *konstitutiven Prinzip möglicher Selbsterhaltung*, wenn denn für vernunftbegabte Wesen gemeinsam geteilte Überzeugungen eine fundamentale Kooperationsbedingung sind. Diese Kooperationsbedingung impliziert nach Forst (2007, 9 ff., 54 ff. und öfter) ein „Grund-Recht auf Rechtfertigung" (und eine korrespondierende Rechtfertigungspflicht (2007, 13 ff.)): Dieses „Grund-Recht" wird zwar erst im Fall problematisierter Geltungsansprüche konkret, wenn deren argumentativ zustimmungsfähige Einlösung eingefordert wird, doch ist dieses Grundrecht so essentiell, dass es den Menschen definitorisch als ein „Rechtfertigungswesen" zu beschreiben erlaubt (2007, 9), das eigentlich nur in einer „Rechtfertigungsgemeinschaft" zu leben vermag (2007, 65, 32 ff.). Entsprechend stellt die grundsätzliche und explizite

Rechtfertigungsverweigerung, wie sie etwa in KZ-Lagern praktiziert wurde und in ähnlichen Institutionen bis heute (Guantanamo) praktiziert wird,[186] fraglos die erniedrigendste Form menschlicher Entwürdigung und Demütigung dar, weshalb sie auch gern an Arbeitsaufträge gekoppelt wird, deren schiere Sinnlosigkeit die Rechtfertigungsverweigerung noch als zusätzlichen Unbelangbarkeitsgenuss inszeniert.[187]

Bisher sind erst zwei Geltungsansprüche (Wahrheit und Richtigkeit) genannt und erläutert worden, deren Problematisierung grundlegende Störungen des Kommunikations- und Handlungsprozesses bedeutet, die in entsprechend theoretischen bzw. praktischen Argumentationen bearbeitet werden müssen, soll kooperatives Handeln fortsetzbar sein. Neben den beiden genannten Geltungsansprüchen Wahrheit und Richtigkeit zählen nach Habermas aber noch andere Bedingungen zur allgemeinen Geltungsbasis möglichen Redens, die aber im Fall ihrer Problematisierung nicht in gleicher Weise methodisch einlösbar sind, nämlich Verständlichkeits- und Wahrhaftigkeitsansprüche. Wahrhaftigkeitsansprüche lassen sich im Fall ihrer Problematisierung methodisch deshalb nicht mit dem bisher genannten Argumentationsprinzip einlösen, weil sie dazu ihre eigene Einlösungsunterstellung bereits zirkulär voraussetzen müssten, weshalb das Sprichwort weiß, dass man dem nicht mehr zu glauben pflegt, der einmal gelogen hat, selbst wenn er die Wahrheit sprechen sollte. Wenn Wahrhaftigkeitsansprüche argumentativ auch nicht einlösbar sind, bleiben sie doch kommunikations- wie argumentationstheoretisch von hohem Interesse, weil ohne ihre unterstellte Einlösung keine Kommunikation gelingen kann, was positiv heißt: Kommunikation muss als Bedingung ihrer Möglichkeit immer schon einen gemeinsamen Verständigungswillen unterstellen, der sich u. a. in der unterstellten Wahrhaftigkeit der Kommunikationspartner zur Geltung bringt. Diese Unterstellung muss – was den Lügner kommunikationstheoretisch so interessant macht (s. u. Kap. 11.3) – sogar auch (zumindest strategisch) der vornehmen, der an ernsthafter Verständigung gar nicht interessiert ist, eben der Lügner; denn der kann nur erfolgreich sein, wenn er einen wahrhaftigen Verständigungswillen so erfolgreich zu prätendieren vermag, dass sein Gegenüber die Lüge nicht bemerkt und darum weiterhin von einem gemeinsamen Verständigungswillen ausgeht, was der Lügner parasitär zu nutzen versucht, um aus der heimlichen Aufkündigung dieser Unterstellung Gewinn zu Lasten seines Gegenübers zu ziehen. Interessant ist der Fall des Lügners bzw. der Lüge also

---
186 Vgl. Levi, Primo. *Ist das ein Mensch?* München: dtv, 2010; Nešković, Wolfgang (Hg.). *Der CIA-Folterreport*. Opladen: Westend Verlag, 2015.
187 Das klassische Modell ist der Sisyphos-Mythos, vgl. seine Bearbeitung durch Camus, Albert. *Der Mythos von Sisyphos*. Düsseldorf: Karl Rauch Verlag, 1958.

kommunikationstheoretisch,[188] weil der Lügner bzw. die Lüge erkennbar die *kontrafaktische* Wirksamkeit der Wahrhaftigkeitsunterstellung als Teil der normativen Geltungsbasis von Rede exemplarisch bezeugen. Daraus leitet Habermas sein zentrales bereits zitiertes Theorem ab, dass nämlich immer schon „Verständigung als Telos der menschlichen Sprache innewohne" (1981/1, 387; vgl. McCarthy 1980, 326–327), das selbst seine parasitäre Verletzung noch bestätigen muss. Interessant ist der Fall des Lügners bzw. der Lüge aber auch im Kontext unseres spezifisch rhetorischen Frageinteresses, weil sich an ihm der wichtige Unterschied zwischen tatsächlicher und bloß erfolgreich prätendierter Wahrhaftigkeit exemplarisch klären lässt, der auch für eine vergleichbare Unterscheidung zwischen Verständigungs- und bloßer Erfolgsorientierung genutzt werden kann, wie sie in der Rhetorik unter der notorisch unscharfen, aber unaufgebbaren Begriffsdifferenzierung zwischen „überzeugen" und „überreden" eine nicht immer unstrittige Rolle spielt (s. u. Kap. 11.3).

Verständlichkeitsansprüche sind dagegen im Unterschied zu den drei genannten Geltungsansprüchen gar nicht unterstellungsbedürftig, weil deren faktische Einlösung als elementarste Voraussetzung möglicher verständigungsbasierter Rede immer schon empirisch überprüfbar ist und darum ebenso wenig wie Wahrhaftigkeitsansprüche, wenn auch aus anderen Gründen, in Problemfällen von umständlicher Überzeugungsarbeit Hilfe erwarten darf.

Diese vier, unter dem Begriff „Geltungsbasis" bzw. „Hintergrundkonsens" von Habermas zusammengefassten und als ebenso allgemeinen wie universal bestimmten Bedingungen möglicher Kommunikation (1984, 172 ff., 53 ff.; McCarthy 1980) kommen unter anderen kategorialen Namen auch in anderen Theorien vor wie etwa bei Luhmann. Freilich geht es Luhmann anders als Habermas – wie bereits oben erwähnt – nicht um eine mögliche „Geltungsbasis" jeder Kommunikation, sondern um die hochgradige *Selektivität* ihrer Prozessdynamik, mit der ja gerade die hohe „Unwahrscheinlichkeit der Kommunikation" und ihr „riskanter" Charakter belegt werden soll (2001, 76 ff.). Den würde auch Habermas nicht bestreiten, insofern natürlich Kommunikation jederzeit scheitern kann, wenn Teile ihrer Geltungsbasis durch Problematisierung brüchig werden. Nur macht diese geltungsbezogene Problematisierungsmöglichkeit von Kommunikation diese selbst noch nicht (wie bei Luhmann) schon zum „Problem"; denn Kommunikation hat sich bei Habermas längst in zwei Formen ihrer Praxis ausdifferenziert, nämlich in *verständigungsbasierte* Kommunikation („kommunikatives Handeln") und *verständigungsbezogene* Kommunikation („Diskurs"). Eine

---

188 In der Logik ist Lüge als interessantes Problem unter dem Titel des „Lügner-Paradoxons" bekannt, das entsteht, wenn eine Behauptung ihre Wahrheit bestreitet („Dieser Satz ist falsch"); seine früheste Form bei dem Kreter Epimenides lautet: „Alle Kreter sind Lügner".

Gesellschafstheorie, die die Bestandssicherung von Gesellschaft an deren kommunikativer Infrastruktur festmacht, kann selbstredend ein mögliches Scheitern von Kommunikation aufgrund notorischer Störanfälligkeit nicht einfach hinnehmen, ohne ihr zentrales Kooperationsmedium zu gefährden. Man könnte also den Habermas'schen „Diskurs" durchaus – ähnlich wie oben die Rhetorik – als eine „Institution" verstehen, deren „Aufbau" Luhmann im oben zitierten Text ja einklagt, um trotz „unwahrscheinlicher Kommunikation noch Annahmebereitschaft sicherzustellen" und so den kooperationsbedingten Kommunikationsbedarf befriedigen zu können (2001, 104). Ohne Sicherstellung des „Kommunikationserfolgs" würde auch nach Luhmann die Existenz von Gesellschaft gefährdet sein (2001, 44), was umgekehrt heißt: „Den Prozess der soziokulturellen Evolution kann man begreifen als [...] Erweiterung der Chancen für aussichtsreiche Kommunikation" (2001, 79).

Weil Luhmann aber annimmt, dass eine verständigungsbezogene und damit auch verständigungsabhängige, mithin „riskante" Kommunikationsform wie der Habermas'sche „Diskurs" diesen gesellschaftlichen Kommunikationsbedarf nicht verlässlich „sicherstellen" kann („Es gibt keinen direkten Weg zu immer besserer menschlicher Verständigung" (2000, 80)), plädiert er für eine eher indirekte, also verständigungsunabhängige Strategie der Problembewältigung. Er findet den Schüssel zu dieser Strategie in der modernen und d. h.: in einer funktionalen Strukturdifferenzierung von Gesellschaft, insofern die sich längst in ihren verschiedenen Subsystemen (Wirtschaft, Recht, Politik usw.) eine geeignete Strategie verständigungsunabhängiger Problembewältigung geschaffen hat, die man nur als solche erkennen und theoretisch verstehen müsse, um darin ein Modell für die gesuchte „Transformation der Unwahrscheinlichkeit [von Kommunikation] in deren Wahrscheinlichkeit" entdecken zu können. Die damit unterstellte „Konvergenz" zwischen der Funktionsdifferenzierung moderner Gesellschaften und der analogen Funktionsdifferenzierung von Kommunikationsprozessen erhöht in der Tat die Erfolgschancen von Kommunikation, insofern mit dem Eintritt in ein bestimmtes gesellschaftliches Funktionssystem zugleich die Übernahme eines bestimmten Kommunikationssystems verbunden ist, dessen Funktionsspezifik der jeweils einschlägige Binär-Code garantiert,[189] insofern er darüber wacht, dass kommunikativ jeweils in der richtigen Währung gezahlt wird, z. B. in Geld-Währung (so in der Wirtschaft) oder in Wahrheits-Währung (so in der Wissenschaft) oder in Macht-Währung (so in der Politik) usw. In dieser system- statt handlungstheoretischen Lösung des riskanten Kommunikationscharakters tritt erkennbar an die Stelle des verständigungsbezogenen

---

[189] Binär-Codes sind Duplikationsregeln, die Präferenzen nach Wert/Unwert dichotomisieren, vgl. Luhmann 1986, 75 ff.; 2001, 42.

Diskurses die Systembildung, wobei die Selektivität von Kommunikation systemimmanent „verlagert" (2001, 44) wird; dadurch wird deren Funktionsweise, z. B. kommunikative Annahme/Ablehnung, zugleich „unsichtbar", weil sie implizit mit der Wahl eines Funktionssystems bereits vollzogen wird, ohne sich als explizite Entscheidung noch bemerkbar zu machen. Darum nennt Luhmann die Strategie solcher systemimmanenten Verlagerung von Selektivität die Leistung – so ihr etwas umständlicher Name – „symbolisch generalisierter Kommunikationsmedien" bzw. kürzer: „Erfolgsmedien" (2001, 31 ff., 81–82); „Erfolgsmedien" deshalb, weil diese Medien die „Wahrscheinlichkeit von Kommunikation" durch „selbstselektive" (!) Erleichterung ihrer Anschlusschancen erhöhen (2001, 44, 51, 63). Das gelingt – folgt man Luhmann – weil es beispielsweise im Funktionssystem Wissenschaft nur um die Wahrheit einer These geht und nicht um die „Reputation" der Person, die sie vertritt, oder in der Wirtschaft nur um geldabhängige Tauschgeschäfte und nicht um das Problem der Armut, die eine Beteiligung an solchen Tauschgeschäften erst gar nicht zulässt. Gelingen kann solche „Selbstselektion" mithin nur, wenn sich der gesellschaftliche Kommunikationsbedarf generell in einer Weise „spezialisieren" lässt, wie es in Funktionssystemen wie Wirtschaft, Wissenschaft, Politik usw. beispielhaft zu gelingen scheint; denn diese Funktionssysteme „spezialisieren" ja zugleich mit den jeweiligen Problemlagen „die je verschiedenen Unwahrscheinlichkeiten erfolgreicher Kommunikation" (2001, 83) wie deren jeweils „erfolgssichere" Bewältigungschancen (2001, 86), was meint: Gelingen kann solche „Selbstselektion" im Interesse eines reduzierten Kommunikationsbedarfs nur, wenn der jeweilige funktionsspezifische „Medien-Code" in der Lage ist, den nie völlig unterdrückbaren „Neben-Codes" nur so viel Spielraum zu gestatten, dass die systemimmanente bzw. funktionsspezifische Selektion nicht zur expliziten „Begründung" genötigt wird, sodass wenigstens eine „Reduktion von unbestimmter in bestimmte Kontingenz" gelingt (2001, 57 ff., 39).

Hier ist spätestens der Punkt, wo meine Kritik an Luhmann ansetzt. Der systemische Versuch, „die Unwahrscheinlichkeit von Kommunikation" dadurch „unsichtbar" zu machen, dass die Verständigungsarbeit in die „systemimmanente Selbstselektivität" von Kommunikationsmedien „verlagert" wird, kann den Verständigungsbedarf fraglos reduzieren – jedenfalls für „hochspezialisierte Probleme", wie sie in Wirtschaft, Wissenschaft, Recht, Politik usw. anfallen und für deren Bearbeitung die Gesellschaft einschlägige Kommunikationsmedien wie Geld, Wahrheit, Gerechtigkeit, Macht geschaffen hat. Doch schon für das Erziehungssystem weiß Luhmann kein analoges „Kommunikationsmedium" anzugeben (1986, 193 ff.), und erst recht dürfte es schwer fallen, für die oben erläuterte Schlichtung im Fall „Stuttgart 21" im systemischen Denkrahmen eine angemessene Beschreibung zu finden; denn Schlichtung kann kein funktionsspezifisches

10.2 Die Geltungsbasis und ihre Problematisierung — 245

„Kommunikationsmedium" sein, weil sie ja gerade der erfolgreiche Versuch war, ein politisch längst gebilligtes Projekt im Sinne einer nachholenden Deliberation aus dem eingespielten Funktionssystem Politik gleichsam durch Ent-„Spezialisierung" seiner Problemstruktur wieder herauszubrechen und für neue Problemlösungsalternativen zu öffnen – bis zur Option, das Projekt ganz aufzugeben. Die in der Schlichtung erfolgreich nachgeholte Deliberation lässt sich auch angesichts ihres öffentlichen Wahrnehmungserfolgs schwerlich zur Neben-Kommunikation verharmlosen, in der ein „Neben-Code" seine publizistische Chance nutzte, um ein unbeliebtes Projekt durch wirksame Störung des etablierten „Haupt-Codes" doch noch zu verhindern. Bleibt schließlich noch die dritte der von Luhmann vorgesehenen systemischen Möglichkeiten einer „unsichtbaren", weil „kommunikationslosen" (!) (2001, 45) „Selbstselektivität": Luhmann nennt diese Möglichkeit „Selektionsübertragung" und meint damit eine u. a. „Umgangssprache" genannte Kommunikationsform, wie sie „im täglichen Leben auch in hochkomplexen Gesellschaften nach wie vor weithin selbstverständlich und problemlos abläuft" (2001, 43). Doch auch als „Selektionsübertragung" ist die Schlichtung nicht angemessen bestimmbar, weil es in ihr nicht um erneute Selektion von Optionen geht, sondern um deren Vermehrung, wie sie sich als Konsequenz eines gelungenen Ausbruchs aus der komplexitätsreduzierenden Routine des bisher „selbstselektiv" fungierenden politischen Kommunikationsmediums ergibt. Wenn die Problemlagen aber nicht selber sagen, wie sie kategorial definiert werden wollen, wie kann dann „kommunikationslos" ihre jeweilige Zuordnung zu einem Kommunikationsmedium gelingen, damit deren „Selbstselektivität" überhaupt wirksam werden kann?

Auch die unten (Kap. 11.1) noch zu behandelnde Beschneidungsdebatte von 2012 wird – das erhoffe ich mir von meinem Analyseversuch – ebenfalls zeigen, dass die Frage einer kategorial angemessenen Beschreibung der jeweiligen Problemlage (so mein Terminologisierungsvorschlag für das, was Luhmann „symbolisch generalisierte Kommunikationsmedien" nennt) im Fall der Beschneidungsdebatte so fundamental war, dass eine mögliche Problemlösung sogar von einer vorgängigen Verständigung über eine kategorial akzeptierbare Problembeschreibung abhing; denn erst dann konnten überhaupt Zugänge zu Ressourcen erschlossen werden, aus denen sich überzeugungskräftige, weil an kollektive Meinungen anschlussfähige Argumente formen ließen. Eine solche Problemlösungsmethode ist natürlich „kommunikationslos" gar nicht möglich, weil ihre Infrastruktur nicht nur – wie oben bereits genannt – besonders redeintensiv, sondern dezidiert *redeabhängig* ist und ein bestimmtes Niveau der Ausdifferenzierung des propositionalen Gehalts einer Aussage und seines funktionalen Sinns voraussetzt. „Selbstselektivität", wie sie Luhmann als „unsichtbare" Reduktion riskanter Komplexität kommunikationstheoretisch empfiehlt, ist mit Argumenten dezidiert nicht zu erreichen. Erst recht ist der bei Luhmann mit dem Redeverzicht intrinsisch verknüpfte Verständigungsverzicht (2001, 103) argumentationsmethodisch nicht nur kontraintuitiv, sondern gar nicht durchführbar, weil Argumentation nach dem bisher Gesagten eine dezidiert *verständigungsabhängige* bzw. *-basierte* Methode der Verständigung ist: Gemäß solcher Dialektik ist Verständigung sowohl Ziel der Überzeugungsarbeit wie sie Verständigtsein auch immer schon operativ voraussetzen muss, um den Geltungsanspruch problematisierter Aussagen durch nachvollziehbare Geltungsbeziehungen zu nicht-problematisierten Aussagen überzeugend einlösen zu können (s. u. Kap. 11.1). Das ist die spezifisch argumentative Weise möglicher Komplexitätsreduktion, wie sie die Rhetorik seit über zweitausend Jahren betreibt: Sie wird nicht durch vorgängige Selektion kategorialer Problemzugänge „kommunikationslos" erschlichen, sondern *durch Methodisierung mehrdimensionaler Anschlusschancen an jeweils unterstellbare Verständigungspotentiale* erreicht (vgl. unten Kap. 11).

Angesichts der jahrhundertealten Existenz eines solchen von der antiken Rhetorik erstmals systematisierten Verfahrens hätte es also durchaus eine Alternative gegeben zu Luhmanns Selbstbescheidung mit dem Paradox einer „nichtüberzeugten Verständigung" angesichts der notorischen Überforderung durch einen nicht befriedigbaren Verständigungsbedarf. Es ist freilich sicher kein Zufall, dass Argumentation als ein explizites Verständigungsverfahren in Luhmanns Kommunikationstheorie keine Rolle spielt, während Habermas seine *Theorie des kommunikativen Handelns* mit einem umfänglichen „Exkurs zur Argumentationstheorie" eröffnet (1981/1, 44 ff.), um die Methode zu präzisieren, mit deren Hilfe „Diskurse" geltungsbezogene Problematisierungen des „kommunikativen Handelns" erfolgreich bzw. überzeugend zu bearbeiten versuchen. Die methodologische Nähe der Diskurstheorie zu einer Rhetoriktheorie, die (wie die hier entwickelte) das verständigungsbezogene wie -basierte *Argumentationsprinzip* als ihr *Kernprinzip* versteht, ist daher mehr als naheliegend. Diese behauptete Nähe hätte Habermas zwar nie bejaht, weil sein Rhetorikbegriff sich zunächst in Auseinandersetzung mit Gadamers Rhetorikrezeption profilierte (1973, 120 ff.), den auch die spätere Kenntnisnahme der Perelman'schen Identifikation von Rhetorik mit Argumentationstheorie nicht ernsthaft mehr zu irritieren vermochte, obwohl die theoriestrategischen Parallelen zwischen den Konzepten beider Denker über ein als *Argumentationsprinzip* wirksam werdendes *Vernunftprinzip* ja auf der Hand lagen (s. o. Kap. 6).

Meine bisherigen Überlegungen haben wohl zu genüge erkennen lassen, dass man Habermas kein explizites Interesse an Rhetorik unterstellen muss, um für eine reflektierte Rekonstruktion ihres substanziellen Frageinteresses aus seiner Kommunikations- bzw. Diskurstheorie hilfreiche Anregungen beziehen zu können. Dazu lädt bereits die Formel „*Legitimation durch Überzeugung* [meine

Hervorhebung, J. K.]" ein (1971, 262), mit der Habermas seine diskursive Einlösung problematisierter Geltungsansprüche von Luhmanns *Legitimation durch Verfahren* (1993) abgrenzt.[190] Insofern ist Götterts Urteil zustimmungsfähig, dass im Vergleich zu Luhmann die Habermas'sche Kommunikations- bzw. Diskurstheorie sich geradezu „wie eine Fortsetzung der Rhetorik" lesen lässt (1988, 87).[191] Dieses Urteil über Habermas bestätigen nicht nur die von mir ja auch längst genutzten attraktiven terminologischen Angebote (z. B. „zwangloser Zwang") oder präzisen Definitionsvorschläge (z. B. für „Überzeugungskraft"), die eine Rhetoriktheorie mangels besserer Alternativen komplett zu übernehmen vermag. Doch primär gilt dieses Urteil Götterts wegen der *natürlichen Präferenz* jeder reflektierten Rhetoriktheorie für das *Verständigungsparadigma*, das der Habermas'schen Kommunikations- bzw. Diskurstheorie im Unterschied zum systemischen Selektionsparadigma der Luhmann'schen Kommunikationstheorie zugrunde liegt. Für „natürlich" halte ich die rhetorische Präferenz für das Verständigungsparadigma, weil sich Rhetorik ohne *persuasive Intentionalität* und d. h.: ohne einen verständigungsbezogenen Überzeugungswillen (oder zumindest dessen strategisch erfolgreiche Prätendierung) überhaupt nicht denken lässt, was impliziert: Innerhalb eines Paradigmas, das wie das systemische der Kommunikation eine solche Intentionalität (inklusive jeder anderen) kategorisch abspricht („Die Kommunikation hat keinen Zweck, keine immanente Entelechie. Sie geschieht oder geschieht nicht – das ist alles, was man dazu sagen kann" (2001, 102)), ist Rhetorik konzeptionell gar nicht möglich. Allenfalls noch als „zweckorientierte Episode" ließe sich Rhetorik im Luhmann'schen Theorie-Rahmen unterbringen, sofern sie mit ihrer persuasiven Intentionalität die Autopoiese des Kommunikationssystems nicht doch stören müsste, indem sie sich selbst als dessen Zweck aufspielen und deshalb missverstehen würde. Aber eine bloß „zweckorientierte Episode" will und kann Rhetorik gar nicht sein, wenn sie denn funktional dazu entwickelt wurde, Bewältigung von geltungspragmatischen Problemlagen methodisch zu betreiben, statt sich mit dem o. g. Paradox einer „nichtüberzeugten Verständigung" abzufinden.

---

190 Die Verfahrensrationalität ist freilich auch der Habermas'schen Theorie nicht fremd (s. 1988, 42 ff.; 2013, 288 und öfter), doch meint sie dort einen an Kant orientierten formalen Zustimmungstest („prozedurale Vernunft") und keine Zustimmungsgeneralisierung zu formalen Prozessabläufen; die aber ist nach Luhmann nötig angesichts „der Komplexität moderner Gesellschaften", weil „kein Mensch in der Lage ist, für alle aktuellen Entscheidungsthemen Überzeugungen zu bilden" (1993, 32).
191 Dennoch bleiben natürlich wichtige Unterschiede zwischen Habermas und Rhetorik bestehen, die ich unten in Kap. 11.2 noch benennen werde, wenn es um die logozentrischen Fesseln der Diskurstheorie geht. Habermas hat sich seine Dissoziierung zwischen dem Interesse der Rhetorik am „Wahrheitsgehalt" und ihrem Interesse an „überzeugender Rede" nie ausreden lassen, trotz später Kenntnisnahme von Perelman (1981/1, 51).

„Paradox", wenn nicht gar selbstwidersprüchlich ist dieses Konstrukt, weil es ohne unterstellte Überzeugung ebenso wenig eine Verständigung geben kann wie Überzeugungsarbeit ohne Verständigungsabsicht irgendeinen Sinn macht. Darum trifft Luhmanns hartes Urteil über Habermas' handlungstheoretisches Verständigungstheorem und dessen Unterstellung einer sprachimmanenten Entelechie-Annahme als „schon empirisch schlicht falsch" (2001, 103) – dieses harte Urteil träfe, wenn es denn gelten würde, auch die Rhetorik in ihrem Kern, weshalb es hier nicht unwidersprochen bleiben darf.

Ich bestreite ja nicht, dass man einem Kommunikationssystem sinnvollerweise keinen Überzeugungswillen oder eine Zustimmungsbereitschaft attestieren mag. Ich bestreite auch nicht, dass es durchaus erkenntnisfördernd sein kann, alle handlungstheoretischen Eigenschaften (zu denen Überzeugungswille wie Zustimmungsbereitschaft sicherlich gehören) hypothetisch einmal aus dem Kommunikationsprozess zu verbannen bis zu der zunächst völlig kontraintuitiven Annahme, dass „Menschen nicht kommunizieren können, [dass] nicht einmal das Bewusstsein kommunizieren kann, [dass] nur die Kommunikation kommunizieren kann" und deshalb auch nur „Kommunikation Kommunikation beeinflussen kann" (2001, 111, 101, 95; vgl. Kopperschmidt 2011; Bolz 2012, bes. 50 ff.: „Es kommuniziert"). Noch einmal: ich bestreite nicht, dass diese zunächst völlig kontraintuitiven Annahmen erkenntnisfördernd sein können (vgl. Kopperschmidt 2011), indem sie die selbstreferentielle Geschlossenheit eines Systems wie Kommunikation exemplarisch belegen, das vorgängig und selbstständig darüber entscheidet, was überhaupt kommunikativ existent ist oder welche Kommunikationsbeiträge situativ jeweils überhaupt anschlussfähig sind (oder eben nicht), weil es alle „Komponenten, aus denen es besteht, durch die Kommunikation selbst [!] erzeugt" (2001, 103), – also auch Handlung, Subjekt, Individuum, Zweck usw. Was ich entschieden bestreite, ist nur dies: dass solche und andere spezifisch soziologisch interessierenden Erkenntnisgewinne das jeweilige Paradigma, dem sie sich verdanken, in einer Weise monopolisieren dürfen, dass alle Erkenntnisse, die von anderen Paradigmen (wie dem handlungstheoretischen oder dem gleich noch zu erwähnenden evolutionstheoretischen) abhängen, als „schon empirisch schlicht falsch" diskreditiert werden. Natürlich kann – so Luhmanns einschlägige Begründung seines Verdikts – Kommunikation auch nach einem abgelehnten Kommunikationsbeitrag fortgesetzt werden. Es wäre aber meines Erachtens gleichsinnig „schon empirisch schlicht falsch" zu leugnen, dass es nicht auch nachweislich eine Fortsetzung von Kommunikation gibt, die im Fall ihrer Geltungsproblematisierung die Bedingungen ihrer Möglichkeit wiederherzustellen versucht, nämlich durch methodische Einlösung ihrer Gelingensbedingungen. Eben dafür interessieren sich Diskurstheorie und Rhetorik. Zudem hält sich Luhmann selbst nicht an seine Auskunft, „alles, was man [über

Kommunikation] sagen könne", sei: „Sie geschieht, oder geschieht nicht" (2001, 102). Er sagt nämlich recht viel darüber, wie der „riskante" Charakter der Kommunikation erfolgreich systemintern entschärfbar ist, z. B. durch die o. g. „Kommunikationsmedien". Auch sein Interesse gilt wie das aller Kommunikationstheoretiker erkennbar mehr dem Gelingen von Kommunikation als deren Misslingen, mehr dem „Ja" als dem „Nein" zu Kommunikationsangeboten, mehr dem Wahrscheinlichmachen von Kommunikation als deren faktischer Unwahrscheinlichkeit. Und das alles aus dem schon oben zitierten Grund, dass sich nämlich – so Luhmann selbst – „der Prozess der soziokulturellen Evolution" sinnvollerweise doch eher als „Erweiterung [!] der Chancen für aussichtsreiche [!] Kommunikation" verstehen lässt denn als zweckfreies Wechselspiel zwischen „Konsens-" und „Dissenssuche" (2001, 103). Was sich mit Hilfe eines aus einem anderen Kontext entliehenen einschlägigen Begriffs auch so sagen lässt: Kommunikation ist gewissermaßen zu sehr „systemrelevant", als dass eine Gesellschaft ihr Scheitern einfach hinnehmen oder den „Kommunikationserfolg dem Zufall überlassen [könnte]" (2001, 44).

Doch dazu gleich mehr im Unterkapitel 10.3 aus evolutionstheoretischer statt soziologischer Sicht, wo mit dem Begriff „Kooperation" endlich ein aussichtsreicher Kandidat für die systemische Leerstelle angeboten werden soll, der die zentrale Fungibilität von Kommunikation allgemein wie von Rhetorik im Besonderen zu klären und deren intrinsischen Verständigungsbezug einzuklagen helfen kann.

10.3 Vom „Raum der Gründe" zum „Reich der Rhetorik"

Wir haben im Unterkapitel 10.2.2 das Argumentationsprinzip als Kernprinzip der Rhetorik zu plausibilisieren versucht und deren dialektische Struktur als verständigungsbasierte Verständigungsarbeit bestimmt. Man kann die Kommunikationsform, in der dieses Prinzip methodisch entfaltet wird, mit Habermas „Diskurs" nennen und als *Unterbrechung* eines „kommunikatives Handeln" genannten Kommunikationsprozesses verstehen, dessen Fortsetzung

---

192 Statt von „Unterbrechung" spricht Habermas davon, dass „die Argumentationspraxis [das] kommunikative Handeln bloß fortsetzt, allerdings auf reflexiver Ebene" (2001, 83). Ich meine dagegen, dass die Argumentation keine Fortsetzung von kommunikativer Rede ist, sondern die *Ermöglichung ihrer Fortsetzung* betreibt durch methodisches Einlösen ihrer Geltungsbasis im Fall situativer Problematisierung, was ihre für kommunikative Rede notwendige Unterstellbarkeitschance verhindert. Ich werde unten die unterschiedliche Bezugsweise von Geltungsunterstellung und Geltungseinlösung auf die gleiche Geltungsbasis mit den Begriffen „implizit" bzw. „explizit" unterscheiden.

zu ermöglichen die Funktion eben dieses Diskurses ist.[192] Gelegentlich geht Habermas so weit, mit Blick auf den „Diskurs" vom „Heilen einer Wunde" zu sprechen, die jeder „problematisch gewordene Wahrheitsanspruch in der Alltagspraxis aufreißt" (2001, 37). Ich nenne diese Heilfunktion terminologisch lieber etwas nüchterner „argumentative Geltungseinlösung". Diese Phase einer expliziten Verständigungsarbeit lässt sich nach dem in Kapitel 10.2 Ausgeführten erkennbar leicht in eine dreiphasige Sequenz eingliedern, die von der *situativen Geltungsproblematisierung* über die gerade genannte *argumentative Geltungseinlösung* bis zur *konsensuellen* (oder mehrheitlichen) *Geltungsratifikation* führt oder deren Scheitern (Dissens) konstatieren muss (Abb. 12). Im ersten Fall wird die zuvor unterbrochene Handlungskooperation fortsetzbar, im zweiten Fall wird entweder ein weiterer verständigungsbezogener Überzeugungsversuch unternommen oder die argumentative Verständigungsarbeit abgebrochen. Im Fall „Stuttgart 21" war mit dem Schlichterspruch „Stuttgart 21 plus" und seiner Akzeptanz durch die DB die unmittelbare Problemlage zwar bewältigt oder ließ sich von Unbefriedigten zumindest in den anstehenden Landtagswahlkampf verlagern. Der endete bekanntlich mit einer Wahlentscheidung, die die alte Regierung zwar abstrafen und durch eine neue ersetzen konnte, die sich dann aber zu einer Handlungskooperation genötigt sah, deren Zielsetzung sie eigentlich ablehnen musste.

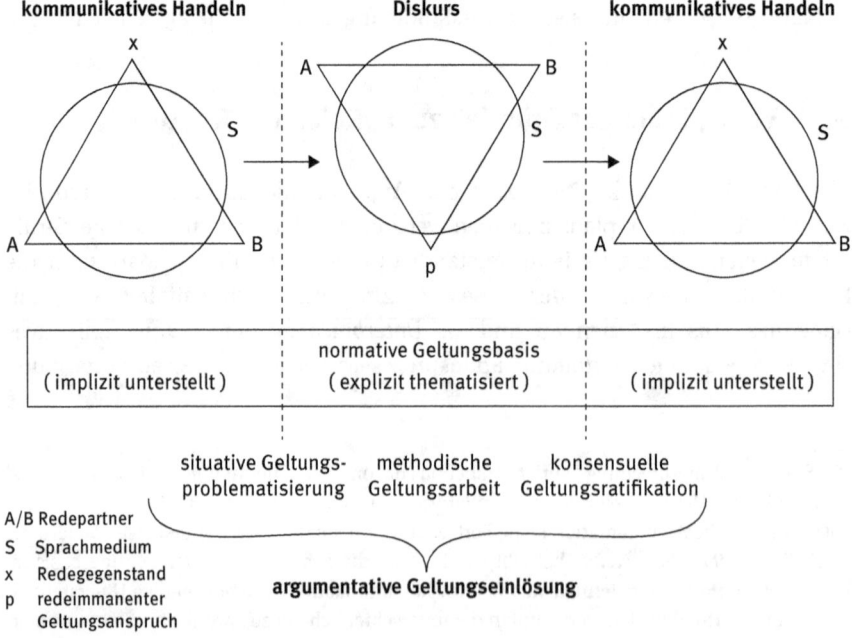

Abb. 12: Argumentative Geltungseinlösung (1)

10.3 Vom „Raum der Gründe" zum „Reich der Rhetorik" — 251

Ich möchte im Folgenden noch einige andere begriffliche wie metaphorische Beschreibungsoptionen für diesen dreiphasigen Argumentationsprozess berücksichtigen, um meine rhetoriktheoretischen Überlegungen an möglichst viele einschlägige Theorien anzuschließen und so die Abstützungschancen meiner Überlegungen zu erhöhen. Eine der gemeinten Metaphern, die Perelman 1980 eingeführt hat, nämlich *Das Reich der Rhetorik*,[193] ist implizit bereits öfter zitiert worden und wird unten noch einmal explizit aufgegriffen, um sie mit einer Metapher zu verknüpfen, die Robert Brandom erfolgreich in die argumentationstheoretische Diskussion eingebracht hat, als er in *Expressive Vernunft* (2000) vom „Raum der Gründe" (*space of reasons*) sprach.[194] In einer Art Engführung dieser beiden Metaphern möchte ich versuchen, den substanziellen Gehalt des rhetorischen Kernprinzips der Argumentation noch genauer zu bestimmen.

Es wird kaum überraschen, dass Habermas sehr schnell die gedankliche Nähe dieser Metapher zu seinem metaphernfernen Begriff „Diskurs" bemerkt und sie deshalb mit großem Interesse – wenn auch nicht kritiklos, wie noch zu zeigen sein wird – rezipiert hat (1999, 138 ff.; 2012, 54 ff.; 2001, 78 ff.; 2001/1, 166 ff.). Überraschen kann dieses Interesse nicht, weil der Habermas'sche „Diskurs" ja genau dort stattfindet, wo „nichts erzeugt wird außer Argumenten" bzw. „wo nur noch Gründe zählen" (1973/1, 486 bzw. 1999, 294). Eben diesen Ort nennt Brandom „den Raum der Gründe". Der müsste freilich terminologisch (gemäß der oben versuchten Begriffsdifferenzierung) genauer „Raum der Argumente" heißen, was ich aber, um den Zitatcharakter nicht unkenntlich zu machen, im Folgenden unterlasse. Freilich ist Brandoms Frageinteresse nicht ganz mit dem Habermas'schen identisch, insofern er am Diskurs – anders als Habermas – nicht die Bedingungen gelingender Verständigung methodisch abzulesen versucht, die in normaler Alltagskommunikation („kommunikatives Handeln") immer schon implizit als eingelöste oder jederzeit einlösbare Geltungsbasis unterstellt werden müssen. Ihn interessiert am Diskurs bzw. an der „diskursiven Praktik" weniger eine geltungs- bzw. kommunikationspragmatische als eine vernunftpraktische Frage, die aber für meine rhetoriktheoretischen Ambitionen im hohen Maße reizvoll ist, weshalb sie hier kurz skizziert werden soll. Diese vernunftpraktische Frage lautet genauerhin: Wie lässt sich die traditionell eingeübte definitorische Selbstbeschreibung

---

[193] Es gibt noch andere rhetorikbezogene Metaphern, die aber weniger aussagekräftig sind als Perelmans „Reich", nämlich „Reise" und „Netz" bei Roland Barthes (1988, 15 ff.) oder „Garten" bei Oivind Andersen (2001, 11 ff., 308 ff.), dessen „flanierende Grundeinstellung" – so korrekt Ueding im Nachwort (309 ff.) – erkennbar sich weit weg bewegt von dem Rhetorikverständnis, für das hier geworben wird.
[194] Brandom hat den Begriff „space of reasons" von Wilfried Sellars entliehen aus dessen *Empiricism and the Philosophy of Mind*. Cambridge/MA: Harvard University Press, 1997, 76.

des Menschen als eines „vernunftbegabten Wesens"[195] operationalisieren, was meint: Worin zeigt sich konkret diese den Menschen von allen anderen Lebewesen distinktiv auszeichnende Sonderstellung? Brandoms Antwort, die nach den oben (Kap. 10.2) gemachten Erläuterungen zu Forsts „Recht auf Rechtfertigung" nicht mehr sehr überraschen kann, lautet: Um Vernunft operational bestimmen zu können, sollte man sie bei der Arbeit und d. h.: im „Raum der Gründe" beobachten. Denn mit ihm hat sich der Mensch einen Ort geschaffen, der ihn als vernunftbegabtes Wesen exemplarisch beglaubigt und von allen anderen Lebewesen abgrenzt, weil in diesem Raum etwas als Kompetenz vorausgesetzt wird, was kein anderes Lebewesen kann und zum Überleben benötigt, nämlich: Gründe für das eigene Denken, Reden, Handeln usw. anzugeben bzw. terminologisch genauer: sein Denken, Reden, Handeln usw. zu *rechtfertigen*. Diese Kompetenz braucht man im „Raum der Gründe", um ein „Spiel" mitzuspielen, von dem sich kein Mensch ausschließen kann, ohne seine Selbstachtungschance nachhaltig zu beschädigen. Brandom nennt dieses Spiel genauerhin das *„Argumentationsspiel des Gebens und Nehmens von Gründen* [meine Hervorhebung, J. K.]" (2000, 22 und öfter; 2001, 244 ff.) und wählt damit eine Formel, die auch ohne explizite Zitatkennzeichnung ihr Alter, ihr hehre Herkunft und noble Tradition nicht ganz verbergen kann – und auch nicht soll:[196] Sie ist eine in die europäische Denktradition längst eingeschriebene wörtliche Übersetzung eines Zitats aus Platons Dialog *Laches* (187d und öfter), in dem Platon Lysimachos, einen der Gesprächsteilnehmer, vor Sokrates warnen lässt; der nötige nämlich jeden, worüber der auch jeweils reden möchte, „unvermeidlich" dazu, „über sich selbst zu reden", indem er sich dem Sokratischen Prinzip des „Gebens und Nehmens/Verlangens von Gründen" unterwerfen müsse (*logon didonai kai dechesthai par´ allelon*).[197] Anders als im Platonischen Dialog fungiert dieses Prinzip bei Brandom aber nicht so sehr als lästige „Prüfmethode", mit der Sokrates seinen Mitbürgern tagtäglich auf die Nerven ging (was sie ihm bekanntlich auch nicht verziehen haben), sondern eher als Turing-Test *avant la lettre*, der eine bestimmte Frage beantworten helfen soll, nämlich: „Wer gehört zu uns?" (2000, 36, 892). Damit ist natürlich kein „kuscheliges Wir-sind-alle-Säugetiere-Gemeinschaftsgefühl" gemeint, sondern dieses „Wir" beschreibt *„diejenigen, für die Gründe bindend sind, die der eigentümlichen Kraft des besseren Grundes unterliegen* [meine Hervorhebung, J. K.]" (2000, 37; vgl. auch 888 ff.,

---

[195] Vgl. oben Kap. 4 sowie Schnädelbach 1992; Schmidinger und Sedmak 2004; zu neuerlichen Bedenken gegen dieses traditionelle Verständnis des Menschen s. FN 35!
[196] Immerhin kommt der Name Platon doch einmal vor (2000, 299) und das „Argumentationsspiel" wird ein „klassisches" und „durch die Tradition der Alten geheiligtes Prinzip" genannt (2000, 37, 39).
[197] Vgl. dazu Kopperschmidt 1996, 74 ff.; Forst 2007, 25 ff.; Habermas 1981/1, 25 ff.

891 ff.; ähnlich Forst mit explizitem Bezug auf Brandoms Raum-Metapher (2007, 67): „Der Mensch ist ein der Gründe bedürftiges Wesen").

Das klingt zwar sehr nach Habermas, ist aber kein Zitat (Habermas kommt bei Brandom gar nicht vor!), wenn es auch erklärbar macht, was Habermas an Brandom interessieren musste – und nicht nur ihn; denn Brandoms Vorschlag, die traditionelle europäische Selbstbeschreibung des Menschen als eines Vernunftwesen *operational* zu reformulieren und ihn ein „im Raum der Gründe" lebendes, also diskursives *Wesen* zu nennen, ist erkennbar zugleich ein attraktives Angebot an ein Rhetorikverständnis, wie es hier vertreten wird: Das Argumentationsprinzip nämlich zum Kernprinzip dieses Rhetorikverständnisses zu machen heißt ja nichts anderes, als Rhetorik in die Methodisierung eines operationalisierten Vernunftprinzips einzubinden, aus dessen gemeinsamer Anerkennung sich ein „Wir" von Menschen konstituiert, die sich wechselseitig ihre Vernunftfähigkeit attestieren, indem sie diese wechselseitig im „Geben und Verlangen von Gründen" einklagen. Das mag man wie Lysimachos eine ärgerliche Sokratische Prüfmanie nennen, doch angemessener scheint mir ihre Beschreibung bei Brandom zu sein, der sie nicht als selektierendes Eintrittsbillet versteht, sondern als Chance, sich wechselseitig seine Zugehörigkeit zu einem „Wir" von Vernunftwesen zu bestätigen, die ihre Würde als „Freie und Gleiche" – so der o. g. traditionsreiche Aristotelische Begriff (s. o. Kap. 4) – darin sehen, sich nur „der Autorität von Gründen [unterwerfen zu wollen]" (2000, 37).

Das klingt freilich immer noch reichlich idealistisch, wenn nicht naiv; ist es aber nicht, weil diese definitorische Selbstbeschreibung des Menschen ihren „normativen Charakter" überhaupt nicht verschweigt, mithin auch unserer obigen Aussage gar nicht widersprechen kann oder will, dass der Mensch nämlich nicht von Kopf bis Fuß auf Argumente eingestellt sei bzw. – angepasst an die Raum-Metapher – sich gewöhnlich nicht 24 Stunden lang im „Raum der Gründe" aufhalte. Mit diesem „Raum der Gründe" wird allenfalls ein Ort ausgezeichnet, in dem wir Menschen etwas „explizit" tun, was uns singulär unter allen Lebewesen macht, weshalb wir mit dem, was wir dort tun, etwas Wesentliches über uns selbst aussagen, das uns „implizit" auch dann nobilitiert, wenn wir es nicht „explizit" tun (oder es explizit zu tun nur vortäuschen): Im „it" des englischen Original-Buchtitels *Making it explicit* machen wir nach Brandom eben nicht nur die „inferentielle Logik" unseres Redens „explizit", sondern weit mehr, nämlich: *„uns selbst als Explizitmachende"*, womit „wir sagen, wer *wir* sind [meine Hervorhebung, J. K.]" (oder sein wollen) (2000, 901). Wer etwas Wesentliches über uns Menschen erfahren will, sollte daher – so verstehe ich Brandom – Situationen aufsuchen, in denen wir „explizit machen", was uns als „geistige" und nicht bloß „natürliche" Wesen ausmacht (2001a). Angewandt auf Rhetorik – die bei Brandom freilich nicht vorkommt außer in der philosophisch traditionell gewohnten Abwertung

„sophistischer Zwänge und politischer Propaganda", was mich aber nicht hindert, ihn für mein anders orientiertes Rhetorikverständnis zu beerben – angewandt also auf diese Rhetorik würde das heißen: Wenn sich deren Fraginteresse, wie hier behauptet wird, auf das Argumentationsprinzip fokussieren lässt, dann müsste es sich für die Situationen interessieren, in denen wir Menschen *uns* „explizit" machen durch das, was wir dort tun, eben „Gründe geben und verlangen". Der „normative" Charakter solcher Praxis macht Rhetorik zwar nicht selbst zu einer normativen Theorie, wohl aber benennt er das Anspruchsniveau, dem eine Theorie muss gerecht werden können, die sich mit dieser Praxis befassen will. Rhetorik etwa auf schlichte Erfolgsstrategie einer Sozialtechnologie festlegen zu wollen, muss daher schon kategorial an ihrer Praxis scheitern, weil sie schon vorgängig deren „normativen Charakter" unzugänglich macht, den selbst ihr strategischer Missbrauch für bloße Überredungszwecke nicht leugnen kann (s. u. Kap. 11.3).

Die eben genannte Brandom'sche Differenzierung zwischen dem „explizit" und „implizit diskursiven" Charakter des Menschen ist leicht verändert unschwer wiederzuerkennen in Habermas' neuerlicher Unterscheidung zwischen explizit „diskursivem" Austausch von Gründen und „höherstufigen" Manifestationen von Gründen, die sich „in symbolischen Verkörperungen" (wie Institutionen, Traditionen, kulturellen Artefakten usw.) verfestigt haben und diskursiv erst wieder „verflüssigt" werden müssen, um wirksam Problemlagen bewältigen zu können.[198] Damit soll der bisher betonte handlungsunterbrechende Charakter von Diskursen zwar nicht abgeschwächt werden, wohl aber der „Raum der Gründe" so weit entgrenzt werden, dass er bis in das „Hintergrundwissen" einer Alltagswelt hineinreicht, die sich nach Habermas aus den gleichen, „Lebenswelt" genannten, normativen Ressourcen speist wie der Diskurs, wenn sie auch unthematisch bleiben, solange sie nicht diskursiv wirksam werden müssen. Wie Habermas hier mit dem von Husserl entliehenen „Lebenswelt"-Begriff beide Manifestationen von Gründen umfassen lässt, habe ich oben (Kap. 10.2.) in vergleichbarer Absicht versucht, das Theorie-Wissen der Rhetorik über die Bedingungen gelingender Kommunikation auf beide Manifestationen ihrer praktischen Nutzung zu beziehen, ob es nun „explizit" bei der Bewältigung von Problemlagen wirksam wird oder „implizit" bei deren gleichsam präventiver Verhinderung immer schon wirksam ist als Sensibilisierung für den durch und durch „riskanten" Charakter von Kommunikation. Mit einer solchen Entgrenzung des Rhetorikbegriffs auf beide rhetorische Praxen ließe sich in Anlehnung an Brandom durchaus widerspruchsfrei von einer „expliziten" wie von einer „impliziten Rhetorik"

---

198 Abendvortrag auf dem Philosophie-Kongress 2011 „Welt der Gründe" in München über „Die symbolische Verkörperung von Gründen" (in: Nida-Rümelin, Julian und Özmen, Elif (Hgg.). *Welt der Gründe*. Hamburg: Meiner, 2012); Habermas 2012, 54 ff.

sprechen; „widerspruchsfrei" deshalb, weil die „explizite Rhetorik" ähnlich wie Brandoms „Argumentationsspiel" oder Habermas' „Diskurs" nur methodisch „explizit macht", was als „implizite Rhetorik" immer schon in jeder verständigungsbezogenen Kommunikation als deren „normative Geltungsbasis" „stillschweigend" unterstellt werden muss (Habermas 2008, 151).[199]

Ich will Habermas' umfängliche Auseinandersetzung mit Brandom hier nicht weiter vertiefen, sondern nur noch einen Kritikpunkt herausgreifen, der aus rhetoriktheoretischer Sicht wichtig ist und zugleich zum evolutionstheoretischen Paradigma überleitet, das diesen Kritikpunkt zu umgehen vermag, wie sich an Tomasello zeigen lässt, der den Brandom'schen „Raum der Gründe" natürlich auch nicht unbetreten lassen kann.[200] Der gemeinte Kritikpunkt an Brandom bezieht sich bei Habermas auf die stark epistemisch geprägte Innenausstattung des „Raums der Gründe", die ihn eher im Umfeld der Wissenschaft vermuten lässt, wo sich aufgrund systemimmanent erleichterter Handlungsentlastung das Interesse entsprechend leichter auf die „inferentielle Logik" (schlussfolgernde Logik) des Redens konzentrieren kann statt auf die Pragmatik ihrer soziokommunikativen Vernetzung. Zwar „haben Gründe ihren eigentlichen Ort in der diskursiven Praxis" – so Habermas (2012, 55) –, doch deren „pragmatische Rolle" verblasst zu sehr, wenn man diese „Praxis" mit Brandom an epistemischen Diskursen abzulesen versucht statt an der „Alltagskommunikation, die eine ganz andere Funktion hat als Lücken im Weltverständnis auszufüllen", wie es die Wissenschaften tun. Dort, in der „Alltagskommunikation[,] helfen Gründe, Risse in der Kette der sozial eingespielten Interaktionen zu vermeiden oder zu kitten"; sie sind damit „in erster Linie das Gleitmittel ungestörter Kooperation", indem sie die „soziale Vernetzung von Handlungen" gewährleisten" (vgl. Habermas 1999, 167–168, allgemein 138 ff.).

Schon die Bevorzugung der Spiel-Metapher bei Brandom, der gern vom „Argumentationsspiel" spricht oder vom „Sprachspiel" bzw. „Spiel des Gebens und Verlangens von Gründen", verrät eine Neigung, die sich auch am beliebten Referenzbeispiel Baseballspiel (2000, 272 ff.) zeigt, an dem Grundbegriffe wie „deontische Kontoführung" (*score-keeping*, 219 ff, 17) oder „Gemeinschaft als eine diskursive Kontoführungspraktik" (887, 272 ff.) beispielhaft abgelesen und erläutert werden: Argumentation wird primär als ein regelbestimmtes diskursives

---

199 Das „Explizit-machen" dieser „stillschweigenden" Unterstellung ist zugleich gleichsam eine „Nachkonstruktion [...] kontrafaktischer Voraussetzungen", die „einen objektiven Maßstab der Bewertung liefern, der in den beobachteten Praktiken selbst wurzelt" und nicht als Ideal an sie bloß herangetragen wird (Habermas 2008, 151).
200 Vgl. 2014, 5, 169 und implizit durchgehend, was verständlich ist; denn das Buch ist in unmittelbarer Nähe von und im Kontakt zu Brandom 2012 an der *University of Pittsburgh* geschrieben worden (s. 2014, 10).

Spiel verstanden, in dem es um Punktgewinne und -verluste geht und weniger um die Frage, zu welchem Zweck dieses Spiel eigentlich gespielt wird – oder noch grundsätzlicher gefragt: wozu dieses Spiel eigentlich erfunden worden ist. Diese Frage aber wird Tomasello interessieren, weshalb an ihn auch Habermas in seiner Brandom-Kritik erinnern muss (2012, 61 ff.). Und selbst die oben gerühmte vernunftpraktische Attraktivität des Brandom'schen Diskurs- bzw. Argumentationsbegriffs stößt doch hart an die Grenze des spieltheoretischen Paradigmas, wenn Brandom die definitorische Bestimmung des Menschen als eines „diskursiven Wesens" mit dem spieltheoretisch inspirierten Satz reformuliert: „Unsere Existenz ist die diskursiver Kontoführer. Dies gehört zu den grundlegenden Bedingungen unserer Existenz in einem Gemeinwesen, in dem wir als Vernünftige und – was bei Kant dasselbe ist – Freie Normen einrichten und anerkennen" (2001a).

Das Prinzip, das diese Lücke bei Brandom schließen kann, stammt aus einem ganz anderen, nämlich evolutionstheoretischen Paradigma, wie es Tomasello mit seiner „bahnbrechenden" (so Habermas in seiner Preisrede auf Tomasello (2013, 171)) Arbeit über *Die Ursprünge der menschlichen Kommunikation* (2009) ins Spiel gebracht und systematisch weiter verfolgt hat (2010; 2014; 2016); gemeint ist das *Prinzip der Kooperation*, auf das auch unsere bisherigen argumentationstheoretischen Überlegungen immer wieder zurückgreifen mussten. Gründe in der Funktion von Argumenten dienen – so lauteten die einschlägigen Formulierungen – der Einlösung problematisierter Geltungsansprüche, um so die Fortführung kooperativen Handelns zu gewährleisten und damit die Grundlagen einer sozialen Existenz zu sichern, die besonders unter Bedingungen der Moderne die bestandsnotwendige Kooperationsbereitschaft zustimmungsabhängig macht. Zustimmung zu verschaffen vermögen Gründe bzw. Argumente in dem Maße, als ihnen erfolgreiche Anschlüsse an die jeweils unterstellten Überzeugungspotentiale gelingen. Damit kommt erkennbar wieder Rhetorik ins Spiel und zwar zentral, weil deren basales Interesse genau auf die Frage zielt, wie solche anschlussfähigen Überzeugungspotentiale methodisch zu erschließen sind, um die Zustimmungsbereitschaft „freier und gleicher" Subjekte für kooperative Handlungsziele zu gewinnen. Was also macht solches Anschließen-Können nach Tomasello möglich?

Habermas hält das für eine genuin „philosophische Fragestellung", insofern hier nach der „Entstehung der sozialen Verfassung des menschlichen Geistes" gefragt wird (2013, 167–168). Und er ist begeistert über den Versuch des Leipziger Entwicklungspsychologen, diese genuin „philosophische Fragestellung" empirisch beantworten zu wollen, ohne sich in den naheliegenden „reduktionistischen" Fallstricken eines forschen Naturalismus zu verheddern.[201] Man könnte

---

[201] Vgl. Nagel, Thomas. *Geist und Kosmos*. Berlin: Suhrkamp, 2014.

sogar sagen, Tomasello stelle die gleiche Frage wie Brandom, nämlich woran wir merken, wer zu uns gehört (2014, 219 ff.). Nur beantwortet er diese Frage methodisch völlig anders: Er geht nicht von einer traditionellen Selbstbeschreibung des Menschen aus (*animal rationale*), um dann eine vernunftpraktisch operationalisierte Deutung bzw. Übersetzung für sie anzubieten, sondern er vergleicht als experimentell beobachtender Forscher die Überlebenstechniken von Menschen mit denen ihrer nächsten Verwandten, z. B. den Schimpansen (genetisch bis zu 99 % identisch!). Das führt Tomasello zu einem entsprechend anderen Distinktionsmerkmal zwischen Mensch und Tier als es Brandom vorschlägt (ohne dies explizit zu betonen): Nicht die Vernunftfähigkeit fehlt den Tieren, sondern die Kooperationsfähigkeit: Sie können nicht wirklich (und d. h. zielorientiert) kooperieren, allenfalls kennen sie konkurrenzbedingte Formen des Kooperierens, weil ihnen fehlt, was solche Kooperation überhaupt erst möglich macht. Tomasello ist auf dieses nach seiner Einschätzung fundamentalste Distinktionsmerkmal in vielen Vergleichsstudien über das Verhalten von Kleinstkindern und Schimpansen aufmerksam geworden und hat es die Fähigkeit einer „geteilten Intentionalität" bzw. „Wir-Intentionalität" genannt (2009, 18–19, 83 ff., 362 ff.; 2014, 13 ff., 55 ff., 123 ff.).[202] Diese „einzigartige" Fähigkeit beherrschen menschliche Babys bereits ab 14–18 Monaten, insofern sie informative Zeigegesten verstehen (wie Reaktionen auf vorsprachliche Zeigegesten belegen), während sie Schimpansen nie erlernen (2009, 12 ff.; 2014, 58 ff., 80 ff.; 2010, 19 ff.). Ich habe den wichtigen Begriff „geteilte Intentionalität" bereits oben (in Kap. 4) zitiert, um die aus experimentellen Beobachtungen gewonnene These Tomasellos über die Einzigartigkeit der „kooperativen Infrastruktur der menschlichen Kommunikation" (2009, 218) als Alternativkonzept zur Aristotelischen Deutung der Beziehung zwischen Kommunikation und Kooperation zu positionieren, insofern Tomasello – anders als Aristoteles[203] – Kooperation nicht als Zielfunktion von Sprache deutet, sondern als deren Genese, was meint: wir können sprechen, nicht *damit* wir kooperieren, sondern *weil* wir kooperieren; und das können wir nach dem eben Gesagten, *weil* wir zu „geteilter" bzw. „gemeinsamer Intentionalität" fähig sind. Im jetzigen Kontext interessiert jedoch mehr als das Begründungsverhältnis zwischen

---

[202] Habermas nennt das die „triadische" Binnenstruktur unserer Kommunikation, in welcher der Weltbezug unserer Rede und der horizontale Sozialbezug der Redenden immer schon miteinander verschränkt sind (2012, 172). In den Abbildungen 12 bzw. 13 habe ich diese „triadische" Binnenstruktur im ABxS-Modell zu berücksichtigen versucht.
[203] Für Tomasello ist Widerspruch zu Aristoteles so wenig wie für den Brecht'schen Galilei ein Problem: „Der Mann hatte kein Fernrohr" lässt Brecht seinen Galilei im gleichnamigen Schauspiel zu den Hofgelehrten sagen, die sich auf Aristoteles als fraglose Autorität berufen (Szene 4); ähnlich Tomasello: „Aristoteles kannte keine Affen" in: „Das haben wir alles gelernt" in: *DIE ZEIT*, 23/2014, 39.

Kommunikation und Kooperation die Frage nach den evolutionären Anpassungsvorteilen einer sprachbasierten Kooperation.

Tomasello hat diese Frage unter den Titeln „Kulturprodukte" bzw. „kulturelle Praktiken" behandelt, die sich im Gefolge einer gleichsam „koevolutionären Spiralbewegung" von Sprache und Kooperation zu immer „komplexeren Formen der Zusammenarbeit" entwickeln (2009, 339 ff., 364 ff.; 2014, 157 ff.; 2006, 25 ff.; 2010, 82 ff.).[204] Zu diesen „Praktiken" bzw. Praxen gehört auch die uns besonders interessierende und von Tomasello als „bahnbrechend" qualifizierte „diskursive Praktik" der „kooperativen Argumentation", wie sie in Prozessen deliberativer Entscheidungsfindung exemplarisch zur Anwendung kommt (2014, 164 ff.): „Unter der Voraussetzung, dass die Macht [...] wechselseitiger Abhängigkeit gleichverteilt ist, können [die Kooperationspartner] dem anderen oder den anderen nicht einfach sagen, was zu tun ist; vielmehr müssen sie eine mögliche Vorgehensweise vorschlagen und sie *durch Gründe stützen*", um so andere *„überzeugen* [meine Hervorhebung, J. K.]" zu können (2014, 164, 166).

Dieses Zitat beschreibt erkennbar mit fast identischen Worten eine „diskursive" bzw. „kulturelle Praktik", die wir oben bereits als rhetorische Praxis spezifiziert und hinsichtlich ihrer sozialen Bedingtheit (symmetrische Macht bzw. Ohnmacht) bestimmt haben. Diese „diskursive Praktik" lässt Tomasello in einem von Brandom (bzw. Sellars) (s. FN 24) ausgeliehenen „Raum der Gründe" stattfinden, wobei es aber in diesem „Raum der Gründe" nicht primär darum geht, „zur Wahrheit zu gelangen" (oder gar „diskursive Kontenführung" zu betreiben), sondern „andere" im Interesse besserer Kooperationschancen „zu überzeugen" (2014, 166). Mit dieser „sozial-kommunikativen" Einbettung der Argumentation in den „kooperativen Kontext" bekommen auch die aus Brandom bekannten Zitatbegriffe wie „explizit" und „inferentiell" einen argumentationspraktisch präziseren Funktionssinn: In einer Argumentation werden die Gründe „explizit" gemacht, mit denen Argumentationspartner ihre jeweiligen Vorschläge glauben überzeugend rechtfertigen zu können, indem sie diese Gründe über „inferentielle Beziehungen" in einem „holistischen Netz von Überzeugungen" verorten, von denen sie annehmen, dass sie auch die jeweiligen Argumentationspartner teilen können (2014, 168). Damit dürfte erkennbar werden, was Tomasello an der „diskursiven Praktik" der Argumentation evolutionstheoretisch so sehr interessiert: Argumentation ist für ihn nicht nur ein *Produkt von Kooperation*, sondern zugleich die subtilste und effizienteste *Gestalt von Kooperation*, weil sie das Produkt einer koevolutionären Entwicklungsdynamik von Kooperation und Sprache ist, die *Kooperation zustimmungs-* bzw. *überzeugungsabhängig macht* und Kooperation damit kulturell auf ein Interaktionsniveau hebt, auf dem sich Subjekte als „Freie und Gleiche" begegnen können.

---

[204] Vgl. auch Wilson zur „Gen-Kultur-Evolution" (2013, 229 ff.).

Tomasello verweist auf die nicht zufällige Beziehung zwischen der „kooperativen Argumentation" zur Rhetorik als dem historischen Reflexionssubjekt dieser „kulturellen Praktik" zumindest indirekt, wenn er „die Griechen" erwähnt, die „einige der wichtigsten [...] Argumentationsnormen [...] explizit gemacht [hätten]" (2014, 167). Ich bedaure diese recht knapp geratene Erinnerung nicht, weil ich ja primär nicht nach Bestätigungen einer unter dem Namen Rhetorik geführten Reflexionstradition suche, sondern nach Anschlusschancen des rhetorischen Frageinteresses an einschlägige aktuelle Forschungstrends, um dieses rhetorische Frageinteresse möglichst dicht mit diesen Forschungstrends zu vernetzen und so auch kategorial zu entprovinzialisieren. Im Fall der hier mit dem Namen Tomasello beispielhaft angesprochenen „evolutionären Anthropologie" gewährt dieser versuchte Anschluss einmal mehr Einblicke in den möglichen „sozial-kommunikativen Ursprung" einer auf Argumentation fokussierten Rhetorik (samt ihrer normativen Infrastruktur) aus einer koevolutionären Prozessdynamik von Kooperation und Sprache. Zugleich nobilitiert dieser Anschluss die von der Rhetorik reflektierte argumentative Praxis zur evolutionär entwickelsten Gestalt möglicher Kooperation. Damit bekommt der schon von Renate Lachmann in einer einschlägigen Aufsatzsammlung auf die Rhetorik bezogene Begriff „kulturelle Praxis" (2008, 9 ff.) einen evolutionstheoretisch bestimmbaren Bedeutungssinn, der das theoretische Gewicht dieses kulturellen Erbes deutlich macht. Entsprechend würde Tomasello auf die o. g. Brandom'sche Ausgangsfrage, woran wir erkennen können, ob Lebewesen zu uns gehören, wohl so antworten: wir erkennen das an ihrer spezifischen Fähigkeit zu „geteilter Intentionalität", die evolutionsgeschichtlich Formen sprachabhängiger Kooperation wie die Argumentation ermöglicht hat, in der wir mithilfe überzeugungskräftiger Rede Interessen in zustimmungsfähige Handlungsziele zu übersetzen versuchen und so den *kooperationsbedingten Verständigungs-* bzw. *Überzeugungsbedarf* unserer Existenzbedingung befriedigen und – mit zunehmender Erweiterung des globalisierten Kooperationsbedarfs – vergrößern. Diese Fähigkeit, „gemeinsame Ziele oder gar kollektive Gruppenziele zu erreichen" – „*verändert alles* [meine Hervorhebung, J. K.]" (2014, 18), will sagen: diese Fähigkeit markiert eine definitive Grenze zwischen Tier und Mensch, die auch durch gelegentlich antihumanistisch gestimmte Voten aus den „Human-Animal-Studies"[205] nicht so leicht aufweichbar sein dürfte.

---

205 Vgl. Kaube, Jürgen. „Der Doktor und das liebe Vieh" in: *FAZ*, 4/2016, 4. Ich will aber nicht verschweigen, dass ein so renommierter Forscher wie Richard Dawkins in *Der blinde Uhrmacher* (1996 [1986]) es ein „Glück" (!) zu nennen wagt, dass wir über die Zwischenstufen unserer Menschwerdung zu wenig wissen (weil sie „zufällig nicht überlebt haben"), um uns in unserer Sicherheit nachhaltig irritieren zu lassen, zwischen Mensch und Tier könne kategorial eindeutig unterschieden werden, wie es unsere kulturelle Tradition ja tut (1996, 304–305). Es gibt neben der *felix culpa* (Augustin) eben auch eine *felix ignorantia*!

Bleibt schließlich, eine als solche kaum noch wahrnehmbare, weil längst lexikalisierte andere Metapher zu erwähnen, die – wie oben schon erwähnt – in der Funktion eines entsprechenden Buchtitels Perelman (1980) bekannt gemacht hat, nämlich: *Das Reich der Rhetorik*. Hätte Perelman die Brandom'sche bzw. Sellar'sche Metapher „Raum der Gründe" kennenlernen können, er hätte sie sicher als eine mit seinem Buchtitel konvergente Formulierung empfunden; denn sein mit diesem Buchtitel angezeigtes Interesse an Rhetorik ist ja ein durch und durch argumentationstheoretisch fokussiertes Interesse, das allenfalls „das Haus der Gründe" zu einem „Reich der Gründe" entgrenzen will, wie es ähnlich oder sogar noch mehr das Leitthema „Die Welt der Gründe" des 22. Deutschen Philosophenkongresses 2011 in München getan hat (s. FN 28). In diesem „Reich der Gründe" gilt die gleiche Währung wie im „Haus der Gründe" oder in Habermas' „Diskurs" oder in Tomasellos „diskursiver Praktik" oder in Perelmans „Reich der Rhetorik": es wird immer nur mit Argumenten bezahlt, weil das die allein angemessene Währung unter „Freien und Gleichen" ist. Freilich – und da fangen die kleinen Unterschiede auch schon an – ist dieses zum „Reich der Rhetorik" entgrenzte „Haus der Gründe" doch etwas anders, nämlich reicher ausgestattet. Darüber wird unten in Kap. 11.2 noch genauer zu reden sein. Hier sei wenigstens vorgreifend angedeutet, dass diese reichere Ausstattung durch Perelman ein grundlegender Gewinn für die Rhetorik war, weil sie deren logozentrische Verengungsgefahr etwas abgeschwächt hat. Dabei weicht Perelman weder den prinzipiellen Unterschied zwischen erfolgs- und verständigungsorientierter Rhetorik auf noch den prinzipiellen Unterschied zwischen Rhetorik als empirischer Persuasionsforschung und Rhetorik als Theorie argumentativer und damit normativer Überzeugungsarbeit; er ignoriert nicht nur die ernsthaft ja gar nicht bestreitbare, weil empirisch leicht überprüfbare Tatsache, dass die argumentative Überzeugungskraft sich nicht nur aus argumentationsinternen Ressourcen speist, sondern ein durch und durch *multifaktorielles Produkt* ist. Er ignoriert diese Tatsache nicht nur nicht, sondern er versucht sie theoretisch einzuholen: nämlich durch Kompensation eines bei Argumenten prinzipiell fehlenden beweisanalogen Überzeugungszwangs mittels einer Vielzahl und Vielfalt von Argumenten. Dadurch bleibt es endlich nicht den technizistisch gestimmten kruden Praxisanleitungen einer „schwarzen Rhetorik" überlassen, auf die argumentationsexternen Faktoren (wie Autorität des Redenden, seine Attraktivität, seine stilistische Kompetenz usw.) hinzuweisen und deren Anteil an der jeweils erzielten Überzeugungskraft von Argumenten zu betonen. Dass gerade solche Berücksichtigung außerargumentativer Faktoren argumentativer Überzeugungskraft eine trennscharfe Unterscheidung zwischen bloßer erfolgsorientierter Überredungsrhetorik und verständigungsbezogener Überzeugungsrhetorik dringlich macht, liegt auf der Hand und ist von Perelman in theoriestrategisch attraktiver Weise berücksichtigt worden. Seine entsprechende (mit Habermas konvergente) Unterscheidung zwischen vernünftiger und bloß faktischer Zustimmung ist – wie sich zeigen wird – ein methodisch plausibler Weg zustimmungsbezogener Binnendifferenzierung, die nicht dazu nötigt, die im Perelman-Kapitel ausgiebig gerühmte Engführung von Wahrheit bzw. Geltung und Zustimmung im Sinne einer zustimmungsabhängigen Geltungstheorie revozieren zu müssen (1980, 16–17, 30 ff., 40, 154; 2004, 1 ff., 730; s. o. Kap. 6 und unten Kap. 11.3). Das macht Perelmans Erkundungen über „das Reich der Rhetorik" zu einem der wichtigsten (wenn auch leider nicht einflussreichsten) Beiträge zur philosophischen Rehabilitation der Rhetorik vor Blumenberg. Perelmans These, dass „die Philosophie ohne die neue Rhetorik nicht auskomme" (1980, 16) ist nur scheinbar kühn; sie ratifiziert eigentlich nur die Einsicht, dass der *linguistic turn* der Philosophie auch einen *rhetorical turn* (Simons 1990; Oesterreich 2003, 14 ff.) impliziert und beide zusammen erst die immanente Logik einer Paradigmenfolge innerhalb der Philosophie von der Metaphysik über die Erkenntnistheorie zur Sprachphilosophie abbilden (vgl. Schnädelbach 1985; Habermas 1999, 240; 1988, 35 ff). Insofern enthält die oben (Kap. 6) bereits zitierte Einschätzung von Perelmans *New Rhetoric as Philosophy and Methodology for the Next Century* (Maneli 1994) ein durchaus berechtigtes Urteil.

11 Das Anschlussprinzip oder über die operative Dimension der Rhetorik

11.0 Argumentative Geltungseinlösung

In den vorangegangenen Kapiteln 8–10 haben wir die kognitiven, sozialen und geltungspragmatischen Dimensionen von Rhetorik behandelt. Darnach wäre Rhetorik nicht nötig, wenn unser Verhältnis zur Welt nicht kognitiv abhängig wäre von Beschreibungen dieser Welt, was entsprechende Interessen am Heißen der Welt und den Kampf ums Heißen erklärbar macht (Kap. 8). Rhetorik wäre weiter nicht nötig, wenn wir das Heißen der Welt selber bestimmen könnten und nicht auf Zustimmungen anderer angewiesen wären, um sozial erfolgreich kooperieren zu können, was die Gemeinsamkeit handlungsbezogenen Wissens und handlungsleitender Orientierungen voraussetzt (Kap. 9). Und schließlich wäre Rhetorik nicht nötig, wenn die Gelingensbedingungen von Kooperation sich stabilisieren ließen und nicht immer wieder durch Problemlagen gestört würden, was im Fall ihrer zum Problemdruck ausgereiften Verschärfung umständliche Verständigungsarbeit erforderlich macht, um die Geltungsbasis kommunikativen und praktischen Handelns methodisch neu zu sichern (Kap. 10). Im folgenden Kapitel geht es um die *operativen* Aspekte dieser Problembearbeitung, die wir in Kap. 10.3 bereits als 2. Phase in einen dreigliedrigen Prozess geltungsbezogener Verständigungsarbeit eingeordnet haben, die von der situativen Geltungsproblematisierung über die methodische Geltungsarbeit zur konsensuellen Geltungsratifikation führt. Mit der letzten Phase wird die störungsbedingte Handlungsunterbrechung aufgehoben und kommunikatives bzw. praktisches Handeln fortsetzbar oder es wird – im Fall misslingender geltungsbezogener Verständigung – ein neuer Problembearbeitungsversuch fällig, wenn es nicht sogar zu einem Abbruch weiterer sozialer Kooperation kommt.

Mit dem operativen Reflexionsfokus verschiebt sich die bisherige Frage nach der *funktionalen Notwendigkeit* von Rhetorik im Sinne geltungsbezogener Verständigungsarbeit erkennbar zur Frage nach ihrer *prozeduralen Möglichkeit*. Gadamer, dessen wichtige Rolle für die philosophische Rehabilitation der Rhetorik bereits öfters erwähnt worden ist, verbindet diese beiden Fragetypen in einer griffigen Engführung, deren dialektische Pointe für unseren Reflexionskontext von Interesse ist: „Es gäbe keinen Redner und keine Redekunst, wenn nicht Verständigung und Einverständnis die menschlichen Beziehungen trüge – es gäbe keine hermeneutische Aufgabe, wenn das Einverständnis derer, die ‚ein Gespräch sind', nicht gestört wäre und die Verständigung nicht gesucht werden müsste" (1986, 238). Von Interesse ist diese Formulierung, weil sie die Beziehung zwischen unterstellbarem *Einverständnis* (kommunikative Redepraxis) und fälliger *Verständigung* (gestörtes Einverständnis) als Beziehung zwischen Rhetorik und Hermeneutik versteht, was sich mit unserem besonders in Kapitel 10 präzisierten Begriff von Rhetorik zunächst ein wenig reibt; denn während wir die geltungsbezogene Verständigungsarbeit in Problemlagen (und d. h. in kommunikativen Grenzfällen) dem Funktionsbereich der Rhetorik zugeschlagen haben, versteht Gadamer diese Aufgabe als eine genuin hermeneutische Leistung. Selbst wenn man diese Differenz nicht überschätzen will, sie ist jenseits begrifflicher Entscheidungsoptionen doch nicht ganz irrelevant, insofern sie die grundlegende Funktionsbestimmung von Rhetorik betrifft, ob diese nun – so unsere bisherige Position – eine *geltungsbezogene Verständigungs-* bzw. *Überzeugungsarbeit* spezifiziert oder – so Gadamer – eine allgemeine *geltungsbasierte Verständigungspraxis* meint, wie sie im gängigen Reden und Handeln bereits wirksam ist. Andererseits entschärft aber Gadamer diese Differenz selbst wieder dadurch, dass er von einer „vollkommenen Durchdringung" des „rhetorischen und hermeneutischen Aspekts der menschlichen Sprachlichkeit" spricht und zustimmend auf Dockhorn verweist, der in seiner Rezension (1966) von Gadamers *Wahrheit und Methode* daran erinnert habe, dass „die theoretischen Mittel der Auslegungskunst [...] weitgehend der Rhetorik entliehen sind". „Worauf sonst" – so fragt Gadamer rhetorisch –

> sollte auch die theoretische Besinnung auf das Verstehen anschließen als an die Rhetorik, die von ältester Tradition her der einzige Anwalt eines Wahrheitsanspruches ist, der das Wahrscheinliche, das *eikos (verisimile)*, und das der gemeinen Vernunft Einleuchtende gegen den Beweis- und Gewissheitsanspruch der Wissenschaft verteidigt? Überzeugen und Einleuchten [...] ist offenbar ebenso sehr das Ziel und Maß des Verstehens und Auslegens wie der Rede- und Überredungskunst [...] (1960, 236).

Bei so viel eingeräumter Nähe zwischen Rhetorik und Hermeneutik fällt es mir leichter, Gadamers oben zitierten Vorschlag einer funktionalen Arbeitsteilung zwischen diesen beiden „Aspekten menschlicher Sprachlichkeit" so zu verändern, dass die dialektische Pointe ihrer Beziehung auch für unser Rhetorikverständnis genutzt werden kann: Darnach wäre Rhetorik einerseits *nicht nötig*, wenn die Geltungsbasis der Verständigung durch Problematisierungen nicht schon immer störanfällig bliebe (Problemlagen) und damit auf einschlägige deliberative Problembearbeitung angewiesen wäre; Rhetorik wäre aber andererseits auch gar *nicht möglich*, wenn diese deliberative Problembearbeitung nicht selbst wieder auf unproblematisierte Verständigungsressourcen zurückgreifen könnte, um problematisierte oder strittige Geltungsansprüche einzulösen und so kommunikatives bzw. praktisches Handeln wieder fortsetzbar zu machen. Mit dieser so gewonnenen Möglichkeit, zwischen *geltungsbasierter* und *geltungsbezogener*

Verständigung[206] zu unterscheiden, lässt sich der für unser Frageinteresse wichtigste Gehalt des eben zitierten Gadamer-Zitats wie folgt retten, selbst wenn es paradoxieverdächtig klingen mag: Rhetorische Verständigungsarbeit bleibt bei ihrem Versuch, die normativen Voraussetzungen möglicher Verständigung im Fall ihrer Problematisierung wieder herzustellen, immer schon auf Verständigung im Sinne eines unterstellbaren Verständigtseins angewiesen, w. h.: *Rhetorische Verständigungs- bzw. Überzeugungsarbeit verbrauchen immer mehr Verständigungs- bzw. Überzeugungsressourcen, als sie selbst zu sichern oder gar zu erschließen vermögen.*

Gleichsinnig verstehe ich Gadamers in Kapitel 10 bereits zitiertes Theorem, „dass die Möglichkeit der kommunikativen Verständigung unter Bedingungen steht, die nicht selber wieder [erst] durch Gespräch geschaffen werden können" (1986, 267). Ich werde dieses für die rhetorische Verständigungsarbeit unter operativem Frageinteresse fundamentale Theorem unten (Kap. 11.1) am Beispiel der Argumentation noch genauer erläutern; denn an Argumentation, versteht man sie im oben (Kap. 10) erläuterten Sinne als das Kernstück rhetorischer Verständigungsarbeit, müsste sich ja modellhaft das allgemeine Verfahren deliberativer Verständigungsarbeit bzw. das *operative Betriebsgeheimnis* der Rhetorik ablesen lassen.[207] Ich nenne dieses operative Betriebsgeheimnis der Rhetorik ihr *Anschlussprinzip*. Ob wir das rhetorische Kernprinzip wie in Kapitel 10.2 „Argumentationsprinzip" oder wie hier „Anschlussprinzip" nennen, ist daher eine gleichsinnige Bestimmung der Rhetorik hinsichtlich ihres operativen Funktionierens. Denn argumentativ überzeugungskräftiges Einlösen problematisierter Geltungsansprüche gelingt operativ nur durch gelingendes Anschließen an unproblematisierte bzw. unstrittige Plausibilitätspotentiale. Entsprechend nennt Marquard den Menschen (sprachlich ärgerlich, aber in der Sache korrekt) einen „Anknüpfenmüsser" bzw. ein „hypoleptisches" Wesen (1982, 18, 78; 1986, 68; vgl.

---

206 Das entspricht bei Habermas der oben (Kap. 10) genannten Differenzierung zwischen einem prozesshaften bzw. „dynamischen Aspekt" des Verständigungsbegriffs im Sinne der „Herbeiführung eines Einverständnisses" (= „Diskurs") und einem resultativen Aspekt im Sinne eines „vollen Einverständnisses" (= „kommunikatives Handeln") (1976; 176 ff.; 1971, 114 ff.).

207 Darum nimmt Habermas ja auch einen umfänglichen „Exkurs zur Argumentationstheorie" in seine *Theorie des kommunikativen Handelns* (1981/1, 44 ff.) auf, um den „Diskurs" als „reflexiv gewendete Fortsetzung verständigungsorientierten Handelns mit anderen Mitteln" zu bestimmen (1981/1, 48, 27). Wenn „Diskurs" bei Habermas auch nicht ganz gleichbedeutend ist mit der hier rekonstruierten rhetorischen Verständigungsarbeit, so decken sich beide Verfahren doch in dem, was Habermas „andere Mittel" nennt; es sind nämlich die identischen „Mittel" einer „Argumentationspraxis", die nach ihm kulturell „überall" (!) für Problemlagen entwickelt wurden, um im Sinne einer „Berufungsinstanz" (1981/1, 38) für problematisierte Geltungsansprüche zu fungieren.

Ritter 1977, 34 ff.; Assmann 1992, 280 ff.); sein Leben sei viel zu kurz (*vita brevis*), um für alle lebens- und überlebensnotwendigen Gewissheiten selbst einstehen zu können, was ihn zum „Abschied vom Prinzipiellen" (Marquard 1982) und von der „absoluten Anfangsfrage" (1982, 77) nötigt wie zum Eingeständnis seiner prinzipiellen „Nichtinitialität": „Kein Mensch ist der absolute Anfang" (1982, 76).[208]

In der unten (Kap. 11.1) noch genauer zu erläuternden argumentationstypischen Standardformel *p (gilt), weil q (gilt)* ist diese Anschlussoperation präzis abbildbar, insofern sie deutlich macht, dass Argumentation selbst keine eigenen materialen Überzeugungen, gar Evidenzen bereithält, sondern ein Verfahren methodisiert, das einschlägige Überzeugungen *durch Bezug auf andere* Überzeugungen zu generieren verspricht (vgl. Ptassek u. a. 1992, 64–65). Gerade dieser sein bloßer Verfahrenscharakter aber macht das Argumentationsprinzip und seine Rolle als rhetorisches Kernprinzip so attraktiv sowohl für einen prozeduralen Vernunftbegriff wie für eine überzeugungs- bzw. zustimmungsabhängige Geltungstheorie. In lockerer Anlehnung an Luhmann[209] kann man das in der eben zitierten argumentationstypischen Standardformel abgebildete Prinzip daher auch ein „konservatives" Prinzip nennen, weil es Unvertrautes – und neue Problemlagen annoncieren Unvertrautes – methodisch an Vertrautes so *anzuschließen* versucht, dass sich *daraus* zustimmungsfähige Lösungen für aktuelle Problemlagen gewinnen bzw. *ableiten* lassen. Diese doppelte Operationsrichtung des argumentativen Verfahrens (anschließen/ableiten) lässt das zugrundeliegende Prinzip sowohl – wie bisher geschehen – als *reduktives* wie auch als *deduktives* Prinzip charakterisieren (freilich nicht im streng logischen Sinne) wie Quintilian in seiner *Institutio oratoria*: „Keine Sache kann argumentativ gestützt werden, es sei denn *aus einer anderen*" bzw. *„durch eine andere"*,[210] wobei diese „andere Sache" natürlich ihrerseits „unstrittig" (*certa*) sein muss, um einer

---

208 Ähnlich Lübbe: „Die Totalität des Systems unserer jeweiligen Orientierungen ist viel zu groß und strukturell viel zu komplex, als dass wir [...] imstande wären, die Last traditionsfreier, sozusagen harter Legitimierung aller Elemente dieses Orientierungssystems auf unsere Schultern zu laden" (1978, 130). Vgl. Luhmann: „Die Komplexität moderner Gesellschaften" ist viel zu groß, als dass wir in der Lage wären, „für alle Entscheidungsthemen Überzeugungen zu bilden" (1993, 32). Darum ist „alle Kommunikation Anschlusskommunikation" – so Norbert Bolz (*Ratten im Labyrinth*. München: Wilhelm Fink, 2012, 54, 10 ff.) mit Bezug auf Luhmann.
209 In: *Jahrbuch für Rechtssoziologie und Rechtstheorie*, Bd. 1. Hgg. Rüdiger Lautmann et al. Bielefeld: Bertelsmann Universitätsverlag, 1970, 187; Luhmann 1971, 292 ff., 326 ff. Eine ähnliche Funktion der Komplexitätsreduktion hat nach Luhmann auch das Vertrauen (1968); Hartmann, Martin. *Die Praxis des Vertrauens*. Berlin: Suhrkamp, 2011.
210 *Nec ulla res probari potest nisi ex alia* (V 8,5 vgl. V 10,11). Ähnlich Richard M. Hare: „Es gibt mithin kein voraussetzungsfreies Argumentieren" bzw. – so ders. in: *Freiheit und Vernunft*. Düsseldorf: Patmos, 1973, 111 – „es gibt keine Begründung ex nihilo".

„strittigen Sache" (*dubia*) Zustimmung „verschaffen zu können". Auf dieser spezifischen Geltungsbeziehung zwischen *certa* und *dubia* beruht nach Quintilian „das Prinzip jeder Argumentation" (*natura omnium argumentorum*) (*IO* V 8,5). Ein die beiden eben genannten operativen Verfahrensrichtungen berücksichtigender Begriff für dieses zugrundeliegende allgemeine Argumentationsprinzip wäre „mittelbar": Argumentation ist ein Prinzip mittelbarer Geltungseinlösung, was meint: *Es gibt kein voraussetzungsloses Argumentieren.*

Es ist oben (Kap. 10.3) bereits vermerkt worden, dass die Überzeugungskraft von Argumenten sich nicht allein aus argumentationsinternen Geltungsbeziehungen speist, sondern *multifaktoriell* bedingt ist, insofern es neben den *direkten*, nämlich inhaltlich/materialen Anschlüssen an andere Geltungspotentiale auch noch Anschlüsse an *indirekte*, nämlich personale, mediale, stilistische usw. Überzeugungsressourcen gibt, denen unter Bedingungen moderner Gesellschaften fraglos eine zunehmend wichtigere Rolle zukommt und die darum unbedingt berücksichtigt werden müssen, will man logozentrischen Versuchungen nicht erliegen (Kap. 11.2). Die multifaktorielle *Vielfalt* möglicher Überzeugungsressourcen ist neben ihrer jeweiligen *Vielzahl* ein besonders auffälliges Merkmal *rhetorischer Überzeugungskraft*, das sie von *logischem Beweiszwang* sowohl unterscheidet wie ihr eigenes nicht leugbares Evidenzdefizit zumindest kompensieren soll: Denn obwohl „theoretisch [nicht] zwingend" führt rhetorische Überzeugungskraft dennoch nicht zu „bloß arbiträren" Entscheidungen, sondern sichert deren Rationalität in Fragen, „die nicht mit zwingender Beweisführung entschieden werden können" (Habermas 1973, 267; 1981/1, 45; 1984, 160 ff.).

Schließlich bleibt mit Blick auf die letzte Phase des dreigliedrigen Prozesses geltungsbezogener Verständigungsarbeit nachzutragen, wann eine *gelungene* Geltungseinlösung als *vernünftige* Zustimmung bezeichnet werden darf, da bloße Faktizität eines Zustimmungserfolgs für diese Qualifikation nicht ausreichen kann (Kap. 11.3). In diesem Zusammenhang bin ich erkennbar gehalten, endlich die Insistenz zu begründen, mit der ich bisher auf der redekritischen (nicht rhetoriktheoretischen) Unterscheidung zwischen „überzeugen" und „überreden" bestanden habe, obwohl sie einigen Rhetorikern ignorabel oder sogar irrelevant erscheint. Ich möchte dagegen die These stark machen, dass Rhetorik, wenn sie denn eine verständigungsbezogene Theorie ist und wenn „Verständigung ein normativer Begriff ist" (s. o. Kap. 10.2.2), dass Rhetorik dann definitiv *keine bloße Erfolgstheorie* sein kann, die sich mit kontingenter Zustimmung zufriedengeben kann oder darf. Dass Rhetorik sozialtechnisch missbraucht werden kann – wer wollte das ernsthaft bestreiten? – benennt daher kein genuines Theorieproblem persuasiver Rede, sondern klagt deren *praktisch-moralischen* Missbrauch an, wobei freilich diese normativen Gelingensbedingungen persuasiver Rede auch kontrafaktisch erfolgreich prätendieren muss, wer Erfolg haben will. Aus den gleichen Gründen kann eine Überredungsrhetorik auch gar nicht theoriefähig sein, was freilich entsprechend interessierte Angebote nicht zu stören vermag, wie der buntscheckige Markt einer „Schwarzen Rhetorik" heute leicht belegen kann. Ich werde daher in Anlehnung an Perelman und Habermas für eine kriterielle Unterscheidung zwischens *faktischer* und *vernünftiger Zustimmung* plädieren, die freilich auch nicht material, sondern allein prozedural bzw. formal bestimmbar ist. Doch genau das macht sie ja zugleich geeignet, einem zustimmungsabhängigen Geltungsprinzip und einer entsprechend zustimmungsabhängigen Geltungstheorie als Modell zu dienen, das die prozedurale Qualität von Zustimmung zum alleinigen Maßstab ihrer Vernünftigkeit macht. Ob jedoch ein solches Unterscheidungskriterium nicht viel zu anspruchsvoll ist, um auf Prozesse öffentlicher Deliberation (etwa im Bereich der Politik) überhaupt anwendbar zu sein, wird als Frage nicht zu unterdrücken sein, will sich dieses Unterscheidungskriterium nicht dem Vorwurf praktischer Wirklichkeitsfremdheit aussetzen (s. u. Kap. 12).

11.1 Argumentation – „das Sprachspiel der Vernunft"

Eine Argumentation „enthält Gründe, die in systematischer Weise mit dem Geltungsanspruch einer problematisierten Äußerung verknüpft sind", heißt es bei Habermas (1981/1, 38). Im Folgenden möchte ich die Logik dieser geltungsbezogenen Verknüpfung von Gründen in einer Argumentation rekonstruieren. Ich wähle dazu als Beispiel eine vor einigen Jahren (Sommer 2012) in Deutschland unter dem Namen „Beschneidungsdebatte" heftig geführte Diskussion, die mir für unser Frageinteresse besonders geeignet zu sein scheint, weil sich an ihr exemplarisch die Vielfalt argumentativer Problemzugänge wie die Verknüpfungsdichte argumentativ funktionalisierter Aussagen in einer Argumentation ablesen lassen. Außerdem kommen in dieser Debatte, da sie weithin in Printmedien öffentlich geführt wurde, indirekte Überzeugungsressourcen kaum ins Spiel, weshalb die Konzentration der folgenden Analyse auf ihre strikt argumentative Binnenstruktur keiner fahrlässigen Ausblendung relevanter Wirkungsdimensionen gleichkommt (vgl. dazu unten Kap. 11.2). Zunächst kurz zur Vorgeschichte dieser Debatte, soweit sie für deren argumentative Rekonstruktion nötig ist.
Am 4. November 2010 nahm der syrische Arzt Omar Kezze an einem vierjährigen muslimischen Jungen eine Beschneidung vor, die zwar nicht medizinisch notwendig, aber von den tunesischen Eltern aus religiösen Motiven erbeten war. Als es zu Nachblutungen bei dem Jungen kam, riefen die Nachbarn der Frau, die kaum deutsch spricht oder versteht, den Notarzt. Der verständigte, weil er

die Frau nicht zu verstehen glaubte und Verdacht auf eine nicht-fachgerechte Beschneidung hegte, die Polizei, was schließlich am 5. Januar 2011 zur Anklage der Staatsanwaltschaft wegen „gefährlicher Körperverletzung" führte. Das zuständige Kölner Amtsgericht jedoch spricht den Arzt am 21. September 2011 vom Vorwurf der strafbaren Körperverletzung frei (= p) mit der Begründung, fachgerecht operiert (= q1) und die wirksam rechtfertigende Einwilligung der Mutter vorher eingeholt zu haben (= q2); überdies gelte nach herrschender Meinung die rituelle Beschneidung als „sozialadäquates Verhalten", sei mithin vom Straftatbestand der Körperverletzung gar nicht erfasst (= q3). In die oben zitierte argumentative Standardformel „p gilt, weil q gilt" lässt sich die skizzierte Argumentation des Kölner Amtsgerichts wie folgt übersetzen:

p gilt, weil q1 und q2 und q3 gelten. (Abb. 13)

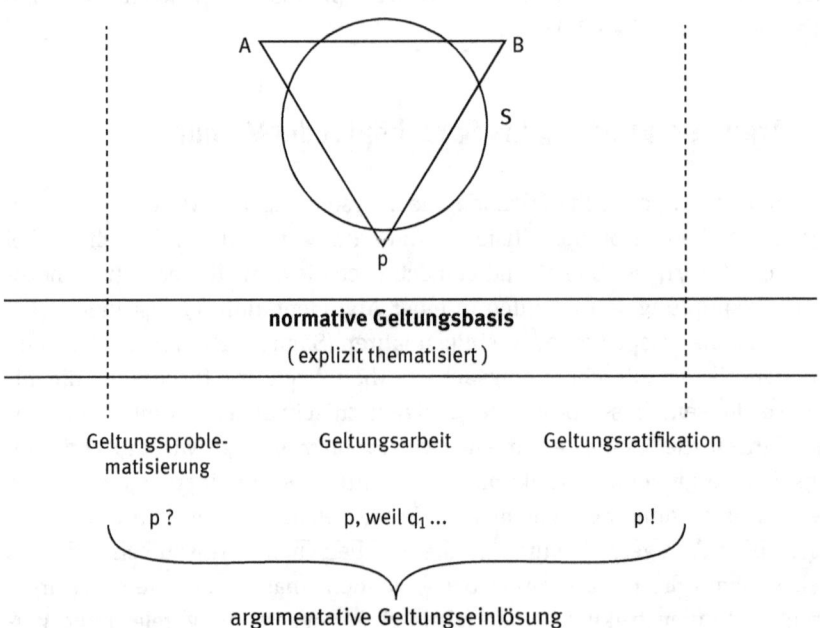

Abb. 13: Argumenative Geltungseinlösung (2)

Die drei mit der „weil"-Konjunktion eingeleiteten Argumente stellen gleichsam die von Habermas oben (FN 2) sogenannte „Berufungsinstanz" dar, die Auskunft über die Gründe gibt, die den Geltungsanspruch p sollen einlösen können. Diese Gründe antworten – wie bereits oben (Kap. 10.2) erläutert – auf geltungsbezogene (genauer: geltungsproblematisierende) „warum"-Fragen, die aber anders als Antworten auf informationsbezogene „warum"-Fragen keine Erklärungen von Ereignissen oder Handlungen (z. B. deren Ursachen oder Motive) enthalten, sondern *rechtfertigende Einlösungen von Geltungsansprüchen* (GA). Solche argumentativen Geltungseinlösungen bleiben in der Regel implizit unterstellt und werden nur im Fall situativer Geltungsproblematisierung explizit thematisiert, was – wie oben in Kap. 10.3 bereits erläutert – aus informativen Aussagen über Ereignisse oder Handlungen (ABxS/ABhS) Geltung beanspruchende Behauptungen über Ereignisse oder Handlungen macht (ABpS). Entsprechend heißen Gründe, die diese Behauptungen abstützen sollen, auch Geltungsgründe bzw. *Argumente*, und ihre spezifische Güte bzw. Qualität nennen wir terminologisch ihre *Überzeugungskraft*.[211] Deren Ratifikation macht den problematisierten GA von p *zustimmungsfähig* und damit Kommunikation wie Handeln fortsetzbar. Argumente – so war ebenfalls in Kap. 10 gesagt – sind die spezifische Währung im „Raum" bzw. im „Reich" bzw. in der „Welt der Gründe" oder, um eine andere, von Wittgenstein inspirierte Formulierung zu wählen, die ich im Titel dieses Unterkapitels bereits implizit zitiert habe: Argumente sind „das Sprachspiel der Vernunft".[212]

Der vor dem Kölner Amtsgericht verhandelte und entschiedene Fall hätte mit dem oben argumentativ rekonstruierten Urteil der 1. Instanz abgeschlossen sein können, – und wäre es wohl auch, wenn die zuständige Oberstaatsanwältin nicht Berufung eingelegt hätte, wodurch der Fall an die 2. Instanz, nämlich an das Landgericht Köln verwiesen wurde. Das fällte eineinhalb Jahre nach dem erstinstanzlichen Urteil am 7. Mai 2012 eine völlig andere Entscheidung, wodurch die Beschneidung zwar nicht als „gefährliche", wohl aber als „einfache Körperverletzung" bewertet und damit als rechtswidrig kriminalisiert wurde. Das löste – anders als das erstinstanzliche Urteil – eine äußerst gereizte öffentliche Diskussion im In- und Ausland aus, die schließlich den Gesetzgeber zum Handeln nötigte, um politisch drohenden Schaden von der Bundesrepublik abzuwehren. Wer wie das Landgericht dem Urteil des Amtsgerichts erfolgreich widersprechen will, muss dazu den eben genannten „Raum der Gründe" betreten und d. h.: er muss den Argumenten erfolgreich zu widersprechen versuchen, die das Amtsgericht für seinen Freispruch geltend gemacht hatte. Es handelt sich in diesem Fall erkennbar um eine *metaargumentative* Auseinandersetzung, in der es um die o. g. Qualität der vom Amtsgericht argumentativ funktionalisierten Aussagen geht. Das Landgericht bezog sich dabei nur auf die Argumente q2 und q3, weil q1 (fachgerechte Operation) zwischenzeitlich unstrittig war.

---

[211] Daneben gibt es natürlich noch eine Vielzahl unterminologischer Qualifikationen wie „gut", „kräftig", „triftig", „stichhaltig", „schlüssig", „schlagend" usw. bzw. deren Negate; vgl. Kettner 1996, 424 ff.
[212] Vgl. Böhler 1982, 91; Kettner 1996, 424 und öfter; Habermas 2012, 17 und öfter; Kopperschmidt 1993.

Zur argumentativen Qualität bzw. möglichen Überzeugungskraft von Argumenten allgemein und damit auch von q2 und q3 gehören mindestens drei Bedingungen, von denen die

1. Bedingung verlangt: Aussagen, die als Argumente fungieren sollen, müssen ihrerseits *gültig* sein. Da solche argumentativ funktionalisierten Aussagen regelhaft Behauptungen sind, meint das genauerhin für q2: Der sprechhandlungsspezifische Geltungs- bzw. Wahrheitsanspruch der Behauptung, dass nämlich die elterliche Einwilligung zur Beschneidung vorlag, darf nicht selbst bereits strittig oder zweifelhaft sein, wenn der Geltungsanspruch von p (Beschneidung war straffrei) von dem Geltungsanspruch von q (elterliche Einwilligung) argumentativ abhängig gemacht werden soll nach dem Muster: *p gilt, weil q gilt*.[213] Der Behauptungscharakter einer Aussage wird freilich sprachlich nur dann expliziert, wenn ihr Geltungsanspruch trotz Problematisierung aufrechterhalten wird: Ich behaupte (bleibe dabei), dass p. Doch wird in diesem Fall auch nur illokutiv expliziert, was implizit immer schon vorausgesetzt werden muss, wenn man den Geltungsanspruch einer Aussage problematisieren will, nämlich ihren mit jedem Wahrheitsanspruch verbundenen Behauptungscharakter. Insofern setzt Argumentation die Ausdifferenzierung einer Aussage in Proposition (Aussagehalt) und Illokution (Verwendungssinn) voraus, was man die Explikation der von Habermas so genannten „triadischen Struktur" jeder Aussage nennen kann (vertikaler Objekt- und horizontaler Sozialbezug) (2012, 10 ff., 61 ff., 74, 89; vgl. in Kap. 10.3 die Abb. 12 mit dem ABxS- und ABpS-Modell).

Doch die Gültigkeit bzw. Wahrheit von q reicht allein noch nicht aus, um als überzeugungsstarkes Argument für p zu fungieren; q muss darüber hinaus

2. *geeignet* sein, auf eine Geltungsbeziehung (Gb) zwischen p (Straffreiheit) und q (Einwilligung) verweisen zu können, die im Fall ihrer Unterstellbarkeit behauptet, dass die Zustimmung zu q zugleich auch zur Zustimmung zu p nötigt: Wenn q gilt, dann muss aufgrund von Gb auch p gelten, was meint: „Der Grad, in dem p anerkannt werden kann, hängt davon ab, in welchem Maße es gerechtfertigt ist, sich bei der Behauptung von p auf q zu stützen und wieweit q selbst schon anerkannt ist" (Wunderlich 1974, 62). Beide Formulierungen unterstellen die gleiche *intensionale*, nämlich inhaltlich/materiale Geltungsbeziehung zwischen p und q[214] und machen von ihr argumentativ auch den gleichen

---

[213] Die Konjunktion „weil" ist zwar ein argumentativer Operator, der aber nicht mit logischen Operatoren wie „und", „oder" usw. verwechselt werden darf; vgl. Kopperschmidt 1989, 100–101.
[214] „Intensional" ist eine Aussagenbeziehung, wenn deren Geltung – anders als bei extensionalen – nicht ausschließlich von den Wahrheitswerten (wahr/falsch) der betreffenden Aussagen abhängt, sondern auch von inhaltlich/materialen Beziehungen, weshalb die Formel „wenn p, dann q" nicht mit der aus der Logik bekannten implikativen Beziehung zwischen p und q verwechselt werden darf; vgl. Kopperschmidt 1989, 101–102.

Gebrauch, indem sie p mithilfe von q abzustützen versuchen: Elterliche Einwilligung schützt die Beschneidung davor, eine rechtswidrige, mithin strafbare Körperverletzung zu sein. Man kann, um die operative Rolle der Geltungsbeziehung in einer Argumentation noch stärker zu betonen, statt von „Geltungsbeziehung" auch von „Übergangsregel" (Gethmann 1979, 93) oder „Schlussregel" (*warrant*) sprechen, wie es Stephen Toulmin getan hat. Dessen argumentationstheoretische Arbeit von 1958 war seinerzeit ungeheuer einflussreich, nicht zuletzt wegen eines äußerst hilfreichen Systematisierungsvorschlags für die diversen argumentationsinternen Rollen, die Aussagen funktional bei ihrer Abstützung problematisierter Geltungsansprüche übernehmen können (1996, 90 ff.; vgl. dazu Kopperschmidt 1989, 123 ff.). Toulmins Argumentationsschema ist auch heute noch nützlich (besonders für mikrostrukturelle Argumentationsanalysen), weshalb es auch hier erwähnt wird, zumal Toulmin nach Abschluss seiner Arbeit endlich bemerkte (und das auch uneingeschränkt zugab, vgl. 1986, 5 ff.), dass er dezidiert rhetorische Fragen behandelt habe, als er die Überzeugungskraft von Argumenten gegen die Beweiskraft strikt logischer Schlüsse als eigensinnige und praktisch weit relevantere Gestalt vernünftiger Rede zu würdigen und zu verteidigen versuchte. Das geschah übrigens im gleichen Jahr (1958), als Chaim Perelman seinen großen *Traité de l`argumentation* publizierte, der sich ja explizit als Entwurf einer *Nouvelle rhétorique* verstand und wohl deshalb von Habermas – anders als Toulmin (1986) – lange Zeit übersehen wurde, obwohl die theorieimmanenten Parallelen bis in einzelne rhetorikaffine Grundbegriffe beider Denker reichen (s. Kap. 6 und 11.3). Mindestens zwei der drei genannten Autoren lassen sich also als renommierte Zeugen aufrufen für die hier vertretene These, dass Argumentation der *geeignetste Schlüssel zur Rhetorik* ist, insofern sie das Kernprinzip jeder Rhetorik, nämlich das *Anschlussprinzip*, exemplarisch methodisiert.

Um die bisher rekonstruierte Argumentationsstruktur der Beschneidungsdebatte hinsichtlich der verschiedenen Rollen genauer differenzieren zu können, die Aussagen in ihr funktional übernehmen, erweitere ich das bisherige Argumentationsschema wie folgt:

p gilt, weil q gilt aufgrund von Gb.

Die in der Debatte regelhaft unterstellte Geltungsbeziehung Gb, nach der die elterliche Einwilligung eine Beschneidung legitimiere, war seinerzeit zwar noch in keinem einschlägigen Gesetz explizit kodifiziert worden, doch aus der gängigen und bis zum Urteil des Kölner Landgerichts auch nie rechtswirksam problematisierten Beschneidungspraxis von nicht-einwilligungsfähigen jüdischen oder islamischen Jungen konnte die Beschneidung als weltweit erlaubte Praxis gelten.

Allenfalls gab es in der rechtswissenschaftlichen Literatur einige von dieser „herrschenden Meinung" abweichende Positionen, die argumentationspraktisch aber erst relevant wurden, als die Staatsanwaltschaft bei ihrer Berufungsbegründung und später das Landgericht Köln bei seiner Urteilsbegründung sich explizit auf diese abweichenden Meinungen bezogen. Argumentationspraktisch bezogen sich diese Bedenken gegen die Beschneidungspraxis genauerhin auf die eben genannte *Eignung* von q, gleichsam einen Zugang zu einer allgemein unterstellbaren Geltungsbeziehung Gb zwischen p und q eröffnen bzw. an sie anschließen zu können. Eben das bestritten die Kritiker der amtsrichterlichen Entscheidung: Das vom Amtsgericht in der Rolle von Gb unterstellte Geltungsprinzip (elterliche Einwilligung macht die Beschneidung straflos) sei nicht nachvollziehbar, weil die elterliche Einwilligung das Verbot der Körperverletzung (§ 2.2 GG) eines nichteinwilligungsfähigen Kindes *nur* unter der Bedingung straffrei lasse, dass diese Einwilligung sich aus dem elterlichen Sorgerecht, genauer aus der Personensorge plausibel ableiten lasse, w. h.: dass die elterliche Einwilligung allein am *Kindeswohl* interessiert sein müsse bzw. dieses Kindeswohl mit der Einwilligung fördern wollen müsse. Das könne aber im Fall von Beschneidung nicht zutreffen, weil – und jetzt folgt der zentrale Einwand gegen das Urteil des Amtsgerichts – weil eine *nicht medizinisch* indizierte (also z. B. eine bloß religiös motivierte) Beschneidung „entgegen den Anforderungen des Kindschaftsrechts *nicht dem Kindeswohl diene*"; darum sei die elterliche Einwilligung für die rechtliche Beurteilung des Falls „unbeachtlich", die Beschneidung also eine rechtswidrige Körperverletzung, die dem Grundrecht jedes Menschen (also auch des Kindes) auf „körperliche Unversehrtheit" widerspreche (§ 2.2 GG; § 223,1 StGB); der behandelnde Arzt aber sei freizusprechen, weil er sich „aufgrund unterschiedlicher Rechtsauffassungen [...] in einem unvermeidbaren Verbotsirrtum befunden habe" (vgl. Akz. 151Ns 169/11; vgl. Referentenentwurf (RE), 4).

Argumentativ hat dieser Widerspruch gegen die amtsrichterliche Entscheidung trotz seiner gegensätzlichen Falleinschätzung erkennbar die gleiche formale Struktur wie das amtsrichterliche Urteil, nämlich: p gilt, weil q aufgrund von Gb gilt (= das Urteil der 1. Instanz ist nicht haltbar, weil eine nichtmedizinisch motivierte Beschneidung das Recht auf körperliche Unversehrtheit verletzt). Diese strukturelle Parallelität kann nicht überraschen, weil in ihr nur das Grundmuster jeder argumentativen Geltungseinlösung *rekursiv* genutzt wird, um einer anderen Argumentation (in diesem Fall: metaargumentativ) zu widersprechen.

Es bedurfte nicht erst des publizistischen Aufschreis über das Kölner Landgerichtsurteil, um das ungeheure Provokationspotential erahnen zu können, das dieses Urteil vom 7. Mai 2012 enthielt und das sich auch bald öffentlich entlud. Behauptete es doch nicht weniger als dies, dass das nicht nur für die islamische, sondern auch jüdische Kultur konstitutive Beschneidungsritual mit seiner entsprechend hohen Identitätsstiftungskraft[215] aus fremdkulturell angemaßter Sicht als ein „dem Kindswohl" nicht „dienender" Akt abgewertet wurde. Das musste besonders für Juden ein unerträglicher Affront sein – nicht zuletzt aufgrund ihrer Erinnerung, dass dieses untilgbare Zeichen ihres Bundes mit Gott (*Gen.* 17, 10 ff.) viele Juden den Nazis verraten und in die Gasöfen gebracht hatte.[216] Dass dieses Kölner Urteil „ohne Not Unfrieden in die Gesellschaft getragen und gläubige Juden und Muslime zu Rechtsbrechern erklärt [habe]", ist noch eine vergleichsweise harmlose Reaktion von Heribert Prantl in einer *SZ*-Notiz mit der Überschrift „Beschneidung des Strafrechts", deren stilistische Pointe bereits jeden Rhetoriker begeistern müsste.[217] Schärfer wurde da schon Robert Spaemann, der ähnlich wie Matthias Matussek oder Jan Ross in diesem Urteil das zeittypische Symptom eines antireligiösen Affekts vernahm, dem jede Präsenz von Religion in der Öffentlichkeit der modernen säkularen Gesellschaft verdächtig erscheint und der das Kindeswohl allein am medizinischen Maßstab bestimmen lassen will.[218] Natürlich gab es (und gibt es bis heute) auch Befürworter der Kölner landgerichtlichen Entscheidung, etwa so renommierte Strafrechtler wie Reinhard Merkel (in *SZ* vom 30. August 2012) oder Maximilian Stehr (im *Spiegel* 30/2012, 124 ff.) sowie Institutionenvertreter („Deutsche Kinderhilfe" sowie „Berufsverband der Kinder- und Jugendärzte") oder sogar jüdische Stimmen („Organisation gegen Genitalverstümmelung", die 1988 vor dem Obersten Gericht in Israel scheiterte, Beschneidung als illegal zu verbieten) oder legitimatorische Verweise auf die schon zweitausendjährige Debatte.[219] Doch war nach meinem Eindruck das Unverständnis über dieses Urteil publizistisch breiter oder zumindest lauter als seine Verteidigung, die erkennbar die politische Dimension des Urteils und seine Folgen weniger ängstigte. Die wurden aber überdeutlich, als der Zentralrat der Juden in Deutschland die schärfste argumentative Waffe im Kampf gegen dieses Urteil zog, indem er damit drohte, dass mit diesem Urteil zum 2. Mal jüdisches Leben in Deutschland unmöglich werde.[220]

---

215 Vgl. Zentralrat der Juden in Deutschland: „Warum beschneiden Juden ihre Kinder?", zit. in RE, 5. Sie gilt übrigens für ein Drittel der männlichen Weltbevölkerung!
216 Ich erinnere mich noch gut daran, dass der 1. Januar einmal „Fest der Beschneidung des Herrn" hieß und schwerlich mit „Körperverletzung" assoziiert wurde.
217 Weil hier mit „Beschneidung" im metaphorischen Wortsinn von Einschränkung gegen eine strafrechtliche Anmaßung gekämpft wird, die „Beschneidung" im primären Wortsinn von Zirkumzision kriminalisiert.
218 In *DER SPIEGEL*, 30/2012, 122 ff. bzw. *DIE ZEIT* vom 19. Juli 2012, 1; Gil Bachrach sprach in diesem Zusammenhang von „Säkularfundamentalismus" in: *DIE ZEIT* vom 13. September 2012, 11.
219 Vgl. *Apostelgeschichte* 15 und Paulus (mit Bezug auf *Levitikus* 26,41) in *Röm.* 2,25; *Gal.* 5.25, der genial zwischen „körperlicher" und „geistiger" Beschneidung zu unterscheiden empfiehlt.
220 Vgl. Rabbi Cooper, Abraham. „Das große Unbehagen" in: *DER SPIEGEL*, 37/2012, 30 ff. und Rabbi Adlersteine, Izchak. „Wir werden Widerstand leisten" in: *DIE ZEIT* vom 16. August 2012, 11.

Der damit absehbare politische Großschaden für Deutschland war jetzt nicht mehr zu verharmlosen, sodass die Politik nicht weiter schweigen durfte. Bereits am 19. Juli 2012 wurde ein Antrag des Parlaments im Eilverfahren mit breiter Mehrheit angenommen, der – entkleidet man ihn seiner diplomatischen Floskeln – das Kölner Urteil politisch für einen Skandal hielt; denn – so sein substanzieller Gehalt – *es kann* (bzw. genauer: *es darf*) *nicht sein*, dass gerade das Land, das den Holocaust zu verantworten hat, Juden erneut zwingt, Deutschland zu verlassen, wenn sie ihr identitätsstiftendes Ritual nicht kriminalisieren lassen wollen (p kann/darf nicht gelten, weil es q verletzt aufgrund von Gb). Die Formel „es kann/darf nicht sein" ist besonders in der politischen Sprache eine beliebte Einleitung, mit der gegen die Verletzung eines allgemein als konstitutiv anerkannten und darum unterstellbaren *normativen Prinzips* Einspruch erhoben wird. In unserem Fallbeispiel lässt sich das gemeinte normative Prinzip wie folgt reformulieren: Gegenüber Juden (von Muslimen ist gar nicht mehr die Rede) ist Deutschland zu besonderer Sensibilität verpflichtet, selbst wenn es sich wie im Fall der Beschneidung um irritierend fremdartige Rituale der Identitätsstiftung handelt. Das Ziel des Parlamentsbeschlusses war es entsprechend, dieser durch das Landgericht offenbar ignorierten Sensibilität Rechnung zu tragen, indem verhindert werden sollte, dass in Zukunft ein vergleichbares Urteil wie das von Köln die Legitimität der weltweit erlaubten Beschneidungspraxis noch einmal verneinen könnte. Das sollte durch einen Gesetzesentwurf geschehen, der – so der explizite politische Wille des Gesetzgebers – „unter Berücksichtigung der grundgesetzlich geschützten Rechtsgüter des Kindeswohls, der körperlichen Unversehrtheit, der Religionsfreiheit und des Rechts der Eltern auf Erziehung [...] sicherstellt [!], dass eine medizinisch fachgerechte Beschneidung von Jungen ohne unnötige Schmerzen grundsätzlich zulässig ist" (BT Drucksache 17/1033; RE, 4).

Ein entsprechender Gesetzesentwurf ist vom Justizministerium erarbeitet, von der Regierung ins Parlament eingebracht und am 12. Dezember 2012 mehrheitlich verabschiedet worden – Kritiker wie „Die deutsche Kinderhilfe" sprechen von „durchgepeitscht" worden –, indem der § 1631 des BGB durch folgenden Satz ergänzt wurde: „Die Personensorge umfasst auch [!] das Recht, in eine medizinisch nicht erforderliche Beschneidung des einsichts- und urteilsunfähigen männlichen Kindes einzuwilligen, wenn diese nach den Regeln der ärztlichen Kunst durchgeführt werden soll. Dies gilt nicht, wenn durch die Beschneidung auch unter Berücksichtigung ihres Zwecks das Kindeswohl gefährdet wird" (§ 1631d; vgl. RE, 3).

Damit war zumindest Rechtssicherheit für die Beschneidungspraxis geschaffen. Wenn auch noch nicht sofort eine Befriedung der Diskussion eintrat, so hatte sie doch an öffentlicher Resonanz merklich eingebüßt. Bleibt schließlich die in unserem argumentationsoperativen Fragekontext noch ausstehende wichtige

3. der drei o. g. Bedingungen überzeugungskräftiger Argumente, von denen bisher erst zwei, nämlich die Gültigkeit der Aussage und ihre argumentative Eignung genannt und erläutert worden sind. Um die noch ausstehende Erläuterung dieser 3. Bedingung nachzuholen, muss noch einmal der eben zitierte Parlamentsbeschluss herangezogen werden: Der enthielt nämlich zwar eine implizite Kritik an dem Urteil des Landgerichts, doch war diese Kritik nicht *rechtlicher*, sondern *politischer* Natur, weshalb das Parlament von der Regierung auch einen Gesetzesvorschlag erwartete, der den politischen Willen des Gesetzgebers, nämlich die prinzipielle Zulässigkeit der Beschneidung, in rechtlich eindeutiger Form zum Ausdruck bringt und so ein politisches Problem mit rechtlichen Mitteln löst, das durch eine rechtlich fragwürdige Entscheidung entstanden war. Außerdem listet der Parlamentsbeschluss noch verschiedene Rechtsgüter auf, die fallbezogen zu beachten wären, nämlich Kindeswohl, körperliche Unversehrtheit, Religionsfreiheit, elterliches Sorgerecht. Es gab mithin nicht nur eine politische und rechtliche Dimension des Beschneidungsproblems, sondern auch innerrechtlich verschiedene *Problemdimensionen*, die abzuwägen wären bei einem zu erarbeitenden Gesetzesvorschlag. Noch weitere Problemdimensionen gäbe es aus der öffentlichen Beschneidungsdebatte zu ergänzen wie religionsgeschichtliche (Sinn der Beschneidung), religionsvergleichende (Judentum/Islam/Christentum), rechtstheoretische (darf es religiöse Sonderrechte geben?) usw., die aber für die rechtliche Durchsetzung des politisch eindeutigen Willens ebenso unerheblich waren wie die strafrechtliche Problemdimension, die der politische Wille freilich so wenig vergessen machen konnte wie später die verfassungsrechtliche.

Den politischen Willen des Parlaments bzgl. rechtlicher Regelung der Beschneidungspraxis gab die Regierung an das zuständige Justizministerium weiter, das einen entsprechenden Gesetzesentwurf vorlegte, aus dessen Referentenfassung ich oben schon zitiert habe. Dieser Referentenentwurf (RE) listet nämlich in seinem umfassenden Begründungsteil nicht nur die Gründe auf, warum das Kölner Urteil eine singuläre und darum problematische Entscheidung war (RE, 5 ff.); der RE nimmt auch eine für unsere Fragestellung interessante „leise" Problemverschiebung vor, indem er zwar als Anlass für den Gesetzesentwurf das Kölner Urteil angibt, sich aber nicht lange bei dessen strafrechtlicher Bewertung der Beschneidung aufhält, sondern die Folgen dieses Urteils in den Fokus rückt; die hätten nämlich zu einer „Rechtsunsicherheit" geführt, die für Eltern, Ärzte und wichtige Religionsgemeinschaften unerträglich sei. Die entsprechende „Lösung" dieses „Problems" sollte nach dem eindeutigen Willen des Gesetzgebers (s. o.) daher ein Gesetz sein, das „Rechtssicherheit" wieder herzustellen vermag, indem es die „grundsätzliche Zulässigkeit" der Beschneidung „sicherstellt" (!). Entsprechend dieser eindeutigen politischen Vorgabe entschied sich der RE, einen erfolgversprechenden Lösungsweg *nicht* im Rahmen des *Strafrechts* zu suchen, sondern im *Sorgerecht* des Bürgerlichen Gesetzbuches (§§ 1626 ff. BGB) und in ihm einen abwägenden Ausgleich zwischen den o. g. verschiedenen Rechtsgütern anzustreben, der dem politischen Ziel der parlamentarischen Gesetzesinitiative gerecht wird, nämlich Rechtssicherheit bei einer nichtmedizinisch indizierten Beschneidung zu schaffen. Nach Auffassung des RE stütze das Kölner Urteil selbst diese favorisierte Option, insofern es die („angenommene") Rechtswidrigkeit der mit elterlichen Einwilligung vorgenommenen Beschneidung auch *nicht strafrechtlich* begründe, sondern als eine *„Überschreitung der durch das Kindeswohl bestimmten Grenzen des Sorgerechts"* im BGB (!) bewerte (RE, 1). Entsprechend erwarte der Gesetzgeber einen Gesetzesentwurf, der im Interesse der „Rechtssicherheit" *diese Grenzen* klarstellen solle, – was die o. g. Ergänzung des § 1631 ja auch tut: Beschneidung gehört unter bestimmten Bedingungen durchaus auch (!) zur Personensorge und darf nicht ohne weiteres kriminalisiert werden.

Der vom RE erarbeitete Gesetzesentwurf wollte sich erkennbar nicht in den Streit einmischen, ob Zirkumzision – so die fachterminologisch neutrale Bezeichnung – eine „gefährliche Körperverletzung" sei oder – so Matussek in seinem o. z. Beitrag – eine persönliche „Bereicherung" mittels eines identitätsstiftenden oder -sichernden Ritus. Der Gesetzesentwurf ist daher auch nicht mit der strikt strategisch motivierten Sachbeschreibung vergleichbar, wie sie am Tom-Sawyer-Beispiel oben (Kap. 9) erläutert wurde, noch gar mit einem Kampf ums Heißen verwechselbar, wie er für politische Auseinandersetzungen typisch ist. Gleichwohl verschweigt der Gesetzesentwurf nicht, dass der Anlass für eine rechtliche Klärung der Beschneidungspraxis der Streit um ihre *kategorial angemessene Beschreibung* war und der daraus resultierenden allgemeinen Unsicherheit über deren Rechtmäßigkeit (strafbare Körperverletzung oder gängige rituelle Praxis). Und er verschweigt auch nicht, dass es sogar innerrechtlich mehrere Beschreibungen des Problemcharakters gibt (Strafrecht/Sorgerecht) mit entsprechend unterschiedlichen Problemlösungschancen. Die Entscheidung für das Sorgerecht ist daher keine Entscheidung über die einzig richtige Problembeschreibung, sondern eine Entscheidung für eine Problemlösungsoption, die am ehesten den politischen Willen des Parlaments zu erfüllen vermag und zugleich am besten die Bedenken der Beschneidungskritiker berücksichtigen kann, indem Beschneidung als *sorgerechtlich erlaubte Praxis an bestimmte Bedingungen ihrer Durchführung* geknüpft wird, die für ihre Straflosigkeit erfüllt sein müssen – bedingt vergleichbar[221] mit

---

[221] Nur bedingt vergleichbar, weil die strafrechtliche Regelung im Fall von Abtreibung die Ausnahmen benennt, die eine Strafverfolgung aussetzen, während im Fall von Beschneidung die sorgerechtliche Regelung die elterliche Personensorge um das Beschneidungsrecht erweitert.

der rechtlichen Regelung der seinerzeit ähnlich heftig umkämpften Abtreibungspraxis, deren verbotsbedingte Strafbarkeit (§ 218 StGB) unter bestimmten Bedingungen ausgesetzt wurde (§ 281a StGB: rechtswidrig, aber nicht immer strafbar). Rechtliche Regelungen dieser Art sind Entscheidungen im Interesse der Rechtssicherheit und des Rechtsfriedens trotz kontroverser und prinzipiell nicht vereinbarer (und darum auch fortbestehender differenter) Problembeschreibungen, deren *faktische Pluralität* in einer freien Gesellschaft nicht zu vermeiden ist und darum immer Gegenstand metaargumentativer Problematisierung bleiben muss. Diese Beschränkung des Rechts auf seine Ordnungsfunktion wird zunehmend in modernen Gesellschaften nötig, deren weltanschauliche Prägung sich immer mehr pluralisiert, differenziert und diversifiziert, so dass Recht und Politik nur noch soziale Konflikte zu entschärfen, statt normative Vorgaben durchzusetzen vermögen. Im Fall der hier beispielhaft herangezogenen rechtlichen Regelung der Beschneidungspraxis meint diese fällige Selbstbeschränkung von Recht und Politik, die Fundamentalisten aller Couleur natürlich als verächtliche Schwäche, wenn nicht gar als Dekadenz gilt:[222] Es geht in ihr nicht um den Sinn und Zweck von Beschneidung, sondern „um die im Konkreten komplizierte, aber im Grundsätzlichen einfache Frage, was Eltern mit ihren Kindern machen dürfen" (so Stefan Huster in „Urteilskraft statt Betroffenheit", in: *SZ* vom 10. Oktober 2012, 12). Doch selbst diese „einfache Frage" vermag – wie gezeigt – die gar nicht so einfache Entscheidung nicht zu umgehen, welche kategoriale Problembeschreibung denn einen angemessenen Rahmen für eine zumindest mehrheitlich zustimmungsfähige Beantwortung dieser „einfachen Frage" bieten kann (Strafrecht oder BGB).

Damit dürfte jetzt beispielhaft genauer bestimmbar sein, was mit der 3. Dimension der argumentativen Überzeugungskraft von Rede gemeint ist, um die es uns hier ja geht: Die Überzeugungskraft einer Rede verlangt neben der Gültigkeit und Eignung der argumentativ funktionalisierten Aussagen auch die bejahte *Angemessenheit* bzw. *Relevanz ihrer jeweils gewählten kategorialen Problembeschreibung*, in deren Rahmen sich freilich jede Argumentation und alle in ihr argumentativ funktionalisierten Aussagen *immer schon* bewegen, weshalb dieser Rahmen in der argumentativen Praxis auch meistens latent bleibt und nur selten explizit thematisiert und so überhaupt erst bewusst gemacht wird. Und doch ist dieser kategoriale Rahmen argumentationspraktisch von grundlegender Bedeutung, weil mit seiner Wahl das Argumentieren – wie unbemerkt

---

[222] Andere danken dieser Selbstbeschränkung mit einem „Lob des Unreinen" (Emcke, Carolin. *Gegen den Hass*. Frankfurt: Fischer, 2016, 185 ff.) oder der „Polymythie" (Marquard 1981, 91 ff.) bzw. der „Pluralität" (Arendt 2016).

auch immer – bereits begonnen hat, ob man mit der antiken Rhetorik von *status* spricht (Lausberg 1990, § 79 ff.) oder mit Harald Welzer von „Referenzrahmen",[223] ob mit Thomas S. Kuhn von „Paradigma"[224] oder mit Habermas von „Begründungssprache" (1984, 166 ff.), ob mit Toulmin von „Problembereich" (*field*) (1996, 37 ff.), mit Luhmann von bereichsspezifischen „Codes" (1986, 75 ff.) oder – so mein Begriffsvorschlag – von *kategorialer Problembeschreibung* (vgl. Kopperschmidt 1989, 105 ff.; 2000, 64 ff.). Von grundlegender Bedeutung ist die Entscheidung für eine bestimmte kategoriale Problembeschreibung, weil es eine neutrale Sachbeschreibung nicht geben kann (Perelman 2004, 209 ff.), was impliziert: erst über seine kategoriale Beschreibung *konstituiert sich ein Problem als ein bestimmtes Problem* wie sich auch eine *Problemlage* erst über ihre kategoriale Beschreibung situativ konkretisiert, ob es sich z. B. um eine ethische, politische, rechtliche usw. Problemlage handelt. D. h.: mit der Wahl eines bestimmten kategorialen Problemverständnisses betritt man – um an die oben (Kap. 10.3) eingeführte Metapher wieder anzuschließen – einen bestimmten (z. B. politischen) „Raum der Gründe" mit je eigenen (z. B. politischen) Plausibilitätspotentialen, kollektiven Gewissheiten, Prinzipien, Geltungs- bzw. Überzeugungskriterien, kollektiven Mythen,[225] Narrativen, Ideologien usw., deren *kategoriale Homogenität* gewährleistet sein muss, soll Argumentieren möglich sein; denn – so schon Aristoteles' beispielhaft erinnerte Homogenitätsforderung – aus der Physik kann man keine Argumente für ethische Probleme gewinnen wie auch umgekehrt nicht (*Rhet.* 1358a).[226] Das schließt freilich nicht aus, dass in komplexen Argumentationsnetzen auch mehrere kategorial eigensinnige *Argumentationsstränge* additiv zur Stützung eines problematisierten Geltungsanspruchs genutzt werden können (s. u. Kap. 11.2; vgl. dazu Kopperschmidt 1989, 206 ff.). Obwohl auch über die Angemessenheit bzw. Relevanz von

---

223 In: *Täter*. Frankfurt: Fischer, 2007, 23 ff., 246 ff.; Neitzel, Sönke und Welzer, Harald. *Soldaten*. Frankfurt: Fischer, 2011, 16 ff.
224 Kuhn 1973, 11, 128 ff., 160 ff. Paradigmenwechsel verändern nach Kuhn das Sehen: Das Pendel ist etwas Anderes als ein gehemmter Fall.
225 Münkler, Herfried. *Die Deutschen und ihre Mythen*. Reinbek: Rowohlt, 2009, 11: „Mythen sind Ansammlungen symbolischen Kapitals"; zum Problem einer „weithin mythenfreien Zone" in Deutschland 2009, 411 ff.; Marquard 2000, 60 ff.
226 Es gibt den „Raum der Gründe" mithin ebenso nur im Plural wie Luhmanns bereichsspezifische „Codes", unter denen traditionell besonders der religiöse (gelegentlich bis heute) seine universelle Zuständigkeit einklagt, während das derzeitig eher vom ökonomischen behauptet wird, was nach Luhmann aber ernsthaft nicht mehr gelingen kann (2001, 83). Ein die kategoriale Homogenitätsforderung verletzendes Argument wird meistens mit „Das ist doch kein Argument!" abgewiesen.

kategorialen Problembeschreibungen bzw. -verständnissen ein Streit prinzipiell möglich ist (wenn sich z. B. die Überzeugungskraft aus mehreren Argumentationssträngen nicht einfach additiv summieren lässt), so ist eine diesbezügliche Verständigungschance in der Regel doch sehr gering, weil die entsprechenden Divergenzen meist sehr tief in den jeweiligen kulturellen, religiösen etc. Urteilsparadigmen der Beteiligten lebenspraktisch verankert sind, was die nie abgeschlossene Abtreibungsdebatte ebenso bezeugen kann wie der Dauerdisput zwischen Evolutionisten und Kreationisten.

Um die nun hinreichend erläuterte 3. Überzeugungsdimension auch in dem oben vorgeschlagenen Argumentationsschema berücksichtigen zu können, sollen dessen Positionen p, q, Gb um die Dimension „kategoriale Problembeschreibung" Pb ergänzt werden:

p gilt, weil q gilt aufgrund von Gb in Pb.

Zugleich soll die ebenfalls erläuterte faktische Pluralität möglicher kategorialer Problembeschreibungen bzw. -verständnisse (Pb 1...n) in dem Schema mitberücksichtigt werden, deren Verschiedenheit ja nicht die *Rollen* verändert, die Aussagen in einer Argumentation funktional spielen können (p, q, Gb, Pb), wohl aber die *Kriterien* ihrer Geltung (Abb. 14). Toulmin spricht gleichsinnig vom Unterschied zwischen der „Bereichsabhängigkeit" der Geltungskriterien einer Argumentation[227] und der „Bereichsunabhängigkeit" der Funktionsrollen, die Aussagen argumentativ jeweils übernehmen können (1996, 32 ff.).

Damit lassen sich die drei argumentativen Überzeugungsbedingungen einer Rede wie folgt noch einmal zusammenfassen: Überzeugungskräftig ist eine Rede,
– wenn die als Argument zur Einlösung eines problematisierten Geltungsanspruchs von p funktionalisierte Aussage q selbst *gültig* ist, d. h. ihrerseits von den Argumentierenden nicht problematisiert wird;
– wenn die als Argument funktionalisierte Aussage q *geeignet* ist, zustimmungsfähige Zugänge zu Geltungsressourcen zu erschließen, die sich für eine mögliche Geltungsbeziehung Gb zwischen p und q nutzen lassen;
– wenn die als Argument funktionalisierte Aussage q ein kategoriales Problemverständnis anzeigt, das als *problemangemessen* gelten kann, um *problemrelevante* Geltungsressourcen und -kriterien bereitstellen zu können.

---

[227] Diesen bereichsabhängigen Geltungskriterien entsprechen bei Luhmann (u. a. 1986) die Codes, die den kommunikativen Austausch in den verschiedenen Funktionssystemen der Gesellschaft regeln und sich jeweils binär fokussieren lassen (wahr/falsch, gut/böse usw.).

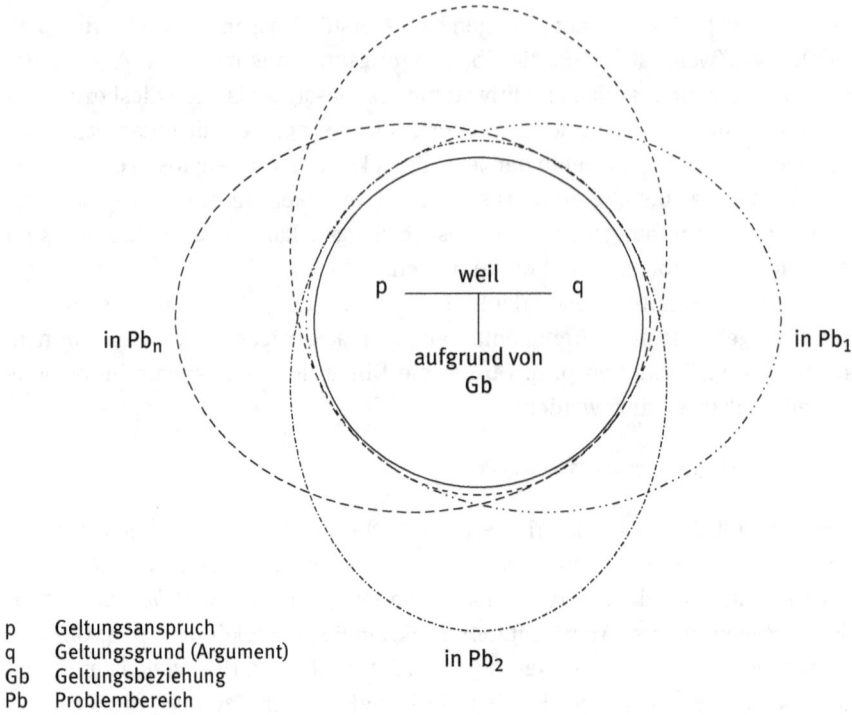

p Geltungsanspruch
q Geltungsgrund (Argument)
Gb Geltungsbeziehung
Pb Problembereich

Abb. 14: Kategoriale Problembereiche

Aus diesen drei argumentativen Überzeugungsbedingungen einer Rede lassen sich leicht sowohl ein Verfahren für die Typologisierung von Argumenten gewinnen wie eine Methodisierung für die Analyse von Argumentationen. Vorschläge dafür habe ich andernorts gemacht, auf die ich hier nur verweise (Kopperschmidt 1989, 122 ff.; 2000, 108 ff.). Stattdessen soll hier nur noch auf einen naheliegenden Einwand gegen das skizzierte Prinzip mittelbarer Geltungseinlösung eingegangen werden, wie es nach dem bisher Gesagten das Argumentationsprinzip ja darstellt, an dem wir exemplarisch das operative Wirksamwerden des Anschlussprinzips als rhetorisches Zentralprinzip zu erläutern versucht haben. Der gemeinte Einwand betrifft die Gefahr eines *infiniten Begründungsregresses*, in den sich eine Geltungseinlösung verlieren müsse, die wie die argumentative sich bei der Abstützung von problematisierten Geltungsansprüchen methodisch immer schon auf jeweils nicht-problematisierte Geltungsansprüche *muss* beziehen können (vgl. Quintilian *IO* V 11.10). Dadurch würde aber das ganze Verfahren – so seinerzeit besonders Karl Albert („Münchhausen-Trilemma", vgl. dazu Kopperschmidt 1980, 123 ff.; 1989, 104–105) – entwertet werden, weil es einen Problematisierungssog freisetze, der alle Geltungsansprüche einzubeziehen drohe (p, weil q; q, weil r; r, weil s...) und damit Argumentation methodisch unmöglich mache. Gäbe es (neben dem Zirkelschluss) nur noch den willkürlichen Regressabbruch, wie Albert meinte, um diese Fatalität eines infiniten Problematisierungssogs zu stoppen, dann wäre das in der Tat das Aus für die Möglichkeit argumentativer Rechtfertigung von Geltungsansprüchen, weil nachmetaphysisch keine Gewissheiten mehr zur Verfügung stehen dürften, die diesem Abbruch seinen Willkürlichkeitscharakter nehmen könnten (s. Kap. 8). Vier Einwände möchte ich gegen dieses Theorem der infiniten Regressdynamik von Argumentation vorbringen:

a) Gestoppt werden muss dieser befürchtete Problematisierungsregress gar nicht, es muss nur die fatale Verwechslung gestoppt werden, die dem Regressverdacht gegenüber einem Rechtfertigungsrationalismus zugrunde liegt, will sagen: es muss auf die Unterscheidung insistiert werden zwischen einer kontextuell eingebetteten *pragmatischen Geltungsproblematisierung* und einem abstrakten, weil frei schwebenden *Zweifel an allem*, vor dem Aristoteles explizit warnt (*Topik* 105a: „nicht alles problematisieren" und „nicht mit jedermann disputieren"), den aber Descartes in seinem berühmten Gedankenexperiment einflussreich methodisiert hat, um endlich ein *fundamentum inconcussum* (unerschütterliches Fundament) für sein *cogito ergo sum* zu finden, das jedem Zweifel standzuhalten vermag, sodass sich auf ihm alle weiteren Gewissheiten gründen ließen. Doch argumentative Überzeugungsarbeit, wenn sie denn wirklich – wie oben behauptet (Kap. 10.0) – eine „herkulische Arbeit" darstellt, frönt weder einer freigesetzten Problematisierungslust (man braucht Gründe, um Gründe einzufordern oder sich auf Gründe einzulassen) noch gräbt sie – zumindest außerhalb handlungsentlasteter Denkklaven – nach unerschütterlichen Gewissheitsfundamenten, sondern es geht beim Argumentieren in der Regel um etwas ganz Anderes, nämlich um überzeugungsfähige Problemlösungen, die unser verständigungs- bzw. kooperationsabhängiges Überleben sichern oder zumindest erleichtern können. Und dazu reichen durchaus Plausibilitäten aus, die ihre pragmatische Unterstellbarkeit zwar keiner Evidenzeinsicht verdanken, wohl aber einem überzeugtem „Ap-plaus", also einer überzeugten Zustimmungsnötigung, die sich aus bewährten Praxistesten dieser Plausibilitäten speist. Das macht nach Perelman den anticartesianischen Dauereffekt der nachantiken Rhetorik aus, der sich erstmals explizit bei Giambattista Vico artikuliert hat (s. u. Kap. 11.2) und bei Perelman selbst zum radikalen „Bruch" mit Descartes und seinem „Konzept von Vernunft" führt als der unabdingbaren Voraussetzung für eine mögliche philosophische Neuentdeckung der Rhetorik (2004, 1). Freilich bleibt die cartesianische Versuchung bis heute verlockend, sich doch auf *Die Suche nach [letzter] Gewissheit* (Dewey 1998) bzw. nach ersten oder letzten Gründen zu machen, um jede mögliche Regressgefahr (und sei es auch nur dogmatisch bzw. fundamentalistisch) ein für alle Mal zu ersticken.

b) Über die Bedingung der Möglichkeit einer argumentativ überzeugenden Zustimmungsnötigung ist eben bereits eine argumentationstheoretisch elementare Einsicht formuliert worden, dass sie nämlich immer schon *mehr Gewissheiten verbrauche, als sie selbst methodisch in argumentationsgestützte Geltungsansprüche zu überführen vermöchte.* Damit ist kein bloß ärgerliches, aus der operativen Arbeitsweise von Argumenten resultierendes Defizit beschrieben, sondern ein Grundprinzip möglichen Argumentierens überhaupt freigelegt, insofern es immer schon *in einem System von* argumentativ funktionalisierbaren *Überzeugungen* operiert.[228] Das wurde oben (Kap. 11.0) die Unmöglichkeit genannt, voraussetzungslos zu argumentieren. Ein besonders instruktives Beispiel für die kategoriale Systemimmanenz argumentativen Operierens sind kirchenamtliche Verlautbarungen; „instruktiv" sind sie in einem doppelten Sinne: einmal ist Religion aufgrund ihrer Dogmatisierungsneigung noch am ehesten als kohärentes Glaubenssystem abbildbar; zum anderen ist an diesem System auch die Gefahr einer Argumentation besonders gut ablesbar, die ihre kategorial notwendige Geschlossenheit durch eine selbstreferentielle Abschottung zu schützen versucht, indem sie alle Aussagen mit einem Netz argumentativer Absicherungen versieht, deren Herkunft aus heiligen (Offenbarungs-)Quellen nicht nur jeden Einwand autoritativ chancenlos machen muss, sondern auch den möglichen Bedeutungsverlust eines ganzen kategorialen Argumentationssystems zu ignorieren erleichtert.[229]

Freilich haben auch die oben (Kap. 10.3) genannten „symbolischen Formen der Verkörperung von Gründen" den „Raum vernetzter Gründe" „unübersichtlich[er]" werden lassen, als er aus diskursiv fokussierter Sicht zunächst erscheinen mochte, wie Habermas neuerdings eingesteht (2012, 57, 72); „unübersichtlich[er]" deshalb, weil in diesem „Raum" auch „Gewissheiten" abgelagert und für argumentatives „Anschließen" freigegeben sind, die „letztlich innerhalb eines Horizonts von undurchdringlich-opaken Erfahrungen" verhaftet bleiben, w. h.: „Der Raum der Gründe ist in einen nichtverbalisierbaren oder vorprädikativen Sinnhorizont eingebettet", der „über den Raum der explizit verfügbaren Gründe hinausgeht" (2012, 74, 76), insofern er „zwar einer Thematisierung zugänglich ist,

---

[228] Vgl. Wittgenstein 1971a, Nr. 109: „Die Probleme werden gelöst, nicht durch das Beibringen neuer Erfahrungen, sondern durch Zusammenstellung des längst Bekannten", was ein absolutes Zweifeln gar nicht zulässt; denn „wer an allem zweifeln wollte, der würde auch nicht bis zum Zweifel kommen. Das Spiel des Zweifelns selbst setzt schon die Gewissheit voraus" (1971, Nr. 115). Vgl. Aristoteles *Top.* 105a bzw. 164b über Unterschied zwischen „Dialektik" und „Eristik".
[229] Das gilt für Verlautbarungen des Hl. Stuhls und der Bischofskonferenz ebenso wie für die der EKD. Beispielhaft dafür ist die Diskussion über den Zölibat in der katholischen Kirche, die amtskirchlich verweigert wird, weil die „katholischen Standpunkte dem göttlichen Schöpfungswillen entspringen. Darüber können wir nicht verfügen" (Kardinal Woelki, Köln). Verwandte Versuche gab es auch, um absolute (also göttliche) Anfänge für die Menschenrechte zu finden und so ihre prekäre Geltungsbasis zu sichern, s. Arendt 2000, 601 ff.

aber einer radikalen Problematisierung entzogen [bleibt]" (2012, 71). Vielmehr arbeiten „die guten Gründe" im Fall ihrer erfolgreichen Verflüssigung in Problemlagen rückwirkend selber mit an der Sicherung und Stabilisierung des „Raumes", in den sie „eingebettet" sind.

c) Die als „infinit" verdächtigte operative Arbeitsweise des argumentativen Kernprinzips der Rhetorik verliert überdies sofort ihren schlechten Leumund, wenn man sich mit Perelman u. a. von der Descartes'schen Annahme absoluter Gewissheitsmöglichkeit zu verabschieden und entsprechend den material-inhaltlichen Geltungs- und Vernunftbegriff gegen einen schon öfters genannten formalen bzw. prozeduralen einzutauschen bereit ist, der oben als zustimmungsabhängiger Geltungs- bzw. Vernunftbegriff bestimmt worden ist (Kap. 10.2.1). Mit ihm verliert die operative Infinitheit der Argumentation nicht nur ihren Schrecken, sondern bietet sich vielmehr als attraktive, weil äußerst angemessene und treffende Beschreibung der Funktionsweise argumentativer Zustimmungsnötigung an, insofern sie jetzt als operative Übersetzung des prozeduralen Geltungs- und Vernunftprinzips lesbar wird. Denn „infinit" beschreibt dann nur die operative Arbeitsweise der Argumentation, die an jeder Stelle eines Verständigungsprozesses ansetzen wie zu jeder Zeit wiederholt werden kann, wenn etwa früher unterstellte Plausibilitäten im Lichte neuer Einsichten brüchig werden, was ja eine Dauererfahrung in der Moderne ist. Man muss eigentlich nur den Begriff „infinit" durch den schon öfters implizit verwendeten Begriff *rekursiv* ersetzen, um das spezifisch argumentative Operieren positiv umdeuten zu können: Argumentation wäre so gesehen ein rekursiv funktionalisierbares Verfahren mittelbarer Geltungseinlösung bzw. -sicherung. Die Rekursivität dieses Verfahrens würde erkennbar die operative Bestimmtheit der argumentativ erzielten Verständigung mit der operativen Offenheit ihrer jeweiligen Zustimmungsabhängigkeit verbinden; denn das prozedural definierte Geltungs- bzw. Vernunftprinzip prämiert ja Zustimmungserfolge als vernünftig nicht aufgrund material-inhaltlicher Eigenschaften, sondern aufgrund der formal-prozeduralen Eigenschaften ihres Zustandekommens. Und deren Regeln ändern sich nicht mit der Änderung der jeweils argumentativ aktualisierten Überzeugungsressourcen.

d) Im Zusammenhang der attraktiv gewordenen Metapher „Raum der Gründe" hat – wie oben (unter b) erwähnt – Habermas neuerdings die sogenannten „symbolisch verkörperten Gründe" ins Spiel gebracht, die ein „Hintergrundwissen" speichern, das diskursiv zwar „verflüssigbar" ist, aber diskursiv prinzipiell nicht einholbar ist, ohne sich dadurch funktional ins Infinite zu verlieren. Nach Einsicht der rhetorischen Gattungslehre – die hier endlich nachzutragen möglich ist – hat dieses implizite „Hintergrundwissen" aber durchaus eine sprachliche Ausdrucksform gefunden, in der es selektiv und – das ist die eigentliche hier interessierende Pointe – *nicht-diskursiv* zur Selbstartikulation gelangt, – gemeint ist natürlich die Epideiktik (vgl. dazu Kopperschmidt 1999). Sie funktional zu rekonstruieren, gelingt meistens nur sehr schwer, weil die epideiktische Rede nicht nur nicht-diskursiv, sondern geradezu a-diskursiv gestimmt ist und damit durch das Fehlen jedes Problembezugs charakterisiert ist, was sie naheliegend als „Moratorium des Alltags" (Marquard 1994, 59 ff.) hat verstehen lassen, d. h. als befristetes Aussetzen alles dessen, was den Alltag gemeinhin ausmacht; und zu diesem Alltag gehört kommunikativ u. a. genau das, was wir bisher als genuines Tätigkeitsfeld von Rhetorik definiert haben, nämlich verständigungsbezogene Überzeugungsarbeit im Interesse kooperativer Handlungsermöglichung. Dagegen ist die epideiktische Redegattung aufgrund ihres laudativen Charakters ebenso auf eine dezidiert „bejahende", ja „affirmative" Grundstimmung festgelegt wie das Fest (vgl. Kopperschmidt 1999, 9 ff., 149 ff.), in dessen Rahmen die Epideiktik in Gestalt der Festrede ja auch ihre genuine und originäre Funktion bis heute findet. Die Hochschätzung der Epideiktik seitens der rhetorischen Tradition wird mithin nur verstehbar und ihr systematischer Stellenwert in der Rhetorik nur nachvollziehbar, wenn es gelingt, zwischen der Überzeugungsarbeit der Rhetorik im Alltag und ihrer epideiktischen Festrolle als dem gleichnishaften *Sonntag der Rhetorik* einen plausiblen Zusammenhang herzustellen. Dieser scheint mir evident zu sein und in Habermas' neuer Hypothese über die Funktion von Riten für eine gelingende soziale Vergemeinschaftung eine zusätzliche willkommene Stützung zu finden: Ebenso nämlich wie Riten „jenseits der Diskurse" Vergewisserungen kollektiv erfahrbar werden lassen, damit sie „im Falle von Problematisierungen auf Gründe verweisen" können (2012, 70–71, 77 ff.), hilft die epideiktische Rede den Gewissheiten, sich auf eher ikonische und narrative Weise ihre kollektive Bindekraft bestätigen zu lassen, damit man sie in Problemlagen nutzen kann, um aus ihnen situativ argumentative Überzeugungskraft zu gewinnen.[230]

Zusammen mit den drei anderen Einwänden dürfte damit – so hoffe ich – das Bedrohungspotential des infiniten Regresses, was den Vernunftanspruch argumentativ operierender Rationalität angeht, zumindest eingedämmt sein.

---

[230] Welche Bedeutung eine Paulskirchen-Sonntagsrede haben kann, ist exemplarisch an der Weizsäcker-Rede zum 8. Mai von 1985 ablesbar, vgl. dazu Kopperschmidt 1999, 149 ff. und FN 28. Wie sehr man andererseits eine Sonntagsrede am gleichen Ort missbrauchen kann, hat Martin Walser 1988 in seiner Rede über „Erfahrungen beim Verfassen einer Sonntagsrede" gezeigt, vgl. dazu Kopperschmidt, Josef. „Deutsche Sonntagsreden". *Politische Kommunikation im historischen Wandel*. Hgg. Hajo Diekmannshenke und Iris Meißner. Tübingen: Stauffenburg, 2001. 269 ff.

11.2 Multifaktorielle Überzeugungskraft

Mit unseren bisherigen Überlegungen haben wir jetzt einen Punkt erreicht, an dem die im letzten Unterkapitel eingeführten bzw. wiederholten Schlüsselbegriffe oder -metaphern selbst dazu drängen, in Form einer neuerlichen Engführung so miteinander vernetzt zu werden, dass sich mit ihnen der substanzielle Gehalt dieser Überlegungen thesenhaft reformulieren lässt, etwa so: Um sich am *Sprachspiel der Vernunft* zu beteiligen, muss man *den Raum der Gründe* betreten, der zugleich *das Reich der Rhetorik* erschließt; denn Argumente gelten seit Aristoteles als das Herzstück (*soma*) jeder ernsthaften Rhetoriktheorie (*Rhet.* 1354a), weshalb es kein Zufall war, dass Perelman an diesen Aristoteles mit dem ersten Satz seines *Argumentationstraktats* anschloss, den er als *Neue Rhetorik* verstanden wissen wollte und der zugleich einen radikalen „Bruch" mit Descartes ratifizieren sollte, dessen Vernunftkonzept „die westliche Philosophie der letzten drei Jahrhunderte geprägt [habe]" (2004, 1). Nötig war dieser „Bruch" nach Perelman, um das jahrhundertelange Desinteresse von „Logikern und Erkenntnistheoretikern" an „jenen Beweismitteln" endlich aufzuheben, „durch die man sich Zustimmung sichert". Solche „Beweismittel" – Argumente genannt – haben eine für „Logiker und Erkenntnistheoretiker" befremdliche Eigenschaft, nämlich – so die mit Habermas fast identische Formulierung Perelmans – sie pflegen „*weder zwingend schlüssig noch willkürlich* [meine Hervorhebung, J. K.]" zu sein (2004, 1 und 730; s. o. Kap. 11.0); und doch können solche Argumente eine eigensinnige, nämlich *zur Zustimmung nötigende Überzeugungskraft* entwickeln, die nicht schlichtweg als vernunftlos verworfen werden kann. Vielmehr ist diese argumentativ gestützte Zustimmungsnötigung die einzige Weise, wie sich Vernunft zur Geltung bringen lässt im Bereich einer Praxis, die sich Vernunftansprüchen *more geometrico* dezidiert entzieht (Perelman 2004, 1–2). Diesen Bereich für die Philosophie zurückzugewinnen und methodisch mit Hilfe der Rhetorik zu erschließen, ist das leitende Interesse Perelmans wie es das Interesse des antiken Meisterdenkers war, an den er sich besonders gern angeschlossen hat, nämlich Aristoteles. Freilich nicht an den Aristoteles der analytischen Schriften, sondern an den Autor der *Rhetorik* und *Topik*. Damit sind Werke gemeint, in denen es um die Vernunftchancen praktischer Problemfragen geht, d. h. um die Vernunftchancen deliberativer Argumentation, die auf keine Evidenzen zurückgreifen können, welche „durch sich selbst" zur Zustimmung zwingen („selbstevident") (*Topik* I 1). Gegen solche Evidenzen aber „argumentiert man nicht" (Perelman 2004, 1), selbst wenn sie ihre o. g. „trianguläre" Grundstruktur nur erfolgreich unkenntlich gemacht haben; man argumentiert gegen Meinungen (*doxai*), die ihre Zustimmungsnötigung argumentativer Abstützung „durch etwas anderes" verdanken (*Topik* I 1), will sagen: die ihren Geltungsanspruch *mittelbar* erst aus

Geltungsbeziehungen zu anderen Meinungen herleiten, die ihrerseits aber auch immer zustimmungsabhängig bleiben und so implizit auf engmaschige deliberative Argumentationsnetze verweisen, die viel Platz für Strittiges bereit halten und noch einmal bestätigen, was oben gesagt wurde: Argumentieren ist kommunikative Herkulesarbeit, die man nicht ohne triftige Gründe auf sich nimmt. Aristoteles nennt solche argumentative Verständigungsarbeit „Dialektik", die im Unterschied zur „Apodiktik" auf deliberatives Reden (*dialegesthai*) angewiesen ist, weshalb Perelman seine Argumentationstheorie zunächst auch mit diesem historischen Begriff kennzeichnen wollte und nur aus begriffsgeschichtlichen Gründen den als weniger missdeutbar eingeschätzten Titel *Neue Rhetorik* wählte (2004, 6–7; 1980 11 ff.).

Da die in der Aristotelischen *Topik* vorgenommene Unterscheidung zwischen „Dialektik" und „Apodiktik" sich nicht an unterschiedlichen syllogistischen Operationen festmacht, sondern an unterschiedlichen Prämissen (erste Sätze), ob sie nämlich „durch etwas anderes" oder „durch sich selbst" (selbstevident) zustimmungsfähig sind, hängt die Plausibilität dieser Unterscheidung zwischen „Dialektik" und „Apodiktik" entsprechend an der möglichen Existenz solcher aus sich selbst zur Zustimmung zwingenden Evidenzen. An den von Aristoteles' selbst genannten Beispielen für solche Evidenzen (dass man z.B. Götter verehren müsse, *Topik* I 11), ist exemplarisch ablesbar, wie sehr solche Evidenzen auch nur kulturell und historisch imprägnierte kollektive Meinungen abbilden, deren Geltung freilich, wenn sie erst einmal selbstverständlich geworden ist, ihren *zustimmungsbedingten Geltungsgrund* regelhaft zu vergessen pflegt, bis er sich bei Störungen der Geltungsbasis wieder bemerkbar macht. Denkgeschichtlich jedenfalls ist es fraglos für ein „apodiktisches" Geltungsprinzip zunehmend schwerer geworden, sich gegen das „dialektische" Konkurrenzprinzip zu behaupten. Denn tendenziell werden sich immer mehr Geltungsansprüche ihrer Zustimmungsbedingtheit bewusst und anerkannte Geltungen werden zu geltenden bzw. herrschenden Meinungen depotenziert, mithin zu eben dem, was Aristoteles (graduierbare) *endoxa* (anerkannte Meinungen) genannt[231] und der „Dialektik" als Zuständigkeitsbereich zugeschlagen hat. Entsprechend ist das Reich der Evidenzen immer kleiner und „das Reich der Rhetorik" (bzw. der „Dialektik") entsprechend immer größer geworden, bis aus notorischem „Mangel an Evidenz" „*alles, was diesseits der Evidenz übrig bleibt, Rhetorik* [wurde] [meine Hervorhebung, J. K.]" (Blumenberg 1981, 111, 112, 116–117 und oben Kap. 5). In der Notwendigkeit dieser Konsequenz, zu der sich explizit freilich nicht viele Denker

---

[231] Mit einer geradezu tautologieverdächtigen Formel bestimmt er *endoxa* als Meinungen, die *endoxoi* vertreten (*Top.* I 1); vgl. Bien 1972, 345 ff, 359; Bornscheuer 1976, 26 ff.

haben durchringen können oder wollen, liegt der eigentliche Grund für das, was *rhetorical turn* genannt wird und was zeitdiagnostisch hochsymptomatisch ist, weil er konvergiert mit dem für die Moderne typischen Ende aller evidenzbasierten Gewissheitsoptionen (s. o. Kap. 8).

Im Rahmen dieses *turn* wird eine Frage für uns interessant und zugleich dringlich, die bei der bisherigen mikrostrukturellen Rekonstruktion des Argumentierens zu kurz gekommen ist, nämlich: Wenn „kein einzelnes Argument zwingend ist" (Perelman 1980, 141, 18 ff.), wenn „es [also] kein einzelnes Argument gibt, das alle überzeugen könnte oder müsste" (Kuhn 1973, 209), wenn – anders gesagt – das „Prinzip des unzureichenden Grundes der Hauptsatz aller Rhetorik ist" (Blumenberg 1981, 124) und deshalb keine argumentative Zustimmungsnötigung einen *beweisanalogen Zwangscharakter* besitzen kann, wie vermag sie dann gleichwohl nach Habermas einen „zwanglosen Zwang" auszuüben, der sich der Überzeugungskraft eines zumindest vergleichsweise „besseren Arguments" verdanken soll?

Der auffällige Komparativ „besser" enthält einen ersten Hinweis für eine mögliche Antwort: Argumente lassen sich hinsichtlich ihrer jeweiligen Überzeugungskraft über den Vergleich mit anderen Argumenten graduieren (auch schwache Argumente sind und bleiben Argumente), was der Zwangscharakter stringenter Beweise nicht zulässt, der entweder gilt oder eben nicht gilt, aber keine Zwangsgraduierung kennt. Diese unterschiedsrelevante Eigenschaft möglicher Überzeugungskraft von Beweis und Argumentation hat natürlich zur Suche nach möglichen *Kompensationen* dieses Mangels geführt. *Eine* Form solcher Mängelkompensation besteht darin, durch *Pluralisierung* von mehr oder weniger überzeugungsstarken Einzelargumenten die Gesamtbilanz der Überzeugungskraft einer Argumentation additiv zu steigern (vgl. Perelman 1980, 141 ff.; 2004, 653 ff.). Eben diese Strategie schlägt auch Vico (1708) vor und macht an ihr nicht nur den Unterschied fest zwischen Wissenschaft und Rhetorik, zwischen „Gelehrsamkeit" (*scientia*) und „Klugheit" (*prudentia*) (1963, 60), sondern auch den Vorteil der Rhetorik gegenüber der Wissenschaft. Dieser Vorteil schützt nämlich die Rhetorik als Mängelkompensation davor, als „bloßes Resignationsideal" (Gadamer 1960, 18) missverstanden zu werden: Während die Wissenschaft „aus einer einzigen Ursache möglichst viele Wirkungen" ableiten will, sucht die Rhetorik nach möglichst vielen Gründen, die für eine Meinung sprechen. Die Methodisierung dieser Suche nennt Vico mit dem traditionellen Titel „Topik" (*topica*) im Unterschied zur „Kritik" (*critica*): Topik leitet dazu an, bei Problemlagen „alle Orte (*loci/topoi*), wo Argumente bereitliegen könnten, wie Buchstaben eines Alphabets [zu durchlaufen]", um zu prüfen, „was jeweils in der vorliegenden Sache überzeugend gemacht werden kann" (1963, 31). Dadurch wird die topisch angeleitete Rede im Unterschied zur kritischen „reichhaltig" (*copiosa*) und „umfassend" (*plena*), wobei diese Eigenschaften das Produkt der eben genannten kompensatorischen Pluralisierung von Argumenten sind. Dabei kann sich deren Pluralisierung aber sowohl auf die *numerische Vielzahl* der Argumente beziehen wie auch auf deren *formale Vielfalt*. Beides erweitert und flexibilisiert die Anschlussfähigkeit von Argumenten an die jeweiligen Zuhörer und deren Plausibilitäten wie es der Vielschichtigkeit praktischer Problemlagen entgegenkommt, vor der „unkluge Gelehrte" (*docti imprudentes*) zu kapitulieren pflegen: „Sie gehen [nämlich] vom allgemein Wahren auf das Einzelne los, durchbrechen so die Verschlingungen des Lebens", während die wirklich Klugen „Umwege" wählen, um „über die Unebenheiten und Unsicherheiten der Praxis das Wahre zu erreichen" (1963, 63); denn – so eine Habermas'sche Reformulierung von Vicos früher Einsicht – „die Ungewissheit im Handeln wächst, je strenger man in diesem Bereich die Maßstäbe für die wissenschaftliche Vergewisserung wählt" (1969, 18; zu Vico allgemein 1969, 15 ff.; Kopperschmidt 1981). Gleichsinnig rühmt Gadamer Vico dafür, den eigensinnigen „Vernunftcharakter, der in der Rhetorik liegt", erfolgreich verteidigt zu haben gegen die wissenschaftlichen Stringenz- und Besitzansprüche im „antirhetorischen Methodologismus der Neuzeit" (1986, 236, 273 ff; 1960, 16 ff.).

Topik lässt sich mithin als historischer Titel einer Argumente-Heuristik definieren, deren jeweilige Suchorte (*loci/topoi*) zugleich als Namensgeber für die dort auffindbaren Argumente genutzt werden können und so zugleich ein Klassifikationssystem für die typologische Vielzahl und Vielfalt von Argumenten anbieten, das bis heute im Gebrauch ist (s. Wagner 2009; Ostheeren 2009; Lausberg 1990, § 348 ff; Schirren und Ueding 2000; Bornscheuer 1976). Dieses Klassifikationssystem interessiert sich erkennbar nicht für die oben (Kap. 11.1) mithilfe von Toulmins funktionaler Rollenanalyse erläuterte allgemeine Mikrostruktur von Argumenten, sondern für deren *typologische* Bestimmbarkeit nach Maßgabe formaler Eigenschaften, die sich zu argumentativen *Mustern* oder Schemata zusammenfassen lassen (vgl. Kopperschmidt 1989, 178 ff.). Die einschlägige Aristotelische *Topik* enthält circa 100 solcher Argumentationsmuster; Perelmans berühmter Katalog der sogenannten „Argumentationsschemata" (*schèmes argumentatifs*) listet drei Klassen und 30 Unterklassen von Argumenten auf (dazu Kienpointner 1992, 187 ff.; Alexy 2001, 197 ff., 178 ff.), während sich Kienpointner mit circa 60 solcher Muster begnügt (1992, 132 ff.). Ich will diesen erfolgreich revitalisierten Bereich der traditionellen Rhetorik hier nicht weiter verfolgen, sondern unser Frageinteresse auf Perelman zurücklenken: Perelman hat nämlich nicht nur eine Vielzahl und Vielfalt solcher Argumentationsmuster bzw. -schemata erfasst, beschrieben und mit Beispielen illustriert; er hat – und das zielt direkt auf unser aktuelles Frageinteresse – auch den Begriff „Argument" entschieden erweitert, indem er sowohl den stilistischen „Figuren" (wie dem figurativen Prunkstück der traditionellen Rhetorik, nämlich der Metapher) argumentative und damit überzeugungsbezogene Relevanz ebenso attestiert (2004, 239 ff., 576 ff.; 1980, 46–47) wie dem Umfang oder der Anordnung von Argumenten (*dispositio*) und vielen anderen Faktoren, die gemeinhin als außerargumentative Überzeugungsressourcen galten und daher kein argumentationstheoretisches Interesse zu wecken vermochten (1980, 141 ff., 148 ff.). Ich will den Unterschied zwischen einer Rhetoriktradition, die auf Aristoteles und seine drei- bzw. fünfteilige Systematisierung der rhetorischen Überzeugungsressourcen zurückgeht,[232] und Perelmans tendenzielle Entgrenzung des Argument-Begriffs (die mir freilich – wie unten noch deutlich werden wird – nicht weit genug geht) nicht überschätzen, doch lässt sich an diesem Unterschied gut präzisieren, welche methodische Optionen es für eine mögliche Systematisierung der überzeugungsrelevanten Faktoren von Rede gibt. Man kann diese Faktoren nämlich entweder in der Tradition von Aristoteles *additiv* auflisten und neben Argumenten personale, stilistische, emotionale, mediale, situative usw. Ressourcen möglicher Überzeugungskraft unterscheiden[233] *oder* man kann mit Perelman diese Faktoren als zwar verschiedene, aber *integrativ* wirksame Überzeugungsdimensionen des gleichen Arguments verstehen. Ich favorisiere die Perelman'sche Methode und seine Wahl des Arguments als integrativen Bezugspunkt. Um das noch kurz zu begründen, betrete ich noch einmal den „Raum der Gründe" (s. o. Kap. 10.3).

Dieser „Raum der Gründe" meint ja keinen Raum, in dem Gründe gespeichert sind; das ist so wenig der Fall wie im „Raum der Stille" etwa Stille vorrätig zum Abholen bereitliegt. Wie Stille in eigens dafür vorgesehenen Räumen erst sozial hergestellt werden muss, so müssen auch Gründe in entsprechenden Funktionsräumen erst diskursiv vorgebracht bzw. zwischen Personen ausgetauscht werden, um *als* Gründe für oder gegen Geltungsansprüche wirksam werden zu können. Bei diesem Austausch sind die Argumente aber nur schwer von den Personen abzulösen, die sie vorbringen bzw. genauer: die sie überhaupt erst in den „Raum der Gründe" mitgebracht haben, um dort mit ihnen Geltungsansprüche

---

232 Neben *logos* sind es *ethos*, *pathos*, *lexis* und *taxis*, vgl. Wörner 1990, 285 ff. Die eben genannte *Topik* behandelt nur den *logos* und differenziert ihn in circa 30 verschiedene Formmuster. Etwas ganz anderes meint Aristoteles mit der Unterscheidung zwischen „technischen" und „untechnischen Überzeugungsmitteln" (vgl. Rapp 2002/2, 138 ff. und Hetzel 2011, 156 ff., 430 ff.).
233 Vgl. auch Quintilian *IO* II 15,6 über die verschiedenen Überzeugungsressourcen, die in der traditionellen Rhetorik auch über die fünf Bearbeitungsstufen persuasiver Texte Berücksichtigung finden (vgl. Lausberg 1990, § 255 ff.). Zur Geschichte solcher Systematisierungen vgl. neben Lausberg (1963, 26) Prakke, Henk. „Die Lasswell-Formel und ihre rhetorischen Ahnen". *Publizistik*, 10, 1965), 285 ff.

methodisch einzulösen.²³⁴ Das aber, was sie da mitgebacht haben, sind weit mehr als bloß argumentative Geltungsbeziehungen zwischen p und q, wie sie die bisher behandelte Argumentationsformel abbildet. Entsprechend ist die jeweilige Überzeugungskraft von Argumenten – wenn überhaupt – auch nur sehr schwer darnach aufteilbar, welchen Anteil an ihr die inhaltlich-materiale Dimension eines Arguments hat oder die Person des/der Argumentierenden oder die emotionale Gestimmtheit der argumentativen Adressaten usw. Entsprechend dieser integrativ bzw. holistisch wirkenden Rezeptions- bzw. Wirkungsweise von Argumenten definiere ich deren mögliche Überzeugungskraft als eine *multifaktoriell* bedingte Qualität (vgl. Hetzel 2011, 13, 430 ff.). Die oben (Kap. 9) mit goldenen Ketten symbolisierte rhetorische Beziehung zwischen Mund und Ohr darf daher nur als synekdochetisches Bild (*pars pro toto*) für einen vieldimensionalen Überzeugungsprozess verstanden werden.

Die multifaktorielle Qualität argumentativer Überzeugungskraft wird natürlich nicht notwendig bestritten, wenn man anders, als ich es vorschlage, nicht das Argument, sondern die Person zum integrativen Fixpunkt wählt.²³⁵ Doch so richtig es ist, dass es ohne Personen keine Argumente geben kann, so spricht dennoch Einiges dafür, nicht die Person zum methodischen Fixpunkt für die Rekonstruktion der vielfältigen Überzeugungsdimensionen von Argumenten zu wählen. Denn Argumentierende können personal nicht oder (etwa bei historischen Argumentationsbeispielen) nicht mehr zugänglich sein, sodass deren personenabhängige Wirkung in die Rekonstruktion der Überzeugungskraft einer Argumentation gar nicht eingehen kann, was deren Bewertung möglicherweise völlig verfälscht. Außerdem kann ein Medium vom Argumentierenden gewählt worden sein, das – wie die Schriftform – personale Überzeugungsfaktoren gar nicht nutzen kann oder will, mag dieser Mangel gelegentlich auch durch elaborierte Sprachstilistik (aus der Literatur und Briefkultur bekannt) wettzumachen sein. Schließlich können sich Argumente von ihrer Personenbindung in einem Ausmaß ablösen, das ihnen fast eine personenunabhängige Existenz zu verschaffen scheint, als ob sie – entgegen der obigen Aussage – doch in einem „Raum der

---

234 Denn „alles Gesagte ist von jemandem gesagt", so lautet das 2. Grundtheorem von Humberto R. Maturanas und Franzisco J. Varelas *Der Baum der Erkenntnis* (Hamburg: Scherz Verlag, 1987, 32), womit der Annahme beobachter- bzw. beschreibungsunabhängiger Gegenstände widersprochen wird. Ich würde das Zitat aus rhetorischer Sicht noch um den Zusatz ergänzen: „und ist zu jemandem gesagt".
235 So z. B. Knape (2000, 33 ff.), der den „orator" zum „archimedischen Punkt der Rhetoriktheorie" wählt. Ähnlich Oesterreich, der die Produktionsstadien der persuasiven Rede „fundamentalrhetorisch" als „Teilkompetenzen" einer „personalen" Kompetenzstruktur der oratorischen Existenz interpretiert (1990, 104 ff.). Vgl. auch Robling 2007.

Gründe" lagerbar wären. Dem aber ist nicht so, weil die Existenz personenunabhängiger Argumente in Wahrheit doch nur eine thematisch genau bestimmbare *Diskursformation* festhält, in der sich einschlägige Argumente aus einer aktuellen Diskussionspraxis (wie etwa Sterbehilfe) verdichtet haben, die jeden, der sich in diese Diskussion ernsthaft einklinken will, zur vorgängigen Berücksichtigung und Stellungnahme nötigen.

Bleibt zu resümieren, dass die Wahl des Arguments als methodischen Fixpunkt für die Rekonstruktion der multifaktoriellen Überzeugungskraft nicht nur Sinn macht, sondern geeigneter erscheint als jede andere Option, um die Vielfalt der Überzeugungsdimensionen nicht bloß additiv aufzulisten, sondern integrativ zu verbinden. Bleibt weiter festzuhalten, dass jede Argumentationstheorie, die diese Vielfalt argumentativer Überzeugungsdimensionen nicht oder nur restriktiv berücksichtigt, den spezifischen Charakter argumentativer Überzeugungskraft ebenso verfehlt wie deren komplexe Gelingensbedingungen. Ein Versuch der Unterscheidung dieser komplexen Bedingungen nach innerargumentativen Geltungsbeziehungen und außerargumentativen Stützfunktionen läge zwar nahe, ist aber sinnwidrig, wenn denn gilt, dass alle diese außerargumentativen Stützfunktionen ja immer nur innerargumentativ wirksam werden können, insofern sie die Zustimmungsfähigkeit der argumentativen Geltungsbeziehungen auf je eigene Weise erhöhen und darum zumindest *subsidiär* am Zustimmungserfolg mit beteiligt sind.[236] Deshalb attestiert die Rhetorik sogar dem Köper der Redenden eine eigensinnige Sprachfähigkeit, deren geradezu reflexhafte Aktivierung sich selbst beim Telefonieren einstellt und sich (nicht nur bei Südeuropäern beobachtbar) zu einer „Eloquenz des Körpers" (*eloquentia corporis* (Cicero)) elaborieren lässt. Umso mehr leiden Rhetoriker (und viele mit ihnen), wenn diese korporale Eloquenz situativ stumm bleibt (bzw. zur Rautengeste verkümmert) oder sogar geschlechtsspezifisch völlig unterdrückt wird durch kulturell bedingte Vollverschleierungsgebote. Dass die ihrerseits durch ein wegweisendes Urteil des EGMR (Europäischer Gerichtshof für Menschenrechte) wenigstens für den öffentlichen Raum delegitimiert wurden, wird wohl jeden Rhetoriker freuen, nicht zuletzt wegen der interessanten Urteilsbegründung, insofern sie die kommunikative Binnenstruktur öffentlicher Räume offensiv verteidigt (s. dazu unten Kap. 11.2b).

Das Wissen um die argumentative Relevanz der verschiedenen indirekt bzw. subsidiär wirksamen Überzeugungsressourcen erschließt sich natürlich so wenig

---

[236] Die Habermas'sche Diskurstheorie kennt (ebenso wie Toulmin) diese diversen Stützfunktionen argumentativer Rede aufgrund ihrer logozentrischen Fokussierung nicht, was zur Annahme nötigt, dass „das Reich der Rhetorik" auch geltungstheoretisch größer ist als „der Raum der Gründe" (erst recht als Andersens *Garten der Rhetorik*. Darmstadt: Primus, 2001) und deshalb kategorial zur Rekonstruktion von Überzeugungsprozessen die geeignetere Methode bereithält.

wie die o. g. normative Geltungsbasis der Rede (Kap. 10) einer bloß kontemplativen Erkenntnishaltung, sondern verlangt eine empirische Beobachtung konkreter Argumentationsprozesse und deren geltungspragmatische Rekonstruktion. Für Letzteres gibt es freilich erst ein Interesse, seitdem die Gelingensbedingungen von Kommunikation in den philosophischen Fokus von Diskurs-, Argumentations-, Kommunikations- und Rhetoriktheorie geraten sind. Für die subsidiären Überzeugungsressourcen dagegen hat sich die traditionelle Rhetorik seit der Antike immer schon intensiv interessiert und subtile Klassifikationen für deren Systematisierung vorgeschlagen, an die sozialtechnologisch orientierte Rhetorikinteressen bis heute besonders bereitwillig anschließen und so mithelfen, den zumindest ambivalenten Ruf der Rhetorik aufrecht zu halten und philosophischen Ambitionen einen Rhetorikzugang zu erschweren.

Ich werde mich im Folgenden mit den ebenso beeindruckenden wie einschüchternden Versuchen nicht weiter befassen, die Faktoren überzeugungskräftiger Rede möglichst komplett zu rekonstruieren und zu systematisieren; statt dessen werde ich mich nur auf einige wenige Faktoren beschränken, um wenigstens beispielhaft deren jeweilige Überzeugungsleistung zu klären (a bis d) und meine These abzustützen, dass selbst im „Raum der Gründe" Argumente ihre Überzeugungskraft nicht allein innerargumentativen Geltungsbeziehungen verdanken.

11.2.1 Inhaltliche Faktoren argumentativer Überzeugungskraft

Argumente – so war mehrfach betont – verbrauchen immer mehr Überzeugungen, als sie selbst jeweils methodisch abzusichern vermögen. Entsprechend sind die argumentativen Überzeugungsressourcen ebenso notorisch *knapp* wie die Vielfalt der Problemlagen notorisch groß ist, die argumentativ bewältigt werden wollen bzw. müssen. Diese Ressourcenknappheit nötigt dazu, möglichst viele Überzeugungspotentiale für eine argumentative Problembewältigung zu erschließen, was methodisch meint: die argumentativen Anschlusschancen an möglichst viele Überzeugungspotentiale *operativ* zu ermöglichen. Die Topik hat dazu einige *Argumentationsmuster* vorgeschlagen, mit deren Hilfe solche argumentativen Anschlusschancen über die Grenzen verschoben werden können, die mit der bisher erläuterten reduktiven bzw. deduktiven Geltungsbeziehung zwischen p und q markiert sind, auf deren Unterstellbarkeit die argumentative Standardformel „p gilt, weil q gilt" ja beruht. Damit ergänzen wir jetzt die *numerische Vielzahl* von Argumenten um deren *formale Vielfalt* und damit um eine weitere Chance, den Evidenzmangel von Argumenten methodisch zu kompensieren. Bevor ich eines dieser beispielhaften Argumentationsmuster formal beschreibe

und funktional erkläre, zitiere ich drei einschlägige Texte, denen erkennbar das gemeinte Strukturmuster zugrunde liegt:
1) „Wenn Gott schon das Gras so prächtig kleidet, das heute auf dem Felde steht und morgen ins Feuer geworfen wird, wieviel mehr dann euch, ihr Kleingläubigen?" (*Mt-Evangelium* 6,30).
2) „Wenn schon die israelische Armee den Terror nicht bändigen kann, wie könnte es eine UN- oder Nato-Truppe tun?" (Joffe, Josef. „Ein Krieg auf Wunsch der Terroristen". *DIE ZEIT*, 15/2002, 1).
3) „Wie soll jemand, der nicht mal bereit ist, ein altes T-Shirt aufzubewahren, Menschen die Treue halten?" (Tutmann, Linda. „Alles mein". *DIE ZEIT*, 6/2017, 48).

Das identische Muster, das diesen drei Argumentationsbeispielen zugrundliegt, ist leicht zu erkennen, weil es bis in die sprachliche Oberflächenstruktur hinein durchscheint. Es lässt sich wie folgt rekonstruieren: Wenn schon (selbst, sogar) q gilt (bzw. nicht gilt), dann muss erst recht p gelten (bzw. dann kann erst recht p nicht gelten). In die bisherige argumentative Standardform (p, weil q) zurückübersetzt lautet dieses Argumentationsmuster:

> *p muss gelten, weil sogar q gilt* bzw.: *p kann nicht gelten, weil selbst q nicht gilt.*

Es wird hier offensichtlich wiederum eine Geltungsbeziehung zwischen p und q behauptet; doch diesmal (ich beschränke mich auf die positive Variante) wird die fragliche Gültigkeit von p nicht auf die unterstellte Gültigkeit von q zurückgeführt, sondern als eine *in* der Gültigkeit von q gleichsam mitratifizierte Gültigkeit behauptet. Dabei meint „mitratifiziert": man kann q nicht als gültig unterstellen, ohne zugleich auch zur Zustimmung von p genötigt zu sein, was umgekehrt heißt: mit der Zustimmungsnötigung von p wird eigentlich nur die Konsequenz aus der zustimmungsbedingten Gültigkeit von q gezogen. Die Spezifik dieser Geltungsbeziehung zwischen p und q ist freilich – anders als die bisher behandelte Geltungsbeziehung „p, weil q" – nicht *reduktiver* oder *deduktiver*, sondern *komparativer* Natur, w. h.: Die hier unterstellte Geltungsbeziehung zwischen p und q legitimiert sich nicht aus einer inhaltlich-materialen (intensionalen) Beziehung der in p bzw. q behaupteten Sachverhalte, sondern aus einem gezielten *Plausibilitätsvergleich* zwischen p und q, der im Fall einer eindeutig positiven Plausibilitätsdifferenz zugunsten von p für dessen argumentative Abstützung durch q genutzt werden kann.[237] Überzeugungskräftig ist in diesem Fall eine argumentative Abstützung

---

[237] Vgl. Lausberg 1996, § 395; Perelman 2004, 341 ff. Das „tertium comparationis" ist in diesem Fall der jeweilige Plausibilitätsgrad einer Aussage; vgl. dazu Kopperschmidt 2011, 224 ff.

also, wenn ihre Zustimmungsnötigung für p nur eine geltungspragmatische Regel einklagt, der kaum zu widersprechen sein dürfte. Und diese Regel lautet, dass ein vergleichsweise hochplausibler GA (p) erst recht zustimmungsfähig sein müsste, wenn sogar ein vergleichsweise weniger plausibler GA (q) mit Zustimmung rechnen kann (vgl. Kopperschmidt 1989, 179 ff.).

Wir können für das Einklagen dieser geltungspragmatischen Regel auf eine Formulierung zurückgreifen, die wir oben (Kap. 11.1) bereits benutzt haben, um mit ihr vergleichbare Regelverletzungen zu kennzeichnen, nämlich: *Es kann doch nicht sein*, dass ein weit mehr plausibles p nicht gilt, wenn sogar ein weniger plausibles q in Geltung ist. Dieses Nicht-Können hat erfahrungsgemäß eine argumentativ große Suggestivkraft, die sich aber erst aufgrund eines gezielten Plausibilitätsvergleichs zwischen p und q aufdrängt, wenn er – und nur dann wird ein solcher Vergleich natürlich überhaupt gewagt – sicher zugunsten von p ausgeht. Dass Gott – um die Vergleichsoperation am oben zitierten Beispiel 1 zu skizzieren – das Gras wachsen lässt, ist eine Aussage, die unter bestimmten (religiösen) Denkvoraussetzungen (es gibt einen Gott; er hat die Welt geschaffen; er kümmert sich um sein Schöpfung; er kümmert sich sogar um das Gras) ebenso unproblematisch sein dürfte, wie die Aussage, dass Gott den Menschen geschaffen hat. Argumentativ ertragreich werden diese beiden Aussagen freilich erst, wenn sie in einen Plausibilitätsvergleich über die Frage gedrängt werden, was denn mehr Anspruch auf die Zuwendung seines Schöpfers erwarten könnte, der Mensch oder das Gras. Das Ergebnis dieser Frage ist aufgrund ihres gewählten Vergleichsfokus (Wertdifferenz) ebenso unstrittig wie die Konsequenz, die sich aus diesem Ergebnis argumentativ ergibt, suggestive Wirkung besitzt: Wenn schon das vergleichsweise wertlose Gras Gottes Interesse findet, um wieviel mehr muss das dann erst für den Menschen als Gottes Abbild gelten! Ersichtlich ist es genau dieses Ergebnis, das in unserem oben gewählten Beispiel 1 als Argument zitiert wird, während die gedanklich komplexe Operation, die zu ihm hinführt, implizit bleibt und risikofrei als Eigenleistung von jedem Argumentationsteilnehmer erwartet werden kann.

Mit diesem beispielhaft rekonstruierten Argumentationsmuster „p gilt, weil sogar q gilt" wird erkennbar das Aufrechterhalten der Geltung von q in gewisser Weise strategisch abhängig gemacht von der Geltung von p, obwohl es ja eigentlich um die argumentative Abstützung von p mit Hilfe von q ging. Diese implizite Verschiebung der Beweis- bzw. Begründunglasten ist ein argumentativer Geniestreich, dessen Pointe viele attraktive Anwendungsoptionen zulässt, weshalb dieses Argumentationsmuster auch bis heute zu einem der bekanntesten und verbreitetsten argumentativen Operationen zählt (etwa in der juristischen Methodenlehre). Das erklärt sich nicht zuletzt daraus, dass diese argumentative Operation exemplarisch demonstriert, wie man mit den oben als notorisch knapp gekennzeichneten Überzeugungsressourcen ökonomisch umgehen kann: Es müssen nämlich, folgt man der Logik dieses Argumentationsmusters, gar nicht in jeder Problemlage neue anschlussfähige Überzeugungsressourcen für eine mögliche argumentative Problemlösung gesucht werden; es reicht gelegentlich bereits aus, die möglichen Geltungsschwächen von akzeptierten Aussagen wie q durch gezielten *Geltungsvergleich* mit p geltungspragmatisch so weit bloßzulegen, dass q, würde man p ablehnen, sich kaum weiterhin halten ließe, woraus sich dann ein argumentativer Gewinn für die erfolgreiche Abstützung des primär interessierenden GA von p ziehen lässt.

Die konstitutive Rolle eines Plausibilitätsvergleichs hat diesem Argumentationsmuster bzw. den nach ihm gebauten Argumenten auch ihren (bis heute noch verwendeten) traditionellen Namen gegeben, nämlich: *argumenta a comparatione* (Vergleichsargumente) (vgl. Lausberg 1990, § 395 ff.). Es gibt drei Manifestationen dieses *komparativen* Argumentationsmusters gemäß der zugrundeliegenden Vergleichslogik: Neben dem gerade erläuterten *argumentum a maiore* oder *a fortiori* (positive Plausibilitätsdifferenz zugunsten von p) noch das *argumentum a minore* (negative Plausibilitätsdifferenz zu Lasten von p, z. B.: p gilt nicht, weil nicht einmal q gilt) und das *argumentum a pari* (Plausibilitätsparität: p gilt, weil auch q gilt) (vgl. Kopperschmidt 1989, 182 ff.).

11.2.2 Personale Faktoren argumentativer Überzeugungskraft

Zu den Faktoren, die nach unserer vorgeschlagenen Terminologie die Überzeugungskraft von Argumenten bloß subsidiär fördern, ohne sie – wie die eben erwähnten drei Argumentationsmuster – inhaltlich-material steigern zu können, gehören besonders die personalen Überzeugungsfaktoren. Nach dem, was seit Anfang 2017 in Deutschland als „Martin-Schulz-Effekt" bestaunt wurde (der den Kretschmann-Effekt bei den Grünen fast vergessen machte), dürfte wohl kaum noch jemand daran zweifeln, dass nämlich die mögliche Überzeugungskraft einer Aussage entscheidend von den *personalen* Überzeugungsqualitäten des Redners/der Rednerin beeinflusst wird wie Glaubwürdigkeit, Attraktivität, Ausstrahlung, Prestige, Prominenz, Integrität, Eloquenz, Geschlecht, Alter, Stimmqualität, Körpersprache etc. Denn wer den „Raum der Gründe" betritt, trägt ja nicht nur Argumente in diesen Raum hinein, sondern bringt sich selbst auch *als individuelle Person* mit und das meint weit mehr als Träger/in von Argumenten zu sein. „Man nimmt sich [eben] mit, wohin man geht" (Bloch 1963/1, 21). Gleichwohl wird niemand gern zugeben, dass er als Argumentationsteilnehmer von personalen Überzeugungsfaktoren wie Attraktivität, Prominenz, Geschlecht etc. des/der Redenden seine Zustimmung abhängig machen würde. Es wäre ja auch das wenig schmeichelhafte Eingeständnis, dass unser evolutionsgeschichtliches Erbe noch sehr wirksam ist, wenn wir uns etwa von der Schönheit einer Person statt vom materialen Gehalt ihrer Aussage beeindrucken ließen.[238] Und doch würde die Werbeindustrie nicht Millionen ausgeben, um uns ihre Waren aus der Hand von verführerischen Schönheiten anbieten zu lassen, wenn der *Imagetransfer* von der Person auf das Produkt nicht funktionieren und den Kaufanreiz zumindest verstärken würde. Und selbst Kriminelle profitieren auf Tatverdächtigen-Fotos (*mug shots* genannt in den USA) von dem bis heute wirksamen und durch die Kunst jahrhundertelang gepflegten Vorurteil, dass das Schöne nicht böse und das Böse nicht schön sein kann (bzw. darf). Phryne ist zur bekanntesten antiken Hetäre geworden, weil ihr Verteidiger in einem Gerichtsprozess ihr die Kleider vom Körper riss, um die überwältigende Schönheit dieser Frau als Unschuldsbeweis (!) den Richtern vorzuhalten – mit Erfolg, wie die einschlägigen Anekdoten und die Bilder (etwa *Phryne vor den Richtern* von Jean-Léon Gérôme 1861) bezeugen wollen. Wir glauben zu gern, dass „die Schönheit der Glanz der Wahrheit" sei (Augustin) oder – so die komplette Trias an Frankfurts „Alter Oper" – dass „das Gute, Schöne und Wahre"[239] sich nicht voneinander separieren und in funktionsspezifische Codes aufteilen lassen, wie es Luhmanns Systemtheorie puristisch vorschlägt. Wüssten wir nicht längst, dass Schönheit *selbst ein Argument ist* oder genauer: dass personale Attraktivität einer der wirksamsten subsidiären Überzeugungsfaktoren wäre, wir müssten zugeben, dass vor großer Schönheit noch jedes Argument in die Knie zu gehen bereit ist.[240]

Ein in unserem Fragekontext näherliegendes Beispiel für einen einschlägigen Imagetransfer hat weniger mit Schönheit zu tun als mit dem Prestige des Redenden. Ich wähle als illustratives Beispiel Ignaz Bubis' Gedenkrede, die er als Vorsitzender des Zentralrats der Juden in Deutschland am 9. November 1989 in der Synagoge von Frankfurt hielt. Dabei bediente er sich einiger Passagen aus

---

238 Vgl. Menninghaus, Winfried. „Biologie nach der Mode". *Evolution und Kultur des Menschen*. Hgg. Ernst P. Fischer und Klaus Wiegandt. Frankfurt: Fischer, 2010, 220 ff.
239 Vgl. Kurz, Gerhard. *Das Wahre, Schöne, Gute*. München: Wilhelm Fink, 2015.
240 Dass „Körper Leute machen" (Posch, Waltraud. *Körper machen Leute*. Frankfurt: Campus, 1999), ist mittlerweile so wenig ein Geheimnis wie dass „Schönheit immer recht hat" (so der Hauptartikel zum „Titelthema: Schönheit" in *DIE ZEIT*, 16/2017, 58–59) oder ein „symbolisches Kapital" ist, das karrierefördernd eingesetzt (vgl. Penz, Otto. *Schönheit als Praxis*. Frankfurt: Campus, 2010), unter Konkurrenzbedingungen in Castingshows begutachtet (vgl. Pörksen, Bernhard und Krischke, Wolfgang (Hgg.). *Die Casting-Gesellschaft*. Köln: Herbert von Halem Verlag, 2012) und für Produktwerbung genutzt werden kann (etwa über sogenannte „Influencer" auf Instagram; was deren „optische Performance" angeht, so bieten heute entsprechende Seminare an, was alles von der Brille bis zu den Schuhen zum „Personal Branding" beiträgt. Vgl. auch: Willems, Herbert (Hg.). *Theatralisierung der Gesellschaft*, 2 Bde. Wiesbaden: Springer VS, 2009).

der Gedenkrede, die Philipp Jenninger am 10. November 1988 als Bundestagspräsident im Bundestag hielt und die nach Meinung vieler Zuhörer so misslungen war, dass es zum Eklat kam und er sein Amt aufgeben musste.[241] Interessant an dem unfreiwilligen Rezeptionsexperiment von Bubis war, dass seine Zuhörer an den einschlägigen Passagen überhaupt keinen Anstoß nahmen und ihr Zitatcharakter erst durch Bubis selbst publik gemacht werden musste. Ich glaube – anders als ein Interpret dieses „Experiments"[242] – dass es nicht (zumindest nicht primär) die stilistische Umwandlung von der „erlebten" in die „indirekten Rede" war, die zu einer völlig anderen Rezeption der Rede geführt hat, sondern die Person des Redners, die den gleichen Worten einen anderen Klang gab. Es ist eben doch nicht das Gleiche, wenn verschiedene Personen das Gleiche sagen (vgl. Perelman 2004, §§ 72 und 73 bzw. 449 ff., 556 ff.). Ein mit dem Bubis-Beispiel vergleichbarer Fall ist die berühmt geworden Rede von Weizsäckers zum 8. Mai 1985, deren Zentralsatz „Der 8. Mai war ein Tag der Befreiung" fast gleichlautend von Helmut Kohl einige Wochen vorher formuliert wurde, ohne dass er ein besonderes Interesse zu wecken vermochte, während er in Weizsäckers Mund den Charakter einer politischen Botschaft annahm, die bis heute seinen Ruhm als öffentlicher Redner ausmacht.[243] Natürlich trifft, was bisher nur über die subsidiäre Stärkung argumentativer Überzeugungskraft durch *positiven* Imagetransfer gesagt worden ist, ebenso für deren Schwächung im Fall *negativen* Imagetransfers zu, wofür besonders politische Wahlkämpfe immer wieder reichlich Anschauungsmaterial bieten, wenn die Überzeugungskraft eines Arguments durch die versuchte Diskreditierung des Argumentierenden zu schwächen versucht wird.

Statt *Schönheit* oder *Prestige* kann natürlich auch die *Autorität* einer Person die Überzeugungskraft eines Arguments subsidiär erhöhen. Solche in der einschlägigen Literatur „Autoritätsargumente" (*argumenta ex auctoritate*) genannten Transferoperationen sind fraglos bis in die Gegenwart hinein immer äußerst beliebt geblieben (Perelman 2004, 432 ff.; 1980, 99 ff.; Kopperschmidt 1989, 190 ff.); zugleich zählen sie aber auch zu den problematischsten Argumentationsmustern, weil die Autorität einer Person für beliebige Zustimmungsziele instrumentalisiert werden kann, sofern man es mit den sachlichen Autoritätsgrenzen

---

[241] Vgl. König, Jan C. L. *Über die Wirkungsmacht der Rede*. Göttingen: V&R unipress, 2011.
[242] Vgl. Suzuki, Yasushi. „Erlebte Rede versus Indirekte Rede". *Zeitschrift für Angewandte Linguistik*, 33, 2000, 91 ff.; Brockhaus, Gudrun. *Schauder und Idylle*. München: Verlag Antje Kunstmann, 1997, 122 ff.
[243] Vgl. Martenstein, Harald. „Fehlt was?" *DIE ZEIT*, 22/2004, 49; Gill, Ulrich und Steffani, Winfried (Hgg.). *Eine Rede und ihre Wirkung*. Berlin: R. Röll, 1986; Kopperschmidt, Josef. „Der verflixte 8. Mai". *Der Deutschunterricht* 48, 1996, 71 ff.; Göttert 2015, 51 ff.

nicht allzu genau zu nehmen bereit ist. Obsolet ist zwar mittlerweile die Topik traditioneller Festreden geworden mit ihren obligaten bildungsbürgerlichen Autoritätsanleihen aus der Literatur („wie schon Goethe sagte"); doch Paulus konnte sich solche Anleihen in seiner berühmten Areopag-Rede in Athen (circa 50 n. Chr.) noch leisten, um seine Zuhörer für sich (zunächst) einzunehmen (*Apostelgeschichte* 17, 22 ff.). Doch auch in der Wissenschaft hat das Autoritätsargument immer noch einen guten Ruf, wie gelegentlich ausufernde Fußnoten-Zitate in einschlägigen Publikationen belegen können. (Auch ich verschweige ja die Namen meiner Säulenheiligen nicht und nutze deren Prestige zur Abstützung meiner Thesen ausgiebig). Und manchmal verzichtet sogar die alltägliche Konsumwerbung nicht darauf, mit leicht veränderten verbalen oder visuellen Zitatanleihen (z. B. „Hier bin ich Mensch – hier kauf ich ein" (*dm*))[244] das Interesse von bildungsbewussten Milieus durch Aufmerksamkeitsmarker zu wecken. Etwas subtiler als *dm* klagte (erfolgreich) ein Plakat 2010 vor der Tübinger Burse über die Entfernung einer dort hoch geschätzten Bank mit dem verfremdeten Zitat: „Hier war ich Bank – hier durft ich's sein". Weniger bildungsfreundliche Milieus müssen sich dagegen mit aggressiv sexualisierter Bildwerbung zufriedengeben.

Die beispielhaft genannten Autoritätsargumente dürften ausreichen, um die subsidiär förderliche Leistung des Prestigetransfers zu plausibilisieren, woraufauch immer das Prestige sich jeweils gründen mag (soziale Stellung, Wissen, Leistung usw.): Die Transferoperation ermöglicht es im Fall ihres Gelingens den Argumentierenden, den „Raum der Gründe" lokal wie temporal dadurch enorm auszuweiten, dass ihnen neben ihren eigenen auch die Argumente anderer (sogar früher lebender) Personen mitzunehmen oder bei Bedarf nachzuholen erlaubt ist, um sie zitativ für die Abstützung der eigenen Position zu nutzen. Dass bei solch bloß zitativer Einbeziehung von stützenden Fremdargumenten die Gefahr

---

[244] Innertextuelle Referenz auf Goethes *Faust* I, Vor dem Tor (Osterspaziergang). Bekannter sind heute im Zeichen des *iconic turn* (Boehm, Gottfried (Hg.). *Was ist ein Bild?* München: Wilhelm Fink, 1994) ikonische bzw. visuelle Referenzen auf berühmte Bilder wie etwa auf da Vincis *Abendmahl* oder besonders auf Michelangelos *Die Erschaffung Adams* mit der suggestiven Handgeste, die auf einem Buchcover sogar die dargestellten Personen zu vertauschen anregte, um die (an Feuerbach angelehnte) These zu visualisieren: *Und Mensch schuf Gott* (Boyer, Pascal. Stuttgart: Klett-Cotta, 2004). Zu welcher Perfidie visuelle Referenzen fähig sind, haben 2009 schweizerische Anti-Minarett-Plakate bei der (erfolgreichen) Volksabstimmung über ein entsprechendes Verfassungsverbot gezeigt, das Minarette als Raketen auf dem Boden der schweizerischen Nationalflagge positionierte; vgl. Kopperschmidt 2001, 228 ff. Zu Bildrhetorik vgl. den einschlägigen Themenband des Internationalen Jahrbuchs Rhetorik 24, 2005; Asmuth, Bernhard. Artikel „Bild/Bildlichkeit". HWRh, Bd. 2. Hg. Gert Ueding. Tübingen: Niemeyer, 1994, 10 ff.; Knape, Joachim (Hg.). *Bildrhetorik*. Baden-Baden: Verlag Valentin Koerner, 2007.

ihrer interessegeleiteten Instrumentalisierung wächst, liegt auf der Hand und ist nur durch monologiefeindliche Rahmenbedingungen unter Kontrolle zu halten. Andererseits ist aber die oben bereits genannte Verselbständigungs- bzw. Entpersonalisierungstendenz von Argumenten auch wieder eine Chance für das Rationalitätsniveau einer Argumentation und für die Vielfalt ihrer Anschlussoptionen; denn mit ihrer personalen Entkoppelung hängt die Überlebenschance von Argumenten ja nur noch an der Vitalität ihrer problembezogenen Überzeugungskraft, die einen ständigen Bewährungstest aushalten muss.

Gleichwohl kann natürlich erst die korporale Präsenz in einer Kommunikations- bzw. Argumentationssituation die ganze Vielfalt personaler Überzeugungsressourcen ausschöpfen und wirksam werden lassen. Das garantiert freilich nicht – wie oben schon angemerkt –, dass Personen von diesen Ressourcen situativ auch tatsächlich Gebrauch machen, gar einen solchen Gebrauch, dass man im o. g. Sinne von einer „körperbezogenen" bzw. *„korporalen Eloquenz"* (*eloquentia corporis*) reden könnte, die sich in Mimik, Stimme und Gestik usw. manifestiert bzw. artikuliert.[245] Ich erinnere an den oben eingeführten Begriff „korporale Eloquenz" hier freilich nicht, um noch einmal über die vielfach verpassten Chancen dieser wichtigen Eloquenzdimension zu klagen; ich will vielmehr anlassgemäß an die gelegentlich kulturell verhinderten, wenn nicht sogar geschlechtsspezifisch verbotenen Chancen erinnern, den eigenen Körper überhaupt zum Reden bringen zu dürfen. Es geht mir dabei jedoch nicht um den notorischen Kopftuch-Streit oder die verschiedenen Formen teilweiser Körperverschleierung (Hidschab, Al-Amira, Chimar) von Muslimas; es geht mir nur um Tschador, Nikab und besonders um die Burka, also um die Ganzkörperverschleierung (Abb. 15). Und ich rede hier davon, weil Frankreich diese Ganzkörperverschleierung im öffentlichen Raum seit 2011 rechtlich verboten hatte und weil der EGMR in Straßburg dieses Verbot 2014 als rechtmäßig mit einer Begründung bestätigt hat, die rhetoriktheoretisch meines Erachtens von höchstem Interesse ist. Sie nötigt nämlich dazu, die bisher unter den Stichworten „Freiheit" und „Gleichheit" allgemein skizzierten kulturellen, sozialen und politischen Ermöglichungsbedingungen von Rhetorik bis in deren körpersprachliche Dimension hinein zu erweitern, was meint: die körpersprachliche Dimension der Rhetorik selbst noch als ein *kulturell, sozial und politisch ermöglichtes und deshalb auch jederzeit gefährdetes Phänomen* anzuerkennen, was in unserem primär argumentationstheoretisch fokussierten Reflexionsrahmen bisher weithin unthematisiert bleiben musste und daher hier kurz nachgeholt werden soll.

---

[245] Vgl. Themenheft *Rhetorik* 13, 1994; Kalverkämper, Hartwig. Artikel „Körpersprache". *HWRh*, Bd. 4. Hg. Gert Ueding. Tübingen: Niemeyer, 1998, 1339 ff.

Abb. 15: Ungewöhnliche Talkshow (Quelle: NDR/Wolfgang Borrs)

Der EGMR wiederholte freilich in seiner Urteilsbegründung nicht die Argumente, auf die Paris sein Verhüllungsverbot seinerzeit stützte. Es übernahm auch nicht die frauenrechtlichen Argumente für ein Burka-Verbot,[246] wollte also nicht Frauen vor Diskriminierung schützen, sondern – und das ist die gemeinte rhetoriktheoretische Pointe dieses Urteils – es wollte den Raum der Öffentlichkeit vor Vollkörperverschleierung schützen, insofern es ihn als einen „Raum der Geselligkeit" (*vivre ensemble*) definiert, der gegen privatisierende Aushöhlungstendenzen zu verteidigen ist.[247] Es ist nämlich nach Meinung des EGMR widersinnig, den Raum der Öffentlichkeit zu betreten und zugleich ein diesen Raum überhaupt erst als öffentlich konstituierendes Prinzip *allgemeiner kommunikativer Zugänglichkeit* ostentativ zu dementieren. Das wäre – so ergänze ich – ähnlich widersinnig, wie einen „Raum der Stille" aufzusuchen, um endlich mit anderen einmal reden zu können. Maximilian Steinbeis liegt insofern schon richtig mit seiner harschen Kritik am EGMR-Urteil, dass es nämlich „das Recht, für sich zu sein, unter einen *Gesellligkeitsvorbehalt* stelle [meine Hervorhebung, J. K]" (s. FN 42). Genau das tut nämlich der EGMR: Er widerspricht implizit Steinbeis' These, dass „ich es bin, dem [mein] Gesicht gehört", weshalb auch „ich es bin, der mittels des Gesichts mit der Gesellschaft Kontakt aufnimmt – oder auch nicht [...]." (diese These vertritt auch gleichsinnig das Minderheitsvotum

---

246 Vgl. Schwarzer, Alice (Hg.). *Die große Verschleierung*. Köln: Kiepenheuer & Witsch, 2010.
247 Zit. nach Steinbeis, Maximilian. „Zur Gesellschaft verpflichtet". *SZ* vom 24. Juli 2014, 11.

des EGMR, das für das „Recht" eintritt, „ein Außenseiter zu sein"). Die republikanisch gestimmte Mehrheits-Gegenthese des EGMR behauptet dagegen: *Es gibt im öffentlichen Raum kein Kommunikationsverweigerungsrecht*, will sagen: Im öffentlichen Raum gehört mein Gesicht nicht mir allein, sondern allen, die diesen öffentlichen Raum mit mir teilen und deshalb (!) ein Recht haben müssen, mit mir auch jederzeit Kontakt aufnehmen zu können. Diesem Recht gegenüber einem vermeintlichen Recht auf Privatheit im öffentlichen Raum wieder Geltung zu verschaffen, ist das eigentliche (politische) Ziel dieses bemerkenswerten Straßburger Urteils. So gesehen verstößt das Burka-Verbot nicht nur nicht gegen Menschenrechte (wie die beiden Klägerinnen meinten), sondern schützt sie geradezu. Man mag an diesem Beispiel exemplarisch ablesen, wie verschieden sogar beim EGMR die jeweils als plausibel und darum als argumentativ überzeugungskräftig unterstellbaren Gewissheiten (*endoxa*) sind, um sich noch einmal bewusst zu machen, wie schwierig Verständigungsprozesse in der Regel ablaufen!

Und noch etwas schützt dieses EGMR-Urteil aus Straßburg, obwohl daran sicherlich keiner der 17 Richter gedacht haben wird: Es schützt die Möglichkeit von Rhetorik, deren Zentralbegriff „Überzeugungskraft" massiv ausgehöhlt würde, wenn deren körperabhängige Ressourcen unter einem Schleier versiegen müssten. Der von Platon im *Gorgias* erzählte Mythos vom Totengericht (523e) bindet Rhetorik sogar so sehr an Leiblichkeit, dass „der Leib [zur] Bedingung der Möglichkeit der Rhetorik" wird – so Niehues-Pröbstings griffige Formulierung (1987, 108): Beim Totengericht müssen nämlich – so will es Zeus' neu eingeführte Prozessordnung – Richter und Seelen nackt auftreten, damit die Wahrheit unverstellt von jeder rhetorischen Kunst ans Licht kommen könne – als gäbe es das wenigstens im Jenseits, was wir „nackte Wahrheit" zu nennen pflegen (Blumenberg 1998, 61 ff.). Der vom EGMR beschworene „Raum der Geselligkeit" jedenfalls liegt im Diesseits, erkennbar gar nicht fern von dem anderen Raum, der oben (Kap. 10.3) als „Raum der Gründe" vorgestellt worden ist. In diesem „Raum der Gründe" wird zwar weniger „Geselligkeit" gepflegt als argumentative Überzeugungsarbeit geleistet; die aber braucht Öffentlichkeit, weil Argumente „kein Privatbesitz sind", sondern „prinzipiell öffentlich zugänglich sein müssen" (Forst 2007, 24; Kettner 1996, 455). Doch mit Menschen, die ihr Gesicht verhüllt haben, lassen sich keine Argumente austauschen, wenn denn deren mögliche Überzeugungskraft den ganzen Menschen samt seiner sinnlichen Korporalität braucht, um den Mangel an beweisanaloger Zwangsfähigkeit durch multifaktorielle Überzeugungsmittel kompensieren zu können. Verhüllte Gesichter behindern sogar – wie Kleist-Leser wissen – „die allmähliche Verfertigung der Gedanken", weil die sich erst „beim Reden" einstellen („l'idée vient en parlant"), wenn sich der Redende etwa vom „Blick" aus einem „menschlichen Antlitz begeistern [lässt]", der ihm „einen halbausgedrückten Gedanken schon als begriffen ankündigt" und ihm so „oft den Ausdruck für die ganze andere Hälfte desselben schenkt".[248] So gesehen ist das EGMR-Urteil ein äußerst rhetorikfreundliches Urteil, das hoffentlich nach Frankreich (und teilweise in den Niederlanden) auch in vielen anderen Ländern Zustimmung finden und zu entsprechenden Gesetzesinitiativen führen wird.

Der eben zitierte großartige Kleist-Text nötigt mich freilich, die gerühmte EGMR-Entscheidung doch noch mit einer ernüchternden Anmerkung zu versehen: Ich halte nämlich die EGMR-Unterstellung eines noch intakten „Raums des Geselligkeit" für reichlich idealistisch angesichts allerorten – mit Ausnahme weniger großstädtischer Flaniermeilen – zu beobachtender *Reprivatisierungen* von öffentlichen Räumen, sei es durch telefonischen Dauerkontakt mit Menschen, die gar nicht im „Raum der Geselligkeit" anwesend sind, während die anwesenden Personen ausgeschlossen werden, sei es durch technisch jederzeit mögliche Auswanderung in einen von Musik geschaffenen Schallraum, den Nichtbeteiligte nur an befremdlichen, weil kommunikativ nicht nachvollziehbaren Körperbewegungen erahnen können. Smartphones und Ohrstöpsel scheinen mir jedenfalls mindestens ebenso massive Formen möglicher Kommunikationsverweigerung zu sein wie Burkas, Nikabs und Tschadors. Solchen Reprivatisierungen von Öffentlichkeit widersprechen nur scheinbar ebenso auffälligen Tendenzen zunehmender Bereitschaft zur *Veröffentlichung des Privaten*, die noch so viele Warnungen vor der fehlenden Vergesslichkeit des Internet und seiner Missbrauchschancen offensichtlich kaum (besonders bei Jugendlichen) zu bremsen vermögen.[249] Nur scheinbar widersprüchlich sind diese zeitgleichen Tendenzen, weil sie beide einen identischen Prozess anzeigen, nämlich den Bedeutungsverlust eines Binärcodes, der traditionell zwischen öffentlich und privat strikt zu unterscheiden nötigte. Für die Rhetorik ist dieser Prozess nicht ganz irrelevant, weil dieser Prozess auch Einschränkungen von Vernunftchancen impliziert, wenn denn die argumentative Sprache der Vernunft eine Öffentlichkeit braucht, die sie vor privatistischer Provinzialisierung schützt (vgl. Habermas 2005, 15 ff.).

---

[248] Kleist, Heinrich von. „Über die allmähliche Verfertigung der Gedanken beim Reden". *dtv-Gesamtausgabe*, Bd. 5. München: dtv, 1964, 53 ff. Vgl. ähnlich Kurt Tucholsky: „Eine Rede ist ein Orchesterstück: eine stumme Masse spricht nämlich ununterbrochen mit. Und das mußt du hören [...]" aus: „Ratschläge für einen schlechten Redner". *Gesammelte Werke*, Bd. VIII. Reinbek: Rowohlt, 1975; Gert Ueding (mit Bezug auf Adam Müller 1967, 64 ff.): „,Niemand kann ein größerer Redner sein als Hörer.' Über eine Rhetorik des Hörens". *Über das Hören*. Hg. Thomas Vogel. Tübingen: Attempto Verlag, 1996, 45 ff.

[249] Vgl. Han, Byung-Chul: *Die Transparenzgesellschaft*. Berlin: Matthes & Seitz, 2012, 59.

11.2.3 Sprachästhetische Faktoren argumentativer Überzeugungskraft

Die jetzt noch beispielhaft zu skizzierenden *sprachästhetischen* Überzeugungsmittel gehören einer Gruppe subsidiär wirksamer Argumentationsfaktoren an, die – zumindest heutzutage[250] – sicher nicht mehr zu den wichtigsten Überzeugungsressourcen zählen, obwohl sie in der Regel am ehesten mit dem assoziiert werden, was gemeinhin unter Rhetorik verstanden wird (und heute noch gelegentlich in Redeanalysen als Rhetorizitätsnachweis gilt; s. dazu unten Kap. 12.2). Dafür ist auch ein einschlägiges (freilich dezidiert „literarisch" interessiertes) *Handbuch* mitverantwortlich, mit dem Heinrich Lausberg seinerzeit (ab 1960) den Begriff von Rhetorik in Deutschland entscheidend mitgeprägt hat und ihr eine kategoriale Differenzierungs- wie formale Beschreibungspräzision verschafft hat, die ebenso imponierend war/ist, wie sie aufgrund ihrer Fokussierung auf die *elocutio* (Redegestalt) ein restriktives Rhetorikverständnis nachhaltig gefördert hat.[251] Ich will meine Einwände gegen das fraglos verdienstvolle *Handbuch der literarischen Rhetorik* hier nicht im Einzelnen wiederholen, sondern nur anmerken, dass es der seinerzeit bald einsetzenden breiten Linguistisierungswelle recht leichtgemacht hat, die Rhetorik geradezu als hochattraktives Experimentierfeld sprachästhetischer Strukturbeschreibungen zu nutzen und der Redeanalyse einen unerschöpflichen Katalog sprachästhetischer Kategorien bereitzustellen, die endlich etwas wissenschaftliche Präzision in den schwammigen Bereich doxastischer Verständigungsarbeit zu bringen versprachen. Der Preis für diesen unstrittigen Präzisierungsgewinn ist an den entsprechenden Arbeiten von Dubois u. a. (1974) und Plett (1975; 2000) exemplarisch ablesbar: Deren imposante Rekonstruktionen der rhetorische Figurenlehre – bei Plett als devianzästhetische Rekonstruktion der Quintilian'schen *quadripartita ratio* bzw. vierfachen Varianzformen – brachten zwar die Lausberg'sche Paragraphenrhetorik endlich auf das Niveau moderner Linguistik und machten auch die Rhetorizität eines Textes genauer bestimmbar, doch blieb die Frage wie bei Lausberg völlig unbeantwortet, wie und warum die strukturell so exakt und aufwendig beschriebenen und kategorial so subtil differenzierten sprachästhetischen Strategien funktional die Überzeugungskraft von Reden bzw. Argumentationen sollten subsidiär verstärken können. Außerdem

---

[250] Allzu große sprachästhetische Brillanz macht sich angesichts hoher Problemkomplexität schnell der Oberflächlichkeit verdächtig, weshalb das Eingeständnis (etwa in Shakespeares *Julius Cäsar* III 2), „kein Redner zu sein", geradezu als Seriösitätsgarant fungiert, was in Goethes *Faust* seine zitatanfällige Form gefunden hat: „Es trägt Verstand und rechter Sinn/mit wenig Kunst sich selber vor" (Nacht).
[251] Fast die Hälfte der 1242 Paragraphen behandelt die *elocutio*; vgl. dazu auch Hetzel 2011, 293 ff.

haben die genannten Autoren zumindest mitgeholfen, rhetorische Analysen mit penibler Auflistung textimmanenter Figuralität zu verwechseln, statt deren funktionale, nämlich argumentative Überzeugungsleistung kontextsensitiv zu bestimmen, wie es Perelman eindringlich in seiner Kritik an dem einseitig ornativ fokussierten Sprachinteresse der Rhetorik gefordert hatte (2004, § 36 ff.). Reich-Ranickis seinerzeit in Tübingen (!) vorgetragenes Bedauern, dass gerade der Rhetorik zum Thema Hitler (den er kühn „den größten Redner in der Geschichte Deutschlands" nannte) nichts eingefallen sei (1998, 197–198), war ebenso zutreffend, wie es leicht erklärbar war aus einer völlig unterkomplexen Bestimmung ihres Frageinteresses und eines entsprechend unterkomplex ausgestatteten Analyseinstrumentariums (vgl. Kopperschmidt 2003, 181 ff.). Einschlägige Belege für die erschreckende Dürftigkeit dieses Instrumentariums bieten Lausbergs eigene Analyseversuche literarischer Texte,[252] nicht weniger aber auch dessen beliebte Nutzung für die Analyse außerliterarischer Texte, wofür exemplarisch Helmut Kiesels Beantwortung seiner selbstgestellten Frage in der *FAZ* (4. August 2014, 11) stehen mag: „War Adolf Hitler ein guter Schriftsteller?". Erschreckender noch als die Dürftigkeit der Belege aus *Mein Kampf*, mit der diese Frage emphatisch bejaht wird (u. a. mit *Katachresen*/Bildbrüchen, die sich nach Kiesel „in starke Bildverdichtungen verwandeln" sollen), erscheint mir die Arglosigkeit eines Literaturwissenschaftlers, mit einigen Beispielen aus der rhetorischen Figuralästhetik belegen zu wollen, dass Hitler „kein Stümper war", sondern „sehr wohl in der Lage war, ein Buch mit einem eigenen rhetorisch-stilistischen Profil und mit beträchtlicher Wirkungskraft zu schreiben". „Erschreckend arglos" nenne ich diesen Befund eines entkontextualisierten „Selbstversuchs" (so Kiesel) von Wirkungsanalyse, weil dieser Befund den Autor selbst eigentlich hätte irritieren müssen; denn entweder macht dieser Befund die intensiv geführte Debatte über einen verantwortlichen Umgang mit *Mein Kampf* nach dem Ende seiner urheberrechtlichen Schutzfrist völlig unverständlich oder er nötigt zum Eingeständnis, dass eine rhetorische Wirkungsanalyse mit einem elokutionell restringierten Analyseinstrumentarium schlechterdings nichts Relevantes über die möglicherweise gefährliche „Wirkmächtigkeit" dieses Buches ausfindig zu machen vermag (das seit 2016 in einer „kritischen Edition" zugänglich gemacht worden ist). Eben das ist mein Urteil! Wenn die in diesem Unterkapitel besonders nachhaltig vertretene These nämlich plausibel ist, dass die sprachästhetische Dimension der Argumentation eine *subsidiär funktionalisierte Überzeugungsdimension* aktiviert, dann verliert jede sprachästhetische Argumentationsdimension mit ihrer persuasiven

---

[252] Vgl. das besonders abschreckende Beispiel einer rhetorischen Analyse von Goethes Gedicht „Ein Gleiches" (= Wandrers Nachtlied II) in Lausberg, Heinrich. „Rhetorik und Dichtung". *Der Deutschunterricht* 18, 1966, 73 ff.

Funktionalisierung automatisch ihre *ornative Unschuld*, und keine Wirkungsanalyse kann ihr diese ornative Unschuld wiedergeben, indem sie deren persuasive Funktionalisierung einfach ignoriert und so tut, als sei Rhetorik immer noch bloßer „ornatus der Wahrheit" (Blumenberg 1981, 113) statt Medium geltungsbezogener Überzeugungsarbeit. Natürlich sind sprachästhetische Figuren wie Metapher, Parallelismus, Antithese usw. keine möglichen Direktadressaten für überzeugungsbedingte Zustimmungen; das können nur propositionale Aussagen sein, die in *Mein Kampf* ja auch (zumindest für heutige Leser) eindeutig genug sind, um erschrecken zu können („Beeinträchtigung der Willensfreiheit" und „Schwächung der Widerstandskraft" sind offen erklärte Redeziele im einschlägigen 6. Kapitel). Elokutionelle Figuren wie die eben genannten werden erst über ihre persuasive Funktionalisierung inhärenter Teil von Aussagen und gewinnen so Anteil an deren möglicher Kraft überzeugter Zustimmungsnötigung. Jede Textanalyse, die diese mittelbare bzw. subsidiäre Überzeugungs- bzw. Zustimmungsdimension ausblendet oder sich mit der Konstatierung einer Diskrepanz zwischen gekonnter Stilistik und unerträglichem Inhalt begnügt,[253] verfehlt untrüglich ihren Gegenstand, weil es keinen wirklichen Überzeugungserfolg auf der Grundlage eines solchen Widerspruchs zwischen Form und Inhalt geben kann.[254] Gelegentlich freilich kommt diese konstatierte Diskrepanz den Analytikern selbst so verdächtig vor, dass sie sich auf die Suche nach möglichen anderen, eben vermeintlich außerargumentativen Funktionen der inhaltlich diskrepanten Sprachästhetik machen.

So geschehen im Fall einer ähnlich elokutionell restringierten und entsprechend enttäuschenden aktuellen Analyse von Donald Trumps Inauguralrede (vom 20. Januar 2017) in der *FAZ* (6. Februar 2017, 12) aus der Feder des Berliner Klassischen Philologen Gyburg Uhlmann. Mein Erstaunen bezieht sich auch in diesem Fall nicht so sehr auf die penible Rekonstruktion der elokutionellen Struktur dieser Rede samt genauer Auflistung ihrer einschlägigen Formelemente („Anaphern", „Parallelismen", „Tricola", „Asyndeta", „Repetitionen" usw.); mein Erstaunen bezieht sich auf Uhlmanns funktionale Deutung der hochgradig elaborierten und von ihm auch gar nicht bestrittenen Rhetorizität der Trump'schen

---

[253] Wobei es meistens nur eine retrospektiv erst ermöglichte und hoffentlich nicht nur politischer Korrektheit geschuldete Diskrepanzbehauptung ist, die über die historische Überzeugungskraft einer Argumentation wenig auszusagen vermag, allenfalls deren Historizität einklagen kann.
[254] Vgl. Franck, Georg. *Ökonomie der Aufmerksamkeit*. München und Wien: Hanser, 1998; Pörksen und Krischke s. FN 35! Entsprechend die exordiale Funktion in der Rede (s. Lausberg § 264); allgemein zur persuasiven Rolle sprachlicher Gestalt s. Aristoteles *Rhet*. 1403b und 1357a; Quintilian *IO* VIII 3.5.

Rede: Sie soll nämlich bloß „strategisches Kalkül" sein, das den völlig fehlenden materialen Gehalt der Rede kaschieren und von deren Leere ablenken will. Es fällt mir sehr schwer nachzuvollziehen, wie ein Interpret die Botschaft dieser Rede – „Vision" heißt sie bei Trump – nicht zu entdecken vermag, während sie für alle Zuhörer und/oder Leser weltweit sofort so eindeutig war, dass das „America first" die einen in Freudentaumel ausbrechen ließ, während es die anderen das Fürchten lehrte vor einem Präsidenten, der seine Wahlversprechen offensichtlich so ernst nimmt, dass er sich jetzt sogar mit einem „Treueeid" an seine Wähler bindet: „Ich werde euch niemals enttäuschen". „Stark", „reich", „stolz", „sicher" und „groß" werden dann zu Schlüsselbegriffen, mit denen die Rede das von Trump versprochene Amerika in einer für die epideiktische Redegattung, wie es die Inauguralrede ja ist, hinreichenden Präzision benennt und ihr zugleich stilistisch eine angemessene Sprachform gibt; denn die fünffachen Parallelismen („zusammen machen wir Amerika wieder...") markieren natürlich besonders deutlich das jeweilige semantische Eigenprofil der fünf zitierten Schlüsselbegriffe wie sie deren Sequenzierung einer Pathossteigerung unterwerfen, die nur noch den topischen Segenswunsch als emotionalen Abschluss anzielen kann.

Wie ist, so bleibt zu fragen, ein solcher Grad an redebezogener Missdeutung möglich, die sich selbst die Voraussetzung einer fälligen Kritik dieser Rede nimmt, weil sie ihr jede Botschaft abspricht, der man widersprechen könnte? Die Erklärung liefert der für einen Klassischen Philologen zwar verständliche, aber sachlich völlig abwegige Vergleich dieser Inauguralrede auf den Stufen des Washingtoner Kapitols mit einer philosophisch gestimmten Auseinandersetzung, wie sie Platon im *Gorgias*-Dialog (481b ff.) Sokrates mit dem Sophisten Kallikles über die Beziehung zwischen Politik und Gerechtigkeit führen lässt. Wer ernsthaft glaubt, an einem Platonischen Dialog Kriterien für die mögliche Analyse und Bewertung einer Inauguralrede aus dem Jahre 2017 gewinnen und Trump damit als einen *Kallikles redivivus* disqualifizieren zu können, hat sich so weit von seriöser Textanalyse und -kritik entfernt, dass man sich um rufschädigende Folgen Sorgen machen muss für eine auch in dieser Publikation versuchte Anstrengung, die unter dem antiken Namen „Rhetorik" ja kein antikes oder gar Platonisches Frageinteresse revitalisieren will, sondern für die Aktualität und Modernität des rhetorischen Frageinteresses zu werben versucht. Solche Werbung macht freilich, wie frühere Bezugnahmen auf Nietzsche, Blumenberg u. a. zeigen sollten, eher Theorieanschlüsse an die antike Sophistik sinnvoll und nötig als an Denker, die wie Plato die Verleumdung der Sophistik so erfolgreich betrieben haben, dass – wie im Fall Uhlmann – die Zitation einer Platonischen Kallikles-Diffamierung offenbar immer noch eine eigene inhaltliche Auseinandersetzung mit Trump zu ersetzen vermag.

Die Kurzkritik der beiden rhetorischen Redeanalysen muss ausreichen (vgl. unten Kap. 12.2), um den Anspruch zu verdeutlichen, den es einzulösen gilt, wenn es um den sprachästhetischen Anteil an der möglichen Überzeugungskraft von Argumenten geht. Dass dieser Anspruch mit Bezug auf antike Autoritäten allein heillos überfordert ist, dürfte der eben zitierte hilflose Vergleich zwischen Trump und Kallikles beispielhaft gezeigt haben. Ich will freilich nicht verschweigen, dass manche Elemente der antiken *elocutio*-Lehre wie etwa die Metapher innerhalb trans- und interdisziplinärer Forschungsprojekte Karrieren gemacht haben, die sie nur noch lustlos an ihre eigene rhetorische Vorgeschichte und deren formalistische Inventarisierungsambitionen zurückdenken lässt. Es sei denn, man vermag mit Blumenberg auch diese Vorgeschichte etwa für einen „anthropologischen Bezug" fruchtbar zu machen, indem man in der gemeinhin bloß *ornativ* geschätzten und funktionalisierten Metapher deren *anthropologische* Grundleistung in exemplarischer Gestalt wiedererkennt, nämlich die Wirklichkeit auf Distanz zu halten durch „indirekte" Formen „menschlichen Weltbezugs" (1981, 115–116; s. o. Kap. 5; vgl. auch Haverkamp 1996).

Eine solche Karriere, wie sie der Metapher in singulärer Weise gelungen ist, steht natürlich nicht allen rhetorischen Figuren offen, doch zeigt das Beispiel Metapher zumindest das mögliche Potential, das ein nicht ornativ restringiertes Frageinteresse zu entbinden fähig sein könnte. Hier ist nicht der Ort, solchen Entbindungsversuchen weiter nachzugehen, die neben figurspezifischen allgemeinen Theorien kontextsensitive Funktionsanalysen der betreffenden Figuren verlangen würden. Darum beschränke ich mich nur auf ein paar Bemerkungen zu einer Figur, an der sich meines Erachtens ebenso wie an der Metapher zeigen lässt, dass ihr ornativ durchaus nachempfindbarer Reiz funktional erst dann angemessen verstanden ist, wenn er als sprachästhetische Abbildung einer bestimmten Gedankenstruktur genossen und so zumindest indirekt, nämlich subsidiär auch in seiner argumentativen Wirksamkeit rekonstruiert wird – und sei es nur als erhöhter Aufmerksamkeitsgewinn für das Gesagte mit erhöhter Chance seiner mentalen Speicherung.

Ich habe oben bereits eingestanden, Raddatz' Einschätzung leicht teilen zu können, dass nämlich die „Eloquenz" des jungen Marx – etwa in seiner Einleitung zur *Kritik der Hegelschen Rechtsphilosophie* von 1843 – „nahezu genusssüchtig machen [könne]". Es ist besonders eine Figur, die diese Wirkung zu erzeugen vermag, nämlich die Figur der Antimetabole.[255] Diese Figur ist terminologisch zwar weithin unbekannt, ihrer Wirkung aber kann man sich kaum entziehen, wenn

---

[255] Vgl. dazu Plett 2000, 246; Hambsch, Björn. Artikel „Antimetabole". *HWRh*, Bd. 1. Hg. Gert Ueding. Tübingen: Niemeyer, 1992, 798 ff.

man z. B. Formulierungen wie diese liest: „Es ist also die Aufgabe der Geschichte, nachdem das *Jenseits der Wahrheit* verschwunden ist, die *Wahrheit des Diesseits* zu etablieren [meine Hervorhebung, J. K.]" (*MEW* 1, 379). Erkennbar der gleichen Gedankenfigurierung folgt der schon öfters zitierte Titel der Habermas-Festschrift zum 70. Geburtstag dieses Denkers, den der Geehrte selbst als gelungene sprachliche Verdichtung seiner lebenslangen Denkarbeit dankbar anerkannte (in: 2005, 15 ff.): *Die Öffentlichkeit der Vernunft und die Vernunft der Öffentlichkeit* (2001). Erkennbar fungiert hier das „und" nicht als schlichte Kopula, sondern expliziert vielmehr erst den vollen Bedeutungsgehalt einer Aussage, deren beide Teile eigentlich nur durch einen wechselseitigen Austausch ihrer Schlüsselbegriffe (hier mit zusätzlicher antithetischer Pointierung: „Diesseits"/„Jenseits") innerhalb einer grammatisch stabilen Beziehung bestehen, wodurch aber zugleich eine semantische Verschränkung der beiden Schlüsselbegriffe gelingt, die der Gesamtaussage ein *dialektisches* Bedeutungsprofil verschafft, das eine entsprechend behauptete Beziehung zwischen Vernunft und Öffentlichkeit stilistisch präzis abzubilden vermag. Die lässt sich etwa wie folgt – freilich auf Kosten ihrer sprachästhetischen Eleganz – explizieren (vgl. Habermas 2008, 138 ff.): Vernunft braucht Öffentlichkeit, um zum Reden genötigt zu werden und so überhaupt erst Wirksamkeit entfalten zu können, wie Öffentlichkeit ihrerseits Vernunft braucht, um mit ihr ein substanzielles Qualitätskriterium für die erreichte Zustimmung zu bekommen, wie es Kant ähnlich im „transzendentalen Prinzip der Publizität" gewonnen hat (s. u. Kap. 11.3).

Diese figurale Kurzanalyse eines Buchtitels soll Perelmans Anspruch an entsprechende Analysen verdeutlichen, dass sie nämlich sprachästhetische Phänomene (wie etwa die Figuren) als argumentative Überzeugungsressourcen nur in dem Maße behaupten dürfen, wie sie deren subsidiär wirksame Funktion „aus den Erfordernissen der Argumentation zu erklären [vermögen]" (2004, 237). Worin ich ihm weniger gern folge, ist, dass diese „Erfordernisse der Argumentation" aus einer „direkten Leistung" für die Argumentation bestehen müssen (2004, 201), statt die argumentative Leistung bloß subsidiär zu fördern; doch die noch so brillante Eloquenz eines „rednerischen Vortrags" (*actio*/Körpersprache) kann die von Perelman eingeklagte „direkte" argumentative Leistung nicht erbringen, weshalb Perelman sie aus seiner *Neuen Rhetorik* auch explizit ausschließt, obwohl er ihre „mögliche" Wirksamkeit überhaupt nicht bestreiten will. Dagegen würde ich mich mit dem Nachweis zufriedengeben, dass brillante Vortragseloquenz eine der wichtigsten „Erfordernisse" jeder Argumentation einzulösen oder ihre Einlösung zumindest zu erleichtern hilft, nämlich ihre *Überzeugungskraft* zu vermehren, ob das nun „direkt" oder indirekt geschieht. Adorno beschreibt diese Funktion treffend als Chance des „rhetorischen Moments", „die Partei des Inhalts zu ergreifen" (1975, 66). Ich halte die von mir favorisierte Unterscheidung zwischen unmittelbarer und mittelbarer bzw. subsidiärer Abstützungsfunktion für leichter operationalisierbar als die von Perelman vorgeschlagene Unterscheidung zwischen bloß ornativem und argumentativ funktionalisiertem Figurengebrauch. Im eben zitierten Beispiel der Antimetabole würde dieser Nachweis entsprechend bereits erbracht sein, wenn sich zeigen lässt, dass in ihr die dialektische Grundstruktur eines Gedankens oder sogar (wie im Fall Habermas) eines ganzen Theoriesystems ihre stilistisch angemessene Ausdruckschance gefunden hat, sodass Sprach- und Gedankenstruktur zur Deckung kommen.

11.2.4 Emotionale, mediale und situative Faktoren argumentativer Überzeugungskraft

Es ist freilich nicht nur der „rednerische Vortrag" (*actio*), den Perelman aufgrund seines strengen Selektionskriteriums aus dem Frageinteresse seiner *Neuen Rhetorik* ausschließt, sondern es trifft auch – was weit schwerer wiegt – den ganzen Bereich dessen, was seit Aristoteles *pathos* (lat. *affectus*) heißt, also die Gestimmtheit eines Publikums, dessen jeweilige emotionale Verfasstheit über die persuasive Wirkung einer Aussage in hohem Maße mitentscheidet, wenn nicht sogar darüber entscheidet, ob eine Aussage überhaupt Aufmerksamkeit findet. Nach Quintilian tut sie das sogar in größerem Maße als die Argumentation (*probatio*) selbst (vgl. *IO* VI 2,5): *pectus est, quod disertos facit et vis mentis* (Gefühle sind es, die Redner ausmachen, und ihre Geisteskraft) lautet entsprechend die zitationsanfällige Formel (X 7,15). Natürlich bezweifelt auch Perelman nicht, was erst recht heute ernsthaft niemand mehr bezweifeln könnte,[256] nämlich die persuasiv förderliche Wirkung von Emotionen (2004, 12–13); dennoch schließt er sie ebenso aus, wie Aristoteles seinerzeit die „untechnischen Beweise" (Zeugen, Verträge etc.) ausschloss (*Rhet.* 1355b), und das aus einem Grund, der neben dem eben bereits genannten als Selektionskriterium fungiert und mir ebenso problematisch erscheint: Perelman interessiert sich nämlich nur für die Überzeugungsmittel, die sich der *Sprache als Ausdrucksmedium* bedienen müssen (2004, 10 ff.);

---

256 Vgl. dazu neben Aristoteles (*Rhet.* 1356a) Damasio 2005; Damasio, Antonio R. *Ich fühle, also bin ich: Die Entschlüsselung des Bewusstseins*. Berlin: Ullstein, 2009; Damasio, Antonio R. *Der Spinoza-Effekt*. München: List Verlag, 2003; Roth 1997, 178 ff., 211; Roth, Gerhard. *Fühlen, Denken, Handeln*. Frankfurt: Suhrkamp, 2003, 285 ff., 310 ff., 545 ff.; Döhring, Sabine A. (Hg.). *Philosophie der Gefühle*. Frankfurt: Suhrkamp, 2009; Nussbaum, Martha C. *Politische Emotionen*. Frankfurt: Suhrkamp, 2014; Rifkin, Jeremy. *Die empathische Zivilisation*. Frankfurt und New York: Campus, 2010; Meyer, Michel. *Le philosoph et les passions*. Paris: Librairie Générale Française, 1991; Bude, Heinz. *Das Gefühl der Welt – Über die Macht von Stimmungen*. München: Hanser, 2016.

das aber auch wieder nicht deshalb, weil sie die wirksamsten Überzeugungsmittel seien (2004, 201), sondern weil nur sie ihre Leistung in eine spezifisch argumentative Sprachgestalt übersetzen können. Für problematisch halte ich diese Begründung nicht nur, weil nach einem berühmten Satz von Pascal „das Herz Gründe hat, die die Vernunft nicht kennt",[257] sondern weit mehr noch, weil wir heute aus Emotionsforschung, Neuropsychologie und Kognitionswissenschaft wissen können, dass Vernunft ihren Gründen ohne Mitwirkung von Emotion keine Wirksamkeit zu verschaffen vermag (Roth 1997, 211). Außerdem halte ich Perelmans Verbannung der Emotion aus einer als Argumentationstheorie konzipierten *Neuen Rhetorik* erst recht für kontraintuitiv, weil das wohltuend Neue an dieser *Neuen Rhetorik* – nämlich ihre philosophische Ambitioniertheit – mit neuen Reduktionismen erkauft wird, welche die kühnen Entgrenzungen ihres Frageinteresses doch wieder ängstlich einengen (vgl. dazu Kopperschmidt 2006, 9 ff., 36 ff., 40 ff., 56 ff. und oben Kap. 6).

Zu diesen Reduktionismen zählt natürlich aus heutiger Sicht auch, was einer 1958 konzipierten Rhetoriktheorie freilich fairerweise kaum anzulasten ist, nämlich die Ausblendung *medienspezifischer Überzeugungsmittel*. Mehr als dieses Desiderat zu benennen, kann hier nicht versucht werden, zumal es für diese Überzeugungsmittel kaum ertragreiche Anschlüsse an die traditionelle Rhetorik geben kann. Will Rhetorik diese Fragestellung ernsthaft in ihr Frageinteresse aufnehmen – und das muss sie, will sie nicht bloß zur Archivarin ihrer Geschichte verkommen –, ist sie weithin auf die Erkenntnisse der Massenkommunikationsforschung und moderner Medientheorien angewiesen, sofern sich diese auch auf die Formen neuer und d. h. auch: digitaler interaktiver Medien einlassen, um sie nach möglichen neuen Formen von Rhetorizität zu befragen.[258]

Bleibt endlich noch die *situative* Komponente rhetorischer Überzeugungskraft kurz zu erwähnen, wofür die traditionelle Rhetorik keinen direkten

---

257 *Über die Religion* (Pensées, Nr. 397/398). Heidelberg: Lambert Schneider, 1991, 284; *Die Kunst zu überzeugen*. Heidelberg: Lambert Schneider, 1963, 85 ff.
258 Einen kühnen Versuch über Rhetorik unter Globalisierungsbedingungen hat Hartwig Kalverkämper versucht: „Rhetorik und Globalisierung". *Wege moderner Rhetorikforschung*. Hgg. Gert Ueding und Gregor Kalivoda. Berlin und Boston: De Gruyter, 2014, 725 ff.; darin Kap. VII über „Moderne Rhetoriktheorien" mit Texten von Steinbrink, Hinz, Scheuermann, Lehn, Meyer. Vgl. auch Münker, Stefan. *Emergenz digitaler Öffentlichkeiten*. Frankfurt: Suhrkamp, 2009; Ostheeren, Klaus. Artikel „Rhetorizität". *HWRh*, Bd. 8. Hg. Gert Ueding. Tübingen: Niemeyer, 2007, 24 ff.; Todorov, Almut et al. Artikel „Massenkommunikation". *HWRh*, Bd. 5, 2001, 961 ff.; Knape 2000, 90 ff.; 2005; Schmid, Julia. *Internet-Rhetorik*. Berlin: Weidler, 2007; Kramer, Olaf. „Der Reiz des Einfachen. Zur Rhetorik und Ästhetik des Web 2.0". *Design als Rhetorik*. Hgg. Gesche Joost und Arne Scheuermann. Basel: Birkhäuser, 2008, 247 ff.; Scheuermann, Arne und Vidal, Francesca (Hgg.). *Handbuch Medienrhetorik*. Berlin: De Gruyter, 2017.

Analogiebegriff bereithält, wohl aber Kategorien, die Teilaspekte dieser äußerst komplexen und vielseitigen Überzeugungsdimension benennen.[259] Erstmals zusammengefasst hat diese diversen Teilaspekte Lloyd F. Bitzer unter dem Term „rhetorische Situation",[260] den auch Kalverkämper übernimmt (s. FN 53: 2014, 743 ff.) und der mir am griffigsten für das zu sein scheint, was andere Autoren „kommunikative Rahmenbedingungen" bzw. „Setting" (Knape 2000, 87, 95) oder „peristatische Topoi" nennen (Oesterreich 1990, 104 ff.), um die kontextuelle Einbettung persuasiver Rede berücksichtigen zu können. Diese kontextuelle Einbettung kann je nach Begriffsdefinition sowohl die sprachlich interagierenden Personen wie Zeit, Ort, Anlass und Ziel ihres Handelns umfassen. Trotz der gelegentlichen Sprachferne dieser situationsdefinierenden Faktoren vermögen sie den Überzeugungsprozess subsidiär entscheidend mitzubeeinflussen; denn was beispielsweise in Oberhausens Konsumtempel „CentrO" an subtilen sprachfernen Beeinflussungsstrategien (Beschallung, Beleuchtung, Beduftung („Luftveredelung" mithilfe von Duftsprays, Räucherstäbchen, -fässchen etc.), Fahnen, Produktinszenierungen usw.) eingesetzt wird, um der Kauflust der Besucher heimlich zu schmeicheln, verliert auch außerhalb dieser ökonomisch ertragreichen Wohlfühloasen nicht seine Relevanz und ist daher auch für überzeugungsbezogene Verständigungsarbeit einschlägig, wie sie in „Räumen" stattfindet, die man als „rhetorisch" spezifizieren kann, sobald sie der Ausübung spezifisch rhetorischer Praxis dienen.[261] Das können funktionsspezifische Räume, Gebäude (Parlament, Kirchen, Reichstage, Synoden usw.) oder Anlagen (Reichsparteitagsgelände in Nürnberg usw.) wie Plätze (*agora*, *forum*, Märkte usw.) oder auch Straßen (Montagsdemo in Leipzig) sein. Wie sehr solche Räume ein symbolisches Kapital bereitstellen, das sich für glanzvolle Inszenierungen etwa politischer Großereignisse ausbeuten und für deren subsidiäre persuasive Wirkung nutzen lässt, hat exemplarisch Herfried Münkler in seiner Analyse des sogenannten „Tags von Potsdam" (21. März 1933) gezeigt, an der Rhetoriker den Gewinn ablesen können, den eine kompetente Rekonstruktion der situativen Rahmenbedingungen von Reden (Garnisonkirche) der

---

259 So z. B. *prepon, aptum, kairos, status* u. a. m. Vgl. Oesterreich 1990, 109 ff.; Kinneavy, James L. und Eskin, Catharine R. Artikel „Kairos". *HWRh*, Bd. 4. Hg. Gert Ueding. Tübingen: Niemeyer, 1998, 836 ff.; Lausberg 1990, § 139 ff.; Hetzel 2011, 235 ff.
260 In: *Philosophy and Rhetoric* 1. Hg. Henry Johnstone Junior. University Park, PA: Penn State University Press, 1968, 3; ebenso Kalverkämper (s. FN 54) 2014, 743 ff. Vgl. Gottschling, Markus und Kramer, Olaf. Artikel „Rhetorische Situation". *HWRh*, Bd. 10. Hg. Gert Ueding. Tübingen: Niemeyer, 2012, 1126 ff.
261 Vgl. Llanque, Marcus. Artikel „Rhetorische Räume". *HWRh*, Bd. 10. Hg. Gert Ueding. Tübingen: Niemeyer, 2012, 1099 ff.

Analyse ihrer relevanten Überzeugungsressourcen zu verschaffen vermag (2009, 275 ff.).[262]

Ich möchte hier noch an eine weniger ärgerliche Anleihe aus der Sakralität erinnern – ich meine die Einstimmungen zu den Montagsdemos in der Leipziger Nicolaikirche, besonders die vom 9. Oktober 1989, als dem legendären Pfarrer Christian Flüger ein rhetorisches Meisterstück gelang, das unbedingt den Kirchenraum als Voraussetzung seiner situativen Ermöglichung und Wirkung braucht:[263] Als der Pastor erfuhr, dass bereits um 14:30 Uhr die Kirche von Stasi-Leuten besetzt sei (die das Friedensgebet wegen Überfüllung endlich verhindern sollten), hatte er die geniale Idee, die ungebetenen Gäste strategisch wie etwas uninformierte Besucher der Kirche herzlich willkommen zu heißen und ihnen zu erklären, was um 17 Uhr hier ablaufe, und sie bis dahin mit Infos über die Nicolaikirche, deren Orgel usw. um Geduld zu bitten. Als dann um 17 Uhr „das werktätige Proletariat" die eigens für sie reservierten Emporen füllte (an deren Existenz hatte die Stasi nicht gedacht), wurden die Nicolai-Besetzer gegen ihren Willen in das „Friedensgebet" mit einer Kurzpredigt involviert, die (listig) auch noch einen Satz aus der Bergpredigt zum Thema wählte: „Selig, die keine Gewalt anwenden"!

Die demoralisierende Wirkung dieser Situation auf die Stasi-Leute ist ebenso leicht nachzuvollziehen (und von Teilnehmern bezeugt) wie die konstitutive Rolle dieser spezifischen Konstellation für ein angemessenes Verständnis der in ihr gesprochenen Worte und deren Wirkung evident ist, woraus folgt: Wer sich bei der Analyse dieser Worte nur auf deren propositional abstrahierten Aussagegehalt beschränken würde, ohne ihre konkrete situative Einbettung zu berücksichtigen, würde die Chance einer Erklärung ihrer performativen Kraft bzw. inhärenten Persuasivität definitiv verfehlen. Das wirkt sich besonders fatal bei rhetorischen Analysen aus, die fehlendes Wissen über die situativen Rahmenbedingungen von Reden dazu nötigt, sich auf deren propositionalen Gehalt zu beschränken und aus ihm (mehr oder weniger hilflos) deren performative Wirkung zu erklären, was regelhaft misslingt. Das trifft für den o. g. Fall Hitler und die notorisch hilflose rhetorische Auseinandersetzung mit ihm ebenso zu wie für den auch schon erwähnten Fall Goebbels (s. o. Kap. 8, 5), der in seiner

---

[262] Vgl. Münkler (FN 20) 2009, 275 ff.; Reisigl, Martin. „Rede als Vollzugsmeldung an die (deutsche) Geschichte", in: Kopperschmidt 2003, 383 ff.; Kopperschmidt: „Darf einem zu Hitler auch nichts einfallen?", in: Kopperschmidt 2003, 13 ff.; Ogan, Bernd und Weiß, Wolfgang W. (Hgg.). *Faszination und Gewalt.* Nürnberg: Tümmel Verlag, 1992; Reichel, Peter. *Der schöne Schein des Dritten Reiches.* Frankfurt: Fischer, 1993; Brockhaus, Gudrun. *Schauder und Idylle.* München: Verlag Antje Kunstmann, 1997.
[263] Führer, Christian. *Und wir sind dabei gewesen.* Berlin: Ullstein, 2008; Loest, Erich. *Nikolaikirche.* Leipzig: Linden, 1995, besonders Kap. 13.

11.2 Multifaktorielle Überzeugungskraft — 313

berühmt-berüchtigten Sportpalastrede eine riskante Redesituation (schwer verletzte Soldaten in der 1. Reihe) geschickt so umzudefinieren versteht, dass sie als mögliche Überzeugungsressource erfolgreich nutzbar wird. In Kegels Analyse dieser Rede (2006) wird – anders als bei Fetscher (1998, 110) – diese zentrale Überzeugungsressource nicht einmal erwähnt, was bei einer „linguistisch und rhetorisch" (!) interessierten Analyse, selbst wenn sie „vorurteilsfrei" (!) sein möchte (36, 535), schon überraschen muss.

Fehlendes Wissen kann jedenfalls angesichts der exzellenten Forschungslage der NZ-Zeit kein Entschuldigungsgrund sein. Der träfe eher zu bei Versuchen rhetorischer Analyse von historisch weit zurückliegenden Reden, weshalb einschlägige Forschungsprojekte wie das Münsteraner Projekt „Symbolische Kommunikation in der Vormoderne"[264] zwischen „zwei Dimensionen der Kommunikation" unterscheiden, nämlich der „deliberativ-diskursiven" und der „symbolischen Dimension", wobei „oratorischen" (also redebezogenen) Analyseinteressen dringend geraten wird, sich „in einem umfassenderen Rahmen kommunikativer Strategien zu verorten", zu denen „substanziell" auch „symbolisch-expressive Formen" gehören. Da diese „Formen" aber, weil den unmittelbar Beteiligten ja längst bekannt, „meist unter der Thematisierungsschwelle" liegen, sind sie sprach- bzw. redefixierten Analysen schwerer zugänglich und müssen in ihrer (für uns versteckten) persuasiven Leistung und „symbolischen Botschaft" analytisch erst bewusst und explizit gemacht werden.

Wenn ich jetzt, um dieses Unterkapitel abzuschließen, nach einem einschlägigen Begriff suchen wollte, der die verschiedenen multifaktoriellen Ressourcen möglicher argumentativer Überzeugungskraft von Rede (material-inhaltliche, personale, sprachästhetische, emotionale, mediale und situative) zusammenfassen könnte, dann fiele mir ein Begriff ein, den ich oben schon in Kap. 8 eingeführt habe, als ich eine wichtige Quelle für Nietzsches ungewöhnliches Rhetorikverständnis zitierte; ich meine Gustav Gerber und seine Idee einer die Kant'sche *Kritik der reinen Vernunft* zur „Kritik der Sprache" erweiternden bzw. fortschreibenden „*Kritik der unreinen Vernunft* [meine Hervorhebung, J. K.]".[265] Diese „Kritik

---

264 Vgl. Stollberg-Rilinger, Barbara. „Symbolische Kommunikation in der Vormoderne". *Zeitschrift für Historische Forschung* 31. Hgg. Johannes Kunisch et al. Berlin: Duncker & Humblot, 2004, 489 ff.; „Symbol und Diskurs". *Politische Redekultur in der Vormoderne*. Hgg. Jörg Feuchter und Johannes Helmrath. Frankfurt: Campus, 2008, 23 ff.; ebenso den Beitrag von Lucas Rüger „Der Augsburger Reichstag von 1518", in: Feuchter und Helmrath 2008, 65 ff. und die Einleitung der Hgg. 2008, 9 ff.; Feuchter und Helmrath. *Parlamentarische Kulturen vom Mittelalter bis in die Moderne*. Berlin: Droste, 2013.
265 „Unrein" ist diese Vernunft, weil sie anders als Kants „reine Vernunft" nicht frei von sinnlichen Erfahrungen ist, schon gar nicht frei von ihrer sprachlichen Infrastruktur. Mit Kants

der Sprache" muss aber als eine Kritik der Rhetorik („Kritik" im Kant'schen Sinne von Prüfung, Beurteilung) verstanden werden, wenn denn Nietzsches kühnes Kondensat der Gerber'schen Sprachtheorie zutrifft, dass nämlich *„Sprache Rhetorik ist* [meine Hervorhebung, J. K.]", was nicht nur impliziert, dass es keine „reine Sprache" geben kann,[266] sondern auch dies: dass Rhetorik als Rede-Praxis *die konkrete Gestalt der „unreinen Vernunft"* abbildet wie sie als Rede-Theorie *die Methodisierung dieser Praxis betreibt* und darauf achten muss, dass die Unreinheit der Vernunft nicht als Minderung ihres normativen Selbstanspruchs oder als Freibrief ihrer parasitären Aushöhlung missdeutet wird. Denn wer die Vernunft zum Reden nötigt – und genau das tut eine Rhetorik, die nach ihrem hier vertretenen Verständnis diesen Namen verdient –, der macht Vernunft notwendig „unrein", weil er Vernunft aus dem Schutzraum ihrer transzendentalen Selbstvergewisserung in die Niederungen empirischer Subjekte herunterholt, wo sie unseren Bedingungen, Kriterien und Verfahren überzeugter Zustimmungsnötigung unterworfen wird. Eben das tut z. B. Jochen Hörisch in seiner *Kritik der unreinen Vernunft*, wenn er Vernunft an die banalen Prozesse des „Tauschens, Sprechens [und] Begehrens" rückbindet (2011, 11 ff.). Ähnliches tut der oben bereits genannte Neuropsychologe Damasio, wenn er dem Descartes'schen Konstrukt einer „reinen Vernunft" engagiert widerspricht, weil es zum neurologischen Phantom eines „körperlosen Geistes" führe (2005, 17 ff., 331 ff.), womit man nur dem weit verbreiteten „Irrtum" erliege, als „verwandle die Abhängigkeit von niederen Gehirnbereichen die höhere Vernunft in eine niedere" (2005, 16). Das tut sie aber nicht, sondern „die niederen Stockwerke unseres neuronalen Vernunftgebäudes [inklusive Gefühle, Stimmungen, Emotionen usw.] sind entscheidend auch an den höheren Vernunftmechanismen beteiligt" (2005, 14, 17 ff.). Das zu bestreiten wäre der Rhetorik nie eingefallen, weshalb sie *Descartes' Irrtum* (Damasio 2005) nicht nur nie verfallen konnte, sondern den „Bruch mit Descartes" zur Bedingung ihrer philosophischen Rehabilitation brauchte – so die gewichtige Anfangsthese der Perelman'schen *Neuen Rhetorik* (2004/1, 1). Und ebenso wenig hätte Rhetorik je der Platonischen These widersprochen, dass „der Leib die Bedingung der Rhetorik sei" (Niehues-Pröbsting 1987, 108), wohl aber deren abwertendem Sinn. Entsprechend habe auch ich in diesem Kapitel 11 noch einmal versucht, die Vernunft operativ in die „unreinen" Niederungen ihrer

---

berühmten Buchtitel spielt ein Beitrag von Lars Weissbrod über „Reine Kritik ohne Vernunft" in DIE ZEIT, 12/2017, 67–68, der das hemmungslose „Hintergrundkritikrauschen" in den sozialen Medien anprangert als dezidiertes Desinteresse an möglicher Aufklärung.
266 Das nannte Blumenberg (1981, 115–116) die der Sprache wie allem Weltbezug inhärente Metaphorizität. Vgl. auch Waldow, Stephanie. *Der Mythos der reinen Sprache*. München: Wilhelm Fink, 2006; Emcke 2016 s. FN 17.

praktischen Beanspruchung herabzunötigen und in die mühsamen Prozesse zustimmungsbezogener Verständigungsarbeit zu verwickeln, deren mögliches Gelingen sich – wie gezeigt – aus vieldimensionalen bzw. multifaktoriellen Überzeugungsressourcen nährt.

Das nannte Blumenberg mit einer schon öfters zitierten Formulierung anerkennend „das vernünftige Arrangement mit der Vorläufigkeit der Vernunft" angesichts des konstitutionellen Mangels an evidenzbasierten Gewissheiten (1981, 130, 110). Dieses „vernünftige Arrangement" ist der notwendige Preis ihres Praktischwerdens. Man könnte auch einfacher mit Dieter Mersch von der „Rhetorik der Vernunft" sprechen, um die intrinsische Rhetorizität der Vernunft zu betonen („Zwischen Vernunft und Rhetorik verläuft [...] keine strenge Demarkationslinie").[267] Schließlich kann man, soll der eben neu eingeführte Begriff „unrein" definitorisch noch berücksichtigt werden (was ich gern tun möchte), Rhetorik auch gleichsinnig als *Theorie (Praxis und Methodisierung) der unreinen Vernunft* bestimmen. Um dieses Verständnis von Rhetorik aber vor dem möglichen Vorwurf zu schützen, dass es den o. g. parasitären Rhetorikmissbrauch verharmlose, muss nur noch auf einer Unterscheidung insistiert werden, die für den hier vertretenen Rhetorikbegriff freilich konstitutiv ist; ich meine die strikte Unterscheidung zwischen „überzeugen" und „überreden". Darum geht es im letzten Unterkapitel 11.3.

11.3 Überzeugen versus überreden

Nach allem, was bisher zum Spannungsverhältnis zwischen „überzeugen" und „überreden" bereits gesagt worden ist,[268] kann es nicht überraschen, dass ich im Folgenden definitiv bestreiten werde, es könnte Rhetorik als Theorie zweimal geben, eben als Überzeugungs- und als Überredungsrhetorik. Rhetorik *als Theorie* gibt es – so meine These – nur einmal und die entsprechende Theorie ist eine *Theorie überzeugungsbezogener Rede*. Was es freilich zweimal gibt, ist Rhetorik *als Praxis*, nämlich als Überzeugungs- und als Überredungspraxis. Das

---

267 Aus: Mersch, Dieter. „Argumentum est figura. Bemerkungen zur Rhetorik der Vernunft". *de figura*. Hgg. Gabriele Brandstetter und Sibylle Peters. München: Wilhelm Fink, 2003, 101 ff.
268 Vgl. zusätzlich zu dem bisher Gesagten noch die entsprechenden Artikel im *HWRh*, Bd. 9. Hg. Gert Ueding. Tübingen: Niemeyer, 2009, 58 ff. (Dieter Mersch) und in *HWPh*, Bd. 11. Hgg. Joachim Ritter et al. Basel: Schwabe Verlag, 2001, 54 ff. (Eberhard Ostermann); Habermas 1983, 98 ff.; Popper 1992, 371 ff.; Hetzel 2011, 73 ff.; Kopperschmidt 1980, 115 ff.; 1989, 116 ff. Für die redekritisch nicht differenzierte funktionale Leistung von „überzeugen/überreden" benutze ich terminologisch den wertneutralen Oberbegriff „Persuasion".

theoretisch Reizvolle an der Spannung zwischen Theorie und Praxis ist in diesem Fall, dass die zwei Formen rhetorischer Praxis *nicht* nach einer analogen Aufteilung entsprechender Theorien suchen, wenn sie die Bedingungen ihres möglichen Gelingens zu klären oder konkret einzulösen versuchen, sondern sich im Gegenteil auf die gleiche Theorie berufen *müssen*, will sagen: Überzeugungsrhetorik und Überredungsrhetorik folgen als Praxen der gleichen Theorie, nämlich der Rhetorik als Überzeugungstheorie. Darin vergleichbar den Praxen wahrhaftiger und lügenhafter Rede, die beide trotz ihrer faktischen Widersprüchlichkeit der gleichen Theorie gelingender Rede folgen, weshalb es aufschlussreiche Entsprechungen gibt zwischen wahrhaftiger und überzeugungsbezogener Rede wie zwischen lügenhafter und bloß überredungsbezogener Rede. Ich möchte im Folgenden diese Entsprechungen noch einmal systematisch rekonstruieren, um mein Verständnis von Überredung als *der rhetorischen Gestalt* von *Lüge* zu plausibilisieren – und sie entsprechend praktisch-moralisch diskreditieren zu können; denn theoretisch gibt es an der Überredung wie an der Lüge nichts, was zu diskreditieren wäre, außer dass sie theoretisches Wissen missbrauche. Doch das ist ein praktisch-moralisches, kein theoretisches Problem bzw. genauer: Ärgernis. Für Theorien gilt eben auch, was Martin Seel über „Intelligenz" allgemein sagt; sie „fällt nicht mit ihrem moralischen Gebrauch zusammen" (2009, 49). Niemand jedenfalls kennt die einschlägigen Theorien gelingender Rede bzw. überzeugender Argumentation genauer, als wer sie für Lügen- oder Überredungszwecke sozial missbrauchen will. Diese nur scheinbar existente Paradoxie kann zumindest methodisch genutzt werden, um über den Versuch ihrer Auflösung den Gegenstand der Rhetorik als Theorie so sehr auf Überzeugungsabsichten zu fixieren, dass kein jederzeit möglicher praktischer Überredungsmissbrauch dieser Theorie ihre Nobilität streitig machen kann.

„Wer redet, will den Erfolg" – so dekretiert Plett forsch, um mit allen sogenannten weltfremden „Idealismen" in Teilen der Rhetorikforschung aufzuräumen (1996, 17), die nicht kapieren wollen, dass „das summum bonum", das die Rhetorik anstrebt, „nicht das objektiv Richtige, sondern das subjektiv Nützliche ist". Schon hier widerspreche ich energisch: Selbst wenn Rhetorik nur „das subjektiv Nützliche" im Blick hätte, sie erreicht es nicht, wenn sie es nicht argumentativ überzeugend zustimmungsfähig zu machen vermag, was meint: Wer redend den Erfolg will, muss diesen Erfolg auch erfolgreich *als erstrebenswertes Ziel zustimmungsfähig machen*. Eben das gelingt nach der bisher erläuterten Einsicht der Rhetoriktheorie nur durch methodisches Anschließen an gemeinsame Überzeugungspotentiale. Dieses Anschließen mag durchaus gelegentlich rein *strategischer* Natur sein, doch das verändert nicht die *Erfolgsbedingungen* auch einer strikt *erfolgsorientierten* Rhetorik; ihre Erfolgsbedingungen sind eben keine anderen als die Überzeugungsbedingungen *verständigungsorientierter* Rhetorik.

Und zu diesen Überzeugungsbedingungen zählt u. a. die unterstellbare *Wahrhaftigkeit* des Redners, was dessen ernsthaftes Interesse an der Zustimmung seines Partners impliziert als Basis kooperativer Handlungschancen. Wiederum gilt: selbst wer an Verständigung gar nicht ernsthaft interessiert ist, sondern Verständigung nur strategisch erschleichen will, um seine privaten Ziel zu erreichen – er muss bei Strafe seines definitiven Misserfolgs diesen bloß strategisch prätendierten Verständigungswillen mit allen Mitteln erfolgreich *verschweigen*. Sprechakttheoretisch würde die performative Explikation seines wahren Redeinteresses den Sprechakt sofort scheitern lassen,[269] weil kein Subjekt sich freiwillig für die Interessen eines anderen instrumentalisieren lassen wird. Positiv reformuliert heißt das: Wer erfolgreich überreden will, muss seine Überredungsabsichten *erfolgreich als Überzeugungsabsichten prätendieren.*[270] Damit sind erkennbar nicht bloß „rhetorische Ideale" gemeint, die Plett gegen „rhetorische Realitäten" meint ausspielen zu können (1996, 17), sondern „notwendige Idealisierungen", die man mit Habermas als „normative Geltungsbasis" jeder Rede bestimmen (s. o. Kap. 10.2.2) oder mit Gadamer als „Vorgriff auf Vollkommenheit" (vgl. Kopperschmidt 2009/1, 36 ff.) oder mit Apel als unumgängliche Verschränkung von „idealer" und „realer Kommunikation" in jedem Sprechakt (vgl. Kopperschmidt 2009/1, 31 ff.) bezeichnen kann. „Notwendig" bzw. „unvermeidlich" sind solche „Idealisierungen", weil ohne ihre „stillschweigende" Unterstellung weder rhetorische noch kommunikative Prozesse allgemein möglich wären (Habermas 2008, 148 ff.; 2001, 46 ff.); denn diese „Idealisierungen" sind nicht nur keine bloß utopischen „Ideale", sondern auch keine bloß theoretischen „Konstrukte"; sie sind vielmehr „Nachkonstruktionen" von Voraussetzungen, auf denen „der Boden der kommunikativen Alltagspraxis selber ruht", wenn sie auch erst „in den gleichsam außeralltäglichen Kommunikationsformen der Argumentation sichtbar hervortreten" (Habermas 1988, 88). Diese Idealisierungen sind eben durchaus „operativ wirksam", was sich spätestens an den unangenehmen Reaktionen auf deren Verletzung bemerkbar macht, wenn es z. B. nicht gelingt, eine bloß strategisch prätendierte Überzeugungsabsicht konsistent durchzuhalten und das bloße Überredungsinteresse nicht durch entsprechende Überredungssignale leichtfertig zu verraten. Habermas (wie Apel) nennen diese „operativ wirksamen starken Idealisierungen" „transzendental-" bzw. „universalpragmatische"

---

[269] „Ich will dich hiermit überreden" ist deshalb eine sich selbst dementierende Aussage bzw. ein „performativer Widerspruch", insofern das Ziel des Sprechaktes durch seine performative Ankündigung bereits hintertrieben wird.

[270] Insofern trifft das seit Cicero (*de oratore* II 190) tradierte Theorem nicht ganz zu, dass man selbst davon überzeugt sein muss, wovon man andere überzeugen will; es reicht leider aus, das eigene Überzeugtsein erfolgreich zu prätendieren, mag das auch nicht immer leicht sein.

Voraussetzungen möglicher Kommunikation überhaupt und damit auch persuasiver Kommunikation.[271] Das lässt die genannten „Idealisierungen" auch als kommunikationsinterne Übersetzungen der Transzendentallogik im Prozess einer „Detranszendentalisierung der Vernunft" (Habermas 2001) verstehen. Die führt entsprechend zu einer „Transzendenz von innen" (2001, 23) und macht diese Voraussetzungen von anderen Kommunikationsvoraussetzungen unterscheidbar, die nicht „stillschweigend" immer schon wie die verständigungsbezogene Überzeugungsabsicht als eingelöst unterstellt werden müssen, soll Überzeugungsarbeit überhaupt möglich sein. Bei den hier gemeinten anderen Voraussetzungen geht es um „empirische" Faktoren des Gelingens verständigungsbezogener Überzeugungsarbeit, die oben (Kap. 10.2) in ihrer multifaktoriellen Komplexität bereits aufgelistet und nach ihrem direkten/indirekten oder unmittelbaren/mittelbaren (subsidiären) Überzeugungsanteilen unterschieden worden sind. Diese Voraussetzungen gelingender Überzeugungsarbeit sind hinsichtlich ihrer empirischen Einlösung – anders als die transzendental- bzw. universalpragmatischen Voraussetzungen – jederzeit leicht am Erfolg bzw. Misserfolg der Rede situativ überprüfbar. Was für das Gelingen der Lüge gilt, gilt eben auch für das Gelingen der Überredung: Wie im Fall der Lüge die normale kommunikative Wahrhaftigkeitsunterstellung auch „kontrafaktisch" (Habermas) wirksam ist und sein muss, um Lüge überhaupt möglich zu machen, so muss auch im Fall der Überredung das Wahrhaftigkeitsanalogon, also die verständigungsbezogene Überzeugungsabsicht, ebenfalls „kontrafaktisch" wirksam sein, wenn Überreden gelingen soll. Statt des umständlichen Begriffs „verständigungsbezogene Überzeugungsabsicht" könnte man auch von „Glaubwürdigkeit" (oder Authentizität) des jeweils Argumentierenden sprechen, die wir oben bereits unter die personalen Überzeugungsressourcen mit subsidiärer Wirkkraft eingereiht haben. Doch damit ist die basale Relevanz der Glaubwürdigkeit als wichtigster Eigenschaft eines redenden Subjekts für dessen gelingende Überzeugungsarbeit noch nicht angemessen gewürdigt. Darum schlage ich vor, „Glaubwürdigkeit" als rhetorischen Übersetzungsbegriff für Wahrhaftigkeit zu verstehen und zu den transzendental-/universalpragmatischen Voraussetzungen möglicher Rede überhaupt zu zählen, die zusammen mit Verständlichkeit, Wahrheit, Richtigkeit die „normative Geltungsbasis" jeder Rede ausmachen[272]

---

271 Vgl. Demmerling, Christoph. Artikel „Transzendentalpragmatik/Universalpragmatik". *HWPh*, Bd. 10. Hgg. Joachim Ritter et al. Basel: Schwabe Verlag, 1998, 1439 ff.; Habermas 1976, 174 ff.; Kopperschmidt 2006, 227 ff.
272 Der seinerzeit publizistisch intensiv verhandelte Fall der wegen Trunkenheit am Steuer zurückgetretenen Bischöfin Margot Käßmann war ein Lehrbeispiel dafür, wie Glaubwürdigkeit einer Person durch noch so große Fehlleistungen nicht nur nicht nachhaltig beschädigt, sondern

und damit auch für die persuasive Rede als funktionaler Spezialform möglicher Rede in Geltung bleiben. Das wird bei der Rekonstruktion persuasiver Rede gern unterschlagen, um Rhetorik zu einer Sozialtechnologie mit ausschließlich strategischen Erfolgsinteressen machen zu können, die sich in der Tradition ihres oben erläuterten konzessionstheoretischen Verständnisses (Kap. 2) jeder Funktionalisierung anzudienen bereit ist.

Ich weiß zwar nicht, ob sich Quintilian von Habermas oder Apel hätte überzeugen lassen, dass es „unvermeidliche", nämlich „transzendental-" bzw. „universalpragmatische" Voraussetzungen erfolgreicher Überzeugungsarbeit gibt, die auch kontrafaktisch „operativ wirksam" bleiben. Doch ich weiß, wenn die bisherigen Überlegungen auch nur einigermaßen plausibel sind, dass Quintilians kühner Satz nicht weiter uneingeschränkt haltbar bleiben kann, in dem er behauptet, dass *eloquentia simulari non potest*, w. h.: dass die Beredsamkeit nicht simuliert werden könnte (*IO* XII 3.12), wobei dieses behauptete Nicht-Können von Quintilian als Vorzug der Rhetorik gegenüber der Philosophie verrechnet wird, bei der man mit gefurchter Stirn und finsterem Mienenspiel leicht die traditionelle Denkerpose simulieren könne, um sich so als Philosoph zu empfehlen. Solche Simulation sei bei der Rhetorik nicht möglich, meint Quintilian, weil sie – anders als die Philosophie – ständiger Erfolgskontrolle unterliege, die sich nicht nach Belieben manipulieren ließe. Dieses von Quintilian so geschätzte Distinktiv zwischen Philosophie und Rhetorik wird man angesichts faktisch erfolgreicher Überredungsbeispiele wohl nicht uneingeschränkt vertreten dürfen, ebenso wenig wie die etwas naive Annahme, dass „Ehrlichkeit immer beredt sei" (XII 1.30) bzw. „gut reden nur ein guter Mensch könne" (II 15.34). Mit „nicht uneingeschränkt" meine ich: Natürlich ist der faktische Persuasionserfolg von Rede nicht simulierbar, wohl aber die jeweilige *faktische Einlösung der Erfolgsbedingungen* persuasiver Rede. Insofern hat Habermas wohl Recht, dass „Überzeugungen [zwar] manipulierbar sind, nicht [aber] der Vernunftanspruch, aus dem sie subjektiv ihre Kraft ziehen" (1978, 105–106). Doch eine solche erfolgreiche Simulation ist erfahrungsgemäß ebenso schwierig wie erfolgreiches Lügen, weshalb in der Tat „andere leichter überzeugen kann, wer selbst von einer Sache überzeugt ist"; denn dann muss man – so Quintilian – sein Überzeugungsinteresse nicht erst strategisch vortäuschen, was bei fehlender Kongruenz zwischen „Worten" (*verba*) und „Absicht" (*animus*) leicht misslingen könne (*IO* XII 1.29; vgl. 1.11 und unten Kap. 4.3). Gleichwohl! Es gilt weiterhin: Auch jeder Überredungserfolg, so problematisch er moralisch und sozial auch sein mag, ist

---

sogar zunehmen kann, wenn der Umgang mit dem Fehler nur professionell gehandhabt wird, was immer noch heißt: wenn Bußfertigkeit gezeigt wird; s. allgemein dazu Lübbe, Hermann *Ich entschuldige mich. Das neue politische Bußritual*. Berlin: Siedler Verlag, 2001.

eine *heimliche Hommage an die Überzeugungsrhetorik*[273] und damit eine implizite Bestätigung ihrer normativen Gelingensbedingungen, weshalb über sie eigentlich auch derjenige am besten Auskunft geben können müsste, wer ihre Einlösung erfolgreich zu prätendieren versteht. Man könnte das – und ich tue es hier explizit – als eine spezifisch rhetoriktheoretische Bekräftigung des bereits zitierten Habermas'schen Grundtheorems verbuchen, dass nämlich *Verständigung* und nicht *Erfolg* das inhärente Telos jeder Kommunikation sei, womit zugleich auch auf Rhetorik übertragbar wird, was aus dieser teleologischen Infrastruktur der Kommunikation folgt: Die vielbeschworene „Macht" der Rhetorik ist – anders als die oben zitierte Hitler-These über „die Bedeutung der Rede" will – „nicht die Instrumentalisierung eines fremden Willens für eigene Zwecke, sondern die Formierung eines gemeinsamen Willens in einer auf Verständigung gerichteten Kommunikation" (Habermas 1978, 105).

Ich hoffe, mit diesen Überlegungen die von Plett reklamierte „rhetorische Realität" als Widerpart „notwendiger Idealisierungen" möglicher Rede entkräftet zu haben. Sie, die „rhetorische Realität", käme ohne diese „Idealisierungen" überhaupt nicht aus; sie sind inhärenter Teil ihrer selbst! Damit ist zugleich aber auch behauptet, dass „rhetorische Realität" ohne die kategoriale Unterscheidung zwischen „überzeugen" und „überreden" gar nicht auskommen kann, was diese Unterscheidung schwerlich als „überflüssig" zu qualifizieren (Knape 1999, 69) oder gar zu einem „Indikator eines [typisch] deutschen Rhetorik-Dilemmas" (Plett 1996, 9) zu machen erlaubt. Die kategoriale Unterscheidung ist nötig, nicht um zwischen zwei Arten rhetorischer Theoriebildung zu differenzieren,[274] sondern um zwei Arten rhetorischer Praxis zu kennzeichnen; sie ist mithin keine *redetheoretische*, sondern eine *redepraktische* bzw. noch besser: *redekritische Unterscheidung*. „Redekritisch" deshalb, weil mit dieser Unterscheidung verschiedene Praxen nicht nur benannt, sondern auch normativ bewertet werden – und zwar mit Maßstäben, die der Praxis selbst entliehen sind.[275] Die Glaubwürdigkeitsunterstellung ist dabei so „unvermeidlich", dass sie sogar „kontrafaktisch"

---

273 Vgl. Markl 2002, 265: „Lug und Trug in der Wissenschaft sind [...] geradezu eine Hommage an die Wahrheit. Geben sie sich doch dafür aus" (allgemein 2002, 259 ff.).

274 So könnte Apel (1973/1, 64 FN 101) missverstanden werden; doch die spätere FN 101a macht deutlich, dass „die Rhetorik der Überzeugung von der Rhetorik der bloßen Überredung [strikt] zu trennen und die erste im Rahmen einer transzendentalen Pragmatik der Rede mit der philosophischen Logik der Argumentation zu verknüpfen sei"; vgl. Kopperschmidt 2009, 31 ff. Ähnlich Roland Barthes' Unterscheidung zwischen „weißer und schwarzer Rhetorik" (1988, 22); dazu Meyer 1993, 41 ff.

275 Vgl. Aristoteles' These, dass Sophistik (im pejorativen Sinne verstanden) keine Frage des Wissens und Könnens, sondern der „Absicht" (*prohairesis*) sei (*Rhet.* 1355b, 17 ff.); vgl. dazu Rapp 2002/2, 105–106.

wirksam bleibt, was sie bei entsprechender Täuschungsabsicht und einschlägiger Täuschungskompetenz zum eigenen Vorteil jederzeit strategisch ausnutzbar macht.[276] Das kann, nein: das muss man „parasitären" Theoriemissbrauch nennen;[277] denn die Theorie argumentativer Überzeugung ist sozial entwickelt worden, um das Fehlen einer beweisanalogen Argumentationsstringenz durch methodische Verständigungsarbeit zu kompensieren und so eine verlässliche und verbindliche gemeinsame Basis möglicher Kooperation zu schaffen. Eben das ist ja auch mit Habermas' o. g. These gemeint, dass „Verständigung das Telos der Kommunikation ist". Wer dieses komplizierte und störanfällige Instrument sozialer Verständigung für eigene Interessendurchsetzung missbraucht, täuscht nicht nur seine Kommunikations- bzw. Argumentationspartner über seine wahren Absichten, sondern untergräbt damit auch nachhaltig die für eine Kommunikations- bzw. Argumentationskultur immer schon notwendige Bereitschaft zur Glaubwürdigkeitsunterstellung und mindert so die Chancen einer verständigungsbasierten Kooperationskultur (s. die Täuschung der Bush-Administration über die wahren Motive des Irakkrieges). Insofern geht es zwar in der Tat – wie Knape meint (1998, 69) – beim Überzeugen und Überreden „letztlich immer nur um denselben Effekt", nämlich um Zustimmung. Doch ist es ebenso „letztlich" ein fundamentaler Unterschied, ob dieser Effekt strategisch erschlichen oder in persuasiver Verständigungsarbeit kommunikativ erzielt worden ist. Und dieser Unterschied sollte redekritisch ebenso benennbar bleiben wie es der Unterschied zwischen lügenhafter und wahrhaftiger Rede ist!

Kant hat, um diese Unterscheidung operational handhabbarer zu machen, ein Verfahren – „Experiment" nennt er es – vorgeschlagen, das auch rhetorisch adoptierbar ist, um „lichtscheuen" Überredungsstrategien leichter auf die Spur zu kommen. „Lichtscheu" nennt Kant in der einschlägigen Schrift *Zum ewigen Frieden* (1795) alles, was „ich nicht laut werden lassen darf, ohne dadurch meine eigene Absicht zu vereiteln" bzw. alles, was „durchaus verheimlicht werden muss, wenn es gelingen soll und [wozu] ich mich nicht öffentlich bekennen kann, ohne dass dadurch unausbleiblich der Widerstand aller [...] gereizt würde" (1977, 245). Positiv reformuliert macht dieses von Kant so genannte „transzendentale Prinzip der Publizität" die Legitimität meiner Interessen, soweit sie das Wohl anderer Menschen tangieren, erkennbar von deren Zustimmung abhängig. Natürlich

---

276 Interessant ist Apels Deutung des „Ineinanders von Überzeugung und Überredung [...] als [rhetorischer] Reflex des dialektischen Widerspruchs zwischen der immer schon antizipierten idealen Kommunikationsgemeinschaft und der immer noch – auch im Argumentieren – anzusprechenden realen Kommunikationsgemeinschaft" (1973/1, 64–65).

277 Vgl. Habermas 1988, 132–133. Auch diese Bestimmung bleibt eine praktisch-moralische, die kein theorieimmanentes Defizit meint.

hat Kant dieses Publizitätsprinzip nicht erfunden, um der Überredungsrhetorik dessen Verletzung vorzuwerfen; Rhetorik hat ihn theoretisch viel zu wenig interessiert, um ihr mehr als Verachtung entgegenbringen zu können. Dennoch ist es in unserem Fragekontext aufschlussreich, dass Kants ärgerliches Rhetorikverdikt nur über ihre funktionale Identifikation mit einer „Kunst zu überreden" gelingen konnte, die er entsprechend „keiner Achtung für würdig" hält, wie es in der *Kritik der Urteilskraft* (1790) heißt (§ 53; vgl. u. a. Bezzola 1993); denn diese Kunst ist für Kant genauerhin bloß eine „Kunst, sich der Schwächen der Menschen [...] zu bedienen", um durch „künstliche Überlistung" dem eigenen „Vorteil" zu dienen. Doch noch etwas anderes ist in unserem Fragekontext bemerkenswert, dass Kant nämlich dieses absolut negativierte Bedeutungsprofil von „überreden" in der *Kritik der reinen Vernunft* (1781) in das längst allgemein lexikalisierte Spannungsverhältnis zwischen „überreden" und „überzeugen" einfügt, was „überreden" oppositiv gegenüber „überzeugen" (und umgekehrt) zu konturieren ermöglicht, ohne diese Opposition binär zu missdeuten.[278] Und das in einer Weise, die jeden Rhetoriker aufhorchen lassen müsste; denn diese oppositive Konturierung bekommt eine geltungstheoretische Pointe, die den mehr moralischen Fokus der eben zitierten Pejorisierung von „überreden" weithin ausblendet. Einer, der diese geltungstheoretische Pointe bemerkt und rhetoriktheoretisch genutzt hat, war Chaim Perelman (vgl. oben Kap. 6).

Es geht bei der gemeinten Unterscheidung in der *Kritik der reinen Vernunft* um die durch Nominalisierung von „überzeugen" bzw. „überreden" ermöglichte Differenzierung zwischen „Überzeugung" und „Überredung", die für Kant eine geltungstheoretische Differenzierung zwischen zwei Arten des „Fürwahrhaltens" markiert: Während „Überredung" ein „Fürwahrhalten" meint, das nur „Privatgültigkeit" für sich beansprucht, meint „Überzeugung" ein „Fürwahrhalten", das sich als Produkt eines positiven Zustimmungstests versteht, in dem „die Gründe, die für uns gültig sind" als überzeugende Abstützung einer Meinung, daraufhin getestet werden, „ob sie auf fremde Vernunft eben dieselbe Wirkung tun, als auf die unsrige" und so durch die „Einstimmung aller Urteile, ungeachtet der Verschiedenheit der Subjekte [...] die Wahrheit des Urteils beweisen" (1977, 688 ff.). Erkennbar hat der zur Unterscheidung von „Überzeugung" und „Überredung" durchgeführte Test – „Versuch" nennt ihn Kant – eine auffällige Nähe zu dem eben genannten „Publizitätsprinzip", das ja ebenfalls als öffentlicher Zustimmungstest fungieren sollte, der zum methodischen Geltungstest umfunktionalisiert wurde,

---

[278] „Überzeugen/überreden" meint keinen argumentationsspezifischen Binärcode – der lautet vielmehr „überzeugend/nicht überzeugend" und ist kein redekritischer, sondern redetheoretischer Binärcode wie wahr/fasch oder gut/böse usw.; vgl. allgemein dazu die einschlägigen Artikel von Mersch 2009 und Ostermann 2001 (s. FN 63).

um unter Bedingungen eines formalen bzw. präziser (so Habermas' Begriffsvorschlag:) „prozeduralen" Geltungsbegriffs methodisch brauchbar zu werden. Dass er für Kant zu unterstellen ist, lässt sich u. a. am „kategorischen Imperativ" der Praktischen Philosophie ablesen, der ja mit einem operativ gleichen Test prüfen soll, ob eine Handlungsmaxime ein „allgemeines Gesetz" ist bzw. universalisiert werden könne, was aus dem Publizitätstest einen Universalisierungstest macht. In Kants bekanntester Schrift, nämlich in seiner berühmten Beantwortung der Frage *Was ist Aufklärung?* (1783), nennt er diesen an ein universales Publikum („Welt" (!) bzw. „Weltbürgergesellschaft") adressierten Geltungstest von Aussagen „den öffentlichen Gebrauch der Vernunft" (1977, 53 ff.), zu dessen beredtesten Anwalt heute fraglos Habermas gilt (vgl. u. a. in 2005, 7 ff., 15 ff.).

Doch es war nicht Habermas, der sich von Kant auf die Spur der Rhetorik verlocken ließ und Kants Unterscheidung zwischen „Überzeugung" und „Überredung" für die genauere Klärung der rhetorikspezifischen Funktionsleistung nutzte, obwohl sich seine Terminologie gelegentlich recht rhetorikaffin anhört. Nicht Habermas war es (auch nicht Apel, der ebenso wie Habermas aus geltungs- bzw. diskurstheoretischen Interessen an einer präzisen Unterscheidung zwischen „überzeugen" und „überreden" arbeitete), sondern der oben bereits genannte Perelman. Er entdeckte Kants Unterscheidung für seine *Neue Rhetorik*, indem er ihre geltungstheoretische Pointe aufgriff und zugleich zur Unterscheidung zwischen verschiedenen Publika als möglichen Adressaten persuasiven Redens operationalisierte: „Wir schlagen vor, eine Argumentation überredend zu nennen, wenn sie nur bei einer *partikularen* Hörerschaft gelten soll, und sie überzeugend zu nennen, wenn sie mit dem Geltungsanspruch auf Zustimmung bei allen vernünftigen Wesen verbunden ist" (2004, 17; allgemein § 6). Dabei bleibt das „universale Publikum" (§ 7) natürlich ebenso eher eine „regulative Idee" (Kant) denn ein empirisch erreichbares Ziel, wie es auch die vergleichbare Idee eines *argumentum ad humanitatem* (Argument an alle vernünftigen Menschen) ist; dennoch bestimmt der Grad der Annäherung an diese Idee den Vernünftigkeitsgrad einer Argumentation – und damit auch den Vernünftigkeitsgrad der argumentativ jeweils erzielten faktischen Verständigung (2004, 154 ff. u. 719).

Dass Habermas fast zeitgleich, aber unabhängig von Perelman und ohne genaue Kenntnis von dessen argumentationstheoretischen Rhetorikinteressen seit 1952 eine theoriestrategisch fast gleichsinnige Unterscheidung zwischen bloß faktischem und vernünftigem (nämlich tendenziell universalem) Konsens vorgeschlagen hat, ist oben bereits erläutert worden (Kap. 6.4; Kopperschmidt 2006, 265 ff.). Obwohl es also nicht Rhetorik war, was die Interessen beider Denker einte, sondern das Konzept einer modernen Geltungs- und Vernunfttheorie, sind die einschlägigen Theorieangebote beider Denker doch erstaunlich gleichsinnig und deshalb in gleicher Weise für eine philosophische Revindizierung der Rhetorik höchst attraktiv; denn diese geltungs- und vernunfttheoretischen Konzeptionen sind gleichermaßen Konzeptionen einer *zustimmungsabhängigen* und damit auch *prozeduralen Geltungs- und Vernunfttheorie*. Beide Denker schlagen nämlich vor, Geltung bzw. Vernunft nicht an materialen Übereinstimmungen von Verständigungsergebnissen mit evidenzbasierten Geltungs- und Vernunftansprüchen abzulesen, sondern an formalen bzw. „prozeduralen" *Verfahrensbedingungen* der Verständigungsarbeit bzw. an deren „Verfahrensrationalität": Je nach dem Grad, in dem solche Verfahrensbedingungen allen von einer Problemlage *Betroffenen* faire Chancen der *Beteiligung* an zustimmungsabhängigen Problemlösungen erlauben, darf eine faktisch erzielte Übereinstimmung als vernünftig qualifiziert werden. Die für solche Nobilitierung einzulösenden Verfahrensbedingungen sind genau die oben als notwendig bezeichneten „Idealisierungen" verständigungsbezogenen Redens, deren Operationalisierung Habermas immer wieder mit entsprechenden Katalogen einschlägiger Mindestansprüche versucht hat (1999, 246 ff., 256 ff.; 1992, 349 ff.; 2001, 45–46; 1996, 154 ff.; 2008, 138 ff.). Diese Kataloge sind hinsichtlich ihrer Operationalisierungsleistung weit konkreter als Perelmans vergleichbare Versuche, seinem „universalen Publikum" eine konkretisierbare Gestalt zu geben. Darum sind sie auch für eine geltungstheoretisch interessierte Rhetoriktheorie eine naheliegendere Adresse als Perelmans vergleichbare Anstrengungen, obwohl es Perelman war und immer noch ist, der in der Rhetorik das historische Reflexionssubjekt einer modernen Geltungs- und Vernunfttheorie entdeckt hat und damit sowohl die traditionelle Konfliktgeschichte der Rhetorik mit der Philosophie besser zu verstehen ermöglicht wie deren Frageinteresse auch in der Fremdsprache moderner disziplinärer Forschungsrichtungen besser wiederzuentdecken geholfen hat. Denn nur die Rhetorik hat seit ihrer sophistischen Frühphase ein Erbe verwaltet, das trotz jahrhundertelanger (theoretischer, und besonders philosophischer, nicht sozialtechnologischer) Geringschätzung lange darauf gewartet hat, „kritisch gerettet zu werden". Das wurde erst möglich, als das, was „als Makel des Denkens erschien", zum „Organon des Denkens" nobilitiert wurde, sofern es nur „die Partei des Inhalts" ergreifen wollte, um ihm „die Kraft des Gedankens" zuzueignen (Adorno 1975, 66).[279] Diese Zeit war spätestens gekommen, als Perelman – wie viele andere Denker auch – mehr oder weniger „zufällig" auf dieses Erbe stieß (s. o. Kap. 6) und es in eine für moderne Frageinteressen anschlussfähige Sprache übersetzte. Sie erleichterte es entschieden, das, was ja auch hier versucht wird, nämlich eine moderne und damit eine *zustimmungsabhängige, weil überzeugungsbedingte Geltungs- bzw. Vernunfttheorie* in einer Art Engführung mit Rhetorik als Theorie (Praxis und Methode) *zustimmungsabhängiger* und damit

---

[279] Vgl. Schanze, Helmut „Theodor W. Adornos ‚Negative Dialektik'", in: Ueding und Kalivoda 2014, 49 ff.

überzeugungsbedingter Verständigungsarbeit so zu verknüpfen, dass es gelingt, Rhetorik endlich aus den restringierenden Fesseln sprachästhetischer Figuraltheorien oder kruder Sozialtechnologien zu befreien und für ernsthafte Fragestellungen wieder attraktiv zu machen. Und was könnte unter Bedingungen eines für moderne Gesellschaften endemischen Mangels an evidenzbasierten Gewissheiten attraktiver sein als eine Theorie, die diesen Mangel durch Methodisierung argumentativer Überzeugungsarbeit kompensieren und so den sozialen Kooperationsbedarf befriedigen zu können verspricht?

Verschwiegen soll freilich nicht werden, dass es neuerlich einen Versuch gibt, die gemeinhin gelungene wechselseitige Profilierung von „überzeugen" und „überreden" nicht prinzipiell zu leugnen, wohl aber normativ so zu relativieren, dass sogar eine mögliche Vermittlung zwischen ihnen als unterschiedlichen Redeleistungen machbar erscheint, was freilich im Kontext meiner bisherigen Überlegungen für einige Irritation sorgen muss und daher kurz zu behandeln ist. Gemeint ist der Tagungsbeitrag „Überzeugen und Überreden. Über das Verhältnis von Philosophie und Rhetorik" von Anton Hügli (2014). Der Untertitel lässt noch nicht ahnen, dass es dem Autor nicht um die bisher erwähnten diskurs- oder geltungstheoretischen Adoptionen des traditionell oppositiven Verhältnisses der beiden Begriffe geht, sondern um den Versuch, die inhärente Konfliktbeziehung zwischen „überzeugen" und „überreden" so zu entschärfen, dass Überreden zu einer zunächst paradoxieverdächtigen „Form der Überzeugungsrhetorik" werden kann, insofern sie „dem Überzeugen dienlich [wird] oder dieses gar ermöglicht" (2014, 23, 17). Das widerspricht erkennbar dezidiert der hier verteidigten These, dass ohne redekritische Differenzierung zwischen „überzeugen" und „überreden" eine „kritische Rettung der Rhetorik" gar nicht möglich wäre. Doch als eine „Überredungsrhetorik", wenn sie sich denn zu einer *Überredung zur Überzeugung* umfunktionalisieren ließe, könnte diese traditionell verachtete Form von Rhetorik – so Hügli – durchaus wieder für die Philosophie interessant werden, zwar nicht aus geltungs- oder vernunfttheoretischen Gründen – wie bei Perelman, Blumenberg u. a., – wohl aber aus *vernunftpädagogischen* bzw. *-therapeutischen* Gründen,[280] wenn nämlich die „Überzeugungsarbeit schlicht nicht mehr weiter kommt", sondern nur noch „ein Sprung auf die andere Seite" helfen kann (2014, 17).

---

280 Vgl. Platons medizinische Vergleichsterminologie bei der Legitimation der philosophischen Lügenlizenz, s. Hellwig 1973, 314. Angemerkt sei, dass es natürlich auch außerhalb Platonischer Denkvoraussetzungen politische oder private Gründe für „heilsame Lügen" gibt, die Kants rigidem Lügenverbot widersprechen; vgl. Dietzsch, Steffen. *Kleine Kulturgeschichte der Lüge*. Leipzig: Reclam, 1998, 55 ff.; Jürgen Beckers Roman: *Jakob der Lügner*. Frankfurt: Suhrkamp, 1982; Reich-Ranicki, Marcel. *Mein Leben*. Stuttgart: DVA, 1999 (über seinen Lebensretter Bolek, 276 ff.). Zur Lüge allgemein s. Sommer, Volker. *Lob der Lüge*. München: C.H. Beck, 1992.

Zu diesem „Sprung auf die andere Seite" (d. h. in den auch Hügli bekannten „Raum der Gründe" (2014, 26–27)) soll nach Hügli „ein Mut machendes und Vertrauen stiftendes Zureden resp. Überreden ermuntern". Geht das? Kann man zu einer Überzeugung „ermuntert" werden?

Dass es eine Überzeugungsabsicht bloß prätendierende Überredungsmotive geben kann, ist nach dem bisher Gesagten unstrittig; doch kann es auch an Überzeugung interessierte Überredungsmotive geben? Diese von Hügli empfohlene höchst ungewöhnliche, weil in der Tat „*neue Art* [!] *des Überredens* [meine Hervorhebung, J. K.]" scheint mir aus mehreren Gründen nicht plausibel zu sein, obwohl ich gern zugebe, dass die von Hügli genannten Überredungsziele bzw. -motive mit den bisher unterstellten nichts zu tun haben, weil ihr strategisches Erfolgsinteresse nicht dem Eigennutz des Redenden dient, sondern dem (vermeintlich wahren) Interesse des zu Überredenden. Damit bekommt Überreden (wie Lügen) in der Tat eine neue Funktion. Dennoch bleibe ich dabei, dass das Konstrukt einer Überredung zur Überzeugung in sich widersprüchlich ist; denn diese „neue Art des Überredens" soll zu etwas überreden, nämlich überzeugte Zustimmungsnötigung, was der Überredungsprozess seinerseits als mögliches Ziel bereits methodisch ausschließt, weshalb dieses Ziel ja auch nur mittels wohlwollender Täuschung strategisch erschlichen werden muss – gleichsam über eine scheinhafte Zustimmungsnötigung; „scheinhaft", weil in dieser Zustimmungsnötigung das wirkliche Zustimmungsziel gar nicht vorkommt, was wiederum plausibel ist, weil gar keine Verständigungsinteressen im Spiel sind. Außerdem verlässt Hügli mit dieser „neuen Form des Überredens" eine seit Apel, Habermas, Perelman u. a. profilierte und geltungstheoretisch erfolgreich adoptierte Begriffsdifferenzierung, die redekritisch zwischen verständigungs- und bloß erfolgsorientierter Rhetorik zu unterscheiden hilft. Damit wird nicht nur der notorischen Ambivalenz von Rhetorik begrifflich Rechnung getragen, sondern auch der differente Eigensinn von „überzeugen" bzw. „überreden" gewahrt, der daran kenntlich wird, dass wir zwar zu etwas überreden, aber nicht *zu etwas*, sondern nur *von der Berechtigung von etwas* argumentativ überzeugen können, wie wir auch einer Überredung, aber keiner Überzeugung bloß nachgeben können, sondern deren Zustimmungsnötigung ratifizieren müssen, soll sie handlungswirksam werden. Zum anderen leistet die zum Überzeugungsmittel umfunktionierte Überredung bei Hügli nicht mehr als was der bisher hier entwickelte rhetorische Überzeugungsbegriff längst berücksichtigt, wenn er Argumenten keine evidenzbasierte Beweiskraft attestiert, sondern nur eine Zustimmungsnötigung zuspricht, die sich aus multifaktoriellen Quellen speist und mit dem Begriff „subsidiär" auch die Faktoren erfasst (s. o. Kap. 11.2; vgl. auch Hügli 2004), die allenfalls mittelbar die argumentative Überzeugungskraft stärken können. Genau solche subsidiären Überzeugungsfaktoren sind es ja, was Hügli sich von einer Überredung zur Überzeugung verspricht in

Fällen notorischer „Überzeugungsverweigerung" (2014, 18–19). Ich spreche freilich lieber von fehlender „Argumentationsbereitschaft" (vgl. Kopperschmidt 1980, 133 ff.), um sie von fehlender „Argumentationsfähigkeit" zu unterscheiden, die Plato für seine „Konzessionsrhetorik" ja primär unterstellt. Schließlich müsste jedem, der oben das Kapitel 3 gelesen hat, diese „neue Art" überredender Überzeugungsrhetorik philosophiegeschichtlich ebenso vertraut wie zugleich hochgradig verdächtig vorkommen, ist sie doch bei Platon u. a. eine plausible Konsequenz aus der Unterstellung einer prinzipiell zwar möglichen, den Meisten aber verschlossenen Zugänglichkeit zur evidenzbasierten Wahrheitswelt. Als plausibel ist diese Konsequenz zu bezeichnen, weil mit Hilfe dieser „Konzessionsrhetorik" sich in der Höhle der scheinhaften Meinungswelt wenigstens die Herrschaft der wenigen wissenden Philosophen über die Masse der Unwissenden durchsetzen ließ, wenn es schon aussichtslos ist, diese Unwissenden zum Verlassen der Höhle bewegen zu können (s. o. Kap. 3.2/3.3 und Kopperschmidt 1995, 46 ff.). Ich unterstelle Hügli natürlich weder eine Sympathie mit Platons Philosophenherrschern noch mit der ihnen von Platon eingeräumten singulären Lügenlizenz (vgl. Hellwig 1973, 312 ff.); dennoch enthält die zu Überzeugungszwecken umfunktionierte Überredungsrhetorik eine riskante Schwächung des erläuterten Prinzips zustimmungsabhängiger Geltung, insofern sie die Legitimation überredender Überzeugungsmittel – wie bei Platon – aus ihrer strikten Zustimmungsbindung zu lösen bereit ist. Damit wird aber eine opportunistisch anfällige Unterstellbarkeit einer tendenziell entmündigenden Einsichtsdifferenz erleichtert, vor der sich nachplatonische Rhetorikkonzepte wie Verlegenheits-, Kompensations- oder Verständigungsrhetorik aus guten Gründen zu scheuen pflegen, indem sie Rhetorik, statt sie zur bloßen Strategie sozialtechnischer *Wahrheitsvermittlung* zu depotenzieren, in den Prozess deliberativer *Wahrheitsermittlung* selbst einbezogen haben – und das schon vorsichtig bei Aristoteles (s. u. Kap. 4.3). Diese Scheu teilt Hügli nicht in gleichem Maße, weshalb ihm auch die Idee einer Revitalisierung der eben genannten „Konzessionsrhetorik" nicht ganz abwegig erscheint: „Niemand wird Rhetorik wollen, wenn er Philosophie haben kann", w. h.: „Niemand [...] wird sich überreden lassen wollen, wenn er den Weg des Überzeugens gehen kann" (2014, 17). Doch weil Philosophie leider nicht für alle eine Option ist, muss Philosophie nach Hügli aus Verantwortung für die vielen eben zur Rhetorik greifen, in der Hoffnung, dass sie zum o. g. „Sprung" (!) in die wahren Überzeugungen zu überreden vermag. Dass dies gelingen könnte, bestreite ich aber definitiv. In den von Hügli explizit zitierten Brandom'schen „Raum der Gründe" (bzw. Argumente) kommt man nämlich nicht durch einen überredungsmotivierten „Sprung", sondern nur durch die – meinetwegen auch mühsam abgerungene – *Einsicht*, dass dieser „Raum der Gründe" das einzige Medium einer gewaltfreien Konfliktlösungschance in zivilisierten Gesellschaften ist und Geltungsansprüche in ihnen ihre

Berechtigung nur durch überzeugte Zustimmungsnötigung nachweisen können und nicht über Ansprüche auf privilegierte Wahrheitszugänglichkeit (vgl. Habermas 1999, 51). Ich bin freilich nicht so naiv anzunehmen, dass diese Einsicht in jedem Fall herstellbar ist. Ich setze daher auch weit mehr auf die Nötigungskraft einer öffentlichen Argumentations- und Diskurskultur, dass sie zunehmend auch alltäglichen Problemlagen eine zumindest argumentationsfreundliche Form ihrer Bewältigung aufzuzwingen vermag, wie es demokratische Gesellschaften in ihrem Subsystem Recht mit seiner hochelaborierten Argumentationskultur sich ja längst geschaffen haben (Alexy 2001; Luhmann 1986, 124 ff; 1995) und ja auch längst dabei sind, außergerichtliche Formen eines zumindest argumentationsfreundlichen Konfliktmanagements zu entwickeln (etwa außer- bzw. vorgerichtliche Schlichtungs- und Mediationsverfahren). Wer dagegen wie Hügli „Einbruchstellen des Überredens [in die] Überzeugungsarbeit" für „unvermeidlich" hält, kann der Frage nicht ausweichen, ob die zur Überzeugung motivierende Überredungskraft nachplatonisch etwa doch über andere Gewissheitsquellen verfügen zu können glaubt als sie nachplatonisch der zustimmungsbedingten Überzeugungskraft argumentativer Rede noch zur Verfügung stehen. Niehues-Pröbsting, der mit seiner Habilschrift *Überredung zur Einsicht* (1987) Hüglis Interessen sehr nahekommt (von Hügli aber nicht erwähnt wird), hatte jedenfalls keine Bedenken, die Möglichkeit einer „philosophischen Rhetorik" aus Platonischen Denkvoraussetzungen zu unterstellen und gegen eine sophistische Rhetorik mit dezidiert anthropozentrischer Fokussierung auch heute noch zu verteidigen. Mir fällt das als bekennendem Blumenbergianer selbstredend trotz hohen Respekts vor der zitierten Habilschrift schwer nachzuvollziehen.

Doch statt diesen Irritationen hier weiter nachzugehen, möchte ich abschließend lieber die Konfliktbeziehung zwischen „überzeugen" und „überreden" (an der ich trotz Hügli natürlich weiterhin festhalte) noch nutzen, um einem wichtigen Schlüsselbegriff eine etwas genauere terminologische Kontur zu geben; er wurde nämlich immer schon verwendet, wenn es um argumentative Operationen ging, weshalb er auch in der Überschrift dieses Unterkapitels zitiert wird, gemeint ist der Begriff *anschließen*. Mit diesem Begriff hatten wir bisher die zentrale argumentative Operation beschrieben, nämlich an gemeinsam unterstellbare Überzeugungspotentiale anzudocken, um so Geltungsbeziehungen zu generieren, aus denen sich problematisierte Geltungsansprüche möglichst überzeugend ableiten und kooperative Handlungschancen sichern lassen (Luhmann 1987, 418–419, 503–504; Kopperschmidt 2008, 34 ff.).[281] Ich möchte diese Konturierung

---

[281] Jan Philipp Reemtsma kennzeichnet in einer Laudatio auf Habermas die „Prüfung der Anschließbarkeit" als das zentrale Prinzip der Habermas'schen Theoriearbeit (in: Habermas, Jürgen. *Glauben und Wissen*. Frankfurt: Suhrkamp, 2001, 33 ff.).

mithilfe eines noch zu erläuternden Begriffspaares versuchen, das mit der bisherigen Spannungsbeziehung zwischen „überzeugen"/„überreden" insofern engstens zusammenhängt, als es nur dessen methodologische Reformulierung darstellt: Ebenso nämlich wie gelingendes *Überzeugen* erfolgreiches *Anschließen* an gemeinsam geteilte und deliberativ erprobte Überzeugungspotentiale impliziert, erkauft gelingendes *Überreden* seinen Erfolg mit einer – so der gesuchte Oppositionsbegriff – bloß strategischen, also opportunischen *Angleichung* an die jeweiligen faktischen Überzeugungen des jeweiligen Argumentationspartners, wobei diese Angleichungsbereitschaft gelegentlich so hemmungslos ist, dass sie als ein – den Lügensignalen (Weinrich 1966, 69–70) analoges – verräterisches Anbiederungs- bzw. Überredungssignal fungiert.[282] Ich möchte mit anderen Worten „anschließen" und „angleichen" als überzeugungs- bzw. überredungsbezogene Spezifizierungen einer für jede Persuasion notwendigen allgemeinen Anpassungsbereitschaft terminologisieren (vgl. Perelman 2004, 31 ff.; Geißner 1973), die ihre evolutionstheoretische Funktion als Überlebensstrategie gar nicht zu kaschieren braucht; vielmehr lässt sich mit den erwähnten Spezifizierungen die kulturspezifische Ausdifferenzierung des überzeugungsbezogenen „Anschließens" in Abgrenzung zum überredungsbezogenen „Angleichen" ebenso präzisieren wie ihr Verständigungsinteresse vom bloßen Erfolgsinteresse genauer unterscheiden (Abb. 16).

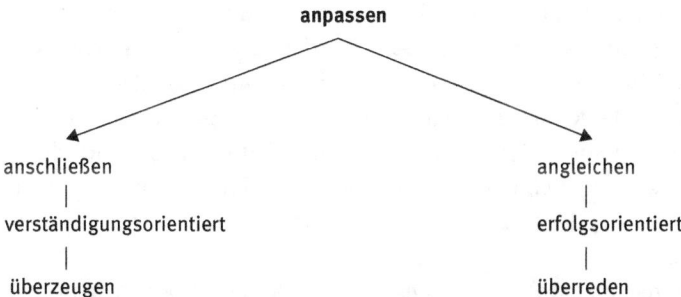

Abb. 16: Überzeugen vs überreden

Ich wähle zur Illustration dieser präzisierenden Abgrenzung noch einmal das oben (Kap. 7.3) schon zitierte berühmte Polyphem-Abenteuer des Odysseus (aus Homers *Odyssee* IX, 181 ff.) sowie die Interpretation, die u. a. dieses Abenteuer in

---

282 Die traditionelle Rhetorik rät entsprechend zur *dissimulatio artis* (Kunstverbergung), weil artistische Selbstgefälligkeit misstrauensanfällig ist.

der berühmten *Dialektik der Aufklärung* von Horkheimer und Adorno (1944) im Exkurs I gefunden hat (1971, 52 ff.; vgl. Kopperschmidt 1999, 415 ff.). Die Frage, warum Odysseus unbedingt nicht der „Niemand" bleiben wollte, der Polyphem zu blenden und mit seiner raffinierten Namenslist (Ich heiße „Niemand") sich mit einigen Gefährten zu retten vermochte, ist oben ebenso schon beantwortet worden. Im jetzigen Fragekontext ist eine andere, funktional aber vergleichbare Rettungsstrategie noch wichtiger als die bekannte Namenslist; Horkheimer und Adorno nennen sie paradoxe *„Selbstbehauptung"* durch *„Selbstverleugnung"* [meine Hervorhebung, J. K.]". Odysseus praktiziert diese Strategie, indem er „sich dem Vertrauen Polyphems einschmiegt" und zwar „nach einem Schema der List", das Polyphem zwar übertölpelt, aber nicht ganz ungefährlich ist für den Übertölpenden; denn die List des Odysseus besteht ja gerade darin, sich ganz in das Denk-, Wert- und Bedürfnissystem des anderen hineinzuversetzen, um so aus ihm heraus die Plausibilitätsbedingungen für das eigene Reden zu gewinnen: „Nimm und trink, Kyklop! Auf Menschenfleisch ist Wein gut!" (IX, 347 ff.). Mit dieser der Polyphem-Welt entliehenen Empfehlung rettet bekanntlich Odysseus sich selbst, indem er sich dem einäugigen Menschenfresser listig als letzten Leckerbissen aufzusparen rät. Doch „damit gerät das Selbst in eben den zwanghaften Zirkel des Naturzusammenhangs, dem es durch Angleichung [!] zu entrinnen trachtet. Der um seiner selbst willen Niemand sich nennt und die Anähnelung an den Naturzustand als Mittel der Naturbeherrschung manipuliert", droht selbst dieser Natur zu verfallen „durch die Mimikry ans Amorphe", weshalb er mithilfe seines vom Schiff aus zugerufenen wahren Namens diese „Niemand"-Rolle triumphierend wieder loswerden will und muss (1971, 63). Bei Bacon wird diese Strategie, die Odysseus genial anwendet, prägnant zur dialektischen Formel *natura non nisi parendo vincitur* (die Natur lässt sich nur durch Gehorsam bezwingen) verdichtet und zum allgemeinen Prinzip einer Naturwissenschaft nobilitiert, die der Errichtung des „regnum hominis" (Reich des Menschen) dienen soll.[283]

Was Horkheimer und Adorno an diesem Odysseischen Überlebensprinzip interessiert, ist die ihm inhärente exemplarische Dialektik von Macht und Gehorsam, die in Gestalt einer „Dialektik der Beredsamkeit" für die beiden Interpreten zum frühen Modell einer *Dialektik der Aufklärung* überhaupt avanciert, die „Selbstverleugnung" als Preis der „Selbstbehauptung" einfordert („die Praktiken der Beherrschung haben von der Unterjochung der Natur auf die Gesellschaft seit je zurückgeschlagen" 1971, 39) – mit besonders sinnfälliger Evidenz in Odysseus'

---

[283] Bacon, Francis. *Novum Organon* (1620)/*Neues Organon der Wissenschaften*. Darmstadt: Wissenschaftliche Buchgesellschaft, 1962, 26, 96; vgl. Schäfer 1999, 102 ff.; vgl. auch Adam Müller: „Wer herrschen will, [...] muss vielen gehorchen" (1967, 75); s. u. Kap. 9.2.

Selbstfesselung veranschaulicht, mit der er der Sirenenverlockung erfolgreich zu entgehen vermag, ohne auf den Genuss ihres Gesangs verzichten zu müssen (1971, 55).

Diesen Selbstbehauptungspreis explizit zu benennen und bewusst zu machen, dient den Interpreten auch das Polyphem-Abenteuer der *Odyssee*. In unserem aktuellen Zusammenhang interessiert an diesem Abenteuer aber nicht so sehr die an ihm exemplarisch ablesbare allgemeine *Dialektik der Aufklärung*, sondern die präzise Bestimmbarkeit des Preises, den jede Überredungsrhetorik im Sinne einer strategischen bzw. opportunistischen (heute würden wir sagen: populistischen) *Angleichungsrhetorik*[284] immer schon denjenigen kostet, der sich ihrer bedient, um andere für seine Zwecke erfolgreich instrumentalisieren zu können: Er täuscht nicht nur andere und untergräbt – wie oben betont – die Gelingensbedingungen verständigungsabhängiger Kooperation (*Misologie*-Gefahr nennt das Sokrates; vgl. Figal 1996, 142 ff.); er zahlt auch selbst für diese Strategie mit einem hohen Preis, insofern er sich bis zur Selbstpreisgabe anbiedern, ja sich zu einem „Niemand" (*outis*) machen und erniedrigen muss, um seine Interessen durchzusetzen – nachmythisch immer noch tagtäglich etwa in jeder auf Werbung und Warenverkauf fokussierten Kommunikation leicht zu beobachten, worauf Platons oben zitiertes Verdikt (sophistischer) Rhetorik als einer durch und durch „knechtischen Kunst" des Nach-dem-Munde-Redens ziemlich genau passen dürfte.

Wohl dem, der mit ihr nicht sein Brot verdienen muss – ergänze ich, um die ökonomischen Zwänge und systemischen Funktionalitäten dieser „schwarzen Rhetorik" (Barthes 1988, 17) in modernen Wohlstandsgesellschaften wenigstens andeutungsweise zu erwähnen – auch aus Respekt vor denen, die erst nach Feierabend sich ihrer *outis*-Rolle entledigen dürfen. Nicht nur andeutungsweise aber muss noch ein großartiger, aber recht geheimnisvoll klingender Satz aus der großartigen Mythos-Interpretation von Horkheimer und Adorno erwähnt werden, weil er an die Adresse der Rhetorik gerichtet ist: Selbst wenn Odysseus „die Natur" – verkörpert im Menschenfresser Polyphem – mit der ihm eigenen Beredsamkeit zu überlisten vermochte, dennoch gilt – so der gemeinte Satz –: „*das Wort weiß sich als schwächer denn die Natur, die es [das Wort] betrog* [meine Hervorhebung, J. K.]" (1971, 63). Dieser Satz (in typisch adornitischer Syntax) will meines Erachtens sagen: Wirkliche Macht kann Rhetorik nicht unter Bedingungen haben, die physischer Macht (Gewalt) das letzte Wort geben und rhetorische Macht entsprechend zwingen, sich der Gewaltlogik erfolgreich anzudienen, um mittels

---

[284] Eine besonders politisch gepflegte Gestalt des Opportunismus ist der Populismus, dessen Erfolg im USA-Wahlkampf auch in Deutschland zunehmend willige Nachahmer findet. Vgl. unten Kap. 12 FN 25!

Überlistungsrhetorik (die mit dem „Wort die Natur betrog") sein Überleben zu sichern.[285] Auf den „hinfälligen Vorteil" einer solch strategischen Überlistungsrhetorik ist Beredsamkeit erst nicht mehr angewiesen unter Bedingungen einer *egalisierenden Ohnmacht* aller Beteiligten, die deshalb gleichermaßen zur Verständigungsarbeit genötigt sind, um ihren überlebensnotwendigen Kooperationsbedarf sozial befriedigen zu können – eben nicht mit einer besseren Herakles-Keule, sondern mit etwas Besserem als einer Keule (vgl. oben Kap. 9.3). Gemessen an dem evolutionären Gewinn einer solchen auf Verständigung basierten Lebensform kann selbst die brutale Blendung Polyphems durch Odysseus nicht mit Mitleid beim Leser rechnen, weil auch ihm diese vorkulturelle „Barbarei des Menschenfressers" schwerlich als schützenswerte Lebensform zu erscheinen vermag.

Doch unterhaltsamer als das Konterfei einer gleichwohl „knechtischen" Überredungsrhetorik aus der Feder der Frankfurter Philosophen ist – neben dem oben erwähnten *Tom Sawyer* Mark Twains (Kap. 8) – fraglos Thomas Manns' brillante Karikatur des Bendix Grünlich, dessen unvergessliches „sie putzen ganz ungemein" (über die „Klatschrosen" im Garten der Familie des Konsuls Buddenbrooks gesagt) in den Zitatenschatz aller Thomas-Mann-Leser eingegangen ist und ihnen damit eine Genuss versprechende Adresse anbietet, wo sie der brillant porträtierten Inkarnation eines rhetorischen Schönlings begegnen können, der es leider trotz oder wegen seiner „albernen Beredsamkeit" schafft, die schöne Konsulstochter Tony ins eheliche Unglück zu führen (*Buddenbrooks* III, 1). Wie tröstlich dagegen, dass Homer seinem heimkehrenden Odysseus trotz zwanzigjähriger Abwesenheit eine Fortsetzung ehelichen Glücks erlaubt, nachdem der seine Penelope von seiner Identität überzeugt hat – und das ohne jede Beredsamkeit, die ja sonst sein Erkennungszeichen ist: Er zeigt ihr nur das Bett, das er seinerzeit für ihr gemeinsames junges Glück um einen Baumstamm gezimmert hatte. Gleichwohl! Für die Tradition bleibt Odysseus der mythische Held, an dem immer noch die bis heute leicht überprüfbare Erfahrung exemplarisch ablesbar ist, dass unter Bedingungen des Reden-Müssens das Reden-Können zum wirksamen Mittel des Überlebens werden kann – sogar gegenüber Menschenfressern. Insofern ist mir Sloterdijks Porträtierung dieses „Odysseus als Sophist" (2016, 253 ff.) durchaus sympathisch, der die „unverzichtbare Einheit von Wissen und Können" in einer rhetorisch fundierten „Klugheitspraxis" verteidigte, die nach unserer heutigen Einschätzung bessere Wege als die Philosophie bereithielt, um – so Sloterdijks waghalsige Kant-Referenz – „den Ausgang des Menschen aus seiner selbst verschuldeten Unbeholfenheit [zu bekräftigen]" (2016, 289; vgl. Buchheim 1986, 108 ff.).

---

285 Vgl. Arendt 1975; dazu Habermas 1978, 103 ff.; Münkler, Herfried. *Macht in der Mitte*. Hamburg: Edition Körber Stiftung, 2015, 45 ff., 186 ff.; s. o. Kap. 9 (zu Herakles' Keule).

Abschluss

12 Das Ende eines alten Verdachts oder zu Geschichte und Zukunft der Rhetorik

12.0 Vorbemerkung

In den vorangegangenen Kapiteln habe ich versucht, den substanziellen Gehalt dessen zu rekonstruieren, was in der einschlägigen Literatur gemeinhin als „Wiederkehr der Rhetorik", als deren „Rehabilitation", „Neuentdeckung", „Renaissance" usw. oder schlicht als „rhetorical turn" beschrieben wird (s. Kap. 1). Ich habe den substanziellen Gehalt dieses „rhetorical turn" genauerhin als *philosophische Nobilitierung der Rhetorik* bestimmt, wodurch der jahrhundertealte notorische Konflikt zwischen Philosophie und Rhetorik beigelegt wurde. Diesmal aber nicht nach tradierten Kompromiss-Mustern, wie sie diese Konfliktgeschichte zu Lasten der Rhetorik bereithielt (z. B. Konzessions-, Elokutions-, Überredungsrhetorik usw.); diesmal endete der alte Konflikt – so die einhellige Meinung interessierter Beobachter von Perelman über Gadamer, Apel, Toulmin bis Blumenberg – zugunsten der Rhetorik: In ihrem lange missachteten und als Sophistik pejorisierten Kernprinzip, nämlich der *überzeugungsmotivierten Zustimmungsnötigung*, lernte die Philosophie das hochattraktive Modell für ein allgemeines *nachmetaphysisches Geltungs- und Vernunftprinzip* zu erkennen und zu nutzen. Das bedeutete freilich einen „radikalen Bruch" mit dem traditionellen Wahrheitsbegriff der Philosophie (Kraus 2006, 8; Perelman oben Kap. 6), was den eben genannten Begriff „Wiederkehr" für das spezifisch philosophische Interesse an Rhetorik weithin ungeeignet macht; denn – anders als die zunächst weit einflussreichere Wiederkehr der Rhetorik etwa in Literaturwissenschaft, Linguistik, Stilistik, Semiotik, Jurisprudenz, Homiletik usw. – handelte es sich bei der philosophischen Nobilitierung der Rhetorik nicht bloß um ein neuerliches Bewusstwerden ihrer traditionellen Wirkmacht, mag sie auch für viele zu der erstaunten Entdeckung geführt haben, dass „die Welt [ja] unglaublich voll von alter Rhetorik sei" (Barthes 1988, 15). Im Fall ihrer philosophischen Nobilitierung handelte es sich dagegen nicht um eine *funktional bloß erneuerte*, sondern um eine *neu funktionalisierte Rhetorik*, was im ursprünglichen Obertitel der Perelman'schen Argumentationstheorie, nämlich *Neue Rhetorik*, noch deutlicher zum Ausdruck kam als in dem späteren Obertitel *Traktat über das Argumentieren* (vgl. Kopperschmidt 2006, 9 ff. und oben Kap. 6). Entsprechend haben Philosophen gelegentlich auch keine Scheu mehr, nicht nur wie Apel (1975, 74 und öfter) von einer „geheimen", sondern sogar von einer *„eigenen* Philosophie der Rhetorik [meine Hervorhebung, J. K.]" zu sprechen und sie als „junge philosophische Disziplin" anzuerkennen – so Vittorio Hösle, der die von ihm herausgegebene neue Reihe „Faszination Philosophie" 2003 u. a. mit

Oesterreichs gleichlautender Publikation *Philosophie der Rhetorik* eröffnete (vgl. schon Gomperz 1965, 258). Die insistiert mit Recht darauf, die erwähnte „Rhetorik-Renaissance nicht mehr als Zufall oder Modeerscheinung" zu verharmlosen, sondern „als einen Ausdruck philosophiegeschichtlicher [!] Konsequenz" zu verstehen (Oesterreich 2003, 12). Man kann darin auch mit dem oben (Kap. 1) bereits zitierten Rüdiger Campe die endliche Ratifikation eines längst – nicht zuletzt durch Habermas (!) – „zur Unterschriftsreife gebrachten *Vertrags zwischen Rhetorik und Philosophie* [meine Hervorhebung, J. K.]" erkennen, der „die Scheidung zwischen Rhetorik und Philosophie revidiert" (1999), indem er dem traditionsreichen philosophischen „Verdacht gegenüber der Rhetorik" seine Legitimität entzieht (Baecker 2005, 9).

Mein Rekonstruktionsversuch ist zwar erkennbar nicht historisch, sondern systematisch interessiert, doch ist die Geschichte der Rhetorik in den bisherigen Kapiteln ständig präsent gewesen und viele einschlägigen Namen, die dieser Geschichte Kontur und theoretisches Niveau gegeben haben, kommen in meiner Rekonstruktionsgeschichte zu Wort. Deshalb wäre es eigentlich gar nicht mehr nötig, abschließend noch einmal über die Geschichte der Rhetorik zu reden. Gleiches gilt auch für die Frage nach der Zukunft der Rhetorik: Denn wenn nach den bisherigen Ausführungen die Nobilitierung des überzeugungsmotivierten Zustimmungsprinzips zum nachmetaphysischen Geltungs- und Vernunftprinzip wirklich nur die notwendige Konsequenz eines modernitätstypischen Mangels an evidenzbasierten Gewissheiten ist (s. o. Kap. 8), dann braucht man sich um die Zukunft der Rhetorik eigentlich keine Sorgen mehr zu machen; ihr Kernprinzip muss dann zum Kernprinzip möglicher Verständigungschancen überhaupt werden, insofern es die Methodisierung theoretischer wie praktischer Problembearbeitungen bereithält; zumindest für die deliberative Befriedigung des sozialen und politischen Kooperationsbedarf von Gesellschaften, deren evolutives Niveau Gewalt ebenso obsolet wie ineffizient macht. Wenn es also Sinn macht, moderne Demokratien als „deliberative" oder „partizipatorische Demokratien" zu spezifizieren (Habermas u. a. in 2008, 138 ff.; 1992, Teil VII; Höffe 2009, 290 ff.), und wenn die Lübbe'sche Definition von Politik als „Kunst, im Medium der Öffentlichkeit Zustimmungsbereitschaften zu erzeugen" (1975, 107), ebenso griffig und zutreffend ist wie sie sich verständigungspragmatisch zur Generalisierung geradezu aufdrängt, dann gehören moderne Gesellschaft und Rhetorik offensichtlich entgegen allen verfallstheoretischen Ängsten wesenhaft zusammen und es stellt sich erneut die Frage: Wozu dann noch ein abschließendes Kapitel über die Zukunft der Rhetorik?

Die Antwort ist recht einfach: Es gibt nämlich Theorien, die diese optimistische Einschätzung der Zukunft von Rhetorik überhaupt nicht teilen, sondern das aus der Antike bereits vertraute Verfallstheorem (vgl. Hambsch, s. unten FN 4) für analytisch ertragreicher halten, um die Rolle der Rhetorik in der modernen

Gesellschaft angemessen zu bestimmen. So geschehen u. a. in der politikwissenschaftlichen Debatte seit den 1990er Jahren; die schwärmte nicht mehr nostalgisch von der 1968 neu erwachten studentischen „Lust am Reden" und warb nicht mehr um Verständnis für den kreativen Sprach- und Begriffsraub der revolutionären Linken (vgl. dazu FN 1 und oben Kap. 8).[286] Stattdessen beherrschte die einschlägige politologische Diskussion der Verdacht auf ein mögliches Ende der öffentlichen Rede; denn deren „Sprache" – so der nüchterne Befund von Thomas Meyer (1994, 161) – „trägt nicht mehr". Das ist nur eine Alternativformulierung für den gleichsinnig diagnostizierten „Verfall der politischen Rhetorik", der sich nach Meyer aus der Einsicht erklärt, dass „die Kunst der überzeugungsfähigen öffentlichen Rede von Voraussetzungen lebt, die sie nicht selbst herbeireden kann, wenn sie nicht in den Überzeugungen des Publikums gegenwärtig sind" (1994, 168). Es fällt mir leicht, dieser These zuzustimmen, weil ich sie oben (Kap. 10.1) bereits mit explizitem Bezug auf den Autor adoptiert habe, dem auch Meyer diese zitationsanfällige Formulierung verdankt (ohne ihn freilich namentlich zu nennen), gemeint ist natürlich Ernst-Wolfgang Böckenförde. Meine Adoption war oben freilich eher argumentationstheoretisch fokussiert in dem Sinne, dass jede erfolgreiche Argumentation schon methodisch immer mehr Plausibilitäten verbrauche, als sie ihrerseits abzustützen vermöge. Ich kann Meyers Entgrenzung dieser These über die Argumentation hinaus bedenkenlos zustimmen, weil auch meine argumentationstheoretische Adoption ja nur eine beispielhafte Anwendung des Böckenförde'schen Theorems sein wollte, die natürlich nicht die ganze Breite der Voraussetzungshaftigkeit „überzeugungsfähiger Rede" erfasst, wohl aber eine ganz wesentliche Bedingung ihrer methodischen Möglichkeit benennt, nämlich die Unterstellbarkeit von argumentativ anschlussfähigen Plausibilitäten (*endoxa*). Wenn solche Unterstellbarkeit nicht mehr bloß durch infinite Regresslust verhindert wird (s. o. Kap. 10.3), sondern wenn eine erhöhte Anschlussselektivität der Rede ihre Kooperation ermöglichende Wirkung nimmt, sodass nur noch ein Reden „in der Ersten-Person-Einzahl" möglich ist (Meyer 1994, 162–163), dann bekäme Rhetorik in der Tat ein Problem, weshalb darüber gleich noch zu reden sein wird (Kap. 12.2).

Doch vorher müssen noch zwei Publikationen genannt werden, die nicht nur zeitnäher erschienen sind als die eben genannte politologische Diskussion, sondern sich auch weniger sprach- als redekritisch gestimmt zeigen und insofern dem hier vorherrschenden Frageinteresse entsprechend näherstehen; ich meine die beiden thematisch sehr verwandten wie rezensorisch rechtens gerühmten

---

[286] Vgl. dazu Kopperschmidt, Josef. „1968 oder ‚Die Lust am Reden'". *Muttersprache* 110, 2000, 1 ff.; vgl. auch das oben in Kap. 7 über „Umdefinition" und „Neubeschreibung" Gesagte.

Arbeiten von Wilfried Stroh und Karl-Heinz Göttert über *Die Macht der Rede. Eine kleine Geschichte der Rhetorik im alten Griechenland und Rom* (2009) bzw. *Mythos Redemacht. Eine andere Geschichte der Rhetorik* (2015).[287] „Rechtens" nenne ich die rezensorische Rühmung beider Publikationen, weil es große Freude macht, den Autoren bei der Arbeit zuzusehen, die nicht nur ausgewiesene Kenner der Materie sind, sondern auch über Rhetorik in einer Weise zu reden bzw. zu schreiben vermögen, die den Gegenstand ihres Redens bzw. Schreibens nicht bereits dementiert. Doch das ist natürlich kein ausreichender Grund, sich mit den beiden Publikationen in einem Abschlusskapitel über „Geschichte und Zukunft der Rhetorik" zu beschäftigen. Ich tue es, weil ich ungeachtet aller befriedigten Leselust ein großes Problem mit der beiden Publikationen (trotz kleiner Divergenzen) zugrundliegenden gemeinsamen Annahme habe, dass sich nämlich aus der über zweieinhalbtausendjährigen Tradition der Rhetorik – beide (!) Autoren lassen diese Tradition mit Homers Priamos-Rede in der Ilias beginnen (Stroh 2009, 34 ff.; Göttert 2015, 33 ff.) – angemessene *redekritische Maßstäbe* gewinnen ließen, um über die Existenz bzw. Nicht-Existenz großer Rede in Gegenwart und Zukunft verlässlich urteilen zu können.

Doch wiederum gilt auch hier: Eigentlich müsste ich mich mit diesem Problem hier gar nicht befassen, weil mein Frageinteresse ja – anders als das der beiden Autoren – nicht redepraktischer, sondern dezidiert redetheoretischer Natur ist. Andererseits kann eine Theorie das fraglos irritierende Paradox aber schwerlich einfach ignorieren, dass einerseits die philosophische Nobilitierung der Rhetorik deren Kernprinzip zum allgemeinen Prinzip überzeugungsmotivierter Zustimmungsnötigung machen will und andererseits gleichzeitig an der möglichen Zukunft einer Praxis gezweifelt wird, in der dieses rhetorische Kernprinzip als Methodisierung deliberativer Verständigungsarbeit ja überhaupt erst konkret wirksam werden kann. Ich möchte dieses Paradox, das auch Blumenberg kurz notiert („Belebung von Rhetorik ist [...] ein Merkmal bestimmter Resignationen" 1998, 164), zumindest zu entschärfen versuchen, indem ich nach einem *möglichen Struktur- und Funktionswandel öffentlicher Rede* in modernen Gesellschaften frage, der vielleicht doch mehr verändert haben könnte als einigen traditionellen Eloquenzansprüchen ihre Befriedigung zu missgönnen, was besonders Stroh zu bedauern pflegt. Ich möchte genauerhin fragen, ob dieser mögliche Struktur- und Funktionswandel öffentlicher Rede deren äußere Erscheinungsformen (besonders in ihrer mediatisierten Gestalt; vgl. Meyer 2001; Dörner 2001; Pörksen U. 2002) eventuell so nachhaltig verändert haben könnte, dass manche Beobachter

---

[287] Götterts Buchtitel ist erkennbar mit Bezug auf Strohs Publikation formuliert, die freilich nur einmal nebenher in Klammern (!) erwähnt wird (2015, 11), obwohl die darin behauptete Redemacht ja als Mythos entlarvt und entsprechend entmythologisiert werden soll (2015, 12).

sogar an der Existenz relevanter öffentlicher Rede überhaupt zu zweifeln beginnen, obwohl das rhetorische Kernprinzip überzeugungsmotivierter Zustimmungsnötigung ja durch den gemeinten Wandel nicht notwendig bedroht sein muss. Das kann nämlich – so meine zentrale Unterstellung – solange nicht geschehen, als dieses Kernprinzip in der deliberativen Infrastruktur einer Gesellschaft – „Lebenswelt" von Habermas genannt (s. u. Kap. 12.4) – verankert ist und deren Verständigungsarbeit in welchen Formen auch immer normativ bestimmt. Ob das aber der Fall ist, hängt meines Erachtens nicht vom Nachweis ab, ob heutige bzw. zukünftige praktische Rhetorik noch den Standards der klassischen Rede-Tradition entspricht. Und es hängt auch nicht von der Existenz sogenannter „großer Redner" oder „großer Reden" ab, auf die das Interesse an einer „anderen Geschichte der Rhetorik" bei Göttert wie bei Stroh aber fokussiert ist;[288] und zwar so sehr, dass leicht vergessen wird, woran oben noch einmal erinnert wurde: Die Wiederkehr der Rhetorik war, was ihren substanziellen Gehalt angeht, keine Wiederentdeckung „großer Redner" bzw. „großer Reden" und deren Redekunst, sondern die folgenreiche Entdeckung des rhetorischen Kernprinzips deliberativer und auf überzeugter Zustimmung basierender Verständigung als eines allgemeinen Geltungs- und Vernunftprinzips für Gesellschaften unter Bedingungen der Moderne.

12.1 „Sonderweg"-Theorien

„Redner sind nicht gefragt". Dieses Zitat steht zwar nicht in einer der beiden zuletzt erwähnten Publikationen, sondern in einer der diversen düsteren Diagnosen Thomas Meyers, was die politische Zukunft der Rhetorik angeht (2001; Dörner 2001). Doch diese Diagnose könnte auch bei Stroh oder Göttert stehen; denn deren Zukunftserwartungen sind ähnlich düster eingetrübt, obwohl Stroh den Bedarf an Rhetorik heute für höher als je zuvor einschätzt (2009, 7). Dennoch verzichtet Stroh fast ganz auf eine theoretische Abstützung dieses eigentlich paradoxen Eindrucks, den er offensichtlich für so evident hält, dass er sich mit dessen bloßer Behauptung begnügt (2009, 9 ff.) und die Erklärungspflicht an eine Theorie verweist, von deren dominantem Frageinteresse er freilich erkennbar wenig hält; sonst würde er das Parallelprojekt zum *HWPh* (Historisches Wörterbuch der

---

288 „Anders" nennt zwar nur Göttert die von ihm erzählte „Geschichte der Rhetorik" (2015, 12–13), doch Stroh teilt das gleiche „andere" Interesse an Rhetorik, nämlich an ihrer Praxis als „Redekunst" von (vornehmlich) großen Rednern (2009, 9 ff.) statt an Theorie ihrer sozialen, methodischen und funktionalen Ermöglichungsbedingungen. Entsprechend gerät der gelegentliche Pflichtbezug auf philosophische Interessen an Rhetorik bei Stroh geradezu zu deren Karikatur, so 2009, 16, 45 (FN) und 171–172.

Philosophie), nämlich das *HWRh* (Historisches Wörterbuch der Rhetorik), nicht mit einer (impliziten) Anleihe bei A. N. Whitehead abwerten, indem er dessen Urteil über die Philosophie (dass sie nur Fußnoten zu Platon enthalte), auf das *HWRh* überträgt und entsprechend meint, „es [enthalte] kaum mehr als stattliche Fußnoten zu Aristoteles, Cicero und Quintilian" (2009, 11). Ich halte dieses Urteil für definitiv falsch, weil es die im Namen explizit angezeigte Intention des verdienstvollen Großprojekts völlig missversteht, das die Geschichte der Rhetorik nicht mit der Antike aufhören lässt, sondern sich von deren Rhetorik zentrale Schlüsselbegriffe (wie Ethos, Argument, Metapher usw.) liefern lässt, um sie bis in ihre zum Teil fremdsprachlich klingenden modernen Transformationen hinein zu verfolgen, oder umgekehrt von rhetorikaffinen modernen Schüsselbegriffen (wie Massenkommunikation, Anthropologie, Populismus usw.) ausgehend nach möglichen Äquivalenten im traditionellen System der der Rhetorik sucht.[289]

Anders als Stroh kennt Göttert durchaus außerstilistische Gründe für die prinzipiell unsichere Zukunft der Rhetorik und nennt sie auch (2015, 14 ff.). Sein wichtigster analytischer Schlüsselbegriff ist im Titel dieses Unterkapitels bereits zitiert worden; ihn hat Göttert sich vom renommierten Althistoriker Christian Meier ausgeliehen (2015, 19 ff.) und folgt damit unbemerkt[290] dem bereits eben genannten Thomas Meyer, der sich ebenfalls von Meier den gemeinten Schlüsselbegriff „Sonderweg" vorgeben lässt (Meyer 1994, 12 und öfter). Mit ihm spezifiziert Meier[291] einen emphatischen Politikbegriff – von ihm als „das Politische" terminologisiert – an den Hannah Arendt und Jürgen Habermas später anschließen, um einen sowohl auf Verständigung fokussierten wie entsprechend sprachlich fundierten Begriff des „Politischen" zu konturieren, an den Meyer zumindest „erinnern" will, um so wenigstens indirekt bestimmbar zu machen, was mit Preisgabe dieses Begriffs bzw. genauer: mit dem „Entweichen des Politischen aus der Politik" (1994, 7) verloren gehen müsste (264 ff. und unten Kap. 12.3). Denn „das Politische ist keine Naturgabe des Menschen" (1994, 17, 24–25), sondern ein evolutives Spätprodukt von „prekärer Existenz"; eben „ein Glücksfall" des „griechischen" bzw. „europäischen Sonderweges", der darum

---

289 Das *HWRh* weiß übrigens auch sehr viele Gründe für das zu nennen, was traditionell unter dem Titel „Verfall der Beredsamkeit" abgehandelt wurde und heute als Fehlen großer Reden beklagt wird, s. den entsprechenden Artikel von Hambsch, Björn in: *HWRh*, Bd. 10. Hg. Gert Ueding. Tübingen: Niemeyer, 2012, 13 ff.

290 Zumindest schließe ich das aus dem Fehlen eines entsprechend expliziten Bezugs.

291 In: *Die Entstehung des Politischen bei den Griechen*. Frankfurt: Suhrkamp, 1989; *Athen. Ein Neubeginn der Weltgeschichte*. Berlin: Siedler Verlag, 1993; *Von Athen bis Auschwitz*. München: C.H. Beck, 2002, 39 ff., 654 ff.

auch keine Bestandsgarantie impliziert, weder für „das Politische" noch für die rhetorikaffine Sprachbindung seiner deliberativen Binnenstruktur (1994, 160 ff.).

Hieran hätte Göttert bruchlos anschließen können, weil auch er die „Engführung von Redekunst und Natur" für einen „Mythos" hält (2015, 12), dessen eigentliche Pointe allerdings so lange unerkannt bleibe, wie man aus der antiken Rhetorik ein historisch entbundenes, weil vermeintlich „natürliches", allgemeines System überzeugungsrelevanter Faktoren mache, dessen Rekonstruktion – so etwa Stroh – „bis heute keine wirklich bedeutenden Fortschritte gemacht hat" (2009, 10). „Nein" – so Götterts berechtigte Widerrede – diese Redekunst, von der die besten Rhetoriken der Antike sprechen, ist ein (sehr eindrucksvolles) kulturelles Narrativ: Eine durch und durch „kulturell organisierte Form von Rede", die auf mindestens zwei Voraussetzungen beruht: Auf einer „Verlagerung von Macht ins Reden" (2015, 26) und auf einem „Rationalitätsvertrag" (!), der „Wahrheit" mit „Überzeugungskraft" zusammenbringt (2015, 29).[292] Die Historizität dieser kulturellen Voraussetzungen erleichtert nach Göttert den Umgang mit „Krisen der Redekunst", weil diese dann nicht mehr an Sekundärphänomenen wie Stilistik festgemacht werden müssen, sondern an die jeweiligen soziokulturellen Rahmenbedingungen von Rede als fällige Adressen ihrer möglichen Erklärung verwiesen werden können.

Insofern halte ich den Bezug auf den Meier'schen Begriff „Sonderweg", wie ihn Meyer und Göttert als analytischen Schlüssel zum Verständnis möglicher Probleme mit traditionellen Politik- und Rhetorikbegriffen nutzen, für äußerst hilfreich. Zugleich will ich aber ergänzen, dass es nicht nur einen „griechischen" bzw. „europäischen Sonderweg" im Sinne von Meier gab; es gab nach einer nicht so sehr von Meier, sondern u. a. von Wehler und Winkler bestimmten Historiker-Debatte (vgl. Bracher 1982) auch einen sogenannten „deutschen Sonderweg", der für die hier anstehende Frage ebenfalls einschlägig ist, weil auch die Rhetorik in Deutschland diesen „Sonderweg" zeitweise mitgegangen ist. Ich habe mir daher seinerzeit (2003) von Winkler den Begriff „deutscher Sonderweg" ausgeliehen, um der Versuchung nicht zu erliegen, der faktischen Wirksamkeit Hitler'scher Reden mit der Auflistung ihrer stilästhetischen Mängel hilflos widersprechen zu müssen (2003, 455 ff.). Als besonders nützlich schien mir dabei Winklers Profilierung des Begriffs „deutscher Sonderweg" zu sein, weil er zwischen zwei Bedeutungen dieses Begriffs unterscheidet, je nach seiner Verwendung vor oder nach

---

[292] Und zwar in zweifacher Form, insofern als „überzeugungskräftig" gelten kann, was wahr ist – so die Platonische Tradition –, oder wahr ist, was „überzeugungskräftig" ist – so ansatzweise Aristoteles (s. o. Kap. 4.3d) und in der zustimmungsabhängigen Geltungs- und Vernunfttheorie. Götterts Begriff „Rationalitätsvertrag" ist bedingt vergleichbar mit dem oben (Kap. 12.0; Kap. 1) zitierten „Vertrag[sbegriff]" von Rüdiger Campe.

1945 (Kopperschmidt 2003, 649): In der einen Bedeutung, die neben Adam Müller besonders an Thomas Manns unsäglichen *Betrachtungen eines Unpolitischen* von 1918[293] exemplarisch abgelesen werden kann, geht es um eine Abgrenzung deutscher „Kultur" gegenüber westlicher „Zivilisation" und darin eingeschlossen: um die Nobilitierung der deutschen Unvertrautheit mit öffentlicher Rede eines „frech-beredten Demokratismus" („so gar kein Volk des Wortes") zu einer höheren, gleichsam schweigenden Form von Beredsamkeit (vgl. dazu Kopperschmidt 2003, 455 ff.); über die andere Bedeutung von „deutscher Sonderweg" kann der gleiche, aber politisch gründlich bekehrte Thomas Mann in seiner Rede über „Deutschland und die Deutschen" von 1945 belehren, in der mit präzisester Begrifflichkeit dieses Schönreden eines notorischen Mangels als „romantische Gegenrevolution gegen den philosophischen Intellektualismus und Rationalismus der Aufklärung" entlarvt wird, die direkt in die Katastrophe geführt hat (1973, 986 ff.; vgl. Kopperschmidt 2003, 468 ff.). Meine These von damals, zu der ich auch heute noch stehe, lautete, dass auf dem Weg, den Winkler in seinem Buchtitel Deutschlands „langen Weg nach Westen" nennt, auch das öffentliche Reden in diesem Lande erfolgreich mitgegangen ist, mithin der „deutsche Sonderweg" auch in der Rhetorik endlich sein Ende gefunden hat: Auch sie, die Rhetorik, ist im Westen angekommen und ist damit doch noch auf den „griechischen" bzw. „europäischen Sonderweg" eingeschwenkt.

Als Beleg dafür könnte eine Rede gelten, die am 24. Juli 2008 unter der Siegessäule im Berliner Tiergarten circa 200.000 Menschen nachweislich in Begeisterung versetzt hat; und das „mit sprachlichen Mitteln", die nach Göttert aus der Tradition der klassischen Rhetorik stammen (2015, 477 ff.),[294] was ja eigentlich auch gegen den Verdacht sprechen müsste, dass die Zukunft große Redner „schlicht überflüssig machen könnte" (2015, 485). Gibt es sie also allen Unkenrufen zum Trotz doch noch – die großen Redner und die großen Reden?

12.2 Obama oder der Messias unter der Goldelse

Ja – „es gab sie also noch, die große Rede"! So leitet Göttert seine „andere Geschichte der Rhetorik" ein und meint damit Barack Obamas eben genannte

---

293 Neuausgabe und Kommentar von Hermann Kurzke (Hg.), Frankfurt: Fischer, 2009; noch schlimmer sind seine „Gedanken im Krieg" von 1914 in: *Essays*, Bd.1. Hgg. Hermann Kurzke und Stephan Stachorski. Frankfurt: Fischer, 1993, 188 ff.
294 Seine Paarbildung von großen Rednern (von Plutarch inspiriert) macht ja auch nur Sinn, wenn gleiche Maßstäbe für deren redekritischen Vergleich unterstellt werden können, was Göttert explizit tut für die Zeit von „Perikles bis Obama" (2015, 17–18).

Berliner Rede, mit der sich „entgegen den trübsinnigen Reflexionen über das Ende der Redekunst [...] die Tradition zurückmeldete" (2015, 7). Es war nach Götterts Worten diese Rede, die ihn zur Abfassung seiner „anderen Geschichte der Rhetorik" inspirierte. Ich kann das uneingeschränkt nachvollziehen. Ich habe mich nämlich seinerzeit nicht weniger hinreißen lassen von dieser Rede und habe ebenfalls sofort zur Feder gegriffen, um mir unter dem oben in der Überschrift bereits zitierten Titel meine Begeisterung von der Seele zu schreiben (2008). Im Folgenden möchte ich unter Einbeziehung des Obama-Kapitels in Götterts Buch (2015, 218 ff.) wenigstens den wichtigsten Grund kurz erläutern, der den unglaublichen Erfolg dieser Rede meines Erachtens zu erklären helfen kann.

Um Missverständnisse auszuschließen, sage ich vorweg: Ich habe nicht vor, die überwältigende Reaktion auf die charismatische Ausnahmegestalt Obama und seine faszinierende Rede mit Stroh als Beweis für den faktischen Bedarf an großer Rede auch in der Gegenwart zu nutzen. Ich beschäftige mich mit dieser Rede hier im Gegenteil mit der Absicht, aus ihren noch zu rekonstruierenden Erfolgsgründen im nächsten Unterkapitel (11.3) den *Ausnahmecharakter* dieser Rede (inklusive des Redners) abzuleiten, was zugleich die These impliziert, dass man aus der „Noch"-Existenz einer solchen Rede über die mögliche Zukunft der Rhetorik wenig mehr als dies lernen kann: Rhetorik im Sinne öffentlich wirksamer Rede wird es, wenn überhaupt, in Zukunft nennenswert nur noch geben als eine Rhetorik unter funktional und strukturell völlig veränderten Ermöglichungsbedingungen.[295]

Bezüglich der Erfolgsbedingungen von Obamas Berliner Rede will ich mich hier auf ein mir besonders wichtig erscheinendes Argument beschränken, das auch Göttert für seine Analyse betont und dem auch er erkennbar starke Erklärungskraft zuspricht. Er erläutert dieses von Till übernommene Argument zwar nicht an der Berliner Rede Obamas, sondern an anderen Redebeispielen dieses begnadeten Redegenies (Göttert 2015, 219); doch ist es bruchlos auch auf die hier interessierende Rede beziehbar. Das Argument lautet: Obamas Erfolgsgeheimnis als Redner besteht in einer von ihm perfektionierten Methode der *„narrativen Persuasion* [meine Hervorhebung, J. K.]", was meint: in dem für ihn typischen Versuch, jeweils mittels Geschichten bzw. Erzählungen sein Publikum zu überzeugen. Was Obama aus dieser traditionell durchaus vertrauten rhetorischen Methode macht, ist an der Berliner Rede beispielhaft in singulärer Perfektion

---

295 Stroh dagegen, der zwar nicht die Tiergarten-Rede Obamas behandelt, aber dessen ganze politische Karriere auf seine „glänzende Redekunst" zurückführt, mit der „er die Menschen bezauberte" (2009, 7, 25), leitet daraus den generalisierbaren Beleg „für die Macht der Rede" ab und den Bedarf nach ihr. Frau Merkel kann belegen, dass man ohne jede Spur von „glanzvoller Redekunst" 70 % der Deutschen, wenn auch nicht „bezaubern", aber doch erfolgreich regieren kann, während Gegner trotz bester Rhetorik chancenlos bleiben.

ablesbar: Er erzählt nicht nur viele Geschichten, sondern er vernetzt und verdichtet sie zu einer ganz Großen Geschichte bzw. – wie es heute eher heißen müsste – zu einem *Großen Narrativ*, das allein eine Rede erst ganz groß zu machen und mit dem dazu nötigen Pathos auszustatten vermag. Und darum erzählt dieses Große Narrativ auch von nichts Geringerem als vom „Kampf um Freiheit", der den kleinen Geschichten, die in diese große Geschichte eingewoben sind, einen Bedeutungsgehalt verleiht, der sie überhaupt erst erzählenswert macht. Z. B. seine eigene Geschichte, die in diese große Geschichte der Befreiung ebenso involviert ist wie die Geschichten seines Großvaters, eines Sklaven, oder seines Vaters, eines „Ziegenhirten in Kenia", der seine Heimat verließ, um sich und seinen Kindern den „Traum von einem besseren Leben" in einem Land zu erfüllen, in dem sich sein Sohn jetzt um das höchste Amt im Staat bewirbt. In die große Geschichte der Befreiung ist natürlich erst recht Berlin involviert, „diese großartige Stadt", in die er „nicht als Präsidentschaftskandidat", sondern „als stolzer Bürger der Vereinigten Staaten" und „als Mitbürger der Welt" gekommen ist, um „hier am Fuße einer Säule, die vom *Sieg im Kriege* kündet [meine Hervorhebung, J. K.]", einen Satz zu sagen, der den *Sieg über den Krieg* feiern will. Doch dieser Satz soll keinen der vielen wohlfeilen Friedensappelle wiederholen, sondern seinerseits mit einem Zitat an eine große Rede erinnern, in der 1948 hier am gleichen Ort (!) vor „Hunderttausenden von Berlinern" der damalige Bürgermeister Ernst Reuter das eingeschlossene Berlin und seinen Überlebenswillen zum weltweiten Symbol des „Kampfes um Freiheit" machte. Dieser Zitat-Satz besaß bereits eine Stilistik, die Inhalt und Form zu einer nur selten gelingenden Deckung brachte, sodass Obama diesen Satz nicht nur aufgreifen, sondern zum mehrfach wiederholten Leitmotiv und Gliederungsprinzip seiner Rede machen konnte. Gemeint ist der Reuter-Satz: „Völker der Welt, schaut auf Berlin!"

Aus solcher Kunst der thematischen Vernetzung und Verdichtung von Geschichten zu einer großen Geschichte, wie sie hier unter dem Leitmotiv „Kampf um Freiheit" meisterhaft gelungen ist und sich in „Berlin" mythopoietisch ein Symbol geschaffen hat, das „alle Menschen [zu] Berlinern [werden lässt]", die deren Sehnsucht nach Freiheit teilen, – aus solchem Stoff und nur aus ihm sind erkennbar große Reden gemacht! Der o. g. Begriff „narrative Persuasion" ist eine durchaus griffige Terminologisierung für diese rhetorische Methode; sie könnte noch einmal davor warnen, den Erfolg einer Rede in ihrer leicht katalogisierbaren Stilistik zu suchen, statt in dem Bedeutungsgehalt ihrer Aussagen, den man nicht einem Stoff anreden kann, sondern dem jeweiligen Stoff abringen muss. Dazu ist freilich nicht jeder Stoff geeignet wie man sich auch als Redner die charismatische Qualität eines Obama nicht einfach erreden kann noch ein so begeisterungswilliges Publikum allerorten vorfindet oder gar einen Tiergarten als situative Kulisse mit anschlussfähigem Denkmal. So gesehen kann das Beispiel Obama nur die Einsicht bekräftigen, dass es nicht primär die sprachästhetische Brillanz ist, deretwegen man Reden bejubelt, sondern dass es Personen sind, die für ihre Aussagen bejubelt werden, weil sie ihnen mit ihrer je eigenen Überzeugungskraft eine zwanglose Zustimmungsnötigung zu verschaffen vermögen, die sich neben materialer Plausibilität aus personaler Authentizität, emotionalem Einfühlungsvermögen, sprachstilistischer Sicherheit, korporaler Selbstpräsentation und situativer Kontextsensitivität summativ ergibt.

12.3 Was uns fehlt

Göttert hat schon recht: „In Deutschland nach Vergleichlichem zu suchen, wäre falsch und unergiebig"; denn zu „verschieden" sind „Voraussetzungen und Traditionen" (2015, 225). Dennoch hat die betreffende Rede ja gerade in Deutschland ihren triumphalen Erfolg gefeiert, obwohl allen Berlinern klar war, dass es für sie nichts zu entscheiden gab und sie entsprechend auch nicht für eine bestimmte politische Option gewonnen werden sollten oder konnten: Im Tiergarten fand doch kein amerikanischer Präsidentschaftswahlkampf mit deutschen Statisten statt. Aber was sonst konnte die Massen denn so begeistern an Obamas Rede? Göttert nennt es mit Blick auf andere erfolgreiche Reden Obamas mutig, aber zutreffend, wie ich meine: „Verzicht auf Politik, *Übergang zur Feier* [meine Hervorhebung, J. K]". Genau das fand im Tiergarten statt: Eine große Feier! Gefeiert wurde die Erfüllung einer großen Sehnsucht, die, weil sie die Sehnsucht aller Menschen ist, auch alle Menschen zu „Berlinern" machen kann.

Hatte also der „Verzicht auf Politik" wesentlichen Anteil am Erfolg dieser Rede? So war es! „Die charismatische Rede [...] erfüllt einen anderen Zweck, als politische Reden in der Regel anstreben" (Göttert 2015, 225). Und das gilt nicht nur für Obamas Berliner Rede, sondern generell, weshalb auch generell gilt, dass „die rhetorisch aufgerüstete Rede weiterlebt, indem sie eine neue Funktion übernimmt". Ganz so neu war die gemeinte Funktion freilich nicht; die rhetorische Theorie hält bereits seit ihren Anfängen einen gattungsspezifischen Titel für sie bereit, nämlich Epideiktik – bekannter unter dem Titel „Sonntagsreden"! (vgl. Kopperschmidt 1999, 9 ff., 149 ff. und FN 12). Ihre Gelingensbedingungen sind in der Tat sonntägliche Ausnahmebedingungen vom politischen Alltag und nur weil Obama in Berlin diese Ausnahmebedingungen vorfand (und exzessiv nutzte), konnte er so erfolgreich sein. Schlicht nachahmbar ist dieser Erfolg also nicht, weshalb diejenige Rede in Deutschland, die – was selten genug geschah – zumindest nachträglich eine vergleichsweise große Zustimmung fand wie die viel gerühmte Weizsäcker-Rede zum 8. Mai 1985 (vgl. oben Kap. 11.2 b und Göttert 2015, 51 ff.), eben nur die Chance des überparteilichen präsidialen Amtes nutzte, um für eines der sensibelsten Daten der deutschen Geschichte, für den 8. Mai 1945, nach 40 Jahren eine Deutung anzubieten, die trotz ihres hochgradig „paradoxen" Charakters (Göttert 2015, 57) jetzt zustimmungsfähig zu sein schien: „Der 8. Mai war ein Tag der Befreiung". Nicht (oder noch nicht) möglich war es freilich (auch mit Weizsäcker als Redner nicht), diese Deutung des 8. Mai bruchlos in einer großen Geschichte zu verorten und so das persuasive Potential dieses Datums narrativ ähnlich zu entfalten, wie Obama es in Berlin getan hatte. Für eine solche große Geschichte war die Zeit 1985 in Deutschland nach zwei angezettelten Weltkriegen ebenso sehr noch nicht ganz reif[296] wie für provokative Versuche eines Martin Walser, die Regeln einer „Sonntagsrede" im Schutzraum der Sonntagsrede auszuhebeln;[297] wohl aber war das Bedürfnis vorhanden, für die Nachkriegsgeschichte nach anschlussfähigen Deutungsoptionen zu suchen, die möglichst unstrittig waren und deshalb dem politischen Tagesstreit entzogen bleiben konnten. Denn das ist ja die Grundvoraussetzung möglicher Epideiktik und ihrer Realisierungsform in der verbindlichen Gestalt der Einzelrede, die Erwiderungen weder vorsieht noch zulässt: Sie setzt ein Sprecher-Ich voraus, das ein kollektives Wir vertreten und für dieses Wir vikarisch sprechen will und kann, weil es nur formuliert, worin ohnehin (fast) alle übereinstimmen. Ohne solche kollektiv anschließbaren Gewissheiten ist die epideiktische Redeform aufgrund ihrer affirmativen Grundstimmung, die das pfingstliche Sprachenwunder wiederholen möchte, kaum möglich; deshalb tut sich die epideiktische Rede auch schwer, wenn sie nicht auf die Tradition großer Geschichten oder – so der Münkler'sche Terminus – auf große „politische Mythen" oder „Narrationen" zurückgreifen kann, in denen kollektive Gewissheiten als „symbolisches Kapital angesammelt sind" (2009, 11). Die stehen im Nachkriegsdeutschland aus leicht nachvollziehbaren Gründen nicht zur Verfügung, was dieses Land zu einer „weithin mythenfreien Zone" (2009, 9) gemacht hat und diese Redeform entsprechend auf einige wenige politische Gedenkakte zu reduzieren nötigt.

Was Obama seinen Zuhörern erlaubt hat, ist aber genau dies: Für die Zeit seiner Rede diese „mythenfreie Zone" zu verlassen und sich einer sonst so nicht

---

[296] Deshalb gibt es eine ständig latent wirksame diskursive Unterwanderung der 8. Mai-Gedenkrhetorik in Deutschland, s. dazu Kopperschmidt, Josef. „Diskursive Epideiktik oder epideiktische Diskursivität". *Rhetorik* 25, 2006, 107 ff.; Haspel, Michael. Artikel „Gedenkrede". *HWRh*, Bd. 3. Hg. Gert Ueding. Tübingen: Niemeyer, 1996, 639 ff.
[297] Besonders folgenreich Martin Walsers Paulskirchenrede von 1998, s. dazu Kopperschmidt, Josef. „Martin Walser oder: Die unendliche Rede". *Der Deutschunterricht* 51/3, 1999, 85 ff.; „Was macht eine Rede eigentlich preiswürdig?". *Rhetorik* 18, 1999, 128 ff.; „Deutsche Sonntagsreden". *Politische Kommunikation im historischen Wandel*. Hgg. Hajo Diekmannshenke und Iris Meißner. Tübingen: Stauffenburg, 2001, 269 ff.

möglichen affirmativen Selbstvergewisserungschance hinzugeben, die ihnen deshalb auch nur von außen offeriert werden konnte – von einem Mann aus einem Land, dessen politisch singulärer Gründungsakt von 1776 allen Menschen „the pursuit of happiness" als gottgewolltes Recht zusprach:[298] Sie, die Berliner, die stellvertretend für alle Menschen die „Sehnsucht nach Frieden" wachgehalten hatten, sie gehen am Ende von Obamas Rede in einem „Wir" auf, das alle „Erben dieses Kampfes um Frieden" vereint und dessen „Bestimmung" es bleibt, „die Welt noch einmal neu zu machen". Wen solches Pathos mit seinen großen Worten erschrickt, die nach Thomas Mann in Deutschland fast alle „verhunzt sind" seit ihrem Missbrauchs durch die braune Rhetorik,[299] mag ebenso recht haben wie die Alexanderfigur in Sten Nadolnys Roman *Selim oder Die Gabe der Rede*, die „nach Hitler noch Redner werden zu wollen sich nicht vorstellen kann" (München: Piper, 1999, 93); gleichwohl – das Wissen um die fatale Rolle der braunen Rhetorik im Dritten Reich (vgl. Kopperschmidt 2003) reicht nicht aus, um unserem „Bewusstsein von dem, was fehlt" (Habermas 2008a, 26 ff., 94 ff.) seinen Stachel zu nehmen.

Das gerade benutzte Zitat stammt aus einer Rede, in der Habermas natürlich nicht über den hier gemeinten Mangel an großer Rhetorik spricht. Mit der Formel „ein Bewusstsein von dem, was fehlt" versucht er vielmehr, eine „Paradoxie"-Erfahrung begrifflich zu präzisieren, die er bei der Totenfeier für Max Frisch am 9 April 1991 in der Züricher Stiftskirche St. Peter beispielhaft gemacht hat. Die gemeinte „Paradoxie" bestand für Habermas darin, dass selbst ein bekennender Agnostiker den Sakralraum einer Kirche für seine Totenfeier der „Peinlichkeit nichtreligiöser Bestattungsformen" vorzog. Habermas sieht „in [dieser] Wahl des Ortes öffentlich die Tatsache dokumentiert, dass die aufgeklärte Moderne kein angemessenes Äquivalent für eine religiöse Bewältigung des letzten, eine Lebensgeschichte abschließenden rite de passage gefunden hat" (2008, 26). Wer altersbedingt häufig an Totenfeiern bzw. Beerdigungen teilnehmen muss, kann das Leiden wohl nachempfinden, das Kenner einschlägiger biblischer Texte regelmäßig befällt, wenn sie die eloquenten „Peinlichkeiten" vermeintlich säkularer

---

[298] Die deutschen Ersatzmythen wie die DM oder VW haben nach Münkler so wenig das Zeug zur „narrativen Persuasion" wie – so ergänze ich – Dolf Sternbergers (Frankfurt: Insel, 1990) oder Habermas' (1992, 632 ff.) Begriff „Verfassungspatriotismus"; doch dass „es ohne Mythen nicht geht", bezweifelt nicht nur Marquard (1981, 95).
[299] „Bruder Hitler". *Essays*, Bd. 2, Frankfurt: Fischer, 1977, 223. Ich habe diesen bedeutenden Text als Motto über mein Hitler-Buch (2003) gesetzt.
[300] Ähnliche Peinlichkeiten kann man auf Friedhöfen wie etwa Melaten in Köln besichtigen, wenn die traditionell religiöse Trauer-Ikonographie krampfhaft zu vermeiden versucht wird, ohne auf gleichwertige säkulare Funktionsäquivalente zurückgreifen zu können.

Berufsrhetoren (Trauerredner) ertragen müssen, die der dialektischen Rhetorik Paulinischen Denkens und Redens nie erlegen sind (vgl. Stroh 2009, 486 ff.).[300] Und er wird Habermas' Sympathie mit der „Melancholie über ein unwiederbringlich Verlorenes" nachvollziehen können, die sich in diesem Fall aus dem Verlust von großen Geschichten aus der jüdisch-christlichen Tradition erklärt, die jahrhundertelang als verlässliche Sinn- und Trostressource zur Verfügung standen.[301]

Ich will Habermas' gleichzeitigen Optimismus hier nicht kommentieren, der trotz eines als irreparabel behaupteten „Risses zwischen Weltwissen und Offenbarungswissen" eine „rettende [!] Übersetzung" religiöser Sinngehalte in säkulare Äquivalente als möglich (und wünschenswert) unterstellt (2008, 26 ff., 94 ff.; 2011, 13 ff.). Stattdessen möchte ich den Bedeutungsgehalt der Habermas'schen Formel wenigstens noch mit der melancholiefreien Grundthese einer seinerzeit viel zitierten und äußerst einflussreichen Programmschrift verknüpfen, die Jean-François Lyotard 1979 als Auftragsarbeit (Regierung in Quebec) unter dem Titel *Das postmoderne Wissen* verfasst hat.[302] Diese Schrift und ihr heute fast schon vertraut klingendes Grundtheorem ist nämlich geeignet, unsere bisherige Fokussierung des behaupteten Mangel-„Bewusstseins" auf religiöse Bedeutungspotentiale (Habermas) oder auf spezifisch deutsche Befindlichkeiten (Münkler) zu entgrenzen im Sinne einer generellen, von Lyotard als „postmodern" bestimmten Zeitdiagnostik. Nach ihr – so das gemeinte und für unser Frageinteresse erkennbar einschlägige Grundtheorem – ist unsere postmoderne Gegenwart geprägt durch einen „irreversiblen Kreditverlust der großen Erzählungen" (*crise des grands récits*), in denen sich die Moderne gern als Emanzipations-, Aufklärungs- oder Fortschrittsgeschichte usw. zu beschreiben pflegte.[303] An die Stelle dieser integrationsstarken Großerzählungen ist postmodern eine Vielzahl von „Sprachspielen" oder „Diskursarten" getreten, für die es, wenn es zum Streit kommt (etwa über die Existenz von Auschwitz), keine metadiskursive Entscheidungsregel gibt, die einen Hegemonieanspruch für sich erfolgreich reklamieren könnte.[304]

---

301 Und wenn die nicht passen wollten, kann man ja immer noch auf klassische Mythen zurückgreifen wie es im Trauerakt für Diana 1997 ihr Bruder tat; s. dazu Kopperschmidt, Josef. „Vom Diana-Mythos zum Mythos Diana". *Muttersprache* 108, 1998, 167 ff. Über Hitlers erfolgreiche „Arbeit am Mythos" (Blumenberg) des 9. November in seiner Selbstverteidigungsrede 1924 s. Kopperschmidt 2003, 331 ff.
302 Vgl. Welsch, Wolfgang. *Unsere postmoderne Moderne*. Weinheim: VCH Acta Humaniora, 1988, 31 ff.; Frank, Manfred. *Die Grenzen der Verständigung*. Frankfurt: Suhrkamp, 1988.
303 Ich erwähne als bemerkenswerte Ausnahme Heinrich August Winklers vierbändige *Geschichte des Westens* (München: C.H. Beck, 2009–2015), die eine große Geschichte über „das normative Projekt des Westens" erzählen will.
304 Vgl. Lyotard 1979, 1987; s. dazu Kopperschmidt, Josef. „Kann man Auschwitz beweisen?" *Muttersprache* 103, 1993, 332 ff.

Ich nutze die solchermaßen entgrenzte bzw. generalisierte These über die narrative Mangelerfahrung als postmodernitätstypisches Phänomen, um noch einige weitere Gründe aus ihr abzuleiten, die erklären könnten, warum es große Reden heutzutage so schwer haben. Es fehlen ja nicht nur die mehr narrativ als diskursiv verbürgten und legitimierten großen kollektiven Gewissheiten, wie sie die amerikanische Unabhängigkeitserklärung von 1776 exemplarisch auflistet und für deren „Selbstevidenz" sie sich des göttlichen Garantieschutzes noch versichern konnte. Es fehlen auch nicht nur neue große Worte, die solchen großen Geschichten genügend Hallraum für ihr inhärentes Pathos zu bieten vermögen. Es fehlt schließlich auch nicht an großen Stoffen und strittigen Themen, die große Rhetorik nach Tacitus' berühmter These ebenso braucht wie eine nicht bereits pazifizierte Redefreiheit (*Parrhesie*), um sich an großen Themen ernsthaft abarbeiten zu wollen (*Dialogus*, Kap. 36 ff.; vgl. Cicero *Brutus*, Kap. 45). Wenn wir also fraglos mehr als genug heiße Themen auf der politischen wie sozialen Agenda stehen haben und unser Rechtsstaat niemanden ernsthaft am Reden hindert, warum ist die Zeit dennoch so ungünstig für große Rhetorik? Die Antwort ist naheliegend: Die Problemlagen – angefangen von der Klimakrise über weltweite Flüchtlingsströme, Verschuldung, Religionskriege, Terrorismus, Finanz-/Bankenkrisen, Gewaltzunahme, Energieprobleme usw. – sie sind viel zu komplex, was ihre Entstehungs- wie Bewältigungsbedingungen angeht, als dass sie sich noch narrativ zugänglich machen ließen. Stattdessen verlangen sie nach Expertenwissen, das in kompetenten Beratungsgremien zu normativ bejahbaren Entscheidungsoptionen verarbeitet werden muss, die dann noch auf eine politische Vermittlung warten, die notorischen Simplifikateuren und Populisten ihr Geschäft zumindest nicht noch erleichtert. Wir wissen mittlerweile nämlich zu viel – auch über unser problembezogenes Nichtwissen –, als dass wir der wohlfeilen Profilierung scheinbar alternativloser Problemlösungen noch das nötige Vertrauen schenken können, die *Die Neue Unübersichtlichkeit* – so Habermas' Zeitdiagnose von 1985 – wieder übersichtlicher machen zu können versprechen. Das dürfte auch der Grund dafür sein, dass wir angesichts problembezogener Komplexitätszunahme geradezu mit einem Misstrauensreflex auf eine Redestilistik reagieren, deren brillante Oberflächenglätte die intrinsischen Zweifel und Unsicherheiten allenfalls verdecken, aber nicht wirklich beseitigen kann.

Bleibt schließlich noch eine sich immer mehr ausbreitende und strukturell differenzierende mediale Kommunikationskultur, deren eigengesetzliche Logik Kommunikationsformen besonders in sozialen Netzwerken kreiert, die für traditionelle Kommunikationsrelikte wie große Reden nicht einmal mehr ein nostalgisches Lächeln aufbringen dürften. Kritiker sprechen dann gern von *Mediokratie* (Meyer 2001) im Sinne einer „Unterwerfung der Regeln des Politischen unter die Regeln des Mediensystems" (2001, 10), was gelegentlich zu einer „Selbst-

Mediatisierung der Politik" führe (2001, 85 ff.), insofern z. B. Parlamentsreden mit Blick auf deren mediale Resonanz von Ghostwritern mit zitationsanfälligen Schüsselsätzen garniert werden, die dann die Nachrichtensendungen und Zeitungsartikel beherrschen. Ebenso führt natürlich eine medientypische Skandalisierungsneigung (vgl. Bernhard Pörksen und Hanne Detel. *Der entfesselte Skandal.* Köln: Herbert von Halem Verlag, 2012) angesichts solcher tendenziellen Transformation der Parlamentsdemokratie in eine Mediendemokratie bei riskanten oder politisch sensiblen Themen leicht zu präventiver Abschottung deliberativer Abstimmungsprozesse vor einer Öffentlichkeit, deren gelegentlich exzessive Transparenzansprüche politische Willensbildung auch verhindern können und so zum Mittel indirekter politischer Einflussnahme werden (vgl. Han 2012). Doch auch Meyer bestreitet trotz aller medialen Kolonisierungs- und Vertalkshowisierungstendenzen (vgl. Dörner 2001) nicht prinzipiell eine Überlebenschance von „Politik in der Medienwelt" – inklusive einer entsprechend mediatisierten politischen Rhetorik (Meyer 2001, 199 ff.).

Darüber wird unten noch kurz zu reden sein (Kap. 11.4). Nicht zu reden aber wird über die Antwort sein, die Stroh auf seine selbst gestellte Frage am Ende seiner „kleinen Geschichte der Rhetorik" stellt, nämlich: „Was sollen wir tun?" (2009, 510 ff.). Die Antwort ist nach allem, was über den Struktur- und Funktionswandel der Rhetorik unter Bedingungen der Moderne gesagt worden ist, zu unterkomplex, um ernsthaft diskutiert zu werden. Denn Strohs Appell „Ad fontes!" ist wirklich ernst gemeint: Zurück zur Antike und ihren großen Meisterrednern wie etwa Cicero! Ihnen nämlich sollen „brillante Redner wie Barack Obama, Willy Brandt oder Joschka Fischer nicht zuletzt ihren Erfolg [...] verdanken" – so die Cover-Werbung. Deshalb habe sich an ihnen auch eine Rhetorik zu orientieren, die zum Pflichtfach „der allgemeinen, öffentlichen Bildung an Schulen und Universitäten" werden müsste (2009, 518). Jeder Versuch eines Widerspruchs gegen diese Position mit Hinweisen, dass es Rhetorik ja längst allerorten gibt – auch an Schulen und Universitäten und sogar in der *ZEIT*-Akademie –,[305] wäre in diesem Fall wirkungslos, weil Stroh das ja alles selber weiß und auch erwähnt wie die u. a. von der *Hertie-Stiftung* und *DIE ZEIT* unterstützten Debattierturniere, die aber sogleich von ihm in die „didaktische Grauzone" verwiesen werden, wo „seichte" Rhetorikratgeber à la Carnegie Millionenauflagen erreichen können.

---

305 Vgl. Geißner, Hellmut K. *Sprechwissenschaft.* Königstein: Scriptor, 1981; Artikel „Sprechwissenschaft". *HWRh*, Bd. 8. Hg. Gert Ueding. Tübingen: Niemeyer, 2007, 1276 ff.; Teuchter, Brigitte (Hg.). *Aktuelle Forschungstendenzen in der Sprechwissenschaft.* Baltmannsweiler: Schneider Verlag, 2015; darin auch Till, Dietmar. „Zum Rhetorikbegriff in der Sprechwissenschaft", 1 ff. In der *ZEIT*-Akademie 2016 unter dem Titel: *Rhetorik. Die Kunst der guten Rede – Von Aristoteles bis heute.* (Online und auf DVD).

Dass „an der Rhetorik kein Weg vorbei führt", unterschreibe ich gern, aber nur, wenn damit eine andere Rhetorik gemeint ist als die, die zur Rückkehr zu ihren antiken Quellen aufgefordert wird. Denn diese Rückkehr würde fast alles wieder preisgeben müssen, was hier als philosophische Nobilitierung der Rhetorik im Sinne eines zustimmungsabhängigen Verständigungsprinzips gefeiert worden ist. Deshalb ist Pörksens Plädoyer („Ein Appell") für ein Schulfach, „das öffentliches Sprechen und eine allgemeine Verständigungsorientierung trainiert" (in: *DIE ZEIT*, 26/2015, 11), weit zeitgemäßer und hätte sicher auch eher eine Chance im aktuellen Kampf um neue Pflichtfächer (wie Informatik/Digitalkompetenz etc.) als Strohs Vorschlag einer „[klassischen] Rhetorik für alle". Die hat freilich längst allen normativen Implikaten zugunsten eines „wertfreien" Rhetorikverständnisses abgeschworen, wofür sich Stroh stark macht (2009, 153, 156, 162–163), um die instrumentelle Fungibilität der Rhetorik – „Sozialtechnologie" ist sie bisher genannt worden – nicht zu schwächen, die für die Platonische Rettung der Rhetorik ja konstitutiv ist.

Wie weit solche Wertneutralisierung sich freilich verrennen kann, zeigt Strohs Versuch, am Beispiel Hitler zu belegen, dass ein verbrecherischer Mensch nicht nur ein durchaus guter Redner sein kann (2009, 433), sondern sogar so viel von Rhetoriktheorie verstehen kann, dass die „lehrreichen Kapitel [gemeint sind *Mein Kampf* II 6] ohne Scheu wieder (mit Kommentar) herausgegeben werden sollten [ist mittlerweile geschehen]. Anders als sonst in diesem Buch hat sich hier echte Erfahrung niedergeschlagen" (2009, 11). Die „Erfahrung", die Stroh hier meint, hat Hitler u. a. in folgendem Erfolgsrezept seiner anfänglichen Überwältigungs- bzw. Einschüchterungsrhetorik beschrieben, die später durch eine Selbstbestätigungsrhetorik abgelöst werden konnte, als Redeinszenierungen wie die auf dem Nürnberger Parteitagsgelände sich explizite Überzeugungsarbeit sparen konnte, weil sie die massenpsychologische Pragmatik bereits besorgte, wenn „die Zustimmung von Tausenden" bereits dem Einzelnen „die Richtigkeit der neuen Lehre bestätigen": „Es war die Aufgabe von zwei Stunden, zwei- bis dreitausend Menschen aus ihrer bisherigen Überzeugung *herauszuheben*, Schlag auf Schlag das Fundament ihrer bisherigen Einsichten zu *zertrümmern* und sie schließlich *hinüberzuleiten* auf den Boden unserer Überzeugungen und unserer Weltanschauung [meine Hervorhebung, J. K.]" (1934, 522). Eine Rhetorik, die sich in dieser Beschreibung wiedererkennen kann, ist vorgängig normativ so entkernt und reduktionistisch entstellt worden, dass sie sich jeder Sache als soziale Kampfstrategie anzudienen vermag mit dem einzigen Ziel, ihr zum Erfolg zu verhelfen. Ich leugne natürlich nicht, dass Hitler als Redner erfolgreich war, meinetwegen soll er sogar „der größte Redner in der Geschichte Deutschlands" gewesen sein, wie Reich-Ranicki will (1998, 197); ich leugne auch nicht, dass im Fall von Hitler eine normative Sprachästhetik vor der Erklärung seiner unbestreitbaren

Erfolge scheitern kann (oder muss), was Hitler nicht überrascht hätte, der ja seine „Wirkung" nicht am Eindruck messen lassen wollte, den er „bei einem Universitätsprofessor hinterlässt" (1934, 534); ich leugne nur, dass die Kategorie „erfolgreich" hilfreich ist, um eine rhetorische Leistung redekritisch angemessen zu qualifizieren.[306] Das geht nämlich nicht ohne die oben eingeklagte kategoriale Unterscheidung zwischen „überzeugen" und „überreden", die Stroh ja „ungeniert" ignorieren will, weil sie „wissenschaftlich ohnehin kaum haltbar [sein soll]".

Nicht nur haltbar, sondern geradezu notwendig wird diese Unterscheidung in der Tat erst in Theorien, die in der Lage sind, normative Rede-Implikate zu erfassen, die auch kontrafaktisch wirksam bleiben, obwohl sie nur erfolgreich prätendiert werden, aber gerade dadurch bestätigen, dass *es keine wertfreie Praxis gibt* und damit auch *keine wertfreie Redepraxis*. Für eine Redetheorie müsste die in der Praxis mögliche Disjunktion zwischen „gut" als materialer und „gut" als sprachästhetischer Qualifikation von Rede nicht nur ärgerlich, sondern schlicht unerträglich sein, weil sie einer Redekritik die Mittel verweigert, solche Praxis zu denunzieren. Dass Stroh diese Disjunktion nicht einmal ärgerlich findet (2009, 431 ff.), ist mehr als ärgerlich für jede Redetheorie wie die hier vertretene, die das traditionell schlechte Image der Rhetorik nicht mit moralischen Appellen hilflos zu bekämpfen versucht, sondern durch theoriebezogene Rekonstruktion der komplexen Gelingensbedingungen rhetorischer Überzeugungsarbeit aufklären und so abbauen will. Was dagegen Stroh mit seinem Buchtitel *Die Macht der Rhetorik* anvisiert, ist ein machtfixiertes Erfolgsversprechen, das mit Zitaten von Gorgias über Pacuvius bis zum tumben Famulus Wagner aus Goethes *Faust* („Nacht") nur variiert wird, um gleichsam leitmotivisch die Kernbotschaft des Buches autoritativ zu bekräftigen: Reden können heißt die Welt mit Worten „beherrschen" zu können (2009, 9–10, 126 ff.). „Beherrschen", „bezwingen", „bezaubern", „unterwerfen" usw. gehören erkennbar einer Semantik an, die mit dem Schlüsselbegriff des hier vertretenen (deliberativen) Rhetorikverständnisses, nämlich „anschließen", prinzipiell inkompatibel ist. Darum wäre ich auch nicht sehr traurig, wenn es für diese Art von Rhetorik wirklich nur noch geringe Zukunftschancen geben sollte. Für eine andere Rhetorik, nämlich für eine verständigungsbezogene Anschlussrhetorik, dürfte es dagegen, wenn ich deren Rahmenbedingungen richtig eingeschätzt habe, durchaus solche Zukunftschancen geben.

---

[306] Vgl. meinen Vorschlag, mit Bezug auf Reden zwischen „erfolgreich", „bedeutsam" und „groß" kategorial zu unterscheiden in: Kopperschmidt 2003, 181 ff.

12.4 „Ein Jahr im Parlament"

Wer ein ganzes Jahr lang ein Haus aufsucht, das sich nicht nur „Hohes Haus" nennt, sondern seinem Namen entsprechend genauer „Haus des Redens" (Parlament) heißen müsste, kann das sinnvollerweise eigentlich nur tun, um dieses Haus bei seiner Arbeit, also beim Reden, zu beobachten und über diese Beobachtungen dann zu berichten. Eben das hat Roger Willemsen 2013 getan: Er hat während der Sitzungswochen auf der Besuchertribüne des Parlaments gesessen, dessen Arbeitsalltag beobachtet und darüber in einem Bestseller (fünf Auflagen im Erscheinungsjahr!) unter dem Titel *Das Hohe Haus. Ein Jahr im Parlament* berichtet (2014). Ich erwähne dieses Buch, weil aus dem „Jahr im Parlament" ein *redekritisches Tagebuch* geworden ist, ja werden musste, selbst wenn man als einjähriger Dauergast auf der Parlamentstribüne auch nur einen vergleichsweise kleinen Teil der 11.000 Reden gehört haben kann, die in einer Legislaturperiode im Bundestag gehalten werden. Doch dieser Teil reicht meines Erachtens aus, um sich zu einem Vergleich mit den oben behandelten beiden Publikationen von Stroh und Göttert herausfordern zu lassen, die ja auch ihre jeweilige „Geschichte der Rhetorik" anhand von Redeanalysen bzw. Redekritiken erzählen, indem sie große Reden „von Perikles bis Obama" nach ihren Erfolgsbedingungen befragen. Der Vergleich zwischen den beiden Wissenschaftlern und dem Journalisten lohnt sich in unserem Fragekontext nicht nur, weil der Journalist genauso kompetent, witzig und nachdenklich über das Reden zu reden vermag wie die beiden ausgewiesenen Rhetorikkenner. Der Vergleich lohnt sich auch deshalb, weil Willemsen ebenso nicht nur nicht sicher ist, was die Zukunft der großen Rhetorik angeht, sondern von deren bereits konkret beobachtbarer *Nicht-Existenz* ausgeht, – zumindest was ihre parlamentarische Gestalt betrifft und d. h. ja wohl: was die zentrale Gestalt öffentlicher Rede in der Demokratie betrifft (2014, 135); denn im rhetoriktheoretischen Vollsinn von öffentlicher Rede kann ein Reden, das keine Adressaten findet, keine öffentliche Rede mehr sein. Willemsen bezieht freilich – und das macht den Vergleich mit den anderen beiden Redekritikern für mich noch spannender – die Kriterien seiner Redekritik nicht aus der traditionellen (d. h. antiken) Rhetorik (samt deren Prunkstück „gorgianischer Figuren"),[307] sondern aus dem Funktions- und Strukturwandel öffentlicher und d. h. primär: politischer Rede. Das sagt Willemsen zwar explizit so nicht, doch er sagt bzw. beschreibt

---

[307] Vgl. Stroh 2009, 319 FN 1, wo er eben dies vermerkt, dass der beste Redner bei einem Debattenturnier „stärker als andere gorgianische Figuren verwendete und dies durch Körpersprache betonte". Willemsen hat einen ganz unterminologischen Begriff von „rhetorischer Figur", der aber weit gehaltvoller ist, s. etwa 2014, 144–145, 167–168; „Geschmacksverstärker" ist keine schlechte Funktionsmetapher dafür.

schonungslos die konkret längst beobachtbaren *Folgen dieses Funktions- und Strukturwandels* am Beispiel parlamentarischer Rede; und zwar so schonungslos, wie das Buchcover diese Folgen visuell abbildet: Es zeigt nämlich einen einsam auf der Besuchertribüne sitzenden Willemsen, einen Plenarsaal-Ausschnitt mit fünf besetzten Stuhlreihen, auf denen einige ParlamentarierInnen sitzen, die mit allem Möglichen (sogar mit Videospielen) beschäftigt sind, nur nicht mit Zuhören, weshalb das Cover den Redner/die Rednerin auch gar nicht erst zeigt. Willemsens einfühlsame Beschreibungsstilistik dieser eigentlich höchst irritierenden Situation vermag diesen visuellen Irritationseindruck noch zu toppen, indem er z. B. das hochzeremonielle Rede-Ritual erläutert (Gong zum Einzug des Präsidenten, alle Anwesenden erheben sich, livrierte „Saaldiener" (!), formelle Anreden, Verbeugen vor Präsidenten bei Redebeginn, Redeprotokollanten, die jeden Zwischenruf festhalten usw. und das alles in einer großartig transparenten Raumarchitektur, die keinen Geheimnissen Raum geben will) – und dieses Ritual dann mit dem kontrastiert, wofür er nur ein empörtes „*und dann das!*" (2014, 134) übrig hat; gemeint sind damit die Reden, die in dieses Ritual eingebettet sind, obwohl sie kommunikativ aber gar nicht existent sind, was eine situative Komik ergibt, die eigentlich augenfällig sein müsste, gleichwohl aber nur auf der Besuchertribüne wahrgenommen zu werden scheint, die dann auch bald eigene Formen der Selbstbeschäftigung erfindet. Bei Willemsen z. B. zum Nachdenken Raum gibt, warum das, was er mit „und dann das!" vage, aber emotional präzis benennt, nämlich die leeren Bänke (außer in Gedenkstunden und bei Regierungserklärungen) oder die Dauergeschäftigkeit der wenigen Anwesenden usw., während da einer oder eine vor sich und für sich hinredet, meistens in gestanzten Formeln, an die ohnehin niemand glaubt – warum „das" also alles eigentlich völlig plausibel ist, was man nur nicht unbedingt Gästen zeigen müsste; denn was man ihnen zeigen müsste, kann man ihnen gar nicht zeigen, nämlich wo das Parlament wirklich arbeitet und wie es das wirklich tut, nämlich deliberativ debattierend in Fraktionen, Ausschüssen, informellen Gremien, Expertengruppen usw. Dort ist ja alles Einschlägige schon gesagt worden und die politische Willensbildung ist fraktionell oder sogar trans- bzw. interfraktionell bereits argumentativ abgeschlossen und – bei wichtigen Entscheidungen – in Probeabstimmungen (!) überprüft worden, bevor im Parlament darüber nur noch einmal formell abgestimmt wird. Warum – so fragt Willemsen verständnisvoll – soll da ein Parlamentarier noch Interesse und Zeit für ein Reden finden, bei dem „ein Handeln durch Sprechen [bloß] *simuliert* wird [meine Hervorhebung. J. K.]" – und das meistens noch schlecht durch Ablesen vom Blatt und mit wohlfeiler Polemik gewürzt. Man könnte ja auch, da „der Aufwand an Überzeugungsarbeit nur noch rhetorisch ist" (2014, 387), alle Reden gleich „zu Protokoll geben", wie es jetzt schon geschieht, wenn am Ende eines langen Sitzungstages die Zeit für

Reden zu den noch ausstehenden TOPs nicht mehr reicht. „Ich erlebe das Parlament im Zustand dessen, was aus ihm geworden ist" – so Willemsen resümierend (2014, 113). Das lässt sich auch auf die parlamentarische Rede übertragen: „[*Sie*] *kommt aus einer anderen Zeit* [...]. Heute liegt etwas Verspätetes, Nachgereichtes im parlamentarischen Reden. Es klingt wie die Zusammenfassung von *Fortsetzungsromanen* [meine Hervorhebung, J. K.]" (2014, 157).[308] Entsprechend dürfte es mehr als unwahrscheinlich sein, dass noch einmal ein Politiker einen Literaturnobelpreis u. a. für „seine glänzende Redekunst" (!) bekommen dürfte, wie es 1953 Winston Churchill vergönnt war – wohl nicht nur für seine „Blut, Mühen, Tränen und Schweiß"-Rede von 1940 (der junge Churchill hat sogar 1897 eine Abhandlung über Rhetorik verfasst: *The Scaffolding of Rhetoric*).

Es ist fraglos ein weiter Weg vom Athen des 5. Jahrhunderts v. Chr., wo jeder männliche (!) Vollbürger für eine bestimmte Zeit Politiker oder Richter können musste (z. B. Sokrates!) und für seine Meinung (ohne Mikro) in Versammlungen von 501 Bürgern (Volksgericht), 600 und mehr (Rat) bis über 6000 (Volksversammlung) um Zustimmung werben musste, – es ist in der Tat ein weiter Weg bis zu den 631 Bundestagsabgeordneten des Jahres 2013, die sich jeweils zu diversen Profigruppen für Milchquotenregelung über Klimakrise, IS-Terror, Ukraine bis Hilfspaket für Griechenland und weltweite Flüchtlingsströme usw. qualifizieren müssen, um überhaupt den für solche Entscheidungen notwendigen Sachverstand im Interesse fraktioneller Willensbildung bereitstellen zu können. Das führt notwendig zu einer neuerlichen Ausweitung und Verschärfung des Prinzips eines im Parlament bloß *repräsentativ* abbildbaren Volkswillens, der sich zunehmend gegen Versuche seiner *plebiszitären* Durchsetzung verteidigen muss (vgl. Piratenpartei mit ihrem Versuch einer „liquid democracy" im Sinne von: über alles mit allen reden) und Göttert vermuten lässt, dass „Redner besser zu einem plebiszitären System passen als zu einem repräsentativen, wie es durch Kompromisse aushandelnde Parteien gebildet wird" (2015, 224). Doch man muss nicht erst an den republikanischen US-Präsidentschaftswahlkampf eines Donald Trump denken oder an die Bierzeltstimmung mancher Aschermittwochsrhetorik in Deutschland, um die Ergebnisse einer parlamentarisch gebildeten Willensbildung trotz all ihrer prozeduralen Mängel vom Populismus solcher plebiszitär

---

[308] Nicht anders Müller, Burkhard. „Wahre Redekunst bedarf des Streits". *SZ* vom 14./15. November 2009, 15: „In gewissem Sinne kann man die heutigen Parlamentsreden als Blinddarm der repräsentativen Demokratie ansehen: ein dysfunktionales Überbleibsel", das sich der „Fiktion" verdankt, heute würde im Parlament noch um Entscheidungen gerungen. *Symbolische Politik* hieß das einmal, so Sarcinelli, Ulrich. Opladen: Westdeutscher Verlag, 1987; vgl. Dörner, Andreas und Vogt, Ludgera (Hgg.). *Sprache des Parlaments und Semiotik der Demokratie*. Berlin und New York: De Gruyter, 1995.

enthemmten Politik-Events ebenso unterscheiden zu wollen[309] wie von den bloß protokollierten Daten demoskopischer Meinungsumfragen. Ein leuchtendes Beispiel für das Gelingen einer solchen parlamentarischen Willensbildung war die sogenannte „Orientierungsdebatte zur Sterbehilfe" vom 13. November 2014 im Bundestag, die zwar nicht durch brillante Reden im traditionellen Sinne auffiel, wohl aber durch eine deliberative Verständigungsbereitschaft, die selbst alternativen Problemlösungsvorschlägen ihren Respekt nicht versagte, sondern als Gewinn für die Klärung der komplexen Problemlage und ihrer weltanschaulichen Implikate begrüßte.

Habermas hat freilich neuerdings versucht, *im* „deliberativen Paradigma" demokratischer Willensbildungsprozesse auch Elemente zu berücksichtigen, die deren repräsentative Form in Gestalt von Parlamenten gleichsam *plebiszitär* so zu ergänzen vermögen, dass sich die alternative Zuspitzung repräsentativ/ plebiszitär etwas entschärfen ließe. Der Weg von Habermas' Habilitationsschrift von 1962, die den auch hier benutzten Begriff *Strukturwandel der Öffentlichkeit* erst zitationsfähig gemacht hat, bis zu den sogenannten „Arenen der politischen Kommunikation", wie sie das Schaubild (2008, 165) auflistet (s. o. Kap. 11.5), auch dieser Weg war weit. Doch er scheint mir plausibel zu sein, weil so auf den faktischen Struktur- und Funktionswandel der Öffentlichkeit in einer Weise reagiert wird, die der Deliberationskultur einer Gesellschaft unter veränderten Rahmenbedingungen eher gerecht werden kann als eine Rekonstruktion von Öffentlichkeit, die den Weg von der bürgerlichen Deliberationskultur in deren massenmediale Inszenierungsformen nur als Verfallsprozess zu verstehen vermag, in dem „Publizität ihre kritische Funktion zugunsten der demonstrativen verliert" (Habermas 1969, 226; Artikel „Öffentlichkeit" in: Habermas 1973, 61 ff.). Mit der 2008 noch recht vorsichtigen, aber doch entschieden veränderten Einschätzung dieses Prozesses werden auch der Rhetorik *neue Optionen* bzw. „Arenen" der Deliberation zur Methodisierung eröffnet, sobald sie sich aus ihrer Fixierung auf „große Reden" gelöst und das zu schätzen gelernt hat, was man mit Bezug auf Heinrich Heine (*Deutschland ein Wintermärchen*, Kap. VII) Rhetorik „auf platter Erde" nennen könnte (vgl. Kopperschmidt 2002, 1 ff.). Die könnte vielleicht sogar ein Narrativ über die Singularität Europas möglich machen, zu dem nicht zuletzt auch die neuen Feinde des alten Kontinents wider Willen beizutragen vermögen (vgl. Habermas „Wir brauchen Europa". *DIE ZEIT*, 21/2010, 47).

---

309 Vgl. dazu Kirchner, Alexander. Artikel „Populismus". *HWRh*, Bd. 10. Hg. Gert Ueding. Tübingen: Niemeyer, 2012, 933 ff.; Meyer, Thomas. „Populismus und Medien" in: Decker, Frank (Hg.). *Populismus*. Wiesbaden: VS Verlag für Sozialwissenschaften, 2006, 81 ff.; Olschanski, Reinhard. *Der Wille zum Feind. Über populistische Rhetorik*. Paderborn: Wilhelm Fink, 2017. Besonders anfällig für Populismus ist schon strukturell jede Überredungsrhetorik.

12.5 Rhetorik „auf platter Erde"

Bei der Einführung des Begriffs „Raum der Gründe" (Kap. 10.3) ist bereits betont worden, dass dieser „Raum" nicht nur Argumente im engen Wortsinn enthält, sondern alle Faktoren umfasst, die Argumente jeweils überzeugungskräftig zu machen vermögen. Eine weitere Entgrenzung der Raum-Metapher wird nötig, wenn sie für den „öffentlichen Raum" adoptiert wird, wie es Habermas neuerdings vorschlägt (2005, 25; 2008, 138 ff.; 2012, 54 ff.; 1996, Teil V, 277 ff.). Dabei ist mit „Entgrenzung" diesmal nicht mehr die argumentative Berücksichtigung außerargumentativer, aber persuasiv wirksamer Überzeugungsfaktoren gemeint, sondern eine *Ausweitung der Orte politischer Deliberation* über die im engen Sinne politischen Beratungs- und Entscheidungsgremien hinaus. Ein in diesem Sinn besonders wichtiger Ort ist die „politische Öffentlichkeit", insofern sie für Gesellschaften unter Bedingungen der Moderne eine Integrationschance für deren Mitglieder anbietet, die durch keine „regressiven Vergemeinschaftung[sformen]" mehr beengt wird, sondern „über den Prozess der öffentlichen Meinungs- und Willensbildung eine brüchige Gemeinsamkeit herstellen und reproduzieren kann". Seitdem „lässt sich am Herzschlag ihrer politischen Öffentlichkeit der Zustand einer Demokratie abhorchen" (2005, 25).[310] Für die verschiedenen Orte der „politischen Öffentlichkeit" samt ihren jeweils ausdifferenzierten Deliberationsformen schlägt Habermas den oben bereits erwähnten Begriff „Arenen" vor, der erkennbar geeigneter ist für die Benennung pluralisierter Deliberationsorte als die Raum-Metapher.

Die Pointe dieses Theorems besteht darin, dass sie „die politische Öffentlichkeit", statt als bloßes Verfallsphänomen abwerten zu müssen, in einen mehrstufigen, genauer: in einen dreistufigen Prozess „politischer Kommunikation" einbaut, in dem – gemäß dem o. g. Schaubild – „die politische Öffentlichkeit" als 2. Arena gleichsam wie ein „Transformationsriemen" fungiert zwischen den beiden anderen Arenen, nämlich „zwischen der Zivilgesellschaft und den institutionalisierten Beratungs- und Entscheidungsprozessen des Staates" (2005, 145; 2012, 55). Genauerhin soll diese Vermittlungsfunktion „die politische Öffentlichkeit als

---

[310] Zur „deliberativen Demokratie" s. o. Kap. 4.2, 4.3 und 10.2.2 und besonders Habermas 1992; vgl. auch Forst 2007, 224 ff., Höffe 2009, 290 ff., Gerhardt, Volker. *Öffentlichkeit. Die politische Form des Bewusstseins*. München: C.H. Beck, 2012. Zur Kritik an Habermas Gerhardt 2012, 252 ff. und Volkmann, Uwe: „Die Privatisierung der Demokratie". *FAZ* vom 28. Februar 2010, 9: „Ob die Demokratie in dieser emphatischen Lesart noch eine Zukunft hat, ist [...] alles andere als sicher". Vgl. auch den liberalen Vordenker John Stuart Mill und seine These „democracy is government by discussion" (*Die Freiheit*. Darmstadt: Wissenschaftliche Buchgesellschaft, 1973 [*On Liberty*. 1859]).

Resonanzboden für das Aufspüren gesamtgesellschaftlicher Probleme begreifen und zugleich als *diskursive Kläranlage*, die aus den wildwüchsigen Prozessen der Meinungsbildung interessenverallgemeinernde und informative Beiträge zu relevanten Themen *herausfiltert* und diese ‚öffentlichen Meinungen' sowohl an das zerstreute *Publikum der Staatsbürger zurückstrahlt* wie an die formellen Agenden der *zuständigen Körperschaften weiterleitet* [meine Hervorhebung, J. K.]" (2008, 144). Mit dieser präzis ausformulierten Vermittlungsfunktion der „politischen Öffentlichkeit" verbindet Habermas die begründbare Vermutung, dass sie als Teil eines „abgestuften" Deliberationsprozesses zumindest einen „Rationalisierungsdruck" auszuüben vermag, „der die Qualität der Entscheidungen verbessert" – aber auch nur „verbessert", nicht den Entscheidungsakt selbst okkupiert; denn die funktionale Differenz zwischen den verschiedenen „Arenen" soll ebenso wenig aufgeweicht werden wie die zwischen „kommunikativer" und „administrativer Macht": Die in diesem Modell beschriebene „kommunikative Verflüssigung der Politik" (2008, 156) darf mithin nicht als „Verflüchtigung" von Politik missdeutet werden (2012, 73), die der *Postdemokratie* den Weg bereitet (Crouch 2008), sondern allein als zeitgemäßer Versuch ihrer prozessualen Erweiterung – und dies ohne Preisgabe des „deliberativen Paradigmas" (dazu 2008, 143 und FN 8 ebd.). Das nötigt entsprechend dazu, die politikbezogene Rationalisierungserwartung nicht an einzelnen „Arenen" der politischen Kommunikation festzumachen, sondern allein am Qualitätsgewinn einer politischen Entscheidung, die sich auf eine Vielzahl mehrstufiger und rückgekoppelter Prozesse deliberativer Meinungsbildung beziehen kann und so die normativen Ansprüche an die Vernünftigkeit politischer Entscheidungen und deren legitimatorische Kraft allererst erfüllt (wie Inklusionsgebot aller Betroffenen, Wahrhaftigkeit, Redefreiheit, Kooperationswille usw.).

Das ist zugebenermaßen wieder ein für Habermas typisch idealisierungsverdächtiges Modell;[311] doch was oben zu diesem Verdacht gesagt worden ist, gilt auch hier entsprechend: Diese Idealisierung beschwört nicht weltfremde Ideale, sondern benennt nur die „unvermeidlichen" Voraussetzungen, die in jedem deliberativen Akt „immer schon" als Bedingung seiner Möglichkeit unterstellt werden müssen. Diese ihre Verwurzelung in der lebensweltlichen „Alltagspraxis" wird nicht gekappt, wenn es sich um höherstufige Prozesse deliberativer Verständigung handelt (2008, 148 ff.); darum werden natürlich auch in diese höherstufigen

---

311 Vgl. besonders Zenkert, Georg. „Rhetorik und deliberative Politik" in: Ueding und Kalivoda 2014, 637 ff. Dass Habermas' Diskurstheorie „antirhetorisch" gestimmt sei (2014, 644), weil sie Überredungsabsichten aus Überzeugungsprozessen geltungspragmatisch (nicht faktisch) ausschließt, kann ich natürlich überhaupt nicht teilen (s. Kap. 11.3), allenfalls ist ihr eine logozentrische Verengung vorzuwerfen.

Deliberationsprozesse die aus der „Alltagspraxis" vertrauten strategischen Täuschungsversuche und nicht nur deren Idealisierungen mitgeschleppt. Das ist schwerlich zu verhindern, weil – wie oben erläutert – die normativen Gelingensbedingungen von Verständigung auch kontrafaktisch wirksam bleiben, d. h. auch bloß erfolgreich prätendiert werden können, weshalb die redekritische (nicht redetheoretische) Unterscheidung zwischen „überreden" und „überzeugen" ja so wichtig ist, um den parasitären Missbrauch dieser Gelingensbedingungen überhaupt benennbar zu machen.

Den Vorteil dieses Modells „abgestufter" Deliberation sehe ich darin, dass es den Vernunftanspruch an Politik wohltuend flexibilisiert gemäß den verschiedenen „Arenen" politischer Kommunikation und den in ihnen jeweils funktional gesteuerten Strukturen von Deliberation, was deren Diskursivitätsgrad, Repräsentativität, sprachliche Elaboriertheit usw. angeht: Mögen auch die Debatten am Biertisch, der Wahlkampf auf den Markplätzen, der politische Aschermittwoch, die Fernsehspots der Parteien, die Talkshow, die Plakate, Broschüren, Zeitungsartikel, Internetforen, der Meinungsaustausch in den diversen sozialen Netzen der digitalen Welt, die Parlamentsarbeit usw. völlig verschiedene „Arenen" politischer Kommunikation abbilden, eines verbindet diese „Arenen" – wie vermittelt auch immer – doch wieder miteinander; nämlich das, was sie in einen „abgestuften" Prozess politischer Kommunikation überhaupt erst integrierbar macht, der letztlich einen „Rationalisierungsdruck" im o. g. Sinne auf die „Qualität" politischer Entscheidungen ausüben soll: Es geht immer auch um den themenbezogenen Austausch von Gründen bzw. um das Werben oder gelegentlich auch um das Kämpfen für die Zustimmungsfähigkeit von Meinungen. Selbst wenn das nicht immer herrschaftsfrei geschieht, so geht es dabei doch immer um eine „Herrschaft der Gründe" (Forst 2007, 224 ff., 248 ff.) und das ist etwas prinzipiell anderes als eine Herrschaft der Gewalt; denn die „Herrschaft der Gründe" konkretisiert sich ja in der Herrschaft von wechselseitigen Rechtfertigungspflichten und -rechten unter „Freien und Gleichen". Mögen daher die Defizite der verschiedenen Politik-„Arenen" gemessen an Ideal diskursiver Verständigungsarbeit noch so augenfällig sein – Habermas ist bereit, die solchermaßen erfolgte „kommunikative Verflüssigung der Politik" nicht nur nicht als prinzipielles Hindernis für die Förderung und Stärkung ihrer deliberativen Binnenstruktur anzusehen (2008, 155 ff.), sondern sogar als „Schlüssel für den realistischen Gehalt des Begriffs deliberativer Politik" (2013, 68)

Diese Sätze möchte ich als eine Ermutigung verstehen, auch für die Frage nach der Zukunft der Rhetorik dieses „abgestufte" Deliberationsmodell zu beerben und eine zur „kommunikativen Verflüssigung der Politik" analoge *kommunikative Verflüssigung der Rhetorik* anzunehmen, was entsprechend notwendig zu einer funktionalen wie strukturellen *Pluralisierung und Diversifizierung* der Rhetorik in den verschiedenen „Arenen" gesellschaftlicher und politischer Deliberation führen muss. Und ich würde auch den verhaltenen Optimismus von Habermas teilen und auf Rhetorik übertragen wollen, dass es nämlich „ja keineswegs ausgemacht ist", dass politische Deliberation unbedingt „dem anspruchsvollen Kommunikationsmuster von Diskursen gleichen muss" (2008, 163). Für die Bewertung von kommunikativ verflüssigten Formen der Rhetorik wäre dann allein der Beitrag wichtig, den sie für die Entwicklung einer „reflektierten öffentlichen Meinung [...] im Ganzen" (!) beizusteuern vermögen (2008, 167, 179–180).

Dass für diesen möglichen Beitrag auch ein Preis zu zahlen sein wird, ist oben bereits zugegeben worden, als Strohs Klage über den Mangel an großer Rhetorik erwähnt und sein Therapievorschlag verworfen wurde, mit „Rhetorik für alle" einen Mangel ernsthaft bekämpfen zu wollen, der ganz andere Ursachen hat als fehlende Kenntnisse rhetorischer Stilistik. Wenn eine Prognose wie die von Stefan Münker aber nicht ganz unrealistisch ist, dass es nämlich „eine andere Öffentlichkeit als digitale in absehbarer Zukunft nicht mehr geben wird" (2009, 163), dann werden die Chancen für große Rhetorik im traditionellen Sinne „in absehbarer Zeit" gegen Null tendieren. Ich jedenfalls kann mir nicht vorstellen, wie in sozialen Netzwerken mit ihrer erstmals ermöglichten massenhaften *interaktiven* Nutzungschance eine Öffentlichkeit entstehen könnte, wie sie die traditionelle Rhetorik für große Reden vorsieht und notwendig braucht. Doch die Zukunft der Rhetorik muss nicht von der Zukunft großer Reden abhängen, weshalb die *Emergenz digitaler Öffentlichkeiten* (Münker 2009) auch nicht notwendig das Ende der Rhetorik einläuten muss, sondern allenfalls eine wichtige Richtung ihrer fälligen Transformation anzeigen kann. Wie sehr diese Transformation bereits heute bereichsspezifisch erfolgt, kann jeder Vergleich des Redestils im *Facebook*-Account der Bundesregierung (*Social-Media*-Redaktion des Bundespresseamtes) mit ihren traditionellen Pressekonferenzen zeigen. Die daran beispielhaft ablesbare Ausprägung medienspezifischer Redestilistik steht für eine mit der Pluralisierung von Öffentlichkeit parallel ablaufende *Pluralisierung von Rhetorik öffentlichen Redens*. Dass in diesem Rhetorikensemble auch noch ein (Ausnahme-)Platz für die große Rede im traditionellen Stil erhalten bleiben dürfte, bezeugt das derzeitig zunehmende Leiden an dem rhetorischen Vakuum im Berliner Machtzentrum des Bundeskanzleramtes während eines singulären nationalen Problemdrucks, wie es die weltweite Flüchtlingskatastrophe darstellte. Was gäben viele von uns für einen deutschen Obama – es dürfte auch ein weiblicher Obama sein – der diesen nationalen Problemdruck überzeugend in ein nationales Projekt zu übersetzen vermöchte. Da gäbe es sogar ausnahmsweise Pathoslizenz!

Es soll freilich nicht unterschlagen werden, dass mit der eben genannten Pluralisierung von Öffentlichkeit auch deren *Fragmentierung* einhergehen wird.

Die ist so wenig auszuschließen wie eine Erschwernis kollektiver Meinungsbildung, wenn durch fragmentierte Öffentlichkeiten die Erosion von kollektiv geteilten Gewissheiten zusätzlich noch verstärkt wird und zu politisch „paradoxen" Nebenwirkungen führen kann (Münkler 2015, 19, 22, 143). „Paradox" können Nebenwirkungen sein, wenn sie negative Folgen einer eigentlich intendierten Erweiterung demokratischer Partizipationschancen sind, insofern sie durch „kommunikative Verflüssigung der Politik" das Gelingen mehrheitsfähiger politischer Entscheidungen erschweren oder sogar verhindern und so kontraproduktiv zum Politikverdruss beitragen. Man könnte solche Fragmentierungsgefahr von Öffentlichkeit aber auch positiv als *Optionalisierungsgewinn* verstehen; denn je mehr mitreden, desto eher werden mehrdimensionale Problemperspektivierungen eröffnet, die vor reduktionistischen Problemverzerrungen schützen und die Gesamtbilanz des o. g. „Rationalisierungsdrucks" auf politische Entscheidungen unter Bedingungen freier und gleicher Redechancen positiv beeinflussen. Zumal unter der zeitaktuell unterstellbaren Voraussetzung, dass wir nachmetaphysisch keine anderen Quellen möglicher Vernunft mehr zur Verfügung haben außer der überzeugten Zustimmungsfähigkeit deliberativ geprüfter Optionen, seitdem auch das Platonische Elitenprojekt privilegierter Wahrheitszugänglichkeit heute ernsthaft (fast) niemand mehr verteidigen mag. Schon Aristoteles setzte – darin ganz un-, ja antiplatonisch – auf „die Weisheit der Vielen" (vgl. Surowiecki 2005) – zumindest in öffentlichen Angelegenheiten und d. h.: in Angelegenheiten, die alle angehen und die deshalb aus Betroffenen Beteiligte machen müssen (s. o. Kap. 4). Auch Münker zitiert diesen Glauben (2009, 100, 10, 132 ff.), ja er geht sogar noch einen Schritt weiter, wenn er diesen Glauben mit Kants berühmter Antwort auf die Frage „Was ist Aufklärung?" autoritativ bekräftigen lässt; diese Antwort schätzt bekanntlich die Chance „für jeden einzelnen Menschen" zwar gering ein, „sich aus der [...] Unmündigkeit herauszuarbeiten, dass aber ein Publikum sich selbst aufkläre" schien Kant eher möglich, „ja es ist, wenn man ihm nur die Freiheit lässt, beinahe unausbleiblich" (s. Münker 2009, 135, 35; zu Kants „Prinzip der Publizität" s. o. Kap. 11.3).

Diesen Optimismus teilen Münker und – wenn auch vorsichtiger – Habermas; und beide teilen ihn auch mit Blick auf neue, nämlich digitale Formen von Öffentlichkeit, sofern diese die „deliberative Demokratie" mit neuem Leben zu füllen vermögen. Und das müssten sie eigentlich können, weil – so Garton Ash in seinem einschlägigen Problemwälzer über *Redefreiheit* (2016) – wir kommunikationstechnisch heute längst mit fast allen Menschen „Nachbarn sind", wobei uns nur noch das Wissen fehlt, wie wir „gute Nachbarn" werden könnten (2016, 11 bzw. 575). Garton Ash schlägt einen entsprechenden Katalog von Prinzipien – es sind zehn – für eine solche gute transkulturelle Nachbarschaft vor und eröffnet damit „im geschichtlich einmaligen Rahmen" einer zur „virtuellen Kosmopolis" entgrenzten Welt (2016, 19 ff.) eine Diskussion über Chancen öffentlicher Deliberation unter Bedingungen der Moderne und d. h.: unter Bedingungen sowohl technisch völlig neuer Partizipationsmöglichkeiten wie sozial völlig neuer „Kämpfe um Wortmacht" (2016, 42 ff.), die daher weit intensiver ausfallen dürften als die o. g. „Kämpfe ums Heißen" (Kap. 8.5).

So sehr die Redefreiheit, für die Garton Ash wirbt, extensional nur sehr wenig mit der Redefreiheit gemein haben kann, die unter dem Namen *parrhesia* von der traditionellen Rhetorik eingeklagt wurde (vgl. Garton Ash 2016, 117 ff.), schützt sie doch das gleiche Gut, nämlich Meinungsfreiheit als die Fundamentalvoraussetzung verständigungsbezogener Deliberation und verständigungsbasierter Kooperation. Solange das originäre Medium jeder Deliberation das Reden ist und bleibt, wird auch das Frageinteresse der Rhetorik sich dem neuerlichen *Strukturwandel der Öffentlichkeit* (Habermas 1962) zuwenden müssen, unter welchem Namen auch immer dieses Frageinteresse disziplinär bearbeitet werden wird; denn aus welcher anderen Ressource sollte sich das deliberative Vernunftpotential sonst speisen können wenn nicht aus der zustimmungsbezogenen Verständigungs- bzw. Überzeugungsarbeit freier und gleicher Subjekte? Darum braucht man sich um die Zukunft der Rhetorik im Sinne dieses trans- bzw. multidisziplinären Frageinteresses auch keine Sorgen zu machen, und der programmatische Leitsatz, der über den zwölf Kapiteln dieser Überlegungen steht, darf auch an deren endlichem Ende noch gelten: *Wir sind nicht auf der Welt, um zu schweigen; denn wenn wir schweigen, würde auch die Vernunft verstummen.*

Literaturverzeichnis

Adorno, Theodor W. (1964): *Der Jargon der Eigentlichkeit*. Frankfurt: Suhrkamp.
Adorno, Theodor W. (1975): *Negative Dialektik*. Frankfurt: Suhrkamp.
Adorno, Theodor W. (1977): *Stichworte*. Frankfurt: Suhrkamp.
Adorno/Horkheimer s. Horkheimer/Adorno
Agamben, Giorgio (2012): *Höchste Armut. Ordensregeln und Lebensformen*. Frankfurt: Suhrkamp.
Alexy, Robert (2001): *Theorie der juristischen Argumentation*. Frankfurt: Suhrkamp.
Alsberg, Paul (1922): *Das Menschheitsrätsel*. Dresden. Neu hrsg. von Dieter Claessens als: *Der Ausbruch aus dem Gefängnis – zu den Entstehungsbedingungen des Menschen*. Gießen: Focus, 1985.
Andersen, Oivind (2001): *Im Garten der Rhetorik*. Darmstadt: Wissenschaftliche Buchgesellschaft.
Apel, Karl-Otto (1973): *Transformation der Philosophie*, 2 Bde. Frankfurt: Suhrkamp.
Apel, Karl-Otto (1975): *Die Idee der Sprache in der Tradition von Dante bis Vico*. Bonn: Bouvier.
Apel, Karl-Otto (1990): *Diskurs und Verantwortung*. Frankfurt: Suhrkamp.
Apel, Karl-Otto (2002): „Diskursethik als Antwort auf die Situation des Menschen in der Gegenwart". In: Apel, Karl-Otto/Niquet, Marcel. *Diskursethik und Diskursanthropologie*. Freiburg/München: Karl Alber, 13–94.
Apel, Karl-Otto/Kettner, Matthias (Hgg.) (1996): *Die eine Vernunft und die vielen Rationalitäten*. Frankfurt: Suhrkamp.
Arendt, Hannah (1960) [1994]: *Vita activa oder Vom tätigen Leben*. München: Piper.
Arendt, Hannah (1974): *Über die Revolution*. München: Piper.
Arendt, Hannah (1975): *Macht und Gewalt*. München: Piper.
Arendt, Hannah (1993): *Was ist Politik?* München/Zürich: Piper.
Arendt, Hannah (2000): *Elemente und Ursprünge totaler Herrschaft*. Frankfurt: Europäische Verlagsanstalt.
Arendt, Hannah (2016): *Sokrates. Apologie der Pluralität*. Berlin: Matthes und Seitz.
Aristoteles. Werke in deutscher Übersetzung. Hrsg. von Helmut Flashar. Berlin: Akademie Verlag, 1983 ff. (Rhet. = Rhetorik; Poet. = Poetik; NE = Nikomachische Ethik; Pol. = Politik; Met. = Metaphysik; Soph.W. = Sophistische Widerlegungen; Top. = Topik). S. auch Rapp 2002 und Schütrumpf 1991.
Assmann, Jan (1992): *Das kulturelle Gedächtnis*. München: Beck.
Assmann, Jan (1998): *Moses der Ägypter*. München: Carl Hansen.
Assmann, Jan (2003): *Die mosaische Unterscheidung*. München/Wien: Hanser.
Assmann, Jan (2015): *Exodus. Die Revolution der alten Welt*. München: Beck.
Augustin(us), Aurelius. Zweisprachige Gesamtausgabe. Hrsg. von Wilhelm Geerlings. Paderborn: Schöningh. Zu *De doctrina christiana* s. auch: Augustinus. *Die christliche Bildung*. Übers., Anm. u. Nachw. Karla Pollmann, Stuttgart: Reclam, 2002.
Baecker, Dirk (2005): *Kommunikation*. Leipzig: Reclam.
Baecker, Dirk (2007): *Form und Formen der Kommunikation*. Frankfurt: Suhrkamp.
Barner, Wilfried (1970): *Barockrhetorik*. Tübingen: Niemeyer.
Barthes, Roland (1988): *Das semiologische Abenteuer*. Frankfurt: Suhrkamp.
Beck, Ulrich/Beck-Gernsheim, Elisabeth (Hgg.) (1994): *Riskante Freiheiten*. Frankfurt: Suhrkamp.
Benedikt von Nursia (2009): *Die Benediktsregel*. Lateinisch/Deutsch. Stuttgart: Reclam.

Bezzola, Tobia (1993): *Die Rhetorik bei Kant, Fichte und Hegel*. Tübingen: Niemeyer.
Bien, Günther (1972): „Die menschlichen Meinungen und das Gute". In: Riedel, Manfred (Hg.). *Rehabilitierung der praktischen Philosophie*, Bd. 1. Freiburg: Rombach, 345–374.
Bloch, Ernst (1959): *Das Prinzip Hoffnung*, 2 Bde. Frankfurt: Suhrkamp.
Bloch, Ernst (1963): *Tübinger Einleitung in die Philosophie*, 2 Bde. Frankfurt: Suhrkamp.
Bloch, Ernst (1968): *Atheismus in Christentum*. Frankfurt: Suhrkamp.
Bloch, Ernst (1975): *Experimentum Mundi*. Frankfurt: Suhrkamp.
Blumenberg, Hans (1965): *Die kopernikanische Wende*. Frankfurt: Suhrkamp.
Blumenberg, Hans (1974): *Säkularisierung und Selbstbehauptung*. Frankfurt: Suhrkamp.
Blumenberg, Hans (1975): *Die Genesis der kopernikanischen Welt*. Frankfurt: Suhrkamp.
Blumenberg, Hans (1979): *Schiffbruch mit Zuschauern*. Frankfurt: Suhrkamp.
Blumenberg, Hans (1981) [1971]: „Anthropologische Annäherung an die Aktualität der Rhetorik". In: ders.: *Wirklichkeiten, in denen wir leben*. Stuttgart: Reclam, 104–136.
Blumenberg, Hans (1981a): *Die Lesbarkeit der Welt*. Frankfurt: Suhrkamp.
Blumenberg, Hans (1986): *Arbeit am Mythos*. Frankfurt: Suhrkamp.
Blumenberg, Hans (1987): *Das Lachen der Thrakerin*. Frankfurt: Suhrkamp.
Blumenberg, Hans (1987a): *Die Sorge geht über den Fluss*. Frankfurt: Suhrkamp.
Blumenberg, Hans (1989): *Höhlenausgänge*. Frankfurt: Suhrkamp.
Blumenberg, Hans (1998): *Paradigmen zu einer Metaphorologie*. Frankfurt: Suhrkamp.
Blumenberg, Hans (1998a): *Begriffe in Geschichten*. Frankfurt: Suhrkamp.
Blumenberg, Hans (2002): *Zu den Sachen und zurück*. Frankfurt: Suhrkamp.
Blumenberg, Hans (2005): *Die Verführbarkeit des Philosophen*. Frankfurt: Suhrkamp.
Blumenberg, Hans (2006): *Beschreibung der Welt*. Frankfurt: Suhrkamp.
Böhler, Dietrich (1982): „Transzendentalpragmatik und kritische Moral". In: Kuhlmann, Wolfang/Böhler, Dietrich (Hgg.). *Kommunikation und Reflexion*. Frankfurt: Suhrkamp, 83–123.
Bolz, Norbert (1991): *Kleine Geschichte des Scheins*. München: Wilhelm Fink.
Bolz, Norbert (1992): *Philosophie nach ihrem Ende*. München: Boer.
Bolz, Norbert (1996): Das Verschwinden der Rhetorik in ihrer Allgegenwart. In: Plett, Heinrich F. (Hg.). *Die Aktualität der Rhetorik*. München: Wilhelm Fink, 67–76.
Bolz, Norbert (1999): „Die Wiederkehr der Rhetorik". In: ders.: *Die Konformisten des Andersseins*. München: Wilhelm Fink, 165–194.
Bolz, Nobert (2012): *Ratten im Labyrinth. Niklas Luhmann und die Grenzen der Aufklärung*. München: Wilhelm Fink.
Bornscheuer, Lothar (1976): *Topik. Zur Struktur der gesellschaftlichen Einbildungskraft*. Frankfurt: Suhrkamp.
Bornscheuer, Lothar (1985): „Anthropologisches Argumentieren". In Kopperschmidt, Josef/-Schanze, Helmut (Hgg.). *Argumente – Argumentation*. München: Wilhelm Fink, 121–133.
Borsche, Tilman (1997): „Die artistische Transformation der Wissenschaft". In: Schröder, Gerhard u. a. (Hgg.). *Anamorphosen der Rhetorik*. München: Wilhelm Fink, 53–69.
Bracher, Karl Dietrich (1982): *Sonderweg – Mythos oder Realität?* München: Oldenbourg.
Brandom, Robert B. (2000) [1994]: *Expressive Vernunft*. Frankfurt: Suhrkamp.
Brandom, Robert B. (2001): *Begründen und Begreifen. Eine Einführung in den Inferentialismus*. Frankfurt: Suhrkamp.
Brandom, Robert B. (2001a): „Der Mensch, das normative Wesen". In: *Die Zeit*, Nr. 29, 36–37.
Brettschneider, Frank/Schuster, Wolfgang (Hgg.) (2013): *Stuttgart 21. Ein Großprojekt zwischen Protest und Akzeptanz*. Berlin: Springer Verlag.
Buchheim, Thomas (1986): *Die Sophistik als Avantgarde des normalen Lebens*. Hamburg: Felix Meiner.

Buchheim, Thomas (2000): „Wohlredenheit und die Rolle des logos für die Vortrefflichkeit der Menschen". In: Kopperschmidt 2000, 113–134.
Buck, August s. unter Manetti 1990.
Campe, Rüdiger (1999): „Gesprächsvertrag". In: *FAZ*, Nr. 138, 54.
Cassirer, Ernst (1960): *Was ist der Mensch?* Stuttgart: Kohlhammer.
Cialdini, Robert B. (2010): *Die Psychologie des Überzeugens*. Bern: Huber Hans.
Cicero (1986): *De oratore/Über den Redner* (Lateinisch/Deutsch). Hg. Harald Merklin. Stuttgart: Reclam.
Cicero (1990): *Brutus*. Hrsg. und übers. von Bernd Kytzler. München/Zürich: Tusculum.
Cicero (1997): *Tusculanae disputationes/Gespräche in Tusculum* (Lateinisch/Deutsch): Hrsg. u. übers. von Ernst Alfred Kirfel. Stuttgart: Reclam.
Crouch, Colin (2008): *Postdemokratie*. Frankfurt: Suhrkamp.
Dahrendorf, Ralf (1971): *Homo sociologicus*. Opladen: Westdeutscher Verlag.
Damasio, Antonie R. (2005): *Descartes' Irrtum*. Berlin: List Verlag.
Damiani, Alberto M. (2006): „Transzendentalphilosophie nach der Neuen Rhetorik". In: Kopperschmidt 2006, 333–344.
Dawkins, Richard (1996) [1986]: *Der blinde Uhrmacher*. München: dtv.
Descartes, René (1986): *Meditationen über die Erste Philosophie*. Lateinisch/Deutsche Ausgabe. Stuttgart: Reclam.
Dewey, John (1998) [1929]: *Die Suche nach Gewissheit*. Frankfurt: Suhrkamp.
Dockhorn, Klaus (1966): *Rezension von Gadamers „Wahrheit und Methode"*. In Göttingische Gelehrte Anzeigen 218, 169–206.
Dockhorn, Klaus (1968): *Macht und Wirkung der Rhetorik. Vier Aufsätze zur Ideengeschichte der Vormoderne*. Bad Homburg v. d. Höhe: Dr. Max Gehlen.
Dockhorn, Klaus (1974): „Rhetorica movet". In: Schanze, Helmut (Hg.). *Rhetorik*. Frankfurt: Athenäum Fischer, 17–42.
Dörner, Andreas (2001): *Politainment*. Frankfurt: Suhrkamp.
Dubois, Jacques (u. a.) (1974): *Allgemeine Rhetorik*. Hrsg. u. übers. von Armin Schütz. München: Wilhelm Fink, 1974.
Emcke, Carolin (2016): *Gegen den Hass*. Frankfurt: S. Fischer.
Fetscher, Iring (1998): *Joseph Goebbels im Berliner Sportpalast 1943: „Wollt ihr den totalen Krieg?"*. Hamburg: Europäische Verlagsanstalt.
Figal, Günter (1996): „Dem logos vertrauen". In: ders.: *Der Sinn des Verstehens*. Stuttgart: Reclam, 132–154.
Figal, Günter (1999): *Martin Heidegger. Zur Einführung*. Hamburg: Junius.
Fischer, Ernst Peter (2005): *Die andere Bildung*. Berlin. Ullstein.
Fischer, Joachim (2010): *Philosophische Anthropologie*. Frankfurt/München: Karl Alber.
Forst, Rainer (2007): *Das Recht auf Rechtfertigung*. Frankfurt: Suhrkamp.
Förster, Heinz von/Pörksen, Bernhard (2008): *Wahrheit ist die Erfindung eines Lügners*. Heidelberg: Auer.
Foucault, Michel (1977): *Die Ordnung des Diskurses*. Frankfurt: Ullstein.
Freud, Sigmund (1997): *Das Unbehagen in der Kultur*. Studienausgabe, Bd. IX. Frankfurt: S. Fischer, 191–270.
Fuhrmann, Manfred (1998): „Rhetorik von 1500 bis 2000. Kontinuität und Wandel". In: Ueding/Vogel (Hgg.) 1998, 9–28.
Gabriel, Markus (2013): *Warum es die Welt nicht gibt*. Berlin: Ullstein.
Gadamer, Hans-Georg (1960): *Wahrheit und Methode* (= Hermeneutik I/Gesammelte Werke, Bd. 1). Tübingen: Mohr Siebeck.

Gadamer, Hans-Georg (1986): „Rhetorik, Hermeneutik und Ideologiekritik" (= Hermeneutik II/ Gesammelte Werke, Bd. 2). Tübingen: Mohr Siebeck, 232–249.
Garton Ash, Timothy (2016): *Redefreiheit. Prinzipien für eine vernetzte Welt*. München: Carl Hanser.
Gehlen, Arnold (1966) [1940]: *Der Mensch. Seine Natur und seine Stellung in der Welt*. Frankfurt/Bonn: Athenäum.
Geißner, Hellmut (1973): „Anpassung oder Aufklärung?" In: ders.: *Rhetorik*. München: Bayerischer Schulbuch-Verlag, 11–24.
Genette, Gérard (1970): „La rhétorique restreinte". In: *Communications* 16, 158–177.
Gerber, Gustav (1961) [1871–1873]: *Die Sprache als Kunst*, 2 Bde. Hildesheim: Olms.
Gethmann, Carl Friedrich (1979): *Protologik*. Frankfurt: Suhrkamp.
Gomperz, Heinrich (1965) [1912]: *Sophistik und Rhetorik*. Darmstadt: Wissenschaftliche Buchgesellschaft.
Göttert, Karl-Heinz (1988): „Rhetorik und Kommunikationstheorie". In *Rhetorik* 7, 79–91.
Göttert, Karl-Heinz (2015): *Mythos Redemacht. Eine andere Geschichte der Rhetorik*. Berlin: S. Fischer.
Gross, Daniel/Kemmann, Ansgar (2005): *Heidegger and Rhetoric*. New York: State University Press.
Grondin, Jean (2001): *Von Heidegger zu Gadamer*. Darmstadt: Wissenschaftliche Buchgesellschaft.
Habermas, Jürgen (1969): *Strukturwandel der Öffentlichkeit*. Neuwied/Berlin: Luchterhand.
Habermas, Jürgen (1971): „Vorbereitende Bemerkungen zu einer Theorie der Kommunikation"/ „Theorie der Gesellschaft oder Sozialtechnologie?" In: Habermas/Luhmann 1971, 101–141 bzw. 142–290.
Habermas, Jürgen (1973): „Der Universalitätsanspruch der Hermeneutik". In: ders.: *Kultur und Kritik*. Frankfurt: Suhrkamp, 264–301.
Habermas, Jürgen (1973a): *Erkenntnis und Interesse*. Frankfurt: Suhrkamp.
Habermas, Jürgen (1973b): *Philosophisch-politische Profile*. Frankfurt: Suhrkamp.
Habermas, Jürgen (1976): „Was heißt Universalpragmatik?" In: Apel, Karl-Otto (Hg.). *Sprachpragmatik und Philosophie*. Frankfurt: Suhrkamp, 174–272.
Habermas, Jürgen (1978): „Hannah Arendts Begriff der Macht". In: ders.: *Politik, Kunst und Religion*. Stuttgart: Reclam, 103–126.
Habermas, Jürgen (1981): *Theorie des kommunikativen Handelns*, 2 Bde. Frankfurt: Suhrkamp.
Habermas, Jürgen (1983): *Moralbewusstsein und kommunikatives Handeln*. Frankfurt: Suhrkamp.
Habermas, Jürgen (1984): „Über Moralität und Sittlichkeit". In: Schnädelbach 1984, 218–235.
Habermas, Jürgen (1984a): „Wahrheitstheorien". In: *Vorstudien und Ergänzungen zur Theorie des kommunikativen Handelns*. Frankfurt: Suhrkamp, 127–186.
Habermas, Jürgen (1985): *Die neue Unübersichtlichkeit*. Frankfurt: Suhrkamp.
Habermas, Jürgen (1985a): *Der philosophische Diskurs der Moderne*. Frankfurt: Suhrkamp.
Habermas, Jürgen (1988): *Nachmetaphysisches Denken I*. Frankfurt: Suhrkamp.
Habermas, Jürgen (1989): „Heidegger – Werk und Weltanschauung". In: Farias, Victor. *Heidegger und der Nationalsozialismus*. Frankfurt: S. Fischer, 11–38.
Habermas, Jürgen (1990): *Nachholende Revolution*. Frankfurt: Suhrkamp.
Habermas, Jürgen (1990a): *Vergangenheit als Zukunft*. Zürich: Pendo Verlag.
Habermas, Jürgen (1991): *Erläuterungen zur Diskursethik*. Frankfurt: Suhrkamp.
Habermas, Jürgen (1992): *Faktizität und Geltung*. Frankfurt: Suhrkamp.
Habermas, Jürgen (1996): *Die Einbeziehung des Anderen*. Frankfurt: Suhrkamp.

Habermas, Jürgen (1999): *Wahrheit und Rechtfertigung*. Frankfurt: Suhrkamp.
Habermas, Jürgen (2001): *Kommunikatives Handeln und detranszendentalisierte Vernunft*. Stuttgart: Reclam.
Habermas, Jürgen (2001a): „Robert Brandom: Making it Explicit". In: ders.: *Zeit der Übergänge*. Frankfurt: Suhrkamp, 166–172.
Habermas, Jürgen (2004): *Der gespaltene Westen*. Frankfurt: Suhrkamp.
Habermas, Jürgen (2005): *Zwischen Naturalismus und Religion*. Frankfurt: Suhrkamp.
Habermas, Jürgen (2008): *Ach Europa*. Frankfurt: Suhrkamp.
Habermas, Jürgen (2008a): „Ein Bewusstsein von dem, was fehlt" und „Replik". In: Reder, Michael/Schmidt, Josef (Hgg.). *Ein Bewusstsein von dem, was fehlt*. Frankfurt: Suhrkamp, 26–26 bzw. 94–197.
Habermas, Jürgen (2011): *Zur Verfassung Europas*. Frankfurt: Suhrkamp.
Habermas, Jürgen (2012): *Nachmetaphysisches Denken II*. Frankfurt: Suhrkamp.
Habermas, Jürgen (2013): „Politik und Religion". In: Graf, Friedrich Wilhelm/Meier, Heinrich (Hgg.). *Politik und Religion*. München: C.H. Beck, 287–300.
Habermas, Jürgen (2013a): „Bohrungen an der Quelle des objektiven Geistes". Preisrede auf Tomasello. In: ders.: *Im Sog der Technokratie*. Frankfurt: Suhrkamp, 166–173.
Habermas, Jürgen (2016): *Glauben und Wissen*. Friedenspreis des Deutschen Buchhandels 2001. Frankfurt: Suhrkamp.
Habermas-Festschrift, s. Wingert/Günther (Hgg.) 2001.
Habermas, Jürgen/Luhmann, Niklas (1971): *Theorie der Gesellschaft oder Sozialtechnologie*. Frankfurt: Suhrkamp.
Han, Byung-Chul (2012): *Transparenzgesellschaft*. Berlin: Matthes und Seitz.
Harari, Yuval Noah (2013): *Eine kurze Geschichte der Menschheit*. München: Deutsche Verlagsanstalt.
Harari, Yuval Noah (2017): *Homo Deus. Eine Geschichte von Morgen*. München: Deutsche Verlagsanstalt.
Haverkamp, Anselm (Hg.) (1996): *Theorie der Metapher*. Darmstadt: Wissenschaftliche Buchgesellschaft.
Haverkamp, Anselm (2001): „Die Technik der Rhetorik". In: Blumenberg, Hans. *Ästhetische und metaphorologische Schriften*. Auswahl und Nachwort von Anselm Haverkamp. Frankfurt: Suhrkamp, 435–454.
Hawking, Stephen (2010): *Der große Entwurf*. Reinbek: Rowohlt.
Hegel, Georg Wilhelm Friedrich (1971 ff.): Werke, in 20 Bänden. Theorie Werkausgabe. Berlin: Suhrkamp. Auf der Grundlage der Werke von 1832–1845 neu edierte Ausgabe. Redaktion: Eva Moldenhauer und Karl Markus Michel.
Hegel, Georg Wilhelm Friedrich (1976): *Vorlesungen über die Philosophie der Geschichte*. Werke, Bd. 12.
Hegel, Georg Wilhelm Friedrich (1978): *Vorlesungen über die Geschichte der Philosophie*. Werke, Bd. 18.
Heidegger, Martin (1975 ff.): Werke. Gesamtausgabe (GA). Frankfurt: Vittorio Klostermann.
Heidegger, Martin (1977) [1927]: *Sein und Zeit*. In: GA 2, Hg. Friedrich-Wilhelm von Herrmann. Zit. nach Tübingen: Max Niemeyer, 1970.
Heidegger, Martin (1988): *Vom Wesen der Wahrheit. Zu Platons Höhlengleichnis und Theätet* (= Vorlesung WS 1931/32). In: GA 34, Hg. Herman Mörchen.
Heidegger, Martin (1990): „Die Selbstbehauptung der Universität" (Rektoratsrede 1933/34) und „Das Rektorat". In: GA 16, Hg. Hermann Heidegger.

Heidegger, Martin (1997): *Platons Lehre von der Wahrheit*. In: GA 9, Hg. Friedrich-Wilhelm von Herrmann. Zit. nach Bern: A. Francke-Verlag.
Heidegger, Martin (2001): *Sein und Wahrheit*. 1. *Die Grundfrage der Philosophie* (= Vorlesung SS 1933). 2. *Vom Wesen der Wahrheit* (= Vorlesung WS 1933/34). In: GA 36/37, Hg. Hartmut Tietjen.
Heidegger, Martin (2002): *Grundbegriffe der aristotelischen Philosophie* (= Vorlesung SS 1924). In: GA 18, Hg. Mark Michalski.
Heidegger, Martin (2002a): *Phänomenologische Interpretation zu Aristoteles* (Natorp-Bericht). In: GA 62, Hg. Günther Neumann. Zit. nach Stuttgart: Reclam.
Heidenreich, Felix (2005): *Mensch und Moderne bei Hans Blumenberg*. München: Wilhelm Fink.
Heine, Heinrich (1997) [1834]: *Zu Geschichte der Religion und Philosophie in Deutschland*. Stuttgart: Reclam.
Hellwig, Antje (1973): *Untersuchungen zur Theorie der Rhetorik bei Platon und Aristoteles*. Göttingen: Vandenhoeck und Ruprecht.
Herder, Johann Gottfried (1965) [1771]: *Über den Ursprung der Sprache*. Stuttgart: Verlag Freies Geistesleben.
Hessel, Stéphane (2010): *Empört Euch!* Berlin: Ullstein.
Hetzel, Andreas (2011): *Die Wirksamkeit der Rede*. Bielefeld: transcript-Verlag.
Hitler, Adolf (1934) [1925/1927]: *Mein Kampf*. Berlin: Franz Eher. (Jetzt Kritische Neuausgabe, s. Kap. 2, FN 10).
Höffe, Otfried (2009): *Ist Demokratie zukunftsfähig?* München: Beck.
Hommel, Hildebrecht (1965): Artikel „Rhetorik". In: *Lexikon der Alten Welt*. Zürich/Stuttgart: Artemis, 2611–2626.
Hörisch, Jochen (2011): *Tauschen, sprechen, begehren: Eine Kritik der unreinen Vernunft*. München: Carl Hanser.
Hösle, Vittorio s. Oesterreich 2003.
Horkheimer, Max/Adorno, Theodor W. (1971) [1944]: *Dialektik der Aufklärung*. Frankfurt: S. Fischer.
Hügli, Anton (2004): Artikel „Zwang". In: HWPh 12, 1475–1480.
Hügli, Anton (2014): „Überzeugen und Überreden. Über das Verhältnis von Philosophie und Rhetorik". In: Ueding/Kalivoda (Hgg.) 2014, 11–30.
Huntington, Samuel P. (1998): *Kampf der Kulturen*. München/Wien: Siedler.
HWPh: *Historisches Wörterbuch der Philosophie*. (1971–2007): 13 Bde. Hrsg. von Joachim Ritter u. a. Basel/Stuttgart: Schwabe und Co.
HWRh: *Historisches Wörterbuch der Rhetorik*. (1992–2012): 10 Bde. Hrsg. von Gert Ueding. Tübingen/Berlin: Max Niemeyer/De Gruyter.
Isokrates (1933/1997): *Sämtliche Werke*. Übers. von Christine Ley-Hutton. Stuttgart: Hiersemann.
Jackob, Nikolaus (2005): *Öffentlichkeit bei Cicero*. Baden-Baden: Nomos.
Jaeger, Werner (1959) [1936]: *Paideia – Die Formung des griechischen Menschen*, 3 Bde. Berlin: De Gruyter.
Jens, Walter (1969): „Von deutscher Rede". In: ders.: *Von deutscher Rede*. München: Piper, 16–45.
Jens, Walter (1997): „Wissen Sie, Jens, Rhetorik ist alles. Erinnerungen an einen Anfang". In: Knape (Hg.) 1997, 174–176.
Jonas, Hans (1991): *Gnosis: Die Botschaft des fremden Gottes*. Frankfurt: Verlag der Weltreligionen.
Kalverkämper, Hartwig (2014): „Rhetorik und Globalisierung". In: Ueding/Kalivoda (Hgg.) 2014, 725–774.

Kant, Immanuel (1974 ff.): Werke in 12 Bänden (WA). Hrsg. von Wilhelm Weischedel. Frankfurt: Suhrkamp.
Kant, Immanuel (1974): Kritik der reinen Vernunft. In: WA 3/4.
Kant, Immanuel (1974a): Kritik der praktischen Vernunft. In: WA 7.
Kant, Immanuel (1976): Kritik der Urteilskraft. In: WA 10.
Kant, Immanuel (1977): Schriften zur Anthropologie, Geschichtsphilosophie, Politik und Pädagogik 1/2. In: WA 11/12.
Kermani, Navid (2015): *Gott ist schön. Das ästhetische Erleben des Koran*. München: C.H. Beck.
Kersting, Wolfgang (1994): *Die politische Philosophie des Gesellschaftsvertrags*. Darmstadt: Wissenschaftliche Buchgesellschaft.
Kettner, Matthias (1996): „Gute Gründe". In Apel/Kettner (Hgg.) 1996. Frankfurt: Suhrkamp, 424–464.
Kienpointner, Manfred (1992): *Alltagslogik. Struktur und Funktion von Argumentationsmustern*. Stuttgart-Bad Cannstatt: Frommann-Holzboog.
Knape, Joachim (Hg.) (1997): *500 Jahre Tübinger Rhetorik. 30 Jahre Rhetorisches Seminar*. Tübingen: Attempto.
Knape, Joachim (1998): „Zwangloser Zwang". In: Ueding/Vogel (Hgg.) 1998, 54–63.
Knape, Joachim (2000): *Was ist Rhetorik?* Stuttgart: Reclam.
Knape, Joachim (2000a): *Allgemeine Rhetorik*. Stuttgart: Reclam.
Knape, Joachim (Hg.) (2007): *Bildrhetorik*. Baden-Baden: Valentin Koerner.
Knape, Joachim/Schirren, Thomas (2005): *Martin Heidegger liest die Rhetorik des Aristoteles*. In: dies. (Hgg.). *Aristotelische Rhetorik-Tradition*. Stuttgart: Franz Steiner Verlag, 310–327.
Konersmann, Ralf (2003): *Kulturphilosophie. Zur Einführung*. Hamburg: Junius.
Konersmann, Ralf (2015): *Die Unruhe der Welt*. Frankfurt: S. Fischer.
König, Gert (1998): Artikel „Theorie". In: *HWPh* 10, 1129–1154.
König, Josef (2002) [1944]: *Einführung in das Studium des Aristoteles an Hand einer Interpretation seiner Schrift über die Rhetorik* (= Vorlesung SS 1944). Mit Vorwort von G. Patzig, hrsg. von N. Braun. Freiburg: Karl Alber.
Kopperschmidt, Josef (1973): *Allgemeine Rhetorik. Eine Einführung in die Theorie der persuasiven Kommunikation*. Stuttgart: Kohlkammer.
Kopperschmidt, Josef (1978): *Sprache und Vernunft, Teil 1: Das Prinzip vernünftiger Rede*. Stuttgart: Kohlhammer.
Kopperschmidt, Josef (1980): *Sprache und Vernunft, Teil 2: Argumentation*. Stuttgart: Kohlhammer.
Kopperschmidt, Josef (1981): „Topik und Kritik". In: Breuer, Dieter/Schanze, Helmut (Hgg.). *Topik*. München: Wilhelm Fink, 171–188.
Kopperschmidt, Josef (1989): *Methodik der Argumentationsanalyse*. Stuttgart/Bad Cantstatt: Frommann-Holzboog.
Kopperschmidt, Josef (Hg.) (1990): *Rhetorik. Bd. 1: Rhetorik als Texttheorie*. Darmstadt: Wissenschaftliche Buchgesellschaft.
Kopperschmidt, Josef (Hg.) (1991): *Rhetorik. Bd. 2: Wirkungsgeschichte der Rhetorik*. Darmstadt: Wissenschaftliche Buchgesellschaft.
Kopperschmidt, Josef (1993): „Argumentation als Sprachspiel der Vernunft". In *Germanistische Linguistik 112–113*. Hildesheim/New York: Olms, 13–44.
Kopperschmidt, Josef (1994): „Nietzsches Entdeckung der Rhetorik". In: Kopperschmidt/Schanze (Hgg.) 1994, 39–62.
Kopperschmidt, Josef (Hg. und Autor) (1995): *Politik und Rhetorik*. Opladen: Westdeutscher Verlag.

Kopperschmidt, Josef (1996): „,logon didonai' als argumentatives Grundprinzip". In: Barthel, Henner (Hg.). *logon didonai: Gespräch und Verantwortung*. München/Basel: Ernst Reinhardt Verlag, 74–83.
Kopperschmidt, Josef (1997): „Rhetorik – ein inter-, multi- und transdisziplinäres Forschungsprojekt". In: *Rhetorica. A Journal of the History of Rhetoric* XV, 81–106.
Kopperschmidt, Josef (1998): „Der politische Kampf ums Heißen". In: Panagl, Oswald (Hg.). *Fahnenwörter der Politik*. Wien/Köln/Graz: Böhlau, 151–168.
Kopperschmidt, Josef (1998a): Artikel „Interdisziplinarität". In: *HWRh* 4, 462–470.
Kopperschmidt, Josef (1999): „Die Dialektik der Beredsamkeit". In: *Rhetorica movet* (FS für H. P. Plett) s. Oesterreich/Sloane (Hgg.) 1999, 415–432.
Kopperschmidt, Josef (1999a): „Zwischen Affirmation und Subversion" und „Über die Unfähigkeit zu feiern". In: Kopperschmidt/Schanze (Hgg.) 1999, 9–22 bzw. 149–172.
Kopperschmidt, Josef (Hg.) (2000): *Rhetorische Anthropologie*. München: Wilhelm Fink.
Kopperschmidt, Josef (2000/1): „Was weiß die Rhetorik vom Menschen?" In: Kopperschmidt (Hg.) 2000, 7–38.
Kopperschmidt, Josef (2000/2): „Zur Anthropologie des forensischen Menschen". In: Kopperschmidt (Hg.) 2000, 205–244.
Kopperschmidt, Josef (2001): „Gibt es einen rhetorischen Humanismus?" In: Wirsing, Erhard (Hg.). *Humanismus und Menschenbildung*. Essen: Verlag Die Blaue Eule, 314–340.
Kopperschmidt, Josef (Hg.) (2003): *Hitler der Redner*. München: Wilhelm Fink.
Kopperschmidt, Josef (2003/1): „War Hitler ein großer Redner? Ein redekritischer Versuch". In: Kopperschmidt (Hg.) 2003, 181–204.
Kopperschmidt, Josef (2003/2): „Endlich angekommen im Westen? Oder: Über das Ende des rhetorischen Sonderwegs der Deutschen". In: Kopperschmidt (Hg.) 2003, 455–480.
Kopperschmidt, Josef (2004): „Über die goldenen Ketten der Rhetorik". In: Koch, Lutz (Hg.). *Pädagogik und Rhetorik*. Würzburg: Ergon-Verlag, 197–240.
Kopperschmidt, Josef (2005): „Aristoteles' Neue Rhetorik?" In Knape/Schirren (Hgg.) 2005, 328–362.
Kopperschmidt, Josef (Hg.) (2006): *Die Neue Rhetorik. Studien zu Chaim Perelman*. München: Frommann-Holzboog.
Kopperschmidt, Josef (2006/1): „Was ist neu an der Neuen Rhetorik"? In: Kopperschmidt (Hg.) 2006, 9–72.
Kopperschmidt, Josef (2006/2): „Die Idee des universalen Publikums". In: Kopperschmidt (Hg.) 2006, 227–280.
Kopperschmidt, Josef (2008): „Rhetorische Überzeugungsarbeit". In: Lachmann u. a. (Hgg.) 2008, 15–130.
Kopperschmidt, Josef (2008a): „Obama oder der Messias unter der Goldelse". In: *Rhetorik* 27, 115–130.
Kopperschmidt, Josef (2008b): „Rhetorik der deutschsprachigen Länder: Vom Beginn des 20. Jahrhunderts bis zur Gegenwart". In: Fix, Ulla u. a. (Hgg.). *Rhetorik und Stilistik/Rhetoric and Stylistics*, Bd. 1. Berlin/New York, 146–165.
Kopperschmidt, Josef (Hg.) (2009): *Heidegger über Rhetorik*. München: Wilhelm Fink.
Kopperschmidt, Josef (2009/1): „Heidegger im Kontext der philosophischen Wiederentdeckung der Rhetorik". In: Kopperschmidt (Hg.) 2009, 19–88.
Kopperschmidt, Josef (2009/2): „Heideggers Umweg in Platons Höhle". In: Kopperschmidt (Hg.) 2009, 301–428.

Kopperschmidt, Josef (2011): „Resonanz statt Räsonanz? Oder: Kann die Rhetorik auf Subjektivität verzichten?" In: *Rhetorik* 30, 30–50.
Kopperschmidt, Josef (2011a): „Vergleich und Vergleichen aus rhetorischer Sicht". In: Mauz, Andreas/Sass, Hartmut von (Hgg.). *Hermeneutik des Vergleichs*. Würzburg: Königshausen und Neumann, 223–242.
Kopperschmidt, Josef (2012): Artikel „Sozialtechnologie". In: *HWRh* 12, 1229–1238.
Kopperschmidt, Josef/Schanze, Helmut (Hgg.) (1994): *Nietzsche oder „Die Sprache ist Rhetorik"*. München: Wilhelm Fink.
Kopperschmidt, Josef/Schanze, Helmut (Hgg.) (1979) s. Schanze/Kopperschmidt (Hgg.) 1979.
Kopperschmidt, Josef/Schanze, Helmut (Hgg.) (1999): *Fest und Festrhetorik*. München: Wilhelm Fink.
Kraus, Manfred (2006): „Antilogia – zu den Grundlagen der sophistischen Debattierkunst". In: *Rhetorik* 25, 1–13.
Krautter, Jutta (2009): Artikel „Zoon logon echon". In: *HWRh* 9, 1549–1557.
Kuhn, Thomas S. (1973): *Die Struktur der wissenschaftlichen Revolution*. Frankfurt: Suhrkamp.
Kuhn, Thomas S. (1980): *Die kopernikanische Revolution*. Braunschweig: Viehweg.
Lachmann, Renate u. a. (Hgg.) (2008): *Rhetorik als kulturelle Praxis*. München: Wilhelm Fink.
Landmann, Michael (1962): *De homine. Der Mensch im Spiegel seiner Gedanken*. Freiburg/ München: Karl Alber.
Landmann, Michael (1964): *Philosophische Anthropologie*. Berlin: De Gruyter.
Lausberg, Heinrich (1960) [1990]: *Handbuch der literarischen Rhetorik*, 2 Bde. München: Max Hueber.
Lausberg, Heinrich (1963): *Elemente der literarischen Rhetorik*. München: Max Hueber.
Lausberg, Heinrich (1966): „Rhetorik und Dichtung". In: *Der Deutschunterricht* 18, 47–93.
Lübbe, Hermann (1975): „Sein und Heißen?" In: ders: *Fortschritt als Orientierungsproblem*. Freiburg: Rombach, 134–153.
Lübbe, Hermann (1975a): „Der Streit um Worte". In: Kaltenbrunner, Gerd-Klaus (Hg.). *Sprache und Herrschaft*. Freiburg: Herder, 87–111.
Lübbe, Hermann (1978): *Philosophie, Praktische Philosophie, Geschichtstheorie*. Stuttgart: Reclam.
Luhmann, Niklas (1968): *Vertrauen. Ein Mechanismus der Reduktion von Komplexität*. Stuttgart: Ferdinand Enke.
Luhmann, Niklas (1971): „Systemtheoretische Argumentation. Eine Entgegnung auf Jürgen Habermas". In: Habermas/Luhmann 1971, 291–405.
Luhmann, Niklas (1986): *Ökologische Kommunikation*. Opladen: Westdeutscher Verlag.
Luhmann, Niklas (1988): *Soziale Systeme*. Frankfurt: Suhrkamp.
Luhmann, Niklas (1993) [1969]: *Legitimation durch Verfahren*. Frankfurt: Suhrkamp.
Luhmann, Niklas (1995): *Das Recht der Gesellschaft*. Frankfurt: Suhrkamp.
Luhmann, Niklas (1997): *Die Gesellschaft der Gesellschaft*, 2 Bde. Frankfurt: Suhrkamp.
Luhmann, Niklas (2000): *Aufsätze und Reden*. Stuttgart: Reclam.
Luhmann, Niklas (2000/1): „Einführende Bemerkungen zu einer Theorie symbolisch generalisierter Kommunikation". In: Luhmann 2000, 31–75.
Luhmann, Niklas (2000/2): „Die Unwahrscheinlichkeit der Kommunikation". In: Luhmann 2000, 76–93.
Luhmann, Niklas (2000/3): „Was ist Kommunikation?" In: Luhmann 2000, 94–110.
Luhmann, Niklas/Habermas, Jürgen (1971) s. Habermas/Luhmann (Hgg.) 1971.
Luhmann, Niklas/Fuchs, Peter (1989): *Reden und Schweigen*. Frankfurt: Suhrkamp.

Lyotard, Jean-François (1986): *Das postmoderne Wissen*. Graz/Wien: Böhlau.
Lyotard, Jean-François (1989): *Der Widerstreit*. München: Wilhelm Fink.
Maier, Hans (1975): „Können Begriffe die Gesellschaft verändern?" In: Kaltenbrunner, Gerd-Klaus (Hg.). *Sprache und Herrschaft*. Freiburg: Herder, 55–68.
Mainberger; Gonsalv K. (1987): *Rhetorica I: Reden mit Vernunft*. Stuttgart: Frommann-Holzboog.
Mainberger; Gonsalv K. (1988): *Rhetorica II: Spiegelungen des Geistes*. Stuttgart: Frommann-Holzboog.
Maneli, Mieczyslaw (1994): *Perelman's New Rhetoric as Philosophy and Methodology for the Next Century*. Dordrecht: Kluwer Academic Publishers.
Manetti, Giannozzo (1996) [1452]: *Über die Würde und Erhabenheit des Menschen/De dignitate et excellentia hominis*. Hamburg: Felix Meiner.
Mann, Thomas (1973) [1945]: „Deutschland und die Deutschen". In: Hinderer, Walter (Hg.). *Deutsche Reden*, Teil 2. Stuttgart: Reclam, 970–992.
Mann, Thomas (1986) [1918]: *Betrachtungen eines Unpolitischen*. Frankfurt: S. Fischer.
Markl, Hubert (1998): „Homo sapiens". In: *Merkur* Nr. 592, 564–578.
Markl, Hubert (2002): *Schöner Neuer Mensch?* München/Zürich: Piper.
Marquard, Odo (1976): Artikel „Kompensation". In: *HWPh* 4, 912–918.
Marquard, Odo (1980): „Der angeklagte und der entlastete Mensch in der Philosophie des 19. Jahrhunderts. In: Fabian, Bernhard u. a. (Hgg.). *Deutschlands kulturelle Entfaltung*. München: Meiner, 103–203.
Marquard, Odo (1982): *Abschied vom Prinzipiellen*. Stuttgart: Reclam.
Marquard, Odo (1986): *Apologie des Zufälligen*. Stuttgart: Reclam.
Marquard, Odo (1994): *Skepsis und Zustimmung*. Stuttgart: Reclam.
Marquard, Odo (1995): *Glück im Unglück. Philosophische Überlegungen*. München: Wilhelm Fink.
Marquard, Odo (2000): „Homo compensator". In: ders.: *Philosophie des Stattdessen*. Stuttgart: Reclam, 11–29.
Marquard, Odo (2003): *Zukunft braucht Herkunft*. Stuttgart: Reclam.
Marrou, Henri-Irénée (1995) [1938]: *Augustinus und das Ende der antiken Bildung*. Paderborn: Schöningh.
Martin, Josef (1946): *Ogmios*. In: Würzburger Jahrbücher für die Altertumswissenschaft 1, 359–399.
Marx, Karl (1961) [1843]: *Zur Kritik der Hegelschen Rechtstheorie. Einleitung*. In: Marx/Engels Werke (MEW) 1, 378–391.
Marx, Karl (1961) [1886]: *Thesen über Feuerbach*. In: MEW 3, 533–535.
Maslankowski, Willi (2005): *Platons Höhlengleichnis*. Sankt Augustin: Academia-Verlag.
McCarthy, Thomas (1980): *Kritik der Verständigungsverhältnisse. Zur Theorie von Jürgen Habermas*. Frankfurt: Suhrkamp.
Meister, Klaus (2010): *„Aller Dinge Maß ist der Mensch". Die Frage der Sophisten*. München: Wilhelm Fink.
Menke, Christoph (2006): „Die Idee der Selbstverwirklichung". In: Joas, Hans/Wiegand, Klaus (Hgg.): *Die kulturellen Werte Europas*. Frankfurt: S. Fischer, 304–352.
Menzel, Ulrich (1998): *Globalisierung und Fragmentierung*. Frankfurt: Suhrkamp.
Mesch, Walter (2009): Artikel „Überzeugung/Überredung". In: *HWRh* 9, 858–870.
Meyer, Michel (1993): *Questions de Rhétorique*. Paris: Presses Universitaires de France.
Meyer, Michel (2004): *La Rhétorique*. Paris: Presses Universitaires de France.

Meyer, Michel (2004a): *Perelman: Le renouveau de la rhétorique*. Paris: Presses Universitaires de France.
Meyer, Thomas (1994): *Die Transformation des Politischen*. Frankfurt: Suhrkamp.
Meyer, Thomas (2001): *Mediokratie. Die Kolonisierung der Politik durch die Medien*. Frankfurt: Suhrkamp.
Meyer, Urs (2014): „Die amplifizierte Rhetorik". In Ueding/Kalivoda (Hgg.) 2014, 851–862.
Miller, Peter (2010): *Die Intelligenz des Schwarms*. Frankfurt: Campus-Verlag.
Most, Glenn W. (1999): *Raffael. Die Schule von Athen*. Frankfurt: S. Fischer.
Most, Glenn W./Fries, Thomas (1994): *Die Quellen von Nietzsches Rhetorik-Vorlesung*. In: Kopperschmidt/Schanze (Hgg.) (1994), 17–38 und 251–258.
Müller, Adam (1967) [1812]: *Zwölf Reden über die Beredsamkeit und deren Verfall in Deutschland. Mit einem Essay von Walter Jens*. Frankfurt: Insel Verlag.
Münker, Stefan (2009): *Emergenz digitaler Öffentlichkeiten. Soziale Medien im Web 2.0*. Frankfurt: Suhrkamp.
Münkler, Herfried (2009): *Die Deutschen und ihre Mythen*. Berlin: Rowohlt.
Münkler, Herfried (2015): *Macht in der Mitte*. Hamburg: Körber-Stiftung.
Noelle-Neumann, Elisabeth (1980): *Die Schweigespirale*. Zürich/München: Piper.
Niehues-Pröbsting, Heinrich (1987): *Überredung zur Einsicht*. Frankfurt: Vittorio Klostermann.
Niehues-Pröbsting, Heinrich (1994): „Das Ende der Rhetorik und der Anfang der Geisteswissenschaften". In: *Mesotes* 1, 23–35.
Niehues-Pröbsting, Heinrich (1999): „Platonvorlesungen". In: Wetz/Timm (Hgg.) 1999, 341–388.
Niehues-Pröbsting, Heinrich (2004): *Die antike Philosophie*. Frankfurt: S. Fischer.
Nietzsche, Friedrich (1955): Kritische Gesamtausgabe (KGW). Hgg. Giorgio Colli und Mazzino Montinari. Berlin und New York: De Gruyter.
Nietzsche, Friedrich (1995): Geschichte der griechischen Beredsamkeit (= WS 1872/73). In: KGW II 4, 363ff.
Nietzsche, Friedrich (1995a): Darstellung der antiken Rhetorik (= SS 1874). In: KGW II 4, 413 ff.
Nietzsche, Friedrich (1995b): Abriß der Geschichte der Beredsamkeit. In: KGW II 4, 503 ff.
Nietzsche, Friedrich (1995c): Einleitung zur Rhetorik des Aristoteles. In: KGW II 4, 521 ff.
Nietzsche, Friedrich (1995d): Aristoteles' Rhetorik. In: KGW II 4, 533 ff.
Nietzsche, Friedrich (1988): Kritische Studienausgabe (KSA). Hgg. Giorgio Colli und Mazzino Montinari. Berlin und New York: dtv/De Gruyter.
Nietzsche, Friedrich (1988): Über Wahrheit und Lüge im außermoralischen Sinne. In: KSA 1, 873 ff.
Nietzsche, Friedrich (1988a): Die fröhliche Wissenschaft. In: KSA 3, 343 ff.
Nietzsche, Friedrich (1988b): Nachgelassene Fragmente 1885–1887. In: KSA 12.
Oehler, Klaus (1961): „Der consensus omnium als Kriterium der Wahrheit in der antiken Philosophie und Patristik". In: *Antike und Abendland* 10, 103–123.
Oesterreich, Peter L. (1990): *Fundamentalrhetorik*. Hamburg: Felix Meiner.
Oesterreich, Peter L. (1994): *Philosophen als politische Lehrer*. Darmstadt: Wissenschaftliche Buchgesellschaft.
Oesterreich, Peter L. (1996): „Die Rhetorik der Metaphysik im Zeitalter neuer Sophistik". In: Plett 1996, 77–88.
Oesterreich, Peter L. (2000): „Homo rhetoricus corruptus". In: Kopperschmidt (Hg.) 2000, 353–370.

Oesterreich, Peter L. (2003): *Philosophie der Rhetorik*. Mit einer Einführung von Vittorio Hösle. Bamberg: C.C. Buchner.
Oesterreich, Peter L. (2009): „Kryptoplatonismus". In: Kopperschmidt 2009, 179–196.
Oesterreich, Peter L. (1999): Oesterreich, Peter L./Sloane, Thomas (Hgg.): *Rhetorica movet*. FS für Heinrich F. Plett. Leiden/Boston/Köln: Brill.
Ostheeren, Klaus (2009): Artikel „Topos". In: *HWRh* 9, 630–697.
Ostermann, Eberhard (2001): Artikel „Überreden/Überzeugen". In: *HWPh* 11, 50–56.
Ottmann, Henning (2005): *Platon, Aristoteles und die neoklassische politische Philosophie der Gegenwart*. Baden-Baden: Nomos.
Pascal, Blaise (1954) [1670]: *Über die Religion (Pensées)*. Heidelberg: Lambert Schneider.
Pascal, Blaise (1963) [1670]: *Die Kunst zu überzeugen*. Heidelberg: Lambert Schneider.
Perelman, Chaim (1967): *Über die Gerechtigkeit*. München: Beck.
Perelman, Chaim (1979): *The New Rhetoric and the Humanities*. Dordrecht: Reidel.
Perelman, Chaim (1980): *Das Reich der Rhetorik*. München: Beck.
Perelman, Chaim (1984): „The new rhetoric and the Rhetoricians". In: *Quarterly Journal of Speech* 70, 188–196.
Perelman, Chaim (1986): „Old and new rhetoric". In: Golden, J. L./Pilotta, J. J. (Hgg.). *Practical reasoning in human affairs*. Dordrecht: Reidel, 1–18.
Perelman, Chaim/Olbrechts-Tyteca, Lucie (1952): *Rhétorique et Philosophie*. Paris: Presses Universitaires.
Perelman, Chaim/Olbrechts-Tyteca, Lucie (2004) [1958]: *Die Neue Rhetorik. Eine Abhandlung über das Argumentieren*, 2 Bde. Stuttgart: Frommann-Holzboog.
Picard, Max (1959) [1948]: *Die Welt des Schweigens*. Frankfurt/Hamburg: Eugen Rentsch Verlag.
Pico della Mirandola, Giovanni (1990) [1486]: *Über die Würde des Menschen/De dignitate hominis*. Hamburg: Felix Meiner.
Pieper, Josef (2012) [1957]: *Glück und Kontemplation*. Kevelaer: Butzon und Bercker.
Platon: *Sämtliche Werke* (nach der Übersetzung von Friedrich Schleiermacher). Hamburg: Rowohlt (seit 1957).
Plett, Heinrich F. (1970): *Der affektrhetorische Wirkungsbegriff in der rhetorisch-poetischen Theorie der englischen Renaissance*. Diss. Bonn.
Plett, Heinrich F. (1975): *Rhetorik der Affekte*. Tübingen: Niemeyer.
Plett, Heinrich F. (Hg.) (1977): *Rhetorik. Kritische Positionen zum Stand der Forschung*. München: Wilhelm Fink.
Plett, Heinrich F. (Hg.) (1996): *Die Aktualität der Rhetorik*. München: Wilhelm Fink.
Plett, Heinrich F. (2000): *Systematische Rhetorik*. Stuttgart: Wilhelm Fink.
FS für H. F. Plett s. Oesterreich/Sloane (Hgg.) 1999.
Pohlenz, Max (1959): *Die Stoa*, 2 Bde. Göttingen: Vandenhoeck und Ruprecht.
Pöhlmann, Egert (1970): „Der Mensch – das Mängelwesen". In: *Archiv für Kulturgeschichte* 52, 297–312.
Popper, Karl R. (2003) [1945]: *Die offene Gesellschaft und ihre Feinde, Bd.1: Der Zauber Platons*. Tübingen: Mohr Siebeck.
Popper, Karl R. (2005): *Die Logik der Forschung*. Tübingen: Mohr Siebeck.
Pörksen, Bernhard (2008): *Die Gewissheit der Ungewissheit*. Heidelberg: Carl Auer.
Pörksen, Bernhard (2011) (Hg.): *Schlüsselwerke des Konstruktivismus*. Wiesbaden: VS-Verlag für Sozialwissenschaften.
Pörksen, Uwe (2002): *Die politische Zunge. Eine kurze Kritik der öffentlichen Rede*. Stuttgart: Klett-Cotta.

Ptassek, Peter (1993): *Rhetorische Rationalität*. München: Wilhelm Fink.
Ptassek, Peter u. a. (1992): *Macht und Meinung. Die rhetorische Konstitution der politischen Welt*. Göttingen: Vandenhoeck und Ruprecht.
Quintilian, Marcus Fabius (1972): *Ausbildung des Redners/Institutio oratoria* (= IO). Hrsg. und übers. von Helmut Rahn. Darmstadt: Wissenschaftliche Buchgesellschaft.
Rapp, Christoph (2002): *Aristoteles: Rhetorik*, 2 Bde. Übers. und erläutert von Christoph Rapp. Darmstadt: Akademie-Verlag.
Rapp, Christoph (2002a): *Aristoteles. Zur Einführung*. Hamburg: Junius.
Recki, Birgit (1999): „Der praktische Sinn der Metapher". In: Wetz/Timm (Hgg.) 1999, 142–163.
Reich-Ranicki, Marcel (1998): „Eine Rede über Glanz und Elend der Redekunst". In: Ueding/Vogel (Hgg.) 1998, 191–204.
Riedel, Manfred (1972): „Über einige Aporien der praktischen Philosophie des Aristoteles". In: ders. (Hg.): *Rehabilitierung der praktischen Philosophie*, Bd. 1. Freiburg: Rombach, 79–100.
Ritter, Joachim (1977): *Metaphysik und Politik*. Frankfurt: Suhrkamp.
Robling, Franz-Hubert (2007): *Redner und Rhetorik. Studie zur Begriffs- und Ideengeschichte des Rednerideals*. Hamburg: Felix Meiner.
Rorty, Richard (1987): *Der Spiegel der Natur*. Frankfurt: Suhrkamp.
Rorty, Richard (1988): *Solidarität oder Objektivität*. Stuttgart: Reclam.
Rorty, Richard (1991): *Kontingenz, Ironie und Solidarität*. Frankfurt: Suhrkamp.
Rosa, Hartmut (2005): *Beschleunigung*. Frankfurt: Suhrkamp.
Rosa, Hartmut (2013): *Beschleunigung und Entfremdung*. Frankfurt: Suhrkamp.
Roth, Gerhard (1997): *Das Gehirn und seine Wirklichkeit*. Frankfurt: Suhrkamp.
Safranski, Rüdiger (2001): *Ein Meister aus Deutschland. Heidegger und seine Zeit*. Frankfurt: S. Fischer.
Schäfer, Lothar (1999): *Das Bacon-Projekt*. Frankfurt: Suhrkamp.
Schanze, Helmut/Kopperschmidt, Josef (Hgg.) (1989): *Rhetorik und Philosophie*. München: Wilhelm Fink.
Schiller, Friedrich (1986): „Über Anmut und Würde". In: ders.: *Kallias oder über Schönheit. Über Anmut und Würde*. Hrsg. von Klaus L. Berghahn. Stuttgart: Reclam.
Schirren, Thomas/Ueding, Gert (Hgg.) (2000): *Topik und Rhetorik*. Tübingen: Niemeyer.
Schlingensief, Christoph (2009): *So schön wie hier kanns im Himmel gar nicht sein! Tagebuch einer Krebserkrankung*. Köln: Kiepenheuer und Witsch.
Schmidinger, Eckart/Sedmak, Clemens (Hgg.) (2004): *Der Mensch – ein animal rationale?* Darmstadt: Wissenschaftliche Buchgesellschaft.
Schmidinger, Eckart/Sedmak, Clemens (Hgg.) (2005): *Der Mensch – ein freies Wesen?* Darmstadt: Wissenschaftliche Buchgesellschaft.
Schmidinger, Eckart/Sedmak, Clemens (Hgg.) (2009): *Der Mensch – ein Mängelwesen?* Darmstadt: Wissenschaftliche Buchgesellschaft.
Schmohl, Tobias (2016): *Persuasion unter Komplexitätsbedingungen. Ein Beitrag zur Integration von Rhetorik- und Systemtheorie*. Wiesbaden: Springer VS.
Schnabel, Ulrich (2010): *Muße. Vom Glück des Nichtstuns*. München: Karl Blessing Verlag.
Schnädelbach, Herbert (Hg.) (1984): *Rationalität*. Frankfurt: Suhrkamp.
Schnädelbach, Herbert (1985): „Vernunft". In: Martens, Ekkehard/Schnädelbach, Herbert (Hgg.). *Philosophie. Ein Grundkurs*. Hamburg: Rowohlt, 77–115.
Schnädelbach, Herbert (1992): *Zur Rehabilitierung des animal rationale*. Frankfurt: Suhrkamp.
Schröder, Winfried (2005): *Moralischer Nihilismus. Rationale Moralkritik von den Sophisten bis Nietzsche*. Stuttgart: Reclam.

Schütrumpf, Eckart (1980): *Eine Analyse der Polis durch Aristoteles* (die Bücher IV–V seiner „Politik"). Übersetzung und Erläuterung. Amsterdam: Grüner.
Schütrumpf, Eckart (1991): *Aristoteles: Politik* (Buch I seiner „Politik"). Übersetzung und Erläuterung. Berlin: Akademie-Verlag.
Sedmak, Clemens (2009): Einleitungen zu den Kapiteln I-IV von Schmidinger/Sedmak (Hgg.) 2009.
Seel, Martin (2009): *Theorien*. Frankfurt: Suhrkamp.
Seneca, Lucius Annaeus (2008): *De brevitate vitae/Von der Kürze des Lebens* (Lateinisch/ Deutsch). Hrsg. und übers. von Marion Giebel. Stuttgart: Reclam.
Seneca, Lucius Annaeus (1965): *Briefe an Lucilius*, 2 Bde. Hrsg. und übers. von Ernst Glaser-Gerhard. München: Rowohlt.
Sennett, Richard (2012): *Zusammenarbeit. Was unsere Gesellschaft zusammenhält.* Berlin: Hanser.
Siefer, Werner (2010): *Wir und was uns zu Menschen macht*. Frankfurt: Campus-Verlag.
Simons, Herbert W. (Hg.) (1990): *The rhetorical turn*. Chicago: University of Chicago Press.
Sloterdijk, Peter (1993): *Weltfremdheit*. Frankfurt: Suhrkamp.
Sloterdijk, Peter (1999): *Regeln für den Menschenpark. Ein Antwortschreiben zu Heideggers Brief über den Humanismus*. Frankfurt: Suhrkamp.
Sloterdijk, Peter (1999a): *Globen. Sphären II*. Frankfurt: Suhrkamp.
Sloterdijk, Peter (2004): *Schäume. Sphären III*. Frankfurt: Suhrkamp.
Sloterdijk, Peter (2009): *Du mußt dein Leben ändern*. Frankfurt: Suhrkamp.
Sloterdijk, Peter (2010): *Scheintot im Denken. Von Philosophie und Wissenschaft als Übung.* Berlin: Suhrkamp.
Sloterdijk, Peter (2014): *Die schrecklichen Kinder der Neuzeit*. Berlin: Suhrkamp.
Sloterdijk, Peter (2016): *Was geschah im 20. Jahrhundert?* Berlin: Suhrkamp.
Sloterdijk, Peter (2017): *Nach Gott*. Berlin: Suhrkamp.
Spaemann, Robert/Löw, Reinhard (1981): *Die Frage Wozu?* München/Zürich: Piper.
Spaemann, Robert (2007): *Das unsterbliche Gerücht*. Stuttgart: Klett-Cotta.
Stroh, Winfried (2009): *Die Macht der Rede. Eine kleine Geschichte der Rhetorik im alten Griechenland und Rom*. Berlin: Ullstein.
Surowiecki, James (2005): *Die Weisheit der Vielen*. München: Bertelsmann.
Tacitus, Publius Cornelius (1955): „Dialogus de oratoribus"/„Dialog über die Redner". Übers., erläutert und eingeleitet von Karl Büchner. In: ders.: *Agricola, Germania, Dialogus*. Stuttgart: Alfred Kröner, 180–330.
Taylor, Charles (2009): *Ein säkulares Zeitalter*. Frankfurt: Suhrkamp.
Taylor, Charles (2017): *Das sprachbegabte Tier. Grundzüge des menschlichen Sprachvermögens*. Berlin: Suhrkamp.
Tenbruck, Friedrich H. (1967): „Zur Soziologie der Sophistik". In: *Neue Hefte für Philosophie* 10, 51–72.
Tibi, Bassam (2002): *Fundamentalismus im Islam*. Darmstadt: Primus.
Tomasello, Michael (2006): *Die kulturelle Entwicklung des menschlichen Denkens*. Frankfurt: Suhrkamp.
Tomasello, Michael (2009): *Die Ursprünge der menschlichen Kommunikation*. Frankfurt: Suhrkamp.
Tomasello, Michael (2010): *Warum wir kooperieren*. Berlin: Suhrkamp.
Tomasello, Michael (2014): *Die Naturgeschichte des menschlichen Denkens*. Frankfurt: Suhrkamp.
Tomasello, Michael (2016): *Die Naturgeschichte der menschlichen Moral*. Berlin: Suhrkamp.

Toulmin, Stephen (1986): „Die Verleumdung der Rhetorik". In: *Neue Hefte für Philosophie* 26, 55–68.
Toulmin, Stephen (1996) [1958]: *Der Gebrauch von Argumenten*. Weinheim: Beltz Athenäum.
Ueding, Gert (Hg.) (2005): *Rhetorik. Begriff – Geschichte – Internationalität*. Tübingen: Max Niemeyer.
Ueding, Gert/Steinbrink, Bernd (Hgg.) (1994) [1986]: *Grundriss der Rhetorik*. Stuttgart: Metzler.
Ueding, Gert/Kalivoda, Gregor (Hgg.) (2014): *Wege moderner Rhetorikforschung*. Berlin/Boston: De Gruyter.
Ueding, Gert/Vogel, Thomas (Hgg.) (1998): *Von der Kunst der Rede und Beredsamkeit*. Tübingen: Attempto.
Varwig, Freyr R. (1987): „Raffaels Herakles ‚Ogmios' – Ein Paradigma zur Ikonographie des sprachlichen Wohlklangs". In: *Ainigma. Festschrift für Helmut Rahn*. Hg. Freyr R. Varwig. Heidelberg: Carl Winter Universitätsverlag, 35 ff.
Vetter, Helmut/Heinrich, Richard (1999): *Die Wiederkehr der Rhetorik*. Wien: Akademie-Verlag.
Vico, Giambattista (1963) [1708]: *De nostri temporis studiorum ratione/Vom Wesen und Weg der geistigen Bildung*. Lateinisch/deutsche Ausgabe. Übers. von Walter F. Otto. Darmstadt: Wissenschaftliche Buchgesellschaft.
Wagner, Tim (2009): Artikel „Topik". In: *HWRh* 9, 605–626.
Watzlawick, Paul u. a. (1996) [1967]: *Menschliche Kommunikation*. Bern/Göttingen: Hogrefe.
Watzlawick, Paul u. a. (1997): *Lösungen*. Bern: Hans Huber.
Weber, Max (1967) [1917]: *Wissenschaft als Beruf*. Berlin: Duncker und Humblot.
Weber, Max (1965) [1920]: *Die protestantische Ethik und der Geist des Kapitalismus*. In: Gesammelte Werke zur Religionssoziologie. München/Hamburg: Siebenstern-Taschenbuch.
Weinrich, Harald (1966): *Linguistik der Lüge*. Heidelberg: Lambert Schneider.
Weische, Alfons (1992): Artikel „Rhetorik". In: *HWPh* 8, 1014–1025.
Weischedel, Wilhelm (2017) [1973]: *Die philosophische Hintertreppe*. München: dtv.
Weiss, Peter (1983): *Die Ästhetik des Widerstands*. Frankfurt: Suhrkamp.
Wetz, Franz Josef (1994): *Die Gleichgültigkeit der Welt*. Frankfurt: Knecht.
Wetz, Franz Josef/Timm, Hermann (Hgg.) (1999): *Die Kunst des Überlebens. Nachdenken über Hans Blumenberg*. Frankfurt: Suhrkamp.
Wilamowitz-Moellendorff, Ulrich von (1952–1959): *Euripides Herakles*, 3 Bde. Darmstadt: Wissenschaftliche Buchgesellschaft.
Willemsen, Roger (2014): *Das Hohe Haus. Ein Jahr im Parlament*. Frankfurt: S. Fischer.
Wilson, Edward O. (2013): *Die soziale Eroberung der Erde*. München: C.H. Beck.
Wingert, Lutz/Günther, Klaus (Hgg.): *Die Öffentlichkeit der Vernunft und die Vernunft der Öffentlichkeit* (FS für Jürgen Habermas). Frankfurt: Suhrkamp.
Winkler, Heinrich August (2001): *Der lange Weg nach Westen. Deutsche Geschichte vom „Dritten Reich" bis zur Wiedervereinigung*, Bd. II. Berlin: Beck.
Wittgenstein, Ludwig (1969): *Tractatus logico-philosophicus*. Frankfurt: Suhrkamp.
Wittgenstein, Ludwig (1971): *Über Gewissheit*. Frankfurt: Suhrkamp.
Wittgenstein, Ludwig (1971a): *Philosophische Untersuchungen*. Frankfurt: Suhrkamp.
Wörner, Markus (1990): *Das Ethische in der Rhetorik des Aristoteles*. Freiburg/München: Karl Alber.
Wunderlich, Dieter (1974): *Grundlagen der Linguistik*. Reinbek: Rowohlt.
Yfantis, Dimitrios (2009): *Die Auseinandersetzung des frühen Heidegger mit Aristoteles (1919–1927)*. Berlin: Duncker und Humblot.
Zinsmaier, Thomas (2009): Artikel „zoon politikon". In: *HWRh* 9, 1557–1569.
Zinsmaier, Thomas (2014): „Zwangloser Zwang?" In: Ueding/Kalivoda (Hgg.) 2014, 587–593.

Personenregister

Adorno, Theodor W. 139, 147, 157, 158, 161, 167, 183, 188, 203, 217, 308, 324, 330, 331
Agamben, Giorgio 40
Alexy, Robert 288, 328
Alsberg, Paul 115, 116
Andersen, Oivind 8, 66, 251, 291
Apel, Karl-Otto 9, 55, 132–135, 138, 139, 166, 317, 319–321, 323, 326, 335
Arendt, Hannah 45, 46, 52, 62, 65, 66, 70, 76–78, 214, 215, 237, 240, 277, 282, 332, 340
Aristoteles 6, 20, 21, 29, 50, 54, 59, 60, 62–68, 72–78, 80, 81, 83–87, 89, 95, 98, 106, 119, 120, 129, 133, 142–149, 151, 153–156, 159–163, 165–167, 192, 200, 217, 257, 278, 281, 282, 285, 286, 289, 305, 309, 320, 327, *Siehe allg. Kap. 4*
Assmann, Jan 36, 40, 176, 265
Augustinus von Hippo 27, 41, 55–59, 61, 67, 75, 82, 83, 93, 112, 118, 194, 202, 219, 259, 296

Bacon, Francis 114, 181, 210, 330
Baecker, Dirk 10, 39, 40, 60, 72, 93, 97, 181, 336
Barner, Wilfried 32
Barthes, Roland 251, 320, 331, 335
Beck, Ulrich 177, 203
Beck-Gernsheim, Elisabeth 177
Bezzola, Tobia 322
Bien, Günther 286
Bloch, Ernst 7, 11, 202, 295
Blumenberg, Hans 3–6, 8–11, 28, 29, 31, 47, 52–55, 60, 68, 70, 72, 81–84, 86–88, 90–98, 100–105, 108, 112, 113, 115–118, 121, 122, 139–141, 148, 165–167, 171–173, 175, 176, 183–186, 189, 192–194, 198, 206, 207, 210, 218, 219, 226, 261, 286, 287, 301, 305–307, 314, 315, 325, *Siehe allg. Kap. 5*
Böhler, Dietrich 269
Bolz, Norbert 3, 101, 189, 193, 200, 207, 227, 265
Bornscheuer, Lothar 89, 90, 104–109, 117, 286, 288
Borsche, Tilman 181, 205

Bracher, Karl Dietrich 341
Brandom, Robert 9, 183, 251–260, 327
Brecht, Bertolt 57, 201, 204, 216, 221, 222, 257
Brettschneider, Frank 225, 231
Buchheim, Thomas 73, 96, 167, 182, 183, 186, 332
Buck, August 110, 112
Bunyan, John 41

Campe, Rüdiger 10, 336, 341
Cassirer, Ernst 98, 184, 194
Churchill, Winston 355
Cicero, Marcus Tullius 6, 46, 54–58, 107, 110, 132, 133, 291, 317, 340, 349, 350
Crouch, Colin 358

Dahrendorf, Ralf 175, 177
Damasio, Antonio R. 126, 309, 314
Darwin, Charles 17, 65, 189
Dawkins, Richard 65, 81, 259
Descartes, René 60, 102, 110, 121, 125, 126, 128, 281, 283, 285, 314
Dewey, John 60, 69–71, 184, 186, 281
Dockhorn, Klaus 32, 95, 142, 172, 263
Dörner, Andreas 338, 339, 350, 355
Dubois, Jacques 32, 303

Emcke, Carolin 277, 314

Fetscher, Iring 124, 127, 197, 313
Figal, Günter 80, 129, 156, 173, 331
Fischer, Ernst Peter 69, 71, 184, 185, 296
Fontane, Theodor 36
Forst, Rainer 239, 240, 252, 301, 357, 359
Förster, Heinz von 236
Foucault, Michel 97, 183
Freud, Sigmund 70, 104, 189
Fries, Thomas 195
Fuchs, Peter 36, 39, 40
Fuhrmann, Manfred 3

Gabriel, Markus 236
Gadamer, Hans-Georg 6, 9, 57, 84, 95, 135, 139, 142, 166, 188, 229, 246, 262–264, 287, 288, 317, 335

Garton Ash, Timothy 137, 361, 362
Gehlen, Arnold 29, 88, 98, 99, 104–106, 108–110, 113, 117
Geißler, Heiner 226, 227, 232
Geißner, Hellmut K. 329, 350
Genette, Gérard 96
Gerber, Gustav 10, 84, 99, 191–193, 195, 313, 314
Gerhardt, Volker 357
Gethmann, Carl Friedrich 271
Goethe, Johann Wolfgang von 22, 23, 63, 90, 298, 303, 304, 352
Gomperz, Heinrich 24, 27, 94, 336
Göttert, Karl-Heinz 10, 247, 297, 337–343, 345, 346, 353, 355
Gröning, Philip 37, 38, 44
Gross, Daniel M. 143

Habermas, Jürgen 6, 9–11, 18, 24, 32, 50, 60, 61, 66, 73–78, 84, 85, 121, 131, 134–140, 164, 166, 167, 186, 188, 191, 195, 200, 207, 210, 215, 216, 223, 224, 230, 231, 233, 235, 236, 238–243, 246–248, 251–257, 260, 261, 264, 266, 267, 269–271, 278, 282–285, 287, 288, 291, 302, 308, 309, 315, 317–324, 326, 328, 332, 336, 339, 340, 347–349, 362
Hacks, Peter 112, 113
Han, Byung-Chul 57, 302, 350
Harari, Yuval Noah 114, 197
Haverkamp, Anselm 10, 88, 99–102, 117, 307
Hawking, Stephen 71, 185
Hegel, Georg Wilhelm Friedrich 24, 82, 94, 101, 108, 112, 113, 162, 184, 185, 193, 203
Heidegger, Martin 7, 21, 47, 49, 50, 52, 54, 63, 64, 73, 78, 142–157, 159–165, 167, 171, 173, 186, *Siehe allg. Kap. 7*
Heidenreich, Felix 87, 88
Heine, Heinrich 20, 356
Heinrich, Richard 3, 95
Hellwig, Antje 325, 327
Herder, Johann Gottfried 29, 90, 104–113, 116, 117
Herders, Johann Gottfried 65, 106, 108, 110, 111
Hesse, Hermann 41

Hessel, Stéphane 225
Hetzel, Andreas 183, 187, 200, 211, 289, 290, 303, 311, 315
Hitler, Adolf 26, 196, 215, 219, 304, 312, 320, 341, 347, 348, 351, 352
Hobbes, Thomas 75, 98, 211, 229
Höffe, Otfried 65, 69, 336, 357
Homer 157, 214, 329, 332, 338
Hommel, Hildebrecht 4
Hörisch, Jochen 314
Horkheimer, Max 157, 158, 330, 331
Hösle, Vittorio 24, 167, 335
Hügli, Anton 328
Huntington, Samuel P. 140

Innozenz III. 112
Isokrates 66, 89, 133, 229

Jackob, Nikolaus 66, 108, 229
Jaeger, Hans-Martin 24, 31
Jens, Tilman 36
Jens, Walter 5, 8, 36
Jonas, Hans 164

Kalivoda, Gregor 310, 324, 358
Kalverkämper, Hartwig 299, 310, 311
Kant, Immanuel 10, 50, 53, 65, 69, 70, 84, 91, 103, 108, 112, 113, 121–125, 133, 134, 138, 140, 164, 176, 184, 185, 191, 207, 232, 247, 256, 308, 313, 314, 321–323, 325, 332, 361
Käßmann, Margot 318
Kegel, Jens 127, 197, 313
Kemmann, Ansgar 143
Kersting, Wolfgang 101, 229
Kettner, Matthias 269, 301
Kienpointner, Manfred 288
Knape, Joachim 32, 103, 135, 143, 145, 173, 222, 227, 290, 298, 310, 311, 320, 321
Konersmann, Ralf 108, 114, 191, 198, 203
König, Gert 45, 62, 67
König, Josef 167
Kopernikus, Nikolaus 70, 184, 189
Kraus, Manfred 335
Krautter, Jutta 63
Kuhn, Thomas S. 70, 189, 278, 287

Lachmann, Renate 6, 158, 239, 259
Laktanz 82
Landmann, Michael 108, 110, 111
Lausberg, Heinrich 4, 90, 99, 142, 172–174, 200, 207–209, 216, 278, 288, 289, 293, 295, 303–305, 311
Leibniz, Gottfried Wilhelm 189
Lewitscharoff, Sibylle 89
Lübbe, Hermann 71, 195, 196, 204, 235, 265, 319, 336
Luhmann, Niklas 6, 10, 18, 19, 35, 36, 39, 40, 200, 204, 222–224, 233, 235, 239, 242–249, 265, 278, 279, 296, 328, Siehe allg. Kap. 3
Luther 36
Lyotard, Jean-François 17, 348

Mainberger, Gonsalv K. 68
Maneli, Mieczysław 141, 261
Mann, Thomas 17, 35, 196, 332, 342, 347
Markl, Hubert 31, 320
Marquard, Odo 19, 75, 90, 106, 109, 113, 177, 204, 239, 264, 265, 277, 278, 284, 347
Marrou, Henri-Irénée 59
Martens, Ekkehard 195
Martin, Josef 212, 213, 218
Marx, Karl 190, 202, 203, 217, 307
McCarthy, Thomas 32, 130, 242
Meier, Christian 340, 341
Meister, Klaus 96, 182, 186
Menke, Christoph 106, 110, 112
Menzel, Ulrich 140, 141
Meyer, Michel 141, 185, 221, 309, 320
Meyer, Thomas 20, 65, 337–341, 349, 350, 356
Meyer, Urs 310
Miller, Peter 76
Milton, John 113
Most, Glenn W. 24, 25, 195
Müller, Adam 44, 210, 216, 302, 330, 341
Müller, Gerhard Ludwig 61
Münker, Stefan 310, 360, 361
Münkler, Herfried 278, 311, 312, 332, 346–348, 361

Niehues-Pröbsting, Heinrich 23, 27, 50–52, 54, 55, 142, 143, 172, 175, 176, 209–211, 301, 314, 328

Nietzsche, Friedrich 6, 10, 53, 62, 64, 71, 77, 84, 99, 102, 139, 143, 163, 165, 174, 180, 188, 190–195, 197–200, 306, 313, 314

Obama, Barack 203, 342–347, 350, 353, 360
Oehler, Klaus 129
Oesterreich, Peter L. 3, 24, 52, 88, 94, 110, 132, 143, 167, 172–175, 186, 187, 189, 261, 290, 311, 335
Ostheeren, Klaus 288, 310
Ottmann, Henning 50, 76, 77

Paley, William 81
Pascal, Blaise 112, 310
Paulhan, Jean 120
Paulus von Tarsus 41, 61, 197, 234, 273, 298
Perelman, Chaim 6, 9–11, 31, 60, 72, 76, 84, 85, 120–131, 133–141, 156, 166, 171, 185, 233, 246, 247, 251, 260, 261, 267, 271, 278, 281, 283, 285–289, 293, 297, 304, 308–310, 314, 322–326, 329, 335, Siehe allg. Kap. 6
Picard, Max 35, 36
Pico della Mirandola, Giovanni 29, 110, 111, 113
Pieper, Josef 22, 45, 46, 62, 71
Platon 6, 7, 21, 23–28, 31, 45, 47–57, 59, 62, 64, 67, 73, 76–78, 80, 86, 91, 94, 95, 97, 101, 102, 105, 108, 119, 121, 126–128, 143, 145, 147, 148, 152–154, 160–163, 165–167, 175, 176, 181–183, 185, 187, 202, 203, 209, 210, 215, 252, 301, 306, 325, 327, 331, 340
Plett, Heinrich F. 3, 32, 200, 210, 212, 303, 307, 316, 317, 320
Pohlenz, Max 191
Pöhlmann, Horst Georg 108, 110
Popper, Karl R. 50, 53, 203, 222, 236, 315
Pörksen, Bernhard 71, 185, 186, 188, 236, 296, 305, 350, 351
Pörksen, Uwe 338
Ptassek, Peter 121, 210, 212, 215, 219, 265

Quintilian 6, 36, 49, 66, 68, 85, 89, 207, 215, 265, 280, 289, 303, 305, 309, 319, 340

Rapp, Christof 68, 69, 73, 76, 80, 84, 85, 154, 182, 289, 320
Recki, Birgit 89

Reich-Ranicki, Marcel 304, 325, 351
Riedel, Manfred 68, 72, 73, 75, 146
Ritter, Joachim 4, 36, 45, 62, 68, 81, 116, 124, 220, 264, 315, 318
Robling, Franz-Hubert 143, 173, 290
Rorty, Richard 72, 73, 84, 180, 183, 185, 186
Rosa, Hartmut 71
Roth, Gerhard 309, 310

Safranski, Rüdiger 148
Schäfer, Lothar 114, 330
Schanze, Helmut 208, 324
Schiller, Friedrich 108, 109, 112, 113, 207
Schirren, Thomas 107, 143, 145, 288
Schlingensief, Christoph 16, 39, 46
Schmidinger, Heinrich 63, 65, 108, 110, 116, 252
Schmohl, Tobias 32
Schnabel, Ulrich 19
Schnädelbach, Herbert 63, 195, 252, 261
Schröder, Winfried 186
Schuster, Wolfgang 225, 231
Schütrumpf, Eckart 63, 65, 75
Sedmak, Clemens 63, 65, 108, 110, 116, 252
Seel, Martin 184, 316
Seneca 19, 107
Sennett, Richard 66
Shakespeare, William 222, 303
Siefer, Werner 66
Simons, Herbert W. 3, 261
Sloterdijk, Peter 22, 23, 31, 38, 40–42, 45, 46, 62, 114–118, 186, 197, 204, 205, 211, 225, 332
Spaemann, Robert 17, 41, 61, 109, 116, 164, 273
Steinbrink, Bernd 3, 310
Stroh, Wilfried 82, 83, 107, 337 341, 343, 347, 350–353, 360
Surowiecki, James 76, 361

Tacitus 228, 349
Taylor, Charles 16, 182

Tenbruck, Friedrich H. 181, 205
Tibi, Bassam 141
Timm, Hermann 29, 94
Tomasello, Michael 66, 207, 236, 239, 260
Toulmin, Stephen 62, 97, 119, 181, 271, 278, 279, 288, 291, 335
Twain, Mark 178–182, 190, 332

Ueding, Gert 3, 4, 8, 36, 100, 193, 213, 214, 227, 251, 288, 298, 299, 302, 307, 310, 311, 315, 324, 340, 346, 350, 356, 358

Varwig, Freyr R. 213, 216
Vetter, Helmuth 3, 95
Vico, Giambattista 114, 132, 281, 287, 288
Vives, Juan Luis 110
Voltaire 189

Wagner, Tim 288
Walser, Martin 118, 234, 284, 346
Watzlawick, Paul 39, 191, 223
Weber, Max 70, 71, 145, 188, 215
Wehler, Hans-Ulrich 203, 341
Weinrich, Harald 329
Weischedel, Wilhelm 7, 8, 103, 109
Weiss, Peter 218
Wetz, Franz Josef 29, 45, 62, 65, 70, 94
Whitehead, Alfred North 340
Wilamowitz-Moellendorff, Ulrich von 218
Willemsen, Roger 355
Wilson, Edward O. 31, 258
Winkler, Heinrich August 35, 341, 342, 348
Wittgenstein, Ludwig 44, 205, 216, 269, 282
Wörner, Markus H. 289
Wunderlich, Dieter 270

Yfantis, Dimitrios 144

Zinsmaier, Thomas 65, 107

Bildnachweise

Kapitel 2
Abb. 1 Vodafone-Plakat (Quelle: Foto des Autors)
Abb. 2 Das Philosophenmosaik von Torre Annunciata 1. Jahrh. v. Chr. (Museum Neapel), (Quelle: GJCL Classical Art website: http://gjclarthistory.blogspot.de/2016/04/the-philosophers-mosaic.html)

Kapitel 3
Abb. 3 Betender Mönch aus Film „Die grosse Stille" (Quelle: Frankfurter Allgemeine / Fernsehen vom 29.10.2007: http://www.faz.net/aktuell/feuilleton/medien/fernsehen-unwiderstehlich-ist-die-poesie-der-bilder-1489225/betender-moench-in-seiner-zelle-1499080.html)
Abb. 4 Verschlosser Mund („Garde le silence et le silence te gardera", Säulenkapitell an der Kirche „Sacré Coeur" in Paray-le-Mondial in Burgund, Foto: Mrs. Jordan/ tereliyesajjan, https://www.flickr.com/photos/29984385@N02/)
Abb. 5 Platons Höhle, The British Museum, Antrum Platonicum (1604), (Quelle: Wikipedia Wikimedia Commons, gemeinfrei, „Höhlengleichnis" https://commons.wikimedia.org/wiki/File:Platon_Cave_Sanraedam_1604.jpg)

Kapitel 5
Abb. 6 Anthropologie und Rhetorik (Quelle: Autor)

Kapitel 9
Abb. 7 Marx im Foyer 11. Feuerbach-These von Karl Marx; Haupttreppe im Foyer der Humboldt-Universität zu Berlin (Foto: Immanuel Giel, gemeinfrei, https://commons.wikimedia.org/wiki/File:Die_Philosophen_haben_die_Welt.jpg)
Abb. 8 Der gallische Herkules (aus: Vincenzo Cartari „Imagini delli dei de gl´antichi", Venedig 1647)

Kapitel 10
Abb. 9 Rentner Wagner (aus: SZ Nr. 226, 2011, 6)
Abb. 10 Geißlers Vermittlung (aus: SZ Nr. 280, 2010, 15)
Abb. 11 Gründe (Quelle: Autor)
Abb. 12 Argumentative Geltungseinlösung (1) (Quelle: Autor)

Kapitel 11
Abb. 13 Argumenative Geltungseinlösung (2) (Quelle: Autor)
Abb. 14 Kategoriale Problembereiche (Quelle: Autor)
Abb. 15 Ungewöhnliche Talkshow ((c) NDR/Wolfgang Borrs, http://meedia.de/2016/11/15/propaganda-maschine-nora-illi-kritisiert-medien-nach-anne-will-auftritt-und-will-bild-verklagen/)
Abb. 16 Überzeugen vs überreden (Quelle: Autor)

www.ingramcontent.com/pod-product-compliance
Lightning Source LLC
Chambersburg PA
CBHW061342300426
44116CB00011B/1955